U0831217

国家出版基金项目
NATIONAL PUBLICATION FOUNDATION

“十四五”时期国家重点出版物出版专项规划项目

中国电力工业史

配电卷

中国电力企业联合会 编

HISTORY OF CHINA'S ELECTRIC POWER INDUSTRY

中国电力出版社
CHINA ELECTRIC POWER PRESS

图书在版编目（CIP）数据

中国电力工业史. 配电卷 / 中国电力企业联合会编. —北京：中国电力出版社，2022.12（2023.10 重印）
ISBN 978-7-5198-6850-5

Ⅰ. ①中… Ⅱ. ①中… Ⅲ. ①配电系统–电力工业–经济史–中国 Ⅳ. ①F426.61

中国版本图书馆 CIP 数据核字（2022）第 108160 号

出版发行：中国电力出版社
地　　址：北京市东城区北京站西街 19 号（邮政编码 100005）
网　　址：http://www.cepp.sgcc.com.cn
印　　刷：北京盛通印刷股份有限公司
版　　次：2022 年 12 月第一版
印　　次：2023 年 10 月北京第二次印刷
开　　本：787 毫米×1092 毫米　16 开本
印　　张：28.25　　插页　16
字　　数：662 千字
印　　数：1501—2500 册
定　　价：248.00 元

中华人民共和国成立前的配电网

1882—1949 年

1882 年 7 月 26 日晚，上海外滩点亮 15 盏弧光灯，标志着中国电力工业诞生。图为 1887 年矗立在上海外白渡桥上的电弧灯。

（引自《新中国电力五十年》）

20 世纪初，大连开通有轨电车，图为大连市常盘桥电车站。

▍1921 年，上海第一座 22 千伏京东变电所。

（引自《新中国电力五十年》）

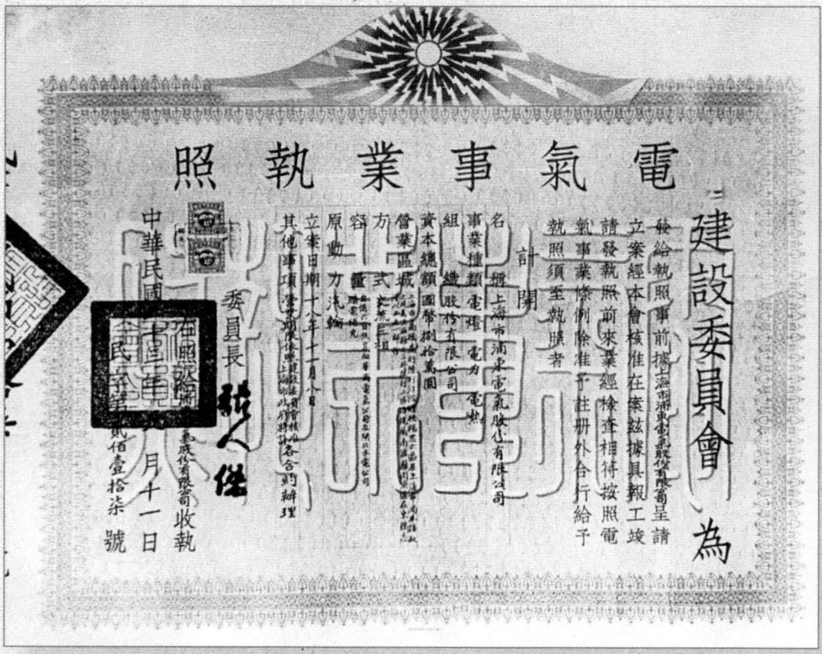

電氣事業執照

建設委員會 為

發給執照事前據上海市浦東電氣股份有限公司呈請
立案經本會核准在案茲據具報工竣
請發執照前來業經檢查相符按照電
氣事業條例除准予註冊外合行給予
執照須至執照者

計開

名稱 上海市浦東電氣股份有限公司
事業種類 電燈 電力 電熱
組織 股份有限公司
資本總額 國幣捌拾萬圓
營業區域
方式
容量
原動力 汽輪
立案日期 十八年十一月八日
其他事項

委員長 張人傑

中華民國 月十一日
浦東電氣股份有限公司收執
貳佰壹拾柒號

▍1923 年 1 月起，上海民族电力企业——浦东电气股份有限公司开始向工厂供电，图为其电气事业执照。

（国网上海市电力公司 提供）

1924 年 6 月，第一个农村电灌站——武进县电力戽水站建成。

（国网江苏常州供电公司 提供）

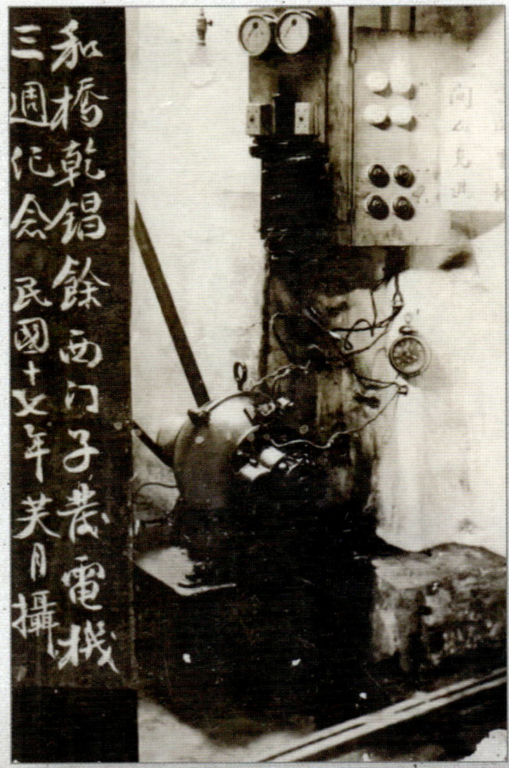

1928 年，农村电力戽水使用的西门子电机。

（国网江苏常州供电公司 提供）

20 世纪 30 年代，上海电力公司外景。

（国网上海市电力公司 提供）

1930 年，上海闸北水电公司在新电厂工程中配套建设了 33 千伏架空线路。

（国网上海市电力公司 提供）

20 世纪 30 年代，上海电力公司调度室。

（国网上海市电力公司 提供）

中华人民共和国成立到改革开放前配电网的发展

1949—1978年

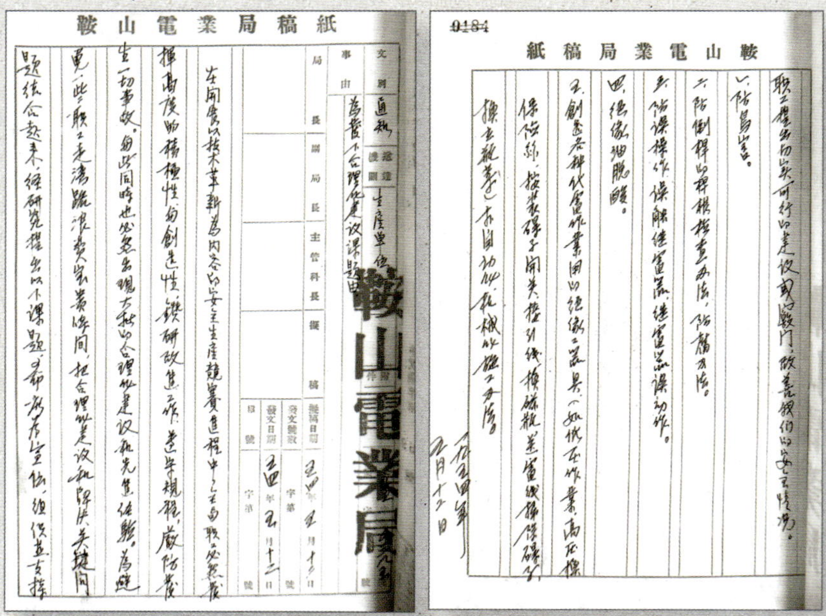

鞍山電業局稿紙

20世纪50年代初，鞍山电业局下发《为发下合理化建议课题由》（生字0385号），鞍山电业局首创带电作业工具填补我国电力系统空白。

（引自《回顾与发展——中国带电作业六十年》）

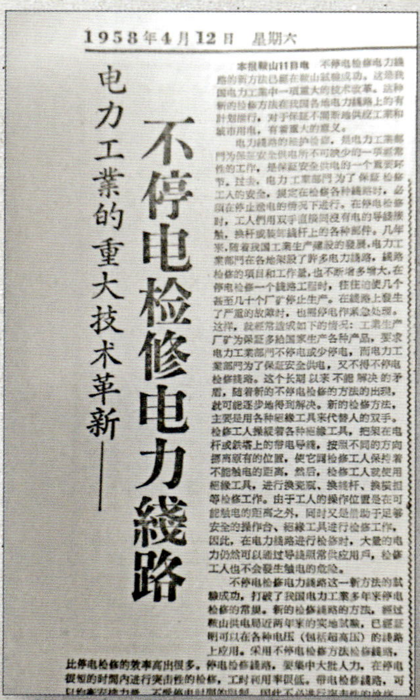

1958年4月12日 星期六

电力工業的重大技术革新——

不停电检修电力綫路

1958年，《人民日报》发表《电力工业的重大技术革新——不停电检修电力线路》。

（引自《回顾与发展——中国带电作业六十年》）

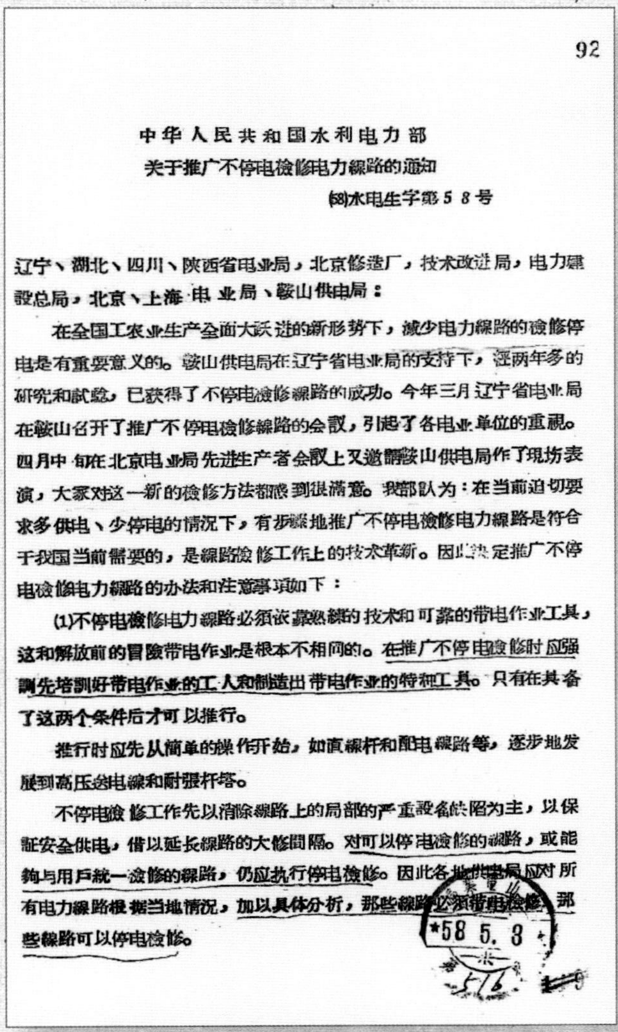

92

中华人民共和国水利电力部
关于推广不停电检修电力線路的通知
(58)水电生字第5 8号

辽宁、湖北、四川、陕西省电业局，北京修造厂，技术改进局，电力建設总局，北京、上海电业局、鞍山供电局：

在全国工农业生产全面大跃进的新形势下，减少电力線路的檢修停电是有重要意义的。鞍山供电局在辽宁省电业局的支持下，經两年多的研究和試驗，已获得了不停电檢修線路的成功。今年三月辽宁省电业局在鞍山召开了推广不停电檢修線路的会議，引起了各电业单位的重視。四月中旬在北京电业局先进生产者会議上又邀請鞍山供电局作了現场表演，大家对这一新的檢修方法都感到很满意。我部認为：在当前迫切要求多供电、少停电的情况下，有步驟地推广不停电檢修电力線路是符合于我国当前需要的，是線路檢修工作上的技术革新。因此決定推广不停电檢修电力線路的办法和注意事項如下：

(1)不停电檢修电力線路必須依靠熟練的技术和可靠的带电作业工具，这和解放前的冒險带电作业是根本不相同的。在推广不停电檢修时应强調先培訓好带电作业的工人和制造出带电作业的特种工具。只有在具备了这两个条件后才可以推行。

推行时应先从簡单的操作开始，如直線杆和配电線路等，逐步地发展到高压送电線和耐張杆塔。

不停电檢修工作先以消除線路上的局部的严重設备缺陷为主，以保証安全供电，借以延長線路的大修間隔。对可以停电檢修的線路，或能夠与用戶統一檢修的線路，仍应执行停电檢修。因此各地供电局应对所有电力線路根据当地情况，加以具体分析，那些線路必須带电檢修，那些線路可以停电檢修。

*58 5. 3

1958年，中华人民共和国水利电力部下发《关于推广不停电检修电力线路的通知》（水电生字第58号）。

（引自《回顾与发展——中国带电作业六十年》）

20 世纪 60 年代，第一期不停电检修电力线路培训班结业留影。

（引自《回顾与发展——中国带电作业六十年》）

1964 年 4 月，金厂沟梁金矿变电所建成投运。这是敖汉旗第一座变电所。

（国网内蒙古赤峰供电公司 提供）

1966 年 6 月，敖汉旗筹建金厂沟梁—四家子 6.3 千伏高压配电线路，全长 25 千米。这是敖汉旗第一条高压配电线路。

（国网内蒙古赤峰供电公司 提供）

20世纪70年代，“三八”女子带电作业班第一任班长林玉明身穿均压服进行带电作业。

（引自《回顾与发展——中国带电作业六十年》）

1976年9月15日，中华人民共和国邮电部发行带电作业特种邮票。

（国网北京市电力公司 提供）

改革开放到新世纪前期配电的进步

1978—2002年

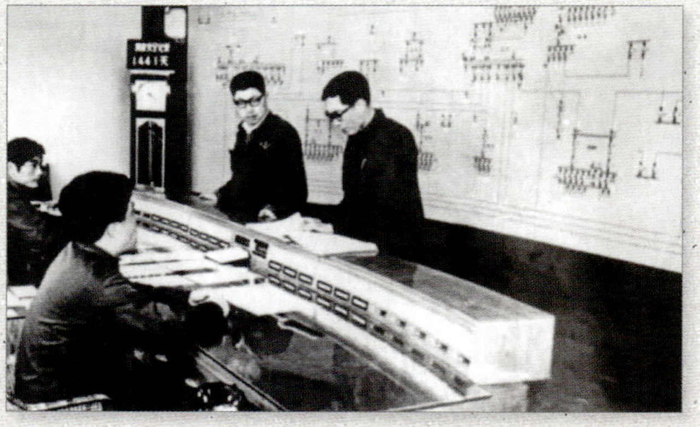

20世纪70年代电力调度室。

20世纪70年代，中国自行设计的由金属丝、棉纱混合纺织而成的第三代带电作业服。

（国网江苏常州供电公司 提供）

20 世纪 80 年代初，农村电网架线实现“一乡一线”。

（国网江苏常州供电公司 提供）

1981 年 12 月，泸州供电局成立。

（程超 提供）

1996年，兴安盟科右中旗农电局农网施工现场。

（国网内蒙古兴安供电公司 提供）

20 世纪末，农网改造绘出乡村新画卷。图为湖北老河口市供电公司员工改造 10 千伏线路。

（郭峰 摄）

20 世纪 90 年代，“户户通电”点亮高原。

新世纪配电发展的重大突破和成就

2002—2019年

2005年，绵竹供电公司在线路上安装避雷器。

（国网四川德阳供电公司 提供）

2008年1月22日起，四川泸州古蔺、叙永地区遭遇了有气象记录以来最严重的雨雪冰冻灾害，该地区大范围停电。图为在冰雪抢险现场。

（国网四川泸州供电公司 提供）

2008 年北京奥运会火炬传递期间，电力员工在珠峰保障传递活动顺利进行。

2008 年，汶川发生特大地震，重庆电力援川抗震救灾突击队紧急驰援。

（周衡义 摄）

2008 年，参加推广 20 千伏电压等级供电学术研讨会的代表，在苏州工业园参观 20 千伏输电线路。

（孟锟 摄）

2009 年 12 月 27 日，国家电网公司智能电网科研产业（南京）基地奠基典礼现场。

（付旭峰 摄）

“十一五”期间，浙江省景宁畲族自治县全面完成户户通电，建成 2 个电气化乡镇、14 个电气化村，超额完成“十一五”新农村电气化建设目标任务。

（刘远平　陈龙伟 摄）

21 世纪初，海岛微电网，用电“双保险”。图为北礵岛上的微电网。

（国网福建省电力有限公司 提供）

电动汽车充放电一体化利用智能电网技术，电池的充放电将被统一部署，在满足电动汽车行驶的情况下，把电能可控回馈给电网，提高电网接纳间歇式可再生能源发电的能力。2010 年 5 月 19 日，上海世博会国家电网馆工作人员给参观者演示电动汽车充放电。

（王文 摄）

2010 年，河南滑县八里营乡肖家上村农村电气化改造工程现场。

（李刚 摄）

2011 年，检修人员检测试运行的农网智能化配电自动化项目。

（贾聚光 摄）

2011 年 11 月 21 日，国网"大检修"建设验收。

（国网江苏无锡供电公司 提供）

2011 年，电力共产党员服务队开展用电故障抢修。

随着红外检测技术日趋成熟，全国配电网广泛开展红外检测，图为 2011 年，电气专业检修员工对线路进行红外检测。

（李冬梅 摄）

2012 年 7 月 24 日，国网江苏无锡供电公司员工带电更换配电变压器。

（国网江苏无锡供电公司 提供）

2013 年，为了加强供电员工的队伍建设，国网莱芜供电公司在 10 千伏线路举行应急服务技术比武。

（王宪才 摄）

2015 年春节临近，供电员工为新型农村社区排查用电隐患。

（张治林 摄）

2016 年 4 月 29 日，国家电网公司召开实施新一轮农村电网改造升级工程暨第一批项目开工动员电视电话会议，正式启动实施新一轮农村电网改造升级“两年攻坚战”。

（引自《新一轮农网改造升级“两年攻坚战”工程建设纪实》）

2016 年 6 月 14 日，配电运检室配电抢修班员工对老旧小区的低压电缆转接箱的改造，全面推动低压配网隐患治理工作和标准化建设及运维，切实解决供电服务民生问题。

（国网江苏无锡供电公司 提供）

“十三五”期间，国家电网公司为 15 个省居民实施了“煤改电”，为促进大气污染治理作出了积极贡献，图为新疆南疆四地州煤改电配套电网建设工程施工现场。

2017 年 4 月 21 日，河北省保定小城镇（中心村）工程施工现场。

（引自《新一轮农网改造升级“两年攻坚战”工程建设纪实》）

2017 年，为藏牧民架设供电线路。

（宋卫星 摄）

2018 年 10 月 12 日，由国家电网有限公司捐建的国内最高海拔的青海省果洛州玛多县光伏扶贫电站并网发电。

随着无人机技术与大数据分析、“互联网 +”相结合的智能技术发展，无人机巡视电力线路应用越来越广泛。图为 2018 年绵阳供电公司员工操作无人机。

（田海 摄）

2018 年，在台风“苏力”过境后，国网滨海县供电公司共产党员突击队到新能源企业进行设备检查。

（吴江 摄）

2018 年，带电作业人员对线路进行消缺，保障电力可靠供应。

2018 年，安装 10 千伏新型配网防雷绝缘子，使配网线路雷击跳闸率同比降低逾 90%。

（胡建平 摄）

2019 年 11 月，国网无锡供电公司正式运营配电物联网系统。

（国网江苏无锡供电公司 提供）

21 世纪开始，电力共产党员服务队发挥了重要作用，图为国网郯城县供电公司“彩虹共产党员服务队”深入田间地头服务农户春灌用电。

2020 年，宁波北仑海湾 H755 线等线路网架优化工程——环网柜。

（国网浙江省电力公司 提供）

国家电网有限公司 2020 年农网百佳工程——10kV 养牛小区连排示范工程。

（国网内蒙古赤峰供电公司 提供）

2020 年，上海浦东森兰星河现代化开关站。

（国网北京市电力公司 提供）

2021 年 1 月 6 日，山东威海供电公司员工在风雪中抢修保客户供电。

（刘中华 摄）

2021 年，浙江嘉兴金融线等线路改造工程——电缆线转向。

（国网浙江省电力公司 提供）

2022 年，国庆节前国网北京电力城市照明管理中心华灯班员工巡检华灯设备。

（张超 摄）

《中国电力工业史》
编纂委员会

《中国电力工业史》

编 辑 部

《中国电力工业史　配电卷》

编纂委员会

前 言

电力工业是国民经济的重要基础工业，是资金密集型、技术密集型的基础产业，是社会公用事业的重要组成部分。

1882 年 7 月 26 日，中国电力工业诞生。从此，被马克思称为“电气火花”的“无比的革命力量”，降临到具有五千年悠久文明史的中国大地，开启了曲折漫长而又波澜壮阔的电气化进程。随着中国社会历史的变迁，经过数代中国电力工作者的不断努力奋斗，中国电力工业从小到大、从弱到强，历经 140 年的发展壮大，已经跃居世界电力工业先进行列。

中国电力工业的历史是一部国家兴衰史。中国电力工业在其发展的前 60 多年里，发展极其缓慢，技术和装备十分落后。旧中国的电力工业史是一部被列强掠夺、饱受战争创伤的辛酸史。新中国的成立，是中国电力工业迅速崛起的里程碑。从此，中国电力工业走向了欣欣向荣的康庄大道。

新中国电力工业的历史是一部艰苦奋斗史。新中国电力工业是从战争的废墟中起步的，中国电力工作者在一穷二白的基础上，发扬愚公移山的精神，依靠自己的力量和聪明才智，独立自主、自力更生、顽强拼搏、不懈努力，创造了一个又一个辉煌。没有艰苦奋斗，就没有发展壮大的中国电力工业。

新中国电力工业的历史是一部改革发展史。中国电力工业跨越式发展得益于改革开放。改革开放破除了体制机制的障碍和藩篱，调动了电力市场主体的积极性和创造性，极大地解放了生产力；改革开放使中国电力工业从引进资金、设备和技术到走向国际市场，赶超世界先进水平。没有改革开放，就没有走向世界的中国电力工业。

新中国电力工业的历史是一部科技进步史。电力工业是技术密集型产业，技术进步是高质量发展的动力。中国电力工业坚持自力更生与引进、消化、吸收、创新相结合，短短几十年突破了众多重大技术、重大工程、重大装备的难关，在发电、输变电、大电网自动控制等多个领域进入世界先进行列。没有科技进步，就没有高质量发展的中国电力工业。

新中国电力工业的历史是在中国共产党领导下创造的历史。新中国成立之初即明确电力工业是国民经济“先行官”的地位。在中国共产党的领导下，中国电力工业开辟了一条中国特色社会主义的发展之路。“人民电业为人民”“能源建设以电力为中心”“四个革命、一个合作”能源安全新战略，引导中国电力工业持续健康和高质量发展。电力工业所取得的辉煌成就，是中国共产党领导中国人民从胜利走向胜利在电力行业的光辉写照。

党的十九大提出，2035 年要基本实现社会主义现代化，2050 年要建成富强民主文明和谐美丽的社会主义现代化强国。电力作为社会发展的生产资料，又是生活资料，也是物质文明和精神文明的基础，将伴随社会经济的发展、人民生活水平的提高而不断发展。“十四五”时期，中国已转向高质量发展阶段，将由全面建成小康社会转向全面建设社会主义现代化国家，处于转变发展方式、优化经济结构、转换增长动力的攻坚期。中国电力工业从总量来看已成为世界第一，技术水平和管理水平都已进入世界先进行列，但中国人均占有电量只有发达国家的 60%左右，人均生活用电仅为发达国家的 35%左右。据初步预测，到 2050 年中国达到现代发达国家水平，从电力需求来说，今后 30 年内需再新增发电容量 30 亿千瓦以上；从技术发展来说，在提高电力智能化、自动化水平上，在煤的清洁高效利用与可再生能源的高效转换上，在电能供应质量和可靠性上，在节能环保和综合能源管理上，都需要科技创新和技术升级。这是所有电力工作者的重要职责和伟大使命。电力工业将始终坚持“创新、协调、绿色、开放、共享”的新发展理念，坚持创新驱动战略，加强核心技术攻关，推动服务模式创新，促进中国电力工业高质量发展，为经济社会健康发展提供坚强支撑。

习近平总书记指出，历史是最好的教科书，要在对历史的深入思考中做好现实工作、更好走向未来。要高度重视修史修志，把历史智慧告诉人们，激发我们的民族自豪感和自信心，坚定全体人民振兴中华、实现中国梦的信心和决心。

在庆祝中国共产党成立 100 周年之际，中国电力企业联合会组织电力行业各单位，编纂了《中国电力工业史》。《中国电力工业史》共分《综合卷》《火力发电卷》《水力发电卷》《核能发电卷》《可再生能源发电卷》《电网与输变电卷》《配电卷》与《用电卷》八卷，以生产力为主线，采用编年体的方式，梳理和阐述了中国电力工业萌芽、成长、壮大的发展历程，记录了中国电力工作者依靠自己的勤劳智慧，克服各种艰难困苦，从胜利走向新的胜利，不断攀登世界电力工业高峰，走出一条具有中国特色的电力工业发展之路；讴歌中国电力工业在党的领导下艰苦奋斗、锐意改革、创新发展的历程，赞美中国电力工业取得的辉煌成就，总结经验教训，探讨电力工业发展的自身规律，传承电力文化，弘扬电力精神，提升民族自信。2021 年，党中央决定在全党开展党史学习教育，学史明理、学史增信、学史崇德、学史力行。结合党史的学习，回顾中国电力工业在党的领导下取得的辉煌成就，将激励电力工作者以更加昂扬的姿态，在全面建设社会主义现代化国家的新征程中取得更加优异的成绩。

2017 年年底，《中国电力工业史》的编纂工作全面启动。中国电力企业联合会党委十分重视《中国电力工业史》的编纂工作，建立了完备的组织协调机制和质量审查保障机制。组建了理事长任主任，各副理事长任副主任的《中国电力工业史》编委会，成立了由中电联专职副理事长兼秘书长负责具体协调，理事会工作部、英大传媒投资集团及各电力集团公司相关人员、电力系统老领导、专家组成的编辑部和编审工作机构，成立了以电网企业、发电企业为供稿单位的分编辑部，形成众人修史的良好氛围。编纂工作以史为据，真实记述，准确评述，坚持唯物史观，以习近平新时代中国特色社会主义思想为指导，贯彻落实《关于建国以来党的若干历史问题的决议》、习近平总书记在庆祝改革开放 40 周年大会上的讲话等文件精神，参考《中国共产党的九十年》等重要文献，确保重大问题与中央精神保持一致。经过三年多的时间，《中国电力工业史》陆续与读者见面，期望为读者展现一部波澜壮阔的中国电力工业史诗。

本卷为《中国电力工业史　配电卷》，2019 年 7 月启动编纂工作，成立了专业编写组，并组建了由我国配电领域资深专家构成的专家委员会，负责审核配电行业的历史事件，并对书稿的编写进行把关与指导。

中国配电工业经历了从无到有、从小到大、从大到强，走过了不平凡的发展历程，现有的成就是几代从业者不懈奋斗的结果。在这样的背景下，《中国电力工业史　配电卷》单独成册，记录了中国配电工作者坚持“以人民电业为人民”的宗旨，在脱贫攻坚、城镇配电网建设、农村电网改造升级、大气污染防治、光伏扶贫等重大行动中取得了重要成就，“户户通电”工程让 14 亿中国人民都用上了电，不但沿海经济发达地区灯火通明，而且从雪域高原到茫茫戈壁，这些最偏远的地方也都亮起了电灯。在实现百年梦想、全面建成小康社会的伟大进程中，配电设备和管理进步日新月异，配电网控制技术进入智能化时代，走在了世界的前列。回顾配电工业发展历程，有辉煌也有低谷，以史为镜照亮未来，相信在双碳目标、新型能源体系规划建设的大背景下，配电将迎来新的更大机遇。

谨向所有关心、支持和参与《中国电力工业史》编纂的领导、专家和工作人员，以及编辑出版人员表示衷心的感谢！由于史料搜集、研究、编纂和校核的工作量巨大，书中难免存在不妥和疏漏之处，希望广大读者批评指正。

凡 例

中国电力工业史

一、《中国电力工业史》记述了从1882年中国电力工业发端至2019年中国电力工业建设和发展的历史过程及经验教训。为了更全面地反映中国电力工业的发展脉络，本书共设八卷，分别是《综合卷》《火力发电卷》《水力发电卷》《核能发电卷》《可再生能源发电卷》《电网与输变电卷》《配电卷》与《用电卷》。

二、各卷均包括前言、凡例、绪论、正文、大事年表、附录、索引。本卷的四编对应四个阶段：第一阶段为中华人民共和国成立之前中国电力工业的发展情况，即1882—1949年，反映了中国电力工业的初步发展；第二阶段从中华人民共和国成立到改革开放之前，即1949—1978年，重点反映中华人民共和国成立后电力工业艰苦奋斗的历程；第三阶段从改革开放到21世纪之初，即1978—2002年，这是电力工业进行体制改革促进发展的关键时期；第四阶段是进入21世纪后，即2002—2019年，是电力工业走向市场化改革并取得突破性成就的重要时期。

三、在内容的叙述上，为保证各卷的相对独立，部分卷的内容之间有交叉，但从各卷的特点出发各有侧重。

四、本书采用编年体方式记述。各卷的编纂结构大体一致，但不尽相同。一般采用编、章、节、目的形式，并设有附录。

五、正文内容使用规范的现代汉语书面语言。所用汉字除必须用繁体字的以外，一律使用国务院2013年6月公布的《通用规范汉字表》所列的汉字。

六、各卷数字的使用，均执行《出版物上数字用法》（GB/T 15835—2011）的规定。

七、书中计量单位，除引用历史上所用的某些单位外，均执行《中华人民共和国法定计量单位》的规定。在表达量值时采用单位的中文符号。

八、书中的机构名称、名词术语等，均以当时的规定为准，对当时确实存在的不统一、不规范的情况，在相应的文中以注释的方式加以说明。

九、书中所列统计数据，一般未包含台湾、香港和澳门地区的数据，相关内容在《综合卷》第十九章中体现。

十、书中注释采用脚注方式，当页编码，不编通码。

目录

绪　论

电的发明，照亮了人类文明前行的道路，开启了社会发展的新时代。1875 年，法国巴黎北火车站建成世界上第一座火电厂。1879 年 5 月 28 日，英国电气工程师毕晓浦（J.D.Bishop）在上海虹口的一座仓库里，用 7.46 千瓦的蒸汽机带动自励式直流发电机发出的电点燃了一盏碳极弧光灯，这是中华大地上点亮的第一盏电灯。

1882 年，英国人立德尔（R.W.Little）创办上海电气公司，建成中国第一座发电厂，装机容量仅 12 千瓦。7 月 26 日，夜幕降临的时候，15 盏电弧灯在上海外滩一齐点亮，标志着中国电力工业的诞生。从电厂和围墙内的第一根电杆，沿外滩到虹口招商局码头，总长 6.4 千米的电力线路，成为中国第一条供电线路。

旧中国的电力工业，处于半殖民地半封建社会，由于外强侵略、长期战争、社会动乱、外国资本控制和制约，发展道路坎坷，步履蹒跚。至 1949 年 9 月底，全国发电设备容量仅为 184.86 千瓦，年发电量 43.10 亿千瓦•时（不含台湾，下同），分别居世界第 21 位和第 25 位。中华人民共和国成立后，特别是改革开放后，中国的电力工业快速发展。到 2019 年年底，电力装机容量达到 20.1 亿千瓦，年发电量 7.33 万亿千瓦•时，配电网密布城市、乡村、海岛、边疆，电网规模居世界第一，配电设备和管理进步日新月异，配电网控制技术进入智能化时代，走在了世界的前列。

经过数代电力工作者的不懈努力，中国电力工业从小到大、从弱到强、从追赶到领跑，走出了一条具有中国特色的发展之路。中国电力工业配电工作者坚持人民电业为人民的宗旨，在脱贫攻坚、城镇配电网建设、农村电网改造升级、大气污染防治、光伏扶贫等重大行动中取得了重要成就，“户户通电”工程让 14 亿中国人民都用上了电，不但沿海经济发达地区灯火通明，而且从雪域高原到茫茫戈壁，这些最偏远的地方也都亮起了电灯。中国电力工业为经济社会发展提供了安全、可靠、清洁、经济、可持续的电力供应，人民群众的获得感不断提高。在实现百年梦想、全面建成小康社会的伟大进程中，配电工作者做出了积极的贡献。

一、电力工业的起步和旧中国的配电网

中国电力工业，是在一个极不公平、极端贫困、极其混乱的社会形态中发展起来的。从 1882 年中国电力工业发端开始，到 1949 年中华人民共和国成立，配电网的发展历程大致可划分为三个时期。

第一时期：自 1882 年中国电力工业诞生至 1911 年辛亥革命前期。由于清政府的腐朽愚昧，闭关锁国政策抵挡不了列强的坚船利炮，国门被轰开后，帝国主义国家纷纷来到中

国抢占地盘，掠夺财富，“电”随着洋枪洋炮来到中国，相继在上海、天津、大连、青岛、旅顺、厦门、澳门、九龙等沿海城市，以及北京、奉天（今沈阳）、哈尔滨、汉口、长春、唐山、焦作等位于铁路沿线、长江码头的内地城市组建电气公司兴建电厂，中国电力工业开始是由外国资本垄断和操纵的。与此同时，由于外国资本的刺激，部分中国商人和官僚也开始投资电力这一新式工业，官办、官督商办、商办的电厂逐渐兴起。中国的第一批电厂就是在这样的形势下发展起来。

初创时期的电力工业，用电以照明为主，后随着实业救国、强国精兵等政策的实施及近代交通的发展，电力得到更大范围的应用，逐渐形成照明、工厂、矿山及电车、电梯等类型的配电网。这一时期，由于发电、用电的规模较小，供电模式较为单一，所以配电线路都是以发电厂为中心的辐射型，由电厂出线直接供给用户。

第二时期：自 1912 年中华民国临时政府成立到 1937 年日本发动全面侵华战争前的时期。在此期间，国外资本强势扩张，民族资本也较快发展。到 1936 年年底，全国发电设备总容量为 137 万千瓦，较 1911 年增长约 17 倍，年发电量 44.5 亿千瓦·时，列世界第 14 位。局部地区电网开始形成，上海市各变电所出线之间都可以联络，北平、广州、南京等沿海和大都会城市配电网逐渐完善，配电线路也开始向农村延伸。这一时期，国民党政府颁布了《电气事业条例》等一系列法律法规，统一了电压和频率等技术标准，民族电力制造业也在艰难中发展，国家垄断的电力工业开始形成。

第三时期：自抗日战争全面爆发到中华人民共和国成立前的时期。日本对中国的全面入侵打断了中国电力工业良好的发展势头，国民党政府迁往重庆，爱国的电力企业家和电力工人历尽千辛万苦，将电力设备向大后方转移，重建战时电力。虽然辗转千里，受到重大损失，但是重庆、成都、昆明、贵阳等国统区的配电网相应地发展起来，为保障后方稳定、支援抗日战争发挥了重大作用。在被日军占领的广大沦陷区，配电网等电力设施遭到了较大的破坏，但在东北地区，日本侵略者为掠夺中国资源，大力开发水电并建设火电厂，配电网有一定的发展。在中国共产党领导的敌后根据地，八路军中的能工巧匠，克服重重困难，建设贺龙电厂、刘伯承电厂等红色电力，以及隐蔽在太行山崇山峻岭中的配电线路，为保障抗战军工生产发挥了不可或缺的重要作用。

抗日战争胜利后，蒋介石发动全面内战，对电力工业又造成了一定程度的破坏，满目疮痍的大地上，一张张配电网支离破碎。在解放战争中，中国共产党十分重视对电力工业的接管和配电网等电力设施的抢修恢复，有力地支援了解放战争的全面胜利，并为管理、发展好电力工业，建设新中国培养了人才，积累了经验。

二、计划经济下配电网的曲折发展

1949 年 10 月 1 日，中华人民共和国成立，中国电力工业开启新的历史篇章，配电网也迎来了自力更生、艰苦奋斗、突飞猛进的发展。

1949 年至 1952 年，是国民经济的恢复期。中华人民共和国成立之初，各行各业百废待兴。由于战争破坏，设备老化、损坏和年久失修，配电网可以说是破败不堪、事故频发。

各地电力部门根据第一次全国电业会议确定的基本方针和任务，迅速组织力量投入到恢复性检修工作之中。上海电力公司于 1951 年 6 月 4 日发出“救命大检修”的号召，北京电力公司线路经常停电，经过抢修，北京城内外大放光明。

广大电力工人翻身做主人，表现出极大的工作热情，经过三年恢复期的配电网检修，供电很快恢复正常，为恢复工农业生产、支持抗美援朝、保持社会稳定做出了应有的贡献。三年国民经济恢复期卓有成效的恢复性检修，有力保证了配电网的供电安全。

随后中国配电工业进入了轰轰烈烈的建设时期（1953 年至 1965 年），跨越“一五（1953 年至 1957 年）”“二五（1958 年至 1962 年）”和三年调整时期（1963 年至 1965 年）。在此期间，中国电力工业走上了计划经济的发展道路。经过社会主义改造，各地电力企业都改成了国营经济，建立起社会主义性质的经营管理制度。电力企业的发供电业务也逐步分离，各地根据具体情况，学习苏联模式，建立起配电管理的体制机制。

“一五”期间，大部分城市配电网建设重点仍旧是对老旧设备进行检修、改造，并根据实际需求新建或扩建城市配电网架，扩大供电区域，满足社会用电增长需求。“一五”计划建设取得了巨大成就，城市配电网设备健康水平得到大幅度提高，配电网络布局和供电可靠性也有较明显的强化。同时国家统一了配电电压等级和频率，完善了一大批配电运行、检修和建设的规章制度，加强了配电网的安全运行和检修管理。

1958 年，全国开始了轰轰烈烈的“大跃进”运动，强调用最快的速度来发展社会生产力，实现国家工业和农业现代化。在“大干快上”的背景下，“四合一”环形供电、“两线一地”“一线一地”等供电方式、“三边❶”“超铭牌运行”“土法上马”等违反科学规律的做法，被当作配电创新举措，得到了推广应用，带来了较大的安全隐患，以至于后期不得不花大力气去整改，但不可否认的是在当时材料匮乏、资金短缺的艰难局面下，这些举措让千百万老百姓用上了电，极大地推动了电力事业，尤其是农村配电网迎来了飞速发展。到 1966 年，全国农村电网 10 千伏及以下电力线路达到 16.02 万千米，农村配电变压器容量达到 750 万千伏·安。“二五”时期，受“大跃进”和中苏关系恶化的影响，中国电力工业经历了较大的波折。在高指标、瞎指挥、浮夸风和“共产风”为主要标志的“左”倾错误影响下，片面追求“高速度”，使配电网建设、生产遭受一定损失，但经过电力职工和人民群众的努力奋斗，“二五”时期配电网发展仍取得了可观的成绩。

1963 年至 1965 年间，电力工业贯彻 1961 年党的八届九中全会提出的“调整、巩固、整顿、提高”八字方针，纠正一些“左”的错误做法，在调整工作中，电力企业实行全面经济责任制，整顿企业，健全管理。到 1965 年年底，全国拥有发电设备容量 1507.63 万千瓦，年发电量 676.04 千瓦·时，发电容量和年发电量在世界上的排名均上升到第 9 位。这一时期，农村配电网建设受到了重视，3～10 千伏线路长度 3 年增长了 1.18 倍，3～10 千伏变压器容量增长了 1.12 倍。

正当各地电力企业贯彻“八字”方针，企业整顿取得初步成效之时，1966 年“文化

❶ “三边”是指边勘察、边设计、边施工。

大革命”爆发了。“三五”“四五”时期，正是“文化大革命”动乱的十年，配电网建设和运行、检修管理受到更大的冲击。先前建立和完善起来的规程制度再一次遭到更为严重的破坏，生产建设中不少做法与“大跃进”如出一辙，甚至有过之无不及。强调“政治挂帅”、反对管卡压、砸烂一切、大破大立，踢开党委闹革命，配电生产秩序被打乱，合理的经营管理制度被批判，大批领导干部和技术人员遭到揪斗、批判、“靠边站”、下放劳动，严重影响了配电网的建设发展和正常运行，导致事故频发，触目惊心。

1976 年 10 月，“文化大革命”结束之后，电力工业系统开展了一系列拨乱反正和生产整顿工作，“安全第一”“质量第一”的生产方针被重新确立，各地电力企业轰轰烈烈组织开展“工业学大庆”活动，以创建大庆式企业为抓手，一个一个进行整顿“达标”验收，企业面貌很快焕然一新。

回望从中华人民共和国成立之初，到改革开放之前这一时期的电力工业配电专业的发展，真是波澜壮阔，跌宕起伏。在中华人民共和国成立之前，除了较大的城市和极少数的集镇，中国绝大部分地区都没用上电，尤其是广大的农村，一到夜晚，漆黑一片，亿万农民仍旧停留在日出而作、日落而歇的自然农耕阶段。中华人民共和国成立后，广大电力职工和人民群众怀着无比高涨的工作热情和艰苦卓绝的奋斗精神，积极投入电力建设的浪潮中。到 20 世纪 70 年代末，配电网在艰难曲折中以惊人的速度发展，为国家建立起较为完整的工业体系提供了能源保障，中国半数以上的农村用上了电，取得了举世瞩目的伟大成就。

三、改革开放中配电网的飞速发展

从 1978 年到 2002 年，随着改革开放的大潮涌起，配电网经历了从应对电力供需突出矛盾，想方设法加强电网改造，竭尽全力保障国民经济腾飞，到电力供需矛盾缓解，投入大量资金，大规模开展城乡电网改造，扩大电力市场，提供更加优质、可靠的电力和服务的发展过程。

1978 年，党的十一届三中全会胜利召开，真理标准大讨论解除了禁锢人们思想上的桎梏，农村分田到户，推行家庭联产承包责任制，城市工厂企业紧随其后，开始推行经济承包责任制。全面改革开放，极大地解放了社会生产力，全国人民团结一心，放开手脚向着四个现代化奋力奔跑，新办工厂企业像雨后春笋在大地上萌发。电力是国民经济的基础，当时到处需要电，但到处电不够用，电力供需矛盾越发突出。当时发电装机容量不足发电跟不上，电网薄弱“卡脖子”供电供不出，电网长期低频率、低电压运行，工厂“开四停三”，甚至“开三停四”。即使在实行计划用电、各工厂企业按线路轮休限电的情况下，超负荷拉电仍然司空见惯，拉闸限电成为常态化措施，电力供需矛盾重重，首当其冲的还是直接影响广大用户用电的配电网。

这一时期，体制改革开始起步，电力企业开始由生产型向生产经营型转变，实行三大改革（一是投资包干，二是招标承包，三是百元产值工资含量包干），推动地方、企业、集体参加集资办电，以改变一家办电、千家要电、电力短缺的局面。1987 年，国家出台了“政企分开、省为实体、联合电网、统一调度、集资办电”的电力体制改革方针，极大地调动了各地办电的积极性，有力地推动了电力工业的快速发展。

这一时期，配电网发展最大的制约，是建设资金的缺乏。改革开放初期，国家建设井喷式发展，各行各业都缺资金，而电力部门首先要保证电源建设，当时的流行说法是“重发、轻供、不管用”。对于配电网来说，基本没有可以列入计划的配电网建设与改造资金，仅有的“贴费”（业务扩充资金）与配电网建设与改造需要的资金相比杯水车薪，“开源节流”成为这一时期国家在电力供需环节的主要政策导向。1985 年 5 月，国务院批转国家经贸委《关于鼓励集资办电和实行多种电价的暂行规定》，各地“三电办”通过组织全社会参与计划用电，保障电力供需平衡，多方筹措资金，大力开展群众办电，对缓解配电网建设资金困境发挥了重要作用。

这一时期，以节能、安全、提高经济效益为中心，各地把整修改造与调整电网布局、消除设备缺陷、加强管理相结合，因地制宜推动配电网建设，将“大跃进”“文化大革命”期间突击建设的“二线一地制”等不合理、不安全的供电线路分期分批进行了改造。通过加快实施 110 千伏电压等级直接深入市区负荷中心、优化网架结构、中低压设备更新等一系列改造，明显改善了城市配电网架结构和设备陈旧、配电变压器容载比偏小、线损率偏高等问题，有效提升了城市配电网络的供电能力和供电质量。

这一时期，在广大的农村地区，大力鼓励“自建、自管、自用”的小水电供区和农村小电网。1982 年 11 月，中共中央总书记胡耀邦考察了福建、四川等地的小水电，提出在小水电资源丰富的地区建设 100 个中国式农村电气化试点县的设想，水电部迅速启动了这一工程，至 1990 年 6 月，109 个县达到了初级农村电气化县的标准。这 109 个试点县中的 95%属于老、少、边穷地区，农村电气化县的建设使绝大多数老百姓用上了电，给当地的经济带来了生机。以小水电为电源的农村电气化县建设，推动了全国农村电气化县事业的蓬勃发展。进入 20 世纪 90 年代，农村电网建设取得了显著成就，截至 1993 年年底，全国县及县以下用电量达到 2940 亿千瓦·时，占全国用电量的 35%，全国 97%的乡（镇）、93%的村、89%的农户，近 8.8 亿农村人口用上了电。

20 世纪 90 年代中期，中国经济成功实现软着陆，这时电力电源建设成果开始显现，困扰中国经济发展多年的电力供需矛盾终于开始得到缓解，但由于长期资金投入不足，城乡配电网普遍存在网架结构薄弱、设备陈旧老化、电能质量差、供电可靠性低，以及农村地区用电电价高、收费乱等问题，电力供应矛盾从过去普遍缺电、盼电，转变为如何将电送到老百姓的家中，让人民群众用上高质量的放心电的问题。国家从扩大内需，拉动经济发展，改善人民生活的目的出发，对配电网建设投入大量资金，配电网建设迎来了大规模建设改造的黄金时代。1998 年 10 月 4 日，对农村用电意义深远的“两改一同价”（农村电网改造、农电体制改革，实现城乡用电同网同价）拉开了帷幕。

从 1998 年下半年开始，至 2001 年年底，经过为期 3 年的城乡配电网建设，国家电力公司共完成城市配电网 1214 亿元、农村配电网 1893 亿元投资，城乡配电网供电能力和供电质量得到大幅度的提高，城市电压合格率提高 2～5 个百分点，达到 96%～98%，农村地区供电可靠率提高8个百分点，达到了95%，电压合格率提高了12个百分点，达到了90%以上；线损率下降到12%以下。2001年与1998年相比，农村电价平均下降0.13元/（千瓦·时），每年减轻农民负担350亿元，消灭了无电县，解决了2500多万人的通电问题。此外，城乡配电网建设还带动了“家电下乡”，促进用电量增长10%以上，农民生活质量有了很大的提高，被农民群众赞誉为“德政工程”“民心工程”。

这一时期，电力工业管理体制进行了一系列重大改革，1996年，国务院批准组建国家电力公司。1998年3月，九届全国人大一次会议批准国务院机构改革，决定撤销电力部，并授权国家电力公司为电力投资主体和经营主体。在深化改革中，广大电力职工转变观念，服务意识更为深刻。集体企业队伍不断发展壮大，为配电网工程建设提供了强大的力量。乡（镇）电管站改为县供电企业直接经营管理的供电营业所。为适应优质服务需要，配电运行检修管理体制机制从营配合一到营配分离、运检分离，不断优化调整。随着配电网的飞速发展，各地市配电网调度从地区调度机构中独立出来，电力110与公安110联动，配电网抢修反应的速度和能力得到提高。配电自动化开始起步，不停电作业方式得到了更为广泛的推广应用，配电在服务经济社会发展和提高人民群众生活水平上的作用更为突出。

四、深化改革中的配电网的跨越式发展

2002年至2015年，电力市场化改革不断深化，实行厂网分开，建立电力市场机制，在能源安全新战略的指引下，发挥市场在资源配置中的决定作用。改革促使电力工业取得了跨越式发展，为中国全面实现小康社会目标提供了有力的支撑，并在高质量的发展中走到了世界前列。

2002年2月10日，中共中央国务院以国发〔2002〕5号文，印发电力体制改革方案，国家电力公司被拆分为国家电网公司、南方电网公司和五大发电集团、四大辅业集团，实现厂网分开，引入竞争机制。这是中国电力体制改革的重要成果，是中国电力工业发展的新的里程碑，它标志着中国电力工业在建立社会主义市场经济体制，加快社会主义现代化建设的宏伟事业中，进入了一个新的发展时期。

从“十五”（2001—2005年）开始，中国电力工业进入快速大规模增长阶段，“十五”期间电力装机容量两次越过“亿千瓦”❶，电力的快速增长，使长期以来电力供需不平衡的局面得到改善，电力已经基本适应经济社会发展和人们生活的需要。

在这一阶段，配电网建设紧紧围绕全面建成小康社会目标，全力在打通“最后一公里”上下功夫。国家电网公司和南方电网公司等电力企业，继续组织开展了县城电网改造、中西部电网完善、新农村电气化建设、农村电网升级改造、无电地区通电、户户通电等一系列农村电网建设改造工程，电网“卡脖子”现象基本消除，网架更加合理，供电可靠性大

❶ 即2004年5月以三峡电站7号机组投产为标志，全国电力装机容量达4亿千瓦。到2005年12月，以浙江宁海电厂2号机组投产为标志，全国电力装机容量达5亿千瓦。

幅度提高，电能质量全面提升。

2015年，在中国电力发展历史上是具有特殊意义的一年，这年的12月23日，青海省果洛藏族自治州班玛县果芒村和玉树藏族自治州曲麻莱县长江村合闸通电，标志着中国全面解决无电人口用电问题的任务圆满完成，标志着13亿人民全都用上了电，创造了世界电力发展史上绝无仅有的伟大成就。

建好配电网，更要管好配电网。自2002年起，电网企业对配电专业管理工作进行了系统的梳理和整合，逐步取消县级供电企业的“代管”体制，规范和加强了农村配电网的管理，出台了配电网建设预算定额，发布《配网安全工作规程》，提出了配电设备状态检修。2009年1月，国家电网公司生产技术部成立配电处，自上而下建立起配电专业管理体系。2010年，国家电网实施管理架构大变革，优化了配电管理的体制机制，通过一系列配电专业管理措施，明确了建设世界一流配电网的规划目标，规范统一了城乡配电网建设与改造技术标准，对提升配电网发展建设和运行管理水平发挥了重要作用。

给人民送上了电，还要让人民用电用得放心、用得舒心。中国南方电网公司提出了“以提高可靠性为各项工作的抓手”，发布了《中国南方电网公司供电服务承诺》，国家电网公司为全面提高供电服务水平，发布了《国家电网公司供电服务“十项承诺”》，各地电力企业迅速进行了宣贯落实，配电调度、抢修和建设等工作开始接受社会监督，逐步趋向规范化，员工服务意识及服务水平有了跨越式发展，客户满意率显著上升。

2005年，国家电网公司在深入开展党员先进性教育活动中，大力组织开展共产党员服务队活动。在配电领域，结合配电业务，先后成立各具特色品牌的共产党员服务队，截至2017年，国家电网公司累计成立4095支共产党员服务队，其中许多服务队成为中央企业服务品牌。天津市电力公司抢修班班长、“黎明共产党员服务队”队长张黎明，以他的精湛技能和数十年如一日坚守配电抢修一线的无私奉献（忘我奋斗）精神，获得“时代楷模”的光荣称号，成为全体配电人的骄傲。

2003年春，党和国家带领全国人民取得抗击“非典”战役的全面胜利后，及时总结经验，提出全面加强应急管理的重大命题。电网企业根据国家应急管理要求及相关法律，先后发布本系统重特大生产安全事故预防与应急处理暂行规定及大面积停电应急预案，加强应急队伍建设、物资储备和应急演练，不断完善应急管理体系。配电专业工作者在国家发生重大灾害急需电力抢修救灾，或者重大活动保电时发挥重要作用。在1998年特大洪水抢险保电、2008年南方罕见冰雪灾害抢险保电、汶川特大地震灾害抢险保电、北京奥运会保电、2010年上海世博会保电等历次大规模抢险救灾和重大保电活动中，电网企业的出色表现和取得的胜利，充分说明了中国电网企业是履行社会责任的主力军，彰显了央企的责任担当。

五、新时代中国配电网迈向国际领先

“十三五”（2016—2020年）期间，是全面建成小康社会的决胜阶段，电力行业以习近平新时代中国特色社会主义思想为指引，遵循“四个革命、一个合作”的能源安全新战略，电力配电网建设在高质量发展上取得了更为令人瞩目的成就。

党的十八大以来，电网企业按照党中央、国务院的决策部署，实施了以村村通动力电、井井通电、小城镇（中心村）电网改造为主的新一轮农网改造升级“攻坚”工程，以及为打赢“蓝天保卫战”而实施的“煤改电”电网配套工程，同时为助力深度贫困地区脱贫攻坚，实施了“三区三州”深度贫困地区电网建设工程，贫困地区用电保障能力大幅提升。2019年全国人均用电量732千瓦·时，与2005年电力普遍服务步入消除无电户阶段初期相比，人均提高了516千瓦·时，配电网的发展为全面建成小康社会“百年”梦想的实现作出了应有的贡献。

这一时期，配电新设备新技术广泛应用，非晶合金变压器、有载调容调压配电变压器、高过载配电变压器、无间隙氧化锌避雷器、静止无功发生器（static var generator，SVG）、故障指示器等装备不断更新，电能质量在线监测装置、机器人配电设备保护监视、无人机线路巡视、移动作业App等技术得到推广应用，不停电作业得到全面普及，配电管理更加精益，配电网规划设计导则、技术导则、检修工艺规程、运行规程等标准制度的制修订，促进了配电网管理从规划、设计、施工、验收到运行、检修等全过程、全方位的提升，配电网应对自然灾害和突发事件的能力大幅度提高，配电管理水平得到全面加强。

这一时期，配电网自动化、智能化水平快速提升，充分融合大数据、云计算、物联网、移动应用、人工智能、区块链等新技术，主动配电网信息平台、新一代自动化主站、设备（资产）运维精益管理系统等服务智能配电网建设发展的新型数字化系统得到了广泛应用，多能源协同交互控制技术、负荷柔性控制技术、集群需求响应技术和分布式发电群控群调技术等一大批新技术得到试点推广，解决了分布式能源并网消纳、电能质量控制及潮流控制等难题，配电网智能化水平达到了现代化的新高度。

这一时期，供电可靠性水平得到大幅提升，全国城市用户供电可靠率指标由98.90%上升到99.949%，城市用户年平均停电时间由96.55小时/户下降到4.5小时/户。部分先进供电企业供电可靠率达到了“4个9”，用户年平均停电时间进入1小时内，达到世界先进水平。北京、上海、天津、青岛、南京、苏州、杭州、宁波、福州、厦门10个城市C类以上区域高压、中压配电网“$N-1$”通过率分别达100%和90%，电网结构标准化率分别达95%和90%，10大城市核心区平均供电可靠率达99.9946%，年平均停电时间在30分钟之内，均实现了100%配电自动化覆盖率，达到世界一流城市配电网水平。

六、中国配电网发展的成就和经验

中国电力工业是在当时统治中国的清政府极其腐朽没落，帝国主义列强疯狂瓜分中国的历史背景下开始建立和发展的。自1882年发端到1949年国民党政权垮台，中国电力工业受外国资本和官僚资本控制，加上日本帝国主义的入侵和连年战争的破坏，发展极其缓慢。中华人民共和国成立后，电力工业作为国民经济的先行官，为中国经济和社会发展提供强大的动力，实现了跨越式的发展，取得了举世瞩目的成就。配电网作为电力工业中与经济社会发展、人民幸福生活联系最紧密的组成部分，其建设与发展取得了非凡的成就。

（一）配电网发展成就

一是实现了“户户通电”的伟大目标。进入 21 世纪，中国电力企业落实国家农村政策，承担社会责任，通过近 20 年的努力，终于编织起一张纵横交错、辽阔无边的配电网，从乡乡通电到村村通电，再从村村通电到户户通电，将光明送到了中国的各个角落。脱贫攻坚电力先行，为响应中央打赢脱贫攻坚战的决策部署，电力企业开展“三区三州”深度贫困地区农网改造升级等一系列电网建设，显著改善了贫困地区生产生活用电条件，于是山坳的校园里亮起了灯，偏僻的乡村里办起了厂，脱贫攻坚走向胜利。

二是建成了世界上规模最大的坚强配电网。2009 年，中国电网规模超过美国，跃居世界第一；2011 年，中国发电装机容量、发电量超过美国，成为世界第一；截至 2019 年年底，中国已建成世界上规模最大的交直流混合电网，电力装机容量达到 20.1 亿千瓦，年发电量 7.33 万亿千瓦 · 时，35 千伏及以上输电线路回路长度达 197.53 万千米，10（20）千伏配电线路长度达 38.4 万千米，配电变压器达 592 万台。配电与发电、输电、变电、用电等其他专业一起，形成了独立完整的电力工业体系。全国平均供电可靠率达 99.843%，成为世界上配电能力最强的特大型电网。

三是构建了专业独立的现代配电管理体系。国家电网公司及南方电网公司先后成立配电网专业管理处室，各地电力企业纷纷成立配电网专职管理部门，负责配电网规划、建设、运检、抢修等全业务流程，配电管理的专业化水平不断提升。2010 年以来，国家电网公司及南方电网公司先后发布了超过 90 项通用制度，规范了业务流程，各省、市电力公司结合地方实际，构筑差异化技术标准，实现了“事事有规矩、步步有准则、同岗同标准、同职同规范”。

四是炼成了一支能征善战的配电“铁军”。配电自动化、工程技术经济造价及配电网调度等专业化管理队伍从无到有，配电工程、不停电作业及应急保障队伍逐步壮大，营配末端保障、建运一体化管理等复合型人才不断成长，中国配电管理队伍向着专业化、体系化方向全力迈进。面对各类自然灾害，面对北京奥运会、上海世博会等各项重大事件，电力员工积极履行维护公众利益和电力普遍服务的义务，多次实现“零失误、零事故”，展现了人民电业为人民的宗旨。

五是形成了创新驱动的发展格局。从引进西方的先进设备和技术，到“引进来”与“走出去”并重，中国电力工业在配电领域与世界各国的国际合作始终保持积极主动的姿态，在消化、吸收国外先进技术的基础上，加强关键技术攻关和科技创新，利用中国配电网大发展这一有利条件，勇于创新，积极探索，研发推广了 10 千伏有载调容调压变压器、环保气体柱上真空断路器、一二次融合开关设备等先进设备，开展了主动配电网、分布式能源并网、微电网等智能电网示范应用试点，主导了分布式电力能源系统、微电网等国际标准的编制，取得多项世界领先的创新成果。

（二）配电网发展经验

总结中国配电网的发展历程，可以看出，配电网作为电力工业的重要组成部分，必须遵循电力工业发展独特的客观规律。总结经验教训，对促进配电网发展具有十分重要的指导意义。

一是坚持“以人民为中心”，满足人民美好生活的用电需求。回顾中华人民共和国成立以来，配电网的发展历程，就是一部改善人民群众生活、为人民群众谋幸福的创业奋斗史，这与党的执政理念完全一致。牢牢把握住这个根本点和关键点，一切为了人民，一切依靠人民、紧紧依靠人民，才能切实担当起“四个服务”[1]的责任，才能使配电网的发展与国家发展战略保持高度一致，才能与时代的脉搏保持同频共振，才能沿着正确的道路健康稳定地发展。

二是要把握发展趋势，处理好适度超前与科学发展的关系。电力是国民经济的先行官，适度超前发展是电力工业的独特规律。中华人民共和国成立以来，电力工业几乎是在一片废墟上发奋图强，与严重缺电和有电供不出“卡脖子”现象长期斗争，向着先进发达国家奋起直追中发展壮大起来的。在进入中国特色社会主义建设发展的新时代，面对百年未遇之历史大变局和日趋复杂的国际国内形势，在保持高速发展的同时，要在“稳”字上下功夫，把握好配电网发展的“度”，既避免急躁冒进，又防止固步自封，做到又快、又稳、又好地科学发展。

三是要适应新发展格局，提升配电网管理的“软”实力。近年来，中国配电网建设取得长足进步，技术装备、供电质量、服务水平大幅提升，电网“硬”实力已达到世界一流水平，但在管理“软”实力上，尤其是数据管理、客户体验等方面，仍存在较大提升空间。为此，必须始终关注世界配电网的发展动态，持续开展国际交流，加强研究成果的落地转化，学习借鉴先进的现代化管理经验，贯通设备实物和价值管理两条主线，推动配电网精益化管理水平的全面提升，最大限度发挥配电网资产价值、数据价值，降低电网运行成本，推动效率提升，实现电网“硬”实力和管理“软”实力同步达到并保持世界一流水平。

四是服务能源低碳转型，构建以清洁能源主体的新型电力系统。2020 年 9 月 22 日，中国政府在第七十五届联合国大会上提出：“中国将提高国家自主贡献力度，采取更加有力的政策和措施，二氧化碳排放力争于 2030 年前达到峰值，努力争取 2060 年前实现碳中和。”能源行业碳排放占全国总量的 80%以上，电力行业碳排放在能源行业中的占比超过 40%，随着国家“碳达峰、碳中和”战略目标的提出，可再生能源和分布式电源必将迎来快速发展，以电为主的多种清洁能源将形成多能互补和梯级利用体系，源—网—荷—储互动要求不断增加，配电网有源化特征越发凸显。所以，要结合智慧城市建设需求，全力推进能源互联网建设，加快配电网数字化转型，实现配电网由传统单向无源网络演变为区域能源资源配置平台，提升综合承载能力，满足清洁能源足额消纳和多元化负荷灵活接入需求。

五是要强化创新驱动，在能源革命中抢占先机。国际能源格局向“清洁主导、电为中心”转变。随着能源清洁低碳转型的深入推进，可再生能源的大规模开发利用，分布式能源、储能、电动汽车等交互式能源设施快速发展，各种新型用能形式不断涌现，简单延续

[1] 服务于党和国家的发展大局、服务于社会经济的发展、服务于发电企业、服务于人民幸福生活的追求。

以往的电网发展思路已经无法适应。因此配电网要坚持创新发展这条主线，遵循“四个革命，一个合作”的科学论断，在能源变革发展的转折关头，加大对配电重点领域、关键节点的科技投入，保持在主动智能电网和分布式新能源并网等方面的技术优势，在构建新能源为主体的新型电力系统的创新发展上走在世界前列。

六是要坚持改革促发展，不断优化配电管理的体制机制。中国电力企业不断探索配电专业化管理体制，从最初“不管不问”到成立专业管理处室，再到各地纷纷建立配电管理部；从照搬苏联各项管理制度到制定简易规程，再到各类专项标准规范的发布，中国电力企业适应标准化、精益化、数字化的配电发展需求，不断提升专业化管理水平，为配电网高质量发展奠定了坚实基础。随着国家电力体制改革持续深化、配售电业务竞争加剧、电力企业迈向世界一流持续加速，配电发展进入新阶段，要求电力企业既要持续发力提升供电可靠性，又要兼顾技术的适应性、应用的针对性和经济的合理性，合理配置技术、人力、资金等资源要素，实现配电网安全、质量、效率、效益协调发展，努力追求配电网管理全面、综合的“国际领先”水平。

七是要突出“以人为本”，加快配电专业人才队伍培养。在所有发展因素中，人是最根本的要素，伴随着配电人员队伍逐步走向规模化、职业化、专业化，为配电发展提供了磅礴的人才支撑，中国配电工业才能摆脱落后的困局，迎来当下的辉煌。随着配电网飞速发展，配电网规模不断增长，新设备、新技术、新业态不断涌现，要求配电员工掌握的技术知识和业务技能越来越多、越来越复杂，中国配电在追寻国际领先的道路上，对人才的需求更加迫切。要高度重视配电科技人才、技能人才、管理人才和建设人才的培养，在实践中创新人才培育和管理的办法，在建立人才梯队的同时重点加强青年人才的培养锻炼，建设一流的人才队伍，不断提升中国配电事业的核心竞争力。

八是要确保“安全第一”，提升配电网安全稳定运行能力。进入21世纪，配电专业化生产管理体系逐步建立完善，配电网网架结构、设备质量、技术水平、服务能力不断升级，中国配电网的安全生产水平也取得了长足进步。但是随着我国电网规模的不断扩大，电网结构性矛盾突出，外力破坏和自然灾害呈多发频发趋势，电网大规模建设、新能源快速发展、电力市场化改革等带来的各种挑战交织，发生大面积停电事故的风险始终存在。在今后的发展过程中，更要坚持做好安全生产责任制，落实电力企业安全生产主体责任，健全完善“层层负责、人人有责、各负其责”的工作体系，同步抓好安全投入、教育培训、安全检查、隐患排查治理、风险管控、应急处置、反违章等工作，确保配电网运行安全，保障人民群众的获得感、幸福感、安全感。

第一编

中华人民共和国成立前的配电网

（1882—1949）

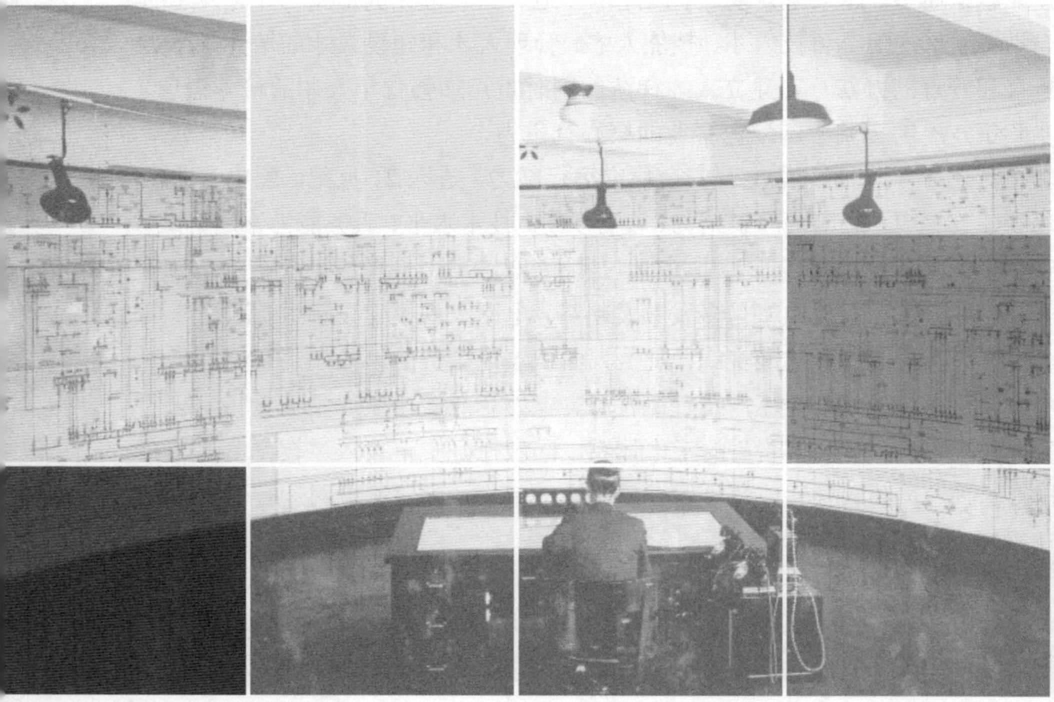

在上海市南京路和江西路交汇处西北转角处，竖着一个书型纪念碑，打开的紫铜页面上镌刻着："一八八二年七月二十六日，中国第一家发电公司——上海电气公司正式投入商业化运营，第一盏电灯在此点亮。"1882 年 7 月 26 日夜晚七点，15 盏弧光灯一齐点亮，明亮的灯光划破夜幕，标志着中国电力工业在此起步。而从纪念碑所在的位置——当时发电厂围墙内竖起的第一根电杆，沿外滩到虹口招商局码头，串接起 15 盏电灯，总长 6.4 千米的电力线路，成为中华大地上架起的第一条供电线路。

当时的中国，正处在深重的苦难之中。封建、愚昧的清朝政府盲目自大，闭关锁国，帝国主义列强用坚船利炮攻破国门，逼迫腐败的清政府签订下一系列不平等条约。从 1845 年英国根据《南京条约》，胁迫清政府通过《上海租界章程规程》取得第一块租界开始，租界这种畸形的"国中之国"在中国通商口岸到处林立，它是列强侵略中国的桥头堡，加深了中国的殖民化，但同时客观上也促进了西方科学在中国的传播。

上海电气公司是由英国人立德尔（R. W. Little）等人，招股集银 5 万两所创办，在上海公共租界建立起中国的第一座发电厂。随后，英商在厦门、德商在天津也办起了电厂，依仗着不平等条约，外商在中国的土地上纷纷建厂。电力作为代表当时最先进的新式工业，也引起了清政府和民族资本家的高度关注，积极兴办。官办、官督商办、商办的电厂逐步崭露头角，并与帝国主义在华的电厂抗衡。中国的电力工业就是在这种侵略与反侵略、殖民与反殖民、掠夺与图强等错综复杂的时代背景中艰难起步，踯躅前行。

与世界各国一样，电的发明，在中国首先应用在照明上，这从电厂和发电企业的名称上就可以看得出来。各地建立的电力企业，大多数都命名为"电灯公司"。从开始使用直流电的弧光灯，到后来使用交流电的白炽灯，从慈禧太后静休颐养的西苑，到全国各地的官府衙门，很快都换上了电灯，一些官僚和富裕商人的家中，也把蜡烛、煤油灯换成了清洁明亮的电灯。

当时，为了实现"强兵精武"，在洋务运动中，清政府大力创办兵工厂和机器局。1888 年 1 月，李鸿章奉旨在旅顺口委托法国人德威尼兴建北洋水师旅顺船坞工程及旅顺大石船坞电灯厂等 9 座附属工厂，电力很快由此应用到工厂照明和动力上。19 世纪 90 年代后期开始，随着各国列强对华贸易、航运的开展及一些工厂企业的兴办，煤炭需求激增，一些外国人便提出直接在中国开办煤矿，电力是煤矿生产不可缺少的动力，唐山的开滦、河南的焦作等煤矿电厂应运而生。在上海、北京、天津等一些大城市里，电力还催生了有轨电车、电梯等现代交通和运载工具。

辛亥革命后，中国陷入军阀混战，电力发展陷入停滞，这时候的电力工业主要集中在少数东南沿海、沿长江的城市和京津地区，以及日本占领的东北地区，到 20 世纪 30 年代初全国半数以上的省份还没有电力供应。民国时期，电力工业曾有过一个短暂的快速发展阶段，装机容量从 1924 年的 30 万千瓦，增长到 1936 年的 128.5 万千瓦，南京、北京、广州等大城市的配电网络得到了很大的发展，照明线路几乎覆盖全城。电力促进了许多新兴企业和城市的繁荣，尤其是被誉为"东方巴黎"的上海，形成了美商上海电力公司、法商电车电灯公司、华商电气公司、闸北水电公司、浦东电气公司 5 个区域公司，其中最大、最先进的美商上海电力公司与世界发达国家的电力公司相比毫不逊色，各项发电、供电指标名列前茅。

这一时期，电力排灌也进入了一些江南城市的周边农村。为抗旱排涝保丰收提供了保障。世世代代苦于在烈日下踩水车给稻田灌溉的农民们，高兴地把电力抽水机称为“电龙”。

1937 年 7 月 7 日，卢沟桥事变爆发，日军挑起全面侵华战争，打断了中国电力工业发展的良好势头。抗战之初，中国电力工业最集中的沿海城市的电力企业受到侵华日军最先攻击，为了夯实抗战的经济基础，国民党政府决定将东部地区的工业企业尽可能迁往西部内陆，以免资敌。这些电力企业的爱国工人们拆下发电机、变压器、电杆、电线等重要战略物资，克服各种难以想象的困难，用列车、汽车、轮船、木船、牛车运输，甚至人拉、肩扛，跋山涉水，千里辗转，将物资转移到四川、云南、贵州等大后方，重建抗战电力。他们冒着侵华日军的轰炸危险，架设、维护好配电网，为坚持抗战做出了重大贡献。然而，电力设备还是在拆迁和战火中损失惨重。

在革命圣地延安和巍巍太行山里，人民军队的能工巧匠用柴油、汽油发电机和小水电，千方百计建立起贺龙电厂、刘伯承电厂等中国革命的红色电力，为电台、银行、军工和作战指挥提供电力，更是为大规模的人民解放战争发挥了重要作用。在西柏坡“运筹于帷幄之中，决胜于千里之外”，指挥三大战役取得伟大胜利的毛泽东，曾诙谐地说：“我们一不发枪，二不发炮，只发电报，打败了国民党反动派。”而发电报所用的电，就是沿着 27 千米多的配电线路，来自自力更生建造的沕沕水水电站。

纵观 1882 年到 1949 年的中国电力工业，尽管起步较早（比日本早 5 年，比俄国早 1 年，几乎与世界主要发达国家同步），但历经军阀混战、外强入侵、战争破坏，中国电力工业的发展可谓是道路坎坷，步履蹒跚。

第一章

晚清时期的配电网（1882—1911）

19 世纪末，随着资本主义经济的发展，西方国家的自然科学特别是电力的研究取得重大进展，以电力的广泛应用为标志的第二次工业革命蓬勃兴起，人类进入电气时代。这一时期西方开始出现配电设备和线路。1884 年，英国的霍普金森制成了闭合磁路式变压器。1885 年，美国西屋公司开发出了实用变压器；1892 年，其在俄勒冈州建设的发电厂成功将 1.5 千伏电压的交流电（或直流电）送到了皮茨菲尔德。

而此时的中国，正值清朝晚期，自给自足的农业经济模式和闭关锁国的对外政策使得中国与西方现代文明的差距越来越大，逐渐沦为西方列强的半殖民地。电气设备也因此由西方传入中国。

中国晚清配电设施的发展，离不开外国资本和民族资本两大要素。19 世纪 80 年代，西方列强殖民主义入侵，为了掠夺中国的资源和财富，中国的配电线路首先在上海的公共租界发展起来。当时的配电线路主要是为弧光灯提供照明，对弧光灯的发光，有两种截然不同的反应。有识之士称电灯为“奇异的自来月”，咏诗加以赞颂；清政府上海道台却认为“电灯有患”，如有不测，将焚屋伤人无法可救，遂下令禁止中国人使用电灯，并照会英国领事馆，通知停用[1]。电力事业在租界内快速发展，而在租界外却是禁区。西方列强随后在中国各通商口岸到处投资建厂、立杆架线。由于清政府的陈腐，直至 1888 年，电力才开始在北京的清宫廷出现并使用。安装在慈禧太后寝宫仪鸾殿的电灯，是京城亮起的第一盏电灯，连接着电灯的电力线路，是京城架设的第一条配电线路。此后，中国各地陆续开办电灯厂，配电线路随电厂发散到了中华大地。中国的一部分商人和清朝官员投资新式工业，官办、官督商办、商办的电厂如雨后春笋般迅速兴起，力图与西方国家在华办电一争权益。中国的电气发展迎来了一个繁荣的阶段。

然而，由于当时中国处于半殖民地半封建社会，以及受长期战争、社会动乱、外国资本制约，晚清的配电发展道路坎坷。这一时期的配电网很不成熟，主要表现在：结构是一厂一网的形式，管理方式实行发配电一体化，用途主要是照明。

随着电力的应用对人民生活和社会产生了重大影响，电力的用途也从最开始的照明发展到工厂、煤矿及电梯和电车上。低电压、短距离的单一电力线路渐渐不能满足人们日益增长的用电需求，善于学习的中国人开始尝试长距离输送高压电力。电压等级不断提高，

---

[1] 上海市电力工业局史志编纂委员会：《上海电力工业志》，上海社会科学院出版社，1994 年，第 2 页。

从最开始的100伏直流配电线路到1911年形成了5250伏高压配电线路，直流供电逐渐转变为交流供电，并且在照明、工厂、电车等领域各自形成小规模的配电网系统。

从1882年开始出现配电线路到1911年形成第一个高压配电线路，这个时期是中国配电网络的初创阶段，配电线路发展水平较低，建设相对落后。但是，这一时期的配电网经过积极探索和建设，已经形成了一定的规模，为辛亥革命后中国配电网的全面发展打下了基础。

第一节　电力工业的诞生与兴办

中国自1882年电力工业起步至1911年清朝覆灭时，电力工业处于启蒙时期。清朝晚期，帝国主义国家纷纷来到中国抢占地盘、掠夺财富，“电”随着洋枪、洋炮来到中国。清政府在经过两次鸦片战争的失败，以及太平天国运动的打击后，已是外忧内患，部分官僚为实现富国强兵，开始学习西方先进技术。这一时期，民族资产阶级大力宣扬“实业救国论”，开始参与到中国电业的建设中来，并在外国资本和封建势力的打压下艰难发展。一批实业学堂开始创办，电学课程开始进入大学，电学教育风气首开。中国电业在初创时期，大部分发、供电设备的产权、技术和经营权利掌握在外国资本手中。当时的电力应用，是以小型发电厂孤立建立在电力消费中心，用直流发电机的若干直配线直接给用户供电，是发电与配电的简单组合，实行发供用一体化管理。各电厂的发电设备，来自世界各国，有电压110、220、440伏的直流发电设备；有频率50赫、60赫、个别25赫，电压110/220、220/330、220/440伏的交流发电设备等。因电压不同、频率各异，尤其在租界内，有各自势力范围，电网难以形成，配电基本上是一厂一网的孤立状态[1]。

一、中国电力工业的诞生

中国开始使用电能的年代并不晚，1879年5月28日，上海公共租界工部局电气工程师毕晓浦，在虹口乍浦路的一座仓库里，用7.46千瓦的蒸汽机带动自励式直流发电机，用发出的电能点燃碳极弧光灯，这是中华大地上点亮的第一盏电灯。1882年，英国人立德尔（R.W.Little）集股兴办上海电气公司，并从美国购得发电设备，在上海南京路创办中国第一座发电厂，安装了1台装机容量为11.93千瓦（通常称12千瓦）的直流发电机，使用100伏直流电向公共租界供电。当年7月26日外滩的15盏弧光灯被点亮，中国电力工业的发展由此拉开了序幕。上海电气公司在公共租界架设的6.4千米架空电力线路，这是中国第一条低压配电线路。1911年，上海法商电车电灯公司卢家湾发电厂以5250伏电压向外供电，这是中国第一条高压配电线路。

---

[1] 张彬：《中国电力工业志》，当代中国出版社，1998年，第237页。

中国早期供电模式较为单一，都是以发电厂为中心的辐射型配电网，由电厂出线直接供给用户。中国最初生产的电能大都供宫廷、官府和租界使用。1888 年，白炽灯进入中国，中国人开始自办电气事业。当年，清工部在西苑安装了北京第一台发电机组，容量约 15 千瓦，这台发电机主要供宫廷用电。当年 7 月 23 日，两广总督张之洞从国外购入 1 台柴油发电机和 100 盏电灯，供广州衙门用电。同年，天津德商世昌洋行在绒毛加工厂安装了 1 台直流发电机，供厂内用电。这一时期国人为使用电能而立杆架线，形成了中国早期最简单的配电线路。

随着城市的发展，白炽灯逐步向城市普及。1890 年，上海一些官僚、富商家庭开始利用低压直配线供白炽灯照明，国人商办、官商合办的电灯公司、发电所逐渐增多，电力发展迎来热潮。当时全国闻名的电灯公司有 1903 年成立的江苏镇江大照电灯公司，1905 年成立的北平京师华商电灯有限公司等。天津、上海南市、济南、汉口、重庆等地的华人也先后开办电力事业。

20 世纪初，西方国家相继在中国沿海城市上海、天津、大连、青岛、旅顺、厦门、香港、澳门、九龙，以及内地城市（铁路沿线、长江码头和矿区）北京、奉天（沈阳）、哈尔滨、汉口、长春、唐山、焦作等地组建电气公司兴建电厂，架设供（配）电网络。中国早期的电力工业开始融入西方近代工业文明，进入中国人的生活，并促进了中国的民族工业发展。

中国的电力工业，最初由外国资本建立于上海，进而在中国其他地方投资设厂。与此同时，中国商人和官僚也开始投资新式工业，官办、官督商办、商办的电厂逐步崭露头角，并与外国资本在华的电厂抗衡，中国的第一批电厂就是在这样的形势下创建起来的。

据不完全统计，从 1882 年到 1911 年清朝灭亡的 29 年间，全国开办的电灯公司所拥有的发电设备容量有 7.6239 万千瓦。其中，由中国人经营的占 45.51%，由外商经营的占 54.49%，见表 1－1 和表 1－2[1]。

表 1－1　　清朝时期由国人兴办的主要电厂

电厂名称	创办性质	建立年份	设备容量（千瓦）	开办资金	简况
京师华商电灯公司	商办	1906	1035	300 万两白银	50 赫，220/380 伏，蒸汽机
山东济南电气公司	商办	1904	1920	100 万元	三相，50 赫，110/220 伏，蒸汽机
闸北水电公司	官商合办	1910	400	26 万两白银	三相，50 赫，蒸汽机
苏州振兴电灯公司	商办	1905	8150	30 万两白银	三相，50 赫，蒸汽机
南京金陵电灯厂	商办	1910	435	33.94 万两白银	三相，60 赫，蒸汽机及柴油机
镇江大照电灯公司	商办	1904	500	20 万元	三相，50 赫，220/380 伏，蒸汽机
宁波永耀电灯公司	商办	1911	120	15 万元	交流，50 赫，220 伏

[1] 张彬：《中国电力工业志》，当代中国出版社，1998 年，第 235 页。

续表

电厂名称	创办性质	建立年份	设备容量（千瓦）	开办资金	简况
嘉兴永明电灯公司	商办	1910	196	5 万元	三相，60 赫，220 伏，蒸汽机
浙江硖石电灯公司	商办	1910	280	3 万元	三相，50 赫，220 伏，蒸汽机
芜湖明远电灯公司	官办	1907	2392	18 万两白银	交流，50 赫，220 伏，蒸汽机
安徽安庆电灯公司	商办	1909	608	15 万元	三相，50 赫，220 伏，煤气机
江西南昌开明电灯公司	商办	1908	750	30 万两白银	三相，60 赫，220/380 伏，蒸汽机
汉口既济水电公司	商办	1906	4500	600 万两白银	三相，50 赫，220/440 伏，蒸汽机
湖南长沙水电公司	商办	1909	2200	50 万两白银	三相，50 赫，220/380 伏，蒸汽机
重庆烛川电灯公司	商办	1908	500	80 万元	三线，直流，蒸汽机
广州电力公司	商办	1905	522	150 万元	三相，60 赫，蒸汽机及柴油机
福州电气公司	商办	1910	2500	80 万两白银	三相，60 赫，110/220 伏，蒸汽机
厦门电灯公司	商办	1911	500	30 万两白银	三相，60 赫
杭州电厂	商办	1910	480	3 万元	三相，50 赫，220/380 伏，蒸汽机
武昌电灯公司	商办	1910	480	20 万元	三相，50 赫，220/380 伏，蒸汽机
开封普临电灯公司	商办	1909	212	30 万元	交流
上海南市内地电灯公司	商办	1907	325	6 万元	直流，柴油机
奉天沈阳电灯厂	省办	1908	500	18 万两白银	交流，60 赫，蒸汽机
长春商埠电灯厂	商办	1910	800	26 万元	交流，单相，60 赫
吉林永衡电灯厂	商办	1907	2500	90 万元	交流，三相，60 赫
安东电灯厂	商办	1908	373	—	三相，50 赫，220/380 伏
齐齐哈尔广信电灯公司	商办	1911	1280	10 万元	交流，50 赫
哈尔滨光天滨电灯厂	商办	1907	242	—	直流，蒸汽机
共计			34700		

注　摘自《电灯公司统计表》，载于《电界》第 39 期，1919 年。

表 1－2　清朝时期由外商兴办的主要电厂

电厂名称	创办国	建立年份	设备容量（千瓦）	开办资金	简况
北京使馆区电灯厂	英国	1903	260	26 万两白银	三线直流，220 伏，煤气机
天津电灯电车公司	比利时	1904	7500	625 万法郎	50 赫，蒸汽机
天津日租界电灯部	日本	1908	2800	20 万元	三相，50 赫，蒸汽机
天津法国电灯房	法国	1905	1200	—	三相，50 赫，蒸汽机
天津英工部局电灯厂	英国	1906	2500	—	三相，50 赫，220/389 伏，蒸汽机
天津联邦德国电灯厂	联邦德国	1906	200	—	直流，440 伏
天津电力煤气公司	比利时	1904	1000	25 万两白银	直流，440 伏，蒸汽机
上海电气公司	英国	1882	197	2.5 万两白银	直流及交流，50 赫，蒸汽机
上海法商电灯电车公司	法国	1908	1750	75 万法郎	交流，50 赫，110 伏，蒸汽机
汉口电灯电力公司	英国	1905	2825	8.01 万英镑	三线直流，220 伏，蒸汽机
汉口特别区电厂	德国	1907	857.5	—	三线直流，225 伏及 450 伏，蒸汽机
福建鼓浪屿礼昌电灯公司	英国	1903	120	3.7 万元	直流，440 伏，柴油机
青岛胶澳电气公司电厂	联邦德国	1903	309	200 万元	三相，50 赫，蒸汽机
九龙电灯电力公司	英国	1909	400	30 万元	三相，60 赫，110 伏，煤气机
大连电厂	沙俄	1905	600	—	直流及三相，50 赫，蒸汽机

续表

电厂名称	创办国	建立年份	设备容量（千瓦）	开办资金	简况
营口水电会社	日本	1906	3000	200 万日元	三相，50 赫
旅顺发电所	日本	1902	1600	156 万日元	三相，60 赫，蒸汽机
本溪湖煤矿发电所	日本	1907	9000	700 万日元	三相，50 赫，煤气机
中东铁路哈尔滨总工厂发电所	沙俄	1905	1100	—	三相，50 赫
铁岭电灯会所	日本	1911	650	30 万日元	50 赫
辽阳电灯所	日本	1911	316	20 万日元	60 赫，蒸汽机
长春南满电气会社	日本	1909	2800	42 万日元	60 赫
海城发电所	日本	1907	155	33.5 万日元	50 赫及 60 赫
沈阳发电所	日本	1908	400	—	60 赫，蒸汽机
共计			41539.5		

注 摘自《电灯公司统计表》，载于《电界》第 39 期，1919 年。

二、外国资本在华租界地投资兴办电厂

19 世纪 80 年代，随着军事及民族工商业蓬勃发展，出现了军队设施、民族工业用电的需求，外国资本进而在中国各地发展电气事业。

1887 年，英商在厦门鼓浪屿安装了 1 台直流发电机，专给外侨照明供电。1898 年，沙俄为加强军事营地建设，在辽宁旅顺孙家沟（今旅顺口砂轮厂厂址）建设了一座装有一台 120 千瓦发电机的发电所，在沙俄兵营、碉堡、通信所等军队基地周围架设线路供电。1900 年，八国联军占领天津塘沽港，法军在塘沽装设发电机并安装电灯，给军队照明。

19 世纪末至 20 世纪初，西方列强根据不平等条约在中国上海、天津、厦门、汉口等十多个城市设立了 27 块租界，并在租界内投资兴办电厂，架设配电网。由于租界内的外资电厂不受中国政府管辖，不向中国政府缴纳赋税，中国各地的外资电厂在租界内得以强势发展。

1897 年 6 月，上海法租界公董局建成洋泾浜电气厂，以直流电供法租界照明。1906 年，比利时的国际东方公司收购洋泾浜电气厂，并联合几家法国财团组成股份有限公司，于当年 6 月 26 日，成立上海法商电车电灯公司，并在卢家湾新建蒸汽发电厂。1909 年 1 月 31 日，卢家湾蒸汽发电厂第一台 50 千瓦直流发电机组投入运行，电压为 100 伏。到 1911 年，卢家湾蒸汽发电厂前后共设直流发电机组 5 台、交流发电机组 1 台。

1902 年，天津法租界公议局在埃菲尔铁桥旁建立了发电厂，为埃菲尔铁桥海河桥体开闭通行供电，以及为法租界照明供电，这是当时华北地区第一座营业性电厂。此后天津各租界内的外商纷纷效仿，相继兴办电力事业。当时的电厂都是小容量机组，多数以蒸汽机作为原动力。配电网范围也主要是在其租界范围以内，但随着经营的扩大，各厂都在积极扩大供电区域，直流供电已经满足不了外商日益增长的电力需求。

1912 年，科里梦・布吉瑞在天津老西开墙子河畔，安装 200 千瓦、50 赫交流发电机 2 台，取代了原有直流供电方式。1919 年 12 月，天津英租界英工部局成立电务处，改造

整个线路输送及配电系统。同年 10 月 9 日，英租界的整个直流供电系统切断，用户连接上新的交流供电系统。

外国资本和外国租界在中国竞相办电，架设供电线路及附加设备，这使中国早期的配电网得到一定的发展。

三、清政府投资兴办电厂

清宫廷在 1888—1907 年的 20 年间，先后在西苑、颐和园、宁寿宫建成 3 处管理机构，管理发电机 3 台，发电装机总容量不足 50 千瓦，均属清宫廷官办官用。

除满足清宫廷内部照明用电需要外，清政府还在台湾、辽宁、湖北等地兴建电厂。1888 年，台湾巡抚刘铭传在台北市东门创设兴市公司，配置小型蒸汽发电机组燃煤发电，并在巡抚衙门、各官署配置电灯，若干街道亦设路灯照明。1890 年 11 月，北洋大臣李鸿章奉旨委托法国人德威尼兴建的辽宁旅顺大石船坞电灯厂工程竣工。电灯厂装有从法国购进的发电机组，并于坞边架设简单配电线路，装设大小电灯 49 盏，供修船时照明。1892 年冬季，清政府创办的湖北织布官局安装 1000 马力（约 736 千瓦）发电机，除作织布设备动力外，还供 1140 盏灯照明用电。

由于清政府陈腐，禁止地方官府和民间发电，中国早期的电力事业发展缓慢。1897 年，清政府上海南市马路工程善后局创建南市电灯厂，用洋松木制成电杆，沿着外马路竖起 30 盏路灯。1898 年 1 月 21 日，电灯厂试开第一盏电灯成功。然而，南市电灯厂因管理落后，连年亏损，且装机容量极小，虽经两次迁厂扩建，发电量最多也只能满足 1010 盏电灯的照明所需。1906 年，上海城厢内外总工程局（南市马路工程善后局改组而成）将经营困难的官办南市电灯厂接归商办，改名为上海内地电灯公司，安装 2 台 325 千瓦直流发电机组，1907 年 8 月建成发电，之后又逐步发展，至 1911 年，供电灯数已增至 7000 余盏。南市电灯厂的创办，不仅扩大了上海照明配电网的地理范围，也彻底打破了陈腐的清政府禁止地方官府和民间发电的禁令。

中国的第一家地方官办电厂建于 1909 年 6 月，时任两江总督兼南洋通商大臣的张人骏拨款 20 万两白银建立金陵电灯官厂，在江宁将军府与两江总督府立杆放线，用以供给 2 个衙门晚间照明。该厂安装 3 台各为 100 千瓦的发电机，所发出的电可支持 1.8 万多盏电灯（当时通用的电灯泡为 16 瓦），余电太多，为此，总督府决定将官用电灯厂变为公用，余电公开出售。1911 年冬，南京城内电灯用户达 800 家之多。

四、民族资本兴办电业

20 世纪初，是中国的民族电力工业与帝国主义竞争、抗衡的创业时期，各地纷纷成立官办、商办的电灯公司或电厂，主要向企业和居民提供照明用电。

广州是中国民办电力工业之始。1890 年 9 月，旅美华侨商人黄秉常开办广州电灯公司，这是中国首个民族资本经营的电灯公司。广州电灯公司使用美国制造的 2 台 100 马力（73.6 千瓦）柴油机和 2 台 1000 千瓦交流发电机发电，其发电量约供 1500 盏电灯照明，给广州市内商铺和居民照明供电。1899 年，因机器陈旧，又缺乏资金维护，广州电灯公司宣告停业。广州电灯公司的创办带动了国外华侨、绅商等陆续回国创办电力事业，形成了民办、侨办电力事业热潮。清末民初，华侨办电数量多、持续时间长，成为民族资本办电的一支重要力量和重要组成部分。

尽管广东创办电业较早，但由于清朝政府的腐败，帝国主义列强入侵，内战不断，民族工商业发展缓慢，人民生活贫困，电力工业始终得不到发展。直至 1911 年，广州官商集资兴办的广东电灯股份有限公司安装 1 台 1000 千瓦发电机组，广州市开始有 2.3 千伏配电线路。

电力工业通常在商业比较发达、对外商贸活跃的城市诞生。苏州为太湖流域富庶之地，丝绸纺织工业发达，是江苏省内最早用电的地区。1895 年，两江总督兼南洋通商大臣张之洞创办新式纱厂、丝厂，成立苏州苏纶纱厂，安装 3 台以蒸汽机为动力的直流发电机组（其中 1 台容量为 38.5 千瓦），给厂内照明供电。1905 年，镇江民营大照电灯公司两台 75 千瓦蒸汽引擎直流发电机投产，开始对社会供电，成为全国最早的民营电厂之一。1908 年，该公司增装 2 台 190 千瓦交流发电机组，增设升压变压器，以 3000 伏电压向外供电，并开始供工业用电。

1906 年，浙江籍商人宋炜臣在汉口创建既济水电公司，安装英国产的 500 千瓦、400 伏直流发电机 3 台，总容量 1500 千瓦。1908 年，既济水电公司架设木杆配电线以直流电 110 伏向汉口部分街道、商店、居民供电灯用电。同年，宁波籍人蕢梅贤联合无锡籍人祝大椿、苏州钱业界人士洪少圃、龚杰等合股创办振兴电灯股份有限公司（简称振兴电灯公司），建交流 2.2 千伏、频率 50 赫的配电设施供电。

京师华商电灯股份有限公司（简称京师华商电灯公司）于 1906 年建成并对外供电，是北京第一座公用发电厂，一期工程只有 2 台 150 千瓦蒸汽发电机组及 2 台锅炉，机组容量 300 千瓦。同时，京师华商电灯公司还在北京城区主要繁华路段架设高压 5200 伏、低压 400 伏的供电线路和配电设施。1910 年扩建后，该厂成为当时中国民族资本开办的最大电厂。

中国民族资本经营的电业，是在与帝国主义在华势力抗争中艰难产生和发展的。由于帝国主义、封建主义的双重打压，加上民族资产阶级对于这样一门新兴的行业缺乏管理经验，因此有的企业亏赔殆尽，不得不关厂停业，形成了昙花一现的局面。这一时期，民族资本电业经过关、停、并、转的过程，到 1911 年留下的只有京师华商电灯公司等 18 家较大的电业企业，发电设备总容量为 12275 千瓦。但必须承认，民族资本经营的电厂，对日后中国电力工业的发展，产生了积极影响。

五、电学教育在中国的开端

清朝末年，由于朝廷腐败，再加上受到帝国主义凌辱，以康有为、梁启超等为代表的维新派，于 1895 年 5 月以“公车上书”为起点，开始设学会，办报馆；要求“拒和、迁都、练兵、变法”；主张“冲决网罗”效法日本维新，试图对中国的政治、经济等方面进行改革。在文化教育制度上，以提倡“西学”入手，探求救亡的道路，率先倡导设立“洋务学堂”。天津海关道盛宣怀则提出：“自强首在储才，储才必先兴学”的主张和对旧式书院进行改革的意见。在此大背景下，南洋公学、京师大学堂等一批实业学堂被创办，电学课程开始进入大学，为培养电学人才发挥了重要作用。

张之洞任两广总督以后，将广东实学馆改建为博学馆，教授西艺，后又将其扩建为广东水陆师学堂，1889 年增设洋务五学，即矿学、化学、电学、植物学、公法学。张之洞认为发展工业，必须首先发展动力资源，也就是发展电力工业，而要发展电力工业，则必须创办电力西艺学堂，培养电力技术人才。因此该校在国内首次开设了电学课程，开创电业教育之风。

中国在创办早期近代实业的同时，附设各种学堂为工厂培养技术人员和工人，部分实业学堂开始开设电气学科。1903 年，京师高等实业学堂开办，设电气、机械等四科，学制三年。1908 年邮传部上海高等实业学堂增设电机专业，设电学、电机、电器等 14 门课程，学制三年。这些电气学科的开设，为青年们探索电气科学技术打开了一孔之隙。

创办于 1898 年 7 月 3 日的京师大学堂，是中国近代第一所国立大学，其成立标志着中国近代国立高等教育的开端。京师大学堂是中国大学中最早教授电学专业的大学，培养了中国第一届大学物理学本科毕业生。这其中，何育杰先生功不可没。何育杰是中国早期物理学家、教育家，从任京师大学堂格致科教习开始，终生从事物理学教育事业，和夏元瑮共同为中国培养了第一届物理学本科毕业生。1913 年，北京大学（京师大学堂 1912 年改为国立北京大学）理科招收数学、理论物理、化学各一班学生。何育杰主编物理学教科书，编写教授要目，讲授普通物理、原能论（又称原量论，即量子论）、数学物理学、电学、热力学、气体动力论等课程。何育杰和夏元瑮是中国近代物理学的第一批拓荒者。1916 年，在中国历史上才有了自己培养的第一届大学物理学本科毕业生（1913 年入学，1916 年毕业）。

第二节　配电网的初期应用

19 世纪末至 20 世纪初，随着中国各地相继创办的发电厂投入运行，中国人从好奇围观转变到逐步接受电力这一新生物，并将之迅速应用到生活照明中，形成与此相适应的配电网。通过改扩建增容，发电厂发电量出现了富裕，促使电力应用扩展到工厂生产，与之相适应的配电网同步形成。此时的配电网具有以直流系统供电为主、兼有交流系统供电，仅供当地用电，互不联系，且供电半径范围小、电压不一致、频率不一样、线路损耗大等特点。各类配电网的发展历程，逐步改变了中国的城市面貌，传统“日出而作、日落而息”的生活节奏和活动空间被打破；当它应用于工业后，其意义不仅在于提高了工业的生产效率，也大大促进了工业文明的进步，推动了经济社会的发展。

一、照明配电网

自从 1840 年鸦片战争以后，中国一步一步地变成了半殖民地半封建社会❶。英国殖民主义者强迫清政府签订丧权辱国的《南京条约》，上海、广州等地被强行开辟为通商口岸，进行殖民统治。国外的电气技术传入，促进了中国的电力工业发展。随着外国资本、官僚资本、民族资本在京津地区、沿长江和少数东南沿海城市以及日本占领的东北地区先后投资开办新式工商业，官办、官督商办、商办的发电厂相继创办，向洋行、医院、政府机关、道路及道路旁的居民家庭提供照明用电，照明配电网也随之应运而生❷。

19 世纪 90 年代，交流电克服了直流电供电损耗大、容量小和供电距离短的缺点，远距离供电技术优势得到充分展现，上海新申电气公司自 1890 年 2 月至 1893 年，从英国引进交流白炽灯，逐步将直流发电机更换为交流发电机，改直流供电为交流供电。1893 年，公共租界工部局收购新申电气公司并成立电气处❸，在公共租界区域内安装杆架式 12～15 千伏・安变压器供电；到 1899 年装接的电灯数量达到 1.3 万盏，配电线路已架设到上海郊区❹。由于用户快速增长，工部局又另行建造新中央电站；到 1900 年，发电容量已增加到 576 千瓦；1901 年 6 月，电厂开始由原来只供夜间照明改为昼夜连续发供电，并逐步拆除皮带带动的直流发电机，安装直接传动的交流发电机，直流配电系统逐渐淘汰❺。电厂的发电机频率从 100 赫开始改为 50 赫；电压从 100 伏升到 200 伏，后来又升到 220 伏。在用户比较集中的地区，自 1900 年起，新中央电站建造容量为 30～130 千伏・安的简易配电所，将 2000 伏高压交流电源降压后，通过低压配电网向沿线用户供电❻。

天津境内有英、法、德、比、意、俄、日、奥、匈九国租借地。1904 年，比商世昌洋行在意租界创办天津电车电灯公司，建成频率为 50 赫的照明配电网，经营以天津旧城鼓楼为中心、半径 3 千米范围内的照明供电。1906 年英、日开始经营租界内的供电业务。1908 年德租界当局开始兴办界内供电。租界内外商经办的电厂不接受中国政府管辖，他们都不向当时中国政府注册，也不向当时中国政府缴纳赋税，中国政府始终无权过问。直至 1918 年第一次世界大战结束，中国政府收回奥、匈帝国租界并设立特一区，同时收回他们的供电经营权及其配电网，并由特一区区公署水电股进行管理，成为天津市区最早的中国自营供用电事业❼。

1888 年，北洋大臣李鸿章将发电设备和电灯作为贡品献给慈禧太后，清宫廷成立专门的供电机构西苑电灯公所；1890 年，建立颐和园电灯公所；1907 年，又在紫禁城宁寿

❶ 毛泽东：《毛泽东选集》，大众书店，1946 年，第 589 页。
❷ 上海市电力工业局史志编纂委员会：《上海市电力工业志》，中国电力出版社，1993 年，第 1 页。
❸ 上海市电力工业局史志编纂委员会：《上海市电力工业志》，中国电力出版社，1993 年，第 9 页。
❹ 上海市电力工业局史志编纂委员会：《上海市电力工业志》，中国电力出版社，1993 年，第 71 页。
❺ 上海市电力工业局史志编纂委员会：《上海市电力工业志》，中国电力出版社，1993 年，第 9 页。
❻ 上海市电力工业局史志编纂委员会：《上海市电力工业志》，中国电力出版社，1993 年，第 71 页。
❼ 天津市区供电公司：《天津市区供电志 1902～1988》，天津市区供电公司，1990 年，第 5 页。

宫安装电灯设施，翌年成立宁寿宫电灯处，隶属西苑电灯公所管理。1909 年，西苑电灯公所先后在长春宫、建福宫、御花园的各宫和长街等处安装电灯，陆续形成了照明配电网，清宫廷成为北京最早开始使用电力照明的地方❶。

1906 年，在长江沿岸的芜湖，安徽近代著名实业家、中国“电灯大王”吴兴周等人筹股创建了明远电灯股份有限公司（后易名明远电气股份有限公司），1907 年竣工，安装 2 台德国产 200 马力蒸汽机、2 台 125 千瓦三相交流发电机，1908 年投产发电。该厂采用 2.3 千伏电压向市区大马路和长街一带提供照明供电，同时形成早期的孤立树枝型照明配电网❷。

自 1901 年，电扇、电热壶等家用电器从国外传入，白炽灯泡开始采用寿命长、光效高的金属丝代替以前的碳化竹丝，中国的照明配电网步入一个较快的发展阶段。据统计，1911 年至 1916 年仅上海市的配电用电量就增加 680%，远远超过世界其他大城市每五年平均增加 100%的速度。随着电厂迅猛扩张，所发电量不仅满足了电灯使用，还有大量结余电量开始用以工业动力❸。

二、工厂配电网

中国早期电业除了应用于生活照明外，还与工业的发展密切相关。1840 年鸦片战争以后，沙俄、日本对中国东北地区虎视眈眈，国家主权不断沦丧，人民生活每况愈下。面对内忧外患，洋务派人士主张“师夷长技”“求洋法、求洋器为自主张事”，推行以富国强兵为目标的洋务运动，大规模引进西方军事设备、兴办近代化军事工业、开办军备工厂，电力在军事发展中起到了举足轻重的作用。

福建马尾船政局❹是近代中国海军的摇篮和船舶工业的发祥地，也是清代中国的官办机构中最早出现电灯照明和点亮福建第一盏电灯的地方。1879 年 9 月 9 日，福建马尾船政局购得一套经“欧罗巴”号轮船运抵的电灯设备，当晚，立即在钦差大臣衙门后院的寺庙前进行了首次试用电展示。不同寻常的耀眼光芒激起当地居民强烈兴趣，这标志着当时的福建与上海几乎同步开始使用电力，也是中国最早用上电的地区之一。1885 年，福建马尾船政局通过早期建成的简单配电网，分别向钦差衙门、军舰制造车间提供照明和动力用电，同时为了“以烛黑夜，防雷艇之暗劫也”，在瞭望台上装设双灯式探照灯。这套电灯设备，是中国电力应用于军备工厂的先例❺。

随后，清政府直隶总督兼北洋大臣李鸿章提出“强兵精武”，创办兵工厂和机器局，筹办北洋海军。1888 年 1 月，李鸿章在旅顺口委托法国人德威尼兴建北洋水师旅顺船坞工程

❶ 中国电力企业联合会：《中国电力工业史 综合卷》，中国电力出版社，2021 年，第 29～30 页。

❷ 安徽省电力公司编：《中华人民共和国电力工业史·安徽卷》，中国电力出版社，2002 年，第 6～8 页。

❸ 上海市电力工业局史志编纂委员会：《上海市电力工业志》，中国电力出版社，1993 年，第 71 页。

❹ 福州船政局前身是清末为发展近代海军而在福州马尾设立的总理船政，下辖军舰制造、海军和工程技术教育、舰队编练管理等职能。辛亥革命后，原船政的教育部门独立，原船政在 1912 年更名为福州船政局，隶属海军部。

❺ 中国电力企业联合会：《中国电力工业史 综合卷》，中国电力出版社，2021 年，第 25 页。

及旅顺大石船坞电灯厂等 9 座附属工厂。1890 年 11 月 9 日竣工的旅顺船坞电灯厂是辽宁第一座电厂，电灯厂装有从法国购进的发电机组，坞边设置 49 盏电灯形成简单的供配电网络，电灯厂通过三相四线配电网提供照明用电，保证了船坞修理工作正常进行。

19 世纪 80 至 90 年代，各类资本开始在中国投资创建新式工业，电力除作工厂照明之用外，还开始作为动力参与到生产活动中，配电网络跟随着新建工厂的选址而建设。1888 年夏季，天津德商世昌洋行在天津英租界伦敦路维多利亚花园前的绒毛加工厂装设一台小型直流原动力发电机，除供该厂打包照明外，还向邻近的荷兰领事馆提供 1000 烛光[1]照明用电（耗电约 1 千瓦）。绒毛加工厂到荷兰领事馆间架设的电力线路是天津最早的配电线路[2]。

1904 年，上海公共租界工部局电气处，开始向工厂电动机及电梯供电。随着动力用电的开始，1911 年，工部局电气处与法商电车电灯公司分别采用 6600 伏和 5200 伏三相高压配电，开始在上海全市范围内，沿道路树立电杆，架设三相四线低压配电网[3]。第一次世界大战期间，上海的民族经济发展较快，棉纺、面粉、缫丝、卷烟等行业纷纷投资建厂[4]。1923 年 1 月起，上海民族电力企业浦东电气股份有限公司也开始日夜发供电，并向工厂输送电力，由于乡镇照明之外的碾米、榨油等小型设备的运行需要使用电力，配电网络开始向上海的郊县延伸[5]。

1904 年，民族实业家张謇创办镇江大照电灯公司，安装 2 台从国外订购的 75 千瓦直流发电机及配套蒸汽引擎、锅炉等设备。1904 年，该公司开始使用交流发电机发电，以 220 伏电压向外供生活照明用电。1908 年，该公司在增装 2 台 190 千瓦交流发电机的同时，增设升压变压器，也开始以 3000 伏的交流电向工厂提供动力，直流发电机退出运行，陆续建成由发电厂直接向工厂供电的放射式交流配电网络[6]。

电能的应用打破了传统手工业的生产模式，对中国的经济发展起到了积极作用；同时，由于电能高效便捷的优点，越来越多的新式工厂开始使用电能作为生产原动力，形成了一种发电厂跟随着工厂建设的电能输送模式。清朝晚期由发电厂连接到工厂的电力线路形成了中国早期独特的工厂配电网。

三、矿区配电网

鸦片战争后不久，外国商人为了贸易和航运的需要，先后在香港、广州、上海等沿海地区开办了船舶修造、发电、煤矿开采、水泥制造等企业。这些企业的运转，都需要使用

---

[1] 烛光为旧时发光强度的单位。当白金达到熔点时，每六十分之一平方公分的面积所发出的光强度，称为“一烛光”，亦指一支蜡烛燃烧时所发产生的光强度。

[2] 中国电力企业联合会：《中国电力工业史 综合卷》，中国电力出版社，2021 年，第 30 页。

[3] 《上海市电力工业史》编委会：《中华人民共和国电力工业史·上海卷》，中国电力出版社，2003 年，第 4 页。

[4] 上海市电力工业局史志编纂委员会：《上海市电力工业志》，中国电力出版社，1993 年，第 71～72 页。

[5] 《上海市电力工业史》编委会：《中华人民共和国电力工业史·上海卷》，中国电力出版社，2003 年，第 4 页。

[6] 《江苏省电力工业志》编委会：《江苏省电力工业志》，水利电力出版社，1994 年，第 1 页。
中国电力企业联合会：《中国电力工业史 综合卷》，中国电力出版社，2021 年，第 33 页。

煤炭作为原料。第二次鸦片战争后，外国在华设立的通商口岸从原来的5个增至16个。往来中国的远洋轮船迫切需要煤炭，外国人在通商口岸经营的制造业、公用事业等也都对煤炭有相当大的需求。煤炭是大宗物资，远渡重洋运来煤炭不切合实际，所以，从19世纪60年代后期开始，一些外国人便提出直接在中国开办煤矿。电力是煤矿生产不可缺少的动力，煤矿发电厂早期主要是满足电绞车、电泵、电瓶、井上井下照明用电，后期还为抽水机、运送绞车、通风器、排水机、钻机和其他设备提供动力。这样，晚清时期外国人开始在中国开办煤矿并相继创办了厂矿自用电厂，开启了矿区配电网的建设之路。

开滦煤矿在唐山、林西两矿所建的两座发电厂是中国近代煤矿最早的发电厂，也是当时中国最大的火力发电厂。20世纪初，开平煤矿被英国人骗占，在伦敦注册成立开平矿务有限公司[1]。1903年，开平矿务有限公司开始在唐山、林西两矿建设电厂，从比利时购进5台往复式发电机和配套设备，原动机为比利时“万达”牌并列复式蒸汽引擎、1500马力，发电机为德国西门子公司生产的三相交流电机，单机容量1040千瓦、25赫。1906年，唐山矿发电厂建成发电，共计安装3台发电机。林西矿发电厂在原林西矿锅炉房的基础上修建，1907年竣工投入运行，后期又从英国购买西屋电气制造公司制造的2台3000千瓦透平式汽轮发电机组，并更名为开滦中央电厂，发电量大大增加，还建成33千伏变电站，架设33千伏高压线路与各矿相连，既保证了林西、赵各庄两矿用电，还可为唐山、马家沟等矿供电。至国民党政府初期，连接林西、赵各庄、马家沟、唐山等矿，总长68.2千米的33千伏、25赫的高压交流供电线路实现五矿联网，开滦地区建成了自己的环形自备配电网，成为唐山市也是河北省第一个电网。开滦煤矿自备发电厂创造了中国电力工业史上多个第一，第一个使用安全矿灯淘汰明火灯，第一个使用电力绞车，首开中国最早的机器采矿业，对后期采矿业影响极其深远。

1902年，英国总领事、福公司总董事哲美森，在焦作建立了“哲美森（译音）厂”，以此为基础开办煤矿。1905年，“福公司附设电厂”安装3台40千瓦直流发电机组、3台125千瓦交流发电机组，当年发电供煤炭开采和附近部分居民照明用电，这是河南第一家独资开设的外资电厂。1908年，安阳商人马吉森等人在原六河沟煤矿的基础上，扩充股份，成立六河沟煤矿股份有限公司，从德国贷款，陆续开凿13个矿井，建炼焦厂、炼铁厂，修建六河沟至京广铁路丰乐镇车站的铁路专用线，并引进比利时的发电设备建一座自备电厂，安装2台1000千瓦发电机组，同期建成一厂一网型的配电网。这是河南第一座装机容量超过1000千瓦的发电厂，在当时国内也是比较大的发电厂[2]。

四、电车等特殊配电网

伴随着电梯、电车的运营，电力也开始向城市电梯、电车供电，北京、香港、上海和

---

[1] 开滦煤矿是华商滦州矿务股份有限公司与英商开平矿务有限公司联合经营，合称开滦。开平矿务股份有限公司前身是官督商办的开平矿务局，是清末洋务运动开始后官督商办的大型新式采煤企业。1901年被英商在订立租借合同时，逼迫翻译把“租”改成“卖”字诈骗易主。

[2] 《河南省电力工业史》编委会：《中华人民共和国电力工业史·河南卷》，中国电力出版社，2003年，第5页。

天津等地先后出现了电梯、电车等特殊配电网。

代表工业文明的有轨电车一出现，很快打败了马车、人力车等交通工具，成为当时城市的主要交通出行方式。19 世纪末 20 世纪初，包括欧洲、北美、日本、印度等国家和地区，几乎世界上每一个大城市都拥有了有轨电车系统。1899 年，由德国西门子公司修建的，连接北京郊区马家堡火车站与永定门之间的有轨电车，是中国最早出现的有轨电车，西门子公司采用 500 伏直流配电网向电车供电。而北京市内的有轨电车于 1924 年才开通[1]。

1904 年，香港也出现有轨电车。此后，中国境内设有租界的或者成为通商口岸的各个城市，相继开通了有轨电车。这些城市的有轨电车都是采用 500 伏直流配电网形式向电车供电。

1902 年，德商世昌洋行由于财力不足，将在天津开办电车电灯事业的特许权转让给比国通用财团，成立比商天津电车电灯股份有限公司。1904 年 4 月，中、比双方正式签订合同，规定期限满 50 年后电车经营权无偿交还中国，其供电范围以鼓楼为中心，半径 3 千米以内，并要求该公司在天津建设电车线路 6 条，共 21.68 千米。1906 年，该公司在望海楼后金家窑地段建发电厂，安装 2 台 1500 千瓦汽轮交流发电机组，频率为 50 赫，同时还安装 2 台 900 千瓦的回转变流机，架设 500 伏直流配电网为电车提供直流电源[2]。

上海的电梯、电车等特殊配电网始于 1904 年，公共租界采用 500 伏直流配电网向高级公寓楼、高档宾馆电梯供电。1907 年派生公司在杨树浦建设新电厂，1908 年架设自静安寺至广东路外滩 6.04 千米直流配电线路，开始采用 500 伏直流配电网对电车供电，全厂装机总容量为 4400 千瓦，最高负荷达 2500 千瓦，其中 600 千瓦是电车用电。1911 年，上海工部局电气处与法商电车电灯公司分别采用 6600 伏和 5200 伏三相高压配电向电车供电[3]。法租界、南市分别于 1909 年、1918 年用 500 伏直流配电网向电车供电[4]。1911 年，上海华商电车公司成立，1917 年与内地电灯公司合并改称上海华商电气股份有限公司，拥有电车 42 辆、拖车 13 辆，为适应电车运营，不断扩建电车特殊配电网。

---

❶ 中国电力企业联合会：《中国电力工业史 综合卷》，中国电力出版社，2021 年，第 49 页。

❷ 天津市区供电公司：《天津市区供电志 1902～1988》，天津市区供电公司，1990 年，第 5 页。
中国电力企业联合会：《中国电力工业史 综合卷》，中国电力出版社，2021 年，第 49 页。

❸《上海市电力工业志》编纂委员会：《上海市电力工业志》，中国电力出版社，2011 年，第 105 页。
中国电力企业联合会：《中国电力工业史 综合卷》，中国电力出版社，2021 年，第 49 页。

❹ 上海市电力工业局史志编纂委员会：《上海市电力工业志》，中国电力出版社，1993 年，第 71 页。

第二章

民国时期的配电网（1912—1949）

自 1911 年辛亥革命到抗日战争全面爆发前的 25 年，帝国主义列强纷纷忙于战争，减少了对中国的经济扩张。与此同时，中华民国临时政府作为中国历史上第一个资产阶级性质的革命政权，制定了一系列有利于民族资本主义发展的实业政策和经济措施，对近代民族工业兴起产生了积极影响，在电力工业发展方面也起到了促进作用。

随着社会用电需求增大，电厂发电量不断增长，配电网络也得到长足的发展。这一时期，中国配电网逐步形成跨多个区域的地区高压配电网，尤其是在当时的政治、经济中心城市的配电网，由于自身城市建设与管理所致，其发展程度领先全国其他地区。从 1918 年中华民国临时政府交通部电政司到国民党政府建委会陆续颁布一系列法规，电力工业技术标准开始统一，对各城市的配电网发展起到指导作用。

抗日战争期间，国民党政府为解决国统区的电力问题，在大后方进行了一定规模的电力建设，部分地区配电网也得以发展。这在一定程度上缓解了国统区的电力恐慌，支持了当地工业经济的发展，初步改善了中国电力工业分布不均的问题，为长期抗战提供了电力支撑。

在沦陷区，日本侵略军为大肆掠夺中国资源，达到“以战养战”的目的，在巩固对东北电业控制的基础上，加快了对华北资源的开发，用以支持侵略战争。受战争影响，侵华日军对中国各大城市配电网的破坏多于建设，刚刚萌芽的中国电力工业受到较为严重的摧残。

在解放区，中国共产党领导的军民克服重重困难，通过自力更生创建了一些小型发电站，架设简易配电网，为军工生产提供了电力保障，为赢得战争胜利发挥了重要的作用。

解放战争中，中国电力工业遭受到了一定的创伤。中华人民共和国成立后，中国共产党带领全国人民踏上了重建电网的新征程。

第一节　全面抗战前各地的配电网

抗日战争全面爆发前，随着民族工商业的不断壮大，中国各地电力工业的用电负荷不断增长，其用电量也随之增长，中国近代电力工业得到一定的发展，尤其是政治和经济中心城市，发展速度更快，在用电负荷比较集中的城市中心地区出现了变电站（所）或配电站（所），有些地区的配电线路也从架空线发展到地下电缆。正是在这一时期，中国个别农村地区开始使用电力。

一、上海市配电网

甲午战争结束后，依据《南京条约》和《五口通商章程》规定，上海正式开埠。上海的开埠意味着其租界区域（公共租界、法租界）在清政府时就得以实行资本主义经济制度，能第一时间获取世界政治、经济、科技的前沿信息，使之成为中国最早应用电力的地区。上海市辖区（非租界地区）也紧随其后，纷纷成立中国官方、民间资本的电力企业，发展民族电力事业。

1882 年，上海电气公司向公共租界用户供给直流电，由此出现上海市首个电力网；1890 年，用 2000 伏单相交流电取代直流电，扩大了供电范围；1905 年，上海地区电网频率由 100 赫改为当时欧洲通用标准 50 赫。上海供电网络的发展在晚清时期经历了从直流供电到不同频率交流供电，再到统一交流电频率的过程。

中华民国临时政府成立后，工商业日趋繁荣，用电需求有所增加，上海电力工业在这段时间内获得一定的发展。

到抗日战争全面爆发前，上海地区已经成立 5 大电力企业，发展各自辖区的发电、供电事业。美商上海电力公司（原工部局电气处）经营公共租界地区，法商电车电灯公司为法租界地区供电，闸北水电公司为公共租界西区和上海市辖区西北部供电、上海华商电气公司以上海县城及其邻近地区为主要营业范围，浦东电气公司独占浦东地区的电力经营。

随着供电负荷的增长和供电范围的扩大，上海各电力企业不断发展各自供电网络，通过提高配电电压、增加电压层级的方式，提升供电能力。

1913 年，工部局电气处在杨树浦沈家滩投资建设的江边电厂投产发电（1923 年，该厂设备容量增至 12.1 万千瓦，成为远东第一火电厂），开始发展 6.6 千伏三相交流电力网。1919 年起，由于负荷增长较快，工部局电气处开始敷设 22 千伏电缆作为进线电源，向遍布公共租界的变电所供电，并以这些变电所为中心，形成区域 6.6 千伏高压配电网。各变电所出线之间均可互相联络，通过操作切换可以避免因设备故障引起长期停电。由于电网结构合理并配有继电保护装置，因而整个区域内供电的可靠性较高，电压质量较好[1]。

浦东电气公司以 13.2 千伏和 2.3 千伏两级电压供电。至抗日战争爆发前，浦东电气公司供电区域已达 1450 千米^2。

法商电车电灯公司于 1922 年兴建柴油机发电厂后，逐步形成包括发电厂在内的 4 个地区中心配电所，每个中心配电所以放射型三相 5.2 千伏配电线路向地区内配电所供电。

1930 年，闸北水电公司在新电厂工程中，配套建设了 33 千伏供电系统。自 1931 年起，随着营业发展和收回原由美商上海电力公司越界供电的营业区，闸北水电公司逐步建

[1] 上海市电力工业局史志编纂委员会：《上海市电力工业志》，中国电力出版社，1993 年，第 72、132 页。

成以 5 个 33 千伏变电所为中心的 6.6 千伏配电网。

华商电气公司于 1918 年成立，其前身为上海内地电灯公司和华商电车公司，这两家公司合并前，已建成 5.5 千伏高压配电网络。1921 年新电厂投运后，全部以 5.5 千伏电压配电。

当电动机开始用于工厂动力后，各电力企业逐步在全市建设三相四线低压配电网，沿道路树立的电杆、纵横交错的电力线渐渐融入城市居民的生活，上海市的低压配电网也得以较快发展。中华人民共和国成立前除法租界即法国电灯电车公司提供的 190/110 伏配电网以外，其他地区均采用 380/220 伏电压标准，直至 1970 年全市完成电压等级的统一[1]。

二、北京（北平）市配电网

北京地区配电网络始建于清光绪三十一年（1905 年），到中华人民共和国成立前的 1948 年，初步形成 6.6、5.2 千伏城市配电网络[2]。

1905 年，京师华商电灯公司西城根发电厂（北京第一座公用发电厂）建设的同时，开始建设北京市区供电配电网络，在城区重要繁华地段架设高压 5.2 千伏、低压 400 伏供电线路和配电设施，为部分工商业、政府衙门、军政机关、官吏住宅和极少数市民提供电灯照明用电。1906 年 11 月，开始向社会供电运营，与此同时，在配电杆线到达的主要大街安装了官备、公备路灯。1915 年，由于配电线路已运行近 10 年，大部分木电杆、横担已腐朽，在更换新电杆的同时，配电变压器的安装方式也由“板架式”改为“变台式”[3]。

1912 年，辛亥革命胜利、中华民国成立后，北京地区民族工商业继续发展，用电负荷日益增长。几经扩建的京师华商电灯公司西城根发电厂（前门发电总厂）仍不能满足用电的需要。1919 年，京师华商电灯公司招股集资，在西郊石景山广宁坟村建设石景山发电分厂，1922 年 2 月建成发电后，将前门发电总厂 1 台 330 千瓦发电机移装至石景山发电分厂，至此，石景山发电分厂装机容量达到 2330 千瓦，以 33 千伏电力线路向北京前门发电总厂送电，前门发电总厂装机容量达 2705 千瓦，两厂总装机容量为 5035 千瓦，通过变压站以 5.2 千伏配电线路向市内供电[4]。

1928 年 2 月，北京电车公司通州自备发电厂建成发电（后改名通州发电厂），安装 1 台 1500 千瓦发电机，2 台 750 千瓦发电机，1 台 100 千瓦发电机，总装机容量 3100 千瓦[5]。自发电厂至北京哈德门，通过 33 千伏送电线路和变电所向电车公司供电。满足电车公司自用后的剩余电量，经哈德门至前门变电所以 5.2 千伏线路联网向京师华商电灯公司送电。

[1] 上海市电力工业局史志编纂委员会：《上海市电力工业志》，中国电力出版社，1993 年，第 72、173 页。

[2] 《北京志 · 工业志 · 电力工业志》编纂委员会：《北京志 · 工业志 · 电力工业志》，天津人民出版社，2002 年，第 172 页。

[3] 《北京志 · 工业志 · 电力工业志》编纂委员会：《北京志 · 工业志 · 电力工业志》，天津人民出版社，2002 年，第 133、172 页。

[4] 《北京市电力工业史》编委会：《中华人民共和国电力工业史 · 北京卷》，中国电力出版社，2004 年，第 5 页。

[5] 《北京市电力工业史》编委会：《中华人民共和国电力工业史 · 北京卷》，中国电力出版社，2004 年，第 8 页。

同时，通州发电厂还直接向通州城区以及郊区马头、双桥、孙河等地供电。此后，经过近10年的经营，北京地区配电得到较好的发展。

到1937年年底，北京地区已建成5.2千伏及以下的配电线路400千米，33千伏输电线路4条，共75千米，33千伏变电站3座，主变压器总容量1.959万千伏·安。

1938年以后，北京地区的电力事业遭受到侵华日军的控制与掠夺，配电设施建设工作几乎停滞[1]。

三、广州市配电网

作为中国的南大门和对外交往的重要口岸，广州的电力工业起步较早。19世纪80年代后期，广州已开始用电。国内第一家民族资本经营的电灯公司——广州电灯公司[2]就出现在广州。

1911年，广东电力股份有限公司[3]安装1台1000千瓦发电机组的同时，开始建设2.3千伏配电线路，这是广州中压配电网的起点。

1919年，广东电灯公司完全商办，改名为广州市商办电力股份有限公司，发电装机容量增至1900千瓦。1920年，在五仙门旧厂房旁扩建新厂，改名为广东省会电力机厂，安装2×2500千瓦汽轮发电机组，发电机输出电压2.3千伏，频率60赫。1933年2月15日，广州市电力管理处新建河南电厂，安装2台1000千瓦、频率60赫的柴油发电机组发电，接入2.3千伏电网，并通过18号、19号两条馈电线路与五仙门电厂联络。

1935年，13.2千伏西关变电站建成投产，主变压器容量2×2500千伏·安，设5条2.3千伏馈电线路，由五仙门电厂9号13.2千伏输电电缆供电。

1937年12月，西村电厂（今广州电厂）2台1.5万千瓦发电机组投产发电，输出电压13.2千伏，频率为50赫，利用1号、2号、3号13.2千伏电缆传输至西关变电站。

由于西村发电厂与五仙门发电厂的频率不同，只能分地区供电。到深夜用电负荷降低时，为了节省燃料，将河南和五仙门电厂停机，由西村电厂承担广州市用电负荷，所以有部分地段每晚都要短时停电，进行转供电操作，白天电力负荷恢复前又要进行一次与此相反的操作，恢复以各电厂不同频率供电。这个问题一直到1952年2月17日，五仙门电厂发电频率改为50赫，成为统一电网后，才得以解决[4]。

1938年10月至1945年8月，日本侵略军侵占广州，电力遭受严重破坏[5]。

---

[1] 《北京志·工业志·电力工业志》编纂委员会：《北京志·工业志·电力工业志》，天津人民出版社，2002年，第173页。

[2] 1890年由广东华侨黄秉常创建，因公司资金不足，机器陈旧导致经常故障停电影响，1899年被迫关闭。

[3] 1900年，外资旗昌洋行粤垣电灯公司，投办了五仙门发电厂；1909年广东政府和商人（以海外华人为首）合股150万元向外资赎买粤垣电灯公司，改为广东电力股份有限公司；1919年政府在广东电力股份有限公司持有的股份经招商后售出，令公司变成完全商办，易名为广州市商办电力股份有限公司；1932年广州市公用局局长李仲振建议广州市政府把公司收归市有，公司因而易名为广州市电力管理处。

[4] 《广州电力工业志》编纂委员会：《广州电力工业志》，广东省电力集团公司史志办，2001年，第31页。

[5] 《广州电力工业志》编纂委员会：《广州电力工业志》，广东省电力集团公司史志办，2001年，第2页。

民国时期，广州市番禺县、从化县、增城县的一些商人、华侨也相继开办电灯公司，有的公司利用碾米机的动力晚间发电供用户照明。发电机输出电压一般为 2.3 千伏，配电线路降压至 110 伏或 220 伏供用户使用（照明电压 110 伏、动力电压 220 伏）。中华人民共和国成立前，市属各县电力都处于自发自用阶段，未与广州电力联网❶。

四、南京市配电网

南京电力工业诞生时间并不算早，晚于同省的苏州、无锡、镇江等城市。1910 年，中国第一家官办公用电气事业——金陵电灯官厂建成，向两江总督府供电。次年，增加发电机组，架设 2 条 2.3 千伏电力线路，为城中、城南区域供电，用户约 800 户，电灯近万盏，南京配电网络由此诞生。

1912 年，金陵电灯官厂由江苏省实业厅接管，改称江苏省立南京电灯厂（1928 年更名首都电厂）。1914、1918 年，电灯厂先后增装 2 台 100 千瓦和 216 千瓦发电机组，装机容量达 656 千瓦，供电范围从城内延伸到下关江边的码头、火车站及商埠地区。

1919 年，南京电灯厂应下关商民要求，在下关建设分厂，定名江苏省立南京电灯厂下关发电所，城内老厂更名为江苏省立南京电灯厂西华门发电所，形成"一厂两所"的格局，安装 1000 千瓦三相交流 60 赫 2.3 千伏电压的汽轮发电机组 1 套，架设 2.3 千伏架空线路向下关地区供电。至 1932 年年末，全市有 2.3 千伏线路 259 千米❷。

随着国民党政府定都南京，南京的党、政、军、警机关用电需求骤增，市政建设快速发展，电能需求也快速增长。为此，自 1933 年开始，国民党政府建设委员会决定在新建电厂的同时，提高配电线路电压来提升供电能力，以 4 千伏代替 2.3 千伏作配电线路。4 千伏线路为三相四线制，水平排列，统一相序，中性点在各配电所主变压器出线处直接接地，所有中性线直接联通为一体，相邻的两条 4 千伏线路通过杆上开关可以按需切换，联络电源，成为一个统一的闭式网络，又以各配电所为单元，分段开启运行。至 1937 年 6 月，全市共有 4 千伏线路 528 千米。

1931 年起，首都电厂逐步采用 13.2 千伏电压直接向城区送电。1933 年 8 月，首都电厂对市区输配电网络进行全面建设，13.2 千伏线路成为输电干线，从北到南分 3 路组成供电网络。同时，建设 13.2/4 千伏江边、三汊河、卸甲甸、江东门、鼓楼、新街口、中华门、西华门配电所共 8 座和 13.2/6 千伏浦口配电所 1 座。每座配电所一般用 3～4 个出线回路，在半径 2～3 千米范围内供电❸。

南京是全国较早使用电力电缆的城市之一。1932 年 9 月 22 日，从浦口电气厂以 6.6 千伏向下关发电所送电的过江电缆竣工，这是中国长江江底敷设的第一条过江电缆。日军侵华期间，该电缆损坏，几经打捞无效而废弃❹。

---

❶《广州电力工业志》编纂委员会：《广州电力工业志》，广东省电力集团公司史志办，2001 年，第 1、196 页。

❷ 南京市地方志编纂委员会，南京市电力工业志编纂委员会：《南京市电力工业志》，方志出版社，1997 年，第 1、160 页。

❸ 南京市地方志编纂委员会，南京市电力工业志编纂委员会：《南京市电力工业志》，方志出版社，1997 年，第 161 页。

❹ 南京市地方志编纂委员会，南京市电力工业志编纂委员会：《南京市电力工业志》，方志出版社，1997 年，第 187 页。

首都电厂于1937年12月14日被侵华日军占领，下关发电所内人去机停，45名工人惨遭侵华日军杀害。1938年1月11日，1台500千瓦机组尚能勉强发电。沦陷期间，电厂发供电设备损坏严重，南京城区138千米13.2千伏配电线路及6个配电所遭到破坏。抗日战争结束后，首都电厂在城区架设了13.2千伏的三牌楼、四卫头、西康路、中山路等直配线路[1]。

五、农村配电网的出现

中华人民共和国成立之前，农村电气化事业的建设、发展非常缓慢，部分地区出现过零星的用电记载。据考证，早在1915年前后，江苏省南部的部分集镇、商埠就出现了电灯照明。1919年，天津地区的宁河县芦台镇出现了为乡镇和农村供电的芦台企业电灯公司，装机1台，容量为100千瓦，成为中国最早为乡镇和农村供电的电厂，但于1929年拆除[2]。

1924年，江苏常州震华电厂建成，安装2台德国制造的3200千瓦汽轮发电机组，向常州、无锡供应照明用电。同年6月，该厂利用富余电力，协同地方在武进县定西乡蒋湾桥试办农村电力灌溉，受益农田3000余亩，开创国内农田电力灌溉的先河；1925年，又扩展至5个乡，灌田近万亩。由此带动了电灌在江南的普及，同时也出现了具有较完整记录的农村配电网[3]。

1924年，震华电厂建设了一条专供农村用电的线路，由东门变电所至湖塘桥，电压为2.3千伏，供武进县定西乡（今湖塘乡）蒋湾桥和吉三垛两个电力戽水站用电。1926年，沿6.6千伏戚（戚墅堰）横（横林）线附近农村，也陆续开始用电，主要用于电力灌溉。1929年，戚墅堰电厂6.6千伏直配线由丁堰延伸到马杭桥，定西乡的戽水站转由丁马线供电。抗日战争前，2.3千伏和6.6千伏的配电线路共有120千米，供电范围局限在戚墅堰电厂附近地区和武进县南面的马杭桥、湖塘桥、牛塘桥等地[4]。

在水力资源较为丰沛的地区，各地开始利用水力资源创办各类小型水电站。1936年，川西地区金堂县建设委员会在金堂县东门玉虹桥兴建一座水力发电厂，名为玉虹桥发电厂，安装德国西门子公司生产的40千瓦发电机组2台。投产后，一是经距电厂1千米远的九思巷营业所对4条街道约1000盏电灯照明，二是向3千米外的包家梁子3万亩农田提水灌溉提供电力，三是自包家梁子架设5千米配电线路至广汉县三水镇，供500盏电灯照明及制鞋等用电。该水力发电厂是四川最早为农田灌溉提供电力的发电厂[5]。

在中华人民共和国成立前虽然已出现农村用电，但规模很小。1949年农村用电比例

---

[1] 南京市地方志编纂委员会，南京市电力工业志编纂委员会：《南京市电力工业志》，方志出版社，1997年，第161、162页。

[2] 张彬：《中国电力工业志》，当代中国出版社，1998年，第463页。

[3]《江苏电力工业史》编委会：《中华人民共和国电力工业史·江苏卷》，中国电力出版社，2004年，第9页。

[4] 叶志芳：《常州电力工业志》，上海人民出版社，1998年，第127页。

[5]《四川省电力工业史》编委会：《中华人民共和国电力工业史·四川卷》，中国电力出版社，2003年，第11页。

仅占全国总发电量的0.58%。抗日战争期间，本来就不多的农村供电设备被大量损毁，直到中华人民共和国成立后才陆续恢复建设。

六、早期小水电站形成的配电网

中国幅员辽阔，河流众多，径流丰沛，落差巨大，水能资源丰富。使用简单机械开发水能，如水排、翻车、水磨、水碾、筒车等，代替繁重的体力劳动，在中国已有逾千年的历史，但将水能转换为电能却只有百余年历史。自清朝末期至民国时期，国家积贫羸弱，民生凋敝，中国的水力发电在十分缓慢的发展过程中，逐步衍生出了相应的配电网。

1941年，国民党第七战区司令长官余汉谋和第二军军长邹洪，与一位姓陈的华侨商人合股，在广东省乳源县云峰镇兴建洲头津水电站，装机容量18千瓦。这是当时广东省建成的唯一一座小水电站，1943年投产，发电供白色火药制造及县城照明和粮食加工[1]使用。

1943年，工商界、军政界李济深、何沛石等集资兴建的光明化工厂，安装1台108千瓦的水轮发电机组竣工投产，主要供给光明化工厂的生产用电，这是广西最早的水轮发电机组，水轮机为冲击式直流发电机，由德国西门子公司制造[2]。1946年，容县松山乡慈堂村的马泗川[3]在村旁建设一座装机容量仅有7.5千瓦的小型水电站，供马家自用，中华人民共和国成立后由松山乡人民政府接管，继续发电[4]。

1944年，浙江省建设厅委派工程师率水利工程勘察队，在遂昌县勘察测量4个月后，确定在县城东1.5千米的龙潭村兴建水力发电厂——龙潭水电厂。同年12月开工，时值抗日战争期间，经费短缺，于是向各方筹建资金（省政府拨积谷款、省建设厅贷款、省铁工厂和遂昌县合作社联合社投资、遂昌县田粮处出补助款、遂昌县办理乡镇公益储蓄盈利中提取生产基金款及预收报装电灯工料款等）。龙潭水电厂安装1台117马力（合86.11千瓦）推进式水轮机1台，发电机则是原青阳县钼矿的32千瓦旧设备。龙潭水电厂利用松荫溪水力发电，集水面积354千米^2，最大流量每秒1150米^3，拦河坝弧形，坝高约3米、弧长80米；拦河坝左端建一条宽3米、深2米进水渠道至前池。同时，建长18米、高1米、宽2米引水闸1座；直径为0.6米泄洪闸1座，分引水渠，兼为泄洪。1946年5月5日试发电，接照明负荷7.4千瓦，5月16日交遂昌县合作社联合社营业，以220伏配电线路供县城部分用户照明，年发电量近2万千瓦·时，后改用2.3千伏高压配电。1959年更名为遂昌县第一电厂。截至1990年，该水电厂连续发电45年后仍在正常运行，累计发电1910万千瓦·时[5]。

---

[1]《广东省电力工业史》编委会：《中华人民共和国电力工业史·广东卷》，中国电力出版社，2004年，第16页。

[2] 广西电力工业史编委会：《中华人民共和国电力工业史·广西卷》，中国电力出版社，2004年，第13页。

[3] 马泗川（1887～1963），原名绍良，后更名洸华，字泗川。广西容县松山乡慈堂村人，年轻时怀抱实业救国理想，弃政从商，为广西民族工商业开拓者、实业家。

[4] 广西电力工业史编委会：《中华人民共和国电力工业史·广西卷》，中国电力出版社，2004年，第13页。

[5]《遂昌县电力工业志》编纂委员会：《遂昌县电力工业志（1944～1990）》，浙江大学出版社，1992年，第1页、第7～10页。

广西自治区政府为了开发水力资源，投资筹建阳江（桃花江）水力发电厂，在桂林西门桥以北拦河筑坝，引水入杉湖东侧建设了公营第一座水力发电厂，称为阳江水力发电示范厂，安装2×50马力水轮发电机组，1948年5月1日发电，通过220伏配电线路向城里供电。1949年7月毁于大水灾，因无力修复而废弃❶。

1944年，随着汉中褒惠渠修成，国民党政府资源委员会勘测总队队员勘察了汉中冷水河、滑水和褒惠渠的水力资源。勘测报告指出，可以利用褒惠渠落差发电，不但工程简易，而且可满足汉中城的用电急需。国民党政府资源委员会与陕西省水利局磋商后决定合作，在汉中以北离城3千米的褒惠渠武家沟水闸附近建厂，计划建设长111米、宽20米、有效容积150米^{3}的水池调节电厂用水，安装引水量为每秒2.5～3米^{3}直达水轮机。1946年6月，安装1台161.7千瓦水轮机、1台160千瓦发电机的水电站投产，开创陕西省小型水电站先河❷。

1942年5月至8月间，浙江省政府辗转南迁，撤到云和镇，省政府机关驻于城镇与附近村庄，原本只有几千人口的云和镇成了浙江省的临时省会。机关云集，人口骤增，机关办公和生活照明成为当时必须从速解决的一个大问题。云和镇水力资源丰富，瓦窑水电厂应运而生，利用当时兴建的云和城区农田水利工程惠云渠，引水筑坝发电，并和农田灌溉结合起来，进行综合开发利用。采用的是1台美国产的发电机，装机容量40千瓦，为当时浙江省境内较早的一座水力发电厂，也是当时容量最大的水电厂，直至20世纪70年代它依然还在发电。电力通过2.3千伏高压线路输送到云和镇及附近重要村庄，降压后通过220伏配电线路为用户照明用电，所有高、低压导线全为铜线。

第二节　配电管理机构的形成与法规政策的出台

随着中国电力工业发展，配电范围扩大，配电设备数量激增，配电管理逐步向着专业化管理方向发展，也亟需政府出台相关的指导管理工作的法规政策。

南京国民党政府对多年电业运营实践中法律法制工作进行全面总结，形成并颁布了一系列的电业行政法规和工程技术法规，规范了配电组织形式和配电设备主要标准，为区域配电网提供了配电管理和配电设备技术标准依据，对配电事业的发展起到了积极的推动作用。

一、最初的配电管理机构

在民国政府时期，电力工业由中华民国交通部电政司管理，电政司下设总务科、监理科、营业科、计核科、考工科、主计科共六科。1928年国民党政府定都南京后，成立了

❶ 广西电力工业史编委会：《中华人民共和国电力工业史・广西卷》，中国电力出版社，2004年，第15页。

❷ 陕西省电力工业史编委会：《中华人民共和国电力工业史・陕西卷》，中国电力出版社，2004年，第10页。

建设委员会，下设全国电气指导委员会，主管电力工业。这一时期，由于电力工业的专业细化程度不高，故未在中央层面形成配电的专业管理机构，配电业务主要还是以“自治”的形式由电灯（电气、电力）公司、电厂等电力企业各自管理。

初创时期，中国多数发电厂为发供一体化管理，发电厂既管发电又管供电营业，当时的电力企业，普遍称为电灯公司（厂），如南京金陵电灯官厂、广州电灯公司、京师华商电灯公司等。随着供电业务发展，照明以外的用电需求出现、增多，“电气公司”“电力公司”也逐步出现，有的公司或电厂在内部设立管理配电和营业的科、股等供电机构。

起初，由于供电范围仅限于电厂附近较小区域，配电网规模不大，电压等级单一，且配电技术较发电技术相对简单，故配电管理未受到重视。当时企业虽然内设了配电机构，但多为电力公司或发电厂的生产车间性质，实行直线制的组织形式。例如，天津比商电车电灯公司，最初直接在其发电厂下设“外厂”和“里厂”两个机构，“里厂”负责发电厂内部设备管理，“外厂”负责配电线路的运维检修。

随着供电业务发展，配电网规模不断扩大、电压层级增多，配电设备技术提升，专业化管理需求逐渐凸显，有些公司开始实行职能制组织形式，在发电厂以外单独设置供电、配电科等专业化管理机构。例如，广州电灯股份有限公司的伍仙门发电所（电厂）装机容量较大，只管发电，供电线路管理和营业工作由其主管部门另设机构管理。

上海是国内第一个出现电力企业的城市，也是抗日战争爆发前发电量最大的城市。1937 年，上海发电量已达 11 亿千瓦·时，占全国总发电量的 45.5%。这一时期，上海电力需求的快速增长，自然而然地推动了这座城市配电管理的发展。

上海各电力公司创办初期，还未设立专门的配电管理机构，从锅炉点火到用户电灯点亮，电力生产全过程的生产技术工作，仅有少数掌握专业知识的人员统管，然后雇若干“铜匠”（钳工）、“电灯匠”（电工），担负设备的日常维护和故障修理工作，发生严重停电事故时均由主管人员决定如何抢修。随着配电线路大量架设，配电站不断增加，供电网络日益复杂，美商上海电力公司、闸北水电公司、法商电车电灯公司、京师华商电灯公司等先后设立负责供电设备运维检修的机构或部门，担负供配电设备的运行管理和检修管理，并配备专职技术人员和工人。配电设备在运行过程中，损耗不可避免，为提高配电设备健康水平，保证正常供电，这些机构和部门还建立了设备卡片或台账记录，定期进行检查更换，形成检修制度。检修带来的停电问题不可避免，市公用局为了尽量保障用电客户利益，自 1929 年起在《上海取缔电气公司停电规则》中规定：各家电气公司（除外商公司外）必须在检修开工 7 天前，开具检修事项和停电区域报公用局核准后，预先通知有关用户。

总体来说，在抗日战争爆发前，中国各地供电企业大多都设立了配电管理机构，虽然组织形式不尽相同，但也都根据自身供电营业情况发展出了适合自己的管理模式。

二、电气事业行政法规的颁布

（一）北洋政府颁布《电气事业取缔条例》

1918 年 4 月 11 日北洋政府以大总统教令 13 号颁布《电气事业取缔条例》，共 63 条，内容比较广泛，多偏于供电工程的技术规程，该条例由交通部制订。

《电气事业取缔条例》对电气事业的经营活动作出规定，明确在政府批准的营业区域内，在规定的时期内，不允许有别的公司同时经营同一种业务，包括买卖电机、架设电线以及委托安装电动机、电灯等，确立了电力企业享有垄断经营权与自主经营权[1]。

《电气事业取缔条例》第一次从法律层面上对全国电压等级进行了划分，统一了电压等级。电气事业使用电压被分为三类：低压直流不超过 600 伏，交流不超过 300 伏；高压超过低压而不超过 3.3 千伏；超过高压的为特别高压[2]。要求新建电气事业要严格按照条例规定执行，现有电气事业如果有与该条例要求不一致的，三年内必须完成整改。

《电气事业取缔条例》是中国第一部要求在全国范围内施行的电气事业行政管理条例。不过当时处在军阀割据、战争混乱时期，北洋政府根本顾不上对电气事业进行监督和指导。加上当时南北两个政府对峙，北方政府的政令难以统一，《电气事业取缔条例》形同虚设，收效甚微。

（二）国民党政府公布《电气事业条例》

1928 年以前，中国电气事业由交通部主管，几乎没有公营电厂，民营电厂虽然很多，但处于自生自灭的状态，政府根本顾不上对民营电厂进行监督指导。1928 年国民党政府建设委员会（简称建委会）为电气事业主管部门，由于电气事业对于国计民生的重要性，建委会除自己创设电厂树立楷模外，还对具有规模的民营电厂进行监督指导[3]。国民党政府立法院于 1929 年公布《公布之民营公用事业监督条例》，1930 年公布《电气事业条例》（后于 1934 年修正）。《电气事业条例》规定非经中央政府核准不得加入外股或抵借外债，体现了建委会维护国家主权的思想。《公布之民营公用事业监督条例》《电气事业条例》都经过立法程序，都是电气事业法规的母法。

1931 年建委会依据《电气事业条例》母法第四条，制定公布《电气事业取缔规则》，主要对经营电气事业者、工程业务设施、各级监督机关权限责任进行了划分；对电气事业营业界限，电气事业人与用户间各自权利进行规定。《电气事业取缔规则》不仅规定了配电工程电气事业供给用户配电电压和频率偏差范围，规定电灯配电电压偏差为±5%，交流频率偏差为±4%；还从安全方面对屋外低压架空配电线路截面选择、低压配电线路接地方式等进行了强调；此外，还对配电线路设备巡视检修进行规定，规定每年应巡视检修一次，并记录结果。

《电气事业取缔规则》的出台为政府对配电事业进行监督指导提供了法规支撑，对于规范配电电气事业具有指导意义，是一部较为详细具体的有关供电、配电、用电方面的行政规则[4]。

---

❶ 中国电业支志编辑室：《中国电业史料选编（续集）》，1989 年，第 177～185 页。

❷ 中国南方电网有限责任公司：《中国南方电力工业志》，中国电力出版社，2018 年，第 340、368 页。

❸ 中国电业史志编辑室，湖北省电力志编辑室：《中国电业史料选编(上)》，中国电力史志编辑室，1987 年，第 141 页。

❹ 张彬：《中国电力工业志》，当代中国出版社，1998 年，第 440 页。

三、电气事业工程技术标准法规的公布

（一）《电气事业电压周率标准规则》等标准的公布

1930 年前，中国电力工业发供电设备依赖国外进口，且来自世界不同国家，标准不同，差异悬殊。建委会认识到电压、频率没有一个统一的标准，不利于电气事业发展。建委会参考世界各国标准，并考虑到经济效益，于 1930 年 9 月 12 日，正式公布《电气事业电压周率[1]标准规则》。

《电气事业电压周率标准规则》明确要求新建电气事业所用的电压和频率，均应按照该规则所规定的标准，原有不合标准的电气事业要逐步进行改造。直流配电电压，以线路满载时的终点电压为标准，定为 220 伏和 440 伏两种；交流电频率，定为 50 赫，相数定为单相及三相两种；交流配电电压，以输电线路或配电线路满载时的终点电压为标准[2]，交流三相四线制为 220 伏和 380 伏，单相三线制为 220 伏和 440 伏，高压终点标准电压为 2.2、3.8、6.6、13.2、30、60、100、150、200 千伏。

建委会制定的《电气事业电压周率标准规则》统一了中国电压、频率标准。不仅有利于节省供配电设备制造成本，还有利于各厂配电线路联接成网络供电。

由于各地军阀割据，全面抗战爆发，《电气事业电压周率标准规则》各项规定未能有效落实。为了进一步规范配电设备标准，为各厂联络供电提供配电网标准，国民党政府经济部资源委员会于 1944 年 7 月修正了《电气事业主要设备标准规则草案》，以法律形式确定配电电流应为交流单相或三相电流。规定交流 33、13.2 千伏为大都市或乡村配电电压，6.6 千伏为主要配电电压，380/220 伏为用户侧配电电压[3]；三相配电变压器容量为 10、20、50、100、200、500、1000 千伏・安；单相配电变压器容量为 5、10、20、50 千伏・安。还按照电压对配电开关持续电流、断路器断电容量进行了规定等。

（二）《电力装置规则》等一系列工程技术法规的公布

建委会在工程技术管理方面先后公布了一系列工程技术法规，为规范配电设备建设提供了各项技术法规支撑。1931 年公布了《室外供电线路装置规则》，1933 年公布了《电力装置规则》，1935 年公布了《电气事业控制设备装置规则》，1936 年公布了《电气事业汽压汽温选订规则》《电线经过铁路装置规则》，1937 年公布了《架空电信及供电线路平行交叉并置规划》[4]等。

《电力装置规则》共 20 章 109 条，在配电工程建设方面，对配电线路同杆架设方法、配电线路与地面距离、配电线路与房屋距离、配电线路交叉跨越距离、配电线路导线与横担和支撑物等附属设备距离，配电导线材质、种类选择，变压器的安装位置、安装环境、安全距离等，直流和交流配电线路应接地的情况和接地方式，配电线路避雷器安装位置和

---

[1] 周率为旧称，现称为频率。

[2] 中国电力企业联合会：《中国电力工业史 综合卷》，中国电力出版社，2021 年，第 72 页。

[3] 中国南方电网有限责任公司：《中国南方电力工业志》，中国电力出版社，2018 年，第 340、368 页。

[4] 中国电力企业联合会：《中国电力工业史 综合卷》，中国电力出版社，2021 年，第 71 页。

安装要求等做了详细规定。

《电力装置规则》等工程技术法规具有较强的可操作性，不仅对配电工程的建设标准从国家层面进行了统一，还给验收人员提供了验收法律依据，保证了配电工程建设质量和配电网用电的安全，对于规范中国配电事业发展具有较大的促进作用。

四、《电业法》的形成与颁布

抗日战争胜利前，国民党政府先后出台的电业相关法规已有 20 多种，这些法规分为条例、规则、办法等，其性质可分为工程技术及行政业务两种。抗战胜利后，这些法规不足以适应当时电力的发展，迫切需要对其进行修改。国民党政府于 1945 年着手起草《电业法》，1946 年春又经修正。国民党政府还都南京以后，其建设部再次召集有关机关和各专家，经过多次开会研讨，于 9 月间报请行政院修正通过，送立法院审议。1947 年 10 月 29 日，立法院第 340 次会议通过了《电业法》，同年 12 月 11 日由国民党政府正式公布《电业法》，共 9 章 117 条，9 章分别是通则、电业权、工程、营业、监督、小型电业、自用发电设备、罚款和附则。

《电业法》规定了配电线路营业区域设立和取消标准，规定营业区 5 年内没设配电线路的取消该区域，变更营业区时应准备配电线路图，并从配电线路巡检及检查结果、配电线路附近发生火灾或其他灾害时应急处理、配电线路通道内树障清理等方面对配电设备安全进行强调，加重了盗用或毁坏电杆、电线、变压器或其他配电设备时的刑法处罚，对配电电压、频率偏差进行了规范，加强了对配电设备的监管，规定由中央和地方主管机关对配电设备进行检查，发现不合规定的则限期整改。

这是当时比较全面、完整的法律，进一步完善了电业法规，对于促进电力工业的发展、电能的供应与使用等都具有重要意义，也是对多年电业运营实践法律法规的全面总结。

第三节　民国时期的电学教育与电力设备制造

1928 年，国民党政府从形式上统一中国，民国时期中国进入“黄金十年”建设时期，此时社会趋于稳定，教育稳步发展，部分大学开始开设电力相关专业。由于社会建设的需要，出现了一批专门从事电力职业技术教育的学校，一些民间电机工程师也开始自发组织起来开展电力学术活动，电力专业人才充分将自己的所学运用到电力实际建设中，助推了当时电力事业的发展。民国时期政府还奖励和保护工商业，鼓励兴办实业，但这一时期受社会动乱和外国资本在华扩张的影响，电力设备制造业在内忧外患下艰难发展。

一、民国时期的三类电学教育形式

电学教育早期属于行业自办的事业，教育的种类少、规模小。民国时期教育部为解决人才缺乏问题，除办理短期职业训练班外，还采用了三种主要类型的电学教育形式，有高等大学教育、电力中等专业学校和技工学校教育三种类型。

1912 年中华民国临时政府成立，设教育部，蔡元培任总长，积极进行教育改革。1912—1913 年《普通教育暂行办法》《普通教育暂行课程标准》和《禁用前清各书通告各省电文》等法令颁发，一批现代意义上的大学开始创立。1912 年，上海高等实业学堂更名为交通部上海工业专门学校，并将电机科改为电气机械科。同年，设有电学课和有电机科系的几个大学进行了改革，南洋公学改为南洋大学堂，京师高等实业学堂改为北京工业专门学校，京师大学堂改为北京大学，天津中西学堂改为北洋大学，山西大学堂改为山西大学校，又新设了同济医工学堂（同济大学前身）、方言学堂（武汉大学前身）、清华学堂（清华大学前身），这几个学堂先后都设立了电机科系。

民国时期，除了高等大学开设电气专门学科进行电力人才培养外，还有教授学生从事电力职业或生产劳动所需要的知识技能的职业技术教育。实施电力职业技术教育的学校，主要有电力中等专业学校、电力技工学校两类。

中华人民共和国成立前，部分中等专业学校设有机电专业，而电业部门独立举办的中等专业学校很少，且办学持续时间不长。1928 年成立的哈尔滨电业公司电工学校只办了 1 期，到 1932 年停办；1946 年国民党政府东北电业总局在长春成立长春机电学校，招生 200 人，该校也只办了 1 期。1949 年中华人民共和国成立时，全国共有中等专业学校 561 所，在校学生 7.7 万人。而电力系统仅有 1917 年成立的川东联合县立甲种工业学校（该校后更名为四川电力职业技术学院）和东北电业管理总局 1949 年 3 月在沈阳成立东北电工学校（后迁往长春更名为长春电机高级职业学校，1955 年由长春迁至吉林市，9 月更名为吉林电力学校，2005 年更名为东北电力大学）[1]。

技术工人教育是中国电力职业技术教育的重要组成部分。中国东北地区电业部门，曾在 1922 年和 1927 年分别开办奉天电灯厂电工学校、哈尔滨电业公司机掌讲习所，两所技工学校共培养了近 550 名电力工人。在国民党政府时期，部分较大的电力企业建立了一些技工学校对工人进行教育和培训。1938 年至 1945 年，奉天、新京（即长春）、哈尔滨、锦州、齐齐哈尔等大城市的电业公司举办过 5 个电业养成所，共培养 2020 人。1948 年中苏远东电业股份有限公司举办远东电业技术学校，招生 2 批，共招生 770 名。中苏远东电业股份有限公司前后近 30 年共办 8 所技工学校，共培养 3300 余名学生，这些学校到中华人民共和国成立时均已停办[2]。

二、民间学术团体成立中国电机工程学会

20 世纪 30 年代中国电力事业已在各大中城市兴起，国内各主要高等学府大多设置了电机工程系，社会上已有一批留学归来和自己培养的电机工程师在从事电力教学、应用和

---

[1] 张彬：《中国电力工业志》，当代中国出版社，1998 年，第 591 页。

[2] 张彬：《中国电力工业志》，当代中国出版社，1998 年，第 596 页。

制造的部门工作。1934 年 10 月 14 日，顾毓琇、李熙谋、张廷金等人在上海成立了中国电机工程师学会（中国电机工程学会的前身），是当时全国唯一的电机工程领域民间学术团体。学会以《电工》杂志为学会会刊，以“联合电工同志，研究电工技术，协力发展中国电工事业”为宗旨，开展了一系列促进中国电力事业发展的学术活动。

学会成立之后，在研讨学术、审定名词、制定标准、出版书刊和颁发奖励等方面开展工作。当时的学会人才荟萃，经常为电力建设献计献策，就大学电学课程如何设置、大后方的电力保障等问题提出建议。

学会以学术活动为主，学术活动又以学术年会为主。年会往往研讨当时电工界关心的主题，例如，电网设计原则和电报电话制式等。1949 年前，学会还编印基本电工书籍，并在历届年会上做电工通俗演讲。此外，学会还参与电工标准制定和电工名词审定工作，中国电机工程师学会曾两次制定电机工程名词术语，由教育部颁发。学会也讨论中国电力系统频率究竟采用 50 赫还是 60 赫。电力名词术语和电力系统频率的统一，为电力发展与交流提供了便利。

1937 年抗日战争爆发后，上海、南京、杭州等地相继沦陷，学会会员离散，会务停顿。1940 年前后，内地会员继续在后方开展活动，学会本部在重庆恢复工作。1945 年日本投降后，学会本部返回上海，活动有所发展，并在杭州、台湾、天津、武汉、南京、广州、北平成立了分会，会员发展到 1200 人。

三、中国自行制造的配电变压器

中国自行制造配电变压器开始于 1917 年，华生电器制造厂在 1917 年生产过一台小型变压器。中国第一台容量较大的变压器是 1923 年制造的。留学美国回来的周琦、刘锡祺于 1922 年在上海创建益中机器瓷电公司，自行设计试制成功大容量变压器，额定容量 50 千伏・安、三相、3300～6600/220～380 伏。该台变压器售给宜兴电灯公司使用。1922—1936 年，益中公司共生产 2～600 千伏・安变压器 2424 台，总容量 78256 千伏・安。1932 年，该公司制成国内首创的 50 千伏・安试验变压器。1948 年制造的 13.8 千伏、1250 千伏・安变压器是该厂生产的容量最大的变压器，安装于上海浦东电灯公司。

中华人民共和国成立前在上海还有“华通”“中建”“大达”等十多个民营电工厂先后从事生产变压器，其中 1919 年创办的华通电业机器厂规模较大，在 1937 年“八一三”事变前，年产变压器容量 2.5 万千伏・安。该厂 1947 年制成的 6.6 千伏、2500 千伏・安变压器，是当时中国容量最大的产品，安装在塘沽新港变电所。华通电业机器厂于 1949 年还设计过一台 150 千伏・安工频试验变压器，制成于 1951 年。

由国家创办（官办）从事生产变压器的电工厂，最早的是 1929 年由国民党政府建设委员会在上海高昌庙（半淞园路）创办的电机厂，后来并入资源委员会的中央电工器材厂。1947 年是生产变压器容量最大的一年，共计 146 680 千伏・安，其中，民营电工厂产量占 80%以上。中华人民共和国成立前变压器单台容量增长情况和变压器电压等级增长情况分别见表 2－1 和表 2－2[1]。

表 2－1　　变压器单台容量增长情况

年份	单台容量（千伏·安）	制造厂
1922	15	华生电器制造厂
1924	50	益中机器瓷电公司
1933	100	华通电业机器厂
1935	1000	华通电业机器厂
1943	1500	中央电工器材厂第四厂
1948	2500	华通电业机器厂

表 2－2　　变压器电压等级增长情况

年份	电压等级（千伏）	制造厂
1922	2.2	益中机器瓷电公司
1924	3.3	
1925	6.6	
1930	33	

四、华通电业机器厂制造多油断路器

中国制造断路器，起始于 20 世纪 20 年代。1918 年，上海工部局电气教师姚德甫集资创办华通电业机器厂（简称华通厂），该厂于 20 年代按照国外进口实样，除生产小型电动机、变压器、家用电器外，还制造低压多油断路器。1919 年，华通厂开发了中国第一台中高压油断路器，在电力行业颇具影响力，后来批量制造开关板用的电流表、电压互感器等，服务对象也由上海电力公司扩展到了京师华商电灯公司、大型的纺织厂与面粉厂。由于完成了一些无人敢承接、技术要求高、工艺难度大的任务，获得了好名声，华通厂发展很快，后来扩大了厂房，增添了新设备，聘请交通大学电机学院毕业的孙鼎为总工程师，主要生产铁路上使用的工业电器、家用电器。到了 30 年代初期，华通厂产品在全国就有了影响力，工业电器行销华中、华南及台湾地区，在京沪、津浦、陇海、粤汉及平汉等 11 条铁路沿线与列车上使用。华通厂 1935 年全年收入合计为 25 万余元。

华通厂的发展过程也经历了许多艰辛。20 世纪 30 年代，公司试制成功了一种新型号火车用的发电机，送到上海铁路局安装试用，英国商人以保护专利权为名，百般挑剔与阻挠。华通厂曾经制造过国产第一台 13.2 千伏高压油开关，产生了一定的影响和信誉，上海华商电力公司就要求该厂制造 33 千伏、600 安高压油开关，这种产品在当时属于世界上尖端技术产品，只有德国西门子公司才有能力制造。华通厂总经理孙鼎等在西门子公司坚决反对的情况下，顶住外商的压力，于 1936 年试制成功。研制成功的高压油开关质量完全符合要求，并投入到上海泗泾配电站，运行正常，为上海电网电压升级立下一功。这

[1] 黄日晞：《电力技术发展史简编》，水利电力出版社，1986 年，第 106 页。

表明当时中国的电器制造水平已经达到了世界先进水平。

1950 年元旦，经上海市政府批准，华通厂实行公私合营，改名上海华通电业机器厂，成为上海市第一家公私合营的电工企业，1953 年改名为公私合营上海华通开关厂，60 年代更名为上海华通开关厂。

五、华生电器制造厂研制成功中国第一台实用直流发电机

20 世纪初，洋货充斥市场，中国的民族工商业备受压制和摧残。杨济川对此深感痛心，萌发了实业救国的信念，并以电学为主攻目标。1914 年第一次世界大战爆发，杨济川等设想从科学研究转向实业开发，于 1916 年在上海北四川路（今四川北路）横浜桥附近，创办了华生电器制造厂（简称华生厂），寓意是“中华民族更生”[1]。同年，试制电流限制表获得成功，并接到第一批 2000 只电流限制表订单，每只价格 5 两银子。该厂出品的电流限制表质量可与外国货相媲美，但价格仅为外国货的一半，因而订单连续不断。1917 年，华生厂迁至兆丰路（现名高阳路），扩大了生产能力，除生产电流限制表外，还研制成功中国第一台实用直流发电机。

1918 年，杨济川开始设计制造交流三相变压器、发电机和各种配电盘，此后又研究设计较大的电机、电器产品，有 75 千伏·安三相交流发电机、500 千伏·安三相变压器、300 安电镀直流发电机和电灯厂用的全套配电设备等，并承制特定规格的电机产品。1922 年，华生厂制造的 8 千瓦直流发电机、60 安电镀直流发电机和 15 千伏·安变压器，在上海总商会商品陈列所第一次展览会上获得金奖。1926 年，上海华生电器厂生产了中国第一台 150 千瓦交流同步三相发电机，开发了中国第一台中高压油断路器。30 年代初制成 75 千伏·安 2300 伏/500 转三相变压器，两台三相同步发电机和新中工程公司制造的柴油机配套为发电机组，安装在南翔厂发电。1935 年，该厂克服材料与工艺方面的很多困难，修复了镇江电厂一台发生严重事故的瑞士 BBC 公司出品的 3000 千瓦 3000 转/分汽轮发电机，不久又制造了 2 台 33000 伏/3300 伏变压器，安装在南翔镇变电所，由闸北电厂 33 千伏线路供电启用。1936 年，为汉口恒顺木器厂制造了 500 千伏·安、2300 伏、500 转/分交流三相发电机，这是当年中国自行设计、制造的最大功率发电机。

六、电力设备制造业在艰难中发展

民国时期中国各地电力部门安装的发电、输配电设备，多数是国外制造厂生产的，主要的备品配件需要向国外订货。1913 年，美国通用电器公司在上海设立子公司，名为中国奇异安迪生灯泡厂，主要生产白炽灯泡，兼产线路电瓷配件、电风扇及家用电灯开关，是当时技术比较先进、质量比较好、颇具规模的大厂。灯泡厂的目标是占领中国和东南亚照明用具及其他电器的市场，为了控制市场，谋取更大利润，组成了国际卡特尔组织。1931 年“九一八”事变后，日本关东军吞并了东北，在那里经营了较多的电器制造工厂。1935

[1] 1954 年 5 月，华生厂公私合营，正式定名为公私合营华生电器厂。2001 年 4 月，发展为上海华生电器有限公司。

年，三菱电机株式会社在沈阳组建了满洲三菱株式会社，生产电动机与变压器。1936 年日商松风工业株式会社与满洲窑业株式会社在抚顺设立电瓷厂，年产约 900 吨低压电瓷瓶。1937 年日商古河、住友、藤仓合股创建满洲电线株式会社。1937 年芝浦电气株式会社在沈阳设立了株式会社满洲日立制作所，年产感应电机 2840 台、变压器 22 台。

外国资本在中国扩张电力设备制造业的同时，国家资本也开始在电力设备制造业上做出尝试。1927 年 3 月，国民党政府在上海交通大学内设立军事委员会无线电机械制造厂，起初生产无线电收发打报机，1929 年更名为国民党政府建设委员会电机制造厂，产品有所扩充，有电动机、变压器、收发报机、收音机、干电池等，成为仅次于北洋政府交通部电池厂的第二家国家资本电工企业。这两家国家资本电工企业，规模小、水平低、能力弱，所产生的影响极为有限。

抗日战争前夕，大批有识之士深感形势严峻，警觉日本的侵华意图，纷纷向国民党政府进言发展民族工业，增强国力，以备不时之需。1935 年 4 月，国民党政府资源委员会成立，将电机、电器、电工器材、无线电机械制造等列为国家重点发展的战略行业。于是，兴办具有一定实力的国家资本电机制造企业，提上了国家重要议事日程。1936 年 7 月，国民党政府资源委员会在南京筹建中央电工器材厂，拟下设四个厂，一厂为电线厂，生产电线；二厂为灯泡厂，生产电子管和白炽灯泡；三厂为电话厂，生产电话机及配件；四厂为电机厂，生产发电机、电动机、变压器、开关、电池等。1937 年 3 月，中央电工器材厂正式动工兴建，并分别在上海、南京、天津、沈阳、武汉、长沙、重庆等地开办电机工场或者工厂，生产产品包括发电机、电动机、变压器、开关、电线、电灯泡、电子管、电话设备、蓄电池、干电池等。1937 年全面抗日战争爆发，该厂内迁。抗战胜利后，国家除接管了一些日本遗留下来的小厂外，只是拼拼凑凑，勉强搞点制造。该厂曾制造过一台 220 马力（161.7 千瓦）的水轮发电机，安装在四川龙溪河，所制造的变压器最大容量为 500 千伏・安，感应电动机为 75 马力（55.125 千瓦），直流发电机为 20 千瓦。从已制造的产品看，制造水平很低。

民族资本是中国电力设备制造业萌芽时期的主要力量，到 1937 年共有 200 多家工厂。民族资本电力设备制造工厂和国家资本相比，资金较少，技术力量也比较弱，办厂的困难比较多。但从经济效果看，有的厂的产品并不亚于国家资本生产的产品，如交直流电机变压器、高低压开关、电线电池、电风扇、电热用具、灯泡、手电筒等。在这些产品中，有的是当时参数最高或容量最大的，如 33 千伏 600 安高压油开关，500 千伏・安 2300 伏 500 转/分交流三相发电机等，有的是知名度高的，如华德灯泡、华生电风扇等，不仅畅销国内，而且远销东南亚、印度等地。

中国民族资本电力设备制造业在战火和外部压力中求生存，历经了艰难的发展过程。中国资本家胡西园和工程师李庆祥，分别于 1923 年和 1934 年在上海建立中国亚浦耳灯泡厂和华德灯泡厂，与实力雄厚的美国奇异安迪生灯泡厂展开竞争，决心打破外国灯泡垄断中国市场的局面。两厂生产的白炽灯泡、充气灯泡和日光灯管远销海内外，能够与外国资本抗衡。然而外国资本家不甘失败，美国奇异灯泡厂和荷兰菲利浦公司联合组织一个四和灯泡公司，企图用降价的办法挤垮这两个工厂，都没有成功。两家工厂一直生存下来，并得到了较好的发展，成为民族电气设备制造工业成功的范例。

华成电器制造厂（简称华成厂）创建于1932年，当时中国电动机市场被外国资本所垄断。那时，中国各地电厂的输电线路电压差别很大，供电电压宣称220伏，实际电压低至160伏，或高达250伏以上。华成厂为适应各地电压不一的使用条件，首先在电机材料上进行处理，适当放大电动机的出力，其次，采用通风罩便于电动机散热，同时考虑水泵运行中最佳效率设置点，这样电动机的使用效果立即提升。1934年长江以南部分地区大旱，国民党政府建设委员会采买一批电动机用于水泵抽水。华成厂与外国生产的电动机在同一地点、同一时间使用，各地架设的都是临时线路，电压变动很大，有的地方是280伏，有的地方高达320伏。外国产电动机因与实际电压不相适应，没用多久都出了故障，而华成厂按电压实际情况设计和制造的电动机则完好无恙。人们看到了这种情况后，改变了“中国电动机不如外国电动机”的老看法，华成厂因此名声大振，引起外国厂商的注意。外国电动机厂商还购买华成厂生产的电动机进行研究，盗用其技术，并想找到缺点以破坏华成厂信誉。日本、英国、美国、德国、瑞士五国厂商组织起来联合倾销，把销售价格降到华成厂制造成本之下，以期压垮华成厂。华成厂努力降低成本，提高产量，与外商展开激烈竞争，取得很好业绩。

第四节 全面抗战到中华人民共和国成立前的配电网

全面抗战爆发到中华人民共和国成立前中国电力工业的生存、发展极其曲折复杂。抗战初期，国民党政府组织电力工业向大后方撤退转移，电力需求急剧增长。在国统区，国民党政府为适应抗战需要，千方百计兴建电力，城市配电网得以发展。在沦陷区，侵华日军为以战养战、掠夺资源，对受战争影响的电力工业也进行了一些恢复，但城市配电网难以正常发展，而在东北地区，则进行了较大规模的开发。为支援在共产党领导下的晋察冀、冀热辽、晋冀鲁豫等抗日敌后根据地克服困难，电力工人把配电线路架设到抗战前线，为电台通信和兵工厂生产服务做出了较大贡献。

一、国统区的配电网

抗日战争全面爆发后，国民党政府在“节节抵抗，节节撤退”中不得不将大多布局在沿海、沿江地区的民族工业迁往内地。全面抗日战争的后五年，国民党政府在其统治的重庆、贵阳和昆明等大后方进行电力建设，以满足用电需要，城市配电网得以发展。

（一）重庆地区配电网

1937年前，重庆配电网共有木电杆3614根，电力铁塔8座，过江配电线路1.34千米。高压配电电压为5250伏或者5000伏，高压配电线路40.16千米。低压配电电压除个别专用配电变压器外全部为380伏和220伏，低压配电线路85.69千米。配电变压器31台，容量 1890 千伏·安，配电变压器单台最大容量为 500 千伏·安，最小容量为 5 千伏·安[1]。

全面抗日战争期间，重庆电力工业遭受了严重破坏。1937 年 11 月 20 日，国民党政府迁都重庆，重庆被定为“战时首都”（陪都），重庆的发电厂成为日机轰炸的重点目标之一，受到日机的疯狂骚扰和轰炸，尤以 1938 年的“五三”“五四”最为严重。

国民党政府迁来重庆后，各省迁至重庆的工厂达四五百家，国民党军政机关、学校、军队接踵而来，拥集市郊，重庆电力负荷陡增。国民党政府还到处强令架线装灯，使配电线路急速增加。当时，蒋介石的黄山别墅、汪山的“行宫”、孔祥熙在歌乐山的“官邸”、宋子文在化龙桥的公馆、杨森的“渝舍”以及杀人魔窟“中美合作所”等一律要求专用配电线路供电。但重庆电力公司的装备不能满足庞大的日益增长的用电需要，出现了严重的电荒。

为缓解重庆电力紧缺的局面，国民党政府资源委员会于 1938 年 6 月成立龙溪河水力发电厂工程处，以桃花溪水电站为施工电源，依托工程处开发重庆长寿龙溪河流域的水电资源。

中华人民共和国成立前，重庆电力工业被国民党官僚资本所垄断，它们只顾赚钱，基本不对设备进行维护检修，13.8 千伏和 5.25 千伏高压配电线路仅有 57.57 千米，电网连年失修，破烂不堪，残缺不全。

（二）贵阳地区配电网

贵州的城市配电网始于省会贵阳市。1927 年开始，以 220 伏直流电压供配电。1935 年，贵阳电厂配电网的电杆不到 300 根，至 1938 年，仅拥有直流低压配电线路 8 千米，电杆 308 根[2]。

抗战爆发后，贵阳成为大后方，国内大量人员、机构及实业企业南迁进入贵州，省会贵阳市更是日趋繁忙起来，人口由 9 万余人增至 15 万余人。仅 1938 年、1939 年两年从外省迁入贵阳的厂商就有 101 家。在此情况下，贵阳电灯厂的两台总计 150 千瓦的直流发电机，已经远远不能满足需要。为此，1938 年初，国民党政府资源委员会与贵州省政府达成协议，由资源委员会拆迁原官办贵阳电灯厂两台直流发电机（容量 150 千瓦），并派技术人员来贵州改组原来的贵阳电灯厂。

贵州在 1939 年 3 月开始有了交流电，同年，贵阳水口寺新建两台 160 千瓦发电机组，与此相适应还架设了 3 千伏配电线路 6.94 千米，安装了配电变压器 5 台，容量为 362.5 千伏·安。1941 年，贵阳设市后，电杆增至 1541 根，变压器总容量为 798 千伏·安。

1944 年，由于日本侵略军步步紧逼，沦陷区扩大，国民党政府一些机关、学校纷纷后迁，大批难民涌向贵阳，城市人口激增，电力供应日益紧张。10 月，资源委员会又从四川宜宾电厂拨迁 200 千瓦旧发电机组 1 台，装在水口寺一机房。

截至 1945 年，贵阳市拥有 3～6.3 千伏高压配电线路 40.58 千米，配电变压器 38 台，

[1] 《重庆电力股份公司报告书 1937》。

[2] 中国南方电网有限责任公司：《中国南方电力工业志》，中国电力出版社，2018 年，第 340、368 页。

容量为 2360 千伏·安。1949 年年底，贵阳市有 6.3 千伏配电线 46.61 千米，配电变压器 65 台，容量为 3982 千伏·安。以市内的大十字为中心，东至红岩冲的炸药厂，西至三桥，西南至太慈桥，东南至图云关，北至小宅吉广播电台，初步形成了一个比较完整的城市配电网络[1]。

当时的配电变压器容量较小，安装在电杆上，多为单相变压器。配电线路多采用裸铜线、木质电杆、针式绝缘子、木横担。配电网多为树枝辐射型，供电可靠性较低。

（三）昆明地区配电网

1912 年 5 月 28 日，中国第一座水电站——耀龙电力公司石龙坝水电站建成投产，两台 240 千瓦机组发电，用 23 千伏输电电压及 3.3 千伏配电电压经木杆输配电线供昆明市区用电。位于昆明县城小西门水塘子内的降压变电站将石龙坝水电站发出的 23 千伏电压降为 3.3 千伏，分送至市区各变电站，再降压为 110/190 伏，供用户用电。1935 年，昆明市区低压配电电压由 110/190 伏调整为 220/380 伏，同时将石龙坝送出工程的木杆更换为水泥杆，将 2/8 号铜线更换为 7/12 号铜线。同年，在万钟街兴建第二座变电站，万钟街配电所将 23 千伏电压降为 3.3 千伏，再由配电变压器降为低电压供给用户。

抗日战争爆发后，内地工厂如中央机器厂、中央电工厂、兵工厂等搬迁至昆明，用电量迅速增长。昆明市区 80%的生活用电由耀龙电力公司供应。1939 年 6 月，昆湖电厂投运，供电区域为昆明市东北郊、马街子工业区、安宁、温泉、县城与县内煤矿等，部分电能售给耀龙电力公司转供昆明城区，耀龙电力公司和昆湖电厂供电范围形成昆明供电区域。这一时期，昆明地区 80%的工业用电由昆湖电厂供电。

抗日战争结束时，耀龙电力公司低压配电电压有 380/220 伏和 190/110 伏两种，配电线路长 107.8 千米，柏木电杆 3604 根。到 1949 年昆明市区及郊区共有 3.3、6.6 千伏配电线路 225.2 千米。

二、沦陷区的配电网

日本侵略军为大肆掠夺中国资源，达到“以战养战”的目的，在沦陷区大兴电力建设，生产战争物资。在东北设立“满电”控制了全东北电业，在华北设立华北电业公司以控制平津一带的电业，在华中设立华中水电公司和汉州电业公司分别控制华中江南一带电业。抗战胜利后，国民党政府进驻沦陷区，接管电业，但国民党政府并未认真经营，反而大肆掠夺沦陷区的电力资源，使城市配电网难以正常发展。

（一）辽宁地区配电网

1931 年“九一八”事变后，日本侵略军侵占了整个东北地区，于 1932 年 3 月 1 日建立伪满政权。同年 6 月，日本关东军特务部与满洲国签订协议，规定“作为推进日、满经济发展的一个阶段，在伪满洲国必须实行日满电力事业统一经营的方针”。同时决定成立以日本原陆军大将吉田丰彦为首、由 10 人组成的准备委员会，负责日满双方电业的

[1] 中国南方电网有限责任公司：《中国南方电力工业志》，中国电力出版社，2018 年，第 340、368 页。

统一合并工作。

1934 年 11 月，侵华日军胁迫由中国人开办的奉天电灯厂、安东电灯公司、长春电灯厂、吉林电灯厂、齐齐哈尔电灯厂、哈尔滨电灯公司，与中日合资营口水道电气株式会社以及日本人开办的南满电气株式会社、北满电气株式会社共 9 个电力企业强行合并，成立满洲电业股份有限公司（后易名“满洲电业株式会社”，简称“满电”）。侵华日军为了扩大侵略战争，建设东北侵华战略基地，达到“以战养战”的目的，从 1937 年开始，先后炮制出两个“五年产业开发计划”，实行“水主火从”的方针，进行了大规模的电力建设。1937 年 11 月，先后开工建设了水丰发电厂、丰满水电厂，还勘测、开工了桓仁、云峰、沙尖子等水电厂，但直到日本投降时也未完工。此外，还建设了阜新、抚顺、北票、大连甘井子区等火电厂。

1944 年，伪满洲国直管的水电厂包括与朝鲜共管的水丰水电厂等被并入“满电”。“满电”实现了水电、火电和输电、变电、配电的统一运营。

1945 年，日本战败投降后，辽宁省电力装机容量 110.2 万千瓦，送电线路超过 4700 千米，变电容量超过 98 万千伏·安，配电线路超过 3600 千米，配电变压器总容量超过 67 万千伏·安。这是侵华日军掠夺中国资源，用中国人民血汗建成的发电厂和电力网。

随着日本侵略军的投降，“满电”迅速瓦解，此时苏联红军到辽宁拆运大批电力设备，配电网络遭受重大破坏。1946 年 10 月，国民党政府接管辽宁电业，成立资源委员会东北电力局。东北电力局在接收的两年内疏于建设配电线路，设备失修，只是苟延残喘。

截至 1949 年年底，辽宁省发电设备容量为 43.2 万千瓦，年发电量 8.05 亿千瓦·时，输、配电线路总长 1.236 万千米，配电变压器总容量 28.47 万千伏·安。当时最大的抚顺发电厂，设备容量仅有 9.5 万千瓦。这是旧中国留给辽宁的全部电力设备❶。

（二）北平地区配电网

北平地区的供电配电线路始建于 1905 年。1937 年“七七”事变后，日本侵略军占领北平地区，强行接管北平的电气事业，成立“北京电业公司”。截至 1937 年年底，北平地区已建成 5.2 千伏及以下的配电线路 400 千米。

1938 年以后，北平地区电力事业，遭受了侵华日军的控制与掠夺，配电设施难以得到正常建设。1945 年侵华日军战败投降后，国民党政府接收了北平电力事业。由于国民党政府忙于发动国内战争，北平地区供配电设施基本没有新的建设。

到 1948 年年底，北平地区 6.6 千伏、5.2 千伏高压配电线路共 387.7 千米，5.2 千伏配电断路器 223 台，配电变压器 1669 台，总容量为 45165.5 千伏·安，其中，单相变压器 1499 台，容量 335 千伏·安；三相变压器 170 台，容量 11590 千伏·安。北平地区各行业用户自备自用变压器 860 台，容量 29323.5 千伏·安，其中，单相变压器 787 台，容量 25257 千伏·安；三相变压器 73 台，容量 4065.5 千伏·安。

❶《辽宁省电力工业史》编委会：《中华人民共和国电力工业史·辽宁卷》，中国电力出版社，2004 年，第 8、14 页。

（三）上海地区配电网

1936 年，上海沿街道竖立电杆，架设三相四线低压配电网，采用 220/380 伏的配电电压供电。

1937 年 8 月 13 日，日本侵略军大举入侵上海，3 个月后上海沦陷。为控制长江流域的电力工业，日商勾结汪伪政府成立了华中水电公司，将华商、闸北、浦东 3 家电气公司分别改名为华中水电公司南市分公司（华中水电株式会社南市支店）、北部分公司（北部支店）、浦东营业所，民族电力工业备受摧残。

1949 年上海解放时，全市共有 22～33 千伏输电线路 551 千米（含电缆 453 千米），变电所 20 座，24.85 万千伏·安，5.2～6.6 千伏配电线路 1029 千米（含电缆 475 千米），配电所 433 座，36.30 万千伏·安，低压配电线路 2064 千米（含电缆 123 千米）。因屡遭战争破坏和年久失修等原因，全市配电系统中木电杆腐朽、横担锈烂、风雨线[1]脱皮、绝缘子碎裂等缺陷比比皆是[2]。

（四）武汉地区配电网

武汉公用电气事业初创时期为直流供电，形成直接向电厂临近用户供给 110 伏或 400 伏电压的配电网。1937 年既济水电公司配电网络初具规模，2.3 千伏以上配电线路发展到 27 条，长 879 千米，配（变）电房 3 处，主变压器总容量 1.85 万千伏·安，供电区域上至宗关，下达刘家庙，几乎覆盖当时整个汉口城区，为中华人民共和国成立前汉口电网的鼎盛时期。同一时期，武昌水电厂 4 条高压配电线分别以 2.3 千伏和 5.25 千伏放射式向武昌城区供电。其中，将一、二回共杆至大成路后分干、支线，三、四回共杆至蛇山后再分干、支线，2.3 千伏旧机送粮道街、黄土坡一带，新装 5.25 千伏送中正路及以西各街，后又将供电范围向北扩展至徐家棚。当时武昌电网有各型电杆 1853 根（其中，铁杆 10 根），变压器 178 台，令克（即熔断器）5 具。裕华、震寰、申新纱厂等企业自备电厂也分别与武昌、汉口电厂联络，互相调剂电力。汉阳电气公司电厂以 3 千伏、50 赫交流配电线路，先向双街、高公街、南岸嘴一带供电，后发展到东门和西大街，线路共长 3.31 千米。此外在汉口租界内的英、德、日电厂利用各自的直流配电网单独供电。

1938 年 10 月，武汉被侵华日军占领，武汉三镇电业横遭浩劫，汉口电网支离破碎，武昌电网毁坏殆尽，汉阳电网不复存在。1940 年 10 月，日本华中株式会社以军事需要为由，敷设 6.6 千伏配电网架空线和 33 千伏水底电缆，分别通过汉水和长江，以 6.6 千伏配电电压连通三镇，由汉口既济水电公司向汉阳、武昌供电。

抗战胜利后，武汉水电事业被收回。1946 年既济水电公司统一汉口供电区，将原有的 87.7 千米、2.3 千伏配电线路升压改造成 6.6 千伏线路。1945 年 8 月，武昌水电厂恢复城区部分配电设备，并向既济水电公司和裕华纱厂趸购电力以供急需。1946 年 10 月，武昌发电所在下新河建立，新装两台 500 千瓦 400 伏 50 赫发电机，并以该所为中心建起放

[1] 风雨线：又叫黑皮线、橡皮绝缘编织电线、麻皮线等，此类型电线耐晒防水。

[2] 上海市电力工业局史志编纂委员会：《上海电力工业志》，上海社会科学院出版社，1994 年，第 74 页。

射式电网供电，1947 年 5 月又加装共 50 马力（36.75 千瓦）柴油发电机备用。1947 年 7 月成立鄂南电力有限公司，着手安装一套 2500 千瓦发电设备，1949 年该机组建成发电。汉阳电气公司原有的发电设备因被损毁，重建资金难以筹集，加上原公司厂房又被占用，一直未能恢复发电，汉阳城区仅靠几家私人小型发电机零星供电。

武汉解放前夕，全市共有公用发电设备容量 2.175 万千瓦，发电机电压有 6 千伏、2.3 千伏、500 伏、440 伏、400 伏多种电压等级，频率有 50、60 赫，且交直流并存。这样微弱的电业还遭到了国民党军队溃逃前的破坏。为保护工厂，迎接解放，武汉电业职工展开英勇的护厂斗争，使得发供电设施得以保存。

三、中国共产党领导下抗日根据地的配电网

抗日战争时期，在中国共产党领导下，建立了巩固的晋察冀、冀热辽、晋冀鲁豫等抗日根据地。抗日战争胜利以后，人民解放军在华北战场上和国民党军队展开了针锋相对的斗争，保卫了解放区。解放区克服重重困难，自力更生，建立以电厂直接供电的配电网，解决了电台、兵工生产和军政机关用电问题。在张家口努力恢复电力生产，有力地支援了人民解放战争。这些电厂的建设及运行管理，不仅积累了生产建设与管理经验，而且为新中国培养了一批电业建设管理人才。

（一）新华社广播电台的供电

1940 年春，中共中央决定成立广播委员会，电台设备主要是周恩来从苏联带回的一部功率为 10 千瓦的广播发射机。发电机是靠一部汽车引擎带动的，发动引擎的燃料则是靠木炭炉供给的一氧化碳。1940 年 12 月 30 日，延安新华广播电台开始在延安试播音，发射功率有二三百瓦。

（二）共产党领导电力事业的开端

为了更有效地进行抗日战争，1941 年，中国共产党在延安阎店子创建发电厂，尽管发电功率只有 3000 瓦，却支撑着几十个无线电台工作，把中国共产党的联络范围扩展到国统区乃至苏联，这也成为中国共产党领导电力事业的开端。当时毛泽东主席的住地枣园距阎店子不到 5 千米，1943 年春，通往枣园的输电线路架通。

（三）漳河上的小水电站

在艰苦的战争年代里，中国共产党在解放区建成了几座水电站，虽然这些水电站的规模很小，但它们在中国水电开发史上留下了光辉的一页。

涉县赤岸水电站：1942 年 2 月，八路军 129 师积极响应党中央“自己动手，丰衣足食”的号召，一面坚持抗战，一面开展大生产运动，组织温村等 8 个村的群众，在清漳河上游开挖漳南渠引水灌溉，同时利用漳南渠和漳河之间形成的 5 米落差建成了涉县赤岸水电站。电站引用流量每秒 0.5 米^3，用自制的木质水斗式水轮机带动 10 千瓦发电机发电，供应当地军事工业、司令部照明和机要通信用电，开创了解放区水电建设的先河，是中国共产党历史上修建的第一座水电站。

西达水电站：1944 年 7 月，晋冀鲁豫军区西达兵工厂在其驻地涉县，兴建了一座装

机容量为28千瓦的西达水电站，为兵工厂动力和政治部大礼堂（驻王堡村）照明供电。1948年，该水电机组随军工厂搬迁到山西省长治县。

茅岭底水电站：1945年3月，晋冀鲁豫军区在河北省涉县和山西省左权县交界处的渠水茅岭底村，利用封南渠与漳河之间的6米落差，建成装机容量为10千瓦的茅岭底水电站。这座水电站为太行山银行二局三厂提供动力和照明用电。1948年，太行山银行迁往天津时，水电站被拆除。

（四）西柏坡沕沕水水电站

1947年6月20日西柏坡沕沕水水电站正式开工建设，工程历时7个月，1948年1月25日举行了竣工典礼。发电机容量为155千瓦，出线电压2300伏，频率60赫。设计水头95米，设计流量每秒0.3米^3，引水渠长688米，压力池容积4200米^3，压力管道为明铺铸铁管，上下两段直径14英寸，中间直径8英寸，地面式封闭厂房，装机容量155千瓦，架设输电线路46千米，安装变配电设备8处。

1948年7月，沕沕水水电站组织突击队，用7天时间架设了沕沕水至西柏坡27千米的输电线路。沕沕水水电站不仅为军工生产提供电力保障，而且为党中央驻地西柏坡点亮了电灯，为发报、广播提供了电源。

（五）张家口配电网

1918年，华北电灯股份有限公司北菜园发电厂开始陆续安装发电机组4台，总容量为722千伏·安。发电机组有60赫和50赫两种频率，电压为2.2千伏、2.4千伏，二次电压为110伏，因频率、电压不同不能并列。配电网干线分3路出线，1路供桥东，1路供桥西堡子里，1路供上堡市区，当时只用于照明，白天停机，夜间发电，仅能带6千只灯泡，主要满足商界和军政阶层的生活照明以及主要街道的路灯用电。这是张家口市最初的配电网络。

1937年8月，侵华日军侵占张家口，组建了蒙疆电业株式会社。1938年12月8日，蒙疆电业建成张家口南菜园发电厂并投入运行，开始向市内送电，同时对配电网络进行改造，将配电电压统一为3.3千伏，二次电压为380/220伏，取消了2.2千伏、2.4千伏、110伏电压等级，原有的干线均改为三相线路。南菜园发电厂至上堡的配电网干线，分3路出线，2路供白天用电，1路供夜间用电，3路同杆并架。供电方式为照明、动力分开，动力用电由3台单相变压器串联，单相变压器专供照明用电，形成街道电杆上小变压器多的现象。3条3.3千伏配电线的导线大多为裸铜线，低压线为铁导线，电杆全部是木杆。下花园发电厂投运后，以33千伏输电线路与南菜园发电厂联接。

1942年，张家口市的配电网向市郊延伸到十三里、姚家房、老鸦庄、宁远堡等农村。1943年，由张家口变电站引出3.3千伏配电线路1条，长15千米，对沙岭子村供电。

1945年8月23日，察哈尔省首次全境解放。晋察冀边区政府接管了蒙疆电业，成立了晋察冀边区政府工矿管理局民生电业公司，并迅速恢复生产。在此期间，民生电业公司以“为人民服务”为宗旨，在保证军需和城市照明的同时，为张家口郊区十几个乡村安装了电灯，康庄、怀来等地也接上了电。

1946 年 10 月，国民党军队占领张家口，发电厂、变电站、输电线路等设备毁于战火，配电线路也遭到不同程度的破坏，下花园发电厂的电力无法送到张家口。1946 年 11 月，察哈尔省电力管理局组织修复张家口北菜园停用多年的 312 千瓦发电机组，修复发电后，利用原有的配电线路供张家口市内用电。

1948 年 12 月，张家口第二次解放，中国人民解放军接管了张家口的电力企业。下花园电厂职工修复 1400 千瓦机组并重新发电。随后，用 7 天时间修复了下花园至杨家营、杨家营至宣化、宣化至张家口的 33 千伏输电线路。1949 年 1 月，下花园电厂修复了 1280 千瓦和 1 万千瓦（最大机组）发电机组，向宣化、张家口供电。张家口比较充足、可靠的电力供应，为医治战争创伤和恢复国民经济创造了条件。

（六）解放战争中的东北配电

1945 年 8 月 28 日，中国共产党中央派冀热辽边区政府组成的 4 支干部大队接管满洲株式会社、南满总局和沈阳电业支社，组织电业职工经过 14 天努力，将沈阳市 6 座 44 千伏变电所全部恢复供电。这一时期，东北各地建立巩固的东北根据地，开辟东北解放区，各地民主政府相继成立电业管理机构，发动和组织广大电业职工抢修发供电设备，1946 年至 1947 年末，修复了哈尔滨、镜泊湖、牡丹江、佳木斯、鸡西发电厂等发电设备，总容量达 19.08 万千瓦；44 千伏及以上电力线路 1.75 万千米；变电容量 39.2 万千伏·安，为支援东北解放和全国的解放战争做出了重要贡献。[1]

1948 年东北解放初期，广大电业工人、技术人员克服重重困难，修复遭到严重破坏的发电设备；同时，还在一些县镇新建 12 座小火电厂，容量超过 1000 千瓦，保障了军工生产用电，在支援解放战争中做出了贡献。[2]

1948 年 3 月 9 日丰满解放，10 日，东北人民政府派工业部、吉林省工业厅相关人员带领工作组赶赴丰满发电厂，组织电厂职工克服困难、日夜奋战，于 18 日恢复供电，使东北解放区工农业生产获得了强大的动力。[3]1948 年 3 月，吉林市解放，吉林电业局广大电力职工立即开始抢修电力线路，用半个月时间完成 154 千伏松（丰满）滨（哈尔滨）线修复，恢复了自 1946 年 7 月就被国民党政府禁止的丰满发电厂向哈尔滨的供电；同年 11 月，又修好 220 千伏（以 154 千伏运行）松（丰满）抚（顺）线，丰满发电厂也恢复了向抚顺供电。在修复输电线路和变电所的同时，各电业局还积极修复了配电线路和配电变压器，恢复了城市供电。长春解放后，电业部门仅用 3 天时间，就使市内机关、部队、企业用上了电，不到 10 天，就使全市用上了电，经过 3 个月的努力，就恢复了长春地区电网的正常运行。[4]

1948 年 7 月，中共中央东北局在哈尔滨成立东北电业管理总局，隶属东北行政委员会工矿处，负责领导东北解放区各地电业；11 月，东北电业管理总局迁往沈阳，接管国

---

[1] 东北电力工业史编辑室：《中华人民共和国电力工业史·东北卷》，中国电力出版社，2005 年，第 26 页。

[2] 刘绍文：《东北电力工业志》，当代中国出版社，1995 年，第 100 页。

[3]《吉林电力工业史》编委会：《中华人民共和国电力工业史·吉林卷》，中国电力出版社，2005 年，第 17 页。

[4]《吉林电力工业史》编委会：《中华人民共和国电力工业史·吉林卷》，中国电力出版社，2005 年，第 18～19 页。

民党政府资源委员会东北电力局。东北电业管理总局成立后，首先着手检修发电设备，恢复各地供电，使抚顺、阜新、北票等电厂相继发电。抚顺发电厂新装从长春迁来的1.5万千瓦机组并恢复被破坏弃置的1号机组，阜新发电厂安装从长春移来的1.4万千瓦机组，使抚顺发电厂和阜新发电厂开始发电。其次，整顿好组织机构，实行集中统一领导。在东北电业管理总局之下，设立沈阳、安东、锦州等六个地区管理局。其下分设电业局，并于沈阳成立国内第一个中心试验所——东北电业管理总局中心试验所（后改称技术改进局等）。❶

中国女作家草明以修复电厂事迹为原型，创作的中国文学史上第一部描写中国共产党领导下的工人阶级成长的中篇小说《原动力》；东北电影制片厂以修复哈尔滨发电厂特等劳动英雄刘英源为题材，拍摄了《光芒万丈》，颂扬刘英源等电业工人的英雄事迹。❷

四、解放战争时期的配电抢修恢复

1948年，中国人民解放战争取得决定性胜利，国民党反动派见大势已去，仍妄图垂死挣扎，在溃逃前疯狂破坏重要城市的电厂和电力线路。电力工人在中国共产党的领导下，配合城市解放，开展了英勇的护厂斗争，并积极修护受损的配电设备，恢复生产，迎接解放。

长春市从1948年1月开始，电力设施遭到国民党军队的肆虐破坏，城市配电网陷于瘫痪的状态，停电10个月之久。西安市于1949年5月20日迎来解放，但爆炸造成西京电厂设备损坏严重，市内供电线路和大街上的路灯设施也成了摆设。1949年10月14日晚，国民党反动势力逃跑时炸毁了广州最大的珠海大桥，距珠海大桥仅一二百米的发电厂房被炸翻，大桥附近的配电线路全部被炸断。当时中国各地的配电设施诸如此类的事故数不胜数。

为了摧毁国民党反动派的阴谋，广大电业职工在中国共产党的领导下想方设法克服困难，对被破坏损毁的配电设施进行抢修，迅速恢复生产，以万家灯火来迎接全中国的解放。

1946年4月28日哈尔滨市解放。由于国民党军队封锁外部电源，哈尔滨市内发电厂又被破坏，供电能力严重不足。中国共产党领导的东北民主联军进驻哈尔滨市后，立即领导供电工人研究和改造配电线路，把日本占领时的照明、动力合用一条线路，改为照明、动力分别架在两条线路上，白天动力线路运行供工厂用电，晚间照明线路运行供电灯照明。线路改造后需要增加柱上变压器，因缺少变压器油，供电工人就用豆油代替绝缘油注入变压器，使工厂生产和人民生活用上了电。1948年3月9日吉林市解放，吉林电业局广大工人提出“解放军到哪里，电就送到哪里”的战斗口号，积极抢修设备和送电线路，3月29日便修复了松滨送电线路，开始从丰满发电厂向哈尔滨地区送电。1948年10月19日长春解放的当天，人民政府组成了电业工人抢修队，夜以继日，冒着生命危险挖出国民党

❶《辽宁省电力工业史》编委会：《中华人民共和国电力工业史·辽宁卷》，中国电力出版社，2004年，第12～14页。

❷ 东北电力工业史编辑室：《中华人民共和国电力工业史·东北卷》，中国电力出版社，2005年，第27～29页。

军队埋在电杆下的地雷，仅用 3 天时间就修复了市内 4 座变电所，两条 3.3 千伏干线，20 千米配电线路，9 千米的 44 千伏输电线路和 1000 多台配电变压器，使长春市恢复了光明。1948 年 11 月 2 日沈阳解放，中国共产党领导下的东北电业管理总局搬迁到沈阳，并接管国民党政府资源委员会东北电力局。从此，开始组织工人、干部、技术人员，对发、输、变、配电设备进行全面抢修，恢复供电，发展生产，支援前线[1]。

经过一系列紧张而艰难的抢救配电设施、快速恢复生产的工作，广大电力工人充分发扬了不怕困难、艰苦奋斗的精神，认识和角色也从以前的“保住电厂就是保住铁饭碗”，向以主人翁姿态为建设国家贡献自己的智慧和力量转变。电力工人怀着无比喜悦的心情，坚守岗位，恢复生产，以实际行动迎接中华人民共和国的成立。

[1] 东北电力工业史编辑室：《中华人民共和国电力工业史・东北卷》，中国电力出版社，2005 年，第 31 页。

第二编

中华人民共和国成立到改革开放前配电网的发展

（1949—1978）

1949—1978 年是中国电力工业艰苦奋斗、积极探索的创业期，也是配电网的建设和发展期。中华人民共和国配电网建设是在落后、弱小、破碎的“烂摊子”上起步的，经过了三年国民经济恢复时期卓有成效的恢复性检修，最大限度地恢复了战争年代损毁的配电线路设备，保证了人民生产生活的供电安全。

1953 年，中央指出电力工业是国家工业化的先行工业。1958 年，毛泽东主席提出电力是国民经济“先行官”的口号，“先行官”从此成为电力工业的代名词。在此背景下，国家把电力基本建设作为项目投资重点，重大项目安排都尽可能向电力倾斜，配电基础建设得到较大的发展空间，奠定了这一时期配电发展基础。

在管理体制方面，从中华人民共和国成立初期的燃料工业部，到 1955 年成立电力工业部，再到 1958 年重组成立水利电力部，经过了多次上收和下放的探索，电力工业确立了以国家主管部门为主导、以省为建制组建各省电业局的电力管理体制。按照专业化管理和属地化管理模式，建立了适应国民经济恢复发展和社会主义计划经济的配电管理体制，并随着供电业务的拓展，供电业务分工逐渐细化，逐步建立起电业局或供电局的管理机构。在电力规程制度方面，国民经济恢复时期通过学习、消化、吸收苏联经验，国家参照苏联规程制度制定下发了系列规程制度，配电领域的相关工作均参照执行，客观上避免了无章可循的问题；“一五”“二五”计划期间、国民经济调整时期及“文化大革命”结束后，国家结合中国国情，对规程制度进行了多次修订，建立了完善的规程制度体系。国家颁布的这些规程制度涵盖了配电业务，对配电生产、安全管理、运维检修等工作都具有指导意义，各地电业单位参照国家颁布的规程制度，结合实际对规程制度进行细化、实用化，形成适合各地的配电现场管理规程，维护了配电生产和建设秩序，保证了配电供电安全。“二五”及此后的国民经济调整期，受“大跃进”、三年自然灾害的影响，配电网建设在曲折中前进，配电各方面工作得到了一定发展。“文化大革命”十年期间强调“政治挂帅”[1]、反对“管卡压”，配电生产秩序受到冲击，规程制度不能有效落实，“安全第一”“质量第一”的方针得不到坚持，安全生产受到严重威胁。尽管如此，经过全国配电网战线电力职工的艰苦努力，配电领域各项建设仍然在坎坷中前行，城市配电网建设有较大发展，农村配电网建设水平得到较大提升。而且，中国电力职工还肩负起援助亚非拉第三世界国家的电力建设任务。

国民经济恢复时期，国家重点对受损的电力线路设备进行恢复性检修，各地电业单位组织人力物力，全力以赴地对电力线路设备实施检修、抢修，城市供电秩序得到快速恢复，保障了国民经济恢复生产及建设用电。“一五”计划时期迎来建设高潮，围绕苏联援建的 156 项工程，电力工业投入了 107 个建设项目，其中重建或新建了一批配电线路和设备，经过多方验证和反复研究，于 1956 年统一了配电电压等级和频率。随着国家经济恢复和城市工业规模的扩大，深化老旧线路和设备的检修和改造，以 10 千伏线路为骨架的配电

[1] 1958 年 1 月毛泽东在南宁会议上提出：“搞技术革命不是说不要政治了，政治与技术不能脱离。思想政治是统帅，政治又是业务的保证。”同年 3 月 27 日，《人民日报》发表题为《政治挂帅是勤俭办企业的保证》的社论，此后这一口号就不断见诸于党的重要文件。

网架成功构建，投入运行，并结合经济发展的用电需求和财政实力，开始构建 35 千伏城市配电网架，部分大城市电网开始建设 110 千伏电压等级供电网络。国民经济恢复时期和“一五”计划时期，配电领域建立了自己的装备制造基地和规划、设计、施工、生产队伍，牢固树立安全第一、自力更生、因地制宜的指导思想，配电领域各项建设得到较大发展。

“二五”计划期间，坚持建改并举、分期实施等原则，改造、扩建了城市配电网供电设施，根据负荷情况和实际需要，加快 35 千伏电网建设，110 千伏电网开始并网运行，大截面积导线也开始应用于城市配电网建设，到“四五”计划末期，各主要城市基本形成了以 35 千伏网络为基础、110 千伏网络为骨干的地区电网雏形，提高了城市配电网的灵活性和可靠性，为当地经济社会发展提供了电力保障。

同时，中国加快了农村电网建设，农村用电从无到有取得较大发展，奠定农村电力基础。1949 年，全国农村年用电量仅为 2000 万千瓦·时，农村人均用电量为 0.05 千瓦·时。中华人民共和国成立之初，主要通过鼓励建设小水电站来增加农村用电，1957 年，国家明确了“小型为主、服务生产为主、社办为主”的农村办电方针。“大跃进”期间兴起“全民办电”运动，特别是 1960 年毛主席视察浙江金华双龙水电站后，农村小水电站进入发展高峰。“全民办电”期间，“瞎指挥”和“浮夸风”是主要特征，推出了“土法上马”“土洋结合”农村办电经验，“三边”建设措施也被迅速普遍推广，诞生了亦工亦农的农村电力管理模式，“四合一”环形供电、“两线一地”“一根导线闹革命”等供电方式相继诞生，这些供电方式都存在不同程度的缺陷，随着经济发展和实践检验，逐步得到纠正。1963 年，水电部提出“以商品粮基地为重点，以排灌用电为中心，以电网供电为主力，电网和农村小型电站并举”的发展方针，并大幅增加农村电网建设投资，农电设施成倍增长。通过发展小水电、建设电力排灌工程，农村用电水平有了明显提高。到 1966 年，全国农村电网 10 千伏及以下电力线路达 16.02 万千米，农村配电变压器容量达 750 万千伏·安。1978 年，中国的城市和农村配电网络已基本建成，安全供电能力得到增强，全国乡、村、农户通电率分别为 86.8%、61.5%和 48%，农村用电量达 275.4 亿千瓦·时。针对中华人民共和国成立初期电力线路和设备损毁严重、安全制度缺失、事故频发的情况，燃料工业部 1950 年 2 月在北京召开的第一次全国电业会议上，明确了国民经济恢复时期电力工业的基本方针和任务，提出了树立“安全第一”“质量第一”思想，坚持计划检修等要求，各地电业单位认真贯彻落实，配电领域结合实际开展配电运检工作，保证了安全供电。1952 年，鞍山电业局开启配电带电作业的配电运检新模式，并逐步推广应用，到改革开放前期，配电带电作业技术日趋成熟，作业项目增加到 48 个，配电运检质量得到了质的提升。在唐山大地震灾后重建过程中，电力人员全力投入，快速修复灾区高低压配电线路和设备并恢复供电。“大跃进”和“文革”期间，受“左”的思想影响，配电运检工作受到冲击，配电安全生产一度陷于混乱状态，经过调整和整顿，配电运检工作走上了正常轨道。

粉碎“四人帮”后开始拨乱反正，电力工业“安全第一”“质量第一”的生产方针重新被确立，配电安全生产、运行管理等规章制度得到恢复和较好地执行，配电建设秩序得到恢复和维护，扭转了“文革”期间生产事故连年增多的被动局面，配电生产能力与秩序得到了恢复。党和国家领导人高度重视缺电对国民经济发展的影响，提出“突出抓电”的口号，电力投资建设规模显著加大，电力建设加快，前期的勘测、设计工作得到规范和加强，配电网建设又一次迎来了快速发展时期。

从中华人民共和国成立至改革开放前是电力工业自力更生、奋发图强的艰苦奋斗史，也是配电从无源到有源，从局部到全面，走上崛起发展的历史，配电领域各项建设取得了长足的进步，农村配电网实现了从无到有，城市配电网实现了由单一到互通的转变。虽然受到“大跃进”的影响和“十年浩劫”的冲击，但配电建设还是在曲折中前进了。历史经验表明，“安全第一”“质量第一”是电力生产必须坚持的方针，也是必须遵循的原则，“大跃进”和“文化大革命”期间违背客观规律的做法，迟滞了电力工业的发展，是必须吸取的深刻教训。

第三章

中华人民共和国成立至“大跃进”前期的配电（1949—1958）

1949 年，中华人民共和国的诞生，标志着中国的电力工业从此进入了一个新的历史时期。中华人民共和国电力工业所继承的是一个十分落后的破烂摊子，电厂凋零、设备残缺、电网瘫痪、运行维艰。

1950 年 2 月，燃料工业部召开了第一次全国电业会议，确定了三年国民经济恢复时期（1949—1952 年）的基本方针与任务是“保证安全发供电，并准备有重点地建设两三年内工业生产所需的电源设备。在此总方针下，大力改进技术和管理制度，并进一步开展民主改革工作，努力消灭事故与贯彻定额管理，达到质好、量多、效率高与成本低的目标，以帮助其他工业的生产与发展。”这一时期，“政企合一，国有国营”“发供一家”是电力企业的主要特征，各地电力行业的官僚资本收归国有，民族资本公私合营，逐步建立起社会主义性质的经营管理制度。各地电力企业认真贯彻落实会议精神，修复被破坏的配电线路和设备，很快恢复了绝大部分城市和工厂的供电，建设与生产用电得以保证。随着电源点的建设及输配电规模的扩大，城市配电的供电能力逐步提升，供电网络开始向城市郊区发展延伸，为恢复工农业生产、支持抗美援朝、保持社会稳定做出了应有的贡献。同时，各地在学习苏联已有经验的基础上，结合中国国情，制定颁发了部分规程制度，各地配电领域依据规程制度修订细化为现场规程制度，自此生产秩序逐步走上正轨。

在国民经济恢复的基础上，1953—1957 年国家实施第一个五年计划（简称“一五”计划）。在实施“一五”计划的过程中，国家在重点偏重火电、水电电源和输变电电网建设的基础上，对配电网建设与发展也做了大量工作，围绕中苏签订的 156 项援建工程，投入电力建设项目 107 个，其中涉及大量的配套的配电线路建设。大部分城市配电网建设重点仍然是对老旧设备进行检修、改造，并根据财力和实际需求新建或扩建城市配电网架，扩大供电区域，满足社会用电增长需求。这一时期，燃料工业部紧密结合国民经济发展实际，采取召开会议、下发文件、颁布规程、督促检查等方式，加速电力工业发展步伐，同步推进配电网架建设和配电运维检修工作的开展，各种规章制度得到了建立和完善，配电网电压等级和周率也逐步统一。

经过国民经济恢复时期和“一五”计划时期的努力，不但给电力工业增加了新的生产能力，打下了良好的物资、技术基础，而且还给各地电力企业培养出一大批有能力、懂技术的产业工人，初步建立了自己的设计、施工、运行和管理队伍，各项技术经济指标逐年向好，新生的人民电业蒸蒸日上。

第一节　中华人民共和国成立初期的配电管理

中华人民共和国成立初期，各地电力公司普遍实行发电和供电统一经营的管理模式。1958 年电力工业体制改革，发电和供电分开，大中城市的供电局一般实行生产区域部门管理的形式，配电管理大致有专业化管理和分区属地化管理两种模式。随着国民经济恢复和发展，党和政府高度重视农村电气化事业，号召大办电力，农村电力逐渐起步。这一时期的农村配电具有“电跟水走”的特点，配电设施大都随着农田灌溉的发展而建设发展，因此农村配电一般都由当地的水利部门管理。

一、城市配电管理体制的初步建立

1949 年，随着解放战争的节节胜利，各地电力企业均由当地军管会实行军管。其中官僚资本企业收归国有，成为国营企业；民族资本企业经过公私合营，逐步成为地方国营企业，建立起社会主义性质的经营管理制度。“政企合一，国有国营”是这个时期电力企业的主要特征。

中华人民共和国成立之初，各地电业企业大都发电和供电合为一家，发电兼管供电。随着供电业务的拓展，发电和供电业务逐渐分开，到 20 世纪 50 年代末 60 年代初，各地先后将电力企业生产车间性质的线路管理所（工段、工区）与营业所合并为内部独立核算的供电机构，名称逐步演化为电业局或供电局。

为了加强生产现场的领导，电力工业对各个基层企业进行民主改革，把高度集中的公司（在东北伪满是株式会社）经济组织分权给了生产现场，而生产现场则学习苏联的经验，按生产区域管理制的原则建立组织，内部设职能科室和输变电车间（工区、所）、营业所（处）、修试车间（厂）、设计所、调度所等二级单位。较小城区的供电局则实行职能管理的组织形式，设立线路、变电、营业和配电、修试等股室。

各地电力单位根据具体实际情况，建立起配电管理的体制机制。配电管理大致有专业化管理和分区属地化管理两种模式。

北京市是实行配电专业化管理的代表之一。1949 年 2 月 4 日，军管会接管了冀北电力公司和北平分公司，由军代表实行全权领导。3 月 23 日，冀北电力公司移交给华北人民政府公营企业部领导，标志着军事接管阶段结束，经营建设阶段开始。

北京电业管理机构经过一系列调整，1958 年 2 月，在原北京电业局基础上组建北京供电局。北京供电局下设调度所、配电管理所、路灯管理所、工程处、修配厂等，配电管理所下设运行、检修等生产班组，承担配电运行、维护和工程管理工作。中华人民共和国成立10周年时，北京“十大工程”均以电缆线路供电，随着电缆运行线路的增加，1959年，电缆工区成立。

重庆市是实行分区域属地管理的代表之一。中华人民共和国成立后，军代表接管了重庆电力公司，不到半个月，就成立了公私合营董事会。1950年4月，西南军政委员会发布了接管命令，5月正式接管了电力公司，经过对官僚资本的没收、接管、监管、代管等改造，1951年2月27日，西南军政委员会工业部将原重庆电力股份有限公司更名为公私合营重庆电力股份有限公司。

1955年8月31日，由原公私合营重庆电力股份有限公司分拆而来的重庆电业局电网管理所撤销高低压工区，成立城区、沙坪坝、南岸、杨家坪和长寿五个工区，以及线路检修队、基建工程队等生产单位；专业股室有重庆地区调度所、长寿地区调度所、生产技术股和计划股等，对配电设备实行分区域属地化管理。

实行分区域属地化管理的还有浙江省杭州供电局。1951年10月，杭州电气公司实行公私合营，发电和供电分家后，成立杭州供电局，设计划、生技、安监、调度等职能科室，以及城南、城北工区（后改为东、南、西、北四个供电局），分片管辖杭州城区13.2千伏及以下的架空配电线路和电力电缆。

二、农村电力管理的起步

农村用电，是指县及县以下的乡镇、农村的电力供应和使用。中华人民共和国成立以后，农村用电逐步发展起来，其电源供电方式有两种不同的类型，一种是由国家大电网向农村地区延伸供电；另一种是先建小水电或小火电，然后向县城和农村供电，逐步形成以县为单位的独立地方电力网。1957年以后，农村电气化事业迅猛发展，出现县、乡、村办电热潮，国家为调动县、乡、村办电和管电的积极性，确定在国家电网供电区内，在大电网管理单位的业务指导下，成立由县政府领导的县级趸售转供电的农电管理组织机构。

由于农村用电一般都由电力灌溉而兴起，被称为“电跟水跑”，所以从有电开始后相当长的一个时期，农村配电都由电灌站、水利站、水利局管理。江苏省武进县，地处常州市城区周围，境内震华电厂发电容量充足，较早就由城市电网向武进县乡村地区发展供电，1950年7月，武进县南部地区成立小马区、南夏墅两个民办电力灌溉办事处，管理分散的配电线路和电灌站。电力灌溉办事处与南京电业局常州办事处订立合同，交纳电费，上缴利润和公积金，是一种自给自足的代办性质机构。1959年7月成立武进县电力供电所，隶属县水利局领导，实际上是常州市电业部门的一个趸售单位，主要管理武进南部和西南部地区的农村用电。

四川省大邑县，在中华人民共和国成立初期，是由独立的小火电、小水电进行供电的。1950年2月，安仁镇驻军西南军政大学第八分校，在安仁镇仁和街修建火电厂，安装48千瓦发电机1台，5月建成发电，架设了2.2千伏线路20余千米，安装变压器5台，总容量55千伏·安。1950年8月，县公安局在城关城隍庙院内，采用汽车头带动5千瓦发电机 1 台，每晚发电 3 小时，年发电量约 5000 千瓦·时。同年 9 月，大邑县人民政府投资大米 10 石（折合人民币 2000 元左右），在城关北门外慈竹湾山口堰的灌溉渠道上，利用渠堰水源修建装机 20 千瓦的新民水电厂，安装 20 千瓦发电机 1 台，架设 0.22 千伏供电线路 1 千米。水电厂发电后，白天利用水轮机作动力碾米，晚上发电以供照明，年发电量约 2.5 万千瓦·时。这些由不同单位投资兴建的小火电、小水电所形成的独立电网都由建设单位负责管理。1958 年 9 月，大邑县人民委员会建设科与县水利委员会合并，成立大邑县农林水利局，各公社办的电站，业务上受农林水利局管理，行政上由各公社管理。1964 年 2 月，成立大邑县水利电力局。

中华人民共和国成立之后兴建的小电站，一般都由地方政府出资或地方集资兴办，由于投资渠道的多样化，造成农村用电多头管理的混乱状态，农村电气化建设的发展及用电安全受到了制约。

第二节　配电运维检修的恢复

中华人民共和国成立之初，电力工业十分弱小、落后。战争的破坏导致配电线路和设备损毁严重，配电网供电能力低下。配电运维检修工作没有完整的规章制度可循，基本是凭经验办事；安全制度缺失，安全管理能力较弱，导致事故较多。

国民经济恢复时期，为了尽快恢复配电线路和设备，各地电业单位发动电力员工积极筹备配电运检所需物资，结合当地实际，因地制宜地开展配电线路和设备恢复性检修工作，保证恢复时期的生产用电。“一五”计划时期，电力工业的一项主要任务就是建立健全规程制度，规范电力生产秩序，保证供电安全，保障国民经济发展用电。为此，燃料工业部借鉴苏联经验，结合中国国情，制定并颁布了规章制度 200 余项，用以规范电力工业的秩序，配电领域的建设、安全管理、运维检修等工作均参照执行，配电工作做到了有法可依、有章可循。在后续的运检工作中，各地电业单位按照第一次全国电业会议“安全第一”“质量第一”和“坚持计划检修”的要求，开始编制检修计划，实施有计划的定期检修，并严格贯彻执行规程制度，全力投入建设与生产，各项生产和经济指标逐步好转，为推进国民经济快速恢复，保持社会稳定做出了贡献。

一、简易规程制度的制定

中华人民共和国成立初期，配电运维检修工作没有完整的规程制度可循，基本是凭经验办事，运行维护靠记忆，设备检修靠经验，安全管理靠运气。为保证安全供电，助力国民经济恢复，各地电业单位充分发挥群众的创造力，结合本单位实际制定简易规程制度。

湖南和平解放后，军管会组织湖南电气公司于 1949 年 10 月制定了《设备运行和维护的工作联系制度》与《定期检修工作草案》，成立安全委员会，并开设“工友进修班”，对工人进行技术培训，以提高工人的技术水平。1950年，又参照燃料工业部印发的苏联典型规程和其他规章制度制定了《技术保安简则》。这一做法起到了良好的带头作用，随后，长沙、衡阳等电业单位制定了《交接班制度》《设备定期试验轮换制度》《设备缺陷管理制度》《供电电气设备定期检验制度》和《输电线路定期查修制度》等制度，长沙还修订了线路检修、运行维护、维护站值班等运检制度。各电业单位广泛开展学规程、用规程活动，举办在岗人员轮流集中学业务、学规程制度的训练班，进行规程制度考试，开展反事故演习等，各项工作有条不紊地推进。

鉴于当时国家尚未下发电力运检规范，1950年第一次全国电业会议提出各地可根据具体情况订立暂行规程制度先予试行。东北、华东、华北、西北等地电业单位结合自身实际，组织有经验的工人、技术人员编写简易的规程和制度，用于当地电力设备的运行与检修工作。太原电业局在对事故进行调查统计分析的基础上，于1950年组织有经验的工人和技术人员编写基础性的规章制度，先后制定了《岗位责任制》《巡回检查制》《服务规程》等制度。青海西宁电业单位1951年成立了群众性的安全委员会，具体负责安全工作，开展反事故斗争，建立了《安全责任条例》《安全工作规程》《运行操作规程》《交接班制度》《巡线制度》《派工制度》等10余种规程制度，并通过严格贯彻执行规程制度，纠正了一些威胁安全的不良习惯，增强了员工遵章守纪的自觉性，对促进安全生产工作起到了较大作用。山东青岛电业局制定了《运行规程及注意事项》，1952年又制定了《交接班制度》《巡回检查制度》等制度；北京电业局1952年组织工程技术人员和有经验的工人编写了《电气装置暂行规则》，对室内高、低压配电工程和防雷装置提出了统一的安装规范。部分基层电力单位编写的初级规程制度，经过实践检验后不断总结提升，最后被广泛推广应用，并提炼成标准的规程制度。如“两票三制”（工作票、操作票，交接班制，巡回检查制，设备定期试验、维护、轮换制），就是20世纪50年代阜新、抚顺、鞍山电业局等单位员工在安全生产实践中创造的经验，东北电业局加以总结提炼，作为安全管理的组织措施在东北地区电力系统进行推广应用。这些由基层电力单位组织老工人和技术人员编写的简易基础性规程制度，对当地的电力工业发展起到了积极推动作用。

有的地方电业单位注重从实践出发，分析总结实际工作中发现的问题或发生的事故，查找根源，制订解决措施，进而形成了一套系统实用的工作方法，虽然没有上升到规程制度的高度，但对指导当时的安全生产工作有着明显的作用。北京供电部门结合配电运检工作经验，从加强配电线路和设备的运行、检修及各项技术资料的管理等方面入手，建立了“线路线貌说明”[1]和“运行情况记录”等。各基层电力单位据此制订了详细具体的实施方案，规定巡线站（班、组）必须具有各种有关图表和记录，如配电线路地理位置图、杆塔及基础图、交叉跨越图、各区段相位图，以及设备缺陷记录、运行分析记录、异常情况

[1] 线路线貌说明：包括通过地段、特殊环境、用电性质、隶属变电站、线路长度、电压等级、运行方式、有无重合闸，电杆、变压器、断路器、隔离开关等设备的分布。

记录、设备评级记录等图表资料。这套做法经过不断总结提炼，逐步形成了一套符合本地配电网运行实际的“运行经验”和“运行技术档案”。

中华人民共和国成立初期各地根据当地实际情况制定的基础运检规程，有效弥补了当时规程制度缺失的不足，为国民经济恢复时期和“一五”计划期间建立涵盖配电工作的运检规程制度体系奠定了基础。通过严格执行规程制度，最大限度地发挥了已有设施设备的效能，对维护初期电力工业安全生产局面、推进初期经济建设的稳步发展、促进国民经济复苏起到了积极作用。

二、计划检修的提出

在三年多的人民解放战争中，虽然电业职工克服了重重困难，为保护电力设备做出了重大牺牲和突出贡献，但电力线路、设备仍损毁十分严重，导致事故频发。1949 年仅东北地区就发生事故 2124 起，华北地区发生事故 1144 起。为此，加强电力设备检修工作，消除安全事故引起了国家的高度重视。

第一次全国电业会议于 1950 年 2 月 19 日至 3 月 2 日在北京召开。会上，董必武副总理出席并做政治报告，燃料工业部陈郁部长做了工作报告。会议分析总结了 1949 年电力工业的成绩和存在的问题，肯定了东北地区电业部门通过制定并执行有计划的定期检修制度降低了事故率的做法，将“保证安全发供电”“大力改进技术和管理制度，努力消灭事故”纳入了电力工作的基本方针和任务。会议提出了七项具体工作要求，将检修工作作为第一项工作任务进行了部署，要求进行有计划的定期检修，提高技术标准和检修质量，百分之百地完成在运设备的检修计划，同时要求各地区电业单位成立统一领导的检修机构，集中人力和物力，推动检修工作更有效地进行。

为贯彻落实本次会议所作出的决议，1950 年 3 月 18 日，燃料工业部提出了关于改进全国电业工作的六项措施，其中第二条要求“打破技术上的保守思想与不正确的安全观点，确认只有进行有计划的定期检修才能提高设备效能和保证安全”，第三条指出“要建立有计划的定期检修制度与运转、维护、管理等方面的专责制度，以便从彻底检修中提高设备效能，并保证不出事故”。

会议闭幕后，燃料工业部抽调人员组成专门委员会起草规程制度和技术规则，陆续颁布了《电业检修规程》《线路检修规程》《事故抢修制度》《输电线路防护规程》等检修规程制度。

为贯彻落实第一次全国电业会议关于计划检修的要求，各地电业单位开始编制检修计划，实施有计划的定期检修。检修计划是按线路和设备分类编制的，以每一条配电线路、每一个配电台区、每一台配电设备分别编制一个检修计划。检修计划经核定后，按季度和月份排出，并严格按计划实施。针对供电设备检修中计划不统一，导致停电次数增多、停电时间延长的问题，东北电业管理局采取“统一配合检修”的措施，周密制订检修计划，配电线路和设备检修时与各厂矿企业检修工作统一配合，在一个电源系统内的检修同期进行，这一系列操作提高了设备利用率，避免了限制用电、缩短了停电时间，同时也不影响厂矿单位生产，并通过恢复性检修更换腐朽电杆 23 800 多根，修复配电线路 378.11 千米；南京电业局采用更换导线、全面检查清扫绝缘子、以杉木电杆取代旧电杆等方法，重点对中华人民共和国成立前遗留的 4～13.2 千伏老化线路进行有计划的恢复性大修；江苏常州地区通过对配电线路和设备开展恢复性检修，建立设备图纸和技术资料，并逐步执行计划检修制度；湖南电气公司依据《线路检修规程》对线路设备缺陷进行排查，按计划实施检修；湖北鄂南电力公司、既济水电公司等企业依据检修相关规程要求，组织对配电变压器开展定期计划检修。随着各级配电规程的不断建立，配电设备的检修工作做到了有章可循，供电设备和线路的各类检修计划得到较好地执行，保证了安全供电。

为核实计划检修要求的执行情况，燃料工业部在 1951 年全国电业会议上认真总结了 1950 年计划检修工作，指出 1950 年许多成绩的获得均得益于计划检修制度的有效实施，设备效能比 1949 年提高了 8.1%，事故次数比 1949 年降低了 52.2%，而且检修设备所投入的费用只相当于新建设备所需费用的五十分之一。会议上也指出了全面有计划有预防性的供电设备检修制度落实得不够彻底、电业事故仍有发生等问题，如东北地区电业单位由于计划检修落实不好导致的事故约占电业责任事故的 59%。为此，在会议决议中对检修工作进行了强调和再布置，要求建立健全部、总局、局的检修专责机构，并根据各地区的具体情况增设若干统一的检修机构，加强检修工作的计划性、组织性，按照检修规程全面进行供电系统定期检修，凡已超过检修期限的设备全部进行检修，严格执行专责制度、验收制度和记录制度，确保检修质量。

这两次会议关于对计划检修工作的部署和要求虽然没有明确指出配电检修工作，但仍适用于配电线路和设备的检修，推动了配电检修工作的开展。

第一次全国电业会议提出的计划检修要求遵循“到期必修，修必修好”的原则，这是基于国民经济恢复时期电力线路设备基础较弱的实际情况而确立的原则。1961 年后，电力线路和设备检修原则变更为“应修必修，修必修好”。不管是遵循什么样的检修原则和要求，配电领域的计划检修从没间断，始终朝着规范、系统、优质的方向发展。

三、恢复时期配电运检工作

中华人民共和国成立之初，为了快速恢复电力供应，助推国民经济恢复，各地政府在接管旧中国时期的电力企业时实行“三原”政策（即原职、原薪、原制度），发动电力员工清点电力企业的物资、设备、器材等相关资产，以便尽快修复损毁的电力线路设备，保证供电。

恢复时期配电运检的首要工作是对受损的配电线路和设备进行恢复性检修，以保证快速恢复供电。由于当时的配电线路大都是木杆，根部腐烂后就加一根绑木，一有风雨天气就容易多处断杆。恢复性检修的主要任务就是更换腐烂的电线杆和破损的瓷瓶，修复损毁的配电线路和根据需要新建或延伸配电线路。各地电力单位结合当地实际，因地制宜地开展配电线路和设备恢复性检修工作。1949 年，北京电力公司仅用 16 天就安装变压器 91 台、组立电杆 536 根、敷设导线 63.44 千米；石家庄仅用 40 余天就修复了 100 多千米的配电线路；东北电业管理局恢复损毁配电线路 378.11 千米，检修配电线路 1450 千米，新建和延伸 3.3 千伏配电线路 222.35 千米。1951 年 11 月，丹东市一条线路被美国飞机反复炸毁，丹东电业局职工经过 6 昼夜 7 次抢修，保证了丹东市军需民用及厂矿生产的正常供电。

鉴于恢复时期电力线路和设备运行维护相对薄弱，1950 年，燃料工业部委托苏联专家深入华北、华东、东北等地区电业单位帮助、指导，就线路和设备的运行维护、技术改进和检修工作提出了切合实际的意见和建议，随后燃料工业部颁发了《设备运行制度》《运行分析制度》等规程制度，加大了电力设备线路的运行维护力度。各地电力单位在做好恢复性检修工作的同时，采取落实值班制度、开展配电线路和设备巡视等措施来加强配电运行维护管理。

配电运行值班制度主要有岗位责任制、现场运行规程、安全工作规程、事故处理规程、交接班制度、设备巡视检查制度等。1950 年代初期，担任值班工的条件比较低，只要识字，有一般的电气常识，能执行配电运行的基本任务即可，有的电力单位就将已不能胜任外线施工的老、弱、病、残电工，安排到配电值班岗位。随着恢复性检修工作的不断推进，配电线路和设备的巡视维护工作（巡视类型主要有定期巡视、特殊巡视、夜间巡视、故障巡视和登杆检查等）也逐步规范，巡视周期和内容也逐步明确。巡线员在巡视过程中，随身携带线路走向图、巡线日志及必要的工具和零件，处理巡线中发现的缺陷，做到“一类缺陷不过夜”“二类缺陷不过月”“三类缺陷不遗漏”。南京电业局不仅有工人、技术员、有关领导参加各种性质的巡线工作，还发动电力线路所经过的乡村农民、学校师生和用电单位电工等，组成群众护线网，共同维护电力线路安全运行。1951 年，江苏苏南电业局实行配电线路分段分区管理，编制定期巡线计划，规定巡线工每月巡线 20 天，每天巡线 6 千米，及时发现和报告线路缺陷，做好巡线记录，并向沿途群众宣传巡线护线常识。

中华人民共和国成立初期，人民政府在接管电力企业时执行的“三原”政策，致使少数残余的敌特及反革命分子在原岗位上潜伏下来，这些人肆意破坏电力设备和线路，阻碍国民经济的恢复和发展。1949—1950 年，北京、天津、太原、重庆、徐州等多地发生敌对分子采取枪击、爆破、往运行设备中放杂物等手段破坏电力设备和线路以及盗窃电力物资器材的案件。因此，各地电力单位运行人员在同设备缺陷、自然灾害作斗争的同时，还要同敌对分子、盗窃分子做斗争。1950 年，南京市建设中的宁栖、宁马线器材多次被盗。同年 5 月，南京市军事管制委员会和市人民政府制定了《供电设备保护办法》，南京公安机关迅速追查破案，很快将盗窃破坏电力设施的罪犯捕获，判处主犯刘某死刑。1951 年 2 月，国家颁布《中华人民共和国惩治反革命条例》，中华全国总工会发表《告工人书》，号召工人群众同反革命分子做坚决斗争。各地电力单位积极贯彻落实，组织干部职工加强电力设备和线路的巡视保卫工作，保证了安全供电，为国民经济的恢复与发展提供了电力保障。

四、电力安全管理机构的建立

中华人民共和国成立前，电力缺少安全检查机构，管理水平低，规章制度得不到有效落实，发电、供电事故频繁发生。中华人民共和国成立后，摆在全国电力系统面前的首要问题就是如何充实安全检查机构，在保证生产安全的前提下充分挖掘在运设备潜力，尽全力满足各地区的生产和建设用电需要。燃料工业部组织于1950年2月19日至3月2日在北京召开第一次全国电业会议，规定了国民经济恢复时期电业工作的基本方针和任务，强调“必须大力改进技术和管理制度，做到消灭事故”。同时，首次提出电力工业必须保证安全生产，树立“安全第一”的思想。会后燃料工业部组织专门委员会起草技术规则，并制定《关于所有电力系统一切设备的事故处理暂行规定》。为落实全国电业会议的指导精神，自1951年起，全国各电管局、电业局开始设置安全监察处，各基层电力单位分别设置安全职能机构、编制安全制度、组织安全检查，全国性的电力安全生产恢复工作有序进行。

1951年2月22日，燃料工业部组织的第二次全国电业会议上，进一步强调了安全工作，部署了“消灭人身事故及主要设备的重大事故，建立各级技术保安专责机构，严格执行技术的、管理的规程制度与标准，进行安全大检查，开展安全竞赛和签订集体安全合同”6项安全工作任务。

在此背景下，1951年4月1日，燃料工业部电业管理总局发出《关于为保证供电安全加强季节性预防事故工作的指示》，要求各地电力单位每年进行一次季节性突击安全检查，全国范围内的反事故工作逐步开展。同年11月10日，燃料工业部以〔51〕燃监字第4365号文发布了《对今后电业技术安全工作的指示》，要求各地电力单位迅速充实技术安全检查机构，严格贯彻规程制度的执行，加强对安全工作的领导，有重点、有系统地解决一些影响安全的技术问题，积极开展电业安全生产的反事故斗争。同年，燃料工业部电业管理总局〔52〕电总字583号文发布了《关于“安全工作计划补充提纲”》，开始编制《现场运行规程》《紧急事故处理规程》，并健全《运行人员分工专责制度》《巡回检查制度》等规程制度。

全国各地认真贯彻《对今后电业技术安全工作的指示》中的要求，先后建立安全管理机构，实施较早的为北京电业局，于1951年成立技术保安组，这也是中华人民共和国成立后北京供电部门建立的第一个安全管理机构。天津、山东等地通过采取增设技术保安工程师、运行监察工程师等措施，负责分管人身和设备安全监察工作。此后，各地电业单位又相继成立安全监察科，负责安全监察工作和统计工作，电力企业安全生产区域性管理模型逐步建立，为促进电力安全生产规范化管理奠定了基础。

五、《电力工业技术管理暂行法规》的颁布

“一五”计划期间，电力工业按照国家统一部署，制定并实施了电力工业“一五”计划。明确了电力工业的方针：适应工业发展特别是新工业地区建设的需要，努力发展电

力工业，建设新的电站和改建原有电站，从而推动电力工业的快速发展。为了从技术层面指导、规范电力生产与建设，燃料工业部借鉴苏联的经验，着手修订电力技术方面的法规。

1954 年 9 月 15 日，燃料工业部发布燃生字第 194 号命令，颁布了《电力工业技术管理暂行法规》（简称《法规》）。燃生字第 194 号命令指出，《法规》是保证电业生产安全和经济的基本法规，是电业技术管理的唯一标准，全体电业职工必须认真学习，并保证严格执行。学习后，所有领导干部和职工必须进行考试，电业局局长、总工程师及其所属各级领导干部和所有的工程技术人员必须在 1955 年第二季度内考试完毕，所有的运行工人和检修工人必须在 1955 年第三季度内考试完毕。发电厂和电力网的职工在学习该《法规》时，应有组织地查明本身职务范围内的设备与该《法规》不符之处，以便有计划、有步骤地加以改进。全国电业领域的一切规程和制度，必须以《法规》为基础进行制定，如有与《法规》相抵触之处，必须按照《法规》的规定重新修订。

《法规》共分为发电厂场地、房屋及建筑物、热力的生产及分配、发配电、发电厂水力工程建筑物及水务管理、水力发电厂水力发电设备、发电厂与电力网的组织等内容，分 6 篇 46 章共 1278 条。

鉴于工作人员的技能水平参差不齐、安全意识不强、电力工业生产事故频发等状况，《法规》规定，从事电力生产的人员应当熟悉本身职务相关规程，并严格执行。工作人员每年至少进行一次规程知识考试，新进人员必须体检、规程考试合格，并在具有丰富工作经验人员的带领和监督下，才能参加工作。

《法规》要求电力生产单位应根据燃料工业部颁发的典型规程，结合现场条件和设备特点，编制现场规程，内容应包含工作人员的权利、义务与责任，设备停止与启动的操作顺序，正常运行及发生事故时设备检查、调整与维护的程序，设备检修与检查的程序、安全工作、消防措施等，用以规范工作人员的行为，指导工作人员进行准确操作，避免事故的发生。

开展定期巡视是设备安全运行的前提，《法规》要求 20 千伏以下的线路每月至少巡视一次，每三个月至少开展一次夜间巡视，每半年对木杆腐朽程度检测一次；电缆线路应由巡线工或电缆埋装工每月至少巡视一次，通过隧道、桥梁井穴等处的电缆线路，应由技术人员每年至少巡查两次。计划检修是保证设备完好和安全运行的重要措施，《法规》强调要进行有计划的检修，配电变压器每年至少小修一次，每隔五年大修一次；配电装置的检修每年至少一次；电缆线路的检修计划应根据检查与试验结果制订。

《法规》颁布后，各地以《法规》为基准，结合本单位的实际情况和国家颁布的典型规程，修订了现场运行规程和生产制度。1954 年，北京电业单位在学习贯彻燃料工业部《法规》时，结合北京电业工作的具体情况，修订了《现场运行规程》。石景山发电厂编制了各专业运行规程，并实施岗位责任制。燃料工业部也先后修订颁发了一系列的安全运行检修规程，到 1957 年，发供电生产的各项规章制度已基本建立，生产秩序逐渐步入正轨，安全生产日趋稳定，事故率逐年下降。北京电业安全生产水平不断提高，事故率逐年下降，输（配）电事故率，从 1953 年的 7.938 次/（百千米·年），到 1957 年下降为 0.785 次/（百千米·年），石景山发电厂在 1957 年创造了无设备事故的新纪录。

《法规》对修订与完善配电管理的系列规程规范，起到了积极的指导作用，加快了配电运维管理的规范化、标准化建设进程，特别是定期进行规程考试，新员工考试、体检、跟班实习，设备定期巡视、计划检修等制度，非常切合实际，也行之有效，成为电力行业必不可少的基本制度。

1959 年，在国民经济“大跃进”、电力工业“大干快上”的背景下，水利电力部对《法规》进行了全面审查与修订，调整整合了部分章节，同年 9 月 11 日，更名为《电力工业技术管理法规》，水利电力部以〔59〕水电技程字第 220 号文重新发布，法规条文由 1278 条删减为 743 条。

六、第一版《电业安全工作规程》的发布

中华人民共和国成立初期，电力生产十分落后，基本没有完整统一的规程规章可循，工人凭经验开展电业生产工作，而且全国范围内的电力设备普遍老旧不堪，长久失修，技术资料不健全，导致事故频繁发生，仅 1950 年一年，北京地区 12 座变电站，平均每月发生 11 次全站停电事故，全国电力生产的安全形势十分严峻。

国民经济恢复时期，为恢复正常电力生产，加强安全生产管理，全国电力工业初步建立一些规章制度，促使电业生产逐步趋向正常化、规范化。

1950 年 2 月 19 日—3 月 2 日，燃料工业部在第一次全国电业会议上强调电力工业必须保证安全生产，树立“安全第一”的思想。会后燃料工业部组织专门委员会起草技术规则，并督促各级电业部门组织编制安全操作规程，全国性电力安全管理规章制度的建立工作开始起步。

1951 年，燃料工业部以苏联同名规程为蓝本编制了《发电厂及变电所保安试行规程草案》，并于 1951 年 2 月 22 日在燃料工业部组织的第二次全国电业会议上予以发布。随后，燃料工业部以此为基础，结合各厂局实际情况，分别于 1951 年 12 月、1952 年 7 月颁布《电业安全工作规程》（发电厂及变电所机械部分）和《电业安全工作规程》（发电厂及变电所电气部分）。发电厂及变电所机械部分分为一般保安规程、工具的检查与使用、发电设备的清理及维护、热力系统的安全工作规则等九个篇章，为发电厂和变电所的机械部门使用。发电厂及变电所电气部分包括一般工作安全规程和几种特殊工作的安全规程两个篇章，并在最后以附录的形式特别对从业人员的身体健康要求、职称分级进行规范，同时加入工作票的示例。供发电、输电、变电、配电及用户方等参与电气设备运行与检修的人员使用。

发电厂及变电所电气部分的一般工作安全规程篇，从工作前、工作中和工作后三个环节进行编制，分为总则、高压设备工作的基本规则、全部或部分停电下工作的安全措施、

保证工作安全的制度、带电拆除地线及事故检修工作的安全规定、配电室工作的安全规定、线路（架空线路及电缆线路）工作的安全措施七章。全部或部分停电下工作的安全措施章节，对开展全部或部分停电下工作前的准备措施、人员责任、安全工作距离、工作牌悬挂等环节进行了明确要求；保证工作安全的制度章节，将电气工作的安全制度分为四类：使用工作票制度、开始工作的核准制度、工作中的监护制度和工作中休息、工作地点转移及工作结束等各种制度；带电拆除地线及事故检修工作的安全规定章节，对带电作业的危险程度进行分类，规定了带电作业条件、安全距离和事故检修流程；线路（架空线路及电缆线路）工作的安全措施章节，对停电送电工作程序、值班员的工作职责和对满足停电作业的条件进行了规范。

几种特殊工作的安全规程篇，对作业人员以及带电作业工器具做了明确规范，其中针对校验、使用钳型电流计测量负荷和绝缘电阻测量的作业流程以及安全隐患节点进行了详细叙述，并明确了工作人员的责任划分。

为确保电力从业人员能够熟悉《电业安全工作规程》并切实遵照执行，1951 年燃料工业部特下发关于试行《电业安全工作规程》的指示，要求相关单位要拟定学习计划，规定完成期限，并定期举行测验，各级电力单位认真学用《电业安全工作规程》，加强安全管理工作，开展无事故运动，安全生产局面得到好转。

1951 年版的《电业安全工作规程》是在国家百废待兴、工农业生产与建设正在恢复发展的历史背景下颁发试行的，是中国首部应用于电力工业系统中的安全工作规程，并首次对巡视、检修等工作进行了规范和指导，为电力安全生产奠定了基础，对中国电力生产安全工作影响深远。

第三节　配电网的恢复与建设

1949—1952 年是国民经济恢复时期，为了快速恢复正常电力生产和供电秩序，各地开展了配电网抢修性建设和恢复性检修工作。通过抢修性建设，全国城市供电秩序基本得到恢复，满足了经济恢复和生产生活用电需求。同时随着电源网点的建设及输配电设备规模的扩大，城市配电网架逐渐扩大，供电能力逐步提升。“一五”计划期间，大部分城市配电网建设重点仍然是对老旧设施进行检修、改造，并逐步扩建城市配电网架，满足社会用电增长需求。在农村地区，随着各地小火电、小水电的发展和大电网不断向农村延伸，农村配电网络逐步形成。

一、三年恢复时期的配电建设

中华人民共和国成立初期，受战争和人为破坏、设备失修等影响，全国各地电力设施存在不同程度的损坏情况。北京永定门、西直门城门外 9 条配电线路、700 余根电杆损坏严重，线路经常停电，北京电力公司被讥讽为“黑暗公司”；辽宁电网遭受战争的严重破坏，线路杆塔倾斜、导线断裂、柱上变压器倾斜翻倒，供电网络几近瘫痪；杭州市 5 千伏及 13.2 千伏输配电线路和变压器的损毁率分别达 26.1%和 49.9%。同时因运维、检修不到位，很多区域配电设备处于失修状态。上海地区配电设备老化失修，配电木杆腐朽、横担锈烂、风雨线脱皮、绝缘子碎裂等缺陷比比皆是。

国民经济恢复和发展急切需要充足的电力保证，各地电力单位把快速恢复正常电力生产和供电秩序作为中华人民共和国成立初期重点任务。北京电力公司将抢修受损线路、恢复全市供电作为 1949 年的中心工作，开展了大规模抢修工作，仅用 16 天就完成了原计划 1 个月的抢修任务，共安装变压器 91 台、组立电杆 536 根、敷设导线 63.44 千米。经过抢修，北京城内外大放光明，“黑暗公司”从此变成“光明公司”。上海电力公司于 1951 年 6 月 4 日发出“救命大检修”的号召，组织对有严重缺陷的馈电设备开展紧急检修，共检修配电变压器 11 台、配电站 88 个、6.6 千伏架空线路 281 千米，使上海市的配电设备健康状况有了明显改善，安全供电得到了有效保障。

这一时期配电网基本都处于独立、分散状态，各城市加快供电网络建设，不断扩大供电范围、提高供电能力。上海、广州等城市开始加快城市供电骨干网络建设。1950 年 10 月 3 日，上海江边电站至居家桥变电所 33 千伏输电线路建成通电，形成了环绕上海市的 33 千伏环形网络。同年，建成浦东地区第一条 33 千伏电缆输电线路，为浦东地区配电网发展打下基础。1952 年，广州新建 13.2 千伏河南变电站，配出 4 条 6 千伏配电线路，这是广州市在中华人民共和国成立后新建的第一座变电站和第一批配电线路。同年，五仙门电厂通过 13.2 千伏的 9 号电缆线路与西村电厂机组并列运行，扩大了广州市区电网供电范围。

通过三年恢复性抢修性建设，中国基本恢复城市供电秩序，满足了生活、生产和经济恢复的用电需求。同时随着电源建设的拓展和输配电设备的更新，城市配电供电能力不断提升，供电网络逐渐向城市郊区发展延伸，并开始覆盖中、小城市，为配电网的进一步发展打下了基础。

二、配电电压等级和频率的统一

早期的配电网采用的是直流发电机以若干直配线直接供给用户的直流供电方式，随着供电负荷的增长和供电范围的扩大，该方式逐步被交流供电方式取代，配电电压等级也随供电需求的变化而不断提高。然而，电力设备往往是成套采购的国外设备，由于各国的电压和频率标准不一，如发电机的出口电压和频率、变压器的高低压侧电压呈现多样性，致使中国电压等级和频率不统一，给维护、检修和安全运行带来困难。

为此，政府部门对电压和周率先后进行了三次规范。1918 年 4 月 11 日，北洋政府公布的《电气事业取缔条例》，将电气事业使用电压大小分为低压、高压和特别高压三类。1930 年 9 月，国民党政府建设委员会公布了《电气事业电压周率标准规则》，明确要求电气事业所用的直流电压为 220 伏和 440 伏两种，交流电压以线路满载时的终点电压为标准，交流电频率定为每秒 50 赫，相数定为单相及三相两种。1944 年 7 月，国民党政府经济部资源委员会修正的《电气事业主要设备标准规则草案》规定，配电电压为 33、13.2、6.6 千伏，380、220 伏等。但是在中华人民共和国成立之前，中国内忧外患，一盘散沙，以上规则并未被认真执行。

中华人民共和国成立初期，配电网低压电压等级包含 110、220、440 伏等，中高压电压等级包含 2.2、3.3、5.2、5.25、5.5、6.3、6.6、6.9、10 千伏等，频率有 50 赫和 60 赫两种，当时的电压状态，既束缚了用电需求，又限制了电网供电能力的发挥，妨碍了电网运行和发展。因此，统一运行电压、频率，升压改造老旧电网，成为各地电网建设极为迫切的任务。

1953 年 6 月，燃料工业部颁布《电力系统调度管理暂行条例》，其中第 97 条规定了电力系统的频率应连续不断地保持在 50 赫的水平上，其差别不得大于±0.5（50.5～49.5）赫。

1956 年 2 月 2 日，根据国家经济建设发展的需要，在参考苏联经验的基础上，为节省有色金属，降低城市配电网的投资和运行费用，电力工业部以〔56〕设计刘字第 131 号文下达了《关于在大的城市推行 10 千伏高压配电的命令》，要求新建配电线路一律选择 10 千伏电压，对于已有的其他电压等级线路，为避免资源浪费，不宜将旧的配电网立即全部改造，应采取逐渐过渡的办法，有计划有步骤地统一到 10 千伏电压，过渡时期允许 10 千伏和其他电压等级并存，必要时可装设中间变压器或者三绕组变压器联络。同时要求各设计单位、电器工业制造部门、城市建设机关在后续工作中配合推行 10 千伏高压配电方式。

1956 年 6 月 2 日，电力工业部以〔56〕电技程字第 94 号文、第一机械工业部以〔56〕机技设字第 170 号文发布了《中华人民共和国电力设备额定电压及周率标准》，规定了三类额定电压，第一类是 100 伏及以下，主要用于安全照明、蓄电池、设备的操作电源；第二类是超过 100 伏而不超过 1000 伏，主要用于电力及照明设备，规定标准电压为 380 伏和 220 伏；第三类是在 1000 伏以上，其中规定配电电压为 3、6、10、35 千伏等几种。文件下发后，为统一配电设备电压和频率，全国各地陆续开展了改造工作。

北京市主要利用分段倒路运行的方式解决改造过程中 10 千伏和其他电压等级同时存在的矛盾。中华人民共和国成立初期，北京市配电网主要有 3.3、5.2、6.6 千伏三种电压等级，根据电力工业部将配电网电压等级逐步统一为 10 千伏的要求，北京市从 1958 年开始对配电网进行升级改造。改造工程采用土洋结合、分段进行的模式，自城区开始，逐步向外围扩展，先改造有 2 台及以上主变压器的变电站，使其中 1 台二次电压改为 10 千伏，提供 10 千伏电源，并利用未改造的主变压器保持原供电电压。对于工程量较大，不能一次升压完毕的线路，根据分段及联络情况，改造完毕的线路段由 10 千伏电源供电，未改造的通过联络断路器保持原电压等级。

吉林省受日本殖民的影响，电压频率为 60 赫，高压有 3.3、3.6 千伏，低压动力用电为三相三线 380 伏，照明用电为 110 伏。从 20 世纪 50 年代中期开始，吉林省着手规范电压等级，先将用户低压用电电压规范为 380 伏和 220 伏，取消 110 伏；20 世纪 60 年代开始，将配电网电压升至 10 千伏；直到 20 世纪 80 年代初，全省各地配电网电压频率调整至 50 赫，电压等级基本升至 10 千伏。

中国其他地区也同期开展了配电网电压、频率统一工作。东部地区的上海电业管理局在 20 世纪 50 年代前期开展了统一电压标准整治改造工作，将 5.2、5.5、6.6 千伏升压为 10 千伏。由于上海电力工业起步早，电网、设备规模较大，改造工作量大，缺乏资金，部分 6.6 千伏的升压改造直到 90 年代中期才全部完成。西部地区的重庆市从 1950 年就开始逐步将 5.25、6.6、6.9 千伏三个电压等级统一改造为 10 千伏，直到 20 世纪 80 年代后期才改造完毕。南部地区的广东省在 20 世纪 60 年代、广西壮族自治区在 20 世纪 80 年代先后完成了配电电压统一改造工作。

到 20 世纪 90 年代，中国配电网基本统一改造为中压配电网 10 千伏，低压配电网 380、220 伏，频率为 50 赫。

三、“一五”计划时期城市配电设施的维修改造

经过三年国民经济恢复时期抢修性建设，各主要大中城市基本恢复了供电秩序。但由于各城市电网基础不同，大部分城市“一五”计划时期的配电网建设重点仍然是对老旧设施进行检修、改造，并根据实际需求新建或扩建城市配电网架，扩大供电区域，满足社会用电增长需求。

在老旧配电设施的维修改造方面，各城市以水泥杆取代木质电杆，逐步将低于 8 米的电杆换成 10 米以上电杆。对档距不合理的电杆进行改造，将导线排列改造为铁担三角排列，解决电杆档距不统一、导线排列不合理、线路间距小等问题。更换小线径导线，初步规范导线选型。对陈旧破损、损耗高的变压器进行更换，统一变压器台架结构，台架残旧、结构混乱等问题得到了有效治理。

在对老旧设施进行维修更新的同时，各地开始对配电线路设备进行升压改造。部分城市将中压配电系统从 2.2、2.3、3.3 千伏升压至 6 千伏，供电能力有了明显提升。石家庄于 1956 年开始对城市配电网中的 3.3 千伏线路设备升压为 6 千伏，改造配电变压器容量 8000 千伏·安，负荷接带能力提升至中华人民共和国成立初期的 2 倍。1956 年燃料工业部对配电电压进行统一规范后，各城市开始将 6 千伏配电网升压改造为 10 千伏。北京针对升压后配电线路的绝缘配合问题，将绝缘子由单蝴蝶式改为双蝴蝶式，污秽地段的线路应用高一级电压等级的绝缘子，调整防雷设备的放电间隙，提高供电可靠性。

受经济发展和政府财力的限制，各地的城市电网发展并不平衡，北京、上海等地区得益于 35 千伏及以上电源网架的建设配套，配电发展速度较快。其他城市根据工业发展和电源网布点情况，逐步发展成区域城市电网，部分城市首次实现配电网电源覆盖。新疆和内蒙古的供电网络建设在“一五”计划时期开始起步。1953 年，新疆苇湖梁发电厂

1号机组和35千伏六道湾临时变电所配出市一线，成为乌鲁木齐市第一条6千伏配电线路，向党政军机关、医院、商店和居民供电。1954年，呼和浩特在电厂附近3.3千伏线路上安装一台3.3/10千伏升压变压器，对501电台进行10千伏供电，成为内蒙古自治区第一条10千伏配电线路。1956年，江苏淮阴地区通过清江电厂首次以6千伏直配线向市区供电。

这个时期，各地城市重点修复了输配电设施，改造和扩建了部分配电网架，城市电网的供电能力有了较大提高，城市配电网络布局和供电可靠性等方面也有较明显的改观。

四、“一五”计划时期城市配电网架建设

“一五”计划开始后，随着国家经济恢复和城市工业规模的扩大，社会用电负荷增长较快，各地电业单位以35千伏网架建设为依托，开始有计划地新建和扩建城市输配电设施，增强电源布点，扩大配电网供电范围。

北京市的城市电网发展速度相对较快。三年国民经济恢复时期，北京扩建了33千伏供电网架，但这些供电网架基本为树枝状供电，联系薄弱，可靠性差。“一五”计划时期，为加强电源点和网架的联络，北京从1955年起开始对原有的33千伏供电系统进行35千伏升压改造。统一电压改造工作于1958年基本结束，为配电网区域联网打下了基础。同时，北京加快了110千伏供电网建设，1955年110千伏官京线（官厅—北京）投入运行。1957年，随着石景山发电厂—南苑—东北郊110千伏输电线路建成投产，北京城区实现了由西部、南部、东北部3个枢纽变电站供电的较为可靠的供电网架，城市电网供电能力有了较大提升。

因为社会经济、用电负荷等差异，全国城市电网发展很不平衡。这个时期，各地加快城市35千伏电源网布点，并依托35千伏网架扩大配电网供电范围，满足了城市负荷需求。部分城市建成35千伏环形电网，并开始实现跨区域联网，有效提高了城市电网供电可靠性。

上海市于1954年、1956年分别建成35千伏蕩里变电所、吴家厅变电所，满足了地区工业负荷增长带来的电力需要。“一五”计划期间，上海市建成40座35千伏电站作为市区负荷站使用。1957年，望亭变电所至无锡保安寺的35千伏线路投运，实现了上海电网与苏南电网首次联通，城市供电可靠性得到进一步提升。

武汉市于1952年开始建设35千伏电网，以满足工业和城市用电增长的需要。1954年1月、1957年10月建成武昌珞珈山至汉口栖圣寺的35千伏输变电工程和青山热电厂至汉口谌家矶的35千伏输电工程，基本形成了35千伏供电环网。1954—1957年，武汉市共建成35千伏输电线路9条、139.46千米，35千伏变电站6座，主变压器7台、总容量2.32万千伏·安，武汉市35千伏配电网架基本形成，供电能力和可靠性明显增强。

郑州市在国民经济恢复时期就定位为以纺织工业为主的工业发展城市，用电需求增

长较快。郑州市于 1953 年架设由郑州火电厂升压站至西沙口变电站的 35 千伏输电线路，并建设西沙口 35 千伏变电站。1954 年，郑州市在新市区的纺织工业中心建设牛砦 35 千伏变电站，同时架设郑州火电厂至牛砦变电站、牛砦变电站至西沙口变电站的 35 千伏输电线路，形成郑州火电厂、西沙口变电站、牛砦变电站三角形的 35 千伏环形供电网络。这是全国第一个 35 千伏环形供电网，对确保郑州新老市区的安全供电起到重要作用。

这一时期，各地根据用电需求和经济条件，有序推进城市配电网架建设，加快电源联网，城市电网建设取得较大进步，扩大了城市配电网供电范围，提高了供电能力，满足了当时社会经济发展的用电需求。

五、小火电、小水电和大电网不断向农村延伸

中华人民共和国成立之初，电力工业基础十分薄弱，农村用电几乎是一片空白，只有大城市郊区、工矿区附近、铁路沿线和有小水电站的个别地区能用上电。国民经济恢复时期的电业重点工作是解决工业生产所需要的电源（设备）工程，恢复发电设备的铭牌出力，农村供电设施发展缓慢，零星新建的小火电厂、小水电站以私人自办为主，装机容量很小，基本上只能自发自用。北京市近郊区农村多利用工业或企事业单位投资建设的供电设备架接低压线路进行照明供电，远郊区、县多采取自行装设的柴油发电机或自建的小水电站供电。一些山区则依赖个人集资，利用木质水轮机带动汽车发电机进行发电，供几十到几百盏电灯照明。

在“一五”计划时期，受到建设财力、生产资料及技术力量的限制，国家提出社会主义工业化建设要优先发展重工业，农业方面的投资比重和建设规模较小。1953 年党中央对农业进行社会主义改造，开始加快了农业生产建设，农村用电需求日趋迫切，以大电网延伸和因地制宜开发小火电、小水电为主的电源建设方式开始在广大农村地区得到应用。

江西从 1953 年开始就集中对一些城镇原有的小火电厂（如赣州电厂、抚州电厂等）进行扩建增容，其他县镇则办起用烧木炭的煤气机或柴油机拖动发电的小型发电厂，以解决当地照明、碾米和少数动力用电。湖北武汉和黄石地区在兴建高温高压电厂、改造和扩建老电厂的同时，部分县镇更是先后兴办了 20 多座小火电厂，装机容量一二十千瓦到二三百千瓦不等，白天用于粮棉油加工，夜间兼供电灯照明。

1954—1957 年间，结合大规模农田水利建设，大部分地方县、乡镇开始利用山区的溪涧河沟试办小水电站，主要采用简易的木制水轮机带动由电动机改制的交流发电机进行发电。1956 年，江苏省句容县亭子乡云塘管理区在里巷口由群众自办建成了一座小型水力发电站，该水轮机是木材制作，直径达 2 米，装机容量 1.5 千瓦，专供当地粮食加工和农户照明使用。为提升小水电建设水平，1956 年水利部在四川崇庆县、福建永春县、山西洪洞县举办了 3 个全国性小水电技术培训班，给有关省（区）培训了第一批建设小水电的技术力量。同年 4 月，江西省人民委员会批转江西省水利厅《关

于开发农村小型水利发电工作的报告》，省水利厅和省重工业厅合作，委派技术人员协助安义县在鼎湖乡利用北潦渠尾水闸的水头落差，建成了一座木质水轮机的水电站，装机容量 11.5 千瓦。

同时，还有部分地区的农村用电是通过大电网延伸实现的。1954 年，呼和浩特发电厂架设了一条 10 千伏线路到近郊农村，除农户照明外，还为电灌站和粮食加工装机提供动力电，负荷 100 千瓦以上。天津市武清县杨村镇在 1955 年架设了一条 3.3 千伏的配电线路及容量 50 千伏・安的配电变压器，供杨村飞机场和附近农户照明用电。从 1956 年开始，国家下发资金在静海县团泊洼建成了 35 千伏变电站，电源点由塘沽变电站引入。1957 年，又建设了第二座 35 千伏良王庄变电站，专供农田排灌用电。

随着县办的小火电、小水电的发展和大电网不断向农村延伸，农村配电网络逐步形成，中国的农村电气化建设开始在全国范围内起步。

第四章

“大跃进”和“文化大革命”时期配电的曲折发展（1958—1978）

国民经济第一个五年计划的胜利完成，为制定和实施第二个五年计划打下了坚实的基础，随后制定的“二五”计划，却被“大跃进”打乱。

在以高指标、瞎指挥、浮夸风和“共产风”为主要标志的“左”倾错误的影响下，片面追求“高速度”，在配电工程建设方面采取一系列违反建设程序和要求的不当做法，因陋就简建设了大量中低压配电线路，这些做法短时间内解决了电力短缺问题，但不符合科学规律，不仅打乱了正常的生产秩序，仓促上马的工程还存在严重的安全隐患，造成巨大的浪费，从长远看得不偿失。

经过整顿，国民经济刚刚得到恢复，“文化大革命”全面爆发，正常的生产秩序再次遭到严重破坏，“文化大革命”后期，全国电力生产事故频发，缺电问题日益严峻，国务院为此专门下发《国务院关于加快发展电力工业的通知》（国发〔1975〕114 号）和《国务院关于批准跨省电网管理办法的通知》（国发〔1975〕159 号），电力工业开始进行安全生产全面整顿，“文化大革命”结束后，电力工业在拨乱反正的同时，重申了国务院 114 号文件和国务院 159 号文件精神，规定了企业整顿的要求和具体标准，开展创建“大庆式企业”运动，配电管理工作重新走向正轨。

1950 年代初期，鞍山电业局用简陋的工具进行配电带电作业探索并获得成功，此举对于当时电网十分薄弱情况下，减少事故处理和设备检修造成的停电意义巨大，在水利电力部的积极推广下，配电带电作业迅速在中国各地得到广泛应用。1960 年代中期开始，中国电力工业开始走出国门，援助亚非拉国家进行配电设施的建设，提供技术援助，得到国际社会广泛的好评。1976 年唐山大地震发生后，全国各地组织 50 多支电力施工队伍奔赴唐山，完成抢险救灾和灾后重建任务。各地配电领域秉承一方有难、八方支援的传统作风，在历次大灾大难的抢险救灾中都有着出色的表现。

1958—1978 年，是中国配电建设自力更生、艰辛探索的 20 年，虽然走了许多弯路，付出了高昂的代价，但配电网的规模得到快速发展，农村、市政生活用电量由 1958 年的 23.86 亿千瓦·时增加到 1978 年的 418.72 亿千瓦·时，广大的农村地区大多数在这一时期用上了电，农村配电网县、乡（公社）、村三级管理体系初步建立，配电装备、技术和管理水平都有长足进步，为改革开放后的配电网快速发展奠定了基础。

第一节　艰难前行的配电事业

中国电网建设起步初期，城市大电网延伸范围有限、电源布点不足，配电网建设进度缓慢。“二五”计划开始后，按照“建设与改造并举、分期实施”的原则，各大中城市根据负荷情况和实际需要，加快完善配电网建设，部分大中城市开始将110千伏高压直接深入到市区负荷中心，同步开展城市配电网建设改造等优化工作，有效提升城市电网的供电能力。

为加快电力工业发展，满足国民经济“跃进”式发展的电力需求，各地政府和电力企业按照党中央提出的“大中小并举，土洋结合”的两条腿走路的方针，开展了以“小洋群”“小土群”为主的全民办电运动，农村配电网建设迎来快速发展，“亦工亦农”管电制度、农村电网三级管理体制在这一时期得到应用和推广。

一、“亦工亦农”管电制度的推广

20世纪50年代末期，“全民办电”运动在全国展开，农村电网建设进入“跃进式”发展时期。此间，各地出台诸多不切实际的电力规划，大批电力建设项目“遍地开花”，农村电网运行维护、大修改造、基建安装等工程数量多、任务重，对劳动力需求明显增大，但是各地区县和人民公社两级农电管理单位的管理和技术人员缺乏，也没有专门的建设施工队伍。1963年初，北京市大兴县电力局发动群众，组织500多名大队电工对全县400余千米10千伏线路进行大修改造。工程实施过程中发现，虽然这些电工是由各地生产大队推荐，年富力强且具备一定的文化知识，懂一些电力安全知识，但由于没有接受过技术业务培训，施工过程中管理混乱，施工工艺不达标导致返工等现象时有发生，甚至发生了几起安全事故。工程结束后，大兴县电力局先后组织2586名农电工参加了区、县举办的短期脱产电工培训班，下半年参加远郊各区、县电力建设施工的大队电工合格人数已达2789人，工程建设质量和进度得到了保证。

这些农村电工“农忙务农、农闲务工”，既能从根本上解决电力建设的用工需求，又能加强农村配电网管理，得到了水利电力部农电局的肯定，并首次正式称之为“亦工亦农”电工。1965年9月7日，《人民日报》发表社论，将大兴县电力局发展“亦工亦农”电工的做法作为典型经验向全国推广。全国各地纷纷效仿，广泛实行“亦工亦农”管电制度，开展农村电网建设改造与用电管理工作。1965年，浙江省杭州电力局所辖萧山、余杭、富阳、临安、桐庐5个县电业局与各社队签订用工合同，建立了“亦工亦农”电工队伍，农忙时以务农为主，平时就在当地县电业局领导下，开展农村低压线路巡视、装表接电以及电费收缴、安全用电宣传等工作。务工期间，“亦工亦农”电工仍在生产队内记工分，电业局将工资支付给生产队，生产队抽30%～70%留作提留金，剩余部分归“亦工亦农”电工所有。

"亦工亦农"管电制度在农电管理方面具有一套组织、一套人员、一管到底的特点，形成了一种群众管理和专业管理相结合的农村电网管理体系。一套组织：全县成立机电管理委员会，县电业局主要领导参加。公社级为公社机电管理委员会，县电业局驻片专业电工参加。大队级为生产大队机电管理小组，各大队"亦工亦农"电工参加。以上县、人民公社、生产大队的三级组织为全县农电管理机构。一套人员：全县电力管理人员是由各级机电管理成员、县电业局职工、服务片专业电工、大队"亦工亦农"电工共同组成。一管到底：高低压设备一管到底，供用电工作一管到底，不仅要管好供电生产，还要在用电管理上多下工夫，包括电力灌溉扩大效益、降低成本、机电设备维修、安全用电宣传教育；生产和基本建设工程一管到底，从规划、选线、定位、设计、预算、备料、组织施工、验收送电到运行，由一套人马统一管理。这种"亦工亦农"管电制度，解决了农电设备、农业用电管理不善的问题，使农村用电工作开始了良性发展，更使技术下乡、服务下乡成为现实。

"文化大革命"对农电管理工作冲击很大，1970 年后，县电业局由于上级停拨"亦工亦农"管理费用，致使"亦工亦农"管电制度半途而废，农电管理工作再次陷入困境。进入 20 世纪 70 年代中后期，各人民公社开始自行聘用 1～2 名公社"亦工亦农"电工，属公社编制人员，业务上受县电业局领导，正式开展各公社农电工作。在各地相继成立乡镇电管站后，农村电工由县电业局通过乡镇电管站实行统一管理。原农村电工中思想觉悟高、技术过硬的人被乡镇电管站选拔留用，其他"亦工亦农"电工纳入到各村组管电小组。1975 年安徽省电业局恢复农电处后，要求各地（市）供电局加强农电工管理，成立乡镇电管站。从 1977 年开始，供电部门对直供县的每个乡电管站每年补助 800 元，作为农电工生活补贴，每个乡电管站配备 2～3 名"亦工亦农"电工，除电力部门的补贴外，所在乡村还给予记工分，参加分配。每年农闲季节，乡电管站组织"亦工亦农"电工在各乡村整改严重危及安全的低压线路和配电台区，同时编印并在农村分发安全用电宣传画册。

这种"亦工亦农"用工模式作为农电管理力量的补充，承担着地方供电单位与农村用户之间上传下达的桥梁作用，长期存留在农村配电网发展的历史进程中。直到"两改一同价"完成农村电网全部资产移交地方供电企业，兼职农电工转为全职电工，才结束了这一用工模式。

二、县级农村电网管理体制的建立

在 20 世纪 50 年代，农村电气化建设的初期，各地兴建的小电站和输变电工程，除少数项目纳入大电网供电范围之内，由电网管理单位统一管理外，大部分项目都没有设立专业管理机构，更缺少必要的技术力量和管理制度，管理工作十分薄弱、松散。

1957 年后，在"大跃进""左"的思想指导下，农村掀起"全民办电"的电力建设高潮，出现了重建设、轻管理的倾向，倡导"土洋结合""土法上马"办电模式，农电管理似有实无。在工程建设上，使用起陈旧、老化、技术落后的设备和代用器材；在施工中，不讲程序和规范；在布局上，不顾结构是否合理，更无规划和计划，迂回供电，无限延伸线路。这些不科学、不合理的做法给农村电网安全、运行管理留下严重安全隐患，客观上要求有一个全国性的农电管理机构，对农村电气化的建设与发展进行规范和指导。

水利电力部按照中共中央提出的各行各业都要大力支持农村的政策要求，着眼进一步加强农电管理，于 1961 年在电力生产司内，设立了农村电气化管理处（简称农电处）把小水电、小火电以及大电网内的农电管理等工作，统一归口到农电处。各地电力单位在对农电现状进行充分调研的基础上，分级对应成立了农电统一管理机构，从而逐步形成了上下贯通的农电管理组织体系。随后各地电力单位在水利电力部农电处的指导下，整顿多头管理的混乱局面，纠正农电建设上违反科学和客观规律的冒进做法，对加强农电工作的管理，促进中国农村电气化事业的健康发展，起到了积极的推动作用。

1961 年，北京电业管理局对北京郊区农村供用电管理问题进行了调查研究，认为农村电网建设的突出问题是投资渠道不畅通，管理薄弱。中央有关部门下达给北京的农业办电计划指标，包括资金及物资等均由市水利部门掌握，难以统筹安排农村电力基本建设；郊区各区县办电管电力量弱，领导关系乱，各区县管电机构称电管科、电力站、电工队、电力灌溉管理所、电厂筹建处等，分别属区县水利局、工业局、农机局、财政局、县电机厂领导。房山、张坊等地农业电网无人管理。这些问题导致农村电网不能统一规划，大量电气设备不合格，设备利用率低，技术管理差，设备事故多，农民用电不安全，电价高，欠费多等问题出现。针对这一实际，为进一步提升农村电力管理，北京电业管理局向北京市人民政府委员会和水利电力部报告，建议北京市设立市一级农业用电管理机构，郊区各区县成立农电管理机构，由市农电机构直接领导。1962 年 11 月北京市郊区电力局正式成立，远郊 10 个区县电力局也在 1963 年 1 月陆续成立，定员总数为 570 人。郊区电力局隶属于北京市政府管理，委托北京供电局代管，郊区电力局统一管理 35 千伏以下全部农村电网；社队自建自管的配电线路，仍属社队自主管理，产权不变。

由于供电方式、资产来源和其他一些因素的不同，县级农电（电力、供电）局（公司）在管理体制上呈现大电网直供直管、大电网实行趸购转供（通称趸售）管理、由小火电、小水电和其他电源形成独立电网自主管理等多种形式并存的局面。

部分大电网直供的趸售县，较早发展为电网直管的县级供电部门，1966 年 1 月，经国家经委批准，凡属苏南电网的地方供电机构统一划为中央企业，江苏省武进县电力供电所改名为武进供电所，人、财、物均由镇江供电局统一管理，其后又与水利局几经分合，1978 年 5 月 17 日，成立武进县供电局。

县级电力管理部门既行使本级人民政府管电的职能，同时也是本区域电网的生产企业。县级农电（电力、供电）局（公司）下设生产技术部门（内设若干个线路班组）负责配电网的调度、运行、检修、改造和业扩等管理工作，乡镇、村的低压配电网则由乡镇水利站、电管站和电灌站等农村电工负责管理。

从 1949 年中华人民共和国成立到 1978 年，经过电力工人和亿万农民群众近三十年历尽艰难困苦大办电力，中国的农村电力事业有了较大的发展，为即将到来的改革开放、经济腾飞提供了一定的发展基础，但农村的电力供应仍很缺乏，管理依然较为混乱。

三、上海农村电网三级管理体制的初步建立

中华人民共和国成立初期，上海市郊各县在农业电力排灌工程建设的带动下，农村用电开始起步。以前，仅有少数主要城镇的粮油加工厂利用柴油机拖动小型发电机发电，夜间兼供路灯及部分商业照明，发电能力小且时兴时衰。

1958 年起，国务院批准先后将上海、嘉定、宝山、川沙、南汇、奉贤、金山、青浦、松江、崇明 10 个县划入上海市行政区域。1959 年，上海市农村用电办公室成立。各县于 1960 年先后成立供电所，设置了用电管理机构。1961 年，上海市成立电力排灌公司，各县成立地方国营电力排灌站，各人民公社相应建立分站，当年全市已建成电力排灌站 2819 座，至 1965 年，电力灌溉面积达 540 万亩，占总耕地面积 81.9%，年用电量 6704 万千瓦·时，占农村总用电量 52.7%。

1973 年前，上海市农村电工以管理电力排灌站的维修工作为主。此后，随着农村经济发展和乡村工业兴起，用电设备大量增加，于是将农村电工划分为人民公社、大队、生产队三级管理组织，报酬由生产队评工记分。1974 年起，在嘉定、川沙、南汇 3 县进行人民公社用电管理组织的试点工作，在人民公社工业组领导下，设立用电管理站（组），属于集体事业性质。每个站（组）配备 2～3 名专职人员，由 1 名大队级干部担任负责人。为适当减轻集体经济负担，上海供电局每年给予人民公社补贴 1000 元。人民公社用电管理站制订了用电管理办法，人民公社、大队、生产队三级电工职责条例和三级电工定期活动制度，并采取保持农村电工相对稳定的措施。农村电工实行分片包干，一般每人负责 3～4 个自然村的动力和生活照明用电。工作内容为线路设备巡视、电网整顿和改进工程、电气设备安装和维修、触电保安器试跳和动作记录、生活照明用电抄表和电费结算以及临时用电的申请和安装。

上海市郊农村电网三级管理体制的初步建立，走在了农村电网管理工作的前列，对公社（乡镇）用电管理站的建立，为加强和规范农村电网的管理进行了有益探索。

四、110 千伏高压配电网深入市区

“二五”时期，生产生活用电需求急剧增加，工业生产的“冒进”也造成一定电力缺口，电力供需矛盾日益突出。各大城市根据负荷情况和实际需要，加快推进配电网建设，北京、南京等城市开始将 110 千伏高压直接深入到市区负荷中心，极大地提高了供电效率。

北京是当时京津唐电力系统中负荷增长最快的地区，电力缺口很大，这一时期电网建设的重点是 35 千伏配电网的优化完善和 110 千伏供电网环网建设。1962 年，北京地区依托东郊热电厂和石景山电厂建成了城区和近郊两个 35 千伏区域环网。在两个环网间又组建若干个小环网，有效提高了首都配电网供电可靠性。同年，北京建成由南苑变电站、古城变电站等站所和相关输电线路构成的 110 千伏双环电网。1969 年 9 月，110 千伏天坛变

电站和君天线建成，这是北京地区110千伏高压第一次进入市区。110千伏系统不仅在北京地区形成环形网，而且与津、唐两地区实现110千伏联网运行，增强了110千伏主供电网的运行稳定性与可靠性。

南京于20世纪50年代末开始完善110千伏骨干网络系统。1958年，110千伏城南变电所投运，这是南京第一座110千伏变电所。同年，110千伏宁南线建成，形成了环城电网的西半环。1959年10月，城南变电所安装110/35/10千伏主变压器，开始为南京地区提供10千伏电源。1968年8月28日，南京热电厂至燕子矶变电所的110千伏过江电缆线路敷设竣工投运，南京热电厂连入苏南110千伏系统。至1969年8月，南京市区110千伏环城电网建成并投运，这是江苏省最早形成110千伏环城电网的城市。1974年12月，下关发电厂至城南变电所的宁南线支接110千伏线路直达南京城区第一座110千伏朝天宫变电所，开创了该地区110千伏高压线路直接引入城区的先例。

110千伏供电等级的引入有效提高了市区的供电能力，有的城市还根据电源布点和骨干网络的建设情况，开始实现跨区域联网，网架结构水平和供电能力得到极大提升。

五、部分城市开展配电设备改造及网架升级

“二五”时期，随着城市经济发展和生产生活用电需求的日益增加，城市中压配电网网架仍显薄弱，存在配电线路迂回供电、线径细小、故障多等不足，且因配电线路多以放射性结构为主，城市电网可靠性和灵活性较差，供电能力不足的问题日渐严重。全国各大中城市遵循重点解决城网结构中的薄弱环节、建设与改造并举、分期实施等原则，开展了城市配电网的建设改造与优化工作。

针对部分配电变压器带负荷能力弱、线路“卡脖子”等问题，各地开始加快城市配电设备改造升级。济南于1962年起开始将市区原有单相变压器全部更换为国产三相变压器。上海于1963年起开始规范采用95毫米^{2}或120毫米^{2}钢芯铝绞线架设主干线，支接线采用25毫米^{2}或70毫米^{2}导线，减少了接地、跳闸等故障缺陷。上海利用35千伏线路走廊，以一杆多用合杆架设10千伏及以下的配电线路，节省了施工用材，减少了走廊占用面积。

随着经济发展，用户对供电质量要求越来越高，部分城市通过优化供电区域、缩短供电半径方式，提高供电质量。上海依托于成熟的35千伏网络，对市区配电线路供电范围进行优化，缩小了线路供电半径，增加了供电能力。宁波于1965年起对城区10千伏配电网络进行改造，使网架布局渐趋合理，主干线供电半径大多在5千米以内。1974年，张家口通过贾家营35千伏变电站配出4回10千伏出线，对供电范围进行优化，使线路供电半径比原来缩短了15千米。江苏各大城市在市区增加配电变压器布点，改造低压配电网，有效缩短低压供电半径。部分城市通过线路联络改造、双电源供电等方式，提高供电可靠性。上海、保定等城市于20世纪60年代至70年代对10千伏配电网线路进行改造，通过隔离开关实现同站配出线路或不同站配出线路的联络，平时断开隔离开关单独运行，遇有线路或变电站出现故障时，灵活改变运行方式实现不间断供电。

这个时期，全国各地城市改造、扩建了城市电网供电设施，并通过优化供电区域、增

加线路联络等方式，有效提高了城市配电网的灵活性和可靠性，为当时的经济社会发展提供了有力的电力保障。

六、农村配电网的第一次建设高潮

中华人民共和国成立后，随着“五小”[1]工业的兴办和农村农田水利基本建设的蓬勃发展，形成了以县城为中心，以供生产用电为主，不断向农村发展的农村电网。1958 年，国内开始了“大跃进”运动，兴起了以“小土群”“小洋群”为主的“全民办电”，但由于缺乏统一规划，存在建设布局不合理、设备质量不合格等问题，导致设备利用率低、成本高、事故多。

1961 年 8 月，中共中央在庐山召开工作会议，提出“所有工业部门在今后相当长的一个时期内，都必须毫不动摇地切实地贯彻执行调整、巩固、充实、提高的方针”，对“全民办电”时期的激进做法进行了纠正，并开始整顿工业生产秩序。

1962 年 9 月召开的中国共产党第八届中央委员会第十次全体会议，提出了以农业为基础、以工业为主导的发展国民经济的总方针，要求把农业发展放在首位。1963 年，在国民经济十分困难的情况下，中央安排 2.4 亿元对农村电网进行建设和改造，其中农电基本建设投资 1.57 亿元，农村电网改造费用 0.46 亿元。1963—1965 年的全国电力工作会议，都对农村电力设备改造提出了要求，其中 1963 年会议提出在三五年内要分期、分批地把农村电力设备整顿好，重点是完成 31 个农业用电多的粮棉高产县的设备大修和改造工程；1964 年会议则提出三年内完成在役农村电网的大修改造；1965 年会议明确当年的农电任务是大修和改造农电线路 1.5 万～2 万千米。

河北省按照水利电力部统一部署，于 1962 年 10 月开始对群众办电过程中所建农电设备进行大修改造，主要内容是调整布局，更换不合格的电杆和变压器，将铁质导线更换成铝导线，将地爬线改成架空线等。经调查摸底，到 1962 年年底，河北省已建成的 1.3 万千米 3～10 千伏线路（其中分支线 8650 千米）中，要改造的共 1.03 万千米（其中分支线 6900 千米）；已安装的 10 807 台 3～10 千伏配电变压器中，容量共 50.82 万千伏・安，要改造的约 6 万千伏・安。1963 年 3 月，河北省农机电力厅要求有改造任务的地区和县建立大修改造工程管理机构，严格贯彻基建程序，降低工程造价，大练施工队伍的基本功。为节省大修改造资金，各地普遍采用适当放大 6～10 千伏线路档距的措施，将原定 85 米的档距扩大到 112 米，每千米平均节省电杆 1.7 基，节省其他物料折合人民币 340 元。1965 年河北省新建 6～10 千伏线路 1580 千米，大修改造 2993 千米，共节省电杆 7774 基，节省投资 154 万元。

1963—1965 年，江苏省对不合格的线路设备进行大修改造，重点是更换过载导线和“卡脖子”变压器，以及将木质电杆换成钢筋混凝土电杆，木横担换成铁横担。到 1965 年年底，共改造 6～35 千伏线路 6558 千米，其中木质电杆、竹筋电杆更换了 95%，使农

[1] “五小”工业一般指小钢铁、小煤矿、小机械、小水泥、小化肥五种工业企业。

村电网的线路健康水平有了较大提高。

1963—1966 年，根据水利电力部的要求，内蒙古自治区组织人员对农电线路现状进行调查，认定 737.4 千米 3～10 千伏农电线路中需大修改造的有 480.3 千米，多为不符合技术标准、存在设备缺陷、线路路径走向不合理或供电半径过长以及影响军事通信的线路。据调查结果，内蒙古自治区制订了大修改造计划，报水利电力部审批后，分期分批安排改造。4 年期间，自治区实际改造 3～10 千伏线路 684 千米，占当时已建成线路的 85%，完成大修改造投资 255 万元。其中 1965 年改造任务最重，改造了 414 千米线路，包括更换杆塔 1400 基，更换导线 104 千米，补强加固导线 110 千米，对 161.3 千米线路进行了升压，调整影响军工通信的线路 5 条共 35 千米，调整路径走向不合理线路 80 千米，完成改造投资 120 万元。经过改造的线路，不仅提高了安全运行可靠性，还增强了供电能力，对支援农业灌溉、抗旱增产起了很大作用。

1962—1966 年，全国共改造 6～10 千伏线路 6558 千米，95%的木杆、竹筋杆更换为钢筋混凝土杆。全国 10 千伏及以下电力线路达 16.02 万千米，比 1962 年的 6.47 万千米增长一倍以上，全国农村配电变压器容量达 750 万千伏·安，比 1962 年的 284.37 万千伏·安增长一倍以上，农村用电量占全国的比重由 4.11%上升到 6.53%。经过这 5 年的建设改造，解决了一些多年来影响农村安全用电的老大难问题，设备健康水平明显提高。

七、“文化大革命”期间的配电援外工程

20 世纪 60—70 年代，在自身财力物力比较困难的情况下，电力系统各单位依然坚决执行党中央对外经济援助工作的路线、方针和政策，肩负起援助亚非拉第三世界国家的电力建设任务。在此期间，北京、湖北、江苏、广东等省市电业单位发挥了重要的援建作用，先后参与几内亚共和国、刚果共和国、马里共和国等多个国家的电力建设。在对外援建项目中，以建设发电厂、水电站、输变电工程为主要内容，也包括部分配电工程。

这一时期的援外配电工程主要是城市基础建设工程，如城市路灯照明建设，而在建设方式上基本是大包干的“交钥匙”工程。1965—1977 年，北京电力工业局先后筹建、设计以及施工建设了几内亚共和国的比塔、布里维、达博拉、马木市等 9 个城市的照明工程，累计架设高低压配电线路 169 千米，装设配电变压器 61 台，总容量 3790 千伏·安，安装照明路灯 2100 余盏。此外，北京电力工业局还筹建、设计和施工了马里电台播音馆的备用电源工程，安装完成 136/120 千瓦柴油发电机及其配套系统。该工程因建设速度快、质量好，赢得了马里共和国政府的赞许。

更多的配电援外工程包含在发电厂、水电站、输变电工程等一体化建设项目中。由于受援国缺少相关运行维护人员，个别项目在建设完成后还要以“传、帮、带”的形式，为受援国培养运维、检修人员。广东省水利电力局援助刚果共和国建成布昂扎水电站和供电区内输变电配套工程，共安装水轮发电机组 4 台，总容量 7.4 万千瓦，建造 110、35 千伏变电站各 3 座，主变压器总容量 9.4 万千伏·安，架设 110、35、10 千伏线路 244 千米，并设置 10（6.6）千伏配电点 4 个、联网点 3 个。工程竣工后，广东省水利电力局安排广

州供电公司从 1972 年 10 月起，派员组成中方技术组，每期派出专家和技术人员 4～6 人，每 2 年为一期轮换，专门负责新建设备的运行维护，给当地人提供技能培训与技术指导，直至 1988 年改由广东省外派人员为止。

在援外工程中还有单纯提供技术指导的项目。1970 年间，南京下关发电厂受南京市援外办公室委托，选派电气车间检修班长张通发赴马里共和国，帮助新建的碾米厂安装动力设备，历时 2 年多，完成任务后于 1972 年 6 月 19 日回国。湖北省电力工业基本建设局第一工程处于 1961—1977 年，先后选派 60 余名技术骨干奔赴越南、柬埔寨、马里、阿尔巴尼亚、埃塞俄比亚、苏丹和缅甸等国家，为援建国电力建设提供技术指导。

由于受援国贫穷落后，援外工作人员不可避免地会遭遇环境、语言、生活等方面的困难，甚至面临战火暴乱的危险，如在柬埔寨等战乱国家，工作人员经常要冒着被流弹击中的危险去现场工作。但工作人员克服重重困难兢兢业业地工作，甚至经历了生与死的考验，最终出色地完成了各项援建工程。也正是有了这些成功的对外援建工程，不仅扩大了中国在国际社会的影响，有力支援了第三世界国家国民经济的发展，更为改革开放以后中国电力实施“走出去”战略打下了良好的基础。

第二节 “大干快上”背景下的配电创新

1958 年，全国开始了轰轰烈烈的“大跃进”运动，强调用最快的速度来发展社会生产力，实现国家工业化和农业现代化。在“大干快上”的背景下，衍生了一个个配电创新举动。“四合一”环形供电、“两线一地”“一线一地”的供电方式在这段时间得到了快速发展，对电力需求的渴望推动了地埋线[1]的应用，在全民办电的热潮中，采取了“小土群”“小洋群”两条腿走路的方针。这一个个创新举动虽然大多违背了科学规律，带来了较大的安全隐患，以至于后期不得不花大力气去整改，但不可否认的是在当时材料匮乏、资金短缺的艰难局面下，在老百姓从无电到有电的欣喜若狂中，极大地推动了电力事业的发展。

一、“四合一”环形供电的推广

1958 年，在大搞技术革命的鼓动下，哈尔滨市电业部门提出了“四合一”供电模式，即工厂内部动力用电和照明用电合一、厂与厂之间用电合一、工业用电和民用电合一、厂内电网和地区电网合一。这种供电模式大量简化了城市配电设施，提高了供变电设备的利用率，顺应了当时国民经济“跃进式”发展的电力供应要求，1959 年 12 月 15 日，国家发展计划委员会发文各部门建议推广。1960 年 3 月，国家经济委员会发文建议各部门结合各地具体情况，加以创造性地运用，国家科学技术委员会还将这个项目列入了 1960 年

[1] 通常把适用于农村地下直埋、供低压电气设备和照明等使用的导线称为农村地埋低压电力线路，简称地埋线。

研究和推广项目，要求“全面地、迅速地推行”。

1960 年 3 月 31 日—4 月 6 日，水利电力部在哈尔滨电业局召开了“简化电压，‘四合一’环形供电”经验交流会，在全国推广哈尔滨的经验。由于这种供电模式引起的管理方式的变化与当时实行的管理方式相悖，与会代表在讨论时，提出了一些疑难问题，普遍认为这样会把多年来电力行业管理的规律搞乱，从而导致电费管理、设备产权和维修责任划分的混乱，用户增容或新增用户难以解决，以及给线路检修带来人身安全威胁等后果。但受当时的“大跃进”环境影响，会议仍指出要“先破后立”，无条件地推行“四合一”经验，开展“供用电合理化、协作化”的“两化”运动。

由于当时物资匮乏、配电设施供应紧张，为了用户能及时用上电，黑龙江、山东、北京、河北、重庆、贵州等地先后推行了“四合一”环形供电。

“四合一”环形供电主要分两种：一是为了节约变压器，将距离较近的几个变压器的低压线路连接起来，保留一台变压器，其余变压器搬走用于其他地方；二是为了改善电压质量，解决三相不平衡问题，将配电变压器并列运行，连接为闭式网络。

山东省采用了第一种方式。1960 年，青岛进行了“四合一”环形供电试点，拆除了总容量为 3000 千伏·安的配电变压器，试行两年后因安全性和可靠性差、事故隐患多而取消。1970 年“文化大革命”期间，为响应中央号召开展增产节约运动，山东省在工矿企业较多的济南、青岛、淄博等城市开展了新一轮“四合一”供电模式改造的大会战。1970 年 8 月，济南市将全市范围内的 485 个动力用户，精简组合为 125 个用电大户。9 月，淄博市将 278 个单位合并成 87 个合作变电所。“四合一”环形供电形成后，济南供电局停用了 197 台总容量为 65 500 千伏·安的配电变压器，占全市运行变压器的 1/5，一年节电 650 万千瓦·时；青岛停用和换下总容量为 10 000 千伏·安的变压器；淄博共停用和换下 192 台总容量为 48 950 千伏·安的配电变压器。供电部门在停用和调换部分配电变压器的同时，还拆除了部分变电站、配电室以及导线、跌落式熔断器等电力设备及物资，缓解了配电设备器材供应紧张的局面，使得一些新报装用户能及时用上电。推行“两化”后，供电部门还发动因长期贫穷未用上电的边远地区或山区的大单位为周围贫穷山村群众供电，解决了一部分无电户的用电难题。

北京供电局为解决一般低压用户电压质量下降及三相负荷不平衡问题，于 1960 年 3 月开始采用第二种方式。北京城区范围内先后建成了 9 个闭式网络，供电范围达 4.5 千米^2，包含变压器 450 台，其中最大的一个网络包含 224 台变压器，范围达 2.4 千米^2。通过连接为闭式网络，供电质量问题得到一定程度的缓解。

为防止“四合一”环形供电可能引发的管理秩序混乱，各地相继出台相关办法。北京供电局于 1960 年出台了《北京供电局用电协作化暂行管理办法》，明确了各协作单位部门职责分工、设备产权划分、维护运行范围，制定了电费计算、容量变动以及产权转让等管理办法。参与协作化、合理化供电的用户均签订了《供用电协作化协议书》，通过加强管理，基本上没有出现大的混乱。

随着“四合一”环形供电模式的广泛推行，其不可避免的问题逐渐暴露出来，各种矛盾层出不穷，既增加了用户负担，又给配电网运行管理带来诸多隐患，给负责供电的大用户、普通用户和供电企业三者都带来了较大影响。对于负责供电的大用户来说，其原有的供用电设备容量裕度被外供电负荷吃掉，变压器负荷率都超过了经济运行的裕度，降低了运行的安全可靠性，同时也限制了本单位的用电增容，甚至原有负荷的使用也受到限制，影响了内部发展。对普通用户而言，随着一些公用变压器的拆除，低压配电网出现了因供电距离过远导致的末端电压低、三相负荷不平衡、线路高损耗等问题，造成供电质量降低。对供电企业来讲，不仅电费计量困难，而且运行维护困难，因为低压线路闭式环形供电后，调度部门执行停电计划时，除需将高低压线路、有关变压器及协作外供电源停电外，还要断开闭式网络的联络点，以防止外电源进入停电范围、变压器低压侧向高压侧反送电，增加了大量的操作过程，不仅影响电网安全调度，也给运行操作人员带来诸多不便。

“四合一”环形供电往往用户众多，同一个网络下的任意一个用户发生故障，就会引发多个用户停电，所以停电次数多，影响范围大。同时由于用户数量多，发生故障后排查时间长，如遇用户瞒报故障，恢复供电时间更长。这些现象严重影响了用户的生产、工作和生活。根据青岛电业局统计，在推行“四合一”环形供电的1972年，全局发生各种事故162次，严重影响工农业生产和日常工作生活用电。

“四合一”环形供电模式违背了社会经济发展的基本规律，是在特殊时期对供电方式的探索，因其违背了客观规律，最终走入了死胡同，在各地推行一段时间后，于1972年前后陆续取消。

二、农村配电地埋线的研发应用

地埋线最初因其不用电杆、瓷绝缘子、横担、拉线等材料，可以节约大量钢材、水泥的特点，在20世纪60年代得到了重视和推广。

1964年8月，河北省农业机械电力管理厅电力局中心试验所成立农用塑料电缆研究组，开始进行农用塑料电缆应用试验研究工作。1965年9月，研究组在河北省无极县张段固公社9个生产大队敷设地下低压配电塑料电缆（即地埋线）26.9千米，以此代替架空线。地埋线比架空线每千米造价低200～300元，经济效益比较显著。1968年3月，河北省电力部门开始在石家庄、保定、邢台等平原地区推广低压地埋线。

1974年12月，水利电力部在湖南省南县召开的13省（市）农电管理座谈会上，交流了技术革新的经验，要求“对塑料地埋线和低压触电保安器技术还没采用的地方，要定点试用”。1975年，水利电力部电力生产司印发《地埋低压塑料电线敷设与运行管理办法（草案）》，对提高农村低压地埋电力线路的施工质量，加强运行管理，起到了积极的作用。

1975年6月，水利电力部电力生产司连续以（75）电生字第50号文、53号文下发了《关于在辽宁、吉林、陕西三省进行地埋线试点的通知》和《关于在河南、河北、山东、山西四省进行地埋线试点的通知》，批准辽宁、吉林、陕西、河南、河北、山东、山西等省电力部门各选一个县进行农村地埋线的试点工作，试点的100吨地埋线由吉林市电线厂加工，另外100吨由天津第二电缆厂加工。

1975年7月，水利电力部农电司在天津召开会议，在全国推广地埋线。1978年12月31日，水利电力部为规范农村低压电网和农村用电装置的设计、安装、检修和运行，颁发了《农村低压电力技术规程》，其中对地埋线路设计施工进行了规范，进一步推动了地埋线的应用。到1978年，全国农村已敷设地埋线路3万多千米。

随后，电力工业部通知各地，要求调查总结低压地埋线的经验，河北省革命委员会电力局农电处向电力工业部农电司提出文字报告，介绍了地埋线优点、不足及注意事项。报告总结其优点为：从使用情况看，地埋线比架空线灵活，维护量小，维护费用低，发生人畜触电的概率低，不占用农田，适应机械化操作。其不足是：地埋线发生故障时的处理比较困难，需要改变线路路径时，工作量很大。从十几年的运行情况看，各地差别也很大，有的地埋线可能几年不发生故障，有的则刚敷设不久即连续发生故障。故障原因主要是施工质量不合格，有的县自制塑料电缆，铝接头焊接不良，没有可靠连接，入土和出土部位没有做到防晒、防冻、防鼠害要求，保护用的塑料管有砂眼，常发生漏电、短路等事故。

1984年，水利电力部以（84）水电农电字第6号文下发《农村低压地埋电力线路设计、施工和运行管理暂行规定》（SDI 37—1984），1985年水利电力部协助机械工业部编制了《农用直埋铝芯塑料绝缘、塑料护套电力线技术标准》（JB 2171—1985），进一步细化了地埋线规划、设计、施工、验收标准，明确了运行维护的总原则以及细则，地埋线成为农村低压电力线路的一种常用方式。随着电力电缆生产技术工艺水平的提高，其造价大幅降低，进入21世纪后，农村配电网开始使用电力电缆，地埋线逐渐取消。

三、“两线一地”供电方式的应用

“两线一地”供电方式是三相交流供电系统的一种特殊的供电方式。在中性点不接地的三相配电系统中，只用两相导线，第三相在送电端和受电端分别可靠接地，以大地作为第三相导电回路。

在缺乏资金、原材料的经济困难时期，为了加快农村电网建设，节约资金和材料，各地电力单位先后尝试“两线一地”供电方式。1954年4月，江苏省武进电气公司架设了国内第一条“两线一地”制10千伏线路。1955年，浙江省吴兴县电气公司在改造线路中推行“两线一地”制的科技试验获得成功，随后在浙江省全面推广。1957年，北京市大兴县电管所的技术人员和工人，参考国外有关技术资料，将小营村、永合庄两座变电站及相应的线路由三线制供电方式改为“两线一地”供电方式，经较短时间的试运行即在全县推行。1958年，河北省邢台县在全民办电中为节省导线和瓷瓶（即绝缘子）等物料，在部分低压配电线路建设中架设了“两线一地”线路。

1970年5月，水利电力部军事管制委员会发出通知，要求在全国推广“两线一地”

和“一线一地”供电方式。到1979年年底，全国10千伏系统中采用“两线一地”制供电的线路达36万千米，占全国农村高压配电线路的40%。

各地通过实行“两线一地”供电方式，节省了建设投资，明显加快了农村电网建设步伐，对支援农业和促进农村经济发展，起到了积极作用。辽宁省在1967—1976年平均每年新建配电线路6000多千米，其中大部分为“两线一地”制配电线路，截至1980年达4.2万千米，约占全省配电线路的80%，该省岫县村村通电时间因“两线一地”供电方式提前了5～10年。北京供电局通过怀柔会战试点工程，共拆除了300多千米线路（单线长度）、3700多个绝缘子、640多个熔断器和避雷器，后扩大到全市14个郊区县，共拆除了10千伏配电线路（单线长度）6400千米，支援了更大范围的农村配电网建设。

但是，“两线一地”供电存在很多弊端，主要是运行可靠率低，线路跳闸频繁，从理论上分析，“两线一地”供电较之三线制供电，线路跳闸几率增大了2倍。此外“两线一地”线损率也较高，造成电能的大量浪费，比如山东省牟平县供电局曾对1972—1976年的线路损耗进行分析比较，“两线一地”供电线损率均在7.5%以上，比三线制供电高出3个百分点。

对通信线路信号干扰较大，是“两线一地”供电不在城镇推广的一个重要原因。1959年初，石家庄供电局开始在获鹿县试点“两线一地”供电，将县城西一路及城北一路两条三线制线路都改为“两线一地”供电方式，因这两条线路靠近铁路，对铁路信号造成较大影响，铁道部电务局电务段设计事务所与石家庄供电局多次联系协商恢复三线制事宜。后在各方面的督促下，1964年8月，获鹿县内“两线一地”全面恢复三线制运行。但是其余地区的“两线一地”改造工作仍在继续，到1973年8月，河北省共架设35千伏“两线一地”供电线路350千米，10千伏“两线一地”线路37 643千米，低压“两线一地”线路4000多千米。1973年4月6日，国务院、中央军委以国发〔1973〕第40号文批转了通信兵部电信总局《关于消除输电线路对通讯的严重影响的报告》，要求在消除电力线对通信线路干扰影响之前，暂停推广“两线一地”“一线一地”供电方式。

更严重的是，入地电流带来不安全因素，容易引发触电事故。1978年6月20日，宁夏回族自治区中卫县永康乡沙滩村，一个11岁的小学生出于好奇用手去拔一根埋在地下的相线时，当即触电死亡。

随着国民经济的快速发展和人民群众生活水平的日益提高，对供电的可靠性、安全性和电能质量的要求越来越高，“两线一地”供电已无法满足这一要求，1979年电力工业部颁发《农村高压电网整改暂行管理规定》，全国开始恢复三线制供电。

四、“一根电线闹革命”

单相供电指用一相导线与大地组成供电回路，向单相用电设备供电的供电方式，具体接线为：变电站或水电站T型变压器—10千伏“一线一地”线路—单相变压器—单相电动机或三相电动机改为单相运行。

20 世纪 60 年代，中国经济基础差，电力建设所需的铜等金属材料紧缺。为了在资源紧缺的情况下让农村地区尤其是山区快速用上电，促进工农业生产，各地发扬革命精神，坚持实事求是、群众路线，采用单相供电的方式解决工农业供电问题。单相供电方式在浙江、四川、黑龙江、江苏、江西、陕西、云南等地均有开展，其中以浙江嵊县最为典型。

嵊县是个半山区县，电力发展缓慢，到 1965 年全县还没有一条高压配电线路，工农业生产落后于全省平均水平，农业生产迫切需要用电。当时，“两线一地”供电方式已经比较普遍，但由于线路材料极其紧缺，好多村落还是无法通电。为此，浙江省机械科学研究所于 1967 年开始了单相供电研究试验工作，并选定嵊县作为单相供电的试点县，在里东区北樟乡土块大队进行单相供电试验，1968 年 9 月 16 日试验成功，开辟了浙江省第一个单相供电点，解决了全大队 260 户农民粮食、饲料加工、照明等用电，这个生产大队实现了从无电到有电的跨越。

1969 年 11 月 3—5 日，浙江省革命委员会委托浙江省电业管理局在嵊县召开全省单相供电现场会，并加以推广。同年年底，在该县金山乡立新大队又建成了第 2 个试点线路，解决了该队 200 多亩“靠天田”灌溉和粮食加工、照明等用电。两个试点实践证明：单相供电虽然有设备不配套、电动机出力只有 70%、启动力矩偏小、对通信有干扰、电力负荷三相不平衡等弊病，但具有施工方便，节约资金 45%、有色金属 66%、铜材 35% 等优点，适合于供电线路长、负荷密度小于 20 千瓦/千米^{2}的地区使用，有利于加快贫困山区的电力建设，普及农村用电，结束绝大多数农村无电的历史，促进农业生产力的提高和农村经济的发展。此外，由于单相供电线路空中目标小，有利于备战。

截至 1970 年 6 月 19 日，全国有 17 个省市电力单位 287 人次来嵊县参观学习。各地科研院所和电机制造企业还积极行动，研制成功了 3 种变压器、4 种电动机以及 50 种高低压电容器，促进了单相供电方式的进一步推广。在水利电力部军事管制委员会于 1970 年 5 月 26 日—6 月 21 日召开的全国电力工业增产节约会议上，嵊县单相供电方式作为典型代表进行了推广，会议期间周恩来总理接见了全体代表，并作了讲话，称赞这种“一根电线闹革命”的创新精神。

1970 年上半年，在 35 千伏大门山变电所安装了一台 750 千伏·安 T 型变压器，专为嵊县里东区单相电网供电，解决了单相供电的电源问题。1976 年 6 月 19 日，全国单相供电技术现场会在嵊县召开，此项技术在全国得到了较为系统、全面的推广。

截至 1971 年，江苏省武进县就有低压单相供电线路 350 千米，南通地区有单相供电线路 15 千米。到 1976 年，浙江省共有 10 千伏单相供电线路 503 千米，其中嵊县架设最多，有高、低压单相供电线路 480.4 千米。

因单相供电的 T 型变压器技术还不够成熟，需要特殊加工，加上这些设备基本上是当地电机厂采用“土法上马”生产出来的，虽然得到了上海开关厂、上海电容器厂和宁波电容器厂等单位的技术支持，但没有固定生产厂家，当电网发展和老设备需要维修时，无处购置所需备品及零部件。因此，从20世纪70年代后期始，全国各地又逐渐改为三线制运行，浙江省到1984年也基本恢复三线制运行。进入20世纪90年代，单相供电的弊病一直无法解决，直接影响电网的安全运行，至1996年12月，红极一时的全国首个单相供电典型——浙江省嵊县里东区也改为三线制运行。

五、农村配电的“全民办电”

“二五”计划初期，受城市大电网延伸范围小、缺少电源布点等条件限制，配电网建设进度缓慢。此时“左”倾思潮兴起，国内开始了“大跃进”运动，全国各行各业纷纷“上马”“跃进”，导致各地的电力供应紧张，出现缺电的情况。为了填补国民经济“跃进式”发展造成的电力缺口，加快电力工业发展，各地政府和电力企业开展了以“小洋群”“小土群”为主的“全民办电”运动。

在工业基础薄弱的小城市、农村等地，人们多采用“土洋结合”的方式，利用水力、风力、沼气、天然气等各种资源建造土制发电设备。在工业基础较好的地区，则利用各种动力能源，改造在役设备发展自备电厂，如利用钢铁厂小高炉煤气发电等。

20世纪50年代初，东北地区的农村配电线路建设基本处于自然发展阶段，“全民办电”运动在东北地区开始后，除少数边远地区的农村由当地的小火电站直接供电，一些靠近大中城市及供电线路的乡镇农民开始自筹资金、自建配电线路和安装配电变压器以供当地农村用电，至1965年末，东北全区共有3～10千伏高压配电线路2.99万千米。

早在1955年，河南省就建设了从郑州火力发电厂至郑州北郊沟赵乡专为农业供电的6千伏线路，郑州电网开始向农村延伸，与此同时开封、洛阳、焦作、安阳等城市电网也开始向城郊农村延伸，解决农村照明和排灌用电，但发展速度慢、规模也很小。1958年开始的全民办电运动中，河南省成立了全民办电指挥部，积极组织发展农村用电事业，先后建设了一批35千伏农村输变电工程，扩大了供电范围，但在大电网覆盖不到的地区，则靠自制电机解决发电问题。通过发动群众，以物换物，共收到铜260多万斤、铁皮150多万斤、杂铁1000多万斤、木材17万米^3、青砖5400多万块，通过采取以废代好、以小代大、以铁代钢、以木代铁、以马口铁代黑铁、以铁皮代硅钢片等措施，河南全省一个季度就可制造和改制发电机1662台，不仅机械厂能制造发电机，生产大队、机关、学校、商店甚至养猪场也能制造电机。到1962年年底，河南全省农村3～35千伏高压线路达2000多千米，低压线路达3015千米，配电变压器2261台、9.45万千伏·安。

“全民办电”是当时严重缺电的形势逼出来的，实践证明，不讲经济核算、不计经济效果，大量浪费资源的“全民办电”是不可能持久的。1963年的全国电力工业会议，对“全民办电”进行了总结分析：对发电设备制造技术的复杂性认识不足，当时推广的土发电设备和土电气设备制造粗糙，效率很低，浪费了不少人力和物力；农村办电运动中事前缺乏规划和设计，不讲效益，装机容量盲目求大，设备不配套，动力资源不可靠，开工多、建成少，能用的更少；在电力网覆盖范围内安装“小洋群”“小土群”发电设备，由于每千瓦容量的投资大、煤耗高、劳动生产率低，因而很不经济；“全民办电”运动中，忽视了经济核算制和所有制，发动群众献铜、献铁、献料及无偿地调用劳动力，犯了“一平二调”（平均主义，无偿调拨）的错误。

从 1962 年开始，国民经济建设进入“调整、巩固、充实、提高”的时期，城市和大工业用电增长速度开始下降，电网有了富余的电力可供农村使用，随着电网向农村地区的延伸，全民办电运动逐渐式微。但在随后的“文化大革命”期间，部分地区“左”倾思想抬头，重新提出了“土法上马”“土洋结合”的口号，部分农村地区的电网建设变得更加激进，农村电网安全运行状况恶化，直到 1971 年 10 月 21 日，国家计划委员会转发了水利电力部《关于农村安全用电问题的报告》，并颁发了《农村安全用电管理条例（草案）》和《农村安全用电须知（草案）》，这种情况才得到改善。

第三节　“大跃进”和“文化大革命”对配电发展的影响

在社会主义改造与“一五”计划取得伟大胜利的情况下，中国共产党第八届全国代表大会第二次会议通过了“鼓足干劲，力争上游，多快好省地建设社会主义”的总路线，全国各行各业掀起了“大跃进”建设的高潮。“大跃进”期间，电力规程制度被盲目修订和严重简化，“三边”“超铭牌运行”“土法上马”等现象层出不穷，生产建设片面求快，导致配电网安全性低，经济性差。直至中央提出“调整、巩固、充实、提高”的八字方针，局面才得以缓解。但在随后到来的“文化大革命”中，先前建立和完善起来的规程制度再一次遭受更为严重的破坏，生产建设中不少做法与“大跃进”如出一辙，甚至有过之而无不及，对配电建设造成众多安全事故与资源浪费。直至“文化大革命”结束，水利电力部再次重申《国务院关于加快电力工业发展的通知》（国发〔1975〕114 号）文件精神，强调了“安全第一”“质量第一”方针，电力系统才得以恢复正常运行。

一、“大跃进”时期大破配电规章制度

“大跃进”期间，电力工业在“鼓足干劲，力争上游，多快好省地建设社会主义”总路线的指引下，为解决国民经济部门跃进中所需的电力，将“快”当成一切工作的核心，偏离了从实际出发，按科学规律办事的正轨，在“双反”（反保守、反浪费）运动中，提出了“大破陈规，粉碎枷锁”的口号，矛头直指中华人民共和国成立后逐步建立的一整套科学管理办法和规章制度。

1958 年 5 月 8 日，水利电力部为了促进电力工业生产建设的“大跃进”，以水电技刘字第 77 号文发布《关于改变技术规程和技术管理规程执行办法的决定》，清理和审查燃料工业部、电业管理总局及电力工业部所颁发的各种电业技术规程，包括法规、规程、导则、条例、技术通报等，决定废除 52 种，修订 40 种，改为参考性文件 46 种。配电规程制度

中，废除 10 种，修订 12 种，改为参考性文件 5 种，修订的规章制度被大幅度缩减。《电力工业技术管理暂行法规》经过修订后改为《电力工业技术管理法规》，条目由 1278 条缩减到 743 条，其中送、配电的条款由 214 条减为 66 条。

当时，在全国供电行业中客观存在一些脱离实际和带有形式主义、官僚主义的不合理规章制度。北京供电局有关用户申请用电的规章制度共有 25 项，按照规定从用户申请到用电的过程中，用电量较大的用户要经过 64 道手续，少的要经过 20 道手续，存在关卡过多、手续繁杂等弊病，经过“双反”运动，这方面都有了很大改进，但存在“破”得过多、过大、过深的情况。对规章制度破立的认识上，电力主管部门和生产一线的部分干部职工相对清醒和客观，认为大破规章制度会给电力生产造成安全隐患，甚至发生严重的设备及人身事故，提出为确保安全生产，要先立后破并防止“一刀切”，这种观点被批评是思想保守的“护法派”。

在以高指标、瞎指挥、浮夸风和“共产风”为主要标志的“左”倾思想的影响下，各地在片面追求“高速度”的同时，将大破规章制度当成是解放思想、破除迷信、大闹技术革命的创新，并且相互攀比，层层加码。许多电力单位对发供电生产的规章制度进行大量删减，甚至废除，造成较大部分生产工作无章可循或有章不循，劳动纪律松弛，安全生产水平下降。广州供电部门将主要的 61 种规程制度简化为 25 种，生产基层单位仅保留安全规程、职责条例、运行操作、检修试验 4 种规程，取消原 21 种服务规程，改作参考资料 15 种，结果造成事故增多，送电量减少。1959 年广州供电部门发生设备事故 145 次，少送电 81.82 万千瓦・时，分别比 1958 年增加 1.54 倍和 7.55 倍；发生人身轻伤事故 38 次，比 1958 年增加 90%。据水利电力部生产司统计分析，1958 年 1—9 月，电力生产事故导致 24 人死亡，比 1957 年同期增加 166%。事故的根本原因是领导对安全重视不够，政治运动和安全工作结合不够好，因而放松了安全培训和思想教育，对规程制度的修订未执行“有破有立”的原则，有些单位只破不立或破而迟立，好的工作制度未予巩固；工作人员违反安全基本规定，劳动纪律涣散等。

大破规章制度不仅使配电安全生产的必要规程制度受到严重削弱，还使电业职工对规程制度的敬畏之心受到干扰，助长了盲目蛮干的不良作风，导致大量不按基建程序办事的“三边”（边准备、边设计、边施工）工程和简陋的“土法上马”工程仓促上马，给设备和人身安全造成较大隐患，教训深刻。

二、国民经济调整时期配电规程的清理整顿

“大跃进”期间，受“左”倾思想“大破大立”的影响，电力工业系统“反保守、反浪费”“大捣陈规”运动的矛头直指各项规章制度。各地电业单位更是大量删减运行规程、检修规程、操作规程以及各类运维报表，使初步建立起来的规程制度体系受到了很大冲击。北京供电局将 143 种 210 万字的规程删减到 26 种 5.8 万字，163 类统计报表删减到 39 种。规程制度的缺失导致事故频频发生，北京供电局发生各类事故 1958 年 71 起，1959 年 175 起，1960 年 250 起。

1961 年，中央开始实施“调整、巩固、充实、提高”的八字方针，国民经济转入调整时期。水利电力部迅速贯彻落实“八字方针”，于当年印发了《关于整顿规章制度》的通知，清理审查了各种规程、导则、条例、制度等。整理出《电业安全工作规程》《电业事故调查规程》《高压架空电力线路运行规程》《电业检修规程》等 32 种规程制度，要求各电业单位必须严格执行并依据水利电力部颁发的规程制度编制适合当地实际的现场规程制度。各地电业单位认真贯彻执行水利电力部《关于整顿规章制度》的要求，开展企业规章制度整顿工作，依据 32 种必须执行的规程制度重新制订或修订本单位的规程制度。青海电业管理局制定了《西宁电力系统检修管理暂行办法》；山东淄博供电局修订了 6 种现场规程，重新颁发了 31 种运行规程、检修工艺规程、安全规程等，制定了运行分析等 19 种技术管理制度；广州供电公司在开展“四查”[1]基础上，依据部颁规程制度修编了 43 种适用于该公司的现场规程，建立健全了各级人员岗位责任制和运检管理制度，保证了本单位配电运检工作的规范展开。

1961 年 9 月 16 日，中央根据当时实际情况，颁发了《国营工业企业工作条例（草案）》（简称《工业 70 条》），提出了整顿国营工业企业、改进和加强企业管理工作的指导原则。1962 年，水利电力部认真落实《工业 70 条》中“严格企业的技术管理、规章制度”的要求，进一步推进电力工业规程制度的恢复工作，先后颁发了 10 项技术管理制度。到 1963 年，中国电力工业已积累了正反两方面的经验，陆续修订并颁发了《电力电缆运行规程》《农村供电技术规程》《架空输电线路施工安全工作暂行规程》《电力建设施工及验收暂行技术规范》等对配电工作具有指导意义的规程制度，对促进配电运检工作起到了重要作用。《农村供电技术规程》是在对中国各地农村供电情况进行深入调查研究，认真总结农村供电经验，广泛征求各地区意见的基础上修订的，涵盖了供电网、高低压架空电力线路、运行检修等方面的技术和安全规定，切合农村供电实际；同时，《农村供电技术规程》中还收录了有关农村供电技术方面的 17 种规程制度，便于运检工作人员查阅和执行相关规程。1963 年水利电力部编制并颁发的《电力建设施工及验收暂行技术规范》，这套规范共分 8 篇，包含有电气装置篇和送电线路篇，对统一配电线路设备运检工作的施工及验收技术标准，保证运检工作质量，具有重要作用。

各地电业单位认真贯彻执行规程制度，规范有序地开展配电运检工作。如东北电业单位认真执行检修规程，通过抓好检修准备、施工管理和竣工验收三个环节来加强配电检修管理，检修准备环节做到“三抓”（抓材料备件、抓人员、抓措施），施工管理环节做到“三查”（自查、互查及领导干部、专业人员和工人三结合查），并建立设备的技术档案，竣工验收环节做到“三对照”（与修前情况对照、与项目标准对照、与技术记录对照），并实行三级验收制。湖南省电力单位开展设备升级改造工作，提出“防止发生事故、确保设备不损坏、供电不中断”的安全生产“三道防线”做法，

[1] 四查：查安全思想、查设备缺陷、查培训、查规程制度。《广州电力工业志》编纂委员会：《广州电力工业志》，2001 年，第 445 页。

设备完好率明显提高，事故率明显下降，1965 年较 1960 年各类事故下降了 80%，维护了安全供电秩序。

规程制度体系的建立健全为电力工业运检工作的规范展开提供了制度保证和技术支撑，促进了电力工业的有序发展，为贯彻落实“调整、巩固、充实、提高”八字方针、实现国民经济调整目标做出了积极贡献。

三、“大跃进”时期的“边勘察、边设计、边施工”

1956 年 1 月 1 日，《人民日报》发表题为《为全面地提早完成和超额完成五年计划而奋斗》的社论。第一次向全国人民公布了中共中央提出的“又多、又快、又好、又省”的社会主义建设的方针。全国电力系统也掀起了电力建设的高潮。

1956 年 1 月 6 日，《人民日报》发表了关于《加快设计进度，提早供给图纸》的社论，提出了采用标准设计和重复使用图纸等加快设计进度的措施。北京电力设计分院组织全院干部职工认真学习这一社论，在统一思想、提高认识的基础上，制订了具体计划和措施方案，继而开始在勘测设计工作中贯彻落实“快速设计”方针。通过发动群众提合理化建议，将专业设计室的组织形式改为综合设计室形式，统一了行政领导，简化了联系配合，减少了“扯皮”现象，提高了工作效率，扭转了设计赶不上施工的被动局面。但为保证提前交设计成品，采取了逐级压进度的方式，导致有效设计时间不足，致使一些成品品质低劣，不得不返工重做，造成极大浪费。

“大跃进”期间，片面的追求工程建设速度，采取“边勘察、边设计、边施工”（简称“三边”）的措施，摒弃了原先学习苏联的正确基建程序，违背了设计的基本原则。1959 年 1 月 21 日，水利电力部副部长刘澜波在全国水利电力会议的总结报告上指出：“根据几年来的建设经验，边设计、边施工在一些中小型工程，在比较不太重要的工程中是可以采用的。”但在“大跃进”的时代背景之下，为了争取早投产，多地不顾基建程序，在设备不配套、设计跟不上的情况下，仓促上马，造成了布点多、摊子大、战线长、顾此失彼的局面，对工程质量及进度造成了极大的影响。尤其在水电建设中，许多项目上马后才发现存在大量隐患，例如工程地质有严重问题，超过国家财政预算可能难以为继等，最终被迫下马，造成了巨大经济损失，浪费了大量人力和物力。这些工程有的在后期恢复建设，有的因为无法施工而废弃，有的由于停工太久而无法挽回。

1963 年 3 月 22 日，刘澜波副部长在全国电力工业会议上指出：“采取边勘测、边设计、边施工的不适当作法，给基本建设带来了不良后果，进度不仅没有加快，反而拖长。”对“三边”措施予以否定。

“大跃进”期间，许多工程采取“边勘察、边设计、边施工”措施，在施工中采取“先简后全”，结果是“先简”了，而“后全”却一拖再拖，给以后的生产安全带来了一定的安全隐患。因此到了国民经济调整时期不得不进行“填平补齐”，造成了巨大浪费。

四、设备超铭牌运行的推行

1957 年上半年，为缓和电源紧张局面，电力工业部组织成立挖潜工作组，配合北京电业局在北京电网内研究如何提高设备短时最大出力的问题，编写了一篇《6400 千瓦设备的潜力是怎样挖出来的》的总结，并将摘要登载在 1957 年第 10 期的《人民电业》上，很快引起了缺电地区电业局、厂领导的重视，同时也为设备超铭牌运行埋下了伏笔。1957 年 7 月，电力工业部发布了《关于研究使用汽轮机组的短时间最大出力的通知》(简称《通知》)，决定各缺电地区应当根据当前电力平衡情况及设备情况，研究在同类峰负荷时间内使用汽轮机的短时间最大出力。在《通知》中，指出了设备连续最大出力运行的注意事项，提出了一系列技术的具体规定和措施。

1958 年开始了全面“大跃进”，电网负荷急剧增长，电源越来越紧张。在“破除迷信，解放思想”的指导下，在上下左右的压力下，提高出力这条技术措施，完全冲破了 1957 年电力工业部《通知》中的规定，潜力被大大夸大。12 月初，国家经济委员会、水利电力部在北京召开“香山会议”，推广了石景山电厂提高在役设备出力 24%的经验。起初，与会代表虽然对提高出力的认识并不一致，最终还是根据石景山电厂等单位的经验，结合本地区设备情况制订了初步规划。以提高出力为目的的超设备铭牌运行就这样全面推开了。

1959 年，国家经济委员会、水利电力部在《水利与电力》杂志 1959 年第 1 期发表题为《揭开电力工业生产技术革命的序幕》的文章，指出要推行提高出力的做法必须“过三关”，即打破怕降低经济效益、怕影响设备寿命、怕发生设备和人身伤亡事故三条顾虑，要求“把提高出力的红旗插遍全国”。

通过提高蒸汽参数和加装调速气门，青岛电厂将 2、3、5、7 号机组的铭牌出力 3.8 万千瓦提高到 4.12 万千瓦，共提高 0.32 万千瓦。由于长期超铭牌运行，热膨胀使转子与气缸摩擦，引起汽轮机振动过大，从而发生多起汽轮机断叶片事故，对发电设备造成严重损伤。类似的事故在全国范围内接连发生，截至 1960 年年底，损坏发电设备近 100 万千瓦。

济南地区由于用电负荷急剧增长，电力建设迟缓，被迫对输变电及配电设备采取超铭牌运行，导致多台配电变压器也被烧毁。在变电站，通过采用喷雾、喷水、吹风等冷却的方法来强迫降温，将变压器出力提高 30%以上，虽然短暂提高了设备的效率，但加速了设备的绝缘老化。输电线路疏于检修管理，长时间超铭牌出力运行，使 50%的变电设备被拖垮，供电事故接连不断，1960 年 2 月 13 日和 5 月 4 日，因超铭牌运行，先后发生两次故障，造成南郊、西郊变电站全站停电，波及半个济南市。

超铭牌运行对设备造成了很大的影响，但在提高线路电压等级等方面提供了宝贵经验。北京供电局、鞍山供电局等单位通过改变接线的方法，分别将 3.3、5.2、6 千伏等不同电压等级的配电线路统一升高到 10 千伏，将 22、77、154 千伏等电压等级的送电线路分别提升到 35、110、220 千伏，使送电能力翻了一番。用调整试验标准等方法，使配电开关的实际运行容量提高了1～3倍。这几种方法不仅有理有据，实践证明也是切实可行的。

超铭牌运行是在当时供电能力与用电需求极不匹配的情况下，供电部门为满足用户用电需求的一次尝试，虽然短时提高了设备的运行效率，但违反了科学规律和必须遵守的规程制度，忽略了设备本身的运行状况，最终不但没有节约成本，反而对电力工业的建设和生产工作造成了极大损失。

五、“土法上马”引发安全隐患

随着“大跃进”的发展，全国农村掀起了大办农田水利的热潮，农村用电量猛增，1958年比1957年增长了64%，1959年比1958年增长了73.4%，1960年比1959年增长了106.5%。虽然电网持续不断地向广大农村延伸，也在水力资源发达地区大力发展小水电，但仍不能满足农村用电的需求。

在“左”倾思潮的影响下，有的地方提出了“土法上马”“土洋结合”的口号。电力主管部门也认为“由简到全”“由土到洋”是电力建设中的发展规律，当务之急是“先解决（农村）有无（电）问题”，提出以“先简后全”进行农村电力建设的指导思想，推广“土法上马”“土洋结合”的农村办电经验。

南方地区利用水力资源丰富的优势兴建小水电项目，北方地区利用煤炭资源优势兴建小火电项目，这些“自建、自管、自发、自用”的小电厂在建设的同时，向周边辐射架设了低压配电线路，供排灌、农副产品加工、居民照明使用，配电网规模迅速增长。20世纪60年代末期，由于着力实现“电力下乡，点灯不用油”的目标，大量推广使用碾米机、脱粒机、粉碎机等农用机械，农民求电急切，只求电动机会转，电灯会亮，对配电线路质量要求不高。这段时间所建的小电厂及配电线路资金多采用人民公社和生产队自筹，材料多以自购为主。由于当时农村集体经济短缺、线路器材供应紧张，缺乏专业规划、设计、施工技术人员，普遍存在着路径选择无规划、工程无设计、设备技术落后、采用材料乱、架设标准低、用电接线随意等安全隐患问题。有些农村电力线路采用“土法上马”进行建设，因陋就简地用未经防腐处理的树木（甚至是活树）、毛竹、杂材等充当电杆。平原地区的个别社、队的农民甚至在石条上绑一段小杂木当电杆，因缺乏材料将铝绞线拆成单股作导线或用铁线架设线路，严重降低了线路机械强度和供电能力。同时，因当时的农村配电线路大多采用“两线一地”和“一线一地”的供电方式，大部分线路迂回供电，线路过长，供电范围大，且导线截面积过小，负荷重，致使电能质量差，存在很大安全隐患。1970年，江苏沭阳曾用8号铁丝作为10千伏线路导线，用洋槐树棒或8米方形电话杆架设“两线一地”制线路。1971年11月28日，因这种线路断线搭接在广播、电话线上，在该县两个大队，造成了7人死亡、13人重伤、25人轻伤的触电事故。1972年，浙江嘉兴市仅因低压线倒杆、断线，就有33名农民触电死亡。

上述做法在全国各地农村都有出现，这一时期虽然全国农村配电线路增长迅速，但大部分装置不符合标准，大量不安全的因素仍旧存在，加上当时农村普遍缺乏安全用电常识，农村人身触电伤亡事故频发。采用“土法上马”的工程项目，在当时的情况下确实提前给用户送了电，在一定程度上缓解了用电紧张的问题，但因缺少统一的规划且技术标准低，增加了设备安全隐患。

六、“文化大革命”中短期的军事化管理

1966 年，“文化大革命”在全国范围内兴起。1967 年初，电力系统从领导机关到各地发、供电企业纷纷掀起“造反”“夺权”的高潮，群众组织纷纷成立，各级、各单位主要领导干部多数被打成“走资派”，遭到“打倒”“炮轰”和“靠边站”，正常的生产秩序受到严重的冲击。

为了稳定局势，1967 年 7 月，中共中央、国务院、中央军委、中央文化革命小组发布了《关于对水利电力部实行军事管制的决定》，成立了以陈德三为主任的水利电力部军管会，全面接管水电部。军管会的组建和进驻，对于尽快恢复全国电力工业秩序，稳定电力生产局面发挥了重要作用。

1970 年 6 月 22 日，经中共中央批准，水利电力部结束了军事管制，成立了以张文碧任主任的革命委员会。省、市、县各级供电企业都相继成立了革命委员会。

“文化大革命”中，各级电力管理部门和发、供电单位短期实行军事化管理，各单位普遍取消了专业科室，成立了办事组、政工组、生产组和后勤组四大组，各生产单位按军事化编制改为团、营、连、排，削弱了企业管理。

河北省邯郸供电所（邯郸供电局前身）于 1968 年 2 月 16 日成立革命委员会，管理机构设办公室、政工组、生产组和后勤组。1971 年 7 月 29 日，河北省邯郸供电所将上述三个组改称政治处、生产处、后勤处，并增设武装部、工代会、团委。1969 年 6 月，生产组织实行民兵组织形式的连队建制，分设四个连，第一连负责峰峰矿区和邯郸市城区配电设备的运行、维护、检修及用电营业。1971 年 7 月 29 日，原四个连队调整为七个，负责配电管理的第一连改称第六连。

浙江省嘉兴供电局于 1969 年采用连队制。全局为一个团，下设 10 个县电力公司、检修队、3 个变电所，调度所 15 个连队，配备连长、指导员。

1972 年 8 月，水利电力部召开企业管理座谈会，制定了加强企业管理的八条要求，提出恢复规章制度，改变“大组套小组”的管理职能机构，恢复科室和车间编制。

江苏省电力工业局迅速贯彻落实这些规定和要求，所属南京、镇江和苏州等革命委员会分别在 1972 年和 1973 年先后撤销下设的班和连队，恢复科室和车间（工区、所）编制，下放车间、班组劳动和到农村安家落户的干部、工程技术人员也开始陆续返回单位安排工作。

河北省邯郸供电局于 1972 年 10 月 30 日撤销军事化编制，恢复成立配电工区、修试工区和用电管理所等九个基层单位。嘉兴供电局也于 1973 年 3 月撤销连队建制和政工、生产、办事、保卫组，改回科室编制，恢复和成立 8 科 1 室 1 所。

1975 年 1 月，经中共中央批准，国务院做出决定，撤销了水利电力部革命委员会，

军队派遣的革委会成员撤离水电部返回部队，水利电力部恢复了正常的部门建制。

七、北京发生 7 人触电群亡事故

“文化大革命”期间，受“左”倾“大破大立”的影响，各地电业单位大量简化运行规程、检修规程、操作规程以及各类运维报表，使初步建立起来的规程制度体系受到了很大冲击，规程制度的缺失导致事故频频发生。

1966—1975 年，北京供电部门因变电站人员误操作，造成重大事故 15 次，其中系统解列 3 次，造成 100 万元以上直接损失 2 次，并多次发生了恶性人身伤亡事故，仅在 1967—1972 年的 6 年里，死亡人数达 17 人之多，其中 1970 年发生在昌平县小汤山地区改造“两线一地”线路施工中的 7 人触电群亡事故，尤为触目惊心。

1970 年 10 月 21 日，北京供电局昌平供电服务站在当地 200 余名社员与 20 名解放军战士支援下，对小汤山变电站位于小汤山路的 40 余千米 10 千伏出线线路进行改造。在昌平供电服务站检修班长带领下，该站有 14 名同志参加了施工作业。由于当年普遍缺电和电网建设状况所限，这样的施工作业都需要断电进行。原计划送电时间是 17 时 30 分，但由于施工作业到 19 时才结束，直到 20 时还没有送电。当时，该线路 35 号电杆的导线还没有拆除，但由于天黑夜暗，既没有人检查，也没有人发现。两名负责回收旧线的人员未经查看明白即准备盘线，因他们两人拉不动，于是就请先赶到的解放军战士帮忙。11 名战士排成一行开始拉线，然而就在拉紧导线的刹那间，线路突然带电，其中 10 人瞬间触电倒地，7 位战士因受电击较重，抢救无效牺牲。

这是一次罕见的触电死亡特大责任事故，其直接原因是现场施工负责人没有尽职尽责，施工组织混乱，人员分工不明确，交代任务不清楚，施工过程缺乏必要的检查验收，在停送电、现场指挥及工作安排方面没有严密的组织，施工作业各环节、各阶段存在诸多漏洞。可以说是一起管理混乱、纪律松弛、无章可循、有章不循、工作责任严重不落实的典型案例。

八、唐山大地震的配电抢修及恢复建设

1976 年 7 月 28 日凌晨 3 点 42 分，河北省唐山市丰南地区一带发生里氏 7.8 级大地震，震中烈度 11 度，震源深度 12 千米，直接经济损失达 100 亿元以上。地震持续约 23 秒后，唐山这座百年工业城市被夷成废墟，毁于一旦。

唐山大地震对京津唐配电网架造成了严重破坏。其中，10 千伏配电线路共停运超 3000 多条、10 千伏及以下配电线路倒杆断线超 7000 千米，配电变压器损毁超 1500 台，80% 以上的配电线路倒塌倾覆，京津唐配电网网架大面积瘫痪。地震造成天津地区 124 条配电线路跳闸、88 条线路受到破坏、近 500 处配电站停运，全市路灯停电，天津全市供电负荷在一瞬间下降 90%。由于震源在唐山，仅唐山地区经营范围的 10 千伏配电线路倒杆断线达 4000 千米，0.4 千伏低压线路遭破坏超 1600 千米，配电变压器损毁 1179 台，唐山供电局系统生产、生活建筑面积震毁 6.94 万米^2，大面积地区倒杆断线、通信中断，让正常

的抢险救灾工作变得愈加困难，救援进度迟缓。

根据中央统一部署，7 月 28 日中午，水利电力部紧急调集两台发电汽车，并迅速组织由东北电管局和北京电管局共 900 人组成的抢修队伍驰援灾区。为了抓紧抢救陡河工地的伤员，在速调解放军基本建设工程兵 61 支队救援的同时，水利电力部又从北京组织 4 辆车和 200 余名救灾人员携带 2500 斤干粮支援唐山抗震救灾，为唐山抗震救灾赢得了时间。

7 月 28 日下午，根据中共唐山市委指示，唐山供电局也相继成立了唐山供电局抗震救灾指挥部，组织汽车运送受伤职工和家属，并派人到下属单位了解灾情。在通信中断、指挥失灵的情况下，唐山供电局开展了自救和保卫设备的抗震救灾，先后抢救受伤的职工和家属 200 多人。另外，河北省电力局根据省委指示，28 日向唐山灾区派出先遣组，接着从石家庄电业局、邢台地区电业局等抽调了 87 人组成了河北省电力局抢修队奔赴唐山展开救援。

7 月 29 日，唐山供电局抗震救灾指挥部主动与中央电力抗震抢修指挥部取得了联系，在中央电力抗震抢修指挥部统一领导下，东北电管局派出的抢修队伍承担了唐山东部地区供电的修复工作；北京电管局调动了京津唐电网、河北地区保定、张家口、承德供电局以及北京送变电公司组成的抢修队伍，负责唐山南部的恢复供电工作。在 7 月 30 日下午，南区南部受灾群众恢复了照明用电。8 月 4 日，经过北京供电局抢修队夜以继日的努力，北京电网电源成功接入唐山，恢复各级指挥机关、主要水源、煤矿及飞机场供电。8 月 7 日，唐山市区恢复了二十多条街道的路灯照明，提前三天完成了省抗震救灾指挥部要求的主要街道路灯通电任务。8 月 11 日，唐山电网增加电源，扩大供电范围，恢复县区供电。10 月 1 日，在唐山 10 个县通电的基础上，各县供电局陆续开始对本县范围内尚未恢复的高低压配电线路恢复供电。

截至 1976 年 12 月底，唐山地区所有 10 千伏及以下配电线路全部恢复到震前水平。全国上下共 52 个电力部门参与此次抗震抢修，出动电力抢修工超 5000 余人，车辆 1000 余次，抢修及重建 10 千伏及以下线路超 1 万千米，京津唐配电网架恢复正常运行。

1982 年，在震灾发生的 6 年后，唐山供电局为了进一步优化当地配电网网架结构，提高其可靠性，将经营区内所有 6.6 千伏的电压等级全部升压为 10 千伏，并且着力发展小区配电室和开关站，路灯照明全部改为 10 千伏专线供电，除此之外也开始重点加速改造农村电网，至 1985 年，实现了唐山地区所属乡镇及自然村通电率达到 99.88%。

九、国务院 114 号文件推动配电安全生产水平转好

1966 年“文化大革命”开始后，工业安全工作受到严重的冲击和影响，受当时特殊环境的影响，“反动学术权威”成为运动的重点，“安全第一、预防为主”的方针被视为修正主义，多地安全监察机构被撤销，安监人员下放到班组劳动，安全管理力量被严重削弱。当时由军管会负责电力生产建设工作，但军管会人员不熟悉电力安全生产的复杂性和重要性，提出不切实际的高速度和高指标，给电力安全生产带来不良后果。在“三五”计

划（1966—1970 年）和“四五”计划（1971—1975 年）期间，虽然全国电力生产能力有一定的提高，但电力安全生产受到严重干扰。

在配电网运行方面，当时多地大电网低频率运行时有发生，配电网供电频率和供电电压亦受到影响，出现供电频率低、电压低等情况，直接反应到用户端，严重影响供电质量，个别严重地区的居民甚至无法正常使用家用电器。同时由于缺电，全国许多地方不得不频繁采取拉闸限电措施。以北京地区为例，自 1970 年以后日均缺电 15 万千瓦，到 1972 年下半年，日均缺电甚至达到 30 万千瓦。长期的频繁停电、限电，给正常的社会生产和人民生活带来很大影响。1973 年 8 月 21 日周恩来总理在开会回来的路上发现有些路段路灯停电，立即召集中共北京市委负责人万里和北京市电力、公用、建设部门负责人开会，要求把首都供电系统建设成一个安全稳定的电网。北京只是全国缺电的缩影，全国各地都出现类似的情况。

为落实周总理指示，京津唐电网各级逐步恢复了“文化大革命”初期被撤销的安全监察机构，设立多级安全小组，各单位普遍开始定期组织安全日活动，严格执行规章制度，开始建立重大事故分析和学习制度。1975 年 1 月，经中共中央批准，国务院做出决定，撤销水利电力部革命委员会，水利电力部逐渐恢复了正常的部门建制。1975 年，邓小平在协助周恩来总理主持国务院工作期间，开始纠正既往错误，着手对电力工业进行整顿。1975 年 7 月 25 日，国务院下发《国务院关于加快发展电力工业的通知》（国发〔1975〕114 号）（简称国务院 114 号文件），指出要严格执行计划用电，在电力部门各级党委领导下，把供电抓起来；要确保电网安全，提高供电质量，必须坚决扭转电网低频率的不安全状况，做到 50 赫兹运行，同时要求各级电力职工自觉遵守规章制度，精心维修，确保安全供电。

国务院 114 号文件的颁发拉开了 1975 年电力工业全面整顿的序幕，这对于电力工业的发展和电力企业的管理是非常及时和必要的。为认真贯彻国务院 114 号文件，水电部于 1975 年 8 月召开全国电力工作会议，学习传达文件，统一各级干部思想，李先念副总理在会议上强调加快发展电力的重要意义。同年 9 月，各大电网和省、市、区电业局大张旗鼓地展开了全面整顿。通过整顿，全国各级电网和各地供电、施工单位的规章制度逐步恢复，管理得到加强，安全生产面貌逐步得到改善。

遗憾的是这一整顿刚开始不久，就因“反击右倾翻案风运动”的兴起而被强制叫停，颁布的各项整理措施难以实施，整顿工作被迫中断。

1976 年 10 月，“四人帮”被粉碎，十年内乱结束，随后开展的揭批“四人帮”和拨乱反正中，电力工业“安全第一”“质量第一”的生产方针重新被确立和贯彻，确保安全生产成为各级电力单位的首要任务。在 1977 年 12 月召开的全国电力工作会议上，水利电力部再次重申 1975 年 7 月国务院 114 号文件精神，强调必须坚持“安全第一”“质量第一”的正确方针。

从 1978 年起，全国各地的安全管理机构逐步恢复，制度建设走上正常轨道，水利电力部明确强调严格执行“两票”和“三制”，安全、检修等规程的重要性，要求积极贯彻执行部颁《电业安全工作规程》，结合实际制订补充规定和实施细则，为进一步开展建设性整顿打下了基础。事故次数逐年下降，截至1978年，电力安全事故次数较1977年下降了11.1%[1]。自1978年开始，天津市电力工业局将事故率和安全长周期等内容加入到安全考核中，强调安全生产的重要性，1978年配电故障率降至2.8次/（百千米·年），创5年内最低事故率，配电安全生产水平出现好转。

国务院114号文件是在“文化大革命”动荡不定的形势下，国务院专门针对电力工业发出的最重要的文件，体现了全面整顿的思想在电力系统的具体要求，对当时及后来的行业管理、企业整顿发挥了重要的作用。1976年后全国电力安全工作逐渐好转，充分证明该整顿方针政策的正确性，也体现出当时电力人的迫切愿望，为1978年十一届三中全会以后电力工业的健康、快速发展奠定了基础。

十、转折时期企业管理的恢复

1976年10月，“文化大革命”结束之后，电力工业系统开展了一系列拨乱反正和生产整顿工作。首先是揭批“四人帮”，清除政治上的障碍，在思想认识上，明确了企业必须以生产为中心，全面和超额完成国家计划。1977年7月，中共中央颁布了《关于加强工业发展若干问题的决定（草案）》（简称《工业三十条》），规定了企业整顿的要求和具体标准，开展了创建“大庆式企业”运动。

在1977年12月召开的全国电力工作会议上，水电部明确提出了必须坚持“安全第一”“质量第一”的方针，再次重申了国务院114号文件和1975年9月《国务院关于批准跨省电网管理办法的通知》（国发〔1975〕159号）文件精神，强调了坚持正确的方针政策、加快电力生产、提高供电质量、加强电网的统一管理和安全生产等重要原则和要求。

1977年2月9—15日，北京电业管理局在北京召开学大庆经验交流会，同年5月27日，又召开了全局学大庆誓师大会。1978年，全局继续深入开展“工业学大庆”和揭批“四人帮”运动。北京电力系统进行的企业整顿，是通过在企业内部重新开展以安全生产为中心，以加强企业管理为重点的学大庆运动，进一步健全各级岗位责任制，强化生产指挥系统和各项管理工作。

江苏省电力工业局结合企业整顿，提出了在1977—1978年期间，全省有1/3的电力企业跨入大庆式企业行列。经过广泛宣传，深入发动，统一认识，组织前往大庆取经，召开全省电力工业学大庆经验交流会，在提高广大职工学大庆自觉性的基础上，制订了厂局、车间、班组学大庆规划，摆问题、找差距、订措施，有的放矢地对企业领导班子、职工队伍、思想作风、规章制度及生产设备等进行了调整、整顿，并在全省电力系统开展学大庆劳动竞赛，学大庆活动蓬勃开展，使企业面貌发生了较大变化。

---

[1] 王林：在1980年2月全国电力工作会议上所做的报告《认清形势 鼓足干劲 更好地完成一九八〇年的各项任务》，《全国电力工业会议文件选编（一九五〇年一一九八五年）》，《当代中国的电力工业》编辑室，1986年9月，531页。王林时任电力工业部副部长、党组第二书记。

水利电力部党组对“文化大革命”期间电力系统的冤假错案进行了全面的复查，为蒙受迫害的同志进行了平反昭雪。水电部和各级电业主管机构、企业调整了领导班子，恢复和建立了正常的生产秩序。到 1979 年，各发供电单位都落实了党委领导下的厂长责任制。

第四节 配电带电作业的起步

“一五”计划时期，国家开始了大规模经济建设，东北地区作为实现全国工业化的重要基地，在中国工业中占据了巨大比重，其中鞍山是最重要的钢铁基地，为确保鞍山钢铁公司（简称鞍钢）的稳定用电，保障“鞍钢支援全国”，鞍山电业局开始了有组织、有领导、有步骤的带电作业技术研究。因当时的电源少，网架结构薄弱，带电作业可有效减少停电带来的经济损失，具有巨大的社会与经济价值，得到了水利电力部的大力推广。部分地区开始组织技术培训和表演，中南、华东、西南、东北等地陆续成立带电作业情报网，开展起信息交流工作，使作业项目和工具得到不断更新，带电作业逐渐在中国多地得到了应用。

一、鞍山电业局试验成功带电作业技术

为迅速发展国民经济，1952 年 5 月 4 日，党中央做出“集中全国力量首先恢复和改建鞍山钢铁公司”的重要决定，向全国发出“全国支援鞍钢”的号召。全国 57 个大中城市的 199 个企业积极响应党的召唤，参与到鞍钢无缝钢管厂、大型轧钢厂和 7 号炼铁高炉“三大工程”的基本建设和技术改造中。随着鞍钢产量的快速增长，鞍钢用电量大幅度增加。当时的东北电网电源点少，供电网络薄弱，设备陈旧落后，缺陷遍布，经常需要进行停电检修，且事故停电频发，严重影响厂矿生产。为减少停电对建设和生产的影响，鞍山电业局开展了生产竞赛和增产节约运动，并在这一时期萌发了研究带电作业技术的想法。1952 年，鞍山电业局技术员郑代雨经过 20 多次的改进完善，用猪鬃和木板等制作了用于不停电清扫高压线路上瓷瓶的“带电瓷瓶除尘器”。该工具于 1953 年获得了国家技术革新奖，这也是全国首件带电作业获奖工具。

1954 年 2 月 25 日，一场春雨和大雾造成鞍山地区 8 条 44 千伏线路污闪跳闸停电，影响了鞍钢等 10 个厂矿的生产，损失巨大。这一严重事故教训进一步激发了鞍山电业局职工研究带电作业技术的积极性和创造性。1954 年 5 月 2 日晚 8 时 40 分，鞍山铁西区人民路 3.3 千伏北干线 25 号杆右 1 分歧杆上的高压熔断器发生火花放电，当夜值班的鞍山电业局配电科副科长刘长庚为不影响工厂生产，佩戴绝缘手套使用加了一段绝缘杆的普通工具处理了故障。因违反当时的安全工作规程，刘长庚受到了警告处分。

1954 年 5 月 12 日，鞍山电业局下发《为发下合理化建议课题由》（生字 0385 号），通知中写道：“为避免一些职工走弯路，浪费宝贵时间，把合理化建议和解决关键问题结

合起来，经研究提出以下课题，希广为宣传，组织并支持职工提出切实可行的建议或窍门，改善我们的安全情况。”其中，第五条为“创造各种带电作业用的绝缘工器具（如低压作业、高压换保险丝、安装碍子开关、接引线、换瓷瓶、送电线扫除碍子、换立瓶等）”。鞍山电业局的带电作业工作从此正式开展起来。当年10月，鞍山电业局成立了由领导干部、工程技术人员和有经验的工人参加的“三结合技术革新小组”，综合职工提出的各种方案和建议，发挥集体智慧，研制成功了送电线路带电检测压接管、配电线路带电接避雷器引线等专用工具。

为进一步推进带电作业的研发工作，1955年，鞍山电业局公布了带电更换3.3千伏配电线路木杆、横担、绝缘子等9项带电作业项目悬赏课题。8月，鞍山电业局注销了对刘长庚的警告处分，其《注销处分报告表》中，“对所犯错误的认识与悔过表现、注销原因”一栏记载着：“为了不违反规程制度及保卫人身及设备安全，曾发明与创造带电更换高压碍子开关及检查一次引线工具，这不仅解决了人身及设备安全，而且也能预防很多的频发事故……”。9月，刘长庚等人分别提出了带电更换木杆、横担、绝缘子及绑线的方法，绘制出了草图，并对每件工具的使用方法和制造要求进行了说明。经技术会议讨论，鞍山电业局认为刘长庚的方案可行性更高，决定付诸实施。10月，鞍山电业局成立了刘长庚牵头主持的不停电检修研究组。研究组成立后，开始有组织、有领导、有步骤地研制第一代带电作业工具。1956年10月，第一批81件3.3～66千伏带电作业工具全部研制成功。带电作业项目和工具相继开发成功并得到验证后，鞍山电业局开始把不停电检修技术用于设备检修工作中。

二、带电作业初创时期的规程

在带电作业的起步时期，各地制定的规程仅应用于本地区或个别项目中。1956年6月14日，鞍山电业局成立了第一个带电作业专业组，开始进行带电作业相关规程的制定。1958年3月，鞍山电业局制定了《3.3～66kV送配电线路带电检修现场操作规程》。同年12月，该规程与《3.3～66kV送电线路带电检修暂行安全工作规程（木杆、水泥杆、铁塔）》合并为《不停电检修现场安全工作、操作规程》，由水利电力出版社出版发行，这是全国最早正式出版发行的带电作业相关规程。同年，鞍山电业局还编写了《用水冲洗带电瓷瓶专用规程》；1960年5月，辽吉电业管理局以鞍山电业局带电作业经验为基础，制定了《高压架空线路不停电检修安全工作规程》；1963年，鞍山电业局编写了《带电检修现场操作规程》；这一时期，还有武汉电业局制定了第一部关于雨天带电作业的《6～10kV线路雨天带电抢修安全工作暂行规程》，江西省电力局编写了《带电作业安全工作规程（试行）》《爆炸压接工艺和安全规程》等。

1964年11月，水利电力部在天津召开“带电检修表演会”，会议除进行经验交流、工具定型和操作表演外，还对安全工作规程提出了意见，为制定全国性规程做了技术准备。1977年，水利电力部颁发了《电业安全工作规程（发电厂和变电所电气部分、电力线路部分）》（〔77〕水电生字第113号）（简称《安规》），这是首次在全国性规程中纳入带电作业相关规定，其中带电作业相关内容共 7 节 45 条。

开展配电带电作业时，绝缘工具和空气间隙直接影响作业的安全性，因此《安规》规定了绝缘工具不同长度下的最小绝缘电阻值、人身与带电导体间的安全距离和绝缘工具的最小有效长度，还规定了绝缘工具的保管及试验要求。因潮湿环境下空气间隙的放电电压与绝缘工具的绝缘性能都有显著下降，《安规》第 95 条规定带电作业应在天气良好条件下进行，在特殊紧急情况下必须冒雨、雪、雾、风力在五级及以上恶劣天气进行带电抢修时，应充分发动群众讨论，采取可靠的安全措施，经厂（局）或工区领导同意后方可进行。《安规》还对等电位工作、带电水冲洗、带电爆炸压接导线、低压带电工作等进行了规定。这些规定构成了带电作业安全性的基本保障。

三、配电带电作业的推广

带电作业在鞍山兴起后，很快得到了沈阳电业管理局和电力工业部的重视。1955 年，电力工业部委派六位同志赴苏联学习带电作业，他们回国后，积极从事带电作业项目和工具的开发工作。1956 年 4 月，沈阳电业管理局先后安排鞍山电业局 70 余人在沈阳、长春等地进行了四次带电作业的操作表演，受此影响，带电作业技术开始在东北部分地区传播。1958 年 3 月，辽宁省电业局在鞍山召开推广不停电检修线路会议。参加会议的除东北地区各电业局外，还有太原、广州、南京、昆明、北京、成都、天津等地电业局、天津大学和成都工学院。鞍山电业局在会上演示了 3.3～154 千伏带电更换电杆、横担、绝缘子，测试导线压接管等 16 个带电作业项目。由于当时供电网络薄弱，电源少，线路停电检修常导致大范围的缺电、停电，通过成功表演，鞍山电业局证明了带电作业具有巨大的经济与社会价值，有条件在全国推广应用。3 月 27 日，鞍山电业局向水利电力部部长办公室报送了《关于带电检修工作的专题报告》，将 1955 年以来先后研制、加工 3.3～66 千伏两批工具及操作训练情况做出总结，对使用两批工具进行检修的项目做了说明。

1958 年 4 月 12 日，《人民日报》以《电力工业的重大技术革新——不停电检修电力线路》为题，报道了鞍山电业局带电作业技术试验成功的事迹和经验。报道中写道：“不停电检修电力线路的新方法已经在鞍山试验成功。这是中国电力工业中一项重大的技术改革。这种新的检修方法在中国各地电力线路上的有计划推行，对于保证不间断地供应工业和城市用电，有着重大的意义……不停电检修电力线路这一新方法的试验成功，打破了中国电力工业多年来停电检修的常规。新的检修线路的方法，经过鞍山供电局近两年来的实地试验，已经证明可以在各种电压（包括超高压）的线路上应用。采用不停电检修方法检修线路，比停电检修的效率高出很多。”报道讲述了带电作业的原理和发展现状，宣传了带电作业对保障可靠用电的意义。

1958 年 4 月 29 日，水利电力部下发《关于推广不停电检修电力线路的通知》（水电生字第〔58〕号）。通知中写道：“在全国工农业生产全面大跃进的新形势下，减少电力线路的检修停电是有重要意义的……在当前迫切要求多供电、少停电的情况下，有步骤地推广不停电检修电力线路是符合于中国当前需要的，是线路检修工作上的技术革新。”按水利电力部要求，鞍山电业局于 1958 年 5 月 20 日开始举办全国第一期不停电检修电力线路培训班，来自北京、上海、天津、湖北、河北、四川、陕西和安徽 8 个省（市）的 46 人参加了此次培训。6 月 5 日，《水利电力工人报》以《为全国开展带电作业培养“母鸡”》为题，对此进行了报道。此后，鞍山电业局又举办了多次带电作业培训班。在水利电力部的大力推广下，全国多地开始开展带电作业。1959 年 1 月，常州供电局成立了以李锡章为班长的带电作业班，他们以在鞍山参加培训为基础，自制了带电作业工器具，研发改进了带电作业技术，为当地带电作业的开展贡献了积极力量。

1958 年 8 月 12 日，毛泽东主席在天津考察时，参观了电业工人制作的带电作业工具，党和国家领导人对带电作业新技术的关怀和赞赏极大地鼓舞了全国电业工人。此后，鞍山电业局又从轻便性入手，研发了第三代带电作业工具。

带电作业的发展过程中，技术表演对带电作业技术的传播起到了重要作用。1959 年 10 月，辽吉电业管理局在鞍山召开不停电检修技术表演定型会，200 多名带电作业工人参加了会议，7 个电业局（供电局）为大会表演了 17 项带电作业项目。1964 年 11 月，水利电力部在天津召开带电检修表演会，全国 17 个省市 62 个供电单位的 159 人参加会议，其中北京、天津、上海、鞍山、锦州 5 个供电局（电业局）为大会表演了 18 个带电作业项目。1966 年 5 月，水利电力部在鞍山召开全国带电作业现场观摩表演大会，全国 118 个供电单位、科研所的 795 人参加了会议，其中 39 个单位表演了共 74 个带电作业项目。在这期间，广州、重庆、南昌、西安、成都等地也先后成立了带电作业班。随着带电作业在全国的推广，1976 年 9 月 15 日，中华人民共和国邮电部发行了邮票 T16《带电作业》，邮票共 4 枚，记录了更换直线绝缘子等四种带电作业项目。

1970 年 6 月，水利电力部在北京召开全国电力工业增产节约会议。会议期间，鞍山电业局在北京进行了带电作业操作表演，周恩来总理与郑代雨等鞍山电业局工人亲切交谈，并对这项新技术给予高度评价。会后，水利电力部组织起鞍山带电作业小分队，先后到无锡、上海、合肥、西安、成都、自贡、贵阳、昆明、乌鲁木齐、呼和浩特、柳州、广州等地实地教学，带电作业得到进一步推广。

四、带电作业情报网的成立

1966 年全国带电作业现场会议后，带电作业虽然得到快速发展，但是各地区发展不平衡的情况较为突出。1968 年 4 月 11 日，水利电力部下发《关于开展带电作业情报交流的报告》（〔68〕水电电情字第 1 号），要求“各生产、科研、设计单位要加强带电作业的技术情报交流工作。水利电力部指定电力科学技术情报研究所负责组织带电作业技术情报网，各电管局、供电局、发电厂、中心试验所和各科研、设计、施工单位本着积极态度和自愿的原则参加，并积极支持这项工作。”

1969 年 10 月，广东省供电局召开带电作业现场革命大批判经验交流会，广州、湘中、武汉、郑州、南宁、柳州和佛山等供电局的代表协商决定成立了“中南带电作业情报网”，并通过了《中南地区带电作业情报网组织条例（草案）》，规定了情报网的性质、组织形式、组织原则、任务及活动范围。中南带电作业情报网是中国带电作业行业中最早成立的情报网组织，这种半官方、半民间色彩的组织，日后成为促进带电作业发展的一种非常有效的组织形式。受中南带电作业情报网的成立及带电作业经验交流活动的影响，华东、西南、东北和华北等地也开始成立带电作业情报网。

1977 年 9 月，江西省电力局在庐山主持召开了江西省带电作业技术情报会议，江苏、安徽、江西、福建、浙江、山东六省电力试验所情报部门和上海供电局的代表参加会议，并商讨成立华东六省一市带电作业技术情报网。1980 年 9 月，西南地区首届带电作业情报交流会召开，云南、贵州、四川三省成立了西南带电作业情报站。1981 年 5 月，东北电业管理局在鞍山召开带电作业座谈会，东北地区 21 个电业局和部分发电厂共 31 个单位参会，会议决定成立东北带电作业科技情报网。1983 年 8 月，华北电业管理局在呼和浩特召开华北带电作业技术组会议，会上成立了华北地区带电作业情报站。

华东六省一市带电作业情报网成立后，分别于 1977 年 12 月和 1978 年 10 月创刊《华东带电作业动态》和《华东带电作业通讯》。1979 年 12 月，两刊合并为《华东带电作业动态》。同样地，西南带电作业情报站于 1980 年创刊《西南带电作业动态》，东北带电作业科技情报网于 1982 年 10 月创刊《东北带电作业动态》。除期刊外，各情报网还发布了一些本地区使用的规程和制度。

带电作业情报网通过信息收集、传递，开展起带电作业科研、技术等情报工作，在项目与工具的推广中发挥了重要的作用，改变了各地区推行带电作业发展不平衡、了解与认识不统一的现状，为促进带电作业发展找到了一种有效的组织形式。

五、“三八”女子带电作业班

在带电作业发展的过程中，带电作业技术与妇女解放运动相结合，产生了红遍半个中国的“三八”女子带电作业班。1970 年 6 月，为响应毛泽东主席“时代不同了，男女都一样。男同志能办到的事情，女同志也能办得到”的号召，广州供电局成立了中国首个“三八”带电作业班。这个班成立之初是由 4 位孩子妈妈外加 1 名男教练组成，当时称作“带电作业试验小组”。他们主动请缨从事带电作业工作，得到了所在基层单位党组织的重视与支持。他们以勇闯禁区、勇于坚持、勇攀高峰的“三勇精神”，风里来，雨里去，转战在粤北山区和珠江河畔的千里电网，为确保电网安全运行做出了自己的贡献。

“文化大革命”期间大规模的舆论宣传，助推了“三八”带电作业群众运动在全国范围内的蓬勃发展。1971 年起，广州供电局“三八”带电作业班连续八年在“广交会”向世界各国的来宾进行带电作业现场演示，引起较大反响。1972 年，应联合国要求，“广交会”工作组组织摄制广州“三八”带电作业班纪录片《“三八”带电作业班》。该片由广州供电局编写剧本，广州星海音乐学院作词、作曲，珠江电影制片厂摄制。同年，该纪录片在全国上映，以惊险和罕见的画面给全国人民留下了深刻的印象，拉开了“三八”带电作业班在全国推广的高潮。武汉、上海、郑州、天津、河池、北京、湘中、太原、南昌、南宁、鞍山、抚顺、沈阳、海口、九江、荆州等供电局（电业局）也相继成立了“三八”带电作业班，形成了一股不可阻挡的潮流。充分展示广州“三八”带电作业班先进事迹的《飒爽英姿伏“电虎”》被编入广州市初三语文教材。《人民日报》还以《壮志凌云——广州供电公司三八带电班》为题，报道了广州供电局“三八”带电作业班的事迹，报道中写道：“过去只有男同志才能掌握的高压带电作业新技术，我们女同志也掌握了。我们全部闯过了十一万伏，二十二万伏同电位及二十二万伏自由带电作业，登上带电作业技术的高峰，在世界带电作业史上写下了中国妇女的新篇章。”

1975 年 12 月 2 日，水利电力部在广州召开全国“三八”带电作业经验交流会，来自全国 15 个省（区、市）24 个供电单位的代表出席这次会议，广州供电局“三八”带电作业班介绍经验并进行现场作业表演。1977 年 11 月 21—27 日，全国“三八”带电作业经验交流会在长沙召开，出席会议的有全国 25 个供电单位的 369 人，其中北京、上海、郑州、湘中、沈阳、广州和天津 7 个单位表演了 35 个带电作业项目。会议充分呈现了各地“三八”带电作业班的建设成效。

1979 年，全国妇联对女子专业队发表意见：“目前某些专业队，劳动过重，不利于保护妇女劳动力，不利于保持妇女的持久地劳动热情。对这种专业队，要在肯定成绩、保护妇女劳动积极性的同时，合理地加以调整。”1979 年 10 月 11 日，最早成立“三八”带电作业班的广州供电局撤销了该班组。1979 年 10 月 30 日，《人民日报》以《广州供电局从实际出发 取消“三八”带电作业班》为题对此进行了报道：“最近，广州供电局党委在讨论真理标准问题中，联系实际，解决问题，决定撤销‘三八’带电作业班的建制，安排该班人员从事其他力所能及的工作。这一决定，受到广大职工的好评。”随后，各地的“三八”带电作业班也相继撤销，“三八”带电作业班逐渐淡出历史舞台。

第三编

改革开放到新世纪前期配电的进步

（1978—2002）

1978 年，党的十一届三中全会作出了改革开放的伟大历史抉择，开启了中国经济社会发展的全新历史征程。作为国民经济发展最重要的基础产业之一，中国电力工业也拉开了大踏步发展的序幕，为经济增长和社会进步提供强力保障和巨大动力。

1978—2002 年是中国电力工业跨越式发展的关键时期，配电专业也得到了前所未有的发展。经济发展需要“电力先行”，面对改革开放初期全国普遍性缺电的局面，国家确立了电网统一集中管理的体制，确保了电网安全稳定运行。电力工业以改革为引领，以创新为驱动，全面加快电力基础设施建设，持续扩大发电装机规模，积极发展跨省区大电网，实施城乡电网建设与改造，显著提高城市安全可靠供电能力和农村用电保障能力。中国电力工业形成了“改革促发展”的局面，投融资体制改革、管理体制改革、农电体制改革稳步推进，规划设计体系、基本建设机制、环境保护机制、重大技术发展和装备研发、安全标准等机制体制建设逐步与国际接轨，电力工业迈上跨越式发展之路。

电力体制改革加快推进，电力生产力持续释放。改革开放之初，国家经济基础薄弱，电力投资严重不足。国家大力推动电力投融资体制改革，调动中央、地方和社会办电的积极性，在全国推广集资办电，此时电网建设主要集中在电源和输变电工程，配电网建设仍然滞后。在农村鼓励建设“自建、自管、自用”的小水电供区和农村小电网，利用县、乡镇、农民集资等方式快速满足农村用电需求。在城市由市政建设投资、政府管电机构“三电办”组织多行业集资建设为主，经济活动中新电力用户投资建设，城市、城镇新建居住区电力配套建设，电力企业投资建设为辅。随着电力建设取得长足发展，电力改革的重点也逐步转变为破解政企合一的管理体制，积极推动公司化改革。国务院《电力工业管理体制改革方案》明确了“政企分开、省为实体、联合电网、统一调度、集资办电”的改革发展方针，改革措施主要围绕政府职能转变、政企分开和建立现代企业制度展开。1996 年年底至 1999 年，国务院先后组建国家电力公司、撤销电力工业部，开展“厂网分开、竞价上网”试点，电力行业政企分开基本完成。同时，农电体制改革有力促进了农村经济发展，通过实行“两改一同价”[1]政策，拉动农村电力需求增长，降低农民用电负担。

自此，电力供需形势出现阶段性扭转，配电网基础建设得到加强，供电可靠性与民生用电保障能力显著提升。1983、1990、1996 年，国家先后组织了三批共 600 个农村水电初级化试点县建设，持续扩大了电网向农村供电的规模。1998 年启动了大规模城市配电网和农村电网建设与改造工程，对全国 280 个地级以上城市 220 千伏终端变电站、110 千伏及以下配电网进行改造，同步改造居民住宅配电设施，有效解决了“送不进、落不下、用不上”的问题。2002 年，第二批农村电网改造工程启动，进一步提升了农村电网供电可靠性，有效解决了农村用电短缺问题。经过这一时期的城乡电网建设改造，城市电网安全运行水平显著提高，中国农村长期以来电力基础设施简陋落后的面貌得到了改善。实施两批农网改造工程后，农村居民生活电价平均每千瓦·时降低了约 0.13 元，每年为农民减轻电费负担约 350 亿元，惠及全国 2.2 亿农户，实现了全国城乡居民同网同价，农村电

[1] 两改一同价：即改革农村电力管理体制、改造农村电网，实现用电同网同价。

气化事业进入了新的发展阶段。

配电规章制定与技术标准逐步建立完善。改革开放初期，在“调整、改革、整顿、提高”的新“八字方针”指导下，各地配电运检工作秩序逐步恢复。电力工业部重新设立后，梳理了中华人民共和国成立以来燃料工业部、电力工业部和水利电力部颁发的系列规程制度，沿用和出台了一系列基础工作规章制度。到 1983 年年底，共颁发国家级规程、标准 58 项，部委级规程、标准 155 项，建立健全了完善的规程制度体系。《城市电力网规划设计导则》（〔85〕水电生字第 8 号）等标准陆续发布，指导城乡配电网建设改造，推动设备装备升级。同时，电力法制化建设取得了丰硕成果，1995 年《中华人民共和国电力法》颁布，拉开了依法治电的序幕。

配电设备与运检技术快速革新。随着城乡配电网建设改造工作推进，配电网规模快速增长，新设备、新技术得到广泛应用。同时，配电网大规模建设改造项目的实施，推动了中国电力技术的自主创新和装备的国产化。各地对断路器进行了无油化改造，采用技术更为先进的真空断路器、SF_6 断路器，引进欧式、美式箱式变电站和环网柜，淘汰高能耗配电变压器，城网配电线路绝缘化、电缆化程度大幅提升。针对雷电影响程度，差异化应用金属氧化物避雷器、防雷金具、架空地线等防雷手段，有效提升配电网设备安全运行水平。带电作业关键技术的研发与应用、配电自动化的建设与探索，为进一步提升配电网供电可靠性提供了技术保障。

从改革开放到新世纪前期的电力工业发展史，是一部电力工业改革创新、开拓进取的发展史，是健康快速发展、追赶世界先进潮流的发展史。电力工业坚持以发展为第一要务，以改革为发展动力，依靠创新驱动和科技进步提高发展质量。通过二十多年的发展和积累，中国电力工业步入又好又快的发展道路，为赶超世界先进水平打下坚实基础。

第五章

电力供需矛盾突出背景下的配电发展（1978—1987）

1978—1987 年，中国电力工业生产力水平从调整时期转入快速跃升时期。改革开放初期，中国电力工业在“调整、改革、整顿、提高”的新“八字方针”指导下，重新确立了“安全第一、质量第一”的基本方针，建立健全了各种规章制度，恢复了计划检修和定期维护，运维检修质量显著提高。通过两年多的恢复性整顿，电力生产各种指标有了恢复和提升。

但受“文化大革命”影响，电力工业与国民经济发展的比例严重失调，电力供需矛盾突出，全国缺电形势较为严重。为此，中央提出了“开发与节约并重，近期把节约放在优先地位”的能源工作方针，国务院出台了严格的用电计划管理措施，大力倡导节约用电。在此背景下，各地开始进行挖潜增效和节能降损，农村电网开始进行电网改造，以缓解供用电矛盾。

随着国民经济进入全面快速发展时期，党中央、国务院确立了“电力要先行”的重要战略，电力建设实现了前所未有的规模增长。但受“重发、轻供、不管用”思想的影响，配电建设发展仍滞后于电源网点和输变电网络建设。为满足日益增长的供电需求，提升区域供电能力和供电质量，全国各地开始开展城市配电网建设改造，加强供电可靠性管理，大力推动配电设备的革新和新技术的应用。

这一时期，农村进行了土地承包制度等一系列农业生产关系改革，农村经济得到了快速发展，农村电网建设面临新的形势和要求。经过农电管理体制改革，农电管理逐步由乡镇、村分散式管理模式，形成了以县为主管，全省统筹的局面。

在总结中华人民共和国成立后小水电事业发展经验与教训的基础上，结合农村经济发展的现实需要，中国式农村电气化发展模式逐步形成，即以农村小水电为基础，以县为单位建设农村水电，实现初级电气化。经过 1983—1990 年的建设，首批 109 个农村水电初级电气化县建成，为因地制宜地开展农村电气化建设树立了典范。

第一节　改革开放初期的城乡电网改造

中国的农村电气化在中华人民共和国成立以后就逐步向全国普及了，到 20 世纪 70

年代末期，全国一半以上的农户已经用上了电[1]。但是随着人民生活水平的不断提高及农业生产的不断发展，当时的供电能力和电力设施已不能满足人们的用电需求，农村出现了极度缺电的状况。

在经过“土法上马”“两线一地”供电等冒进做法后，农村电网规模成倍增加，但配电网架却十分脆弱，安全隐患多，人员触电伤亡事件时有发生。1979 年 9 月，电力工业部安排 2.5 亿元对农村低压电网进行整修改造，同时，设立乡镇电管站，对辖区内的低压电力设施进行管理维护，保障了电力设施及人员的安全。针对农村供电问题，胡耀邦总书记提出了建设 100 个中国式的农村电气化试点县的设想。1983 年，农村水电初级电气化试点县建设正式开始。

随着经济的发展，城市区域逐渐扩大，各地开始了以调整网架结构、提高供电电压、强化中低压电网为主的城市配电网改造。

一、“三电办”对配电网建设的作用

1970 年，周恩来总理提出，要把计划用电、节约用电、安全用电工作作为一个方针来加以贯彻。1972 年 12 月，国家计划委员会（简称国家计委）和水利电力部在广州召开全国节电工作经验交流会，提出了计划用电、节约用电和安全用电（统称为“三电”）的措施，各省、直辖市、自治区以及各地市先后成立“三电办公室”（部分地区亦称“三电工作领导小组”，简称“三电办”）。1980 年 4 月，在国家经济委员会（简称国家经委）、电力工业部联合下，明确了“三电”工作的组织机构和工作职能。“三电办”设在电力部门，对社会是政府领导“三电”工作的办公室，对电力局是一个内部的用电管理部门，实行一套机构、两块牌子、两种职能，主任由政府计经委主任担任，副主任由电力部门领导担任，日常业务由电力部门负责。

改革开放之初，中国国民经济还是计划经济体制，电网建设滞后负荷增长，是当时电力供应的主要矛盾之一，电力部门更新改造资金的主要来源是国家专项拨款，多与固定资产相关联，当时属于电力部门产权的配电网规模很小，基本没有可以列入计划的配电网建设与改造资金，仅有的贴费[2]（业务扩充资金），与配电网建设、改造的需求相比杯水车薪，开源节流成为一段时期内国家在电力供需环节的主要政策导向。开源方面，国家出台政策筹集电力建设基金[3]、地方政府通过电费加价筹集电网建设费，用于电源和电网工程建设。部分省市，在用户申请用电及增加容量时，还一次性收取集资办电专款，收取标准按照地方经济发展状况、行业电价、地区电网供电能力制定。多渠道集资缓解了这个时期配电网建设与改造资金困难的问题。节流方面，施行计划用电、节约用电政策缓解供需矛盾，努力保证电力供需平衡和电网安全。

各地“三电办”是电力开源节流组织部门和电力供需环节行业协调部门，组织行业和

[1] 张彬：《中国电力工业志》，当代中国出版社，1998 年，第 497 页。

[2] 《协作配套工程投资划分规定》，国家计委颁发，1963 年。

[3] 《关于鼓励集资办电和实行多种电价的暂行规定》（国发〔1985〕72 号），1985 年 5 月 23 日。

电力部门确定调荷日，制定拉路限电区域和序列（主要是配电）、落实电力用户计划用电包干等一系列措施，实施计划用电。各委办局在计划额度内，向“三电办”提出本系统新增用电或增加容量需求的申请。“三电办”按容量收取集资办电专款，集资办电专款资金交地方政府，对超出年度用电计划额度的申请，审批并出售用电权，用电全款上交国家财政，纳入国家建设计划。如广州市电力局1986年起，经请示广州市政府同意后，通过广州市“三电办”对广州地区用户申请用电及增加用电容量时，按400元/（千伏·安）收取集资办电款，而天津市电力局按500元/（千伏·安）收取集资办电款。

集资办电专项资金收取与使用，采用“收支两条线”管理，对已经批准的用电申请项目，“三电办”组织电力部门制定满足基本要求的供电方案，按照供电方案规模向政府申请专项资金，申请由当地经委批准后，以专项拨款方式下达到电力局，用于新增或增容用户外部配电线路建设与改造。

“三电办”通过组织全社会参与计划用电管理，保障电力供需平衡，协调并调动各行业，有效利用电力资源、缓解配电网资金困境方面发挥了重要作用。

二、以节约用电为目的的农村电网改造

1979年4月，中共中央召开工作会议，会议针对国民经济比例严重失调的情况，决定从1979年起，用3年时间对国民经济实行“调整、改革、整顿、提高”的方针。1979年9月，电力工业部在山东省益都县召开了全国农村高压电网整改会议，提出了“以节能、安全、提高经济效益为中心，因地制宜、分轻重缓急，把整修改造与调整电网布局结合起来、与消除设备缺陷结合起来、与加强管理结合起来，做到以高压促低压，高低压同步进行，整修一批、巩固一批”的要求❶。1981年，根据各地在整修改造中遇到的问题，国务院发布了《国务院关于节约用电的指令（节能指令第二号）》（国发〔1981〕56号），进一步明确了农村电网整修改造的具体要求，即“农村电力网的供电半径，10千伏不超过15千米，35千伏不超过40千米，新建线路禁止使用铁线，原有铁线要在1984年以前分期分批改造完成。农村供电线路损失率降到12%以下，危及安全和电力损失严重的低压线路，由供电部门组织社队进行改造，以保安全经济运行。”

20世纪80年代初期，中国的农电管理还较为混乱，农村低压线路私拉乱接相当普遍。由于资金短缺、杆线材料供不应求，在农村地区，存在用铁丝、漆包线代替导线，用小竹竿、杂树棍当电杆的情况，“一年凑合，二年摇晃，三年倒光”的现象尤为突出，用电不安全，线路损耗也大❷。

江苏省是从1980年开始对全省农村电网分期分批进行改造的。改造以提高供电可靠性、增加供电能力、改善电压质量、降低线路损失为目标，改造所需的资金主要靠地方自筹。到1990年年底，江苏省共改造10千伏线路3.3万千米，更换高损耗变压器5231台、

❶《临沂市电力工业志》编纂委员会：《临沂市电力工业志（1921～2000）》，中国电力出版社，2003年，第120页。

❷《江苏省电力工业志》编委会：《江苏省电力工业志》，水利电力出版社，1994年，第198页。

56.84 万千伏·安，改造低压线路 18.77 万千米[1]。通过整顿改造，各县的 110、35、10 千伏三级电网得到调整，95%左右的乡都有一条或几条专线，65%以上的县 10 千伏线路供电半径达到国家标准，线路过载、变压器“卡脖子”情况有所缓和，64 个县（市）的线损率，全都降到了 10%以下，全省农网线损率由 1979 年的 9.33%，降至 1990 年的 6.22%[2]。

与江苏省相比，青海省的问题更加突出。青海省的农村电网是从 20 世纪 50 年代开始建设的，但大部分到 20 世纪 70 年代以后才发展起来。长期以来，由于农村电网管理缺乏统一规划，线路是哪里用电就往哪里架，如大通县城关、逊让、青山、宝库等 8 个公社就在一条线路上连续延长，导致线路长百余千米；大部分农村 10 千伏线路供电半径都在 30 千米左右，有些农村甚至达 50 千米，线路迂回和布局不合理，导线规格不一、前小后大，线路线损高。1980 年开始，青海省对大电网直供直管的线路分期分批进行改造，到 1985 年，共计改造 10 千伏线路 279.7 千米，更换 10 千伏跌落熔断器 1200 只。通过这 6 年的整改，青海省电网直供的农电线路设备完好率由 1980 年的 46%提升至 1985 年的 50%，10 千伏线路线损率由 1980 年的 35%降低至 1985 年的 25.89%[3]。

通过改善电网结构、减少迂回供电、缩短供电半径、在线路上增设无功补偿装置等措施，全国农村电网的线损率逐年降低，农村电网的经济运行得到了加强。

三、“两线一地”供电方式的分批改造

“两线一地”供电，即采用两根架空导线和大地共同传输三相电力的供电方式，由于“两线一地”供电相对节省投资成本和建设材料，推广后使“文化大革命”时期的农村电网建设迅速发展。但“两线一地”供电方式的推广存在很大程度的盲目性，加上日常运行中维护缺失，大部分地区运行效果并不好，事故跳闸频繁，人畜伤亡事故较多，尤其是对铁路和通信线路干扰大。

中国农村采用“两线一地”供电方式是从 1954 年开始的，到 1973 年，“两线一地”10 千伏高压配电线路已发展到 25 万千米，占当时农村电力 10 千伏线路总数的 40%[4]。1973 年 4 月 6 日，国务院、中央军委批转了通信兵部电信总局《关于消除输电线路对通讯的严重影响的报告》（国发〔1973〕第 40 号），要求暂停推广“两线一地”供电方式，直至找到消除电力线对通信线路干扰影响的技术措施。但“两线一地”供电线路还在不断增加，到 1979 年已达到 36 万千米，甚至发展到 35 千伏的线路上。1979 年 9 月，电力工业部在山东省益都县召开了全国农村高压电网整改会议，颁发了《农村高压电网整改工程暂行管理办法》，决定恢复三线制运行[5]。

在东北地区，到 1980 年仅辽宁省就有 4.2 万千米“两线一地”配电线路，占全省配

---

[1] 《江苏省电力工业志》编委会：《江苏省电力工业志》，水利电力出版社，1994 年，第 199 页。

[2] 《江苏省电力工业志》编委会：《江苏省电力工业志》，水利电力出版社，1994 年，第 200 页。

[3] 《青海省电力工业志》编辑室：《青海省电力工业志》，中国电力出版社，2010 年，第 282 页。

[4] 中国电业史志编委会：《中国电力工业志》，当代中国出版社，1998 年，第 488 页。

[5] 《临沂市电力工业志》编纂委员会：《临沂市电力工业志（1921～2000）》，中国电力出版社，2003 年，第 120 页。

电线路的 60%，因短时间内无法全部更换，辽宁确定了在新建供电区一律使用三线制，原有“两线一地”区域新建配电线路采用“假三线”运行。按照轻重缓急，分期分批改造，以及加强对在运“两线一地”线路的运行维护和管理的原则，从 1985 年到 1995 年，辽宁省共改造“两线一地”线路 1.7 万千米[1]。

山东省构建“两线一地”电网初始于 1964 年，至 1970 年年底，山东建成“两线一地”农电高压线路 6951.50 千米，占农电高压线路的 38.70%。从 1980 年开始，山东省对农村电网进行改造，至 1985 年年底，完成 10 千伏“两线一地”改三线制 9585 千米，至 1991 年年底，全省 1.33 万千米“两线一地”线路全部改为三线制运行[2]。

河北省的“两线一地”恢复三线制改造从 1975 年开始，到 1979 年年底，低压线路改造基本完成。从 1980 年开始，河北省电力工业局将 10 千伏“两线一地”改造作为电网调整改造的重点，投入了大量的人力物力财力。1980—1988 年的 9 年中，河北省 10 千伏线路改造工程总投资为 1.46 亿元，改造 10 千伏线路 3.4 万千米，其中“两线一地”改为三线制线路 2.1 万千米[3]。

湖南从 1980 年开始“两线一地”改造，至 1990 年年底，改造“两线一地”线路 5400 千米，大大减少了因线路故障引起的跳闸，提高了供电可靠性，农村触电死亡事故由 1975 年的 475 人下降到 1990 年的 47 人[4]。

随着第二期农网改造工程的完工，全国各省的“两线一地”线路基本改造完毕，这种运行了近五十年的特殊供电方式正式退出了历史舞台。

四、以提升供电能力为目的的城市电网改造

改革开放初期，因建设资金不足，城市配电网络的发展严重滞后于用电需求。配电设施陈旧，城市供电能力受到限制，供电可靠性差、供电电压质量差成为普遍问题。为此，电力工业部在 1980 年全国工业交通工作会议上提出，以提升城市供电能力，提高供电可靠性和电能质量为目标，以城市网架结构调整、简化电压等级、降低电能损耗为改造重点，加快城市电网建设改造，分别在北京、上海、沈阳、武汉、西安、重庆、杭州、郑州、广州等城市进行建设改造试点[5]。

在“缺电”形势下发展建设起来的城市电网，偏重于电源建设，忽视了城市配电网架建设，特别是网架供电能力的提升。为改善城市配电网现状，部分试点城市因地制宜，结合各自城市配电网架的实际情况，实施城市电网的建设改造。为解决电网存在的有电送不进、供不出的被动局面，武汉市提出以“提高供电电压、简化电压等级、加强电网结构、

[1] 东北电力工业史编辑室：《中华人民共和国电力工业史·东北卷》，中国电力出版社，2005 年，第 564～566 页。

[2] 山东省电力工业史编委会：《中华人民共和国电力工业史·山东卷》，中国电力出版社，2003 年，第 573～574 页。

[3] 《河北省电力工业志》编委员会：《河北省电力工业志》，当代中国出版社，1996 年，第 215 页。

[4] 湖南省电力工业局电力志编写组：《湖南省电力工业志》，当代中国出版社，1995 年，第 86 页。

[5] 电力工业部在 1980 年全国工业交通工作会议上的发言材料，《中国工业五十年（第六部下卷）》，中国经济出版社，2000 年。

高压引进城市中心以及装备小型化、标准化”为主要内容的城市电网改造❶，在江北地区6.6千伏配电网升压改造的同时，同步开展35千伏升压110千伏的城网改造。1976年至1980年上半年，先后完成9个变电站的35千伏升压为110千伏的改造和新建工程，基本取消35千伏的电压等级，武汉电网的电压简化为220、110、10、0.4千伏4个电压等级。通过110千伏深入市区负荷中心供电，不仅提升了供电能力，城市电网结构也同时得到合理调整，为表彰武汉供电局在城网改造中做出的突出成绩，水利电力部于1982年授予武汉供电局“城市电网改造标兵”的荣誉称号❷。

广州市提出“电网升压、挖潜、调整、改造”的方针，在1979年城市电网改造的基础上，对遗留未改的13.2千伏线路进行改造，并通过推进110千伏高压线路进城、深入负荷中心和城区2座变电站进行35千伏升压至110千伏的改造，大大提升了广州市城市配电网的供电能力❸。

湖南、河北两省在省内主要城市通过加快110千伏电压等级直接深入市区负荷中心，升压改造原有35千伏供电设施等方式，提升了城市配电网供电可靠性和电能质量。湖南主要推广运用110千伏直降10千伏供电，逐步取消35千伏电压等级，采用分区成环、开环运行和备用设备自动投入的方式，同步完成6千伏配电线路的升压改造❹，提升了城市电网供电能力。河北省石家庄市在20世纪70年代中期进行城市负荷中心110千伏变电站建设，进入20世纪80年代开始对原有35千伏变电站进行升压改造，市区简化为110千伏和10千伏两种电压等级，提升了市区供电能力。

这一时期，全国各大中城市，在总结城市配电网建设改造试点经验的基础上，开展了因地制宜的配电网建设改造，弥补了长期以来城市电网建设的短板，城市配电网供电能力、供电质量得到了很大提升，电网安全运行水平得到了提高。

五、以网架结构调整、中低压配电线路改造为重点的城市配电网建设

20世纪80年代，在改革开放政策推动下，国民经济发展步伐逐步加快，城市区域范围扩大，电力用户增多，用电负荷急剧增长，负荷密度大幅增高，电力工业发展滞后于国民经济发展的状况越加明显。而城市电网建设整体滞后于电网的发展，中低压配电网络更是普遍存在供电半径过长、接线混乱、近电远送、迂回供电等各种问题，造成到户电压低、电网损失大，直接影响城市生产生活用电质量和企业经济效益。

为解决这些问题，全国各地结合本地区配电网状况，因地制宜实施了以网架结构调整、配电网中低压改造为重点的城市配电网建设改造。武汉供电局成立低压网络改造小组，将汉口地区的人口稠密地段划分为13片低压改造区域，到1981年完成1～6片的改造工程，配电变压器由93台2.53万千伏·安，调整和新增到126台3.19万千伏·安，更换导线

❶《武汉供电志1906～2008》编纂委员会：《武汉供电志》，武汉出版社，2009年，第30～31页。

❷《武汉供电志1906～2008》编纂委员会：《武汉供电志》，武汉出版社，2009年，第30～31页。

❸《广州电力工业志》编纂委员会：《广州电力工业志》，广东省电力集团公司史志办，2001年，第39页。

❹《湖南省电力工业史》编委会：《中华人民共和国电力工业史·湖南卷》，中国电力出版社，2003年，第279～230页。

88 吨，完成 500 多千米低压线和接户线改造，在此基础上继续加大中、低压配电网改造的力度，至 1987 年完成汉口地区的改造[1]。

天津市在改造完善配电网络工作中，针对配电站布局不合理，偏离负荷中心，供电半径长，配电电压偏低，部分设备健康水平差等问题，对市区的 600 多座配电站和 800 千米的配电线路进行分析，制订完善网络规划，实行分区、分片、统一更新改造。经过 1981—1986 年 6 年时间，先后完成市区 43 片小区的改造任务[2]。同时，结合市政重点工程建设，新建成的 12 个居民住宅区，其电力高低压配套线路全部实现电缆化[3]。

广州供电局通过调整增大城区供电容量、调整区域网架结构等方式，使供电设备容量不足、导线截面偏小、线路迂回、近电远送等状况得到极大的改善。从 1980 年起，对城区 65 个配电变压器低压台区进行改造，更换截面偏小、导线残旧或重负荷导线 295.7 千米，并于 1982 年又投资 138 万元，对 67 个配电低压台区进行改造，同时，将 68 千米 10 千伏配电线路更换为较大截面导线[4]，城区供电线损率从 1975 年的 8.61%下降到 1982 年的 3.84%[5]。

通过对城市配电网的建设与改造，城市配电网架结构明显改善，设备陈旧、配电变压器容载比偏小、线损率偏高等问题也得到了缓解，城市配电网络的供电能力和供电质量有效提升，城市配电网故障停电事故明显下降。

六、农村电气化县建设原则及标准的提出

中国农村电气化早在中华人民共和国成立之日即已起步，但是，直到 1978 年十一届三中全会以后，才把建设农村电气化县提上日程，从此拉开了实现具有中国特色的农村电气化县建设的帷幕。

1979 年 1 月，中共中央发出《关于加快农业发展若干问题的决定（草案）》和《农村人民公社工作条例（试行草案）》，提出了加强对农业的物质和技术装备的支持，努力兴办农村小水电站、小火电站，积极利用沼气、风力和太阳能，扩大农用能源等要求[6]。

电气化是现代化的象征，电力是进行现代化建设的物质基础之一，促进农村电气化建设，是国家加强对农业扶持的重要措施。由于中国国土辽阔，各地经济发展不平衡，完全靠国家办电解决农村用电需要是不现实、不经济的。1979 年，水利部组织召开全国小水电座谈会，指出："坚持'谁建、谁有、谁管、谁受益'的原则，是经过反复证明了的多快好省发展小水电的道路"。同年，国家农业委员会在《目前小水电的建设情况和亟待解决的问题》中提出："在体制上实行'建设和管理统一、发电和供用电统一'的原则，以

---

[1]《武汉供电志 1906～2008》编纂委员会：《武汉供电志》，武汉出版社，2009 年，第 30～31 页。
[2]《天津市电力工业志》编委会：《天津市电力工业志》，中国铁道出版社，1993 年，第 99 页。
[3]《天津市电力工业志》编委会：《天津市电力工业志》，中国铁道出版社，1993 年，第 100 页。
[4]《广州电力工业志》编纂委员会：《广州电力工业志》，广东省电力集团公司史志办，2001 年，第 252 页。
[5]《广州电力工业志》编纂委员会：《广州电力工业志》，广东省电力集团公司史志办，2001 年，第 39 页。
[6] 张彬：《中国电力工业志》，当代中国出版社，1998 年，第 501 页。

调动地方小水电的积极性”。上述原则和政策调动了地方、社队和群众的办电热情，为农村水电初级电气化县建设打下了基础。

1982 年胡耀邦总书记提出建设 100 个中国式农村电气化试点县设想，1983 年国务院批转水电部《关于积极发展小水电建设中国式农村电气化试点县的报告》，中国式水电初级电气化试点县建设正式开始。

1986 年 2 月 25 日，为确保农村电气化试点县在建设中有明确的目标，水利电力部颁发了《一百个农村电气化试点县初级阶段验收条例》（SD 178—1986），该条例适用于国务院国发〔1983〕190 号文批准的一百个农村电气化试点县，也适用于其他小水电地区农村电气化建设的重点县。在该条例中，规定了小水电站和其配套的地方电网实行建、管统一，发、供、用电统一归口管理，建立以县为经济实体的管电机构，并对农村初级电气化县的电源、电网、用电水平、经营管理、经济效益及验收都做了相应的规定，对农村电气化试点县初级阶段建设与验收具有重要的指导作用。

1990 年 1 月，能源部组织召开大电网供电区农村电气化标准研讨会，参照水利部《一百个农村电气化试点县初级阶段验收条例》，编制了《农村电气化标准》（DL 407—1991），并于 1991 年 1 月颁布实施。

该标准适用于全国各县级行政区，以县为考核单位，合格的农村水电初级电气化县必须同时在通电率、供电保证率、用电水平、电网与电源建设、电压合格率、县独立电网频率合格率和设备完好率 7 个方面达到指标要求。农村电气化考核验收工作每年进行一次，由省级人民政府组织有关部门进行，验收合格后，报能源部授予农村水电初级电气化县（市、旗）称号。

随着农村水电初级电气化试点县的不断推广，建设及验收经验也不断丰富。1992 年，水利部根据农村水电地区初级电气化县建设发展需要，制定颁发了《小水电供电区农村初级电气化标准》（SL 30—1992），该标准由水利部在《一百个农村电气化试点县初级阶段验收条例》（SD 178—1986）的基础上补充修订完成，为农村水电初级电气化县规划、建设及验收提供了依据和标准。

《小水电供电区农村初级电气化标准》充分考虑了“老、少、边、穷”地区经济状况较差的问题，标准要求比能源部制定的《农村电气化标准》略低。《农村电气化标准》要求户通电率为 95%以上，乡村居民生活用电供电保证率 90%以上，全县人口年均用电量达到 300 千瓦·时以上。而《小水电供电区农村初级电气化标准》只要求户通电率达到 90%以上，乡村居民生活用电保证率达到 85%以上，全县人均年用电量不低于 200 千瓦·时即可。

能源部颁发的《农村电气化标准》（DL 407—1991）侧重于指导大电网覆盖供区，水利部颁发的《小水电供电区农村初级电气化标准》（SL 30—1992）主要指导小水电供区，两个标准均在农村电气化县建设和验收工作中发挥了重要作用。

七、第一批农村水电初级电气化县建设

1982 年 11 月，胡耀邦总书记考察了福建、四川等地的小水电后，提出了在小水电资源丰富的地区建设 100 个中国式的农村电气化试点县的设想。旨在通过以小水电建设为主的农村电气化县试点，对其他县起带头、示范和推动作用，以早日实现农村电气化❶。

1983 年 3 月，水利电力部组织召开 100 个中国式农村电气化县规划座谈会，会后整理出《实现 100 个中国式农村电气化县规划座谈会纪要》。10 月上旬，水利电力部组织召开了六省十县农村电气化试点县座谈会，将福建永春、建瓯，广东龙门、阳山，四川大邑、灌县，湖南衡东、慈利，浙江天台和湖北通城 10 个县作为农村电气化县建设试点。会议讨论了试点县规划，交流了自力更生办电的经验，研究了实现农村电气化需要解决的政策问题。

1983 年 10 月 25 日，水利电力部向国务院上报《关于积极发展小水电建设中国式农村电气化试点县的报告》，对发展小水电有关政策和管理体制等方面的问题，提出了 8 条具体改进意见。意见指出，县以上建设的小水电要列入地方基本建设计划，小水电建设所需资金实施以地方自筹为主、国家给予必要的扶持和“以电养电”的政策，对小水电继续实行低息贷款，地方和社队办的小水电、小火电等农电工程由地方社队群众自行建设、维护和管理。1983 年 12 月，国务院批转了水利电力的报告，并在转发通知中强调：农村电气化是八亿农民的大事，应当在那些水利资源较好的地方，提倡以地方和群众自力更生为主，积极发展小水电建设，有关部门要在技术上给予指导，在资金上予以扶持，及时总结经验，为推进中国式的农村电气化事业做出贡献。

1986 年 3 月 10 日至 14 日，水利电力部在北京召开了全国一百个农村电气化试点县工作会议，国务院副总理李鹏会见全体代表并发表讲话，向提前达到农村电气化初级标准的福建光泽和四川汶川、荥经以及广东仁化、龙门五个县颁发了证章和证书。

从 1984 年规划，1985 年正式开始实施至 1990 年 6 月底，109 个县经省、区、市人民政府（或计委）组织验收，达到了初级农村电气化县的标准，超额完成国务院下达的农村电气化试点县建设任务。这 109 个农村电气化试点县分布在 20 个省、区、市，总计人口 3039 万、耕地 3152 万亩，其中 95%的县属于老、少、山、边、穷地区❷。位于青海省黄南藏自治州的同仁县是一个以藏族为主的多民族地区，由于历史和地理条件的原因，经济比较落后，是全国贫困县之一，自 1984 年被列为全国首批一百个农村电气化试点县之后，经过 5 年的努力，新建 10 千伏线路 205.08 千米，比 1984 年增长了 23.5%；架设低压线路 124.45 千米，比 1984 年增长了 1 倍；新增配电变压器 215 台，总容量为 2.57 万千伏·安，比 1984 年增长了 190%。通过农村水电初级电气化建设使同仁县农村配电网成倍扩展，绝大多数居民都用上了电，给当地的经济发展带来了生机，初步改变了贫困落后

❶ 水利电力部文件（83）水电农电字第 42 号《关于发送国务院副总理李鹏同志在农村电气化试点县座谈会上讲话的通知》。

❷ 李莹：《我国第一批初级农村电气化试点县已经胜利建成》，水力发电，1990 年 12 期，第 56～57 页。

的面貌。

农村电气化推动了山区经济的全面发展和地方财力的增强，初步改变了这些地区的贫困落后面貌。由此，小水电的发展已经成为中国电力工业的重要组成部分，不仅弥补了电网覆盖面的不足，减轻了供电的负担，缓解了用电矛盾，而且促进了边远地区农业生产的发展，特别是对山区、少数民族地区的安定团结做出了重要贡献。

第二节　新“八字方针”指导下配电运检工作的提升

十一届三中全会后，国家实行对内改革、对外开放的政策，工作重点转移到经济建设上来，决定对国民经济比例失调问题进行调整，并提出了“调整、改革、整顿、提高”的新“八字方针”[1]。国民经济健康发展要求“电力先行”，国务院批转了电力工业部《关于贯彻执行“调整、改革、整顿、提高”方针的实施方案摘要》，即184号文。电力工业配电领域在184号文指引下开展调整、整顿，成立了基层电力管理部门，修订和完善了规程制度，强化了安全管理并建立了奖惩制度，加大了配电线路设备运维检修力度，各地配电面貌发生了很大变化，安全和生产指标有了较大改善，设备健康水平有了较大提高，为提升电力工业整体水平贡献了力量。

这一时期，电力供需矛盾依然十分突出，国家要求按统筹兼顾、择优安排的原则实行电力统一分配[2]。各地电力单位深入分析当地配电网结构，采用技术手段节能降损，同时按照当地“三电办”关于计划用电的相关要求，采取拉闸限电的方式有序供电，有效缓解了经济发展中的电力供需矛盾。

一、各地配电运检工作的恢复

1979年7月，国务院以国发〔1979〕184号文批转了电力工业部《关于执行“调整、改革、整顿、提高”方针的实施方案（摘要）》，该文即是著名的184号文，其指导思想延续了《关于加快发展电力工业的通知》（国发〔1975〕114 号文）的要求与精神，成为国民经济调整时期电力工业发展的纲领性文件。

各地遵循“解放思想，实事求是”的指导方针，将思想认识和工作重心向安全生产转移。电力工业部对“文化大革命”中电力系统的是非界限进行了划分和界定，清除了“文化大革命”的错误影响，排除了干扰，强化了“安全第一”“质量第一”的思想意识。各地电力单位认真抓落实，将职工的思想统一到学习贯彻184号文上来，本着尊重科学、确保安全和质量的原则展开配电运检工作。

为了切实贯彻落实184号文精神，1980年2月，电力工业部颁发了《电力工业生产企

[1] 新“八字方针”为1979年中共中央提出的关于国民经济调整的“调整、改革、整顿、提高”八字方针，有别于1963年至1965年国民经济调整时期所提出的“调整、巩固、充实、提高”的八字方针。

[2]《国务院关于电力统一分配确保重点企业用电的暂行规定》。

业整顿提高规划要点》，就贯彻落实 184 号文精神进行了周密部署，提出了明确要求，指出要“健全企业各项规章制度”。随后电力部梳理了中华人民共和国成立以来燃料工业部、电力工业部和水利电力部颁发的系列规程制度，沿用了水利电力部修订的《电业安全工作规程》《电力线路防护规程》等规程制度[1]，出台了《电业事故调查规程》《架空配电线路设计技术规程》《供电部门职工服务守则（暂行）》《发供电企业班组生产管理试行办法》等一系列基础工作规章制度，到 1983 年年底，共颁发对配电运检工作具有指导作用的国家级规程、标准 58 项，部委级规程、标准 155 项，为配电运检工作的规范有序开展提供了制度支撑。各地电业单位认真贯彻执行电力工业部颁发的规程制度，广州供电公司成立“建立健全规程制度”领导小组[2]，采取领导干部、技术人员和工人三结合的方式，依据部颁规程集体修编、恢复和健全各类现场规章制度；北京供电局配电管理所修编《设备定级标准》《运行工作管理制度》《10 千伏开关管理制度》等配电运检规章制度 27 项；辽宁电力系统针对配电网络发展较快，安全管理薄弱，事故逐年增多的实际，制定了《配电安全工作条例》[3]。

184 号文指出“安全第一”“质量第一”是电力工业必须坚持的基本方针，强调了“坚持计划检修”[4]的要求。各地电业单位在恢复了行之有效的检修规程制度后，重申了计划检修的重要性，坚持“应修必修，修必修好”的原则和严格的质量标准，开展线路设备恢复性的检修工作，配电线路设备检修质量明显提升。北京供电局下属电业单位提出了“破八坏”“除七害”“树八好”的检修工作作风，推行“三全、四查、二十五步”的检修管理模式[5]，实行了设备检修“四落实”“四必有”，提高了检修质量；上海 1979 年对 53 台主要设备进行了大修[6]，基本做到了“应修必修，修必修好”；湖南水利电力局推行大修任务书制，按任务书展开检修施工和验收，并制订了以安全和质量为中心的 20 个运检小指标，每月评比公布[7]；辽宁电力系统制定了质量标准，严格了检修周期，并开展创“红旗检修班”“红旗送电运行班”“红旗配电运行班”的“红旗化”[8]评选活动，运检工作逐步规范，各类事故由 1976 年的 1109 次下降到 1980 年的 278 次。

各地认真贯彻落实 184 号文中狠抓供电设备完善化的要求，加强设备运行维护，提高运维质量。各地电业单位对配电线路设备进行盘存摸底，准确掌握线路设备存量和技术状

---

[1]《上海市电力工业史》编委会：《中华人民共和国电力工业史·上海卷》，中国电力出版社，2003 年，第 90 页，1979 年 2 月 23 日，水利电力部分设为水利部和电力工业部。

[2]《广州电力工业志》编纂委员会：《广州电力工业志》，广东省电力集团公司史志办，2001 年，第 446 页。

[3]《辽宁省电力工业史》编委会：《中华人民共和国电力工业史·辽宁卷》，中国电力出版社，2004 年，第 96 页。

[4]《当代中国的电力工业》编辑室：《全国电力工业会议文件选编（1950～1985）》，1986 年，第 499 页。

[5] 电力工业部生产司企业管理处：《电力工业企业管理文件资料》，电力工业出版社，1981 年，电力工业部生产司企业管理处，第 158～159 页。

[6]《上海市电力工业史》编委会：《中华人民共和国电力工业史·上海卷》，中国电力出版社，2003 年，第 267 页。

[7]《北京市电力工业史》编委会：《中华人民共和国电力工业史·北京卷》，中国电力出版社，2004 年，第 267 页。四落实：项目落实、措施落实、材料准备落实、劳动组织落实；四必有：必须有技术记录、拆装设备必须有负责人、改进设备必须有图纸、现场必须安全整洁。

[8]《辽宁省电力工业史》编委会：《中华人民共和国电力工业史·辽宁卷》，中国电力出版社，2004 年，第 96 页。

态，并对线路设备开展定级评定工作，实施恢复性检修，提升线路设备完好率，提出了线路设备上的各类装置齐全、完整，性能良好，主要设备完好率 92%，辅助设备完好率 90%，其中一类设备占 50%的标准。1980 年以后，湖南省电力局以每年 3000 万元左右的资金用于各单位主要设备改造、挖潜、配套和更新，至 1985 年全省设备完好率达 91.3%，主设备完好率达 97%[1]。

各地电力职工积极主动地探索配电运维工作的方式方法，创造性地开展工作。唐山电业局的职工总结出“顺风背日蛇行路查线法”，即顺风检查、背日检查、走蛇行路检查（从干线起点到支线，再回到干线，再到另一支线，如此循环），编成了“顺风走，背光看，一路注意导地线，围着杆塔转一转，全部金具看一遍，线档看驰比三线，不清之处杆上看，观察对比有重点，围绕变化记心间”的口诀，形成了较为系统的线路巡查经验。

在 184 号文的指导下，各地配电运检工作得到快速恢复，设备运行维护、计划检修和更新改造等工作步入了规范化制度化的轨道，“安全第一”“质量第一”的方针和“计划检修”的要求得到有效落实，为实现电力企业整顿提高的目标起到了积极推动作用，为促进企业管理的现代化建设打下了基础。

二、电力安全生产奖励制度的建立

中华人民共和国成立前，全国各电力企业在经营管理方面各自独立，没有形成统一规范的安全规章体系，安全考核及奖励也未规定具体的指标，主要以有事故和事故次数多少来考核安全，未按照故障设备类型、影响范围、安全周期等内容进行区分。中华人民共和国成立后，随着电力安全管理机构的建立，各项规章制度逐步建立，为促进安全生产，抑制电力安全事故的发生，鼓舞电力企业搞好安全生产工作，燃料工业部开始着手健全电力安全奖励制度。

1950 年 2 月 19 日，在燃料工业部组织的第一次全国电业工作会议上首次提出应实行奖惩制度，要求各地按照“凡属于改进技术，完成安全发供电及政治上保卫电厂安全，对防火或消灭事故有重大贡献的均应分别予以精神及物质奖励；凡工作不负责任，不遵守技术规章制度，以致造成重大事故，使国家资产遭致损害者，应予以惩处”的原则，草拟奖惩办法[2]。各地区依据这一原则，积极颁布了相应的奖励制度。

当时各地区初步建立的奖励办法多以车间、部门等集体为记奖单位，为有序推进各地安全奖励制度的建立，1951 年 2 月 22 日，在第二次全国电业会议制定的工作方针中，再次对安全奖励制度进行强调，从 1952 开始各地区陆续扩大奖励范围，推行个人安全无事故累进奖，按照个人安全无事故记录，累进记奖，规定凡企业和个人发生事故都要与奖金相联。江苏省于 1952 开始实行个人安全无事故累进奖，按工资百分率按月累进，全年无

---

[1] 湖南省电力公司：《湖南省电力工业志》，中国电力出版社，2012 年，第 175 页。

[2] 当代的中国电力工业编辑室：《全国电力工业会议选编》，1986 年 9 月，第 21 页。

事故，最高奖金可达本人月工资的 50%，最低为 5%，这种安全累进奖对当时安全生产起到了一定的积极作用[1]。

由于各地推行的安全奖励制度要求各不相同，且多数还处于试行阶段，多项规定还不成熟，在实施过程中一些问题也逐渐显现出来。江苏省电业部门在实施过程中发现，安全纪录越长，职工的精神负担越重，产生了因怕出事故而互相推诿，甚至出现弄虚作假的情况[2]。鉴于各地相继出现的问题，1958 年水利电力部拟订了《电力工业安全经济奖励条例（草案）》，并在全国电业局长会议上要求，结合各单位实际情况组织干部职工对草案进行讨论。自 1958 年起各地相继对奖励制度进行改革，多数地区把安全单项奖改为综合奖，考核内容不仅局限于安全方面，还将经济、管理、考勤、劳动纪律等项加入到了指标中，逐步完善了各地奖励制度。

1961 年水利电力部召开全国电力工业座谈会，会上结合电力工业的安全生产情况及存在的问题，对安全奖励条例进行了讨论研究。会议提出供电局（所）运行人员实行“安全奖”，以安全运行为得奖条件；检修、维护、修配（包括线路、急修等）人员实行“保证质量完成任务奖”，以保证检修质量和完成检修任务为得奖条件。

1966 年“文化大革命”开始后，全国范围内出现对安全相关制度的“大破大立”，全国安全管理工作受到干扰，各地颁布的安全奖励制度无法贯彻执行，初步建立起来的奖励机制因批判物质刺激等原因被迫终止。1978 年起安全管理机构逐步恢复，安全制度建设走上正常轨道，考核和奖惩制度也随之恢复，各地电力局相继制定“长周期安全无事故记录奖励办法”“百日安全长周期奖励办法”等安全奖励机制。

1979—1982 年是改革开放最初的四年，电力工业从“文化大革命”后“突出抓电”的快速发展转入了调整时期。1979 年电力工业部在逐步建立和健全了各项安全生产规章制度的基础上，试行了以“安全生产”为主要内容的奖励制度。1980 年 2 月 6 日，电力工业部召开全国电力工作会议，恢复了安全、经济综合奖励制度，并要求在试行工作的基础上继续完善[3]，明确提出对无事故记录超过 100 天的大中型供电局、超过 300 天的大中型火电厂、超过 500 天的大中型水电厂，予以突出的表扬和奖励。各地严格执行相关要求，对表现突出的单位加大奖励金额，以安徽省电业局为例，1986—1990 年期间，该局每年度安全奖金高达 80 万～120 万元，少数下属单位事故罚款达 50 万～80 万元。截至 1990 年年底，安徽省无事故纪录超过 300 天的地市供电局达 14 家，占全省地市供电局的 82.5%，最长安全纪录达 1006 天[4]，对安全生产特别是防止恶性事故起到很大作用。

三、乡镇电管站的成立

中国各地的乡镇电管站主要形成于 1980 年至 1998 年间，这一时期农村实行经济体制

[1]《江苏省电力工业志》编委会：《江苏省电力工业志》，水利电力出版社，1994 年 9 月，第 312 页。
[2]《江苏省电力工业志》编委会：《江苏省电力工业志》，水利电力出版社，1994 年 9 月，第 312 页。
[3] 当代的中国电力工业编辑室：《全国电力工业会议选编》，1986 年 9 月，第 544 页。
[4] 安徽省电力工业局：《安徽省电力工业志》，当代中国出版社，1995 年，第 286～287 页。

改革，原有的农村低压电力资产变为农民群众集体所有，乡镇电管站负责辖区内低压电力资产的管理、维护，是地方农村低压配电网最基层的管理机构，其间大致经历了形成—发展—失控—整顿几个阶段。

1978 年改革开放后，农村电力快速发展，城市周边电网逐步向农村扩展，农村电力需求快速增加，农电管理混乱，缺乏综合平衡的发展规划。1979 年，电力工业部向国务院提交了《关于整顿农电的报告》。报告明确电力工业部归口管理全国农电工作，网局、省局成立农电机构，综合管理县级及以下的电力工作，地区级电力单位，一律改为部（省）属，并在人民公社成立电管站，加强社队的电力管理工作。随后，电力工业部制定了《关于农电管理体制改革的意见》《农村人民公社电力管理办法》《关于农电基建问题的若干规定》《关于农电设备整改的意见》等四个规范性文件。1980 年 7 月，电力工业部发出通知，要求各省选 1～3 个县进行“公社电力管理站”的试点工作。

为进一步明确乡镇电管站归属性质，规范乡镇电管站的管理范围，在 1984 年 4 月召开的全国农电管理工作会议上，水利电力部提出了“地方为主、县为实体，统一规划，集中调度，分级管理”的 20 字农电体制改革和机构设置的方向性意见，并对乡镇电管站作了如下说明：乡镇电管站，要作为乡镇人民政府领导下的集体管电组织，管理全乡范围内的低压电网和用电设备，有的可管到配电变压器。县电力部门对乡镇电管站实行业务领导，帮助乡镇电管站建立起管理制度，制订出明确的职责条例，实行技术经济指标考核，帮助解决管理经费、物资供应渠道，并要加强监督。县电力单位要设专人指导乡镇电管站的工作[1]。

据此，各地都先后建立起了农电管理机构，并着手进行农电体制改革，以适应经济体制改革和进行农村电气化县建设的需要。重庆市于 1986 年 12 月建立了第一个电管站——北碚区清平电管站，到 1992 年，重庆电业局所属乡镇电管站增至 98 个，基本上覆盖了 8 个供电局直供的农村电网。重庆市乡镇电管站是重庆市电力公司一级管电组织，在其供电区域内，独立承担高低压电网的运行、维护、检修、改造工作，其管电职能向农村延伸，加强了农电管理。湖北省于 1986 年 1 月，在武昌县豹潮乡试点组建乡电管站，职责范围以电力部门收费计量表为分界点，负责表后供用电设施的安装、运行维护、抄表收费等业务，到 1989 年，湖北省已有 60%的乡镇建立电管站，乡村用电管理工作有所加强。

各地乡镇电管站相继成立后，部分地区对分散建立在各乡镇的电管站实行统一管理，有的成立管理联站，有的成立农电总站。江苏省武进县于 1984 年 7 月建立武进县农村电力管理联站，编制人员 35 人，属县大集体性质，配合武进县供电局负责对乡镇电管站的组织领导工作。湖北省大冶市电力局在 1989 年 12 月，在全省率先成立农电总站，实行对 20 个乡镇电管站人、财、物的统一对口领导和管理。

由于乡镇电管站分散建立在乡镇，人员素质不高，规章制度不完善，离县级供电企业又较远，管理中问题较多。如何规范乡镇电管站的管理成为一个突出的问题。1990 年 1

[1] 张彬：《中国电力工业志》，当代中国出版社，1998 年，第 523 页。

月 19 日，能源部印发了《乡电管站管理办法》（简称《办法》），对乡镇电管站建立、职能、性质、职责、电工条件等都提出了具体规定和要求。《办法》规定乡镇电管站的配电网运维职责包括：负责编制并组织实施所辖范围的乡村电力发展规划及低压电网的建设和整改计划；负责所辖范围农村低压电网生产运行、维护检修、更新改造等工作，实行标准化管理。

1990 年，全国 5 万多个通电的乡、镇，均建起了电管站，在已通电的 70 多万个行政村中，均建起了管电小组，形成了全国的农电管理机构网络，明确了管理职责范围，拥有了一支庞大的农电管理队伍，农电管理取得了成效[1]。

纵观全国乡镇电管站建设、发展的历史过程，乡镇电管站管理体制符合当时国情，适应了农村改革形势的需要，对加强农村电力设施的维护和建设、支持农业和农村经济的发展功不可没。但由于乡镇电管站只管理到配电台区一级，对农村供用电又缺乏有力的监管，致使村级用电管理一度处于无序状态。主要反映在：存在“关系电、权力电、人情电”，许多村领导、电工用电不交费；农村电工搞用电承包，随意加价，将各种不合理的开支转加到农民头上，造成农村电价奇高，有的甚至弃电不用；农村用电偷漏电现象严重；乡镇电管站人员超编，人浮于事，等等。20 世纪 90 年代中期，农村电价电费负担沉重，一度成为重点整治对象。

1998 年年底，中共中央、国务院在农电体制改革方案中，对乡镇电管站体制改革作了明确的规定，要求撤销乡镇电管站，建立由县供电企业直管的供电营业所，采取“营配合一”的管理模式。对于乡镇电管站原有的人员，通过考试考核，择优录用，成为业务上受供电部门管理的农电工，对于乡镇电管站的资产，通过清理，移交供电部门管理[2]。

四、有序用电情况下的停电管理

1978 年，中国进入改革开放新时期，在工业建设日益加快与经济逐渐增长的新态势下，中国的用电负荷出现了大幅度的增长，电力供需矛盾日益凸显。在电网基础建设落后的七八十年代，由于当时变电站数量稀缺，电源点分布有限，部分电力设备长期满负荷、过负荷运行，为了保证电力系统的负荷平衡，以及主电网的安全运行，全国各地供电企业只能对局部区域实行主动的限制用电措施。

有序用电是在缺电时轮流停止向一部分用户供电，保证其他大部分用户用电的一种限制用电措施，但由于中国缺电延续的时间过长，应用过于频繁，在人们眼中，有序用电也就逐渐被默认为解决困难的“良药灵方”，对日常的缺电停电变得习以为常[3]。

面对缺电不平衡的发展状况，1983 年，《全国供用电规则》出台后，各地电业部门建立起用电监察机构，帮助用电部门做好安全用电、合理用电和改进用电管理。在计划用电管理上，一方面按照国家计划发电；另一方面，下放电力分配权力至省级政府。各省对所

---

[1] 张彬：《中国电力工业志》，当代中国出版社，1998 年，第 509 页。

[2] 湖北省电力公司：《湖北省电力工业志（1991～2002）》，中国电力出版社，2012 年，第 325 页。

[3] 倪念贤：《不应再搞拉闸限电》，电力建设期刊，2001 年。

属地、市、县分配用电指标，实行层层包干，严格落实“谁超限谁”的政策。1984 年，国务院特颁布《国务院关于电力统一分配确保重点企业用电的暂行规定》，要求必须实行电力统一分配。而电力的分配，必须统筹兼顾、择优安排，由国家按生产、建设任务分省、区、市下达年度用电计划，在计划中分列出重点企业用电指标和各省、区、市的用电指标，并严格按计划分别包干使用[1]。

为了进一步加强计划用电的规范化管理，各地区的电力统一分配工作由各级政府委员会负责。各级“三电办”依靠省、地、市政府和当地经济部门的领导和支持，在当地电力部门的直接领导下，按照“正常时间保工业，关键季节保农业，晚峰时期保照明”[2]的计划用电原则，依据各个行业的月度生产需求和国家对各个行业下达的生产计划任务，分配电力与电量指标[3]。此外，“三电办”还负责协调发电、供电和用电之间的矛盾，并对其进行监督与考核，目的是在缺电的环境下，保证各行各业有序合理地发展与计划用电。

依据“三电办”所分配的电量指标，各地区供电企业一般会根据当地的电网发电、供电、用电平衡的情况，编制电力分配方案报“三电办”审批，并每月与“三电办”及电力用户召开月度电力平衡会，协商制定有序用电序位表，针对部分大工厂电力用户，都会按照在一周内“停几开几”停产轮休的方式进行供电；对于两班制的工厂则通过改变作业时间，错开城市照明时间进行供电；而绝大多数普通电力用户，在不影响生产的原则下，都会改在网内最大负荷时间以外运转[4]。

在电力短缺和计划经济的环境下，有序用电作为一种调整电力负荷的运行方式，提高了电力设备的利用率，挖掘了电业的潜在力量，给国家节省了大批投资[5]。

进入 20 世纪 80 年代末期，全国各地用电量大幅增长，缺电现象更加严重，有序用电现象愈发频繁。1986 年，北京地区有序用电达到了历史最高点，全年共拉闸 11 万条次，平均每天达 300 多条次。面对电网既缺电量又缺调峰容量的艰难环境，北京电网有很长一段时间，一天 24 小时内的频率，几乎有 3/4 的时间低于规定要求，最低达 49.09 赫。频率不稳，缺电现象严重，很大程度上影响到工业产品质量和人民的正常生活。加上改革开放后，经济发展有增无已，电逐渐成为人们在生活与生产中不可或缺的商品，人们对用电的重要性、可靠性等要求也开始有所提升，有序用电的调峰方法开始引起人们的不满。

为了缓解北京严重缺电的局面，华北电力集团公司在华北电网开始实施“9511 工程”[6]计划，随着 3 座变电站的改造扩建和 4 条输电线路的如期完成，给当时的华北电网提供了足够的电力，从此北京的老百姓过上了盼望已久的用电不拉闸生活[7]。

---

[1] 国务院发：《国务院关于电力统一分配确保重点企业用电的暂行规定》，1984 年。

[2] 李如虎：《三电工作手册》，广西科学技术出版社，1994 年，第 2 页。

[3] 李如虎：《三电工作手册》，广西科学技术出版社，1994 年，第 3 页。

[4] 武衡：《东北区科学技术发展史资料　解放战争时期和建国初期　煤炭电力工业卷》，1988 年，第 267 页。

[5] 武衡：《东北区科学技术发展史资料　解放战争时期和建国初期　煤炭电力工业卷》，1988 年，第 266 页。

[6] 到 1995 年 11 月，初步缓解华北地区缺电局面，实现首都不拉闸限电，即“9511 工程”。

[7] 李慧：《结束拉闸限电用汗水点亮京城》，华北电业期刊，2020 年。

"9511 工程"作为当时解决北京地区缺电难题的一项重要举措，让很多人认识到电力基本建设是一项硬指标，没有电力基本建设，就没有能力向广大用户提供充足、可靠的电力，它的实施与落地，掀起了电力基本建设的高潮，全国各地逐步结束了有序用电。

五、配电网的节能降损

1979 年，国民经济进入调整时期，国家实行的能源政策以开发与节约并重，短期内以节约为主。为了贯彻落实国家的方针政策，电力工业部于 1979 年修订了《电力网和火力发电厂省煤节电工作条例》和《降低线损十项措施》，目的是通过一系列的增产节约运动、技术改造、设备完善等整顿改进工作，强化电力工业内部挖潜，降损提效，提高对一次能源使用效率，缓解电力供需矛盾。

这一时期，各地的配电网基础薄弱，线路老化，供电能力差，线路的损耗大，卡脖子、过负荷、低电压现象普遍存在，居民家中日光灯、电风扇由于电压太低无法正常使用，动力用户的电动机因低电压无法启动或烧毁的情况普遍存在，用户对供电部门意见较大。为了解决这些问题，供电部门依据电力工业部制订的《降低线损十项措施》的要求，以节能降损为抓手，加强配电网的运维管理，采取各种措施挖潜降损，千方百计满足经济发展和人民群众生活用电需求。

为了摸清输配电线路线损大的原因，各地开展了线损理论计算。江苏省电力工业局 1980 年开始先后举办六期线损计算研究班，共培训市、县供电局线损专职人员 240 余人次，帮助他们掌握应用计算机计算理论线损的方法，通过综合分析各项指标，指导降损工作。1981 年起省内各地市供电局都开展了理论线损计算工作。1983 年 7 月，江苏省供电局组织了首次全网性线损理论计算工作，计算出 11 个市、65 个县的 3137 条共计 71 754 千米输配电线路和 26 358 台共计 2039.3 万千伏·安主变压器和配电变压器的理论线损，摸清了全省各地区、各级电网的线损构成和存在问题，据此修订了降损措施[1]。

一般情况下，配电线路线损高主要是由线路导线截面小、供电半径过长、迂回供电、使用高损耗变压器、线路变压器过负荷、变压器三相负荷不平衡等原因造成的。各地供电部门在建设资金紧缺的情况下，从加强配电设备的运行管理和技术改造两方面入手，开展挖潜、增效、降损工作。在运行管理方面，主要是加强线路、设备夜间巡视，及时发现消除线路、设备连接搭头发热缺陷；对用户接入点进行优化调整，平衡各线路间负荷，减少线路超、重载状况；对配电变压器开展逐台人工负荷测量。通过分析测量结果，调整变压器电压，使变压器出口电压保持合格；对低压用户进线点进行调整，以保证三相负荷的平衡；对配电变压器的安装地点做相应调整，使其尽量处于负荷中心。在技术改造方面，各地城市电网以升压、换粗导线、缩短供电半径为主；农村电网以调整布局、消除迂回供电、更换小截面导线、淘汰高损耗低硅配电变压器和增加无功补偿为重点，开展配电网改造。

1980 年，电力部门在重点减少节约工厂用电及线损、继续开展电网经济调度外，着

[1] 《江苏省电力工业志》编委会：《江苏省电力工业志》，水利电力出版社，1994 年，第 126 页。

重进行城市电网的技术改造，在北京、上海、沈阳、武汉、西安、重庆、杭州、郑州、广州等城市试点改造配电网，并逐步在全国推广经验。

浙江嘉兴供电局从线损分析入手，在电网规划、基建、大修改造工作中，把降低线损率作为目标之一。通过改造、优化电网，合理规划变电所布局和配电变压器布点，调整供电范围，缩短供电半径，换粗导线，使部分配电网在正常方式下按经济电流密度运行，逐步改造有载调压变压器，分批调换低质高耗变压器，增装并联补偿电容器等手段，全市的线损率从 1978 年的 13.96%降至 1988 年的 7.20%❶。

天津电力工业局自 1982 年起，对低压小区进行了节能改造，改造原则为；以 1 千米^{2}左右的供电面积为一小片，按负荷密度配置 8～15 台配电变压器，改变低压线过长、迂回供电、导线截面过小的不合理状况。1982 年至 1986 年改造了 42 片 44.29 千米^{2}供电区域，改造后平均每小片每年节电达 4 万千瓦•时。从 1984 年天津电力工业局开始对变压器进行节能改造，改造空载损耗高于 JB 1300—73 标准的变压器，1984 年完成（主变压器和配电变压器）264 台共 213 580 千伏•安，1985 年完成 290 台共 104 225 千伏•安，1986 年完成 325 台共 65 820 千伏•安；1987 年完成 326 台共 126 280 千伏•安。配电变压器改造后节能效果达到平均每年每千伏安 60 至 70 千瓦•时❷。

配电网节能降损工作的有力推进，不仅降低了线损率，提高了企业经济效益，一定程度上缓解了当时的电力供需矛盾，同时也促进了配电运行管理和技术水平的提升。

六、电力线路防护工作进一步规范

随着国家工作重心向经济建设转移，在电力线路安全区域内建房、种植高秆植物、拆卸电力设备零部件、侵占电力线路通道和预留场地、施工作业危及电力线路等现象越来越普遍。鉴于这一实际情况，水利电力部于 1976 年开始试行《电力线路防护规程》，对电力线路防护工作起到了一定的指导和提高作用。1979 年 1 月 8 日，水利电力部以〔79〕水电规字第 6 号印发并正式实行了《电力线路防护规程》（简称《规程》）。

《规程》是在“文化大革命”结束后，国民经济处于拨乱反正时期的历史背景下，以水利电力部 1958 年颁布的《电力线路防护规程》为基础进行修订的，参考了 1954 年政务院颁布的《输电线路暂行保护规程》（〔54〕燃生字第 107 号），执行的是“解放思想、实事求是”的思想路线，贯彻的是国务院《关于加快发展电力工业的通知》（国发〔1975〕114 号）精神，目的是多快好省地建设电力线路，修改了“留用土地过多、禁跨房屋，以及间隔过大”等限制过死过严、不切合中国国情的条款，对线路跨越房屋、树木等物体的保护距离进行了调整，并对妨碍电力线路安全的行为进行了明确界定，为电力职工开展线路巡视防护工作提供了技术支撑和法律依据，对同类条款进行了综合，内容上更为精炼，表达更为准确。

---

❶《嘉兴市电力工业志》编纂委员会：《嘉兴市电力工业志（1991～2005）》，浙江人民出版社 ，第 78 页。

❷ 天津市电力公司：《天津市电力工业志》，中国电力出版社，2012 年，第 112 页。

《规程》还特别明确了“电力线路的杆塔、拉线、支柱及附属设施本身所占用的土地和为保证基础稳定所需的土地为留用土地，留用土地按国务院颁布的《国家建设征用土地办法》❶及其他有关规定征用”“电力线路经过地区的机关、工厂、矿山、部队、生产队、学校和居民等有协助保护电力线路的责任”等事项，指明了建设电力线路所需土地的征用方法和途径，解决了电力线路防护工作的关键问题，避免了因征地可能产生的纠纷，同时为电力线路的防护工作打下了坚实的群众基础，营造了群防群护的良好社会环境。

《规程》自颁布施行后，各地电力单位以此为依据，进一步细化工作内容，制定电力线路设备防护工作的实施办法、规章制度等，电力线路防护工作得到进一步规范。内蒙古供电单位对配电线路维护工作提出了详细要求，采取定期巡视、特殊巡视、夜间和事故巡查等方式，及时发现自然环境变化、地方工程建设及其他可能危及配电网电力线路安全运行的外部因素。同时，积极寻求城建、林业等部门支持配合，每年适时砍伐修剪线路走廊及附近的树木，并开展清除线路下的杂物，设置防止车辆碰撞的电杆防护桩，刷写安全警告标志，进行安全护线宣传等防护工作，使配电线路设备防护工作收到了较好的效果；东北、华北电力单位恢复了“护线站”“线委会”等电力线路防护工作的群众组织；各地电力单位还积极争取地方政府的支持，将电力线路防护工作纳入当地公安系统联合执法，工作力度逐步增大。

第三节 可靠性管理工作的起步

随着社会主义市场经济的快速发展，一方面是电力负荷快速增长，电力供需矛盾严重；另一方面现代化国民经济与人民生活对电的依赖越来越深，社会对供电质量的要求也越来越高。为最大限度地发挥企业经济效益，促进电业管理从定性阶段，进化到科学的定量阶段，中国在引入电力可靠性管理模式，成立电力可靠性管理中心，开展供电可靠性统计工作，并在前期开展带电作业的基础上，完善了带电作业管理制度，以提高电网可靠供电水平，满足日渐现代化的国民经济发展和愈发丰富的人民生活需求。

一、电力可靠性管理中心的成立

电力可靠性是指电力系统按可接受的质量标准和所需数量，不间断地向电力用户供应电能能力的度量。电力可靠性管理涵盖了电力系统发电、输变电、供电各电力生产环节，是电力系统和设备的全面质量管理和全过程的安全管理，是适合现代电力行业特点的科学管理方法之一。

系统性的工业可靠性研究始于 20 世纪 50 年代，主要应用于军工事业、航空航天技

❶《国家建设征用土地办法》：1953 年 11 月 5 日政务院第一百九十二次会议通过，12 月 5 日政务院公布施行，1957 年 10 月 18 日国务院全体会议第五十八次会议修正，1958 年 1 月 6 日全国人民代表大会常务委员会第九十次会议批准，同日国务院公布。

术等技术密集型行业。到 20 世纪 60 年代中期，美国、西欧、日本、苏联等国家（地区）电力系统陆续出现稳定性破坏事故，导致大面积停电，可靠性管理和技术开始引入电力系统。

20 世纪 70 年代末，中国电力工作者开始着手进行电力可靠性工作的前期研究，广泛收集国际上有关电力可靠性的资料以扩大眼界，有针对性地在国内个别电力企业中进行实践试点，有计划开展科技宣讲和培训工作，为实行电力可靠性管理培养骨干力量。1981 年电力工业部颁布了《电力系统安全稳定导则》，是电力工业可靠性管理的指导性文件。1984 年 11 月，中国电机工程学会可靠性专业委员会成立，电力可靠性管理在学术领域开始得到交流。同时，电力可靠性技术管理作为一项重要的企业管理方法，开始被政府、企业进一步重视。

1985 年 1 月 11 日，水利电力部发布《关于设立“电力可靠性管理中心”的通知》(〔85〕水电电生字第 2 号)，决定在科技情报研究所设立电力可靠性管理中心（简称“中心”），专门从事全国电力可靠性管理工作。通知规定，中心的主要任务包括：拟定电力工业各项可靠性准则规章制度；统计、分析并定期公布电力工业各项可靠性指标，并提出提高可靠性的措施；向规划设计、设备制造、生产运行等有关部门及时反馈可靠性的信息，并促进各部门采取提高可靠性的措施。中心的成立，拉开了中国电力可靠性管理的序幕，电力行业的可靠性管理进入系统化、规范化的新阶段[1]。

随着中国几次电力系统的组织机构改革，主管部门经历了从能源部、电力工业部、国家经济贸易委员会、国家电力监管委员会到国家能源局的变化，中心也随之几度更名。期间，1988 年，国务院批准成立中国电力企业联合会（简称“中电联”），明确电力可靠性管理中心挂靠在中电联。1999 年，中心成为中电联内部机构之一，电力可靠性管理工作正式纳入电力行业管理的范畴。2005 年，中心划入电监会，电力可靠性纳入政府监管体系。中国电力可靠性管理体系不断完善，逐步构建起了企业内部自上而下、行业统筹协调和政府分级监管的管理网络体系。

中心成立 30 多年以来，不断探索和完善可靠性管理模式，推进了可靠性管理工作的规范化、标准化和国际化发展，建立了全国统一的信息技术支持系统，定期发布可靠性指标，实现了统计信息的全社会共享，提供了电力设备、电网运行状况的可靠性专业分析。同时，组织开展企业评价和对标工作，推动可靠性管理工作从事后统计分析型向事前评估型延伸，培养和造就了一支精良的可靠性管理队伍，并开展了卓有成效的工作，促进了电力行业发供电设备运行水平和生产管理水平、机电设备制造、基本建设和安装水平、可靠性技术和理论研究水平的提高，得到了政府、行业、企业和社会的充分肯定。

---

[1]《电力可靠性管理文集》编委会：《电力可靠性管理文集》，中国科学技术出版社，2000 年，第 58 页。

二、供电可靠性统计工作的开展

供电可靠性数据统计是反映电力系统对用户的供电状况和电力系统运行、管理综合水平的基础工作之一，包括配电网设施基础数据、运行数据以及各种指标的统计，可以为编制配电系统运行方式、维护检修计划以及设计和规划提供可靠的数据及资料，为提高配电系统对用户的连续供电能力提供最佳可靠性的决策依据。

1983 年，云南省电力工业局试验研究所与昆明供电局合作，开展昆明配电系统可靠性管理试点工作，用手工方式进行可靠性统计。1984 年水利电力部委托昆明供电局草拟了《配电系统供电可靠性统计办法》[1]。1985 年 2 月 1 日，水利电力部以〔85〕水电电生字第 9 号文颁发了《配电系统供电可靠性统计办法（试行）》（SD 137—1985）（简称《办法》），并决定在全国范围内开展配电系统供电可靠性统计评价工作。《办法》明确了配电系统供电可靠性定义及分类、统计范围和内容、停电停运原因、评价指标、统计报表及要求等内容。

《办法》颁布后，各地按照水利电力部要求，依据《配电系统供电可靠性统计办法》，积极开展配电系统供电可靠性管理工作，开始进行可靠性数据统计。1985 年，水利电力部将天津、昆明、广州、深圳、珠海等供电局列入开展配电可靠性统计试点单位。1986 年，安徽省在合肥、芜湖等 6 个地市供电局进行试点，同年 10 月，在合肥供电局举办了配电系统供电可靠性统计应用程序培训班，推广安徽省电力工业局开发的计算机程序，进行可靠性统计[2]。广东省电力工业局为推进统计工作，在经过广州、深圳、珠海供电局试点后，于 1990 年选定广州、深圳、佛山、江门、珠海等 10 个供电局作为广东省第一批开展供电系统配电可靠性统计单位，建立供电可靠性领导小组，配备人员，制定管理、统计办法，开展人员培训[3]。《办法》的颁发和试点工作的开展，推动了供电可靠性统计工作的深入开展。

为了在全国范围内统一可靠性统计方式，更好地发挥《配电系统供电可靠性统计办法》在生产当中的应用，可靠性管理中心开始逐步推进配套编码的制定及可靠性信息系统的建设。1987 年 7 月 29 日水利电力部首次印发了《电力设施可靠性统计编码》，规范了全国电力可靠性数据统计、分析的定义和方法。1991 年电力可靠性管理中心在全国范围内统一推广供电系统用户供电可靠性管理信息系统，使供电可靠性统计工作实现了规范化、信息化。

1991 年 4 月 29 日，能源部结合各地企业升级、经营承包考核指标以及统一编码等要求，修订了原统计办法，并以能源电〔1991〕363 号文颁发了《供电系统用户供电可靠性统计办法》（试行）。后随着电力可靠性管理标准化技术委员会成立，供电可靠性统计标准化进程进一步加快。

---

[1] 中国南方电网有限责任公司：《中国南方电力工业志（1888～2002）》，中国电力出版社，2018 年，第 416 页。

[2] 安徽省电力工业局：《安徽省电力工业志》，当代中国出版社，1995 年，第 273 页。

[3] 中国南方电网有限责任公司：《中国南方电力工业志（1888～2002）》，中国电力出版社，2018 年，第 416 页。

三、《带电作业技术管理制度》的发布

带电作业技术发展过程中，各地带电作业的管理都在摸索中前进。1982 年 10 月 17 日，东北电业管理局颁发《带电作业技术安全工作规程》（试行本）和《带电作业技术管理制度》（试行本）。随后，全国其他各网省局也结合本地区实际情况编制此类制度❶。西南电业管理局于 1983 年 4 月 13 日颁发了《带电作业安全工作规程（试行）》《带电操作导则（试行）》《带电作业技术管理制度（试行）》。该规程由昆明、成都、贵阳三个供电局的 6 名代表，前往华东、东北、华北等地区 8 个单位考察后，结合西南地区实际情况编写而成。各地相继颁发的配电带电作业相关制度，结合各地区具体情况，对带电作业进行了更详细规定。

1987 年 9 月 22 日至 25 日，水利电力部生产司在辽宁省兴城召开全国带电作业工作会议。会议后，水利电力部颁发了《带电作业技术管理制度》（〔87〕水电生字第 107 号）（简称《制度》）。该制度是根据东北电业管理局、西南电业管理局等颁发的《带电作业技术管理制度》的主要内容，结合实践经验编写而成的❷。

为统一各地带电作业的管理，《制度》规定带电作业由水利电力部生产司负责领导管理，对网局（省局）及基层单位的带电作业管理要求和具体职责进行了细化，还规定了电力试验研究院（省中心试验研究所）的任务。

带电作业是技术性较强、操作安全水平要求较高的特殊工种，因此，《制度》规定开展带电作业的单位对作业人员必须坚持专业培训，各网局（省局）应建立带电作业培训中心，配备模拟设备和场地，有计划地对全网（省）带电作业人员分期分批进行轮训，明确了带电作业新人员的培训和持证作业人员日常培训要求。此后，全国各地开始带电作业培训基地的建设，组织起了有序的培训工作。

在带电作业的发展过程中，新项目不断出现，为在确保安全的前提下激发创新动力、促进创新成果落地，《制度》规定新项目必须编制安全技术措施，经现场模拟操作确认安全可靠，由本单位专责人审查和总工程师批准，方可应用。随着绝缘斗臂车的应用规模逐渐加大，配电带电作业项目呈现井喷式发展，《制度》在保证安全的同时，促进了创新成果在生产中的应用。

带电作业使用的工器具直接影响作业的安全性和效率，《制度》规定带电作业所需工具均应按有关规定进行出厂试验、验收试验和预防性试验，对有缺陷的工具和淘汰的工具应及时处理，带电作业班组还应配备专用带电作业工具车。

《带电作业技术管理制度》是首个全国性的带电作业管理制度，对各地的带电作业管理方式进行了规范，明确了人员培训、项目管理、工具管理的要求。从此各地的带电作业管理模式逐步统一，管理职责更加明确，作业人员培训内容和周期等更加规范，新项目的管理方式在确保安全的前提下不断创新。

---

❶ 中国电力企业联合会编：《回顾与发展：中国带电作业六十年》，中国水利水电出版社，2014 年，第 45 页。

❷ 中国电力企业联合会编：《回顾与发展：中国带电作业六十年》，中国水利水电出版社，2014 年，第 83 页。

第四节　配电设备与技术的革新

改革开放前，中国的配电网设施基础落后，设备多油、容量小、损耗大、故障率高。改革开放后，在“调整、改革、整顿、提高”的新“八字方针”指导下，电力企业开始学习引进国外先进的设备技术，结合自主创新，不断改进技术标准，特别是1981年全国供电会议召开后，中华人民共和国第一机械工业部与电力工业部两部开始联合研发配电装备，设备和技术的更新换代更加迅速。作为配电主设备的配电变压器，经历了JB 500—1964标准、JB 1300—1973标准、GB 6451.1—1986标准等三次迭代更新，总损耗平均降低48%，明显提升了配电变压器节能环保效益。

1978—1987年，中国电力工业在引进吸收的同时，自主研发新产品，使配电设备逐步向电气性能好、高效节能、免维护、无油化、自动化方向发展，配电网的安全性、可靠性、经济性、合理性得到全面提升。

一、配电变压器节能技术的进步

配电变压器是应用量大、面广的一种通用配电设备，其性能水平的高低，损耗指标的大小，直接影响电力企业和社会的经济效益。

中华人民共和国成立初期至20世纪60年代初，国产的电力变压器执行苏联标准，变压器使用热轧硅钢片，性能低下。自20世纪60年代中期，中国开始依照《电力变压器》（JB 500—1964）标准自行设计、制造电力变压器，主要有SJ、SJL等系列，采用热轧硅钢片，安装运行后，损耗高，性能差。1970年，在硅等原材料不足的情况下，为了响应“节约闹革命”的增产节约运动，水利电力部下发《关于下达1970年小水电用矽[1]钢片部分指标的通知》，劣质低硅甚至用铁皮代替硅钢片等非标准配电变压器开始投入运行，仅江苏省就使用了3000多台，后因其存在损耗更高等众多技术问题而迅速被淘汰，但至少也是一次配电变压器革新尝试。据统计，1975年前安装使用的配电变压器大部分依据JB 500—1964标准，还有的是非标产品（如低硅变压器），1975—1980年间新安装使用的配电变压器中，有一半以上仍依据JB 500—1964标准，部分依据JB 1300—1973标准。1980年以后，仍有厂家在生产、销售JB 500—1964系列产品，并多流向农村，这种情况一直持续到80年代后期。

通过调查和理论计算得知，在安装JB 500—1964标准和非标准配电变压器的农村配电网中，配电变压器的运行损耗约占农村高压配电网总损耗的60%～70%，其中铁损又占配电变压器运行损耗的80%左右。为此，20世纪70年代，机械工业部颁发了《变压器基本参数》（JB 1300—1973）标准，制造厂家按此标准生产了S1、S2、S3、S5、SL、SL1～

[1] 矽：硅的旧称。

SL3 系列产品，其工艺上开始采用了冷轧硅钢片，部分系列虽仍采用热轧硅钢片但制造工艺有所提高，总体的空载损耗比 JB 500—1964 标准降低了近 1/3，但性能比发达国家同类变压器仍有很大差距，降损空间很大。

20 世纪 80 年代，随着国内变压器的设计技术、制造工艺进步，以及所需优质材料的出现，沈阳、保定、西安、上海、广州、常州等几大变压器生产厂家统一设计生产出 S7、SL7、S8、SL8 等系列低损耗变压器，其各项指标均达到了《电力变压器》（GB 1094—1985）和《变压器技术参数》（GB 6451—1986）要求，产品性能与当时国际 IEC 标准和联邦德国西门子公司 1974 年的同类产品水平相当，其空载损耗比按 JB 500—1964、JB 1300—1973 标准生产的变压器损耗分别下降 56%和 41%左右。以 100 千伏・安配电变压器为例，其空载损耗和负载损耗按 JB 500—1964 标准生产的分别为 730 瓦和 2400 瓦，按 JB 1300—1973 标准生产的分别为 540 瓦和 2100 瓦，按 GB 6451—1986 标准生产的分别为 320 瓦和 2000 瓦，“7”系列变压器损耗降幅明显。自 20 世纪 80 年代以来，该系列变压器因综合损耗低、运行稳定、噪声小、质量可靠，在节约能源、降低网络损耗、安全可靠运行等方面发挥了巨大的作用。

1983 年水利电力部以〔83〕水电物字第 16 号文下达《关于停止装用高能耗变压器的通知》，决定停止安装使用 JB 500—1964 系列产品，用以促进配电变压器更新换代。1985 年，又以水电物字第 24 号文再次下达了《关于高能耗变压器更换问题的通知》，文中明确规定凡按 JB 500—1964 和 JB 1300—1973 标准制造的变压器，必须限期逐步更换为按新标准制造的 S7、SL7 等系列的节能型变压器。当时预计需更新或改造的配电变压器有 70 余万台，更新改造后，每年可节电 70 亿千瓦・时，相当于一个 120 万千瓦发电厂年运行近 6000 小时的发电量。

1999 年，中华人民共和国国家质量监督检验检疫总局发布了《三相油浸式电力变压器技术参数和要求》（GB/T 6451—1999），国内沈阳、西安、保定等多家制造厂引进、吸收国外先进技术设备，成功设计生产出损耗更低的“9”型变压器，同时设计生产出非晶铁心配电变压器并进行推广。新 S9 系列与 S7 系列相比，其空载损耗平均下降 10.25%，负载损耗平均下降 22.4%，特别是非晶铁心变压器的问世，使空载损耗和空载电流的降低幅度取得了突破性进展。在 20 世纪 90 年代末期开始的农网改造工作中，按 JB 500—1964 标准、JB 1300—1973 标准和 GB 6451—1986 标准生产的配电变压器均被列为机械部和国家计委要求于 1998 年底以前淘汰的机电产品，逐步采用损耗更低的“9”“10”“11”型变压器。

1964—1999 年，国家共对配电变压器的性能标准进行了四次修改，即 JB 500—1964、JB 1300—1973、GB 6451.1—1986 和 GB 6451.1—1999，对其标准下的产品大力推广和更换。经过 30 余年的发展，配电变压器的总损耗平均降低 48%，电力企业供电成本和社会用电成本也随之下降，节能环保效果明显。2006 年 1 月 9 日，发布《三相配电变压器能效限定值及节能评价值》（GB 20052—2006），对配电变压器能效和节能提出进一步的要求，规定了变压器生产的市场准入损耗标准。

时至今日，变压器的能效和节能依旧是变压器设计和技术革新的重要关注方向。低损耗变压器的大量采用，为减少电力系统变压过程的能耗，降低运行成本，起到了重要的作用。

二、绝缘操作杆和绝缘绳索的改进

1978 年 8 月 1 日，水利电力部科技委下发《带电作业三年、八年科技规划（草案）》（〔78〕技综字第 253 号）。规划中列入带电作业科研项目 19 项，包括绝缘操作杆、绝缘绳索、绝缘斗臂车、液压技术应用等课题。绝缘操作杆、绝缘斗臂车等关键装备的研究和进步，对配电带电作业技术的提升产生了深远的影响。

中国开展带电作业初期，绝缘操作杆一般采用环氧纸棒（管）或桦木杆（棒）。1958 年起，西安和营口相继建立起了绝缘材料厂，环氧树脂复合材料在中国问世，环氧树脂玻璃布卷制管材开始应用于绝缘操作杆。这种管材密度较低，防潮性能差，受潮后容易产生沿面放电，用于带电作业易导致人身及设备安全事故。

《带电作业三年、八年科技规划（草案）》的发布，加速了绝缘操作杆的研发进程。20 世纪 80 年代，密度更高的防潮泡沫填充环氧杆研制成功。1994 年，国内开始生产玻璃纤维增强型环氧复合绝缘杆。这种绝缘杆在工艺上进行了变革，采用引拔、缠绕工艺提高绝缘材料的致密性，并在管内填充聚氨酯泡沫，其抗弯性能、防潮性能、抗机械老化特性得到了显著提高。玻璃纤维增强型环氧复合绝缘杆首次通过了《带电作业用绝缘杆通用技术条件》（GB 13398—1992）和《带电作业用泡沫填充绝缘管和实心棒》（IEC 60855—1985）两个标准，达到了国际同类先进水平[1]。

在绝缘杆取得发展的同时，绝缘绳索也经历了多个发展阶段。20 世纪 50 年代，鞍山电业局首次在 10 千伏线路开展带电作业时，使用的是白棕绳，由于棕绳绝缘性能较差，又逐渐改用短棉绒纺织的棉纱绳。这些绳的绝缘性能、防潮性能和强度都很低。20 世纪 70 年代，锦纶绝缘绳和桑蚕丝绝缘绳开始投入使用，当时使用的锦纶绝缘绳和桑蚕丝绝缘绳主要是机械加工的绞制绝缘绳，用时根据需要剪断制作成扣，存在易打扭、伸长率大、插扣麻烦等缺点。20 世纪 80 年代，编织绝缘绳因具有强度高、伸长率小、不打扭等优点，得到了广泛应用。由于当时尚无绝缘绳索的国家标准，部分地区也曾使用柞蚕丝绳、绢纺丝绳、丙纶绳等性能较差的绳索，1991 年，国家颁布了《带电作业用绝缘绳索》（GB 13035—1991），对绝缘绳索进行了规范，但此时的绝缘绳索仍不具备防潮性能，极易因受潮导致绝缘性能下降。1996 年，以工业石蜡加化学制剂经加热处理后吸附在绝缘绳表面制成的中国第一代合成纤维防潮绝缘绳研制成功，首先在广州供电局投入使用，因石蜡易融化黏手，这种绝缘绳并未得到推广。2001 年，使用经防潮处理的 TBO 系列纤维制作成的第二代防潮绝缘绳研制成功，解决了绝缘绳易受潮导致绝缘性能降低的难题，该种绝缘绳依靠优秀的防潮性能迅速在全国得到推广应用。2003 年颁布的《带电作业用绝缘绳索》

---

[1] 易辉：我国带电作业用绝缘杆材的现状与前景. 高电压技术，2001 年，第 4 期，第 57～58 页。

（GB/T 13035—2003）首次规定了防潮绝缘绳的技术要求和试验方法等。

进入 21 世纪以来，绝缘操作杆、绝缘绳索等带电作业的关键工器具，与带电作业技术一同发展进步，为带电作业项目的丰富和安全性的提升提供了有力的保障。

三、低压漏电保护器的推广和应用

1960—1980 年，全国农村电网发展迅速，用电范围不断扩大，但线路设备质量很差，农电管理混乱，触电伤亡事故层出不穷。为有效防止人身触电伤亡和电气设备损坏事故，提高农村低压电网安全技术水平，中国从 1966 年开始研制电压动作型触电保安器。

1968 年由机械工业部上海电器科学研究所、浙江省机械科学研究所、南京机械研究所和嘉兴电气控制设备厂共同研制的 AB61－12 型触电保安器正式投产，该产品是中国第一台经国家鉴定认可的触电保安器。1971 年，山东省电力局开始支持并帮助部分县供电局制造和试用触电保安器，1972—1973 年，山东省滕县、莘县、金乡等县电业局成功试制山东省第一代大刀片式和重锤式触电保安器[1]。

1974 年 4 月，水利电力部在河北省望都县召开了全国农电第一次技术革新经验交流会，会上通过介绍望都县电力局关于触电保安器应用的典型经验，提出“电压触电保安器技术还没采用的地方，要定点使用”的指导意见，低压触电保安器在全国范围内应用。1978 年 12 月 31 日，水利电力部颁发《农村低压电力技术规程（试行）》，首次提出了触电保安器的安装要求，明确了设备的接入方式。截至 1978 年，全国农村共计安装使用触电保安器达 25 万台[2]，使当年农村人身触电死亡事故较 1973 年下降了 27.6%[3]，取得较好的成效，被广大农民称赞触电保安器是“保命器”“救命器”。

早期的电压型触电保安器存在内部结构复杂，制造成本高，且易受外界干扰，稳定性较差等问题。为解决该问题，中国从 20 世纪 70 年代后期，借鉴国外先进经验，开展对电流型触电保安器的研究和试用工作。20 世纪 80 年代，为了满足更高的灵敏度和可靠性要求，中国开始在电流型触电保安器中应用高灵敏的电子元件，与电压型触电保安器相比，电流型触电保安器宜装设、动作可靠、制造成本低，逐渐占据国内触电保安器应用的主导地位。1985 年 1 月，山东省下发了《关于加强触电保安器运行管理的通知》，并修订了《山东省触电保安器运行管理制度》，其中明确要求逐步淘汰电压型触电保安器，推广电流型触电保安器和鉴相脉冲型保安器，提升触电保安器的动作可靠性和灵敏度[4]。1985 年，山东省全省安装触电保安器 9.915 万台，安装率达 99.30%，农村触电死亡人数由 1980 年的 79 人减少为 46 人，农村触电死亡率下降为 0.18 人次/（1000 千米・年）[5]。

1987 年，水利电力部正式将触电保安器更名为漏电保护器。同年 7 月，水利电力部

[1] 山东省电力工业局史志编辑委员会：《山东省电力工业志》，山东友谊出版社，1996 年，第 580～582 页。

[2] 张彬：《中国电力工业志》，当代中国出版社，1998 年，第 489 页。

[3] 张彬：《中国电力工业志》，当代中国出版社，1998 年，第 513 页。

[4] 山东省电力工业局史志编辑委员会：《山东省电力工业志》，山东友谊出版社，1996 年，第 580～582 页。

[5] 山东省电力工业局史志编辑委员会：《山东省电力工业志》，山东友谊出版社，1996 年，第 580～582 页。

首次颁布《漏电保护器农村安装运行规程》，对漏电保护器的保护方式、漏电动作电流选择、保护分段时间、保护器的安装、保护器对低压电网的要求及保护器运行管理等方面进行了阐述，并要求保护器安装必须严格选用符合《漏电电流动作保护器》（GB 6829—1986）国家标准的产品，提出了低压电网必须有总保护，使全电网处在保护范围之内的要求，规范了从事农电管理的各级干部、技术人员、工人以及农村管电人员的漏电保护器管理职责，对漏电保护器的推广和应用具有重要指导作用。

第六章

城乡配电网大规模建设改造（1987—2002）

20 世纪 80 年代中后期，国务院明确“二十字方针”，以“政企分开、省为实体、联合电网、统一调度、集资办电”和因地因网制宜，推进电力工业改革，配套以加快电力行业相关法制建设，逐步建立了一整套电力法律法规体系，为电力工业改革、生产建设提供法律依据。这时期的城乡配电网，经过机构的重组改建、管理模式的改革、规程制度的修订完善，形成了规范化的配电网管理体系，配电网的运行管理水平有了较大提升。但由于长期资金投入不足，城乡配电网普遍存在网架结构薄弱、供配电能力不足、电能质量差、设备陈旧老化、供电可靠性低以及农村地区用电电价高、乱收费等众多问题，严重影响了工农业生产和人民群众生活，对此，党中央、国务院高度重视，把城乡电网的建设与改造列为国家六项基础设施建设的内容之一，拟定从 1998 年下半年开始，投入 2500 多亿，用三年时间进行大规模的城乡电网建设改造。

国家电力公司作为城乡配电网建设与改造的实施部门，对此高度重视，针对配电网存在的突出问题，制定了一系列规程制度，采用国际先进技术设备，加强工程全过程管理，全力推进工程建设。截至 2001 年年底，为期三年的城乡配电网建设与改造基本结束，城市配电网完成投资 1214 亿元，农村配电网完成投资 1893 亿元。

城市电网改造工程完成后，形成分段互联、较为可靠的城市网架，城市繁华路段电缆入地，配电自动化开始小范围试点应用，城市配电网供电能力和电能质量有很大提高，电压合格率提高了 2～5 个百分点，达到 96%～98%。此外，城网改造还促进每年用电量以 10%以上的速度增长，带动了家用电器的生产和销售，居民生活质量有了很大提高。

农村电网通过建设与改造，使农村地区供电可靠率提高了 8 个百分点，达到了 95%以上；电压合格率提高了 12 个百分点，达到了 90%以上；线损率下降到 12%以下。2001 年与 1998 年相比，农村电价平均下降 0.13 元/（千瓦·时），每年减轻农民负担 350 亿元。同时，消灭了无电县，解决了 2500 多万人的通电问题，为农村经济发展提供了能源保障，得到广大农民普遍欢迎，被农民群众誉为“德政工程”“民心工程”。

第一节　电力法律法规框架的形成

电力工业发展中的问题，最终要通过深化改革，建立一整套适合中国国情与电力工业特点的电力法律法规和相应的监督体系来解决。在进行电力体制改革的同时，国家开始推进电力行业的法制建设，经过近十年时间，至1990年代中期，逐步形成了一个以《中华人民共和国电力法》为核心，相关法律、条例为支撑的电力法律法规体系，为电力工业体制深化改革及电力市场构建提供了法律依据，也为电力生产、供应、使用等环节的各类型主体利益提供了法律保护。

一、《中华人民共和国电力法》的颁布

改革开放以后，随着经济建设的迅猛发展，电力供应已不能满足社会经济发展的要求，电网建设相对滞后，缺乏发展后劲，供需矛盾突出，电力工业仍然是制约国民经济发展的“瓶颈”产业之一。配电是电力工业链条中的下游环节，直接面对各行各业和千家万户，是维护供电正常秩序，维护社会公共利益，实现电力这种特殊商品价值的直接执行者，也迫切需要通过立法建立严格的管理制度，将配电生产、管理和使用纳入法制轨道。《中华人民共和国电力法》（简称《电力法》）是在总结改革开放以来电力建设、电力生产、电力供应、电力使用、电力保护和电力管理等方面经验的基础上，根据社会主义市场经济的客观要求，适当吸收外国电力立法的有益经验制定的。

《电力法》的立法过程长达十年。1985年2月，六届全国人大三次会议上，38名代表提议起草和制定电力法。1986年，电力法被列入国务院立法计划，水利电力部成立电力法起草小组，提出了《电力法》草案，并在电力系统内部征求意见。1988年能源部成立后，根据国务院立法计划，继续开展《电力法》的起草工作，1991年3月能源部提出了征求意见稿，经广泛征求意见并修改后，同年10月，形成了《电力法》送审稿，提请国务院审议。1995年，国务院第36次常务会议讨论通过了《电力法》草案，并于9月30日提请全国人大常委会审议。电力工业部部长史大桢在1995年10月23日召开的第八届全国人民代表大会常务委员会第十六次会议上，就《电力法》草案进行了说明[1]，同年12月28日，第八届全国人大常委会第十七次会议审议通过了《电力法》，并于1996年4月1日起正式施行，结束了中华人民共和国成立以来中国电力行业无专属法律的历史。

《电力法》全文共十章73条，“保障和促进电力事业发展的原则，维护电力投资者、经营者和使用者合法权益原则和保障电力安全运行”三大原则是《电力法》立法的出发点和归宿，贯穿于《电力法》全部内容之中，对电力建设、电力生产与电网管理、电力供应与使用、电价与电费、农村电力建设和农业用电、电力设施保护、监督检查、法律责任等作出了规定，将电力生产、供应和使用纳入法治轨道，对维护发电、供电、用电的正常秩序，维护电力企业和用户的合法权益，维护公共利益，电力建设项目符合电力发展规划，电网建设与电源建设协调发展，促进电力工业发展等有着积极的作用。

《电力法》是电力行业一切法规体系的母法，是国家对电力供应和使用双方行为强制实施的法律，先后于2009、2015、2018年进行了三次修订。在《电力法》首次颁布前后，

[1]《第八届全国人民代表大会常务委员会第十六次会议》公报。

国务院于1987年9月发布了《电力设施保护条例》，并于1998年1月根据国务院《关于修改电力设施保护条例的决定》进行了修订；1993年11月，国务院发布了《电网调度管理条例》；1996年4月，国务院发布了《电力供应与使用条例》；1996年，电力工业部制定了《供用电监督管理办法》《用电检查管理办法》《供电营业区划分及管理办法》《供电营业规则》和《居民用户家用电器损坏处理办法》5个办法。至此，“一法三条例”和5个配套法规，形成了电力工业法制体系的基本框架，为电力工业走向法制化管理奠定了基础。

《电力法》是国家为数不多的一部产业法，将国家发展能源产业的基本政策以法律的形式固定下来，符合电力行业的实际和电力发展的需要。同时，《电力法》又是一部综合性法律，规定了调整平等主体之间财产法律关系的民事法律规范及违反《电力法》的民事责任和刑事责任。

为了全面准确地贯彻执行《电力法》，1996年4月3日国务院办公厅印发专门通知，就执行《电力法》作出部署。同年10月，全国人大常委会法工委与电力工业部共同编写并发布了《电力法释义》。各级政府和电力企业及时组织开展了宣传、贯彻、学习活动。1996年8月31日，电力工业部副部长陆延昌走上湖北省武汉市街头向市民宣传《电力供应与使用条例》，发放宣传品，接受群众咨询[1]。1998年5月，由国家经贸委、国务院法制局、人大法工委、国家电力公司组成联合执法检查组到河南开封、洛阳等地进行重点检查，督导《电力法》及“三个条例”的贯彻执行。湖南省电力公司经认真调查研究，就贯彻执行“一法三条例”制定了地区性的配套法规和办法，报请列入省立法计划。

《电力法》的颁布实施，为推进电力行业法制化管理进程，解决电力供需矛盾，达到电力与经济均衡发展起到了积极作用。一些电力企业依据《电力法》，运用法律武器，在电力生产、建设、供用电业务上的行政诉讼案、民事纠纷和经济纠纷诉讼案例中据理力争，挽回了经济损失。在配电网发展规划方面，一些电力企业依据《电力法》中“城市电网的建设与改造规划应当纳入城市总体规划。城市人民政府应当按照规划，安排变电设施用地、输电线路走廊和电缆通道”[2]的规定，争取地方政府的支持，合理规划配电网架。《电力法》充分考虑到农村用电问题，专设了“农村电力建设和农业用电”一个章节[3]，各地电力企业依据这一条款，大力开发农村电源，加大农村配电网投入，为支持农业生产，保证农业用电，推进农村电气化进程，加快农村现代化建设做出了积极贡献。

到“十五”计划初期，“一法三条例”及相关配套法规在贯彻执行过程中取得了一定的成效，但是有法不依、执法不严的状况依然存在，非法用电和窃电、电力设施遭外力破

[1] 《华中电力工业史》编委会：《中华人民共和国电力工业史・华中卷》，中国电力出版社，2004年，第187页。

[2] 中华人民共和国第八届全国人民代表大会常务委员会第十七次会议通过：《中华人民共和国电力法》，法律出版社，1996年。

[3] 中华人民共和国第八届全国人民代表大会常务委员会第十七次会议通过：《中华人民共和国电力法》，法律出版社，1996年。

坏的现象还未杜绝，各级供电职工遭受围攻殴打、供电部门被冲击等问题时有发生。《电力法》是将电力投资、电力建设、电力开发、电力供应推向社会主义市场经济的一部法律，而市场经济是法制经济，只有坚持有法必依、执法必严、违法必究，才能促进国民经济和电力事业的有序协同发展，电力执法工作还任重道远。

二、电力设施保护工作的法律保障

电力设施是电力系统赖以运行的载体，也是电力工业安全生产不可或缺的物质基础，任何一个部分被损坏都将使电力供应和使用发生中断，直接影响到国民经济健康有序的发展和社会生活的安定和谐。随着经济发展和法制健全，电力设施保护工作背后折射出来的法律缺陷日趋明显。鉴于这一实际，国家颁布实施《电力设施保护条例》，为构建电力设施保护法律风险的防控体系，切实保护电力设施安全，保障电力生产和建设顺利进行提供了法律保障。

1987年9月15日，国务院以国发〔1987〕84号文颁发了《电力设施保护条例》（简称《条例》），重点对电力设施的保护范围和保护区、电力设施保护的方法以及奖惩措施进行了明确。《条例》适用于中华人民共和国境内全民所有的已建或在建的电力设施（包括发电厂、变电所和电力线路设施及其附属设施），实行电力主管部门、公安部门和人民群众相结合的电力设施保护原则，确立了电力设施属于国家财产，受国家法律保护的合法地位，禁止任何单位或个人从事危害电力设施的行为，是中华人民共和国成立以来电力行业内一部具有重大意义的国家级行政法规，为保障电力生产和建设的顺利进行，维护公共安全提供了法律依据。

水利电力部于1987年10月7日至9日在北京召开了水利电力公安保卫工作座谈会，就贯彻执行《条例》作了说明并提出了六条要求，14日印发了《关于大力宣传贯彻国务院发布的〈电力设施保护条例〉的通知》（〔87〕水电电生字第96号），同时以通知附件的形式印发了《破坏电力设施案件立案标准（内部试行）》，对破坏电力设施行为的定义、立案标准及适用方法等作了明确界定为贯彻执行《条例》，打击破坏电力设施的犯罪活动，维护公共安全和电力生产建设秩序提供了有力支撑。各级电力部门在当地政府的支持下，建立了保护电力设施领导小组，调整充实了群众护线组织，建立健全了安全承包责任制，各级公安部门侦破了多起破坏电力设施的案件，公开审判了一批犯罪分子。针对部分地区在贯彻执行《条例》时部署不够到位、发展不够平衡、边远山区和乡村的宣贯工作存在死角等问题，水利电力部于1988年2月29日印发了《关于进一步宣传贯彻〈电力设施保护条例〉的通知》（〔88〕水电电生字第11号），重申了宣传贯彻《条例》的要求。

为了便于各级电力单位更好地贯彻执行《条例》，水利电力部于1988年1月委托华东、华北电管局，共同拟定[1]《电力设施保护条例实施细则》（简称《实施细则》），1992年12

---

[1]《关于征求〈电力设施保护条例实施细则〉意见的通知》（〔88〕电生供字第6号）。

月 2 日以中华人民共和国能源部[1]、公安部第 10 号令发布施行。

《条例》和《实施细则》发布实施后，各地政府结合实际制定配套的政策法规，加大了《条例》贯彻执行力度。河北省 1992 年 12 月发布实施了《河北省电力设施保护实施办法》，湖北省 1994 年 9 月发布实施了《湖北省电力设施保护实施办法》，山东省 1995 年 10 月发布实施了《山东省电力设施保护条例》等。在各地政府的大力支持配合下，相关电力单位依据《条例》妥善处理了各类纠纷事件，如吉林省曹豪哲触电纠纷案[2]、河南省配电线路跨越居民住宅纠纷案[3]等。破坏电力设施的犯罪活动得到了应有的惩罚，有力保护了电力设施的安全，维护了公共秩序稳定，挽回了经济损失，起到了较强的威慑作用，如江苏省 1987 年至 1989 年间破获盗窃、破坏电力设施案件 693 起，至 1990 年，破坏电力设施案件较上年下降了 71%，直接经济损失减少了 62.5%[4]。

1996 年 4 月 1 日《中华人民共和国电力法》颁布实施，但没有阐述电力设施的法律概念，1998 年 1 月 7 日，国务院以第 239 号令发布了关于修改《电力设施保护条例》的决定，进一步明确了电力设施的法律定义。国家电力公司依据新颁布的《电力设施保护条例》重新修订了《电力设施保护条例实施细则》，经中华人民共和国经济贸易委员会、公安部批准，于 1999 年 4 月 16 日以政法规〔1999〕7 号文印发了关于颁发《电力设施保护条例实施细则》的通知，公司系统逐级组织宣传贯彻，《电力设施保护条例》和《电力设施保护条例实施细则》得到扎实地贯彻执行，各地政府随即对以前颁布的电力设施保护相关的地方政策法规进行了相应的修订并重新发布。

三、《电力供应与使用条例》的发布促进配电管理进步

1996 年 4 月 17 日，国务院总理李鹏签署 196 号国务院令，发布了《电力供应与使用条例》（简称《条例》）。《条例》是根据《中华人民共和国电力法》的要求制定，共 9 章 45 条，对供电营业区的划分与管理、供电设施建设与管理、电力供应、电力使用、供用电合同、供用电监督与管理及法律责任等作了明确规定。《条例》的制定，是为了加强电力供应与使用的管理，保障供电、用电双方的合法权益，维护供电、用电秩序，安全、经济、合理地供电和用电。

在供电区域划分方面，《条例》提出，“供电营业区的划分，应当考虑电网的结构和供电合理性等因素。一个供电营业区内只设立一个供电营业机构”。《条例》发布后，云南省电力公司为解决划分供电营业区的工作困难，专门成立了领导小组。由于历史原因，云南省供电状况比较复杂，存在在一个行政区域内有两至三家供电单位、交叉供电较多且复杂等问题。云南省电力公司提出一个供电营业区内只设一个供电营业单位，但一个供电营业

---

[1] 中华人民共和国能源部成立于 1988 年。成立能源部是当时政府机构改革的试点。1988 年 4 月，七届全国人大一次会议决定撤销煤炭部、石油部、核工业部和水利电力部，成立能源部。

[2] 吉林省电力工业局《关于曹豪哲触电一案立法解释的函》（吉电法函〔1991〕40 号）。

[3] 河南省电力工业局《请求能源部对〈电力设施保护条例〉有关条款解释的函》（政法规〔1991〕30 号）。

[4] 江苏省电力安全保卫经验材料。

单位可以申请一个以上的营业区的操作原则。在县级营业区的划分中规定，一个县级行政区可划分两个以上的供电营业区，具有独立法人资格的供电企业，可以将其供电区域确定为一个供电营业区，将大电网直供的区域确定为省电力公司管辖的县级供电营业区。在地级营业区的划分中规定，跨县经营的地方独立电网经营企业有权申请地级营业区，但必须在申请前与相邻供电企业就供电营业区的划分达成协议，达不成协议的由省电力管理部门协调确定并核准。这样划分的结果只解决了交叉供电的问题，一个行政区域有多个供电企业的问题还是没解决，给当地的配电网管理和用户用电造成较大影响。至 2002 年末，云南电力集团公司管理供电范围覆盖全省 91 个县（市区），其中 59 个县完成代管改制，32 个县完成股份制改造，文山、丽江、迪庆等 10 个地（州）都建成了由地方政府管理的 35～110 千伏区域供电网，理清了云南省供电区域。

在城乡电网规划与建设方面，《条例》指出，“县级以上各级人民政府应当将城乡电网的建设与改造规划，纳入城市建设和乡村建设的总体规划。各级电力管理部门应当会同有关行政主管部门和电网经营企业做好城乡电网建设和改造的规划”。为促进城乡电网建设改造规划与城乡建设规划相结合，各地方电力企业积极与政府部门对接，根据地方经济社会发展及电网建设目标，合理编制电网发展规划，由政府部门接收后纳入城市规划，为变电站、配电室、电缆通道等供电设施预留建设用地，确保配电与区域经济、社会协调发展。2007 年深圳市委、市政府宣布成立光明新区，为加快新区供电设施建设，深圳供电局积极与政府部门沟通，将《深圳市电力网发展规划（1992～2010 年）》《深圳市电力管网专项规划（2000～2010）》以及《深圳市光明新区 20 千瓦电压等级应用电网专项规划》等主要内容，纳入到深圳市政府《深圳市光明新区国民经济和社会发展总体规划（2008～2020年）》中，预留了 2 座 550 千伏、4 座 220 千伏和 22 座 110 千伏变电站站址，规划了输电线路廊道和配电线路管道敷设路径，对环网站、环网箱式变压器等配电设施占地也制定了详细方案。由于与政府规划紧密配合，深圳市光明新区 20 千伏配电网络建设非常顺利，电力规划得到了全面落实。

在计划检修方面，《条例》指出，“因计划检修需要停电时，供电企业应当提前 7 天通知用户或者进行公告。因临时检修需要停电时，供电企业应当提前 24 小时通知重要用户”。为进一步加强企业管理，严格停电审批程序，切实做好供电设施计划检修和临时检修处理时的停电管理工作，确保可靠供电，各地都及时制定了相关制度和办法。国网山东省济宁市电力公司出台了《供电公司计划检修、临时检修停电管理办法》，规定“对月度停电计划需每月 18 日前向调度所提出书面申请，调度所专责人将编制完成的月度停电计划，于每月 25 日前书面报生产技术部，经生产技术部可靠性专工、生产技术部主任审核后，报分管经理批准生效，并随月度生产计划一并下发”。各地的电力部门出台的规定和办法基本上与济宁公司类同，这样一来，一项计划检修工作必须提前两周上报计划，提前一周在报纸、电视等媒体公告，施工前 24 小时再次通知需停电用户。计划检修程序更加繁琐，但更加规范，确保了对用户持续可靠供电。

《条例》的发布，对配电专业管理产生了巨大影响，要求配电专业管理人员必须对供电区域划分、城乡电网规划与建设、计划检修等工作有一个新的认识，及时修订相关的制度和工作流程，以适应国家对电力企业要求的变化。

四、《电网调度管理条例》及其实施办法的颁布

1988 年，国务院印发的《电力工业管理体制改革方案》（国发〔1988〕72 号）指出，为了保证电网的安全稳定运行，必须强化电网的统一调度，严格执行调度纪律。1989 年，国务院“关于研究电力问题的会议纪要”中，记载了要制定一个全国性的《电网调度管理条例》的内容。1993 年 6 月 29 日，中华人民共和国国务院第 115 号令发布了《电网调度管理条例》（简称《条例》），自 1993 年 11 月 1 日起施行。为全面、完整、准确地贯彻实施《条例》，1994 年 10 月 11 日，电力工业部以 1994 年第 3 号令发布了《电网调度管理条例实施办法》。

《条例》发布前，随着电网的大规模发展，电网调度的复杂性和工作量大大增加，调度管理机构也随之逐步完善，部分地区开始建立县级调度机构。《条例》的发布实施，肯定了成立县级调度机构的必要性，此后，各地相继成立了县级调度机构。

《条例》还规定电网管理部门应当根据本级人民政府生产调度部门的要求、用户的特点和电网安全运行的需要，提出事故及超计划用电的限电序位表，经本级人民政府的生产调度部门审核，报本级人民政府批准后，由调度机构执行。这在普遍缺电的当时，为调度部门执行政府拉闸限电计划提供了法律依据，使拉闸限电这一调峰措施得以顺利实施。

《条例》以法律形式体现了国家管理电网的方针政策，是依法治网的一个重要基础性法规，对各级调度机构工作进行了规范，使电网的调度管理走上了法制化道路。

第二节　规范化配电网管理体系的建立

中国共产党十一届三中全会后，经济进入快速发展的新时期，电网建设更是突飞猛进，当时的农村电网管理体制已经不能满足电网发展的需要。为提升农村电网管理水平，国家对农电管理体制进行全面改革，在全国范围成立县供电公司，取消乡镇电管站，将其改为供电营业所，负责所辖供电区域内的配电运检工作，并对农村电工队伍进行精简优化。各电力企业根据安全生产和优质服务的要求，调整配电管理模式，将配电网调度从市（地区）电网调度中分离出来，设立县级配电网调度机构，成立农电标委会，颁发相关配电专业的规程规定等文件，提高配电管理的规范化、专业化水平。

一、配电管理模式的适应性调整

在电力企业的深化改革中，各地供电企业因地制宜，根据安全生产和优质服务的要求，

以及社会经济及电网的发展情况[1]，对配电管理进行了多次改革调整，专业化管理日趋规范完善。

20 世纪 80 年代，许多供电企业的配电管理模式是将配电线路与输电线路的管理合在一起，设立线路工区，实行输配一体化管理，而用户申报业扩、装表接电则由用电管理所负责管理。在这种管理模式下，用户业扩工程涉及线路工区和用电管理所两个生产单位，分属生产和用电两个口子。针对业扩流程繁琐、报装接电时间长等群众反映强烈问题，各地供电企业对配电管理体制进行改革，将配电线路管理从线路工区划入用电管理所，合并机构，简化流程，提升优质服务水平。浙江省杭州市电力局于 1993 年撤销配电管理所和用电管理所，成立营销配电处以及城南、城北、城东、城西等 4 个供电局，分片承担配电网运行、检修和管理的职责[2]，取得了很好的效果。

20 世纪 90 年代后期，随着电力体制改革，电力多种经营逐渐向生产经营型转变。在企业“达标、创一流”中，为了适应市场经济体制的需要，实行运行与检修分离，一方面加强运行与检修双方的制约机制，提高运行与检修的质量，另一方面发展和壮大集体经济。1998 年 11 月，常州供电局将配电线路检修部分从市用电管理所配电工区划出，与线路工区的输电检修部分合并，成立输配电检修工程公司（同时挂输配电检修工区牌子，两块牌子、一套班子）。输配电检修工区属供电局运行单位，输配电检修工程公司属供电局多种经营企业，生产上受生产指挥系统统一管理，内部核算和经营由实业总公司管理[3]。

随着城乡农网改造的大规模开展，配电设备越来越多，配电管理工作量日趋加大，同时随着电力走向市场，电力营销的位置越来越突出，这种情况下，配电设备主人与电力营销工作主体两种职责合一的管理体制，既不利于集中精力抓电力营销工作，又不利于尽到配电设备主人的责任，为了把两个“不利”转化为两个“有利”，部分供电企业实施营销与配电的分离，将配电运行管理部分从营销划出，与输电管理合在一起，实行输电运行与配电运行一体化管理。如 1999 年 9 月，常州供电局将市区用电管理所配电工区整建制划归线路工区建制，形成线路设备输电、配电为一个设备主人的归口管理。

跨入 21 世纪，为适应电力安全生产和专业化、精益化管理的要求，一些实行输配合一管理模式的供电企业又将配电运行与输电运行分开，单独设立配电运行工区。如常州供电公司于 2002 年 2 月将配电专业从原线路工区划出，与带电作业中心合并，成立配电运行工区（带电作业中心），下设线路班、小区变班、电缆班、带电作业班、抢修班等专业班组，负责配电设备的运行和带电作业管理，配电设备的检修职能归输配电检修工程公司负责。

这一时期，配电管理体制经历了数次调整，专业化管理逐渐加强，其体制变革体现了电力供需矛盾的变化、电网建设和技术的发展、电力企业深化改革等时代特征，配电管理

---

[1] 《江苏电力工业史》编委会：《中华人民共和国电力工业史·江苏卷》，中国电力出版社，2004 年，第 131、143 页。

[2] 《杭州市电力工业志》编委员会：《杭州市电力工业志》，中国电力出版社，2010 年，第 179、329 页。

[3] 叶志芳：《常州电力工业志》，上海人民出版社，1998 年，第 75 页。

逐步与社会发展和人民群众需求相适应。

二、配电网调度机构的建立

电力调度是电力系统的“神经中枢”，是保证电网安全稳定运行的“司令部”。中华人民共和国成立以来，经过 30 多年的艰苦奋斗，特别是进入改革开放后，中国的电源和电网建设得到了极大的发展。到 20 世纪 90 年代，全国形成了东北、华北（京津唐）、西北、华东、华中等大区域电网，大多数省份都建成了省级统一电网，市（地区）电网调度管辖设备从过去的几座小电厂、几座变电站组成的简单电网或独立电网，发展到数十、上百座变电站、数百上千条输配电线路的大电网，尤其是配电网线路的大大增加和“手拉手”环网供电的大量出现，使电网调度的复杂性和工作量大幅增加。

在重大电网事故，或者遇到恶劣天气等导致多条线路跳闸、大面积停电等严重情况发生时，市（地区）调度既要负责电网运行方式的调整，保证大电网的安全稳定，又要负责配电网的倒闸操作和事故抢修指挥，复杂的分析判断和大量的操作发令，使得当班调度员往往应接不暇，不堪重负。针对电网大规模发展与市（地区）调度管理不相适应的这些问题，各地陆续将配电网调度从市（地区）电网调度中分离出来，建立起与各自生产体系相适应的配电网调度机构，与逐步建立、完善、发展起来的县（区、市）调度一起，按照“统一调度，分级管理”的原则，共同承担起城乡配电网调度管理的重任。

由于各地供电企业的电网规模和生产组织架构不同，配电网调度机构的设置也有三种不同的管理模式；一种是将配电网调度设置在配电管理所等配电网运行管理部门，如河北省唐山市等；一种是将配电网调度设置在下属供电局（分局），如广东省广州市等；还有一种是在调度管理所成立配调班，与地区调度班一起，由调度所统一管理，如浙江省杭州市、甘肃省兰州市及江苏省常州市等。

唐山是电力事业发展较早的城市之一，唐山地区电力调度所于 1953 年 6 月 1 日成立，到 1990 年正式成为华北电网调度下属的七个地区电力机构之一。为适应县级电网快速发展和地区电网调度设备大量增加的形势，1987 年成立了市区调度机构，作为唐山地区调度的下级机构，管辖公司所属市区内变电站 10 千伏母线以下设备和相关用户，以及 10 千伏专线供电的用户变电站[1]。

唐山配电网调度建立之初，设在公司地区调度所，1991 年划入配电管理所。配电设备倒闸操作，由配电网调度人员根据运行单位或用户提交的停电申请，经公司生产调度会（月度停电平衡会）批准，开出倒闸操作票，下令给所属单位的急修班，由急修人员持票执行柱上断路器、柱上台上变压器和分支线的倒闸操作任务，小区配电室、箱式变电站、电缆分接箱、环网柜等操作由开闭站人员按配电网调度命令执行[2]。

1986 年 4 月至 1988 年 8 月，广州供电局先后成立东区、南区、西区、北区、中区、

---

[1] 唐山供电公司志编纂委员会：《唐山供电公司志（1889—2006）》，中国电力出版社，2008 年，第 159 页。

[2] 唐山供电公司志编纂委员会：《唐山供电公司志（1889—2006）》，中国电力出版社，2008 年，第 133 页。

黄埔、芳村、开发区8个供电局，各区供电局建立调度室，负责区域内10千伏及以下配电系统的运行调度，包括指挥配电工区急修班进行配电事故处理和抢修等工作[1]。

这一时期，部分县级电网管理机构也开始成立调度管理机构，负责县（市、区）电网尤其是配电网的调度管理。浙江省绍兴市嵊县在中华人民共和国成立初期有多座小火电、小水电供电，在各发电厂独立发电期间，电力运行、检修等均由各电厂自行管理。1968年嵊县电网并入华东电网后，电网主设备运行、检修，由浙东供电局市区调度室调度管理，嵊县电力公司调度设备仅限于10千伏装有油断路器的分支线路、有跌落式熔断器的配电变压器以及填报停送电计划、签发工作票等。1970年3月，嵊县电力公司在绍兴地区率先成立县级调度室，由一名技术人员担任调度员，不久增至2名。调度室对全县已并入华东电网的小水电站和10千伏线路实行统一调度，业务上受浙东供电局调度室领导。随着电网的发展及机构调整，县境内220、110千伏及35千伏输变电设备逐步纳入县调管理，调度员以及运方、继保、通信、自动化等工作人员增至20多人[2]。

县（市、区）配电网调度机构的设立和市（地区）配电网调度的分立，主动适应随后开展的城乡电网的大改造、大建设的发展形势，为安全生产和电网稳定运行发挥了重大作用。

三、乡（镇）供电营业所的成立

农电管理体制改革是加快农网改造和实现同网同价的关键。1998年，国家电力公司经过反复研究，确定了农电管理体制改革方案：按照“县为实体”“政企分开”的原则，逐步把县电力企业建成为由省电力公司独资、控股或参股的有限责任公司，成为电力市场中独立的配电公司。

1999年1月4日，国务院以国发〔1999〕2号文件，批转了国家经贸委《关于加快农村电力体制改革加强农村电力管理意见》，启动农电管理体制的全面改革，目标是用三年左右时间，理顺并建立符合中国农村经济发展水平的农电体制，完成农村电网的建设与改造，原则上“一县一公司”（企业实体），并实现县（市）乡（镇）电力一体化管理。

国家电力公司相继制定了《关于加快乡（镇）电管站改革实现县乡（镇）一体化管理的实施意见》和《趸售县供电企业代管办法》等文件，推动改革工作的深入进行[3]。要求将乡（镇）电管站改为县供电企业直接经营管理的供电营业所，使其成为县供电企业统一管理的派出机构。按照便于管理、方便用户的原则，采取营配合一管理模式进行设置。县供电企业要明确各供电营业所的营业区域，名称统一为某县供电公司、某供电营业所。供电营业所负责所辖供电区域内农村10千伏及以下配电网的运行、检修和维护工作。

河南省政府于1998年9月印发《河南省人民政府关于加强农村供用电工作的通知》，并于1998年11月2日召开搞好“两改一同价”、加强农电工作的专门会议，确定县（市）

[1] 《广州电力工业志》编纂委员会：《广州电力工业志》，广东省电力集团公司史志办，2001年，第132页。
[2] 嵊州市电力公司：《嵊州市电力工业志（1919～2005）》，中国电力出版社，2010年，第119、120页。
[3] 中国电力企业联合会：《中国电力工业史　综合卷》，中国电力出版社，2021年，第400页。

电业局对农村集体电力资产实行代管。其基本原则是：资产所有权仍属集体所有，管理权归县（市）电业局，主要管理农村低压电网的规划、更新、运行维护、降损节能和农村电价管理、电费收缴等。

河南省农电体制改革分3步走：首先，对全省农村电工进行考试、选拔、择优聘用，由村委会管理改为电业部门统一管理；其次，将乡（镇）电管站改为供电营业所，作为县电业局的派出机构，实现乡镇供电机构的规范化管理；最后，将县电业局改为省电力公司控股或参股的有限责任公司，使两者建立紧密的资产纽带关系。

1999年9月至10月，河南全省80个趸售县的农村电工统一参加了由各市电业局组织的理论考试，再经各县电业局实际操作考核和日常工作考核后实行择优聘用。全省农村电工由8.40万人精简为6万多人，后又精简为4.20万人。到2000年2月，全省1927个乡镇电管所已有1902个改为供电营业所，其余25个也于随后不久改制成功[1]。

浙江省宁波市下辖6区5县（市），有乡（镇）农电管理站332个。从2001年开始，宁波电业局按照《宁波市实施乡（镇）农电体制改革方案》，逐步撤销乡（镇）电管站和各县（市、区）农电总站，成立乡（镇）供电营业所，保留农电公司，在清产核资的基础上，属农电总站的资产全部无偿移交给供电局，属农电公司的资产仍属该公司所有。

乡（镇）供电营业所的人员由供电局全民职工、集体编制的农电公司职工（电管员）组成，并聘用一定数量的农村电工。原集体编制的农电职工（电管员）在考试考核的基础上择优留用为农电公司职工，并与该公司签订劳动合同，考试不合格的择优聘用为农村电工或解除劳动合同。在用工形式上，除供电局指派的全民职工外，其他用工人员由供电局向农电公司借工（劳务派遣），并签订劳务协议。劳务派遣人员的劳动工资管理、社会保险、日常管理等均由农电公司负责，在供电局企业成本中列支，县（市、区）供电企业不再与劳务派遣人员直接发生经济关系。农村电工和农电体制改革后新聘用的电管员，经宁波市劳动和社会保障局授权，由农电公司负责对这部分人员实行劳动和社会保障事务综合代理工作。

乡镇农电体制改革后，奉化、镇海、象山、慈溪、鄞州、宁海、北仑、市郊、余姚九个单位原有868名电管员，经考核重新录用743名，精简率14.40%。2005年3月13日，宁波市全面完成乡（镇）农电体制改革工作[2]。

乡镇供电所设立技术员、安全员等专业管理岗位，通过实行台区经理制，完善规章制度，统一管理标准和工作流程，大力开展技能培训、作风整顿、纪律教育，加强了队伍建设，农村配电网的运行、维护、建设和事故抢修等专业化管理水平得到了很大的提升。

四、电力工业部农村电气化标准化技术委员会的成立

20世纪90年代，随着全国第一、二批农村水电初级电气化县建设完成，已有318个

[1] 《河南省电力工业志》编纂委员会：《河南省电力工业志》，中国电力出版社，2010年，第321页。

[2] 宁波市电力工业志编纂委员会：《宁波市电力工业志（1991～2009）》，中国电力出版社，2011年，第230页。

县达到了初级农村电气化的标准，实现全国农村电气化的目标更近了一步。电气化对解决山区脱贫、改善农村生产，促进农村发展具有重要意义。但大部分农村电网因缺少统一的规范和标准，存在装置不合格、技术水平低等问题，增加了人身和设备的安全隐患。

1996 年，根据电力行业标准化体系配置的要求和中国农村电气化建设和管理的实际需要，电力工业部同意批准成立“电力工业部农村电气化标准化技术委员会”（简称“农电标委会”），挂靠在电力工业部电科院农电所，负责农村电气化规划、农村电气化建设、供用电及安全、农电用电设备和风力发电、太阳能发电等方面的标准化工作。

1998 年底，党中央、国务院提出“两改一同价”，以解决农村高电价问题，开始开展农网改造。在此期间，为了节省投资、缩短工期、提高电网的建设改造水平，农电标委会编制了《农村电力网规划设计导则》（DL/T 5118—2000）、《农村电网建设与改造技术导则》（DL/T 5131—2001）等行业标准，对电网建设与改造的规划、设计技术要求和配电线路、低压计量装置、无功补偿装置等设备选型作出了具体规定。两项技术标准的制定及时指导了一、二期的农网改造，加快了改造的步伐，提高了改造的效率。

2000 年，为了进一步落实能源部颁发的《全国农村节电实施细则》，完善农村电网的降损节电措施，农电标委会编制了《农村电网节电技术规程》（DL/T 738—2000），规定了农村电网线损率的指标，提出了农村电网节电技术措施，为供电企业实行线损目标管理和分电压等级、分供电区、分线路的线损管理，有计划、有步骤地降低农村电网的线损率提供了科学规范的依据。随着电力投资者、经营者和使用者对合法权益意识的提升，保障电力的安全运行，农电标委会结合全国各地的农村安全用电情况及当时的国家法律、法规、国家标准和行业标准，修订了《农村安全用电规程》（DL 493—2001）《农村低压电力技术规程》（DL/T 499—2001）和《剩余电流动作保护器农村安装运行规程》（DL/T 736—2000）等规程，为电力管理部门和电力企业从事农电工作的人员提供了执行标准，大大降低了农电事故的发生，有力地保障了农村电网的安全运行。

2006 年，国家电网公司对信息化工程（“SG186”工程）进行了规划与建设部署，为了提高农电自动化和智能化水平，农电标委会制定了农电信息化相关的技术标准《县供电企业管理信息系统技术功能规范》《县供电企业乡镇供电所管理信息系统功能规范》《县城配电网自动化技术导则》等。SG186 项目组应用标准中提出的理念和技术，建立了覆盖国家电网公司总部、各网省、地市公司及县供电企业农电管理的支撑平台，实现了标准化、规范化、精细化的农电管理。

在国家建设节约型社会的号召下，农电标委会依据中国电力科学研究院农村电气化研究所（简称“农电所”）承担的首批国家“十一五”科技支撑计划项目“农村新能源开发与节能关键技术研究”和国家电网公司科技项目“非晶合金变压器在新农村建设中的应用研究”等科研项目研究经验，组织编制了《非晶合金配电变压器选用导则》（Q/GDW 463—2010），并制定《10 千伏调节容量变压器选用标准》（Q/GDW 200—2008）、《农村电网无功优化补偿技术导则》（Q/GDW 435—2010），对引导农网合理采用综合节能降损技术、选择节能产品具有较大的参考价值。

在农电标委会成立的30余年间，先后发布农网规划设计、农网装备、农网通信与自动化、农电信息化等领域的电力行业标准44项，进一步规范了中国农村电网建设改造标准，明确了设备选型原则，提升了农电信息化、自动化水平。

五、《架空配电线路及设备运行规程（试行）》的颁布

长期以来，中国电力工业实行输配电一体化管理体制，相应的输电、配电规程制度也一同合编，不予区分，配电的管理没有得到相应的重视。随着国民经济的发展和人民生活水平的提高，对配电网的供电能力、电能质量、供电可靠性等要求不断提高，配电网实行专业化、精细化管理的要求越来越迫切。到20世纪80年代初期，水利电力部在全国开展城市配电网改造试点工作，这期间，部分省市供电局开始进行“营配合一”体制改革，将配电与输电分离，配电并入营销。同时，随着房地产行业的发展和城市电网改造试点工作的展开，箱式变电站、环网柜等新技术新设备开始在配电网中推广应用。这些因素导致当时的规程规范不能适应配电网运行管理的要求，亟需制定专门的规程来规范指导配电网的运行工作。

1988年，水利电力部组织有关单位制定了《架空配电线路及设备运行规程》（SD 292—1988）（简称《规程》），由能源部以能源电〔1988〕20号文颁发，于1988年9月1日试行。

《规程》适用于10千伏及以下架空配电线路及其设备，共7章100条，分为总则、防护、架空配电线路运行、配电设备运行、防雷与接地、事故处理、技术管理等。《规程》第一次将配电变压器站的运维、电力设施保护等工作纳入其中。鉴于20世纪80年代初各地对配电网中的变电部分名称不统一的情况，《规程》作了统一命名，称为“配电变压器站”，简称“配变站”。

《规程》颁布后，各地供电部门加强运行管理，将配电线路的巡视、检查、维护纳入基础性工作，依据《规程》的要求，开展配电线路及设备定期巡视、夜间巡视、特殊性巡视、故障性巡视、监察性巡视等巡视工作，以掌握线路设备状况，及时发现、消除缺陷和隐患，并定期对设备进行检查维护，提高线路、设备的健康水平。

配电线路及设备的防护工作是配电运行管理工作的重要内容，由于配电线路及设备面广量大，紧靠厂矿企业、交通设施和人口密集地段，因此，更易发生外力破坏事故，再加上当时电力设备、器材被盗情况频发，电力设施保护工作任务繁重，各地按照国务院于1987年9月15日发布的《电力设施保护条例》和国家经贸委、公安部于1992年12月2日发布的《电力设施保护条例实施细则》的要求，开展配电线路及设备的防护工作，使电力设施防护工作有法可依，更加有利于工作的开展。

对于事故处理工作，各地相继成立了抢修班、电力“110”等事故快速抢修队伍，迅速查找事故地点和原因，消除事故隐患，防止事故扩大，采取措施防止行人接近故障导线和设备，避免发生人身事故，同时，进行应急抢修，尽快恢复供电。

各地高度重视技术管理工作，按照《规程》要求，建立健全了线路杆位图、配电线路

平面图、低压台区图、负荷记录、缺陷记录、巡视手册、防护通知书、交叉跨越记录、配变站巡视记录、配变站检修记录、配变站竣工资料、绝缘工具试验记录、工作日志等二十多种技术资料。各地还开发配电网计算机管理系统，加强配电的现代化管理。常州供电局是江苏省最早开展配电网地理接线图系统（GIS）建设及应用的单位，自 1996 年至 2001 年年底，GIS 已具备了线路图编辑器、用户管理、站所图编辑器、电网接线图、类型库编辑器、图元编辑器、图档管理、单线图编辑器、综合查询、最短路径分析等模块，输入了全部 170 条 10 千伏线路图和全部 320 个配电站所（包括开关站、开闭所、箱式变电站、分支箱等）的一次接线图和 2.5 万用户的低压数据[1]。

《架空配电线路及设备运行规程》是首部专门为架空配电线路及设备的安全运行管理制定的规程，是以往配电管理工作实践的总结提升，对配电线路及设备的运行工作有很强的指导作用，不仅促进了配电管理向规范化、专业化的转变，也使得配电的管理水平和线路及设备的健康状况有了较大的提升，为更好地服务于国民经济建设，满足人民群众生活用电需求提供了可靠保证。

随着配电网的快速发展，传统的以架空线路为主的配电网已逐步过渡到架空线路、电缆线路、开关站所设备、组合电器等多种设备类型并存的配电网，网架结构也日趋复杂，设备数量也较之前有了几何级的增长。

为进一步加强配电网运行管理工作，开展带电检测和状态评价，实施配电网状态管理，国家电网公司于 2010 年 10 月 26 日颁发实施了《配电网运行规程》（国家电网科〔2010〕1423 号），增加了开关站、环网单元、配电自动化终端及配电设备状态管理等内容，进一步提高了配电网精益化管理工作水平。

六、《电力可靠性管理工作若干规定》的颁发

随着可靠性统计办法的颁发和信息系统的推广使用，电力可靠性统计工作步入正轨。但是，电力可靠性管理工作总体处于起步阶段，管理体制还不够完善。1992 年 6 月，能源部颁发了《电力可靠性管理工作若干规定》（能源电〔1992〕642 号），首次提出电力可靠性工作的根本任务，明确电力可靠性管理工作实行由部统一领导，采取由部、网省局、发电厂与供电局分级管理的原则，规定了电力可靠性管理中心、各电管局和省电业局（电力公司）、发电厂和供电局（电力公司）的职能，明确了可靠性专责人员的条件和要求，提出了电力可靠性信息管理的要求。这是电力可靠性管理方面首个法规文件，标志着中国电力可靠性管理步入法制化轨道。1993 年电力工业部将 10 千伏供电系统用户供电可靠率指标作为必要条件纳入了“安全文明生产达标”（简称“双达标”）和“创一流”供电企业的考核范围，可靠性管理工作从上到下得到了高度重视。

根据《电力可靠性管理工作若干规定》的要求，各电管局、省电业局（电力公司）和各供电局（电力公司）结合本单位的实际情况，制定了实施细则和办法，建立了可靠性管

[1] 《常州市电力工业志》编纂委员会：《常州市电力工业志》，中国电力出版社，2011 年，第 46 页。

理网络，明确了各级人员的职责，积极开展可靠性管理工作。山东省电业局先后制定了《山东省电力工业局供电可靠性管理办法》《10 千伏配电系统用户供电可靠性考核细则》《供电可靠性管理细则》等管理规定，明确了可靠性管理的任务、要求、工作目标等，建立了从省局到基层供电企业的可靠性管理网络，由省局分管生产的副局长领导全省的可靠性管理工作，分工明确，责任到位，形成省局有人抓、基层有人管、车间班组有人干的良好局面，并将可靠性管理指标纳入企业经营责任制主要考核内容，与工资奖金总额挂钩，进一步提高了员工对可靠性管理工作的重视程度。

各地市供电局作为落实可靠性措施的基层单位，全面开展 10 千伏用户供电可靠性分析工作，找出影响供电可靠性的主要因素，采取加快电源建设、做好配电网建设改造、加强检修管理等一系列技术措施和管理措施，有效提高了供电可靠性管理水平。秦皇岛电力公司把可靠性管控措施细化到电力生产的每一个环节，对停电计划实行“先算后停”，严格控制停电时户数；每月召开停电平衡会，科学制定停电计划，杜绝重复停电；对用户影响大且有条件夜间施工的停电工作，安排零点施工；对停电时间长、工作量较大的工程，组织多个施工单位协同作战；年度预试期间，采取 10 千伏部分单独开票措施，以提前恢复 10 千伏供电，缩短停电时间。

《电力可靠性管理工作若干规定》的颁发，为开展可靠性管理工作提供了法规依据，使可靠性工作逐步由统计型向管理型转化，由事后的统计分析向事前控制转变，使可靠性数据来源于生产，服务于生产，为提高企业管理水平和竞争力，起到了积极的促进作用。

为了进一步加强电力可靠性管理，提高电力行业的现代化管理水平，2000 年 10 月，国家经济贸易委员会发布了《电力可靠性管理暂行办法》，《电力可靠性管理工作若干规定》同时废止。2003 年 11 月，中电联印发《〈电力可靠性管理暂行办法〉实施细则》，以提高实施《电力可靠性管理暂行办法》的可操作性。实践证明，可靠性管理方法是适合中国电力工业特点并行之有效的科学管理方法，符合电力工业发展的内在规律和必然要求。

七、电力可靠性数据资源的社会共享

“统计、分析并定期公布电力工业各项可靠性指标，并提出提高可靠性的措施”，是电力可靠性管理中心的职责之一。中心成立以来，通过电力可靠性管理简报、电力可靠性管理年报、电力可靠性指标发布等多种形式，公布电力可靠性指标，反馈可靠性信息与技术动态，有效指导电力生产各个环节，为政府决策提供参考，为配电规划、设计、设备制造、安装、生产运行等领域健康发展提供科学依据。

为了不定期地发布各项电力可靠性指标统计资料和可靠性管理工作动态，1985 年 3 月 20 日，电力可靠性管理中心创办了《电力可靠性管理简报》。1989 年 6 月第 18 期可靠性管理简报，首次发布了 39 个城市 1988 年的供电可靠性指标。随着供电可靠性管理工作的深入开展，2003 年 4 月第 124 期简报，首次发布了 2002 年 405 个县级供电企业用户供电可靠性分析报告。简报及时公布和反馈各类可靠性信息，促进了电力可靠性管理与企业生产实际的有机结合，加强了可靠性管理对生产的服务和指导作用。

为了适应国际交流的需要，1991 年 5 月，电力可靠性管理中心创办了《中国电力可靠性管理年报》（中英文版），内容包括：火电 100 兆瓦、水电 40 兆瓦及以上容量发电机组、220 千伏及以上电压等级的输变电设施和全国各主要城市供电可靠性指标等资料。随着电力可靠性国际交流与合作的深入开展，中国电力可靠性管理已经成为国际电力可靠性管理的重要组成部分，提升了中国电力可靠性管理的国际影响力。

为了加强电力设备的质量管理，提高服务水平，明确企业奋斗目标，实现可靠性数据全社会共享，电力工业部于 1994 年 8 月 29 日，面向整个电力行业、面向上下游企业、面向全社会，首次召开了全国电力可靠性指标发布会。此次发布会发布了 1993 年部分火电机组及变压器的运行可靠性指标。1995 年 6 月 20 日，在第二次全国电力可靠性指标发布会上，第一次公布了中国 36 个主要城市 1994 年 10 千伏用户供电可靠性指标，包括计入外部影响的用户供电可靠率、用户平均停电时间和不计电源不足而限电的用户供电可靠率、用户平均停电时间[1]。这些指标按照国际通用原则进行统计，是衡量电力企业供电质量水平高低的重要指标，反映了电力企业对用户的供电能力。

1994 年，中国 174 个主要城市用户供电可靠率最高是 99.875%，每户年平均停电时间为 12.552 小时；最低是 95.741%，每户年平均停电时间为 373.056 小时。其中，北京市用户供电可靠率为 99.605%，每户年平均停电时间为 34.587 小时，上海市用户供电可靠率为 99.687%，每户年平均停电时间为 28.2437 小时。而伦敦、纽约等城市，在 1980 年每户年平均停电时间仅为 50 多分钟，供电可靠率为 99.98%～99.99%，日本东京进入 90 年代以后，每户年平均停电时间仅为 13 分钟，供电可靠率为 99.997%[2]。上述数据说明，中国当时供电可靠性水平与国际差距还很大。同时也反映出当时全国的缺电情况还很严重，电网网架结构和设备质量水平仍有待提升。

自 1995 年起，供电可靠性指标发布会每年举办一次，实现了可靠性数据资源的全社会共享，既有利于科学评价和预测各种威胁电力系统安全稳定运行的隐患，努力挖掘在运设备的潜力，提高可靠性，也有利于调动各方面的力量，协调开展工作，保障电力系统安全可靠运行，满足社会经济发展和人民生活对电力的需求。

指标发布为电力企业提高安全生产管理水平提供了有效服务，为装备企业提供了质量反馈信息，已经成为电力可靠性管理服务的重要内容，不仅受到广大电力企业、电力设备制造商及各领域的高度重视，也受到政府有关部门和社会的广泛关注。

八、《供电系统用户供电可靠性评价规程》的颁发

标准是科研、生产、交换和使用的技术依据，标准化是组织专业化生产的技术纽带。电力可靠性管理的标准化进程一直在有序推进。1996 年 12 月，“电力可靠性管理标准化

---

[1] 《电力可靠性管理文集》编委会：《电力可靠性管理文集》，《1994 年度电力可靠性指标（发布）》，中国科学技术出版社出版，2000 年，第 209 页。

[2] 《电力可靠性管理文集》编委会：《电力可靠性管理文集》，陆延昌：在 1995 年电力可靠性指标发布会上的讲话，中国科学技术出版社出版，2000 年，第 32 页。

技术委员会”成立，并对在全国范围内持续开展的各类可靠性统计与评价办法进行了修改和完善，电力可靠性标准化进程进一步加快。

1998 年 1 月 1 日，在对《供电系统用户供电可靠性统计办法（试行）》修订基础上，电力可靠性管理中心颁发了《供电系统用户供电可靠性评价规程（暂行）》（中电可〔1998〕02 号），标志着中国供电可靠性管理由统计评价办法向规范化的行业标准过渡迈出了实质性的步伐。2003 年 1 月 9 日，国家经济贸易委员会以 2003 年第 4 号公告，正式批准《供电系统用户供电可靠性评价规程》（DL/T 836—2003）为中华人民共和国电力行业标准，于 2003 年 6 月 1 日实施。行业标准的颁布，极大地提升了供电可靠性工作的内涵与水平，为供电可靠性的分析、改进和提高奠定了基础。2012 年 3 月，规程修编为《供电系统用户供电可靠性评价规程》（DL/T 836—2012）（简称《规程》）。

《规程》颁布后，国家电网公司印发了《国家电网公司有关电力可靠性评价规程的补充说明》，对地区特征分类定义、停电起止时间的统计、中压配变停电但低压用户未停电事件的统计、供电网限电的统计四部分内容进行了细化，解决了可靠性统计工作中发现的一些问题。

随着《规程》在电力生产中的广泛应用，以及电力体制改革新形式和信息技术的迅猛发展，原有编码和统计软件已经不能适应可靠性管理工作的要求。2004 年 3 月 26 日，电力可靠性管理中心颁发了新版《电力可靠性管理代码》，2005 年在全行业正式推广使用与可靠性统计评价工作相配套的网络版可靠性管理信息系统软件，使中国的电力可靠性统计评价手段得到全面升级，提高了可靠性数据采集、分析和发布的及时性，为可靠性管理工作的深化提供了技术保障。

第三节　配电电缆的建设与运维

中华人民共和国成立后，随着城市经济的快速发展和城市化进展的加快，城乡配电网大规模建设改造，电缆应用越来越广泛，从而带动了电缆的设计制造、敷设应用、运维技术及管理制度等方面的发展。在设计制造上，交联聚乙烯绝缘电缆和冷缩电缆附件陆续应用后，各类电压等级的配电电力电缆线路运行更加安全可靠。在敷设方式上，从直埋敷设的简单方式转变为电缆沟敷设、排管敷设、隧道敷设、过江隧道敷设等多种技术含量和安全保障高的电缆敷设方式，适应了各种环境条件下的电力电缆施工。在施工设备上，各类新型的电缆施工机具陆续应用，大大提高了电缆施工效率。在运维检修上，各种运维技术不断创新，电缆交流耐压试验、一体化电缆故障探测等高新技术广泛应用，电力电缆的安全稳定运行得到了保证。在管理制度上，国家先后颁发实施了《电力电缆运行规程》等规程制度和技术标准，电力电缆的应用管理得到了规范。

一、不同电缆敷设方式的出现

1897 年 3 月，上海建成第一条 100 伏电缆线路。该电缆由公共租界工部局电气处以硫化天然橡胶为绝缘，铅包作护套直埋敷设的 1 条地下电缆，长 2.27 千米，采用低压直流为照明用户供电，成为全国使用地下电缆的起源❶。

20 世纪初，上海工部局电气处和法租界公董局的洋泾浜电气厂先后在南京路、静安寺路等处敷设一批低压电缆供电，长度达 35.20 千米，投运电压为 350 伏（380 伏），这是中国最早的 350 伏（380 伏）电缆。随后上海各地配电所大量敷设 6.6 千伏电缆，并形成 6.6 千伏电缆环形供电网❷。

电缆敷设的需求量不断增大，促进了电缆敷设方式的多样化发展。中国早期敷设电缆采用直埋敷设方式，电缆施工都依靠人力和手镐、铁锹等简单工具开挖路面，电缆底层和地表的覆盖层除用砂子外，还用有搭扣的水泥预制板或青砖横放作保护，缆坑多数置于马路中心。直埋敷设方式由于具有造价低廉、散热环境较好且对敷设路况要求简单等优点，早期在中国得到广泛应用。

1933 年，美商上海电力公司为避免重复开挖路面、节约维修费用，建造了 1 条供电缆专用的排管线路。该排管线路从峨嵋路开始，沿天潼路转向河南路桥至苏州路、山东路、北京路到西藏路口，全长 2.4 千米，排管 12 孔，每排 3 孔，共 4 排，可敷设电缆 10 条，导引电缆 2 条，在管道转角处和长度相距 150 米处建造工井，共 25 座，井内安装电缆中间接头，平时电缆维护人员定期对工井进行巡视、清扫。1983 年，上海配合全国第五届运动会建造四平路电缆排管工程，这是第一次在市区道路慢车道施工的排管工程，排管线路从新港路至四平路一号桥全长 364.5 米，管道 15 孔，沿线有工井 3 座❸。至 1999 年年底，上海市区电缆排管总长度已达 258 千米，并建有电缆工井 2760 座❹。排管敷设方式因后续敷设电缆不必重复开挖道路，电缆不易受到外力机械损坏而得到广泛应用。

电缆沟敷设早先用在发电厂及变电所内，一般用于地面载重负荷较轻的地方，和电缆排管工井的敷设方式类似。20 世纪 70 年代，中国上海、广州等地开始少量采用电缆沟敷设方式，因投资较低、便于电缆更换和增加等优点，后期该敷设方式也用于变电所配电网电缆出线、人行道、工厂内和电缆转弯等场地。

为解决电缆密集地段的敷设问题，方便施工和运行，电缆隧道在中国开始建设应用。1972 年，在上海吴泾化工厂试建第一条电缆隧道，隧道自吴泾热电厂至上海电化厂，水平排列敷设 9 条 10 千伏电缆，全长 30.2 米。1978 年，上海石油化工总厂建设一条全长 1.78 千米的电缆隧道，通风、排水、照明设备齐全，是当时中国最长的电缆隧道❺。电

❶ 上海市电力工业局史志编纂委员会：《上海电力工业志》，上海社会科学院出版社，1994 年，第 131 页。

❷《上海市电力工业史》编委会：《中华人民共和国电力工业史・上海卷》，中国电力出版社，2003 年，第 661～662 页。

❸ 上海市电力工业局史志编纂委员会：《上海电力工业志》，上海社会科学院出版社，1994 年，第 139 页。

❹ 上海市电力工业局史志编纂委员会：《上海电力工业志》，上海社会科学院出版社，1994 年，第 139 页。

❺ 上海市电力工业局史志编纂委员会：《上海电力工业志》，上海社会科学院出版社，1994 年，第 139 页。

缆隧道敷设具有方便施工、巡视、检修和更换电缆简便等优点，随后在中国逐步推广使用。

随着城市环境环保要求越来越高，为避免“挖槽埋管法”造成的尘土飞扬、交通阻塞等扰民现象，非开挖电力管敷设方式应运而生。非开挖电力管方式采用水平定向钻进技术，在地底铺设 MPP 电缆管，深度可达 10 米以上。这一技术还可用于无法实施开挖作业的地区铺设管线，如古迹保护区、闹市区、农作物及农田保护区、高速公路、河流等区域。

随着城市配电网快速向电缆化方向发展，电缆敷设的环境、方式不断变化，为统一电缆敷设技术要求，1994 年国家技术监督局和中华人民共和国建设部联合发布由中华人民共和国电力工业部主编的《电力工程电缆设计规范》（GB 50217—1994）标准，该标准单设电缆敷设一章，对不同环境下的电缆敷设方式和路径要求等进行了规范。

二、履带式电缆输送器等机具在配电电缆施工中的应用

中华人民共和国成立后，随着电缆敷设施工技术不断提高，电缆敷设施工的机械装备也得到加强，中国在电缆施工机械化方面不断探索，逐渐实现了由劳动密集型向装备密集型和技术密集型的转变。

20 世纪 50 年代至 70 年代初，中国挖掘电缆沟主要用铁棒和煤锹，运输靠人力车，敷设电缆采用在电缆上每隔几十米打一个绳结，人工放缆的人海战术。这种敷设方法限制了大长度的电缆施放，减缓了工程施工进度[1]。为减轻劳动强度，20 世纪 60 年代，风镐、空压机等电缆施工机械逐步应用在施工过程中。1968 年上海供电局从蚌埠风动工具厂购进一台配有 45 公斤重风镐的空气压缩机，用作开路掘土，但因风镐头过重，使用率不高。为满足施工需求，上海供电局对风镐进行研发和改进，1974 年，风镐已减至 9 公斤重，可单人手持操作。同年，上海自制 50 吨顶管机，用于地下穿越铁路敷设电缆，但由于顶管机敷设施工复杂，后多采用非开挖水平定向钻机敷设施工[2]。

2002 年 5 月，上海电缆输配电公司从美国引进查尔斯机械制造公司生产的水平导向钻具和施工技术，首次用于 35 千伏新药溪变电站工程中，该非开挖敷设电缆排管工程采用长 145 米、35 孔、直径 180 毫米的定向钻孔。在非开挖敷设地下管线时，利用地下导向钻具，在地表不开挖和地层结构破坏极小的情况下，对电力电缆管线进行铺设施工，这项机械设备和施工技术的应用促进了电缆工程施工技术水平的提升。

20 世纪 70 年代起，为解决电缆敷设时劳动力密集、人力敷设施工进度缓慢、施工不安全等问题，中国陆续添置电缆敷设施工设备。1978 年上海供电局电缆工程处添置履带式电缆输送器、液压分离式拉力泵、电动滑轮等机具[3]。1988 年，广州电缆所研制出电缆

---

[1]《上海市电力工业史》编委会：《中华人民共和国电力工业史・上海卷》，中国电力出版社，2003 年，第 665 页。

[2] 上海市电力工业局史志编纂委员会：《上海电力工业志》，上海社会科学院出版社，1994 年，第 139 页。

[3] 上海市电力工业局史志编纂委员会：《上海电力工业志》，上海社会科学院出版社，1994 年，第 139 页。

施工牵引机车，1992 年研制出用于电缆敷设工程的同步输送机，全部付诸应用[1]。随后上海 600 公斤大推力履带输送机研制成功，解决了地形复杂地段敷设高压大长度电缆的技术问题。水下电缆施工时，输送电缆的方法，也从最初的拖轮动力牵引、小舢板浮托，发展为应用趸船、配置相应的电缆输送设备、GPS 卫星测定仪确定电缆敷设路径等[2]。

三、交联聚乙烯电缆及附件的应用

20 世纪 50 年代前，中国以油浸纸绝缘电缆为主，其电气性能稳定，能够长期安全运行[3]，主要用在 35 千伏及以下的配电系统中，但该类电缆存在敷设允许高差小、施工工艺难度大、维修不便等问题。充油电缆主要用于 63 千伏及以上电压等级的电缆线路，20 世纪 70 至 80 年代，上海、广州等地先后敷设 110 千伏和 220 千伏两个电压等级的国产充油电缆[4]，但充油电缆的运输、敷设、安装和维护比较复杂，运行成本较高，且容易漏油。鉴于以上原因，20 世纪 80 年代起，油浸纸绝缘电缆和充油电缆逐步被性能较优越的交联聚乙烯电缆替换[5]。

中国交联聚乙烯电缆的应用起步较晚，20 世纪 60 年代才开始研制。1971 年上海电缆厂和沈阳电缆厂共同研制出湿法交联 10～35 千伏交联聚乙烯电缆。1983 年中国在引进吸收国外设备技术的基础上，研制开发出第一条干式交联电缆生产线，这种电缆绝缘性能比湿法交联电缆提高了 20%以上。交联聚乙烯电缆具有优异的电气性能，良好的运行安全性能和热过载机械特性，以及安装运行维修简便等优点，于 20 世纪 70 年代，在中国上海、天津、广州、北京等地陆续大量应用。1973 年 4 月，上海敷设第一条双回路 35 千伏交联聚乙烯电缆[6]，是年 7 月，开始应用于 10 千伏电缆线路上，截至 1977 年，全市有 10 千伏交联电缆线路 220.40 千米[7]，到了 1999 年 10 月上海市区供电公司范围的 6.6～10 千伏的电缆大部分为交联聚乙烯，电缆线路总长度上升到 3309 千米，是 1949 年的 7 倍[8]。

1985 年，天津开始大面积使用交联聚乙烯电缆，截至 1988 年，已拥有 10 千伏交联电缆 72 千米，35 千伏交联聚乙烯电缆 36 千米[9]。

20 世纪 80 年代，由于国内多家电线电缆生产企业缺乏对交联生产技术的认识，加上国产原材料质量较差，导致国产交联电缆的击穿故障率较高，直接影响到了交联聚乙烯电缆的推广。在这种背景下，电线电缆行业协会于 1989 年 11 月开始对交联聚乙烯电缆生产

---

[1]《广州电力工业志》编纂委员会：《广州电力工业志》，广东省电力集团公司史志办，2001 年，第 316 页。
[2]《上海市电力工业史》编委会：《中华人民共和国电力工业史·上海卷》，中国电力出版社，2003 年，第 665 页。
[3]《广州电力工业志》编纂委员会：《广州电力工业志》，广东省电力集团公司史志办，2001 年，第 324 页。
[4]《广州电力工业志》编纂委员会：《广州电力工业志》，广东省电力集团公司史志办，2001 年，第 200 页；《上海市电力工业史》编委会：《中华人民共和国电力工业史·上海卷》，中国电力出版社，2003 年，第 305 页。
[5]《中国电力百科全书》编辑部：《中国电力百科全书：输电与配电卷》，中国电力出版社，1995 年，第 479 页。
[6]《上海市电力工业史》编委会：《中华人民共和国电力工业史·上海卷》，中国电力出版社，2003 年，第 305 页。
[7] 上海市电力工业局史志编纂委员会：《上海电力工业志》，上海社会科学院出版社，1994 年，第 133 页。
[8]《上海市电力工业史》编委会：《中华人民共和国电力工业史·上海卷》，中国电力出版社，2003 年，第 664 页。
[9]《广州电力工业志》编纂委员会：《广州电力工业志》，2001 年，第 202 页。

企业进行整顿，达到了有序管理、提高产品质量、扩大销售、增加效益的目的，进一步促进了交联聚乙烯电缆的广泛应用。

电缆连接技术一直是电缆安装过程中的难点和重点，要减轻电缆接头工作量，首先要对电缆附件进行改进。20 世纪 70 年代起，随着中国交联电缆正式投产应用，交联电缆附件也应运而生。

20 世纪 80 年代初，美国瑞侃公司的交联电缆热缩接头进入中国市场，具有工艺简便，价格低廉，便于维护等特点。随后国家科委、水电部委托长春应化所、吉林辐化所、水电部武汉高压所联合完成了“六五”攻关任务“多相聚合物辐射交联热缩电缆附件的研制”项目，1985 年通过国家鉴定，改变了瑞侃公司产品一统天下的局面，打破了外国公司的技术垄断，促进了中国该项高新技术产业的形成和发展。长春热缩材料股份有限公司、深圳科技园总公司与长春应化所在深圳共同投资兴办的长园化学和长沙电缆附件有限公司等国内企业陆续开始生产电缆热缩接头，随后纷纷进入市场，在城市配电网改造和农村配电网改造中大量使用。上海供电公司电缆输配电公司积极应用交联热缩电缆附件，及时编制 35 千伏及以下交联电缆接头工艺规程，花费 3 年时间，将所有户外铸铁电缆接头全部改成热缩电缆接头，提升了电缆接头的可靠性[1]。但电缆热缩头尺寸长、施工时必须有加热源、动火作业给施工带来不少安全隐患等问题，限制了其发展和应用。

到了 21 世纪初电缆热缩接头已逐渐被冷缩接头和预制式电缆接头所替代。预制式电缆接头主要优点是材料性能优良，安装简便快捷，无需加热即可安装，弹性好，曾为中低压电缆附件采用的主要形式。但由于预制式附件的尺寸与待安装电缆的尺寸配合要求较高，且价格较高，应用范围不广，主要用于预分支电缆上。

20 世纪 90 年代以来，冷缩电缆附件进口和合资产品在中国开始试用，中国国内深圳长园、湖南长沙、上海永锦等厂家逐渐研制和开发成功，开始规模化生产，因其具有耐高温性、耐电痕性、耐腐蚀性、体积小、适用范围广和产品规格少等特点，以及操作方便、无需专用工具的施工工艺，逐渐成为电缆附件的首选。

1996 年机械工业部发布行业标准《额定电压 26/35kV 及以下电力电缆附件基本技术要求　总则》（JB 8144.1—1995）[2]，2012 年中华人民共和国信息部发布《额定电压 26/35kV 及以下电力电缆附件安装规程》，规范了热缩、冷缩、预制电缆附件的工艺要求。2017 年国家能源局发布《额定电压 35kV（U_m=40.5kV）及以下冷缩式电缆附件安装规程》（DL/T 5756—2017）[3]，明确了电力电缆冷缩式电缆附件安装工艺、质量评定及验收等基本要求。

这些标准的不断规范，促进了冷缩电缆附件产品质量的持续提高和施工工艺水平的进步，提高了电缆终端头和中间接头的寿命，降低了电缆故障率，电力电缆运行更加安全可靠。

---

[1] 《上海市电力工业史》编委会：《中华人民共和国电力工业史・上海卷》，中国电力出版社，2003 年，第 666 页。

[2] 机械工业部发布：《额定电压 26/35kV 及以下电力电缆附件基本技术要求总则》（JB 8144.3—1995），机械工业出版社。

[3] 能源部发布：《额定电压 35kV（U_m=40.5kV）及以下冷缩式电缆附件安装规程》（DL/T 5756—2017），中国电力出版社。

四、故障测寻仪的应用

电力电缆故障的检测是个世界难题，20世纪30年代，国外刊登了一篇《电缆中击穿电之故障探测》的论文，首次提出了用高压冲击故障点放电，粗测电缆故障的论点，为以后电缆检测技术的发展奠定了基础。20世纪60年代末，英国首先研制出了世界上第一台电缆故障闪测仪，开启了电缆故障探测的先河。1970 年以前中国采用低压脉冲反射法测试电缆故障，20世纪70年代末开始使用脉冲电流法，到了20世纪90年代，引进和学习国外发明的二次脉冲法。

低压脉冲反射法的优点在于操作简单方便，不需要考虑电缆的长度和电缆的埋藏位置，只要找到一个切口就可进行检测。脉冲电流方法具有接线简单、操作方便和安全的特点。

2018年河南郑州供电公司一条长1200米的电缆发生故障，阻值大约为1兆欧，先利用低压脉冲法测得该电缆有两个电缆中间接头，分别位于376米及880米处，再用脉冲电流法施加20千伏高压，将故障击穿后测得故障点在大约370米处，和第一个电缆中间接头距离相对一致，最后配合精确定点仪准确定位了故障点。

低压脉冲反射法能够快速定位低阻和短路电缆故障，对于高阻故障通常采用“烧穿”法，将高阻故障变为低阻后再测量，费时费力且安全性差。1990 年，国外发明二次脉冲法，结合高压发生器冲击闪络技术，在故障点起弧的瞬间和电弧熄火后通过内部装置触发两次低压脉冲，比较两次低压脉冲波形可非常容易地判断故障点位置。

随着电缆故障测试理论的不断发展，为解决电缆故障探测的需求，中国上海、西安等地也陆续研制生产电缆故障测寻仪器并投入使用。20世纪70年代初，西安电子科技大学与西安供电局联合研制出中国第一台贮存示波管式电缆故障检测仪“DGC－711”。1974年，上海电缆工程处、上海交流仪器厂和上海电缆研究所共同研制出全国第一台测量中阻值以下电缆故障专用的交直流两用综合测试仪，并投入使用。20世纪90年代，西安电子科技大学成功研制出“DGC－911 智能电缆故障闪测仪”，该仪器采用计算机技术，具有高速数据采集与处理能力，操作简便且准确率高，广泛应用于国内市场，设备技术性能达到了当时国际先进水平。

中国在不断研发生产电缆故障测寻仪器的同时，也大力引进国外先进仪器设备。1984年，上海从国外购进能辨认电缆路径、判断电缆走向的故障测试仪器，测试电缆故障的效率明显提高[1]。1985 年，广州供电局电缆所引进英国 BICCOTEST 公司生产的 T226 脉冲电流仪，基本解决了高阻电缆故障测寻的难题[2]，1997 年，又引进了奥地利 Baur 公司生产的电缆故障测寻车载系统，增加了故障测寻的集成度和机动性，故障测寻技术的应用水

❶ 上海市电力工业局史志编纂委员会：《上海电力工业志》，上海社会科学院出版社，1994年，第110～111页。

❷《广州电力工业志》编纂委员会：《广州电力工业志》，广东省电力集团公司史志办，2001年，第326页。

平进一步提高[1]。到了 21 世纪，中国引进德国赛巴公司一体化电缆故障测试仪，采用最先进集成化技术，可以全自动卡点，操作简单，定点准确率在 90%以上，提高了电缆故障检测效率。

电缆故障探寻仪器的成功研制和多种电缆故障检测方法的灵活运用，提高了电缆故障检测的准确率，大幅减少了停电时间，提高了供电部门的经济效益和社会效益。

五、交流耐压试验技术的应用

电缆预防性试验是判断电缆线路能否继续投入运行和预防电缆在运行中发生故障的重要措施。对不同的电缆，所使用的预防性试验方法也不同。

20 世纪 30 年代起，中国上海等部分地区就开始对敷设的电缆进行直流耐压试验。50 年代初，为响应全国第一次电业会议中提出的“保证安全发供电”基本方针，燃料工业部提出对电缆线路均需进行预防性试验的要求。当时上海埋设的电缆运行年久，绝缘老化，为求取合理的试验电压，开展对各种类型的电缆各选择 1 根进行试点试验。1952 年，上海供电公司选择屏蔽型的上（杨电）康（定）57、分铅包实芯型的上（杨电）黄（河）52、分铅分芯型的上（杨电）归（化）24（今上昌 24）、统包型的上（杨电）（九）龙 4 进行直流耐压试验。1953 年，该试验在上海供电公司推广，并在当年发现电缆隐形缺陷 13 起。此后，上海供电公司将直流耐压试验列入日常电缆检修计划。

经过各地对直流耐压试验长时间的实践，对试验电压的持续时间、周期和试验方法进行多次修改，试验的装备和标准不断得到改进。还因直流耐压试验具有对电缆加压时间要求较短，对 1 千伏以上电缆进行交接和预防性试验时每相加压时间 5～10 分钟即可，能够有效判断电缆的绝缘状况，且试验设备有携带轻便，适合现场使用等优点，在中国逐步推广应用。1963 年中华人民共和国水利电力部发布《电力电缆运行规程》（〔63〕水电技字第 115 号）[2]，要求采用直流耐压试验方式对 1 千伏以上的油浸纸绝缘电缆和充油电缆做预防性试验，每年至少应试验一次，最适宜在春季或者秋季土壤中水分饱和后进行。

20 世纪 80 年代后，随着城市配电网改造工程的推进，交联聚乙烯电力电缆逐渐被广泛使用，根据国内外试验结果和运行经验发现，对交联聚乙烯电缆采用直流耐压方式做预防性试验，不能有效发现交联电缆中的绝缘缺陷，甚至会造成电缆的绝缘损伤。

交联聚乙烯电缆应用交流耐压试验能够提前发现电缆绝缘缺陷，减少运行中发生电缆故障的几率，降低因电缆故障导致的突发性停电事故，提高供电可靠性。20 世纪 90 年代，中国开始研究和实践交流耐压试验技术，国内外有关标准机构也对于高压电缆的试验方法作出了更改和修订。1997 年 CIGRI 国际大电网工作会议对采用的直流耐压试验方法提出异议，并推荐使用工频及近似工频（30～300Hz）的交流试验方法，同一时期，中国的华北电力集团，广东、江苏、浙江、福建、安徽等电网也先后修编试验规程，强制规定用交

[1] 《广州电力工业志》编纂委员会：《广州电力工业志》，广东省电力集团公司史志办，2001 年，第 326 页。

[2] 电力工业部颁发：《电力电缆运行规程》，电力工业出版社，1979 年，第 36 页。

流耐压试验代替直流耐压试验。

2006年11月1日中华人民共和国建设部发布《电气设备交接试验标准》（GB 50150—2006），要求电气设备进行交流耐压试验[1]。交流耐压试验包括工频耐压试验、谐振耐压试验等，是电缆试验现场最为常用的两种试验方法。对于细而短的电缆，分相直接用工频交流耐压试验对其绝缘进行试验；而对于粗而长的电缆，采用谐振交流耐压试验对其进行绝缘试验。

交流耐压试验是判断配电电缆绝缘问题的最有效和最直接的检测方法，是避免配电网电缆发生绝缘事故的重要手段。

六、首部电力工程电缆设计规范的颁布

1994年11月5日，中华人民共和国建设部以建标〔1994〕671号文颁布了《电力工程电缆设计规范》（GB 50217—1994）（简称《规范》）。这是中国首部关于工业与民用电力电缆选择与敷设设计规范，填补了中国电力工程建设标准体系的空白。

《规范》共234条，充分吸收了国内外运行经验和科研成果，涉及面广，内容涵盖了当时中国电力行业在电缆设计方面所需内容，基本符合中国国情，能满足对新建或扩改建工程中电缆选择与敷设设计的实际需要。在缆芯材质选择方面，明确了选用铜芯的条件，既需考虑连接的高可靠性、大截面、高温、耐腐蚀等因素，又要统筹兼顾经济性，与以往行业标准差异之处在于增加了耐火、水下或工作电流较大时需多增电缆根数等内容。在电缆载流量方面，确定了油纸绝缘、聚氯乙烯绝缘和交联聚乙烯绝缘等电缆在空气中、直埋敷设时允许的载流量，及电缆允许持续载流量的校正系数，形成了全国统一的电缆载流量表。在电力电缆截面选择方面，规定了选择原则和使用要求，即在按载流量选择电缆的情况下，需充分考虑环境、温度等因素，如电缆在穿塑料管、排管、沟内埋砂的环境中，当缆芯工作温度大于 70℃时，需考虑封闭式通道中环温升高，直埋敷设方式下水分迁移导致热阻变化等影响。另外，《规范》在电缆芯数选择、缆芯绝缘水平、电缆绝缘类型等技术方面也提出了相关标准要求[2]。

此后，《规范》紧随时代发展，分别于2007年和2018年经过两次修订。在城市化进程不断加快、配电电缆的使用越来越普及的情况下，《规范》在工程建设中电力电缆的选型和敷设等方面发挥了较好的指导作用，使得电力电缆工程设计工作更加精细、规范。

七、电缆专业管理的加强

中国的电力电缆使用始于大城市，1949 年前，仅有上海、天津、广州等少数地区敷设少量电缆，多为国外公司建设运营。20世纪50年代，上海、北京、天津等地以10千伏标准电压改造升压为契机，对老旧电缆进行了大规模改造。从20世纪60年代起，电力

[1] 能源局颁发：《电气设备交接试验标准》，中国计划出版社，2006年。

[2] 李熙谋：《GB 50217—1994〈电力工程电缆设计规范〉编制简介》，《电力标准化与计量》，1996年第1期，第26～31页。

电缆线路有了较快发展，至 1977 年，上海市有 10 千伏电缆线路 220.40 千米。20 世纪 80 年代起，房地产业的兴起以及各地城市电网改造的开始，使得电缆在配电网中的应用更加普及，至 1990 年，上海市 10 千伏电缆线路总长为 1163 千米[1]。随着各地配电电缆规模迅速扩大，加强对配电电缆管理的重要性日益显现。

中国最早设立电缆专业管理队伍的城市是上海。中华人民共和国成立初期，上海市区的电缆敷设安装工作由美商上海电力公司敷电处建筑科地缆股承担（上海电缆输配电公司前身），有地缆工程专业职工 60 名，其中技术人员 1 名，1952 年 7 月，军管上海电力公司将馈电处地缆股改名为地缆修建队，成为一个能独立施工的地缆专业施工单位，1954 年，地缆修建队更名为地缆工区，1969 年 6 月，地缆工区改称为电缆工区，共有职工 325 名，1978 年 1 月，改为上海供电局电缆工程处[2]。当时，除上海、北京、广州、天津等几个大城市外，全国几乎没有电缆专业管理队伍。

20 世纪 80 年代中期，各地供电部门开始成立电缆施工管理队伍。1985 年 10 月，常州供电局成立了电缆班，隶属线路工区。1987 年 3 月，南京供电局增设了电缆工区，负责所辖区域内电力电缆的安装、运行、检修工作。

1979 年，中华人民共和国电力工业部以〔79〕电生字第 53 号文颁发了《电力电缆运行规程》（简称《规程》），作为用于指导电力电缆管理的主要技术标准。《规程》有总则、电缆线路机械损伤的防止、电缆绝缘过热和导线连接点损坏的防止、电缆的腐蚀及其他故障的预防、电缆的巡查、电缆的预防性试验、电缆的故障分析、运行前电缆线路设备的验收等。《规程》紧密联系电力工业发展的实际需求，总结生产实践经验，对电力电缆线路的安全运行有很强的指导作用。

各地依据《规程》，认真开展电力电缆巡视、防外力破坏、预防性试验、建立完善图纸资料等运维管理工作。巡视的主要工作是每三个月对敷设在土中、沿桥梁架设的电缆至少巡查一次，每半年对电缆井内的电缆巡查一次，敷设在水底的电缆线路每年检查一次，电缆终端头每一至三年停电检查一次。对户外电缆终端等，每年进行一次夜间巡视，电缆线路每半年进行一次监督性巡查。巡线人员将巡视电缆线路的结果记入巡线记录簿内，运行部门根据巡视结果，采取对策消除缺陷。巡线人员如发现电缆线路有重要缺陷，则立即报告运行管理人员，并作好记录，填写重要缺陷通知单。运行管理人员接到报告后应及时采取措施，消除缺陷。

防外力破坏工作主要是对电缆设施增加标志标识，对可能产生隐患的地段增加巡视次数，给造成隐患的单位、个人发送隐患整改通知，做好沿线电缆设施的保护宣传工作等。

各地根据《规程》每 3 年进行一次试验的要求开展电缆预防性试验工作，对电缆进行直流耐压试验。电缆线路的试验结果，填写在电缆试验及工作记录单上，并归入该电缆线路的运行档案。

---

[1] 上海市电力工业局史志编纂委员会：《上海电力工业志》，上海社会科学院出版社，1994 年，第 133 页。

[2] 上海市电力工业局史志编纂委员会：《上海电力工业志》，上海社会科学院出版社，1994 年，第 299 页。

江苏省常州供电局变电所每2年安排一次全所停电，进行电缆预防性试验，较快实现了应试电缆的全覆盖。同时开展电缆的图纸资料的建档工作，建立了电缆实际路径平面图、电缆线路路径协议文件、城市电缆规划走廊资料详图、电缆的制造厂试验合格证、特殊电缆应附必要的技术文件、建筑工程和隐蔽工程的图纸资料、敷设后电缆线路的试验资料等必备图纸资料档案，并开发配电网地理接线图系统（GIS），实现了无纸化管理[1]。

电缆专业管理队伍的不断建立和《规程》的严格贯彻落实，使配电电缆的管理走向规范化专业化，配电电缆的健康水平和运维管理水平得到了较大提升。

第四节 配电网装备水平的提升

20世纪80年代，随着中国对外交流学习和自主研发能力的积累，以及两部联合协调开发与“两部鉴定”等管理机制的建立，标志着配电设备的技术和质量得到了有效监督和管理。

由此，中国配电设备国产化程度逐年稳步提升，技术水平也突飞猛进。配电开关完成了由多油到少油再到气体绝缘的无油化改造，开关柜也经历了由原装进口逐步变为仿制再到自主研发的飞跃。在城乡电网改造中，新型防雷设施不断研发成功，解决了绝缘导线“逢击必断”的难题，配电线路绝缘化率大幅提升。

进入21世纪后，中国配电网装备水平已经不再如早期依赖进口的艰难局面了，一些接近甚至超过国际领先水平的设备被不断研制成功，有力地促进了坚强配电网的形成。

一、“两部鉴定”促进配电网装备水平的提高

长期以来，中国电力企业实行单纯的生产型计划管理体制，受其影响，人们的思想观念习惯于限制和排斥商品经济和价值规律，忽视产品质量，导致电工产品质量低劣成为顽症。1979年中央开始对国民经济实行“八字方针”，同年第一机械工业部开始狠抓电工企业产品质量。为推行全面质量管理，提升产品质量，1981年第一机械工业部、电力工业部两部多次会商，共同制定一系列的质量强化措施。

1981年在武汉召开的全国城网工作会议上，第一机械工业部、电力工业部发布了“关于城市电网改造所需设备的意向书”，并成立了“城网新装备开发协调小组”。1986年9月，机械、水电两部在北京首批审查、鉴定了包括城网输电、变电、配电各种新装备32项，开启了城网设备协调开发和“两部鉴定”工作。1989年11月在成都，机电、能源两部又审查、鉴定了15种城网用开关设备。1981年至1991年，两部还多次召开或委托省级部门召开城网单项产品的鉴定会。

1991年，为了加速提高中国农网装备的现代化水平，适应农村变电站小型化方案的

[1] 《常州市电力工业志》编纂委员会：《常州市电力工业志》，中国电力出版社，2011年，第46页。

需要，机械电子部第一装备司和能源部农电司于1991年1月8日至11日在辽宁锦州联合召开了“全国农网装备工作会议”，参加会议的有两部有关司局及所属科研、制造、使用、大专院校等部门，共103个单位154名代表，会上成立了两部“农网装备技术协调小组”。机电部第一装备司副司长林昭奎在会议闭幕式上的讲话中提到，“新产品研制完成后，须经两部或两部委托单位组织鉴定后，方可投入系统试运行，试运行鉴定后方可投入批量生产，未经试运行鉴定的产品不得转厂生产。”“已投入系统中运行的产品，必须组织运行鉴定后做出评价，对质量好的产品同意继续生产，质量差的限期整顿，整顿后经两部组织专家审核后，根据专家意见再决定生产或停产。”配电网设备由此全面进入了“两部鉴定”时代。

1991年5月20日至22日，机电部一装司和能源部电力司、农电司在青岛联合组织召开了两部城网和农网装备技术协调小组工作会议，参加会议的有两个协调小组全体成员。会议建议“两部归口研究所要协助两部做好行业管理工作，同时要协助各制造厂做好新产品技术审查和鉴定的准备工作，并及时上报两部，以便按规定的程序安排鉴定工作。”“城网、农网协调小组每年定期召开一次工作会议，协调和解决装备开发和运行工作中出现的问题”。

1992年1月27日，机电部一装司和能源部农电司联合发出通知，规定参加两部鉴定的产品均需进行统一预审和鉴定，通过后由两部联合颁发鉴定证书，没有通过鉴定的产品不准挂网试运行。1992年3月30日至4月2日，两部在长沙市联合主持召开了技术鉴定会，对所有通过了全面型式试验及专家预审的“八五”研制计划的农网新产品开展技术鉴定。申请参加此次鉴定会议鉴定的产品共22项，根据产品不同类型，两部委派研究所、大学以及有关制造、运行等单位的63位专家，分别组成了重合器和分断器、断路器、熔丝等三个鉴定委员会，负责各类新产品的全部鉴定工作。会议经过严格审查和认真研究，对被鉴定的产品逐个给出了鉴定结论，对已通过鉴定的新产品由两部联合颁发鉴定证书，允许小批量生产和试运行。会议还对通过鉴定的产品做了综合评价，认为这些设备是中国首次吸收国外先进技术自行设计、制造的新型设备，部分达到了国内、国际先进水平，应优先选用，积极试点。

“两部鉴定”有助于各生产厂树立质量意识，提高工艺装备和技术水平，保证提供运行的产品的质量，杜绝了粗制滥造，盲目大上。同时“两部鉴定”也标志着中国配电网新产品的科研、制造和使用都进入了一个更加严格、规范的新阶段，推动了中国配电装备水平的提升和电气制造行业的发展。

二、配电开关的更新换代

配电开关是配电网设备中关键设备之一，按使用场合主要分为户内配电开关和户外配电开关，按内部绝缘介质分为气体绝缘开关、复合绝缘开关和固体绝缘开关。

20世纪70年代，中国户内开关柜主要使用的是GG－1A型，其内部设备为SN10系列少油断路器和三相隔离开关。少油断路器利用变压器油或专用断路器油作为触头间的绝缘和灭弧介质，用油量比多油断路器少很多，是一种当时欧洲国家为省油而发展推广的断路器。80 年代中期，天津完成了基于 GG－1A 型开关柜的 10 千伏配电站标准化设计，户内开关逐步向国产化方向发展，并在城网改造中大范围使用。

80 年代后期，将 SN 系列少油断路器更换为 FN5、FN7、FN11 产气和压气式负荷开关。同时期中国开始引进 F&G、MG、ABB、西门子、施耐德等品牌，使用六氟化硫户内开关。随着配电网科技水平的不断提高，GG－1A 型开关柜逐渐暴露出防护等级低、上部主母线裸露在空气中、五防连锁不可靠、空间占用多等缺点，逐步被具有允许开关次数多、检修周期长、结构简单、占地面积小、开断性能好、不会产生重燃过电压等诸多优点的六氟化硫断路器替代，六氟化硫断路器逐步成为主流。

90 年代初期，国内引进的欧式和美式箱式变电站内带有环网负荷开关，具备了小范围的环网功能。90 年代末期，国产六氟化硫和真空负荷开关环网柜进入电网运行。环网柜柜体中配有空气绝缘的负荷开关，主要有产气式、压气式、真空式和六氟化硫式等几种，环网柜中的负荷开关，一般要求有切断负荷、隔离电路、可靠接地三工位。产气式、压气式和六氟化硫负荷开关易实现三工位，而真空灭弧室只能开断，不能隔离，所以一般真空负荷环网开关柜在负荷开关前再加上一个隔离开关，以形成隔离断口。进入 21 世纪，环网柜在城市配电网和农村配电网中的县城、大城镇等区域大量使用，随着配电自动化和智能电网建设不断推进，环网单元具备了遥控、遥信、遥测等功能，为配电网的故障研判、主动抢修、故障自愈，甚至为配电网态势感知、信息互动、规划动态决策等提供依据。

户外配电开关中比较重要的设备是柱上开关，柱上开关主要分为柱上断路器、柱上负荷开关和柱上隔离开关。柱上负荷开关具有承载、分合额定电流能力，但不能开断短路电流，主要用于线路的分段和故障隔离。柱上负荷开关曾广泛使用结构简单、成本低廉的产气式负荷开关，后逐渐替换为真空负荷开关和六氟化硫负荷开关。

柱上断路器用于配电线路区间分段投切、控制、保护，能开断、关合短路电流。柱上断路器在 20 世纪 70 年代为多油断路器，因开断能力差、油易燃、渗漏、易酿成二次事故而逐渐被淘汰。20 世纪 90 年代末期，随着城乡电网改造，大范围使用柱上真空断路器和柱上六氟化硫断路器。进入 21 世纪，柱上断路器由于配电自动化的需要，具备了远程开断、信息传输、故障判别定位等功能，逐步实现智能化。

三、新型架空导线的应用

架空配电线路最常用的导线线材有铜导线、铝绞线、钢芯铝绞线、铝合金绞线和钢芯铝合金绞线等。中华人民共和国成立前后，中国架空线路大多参照国外标准采用铜线或铝绞线，有的地方还采用钢绞线。1958 年上海电缆研究所与上海电缆厂共同研制并批量生产了铝绞线和钢芯铝绞线，成为中国首批自行生产的导线，开创了线材制造领域的先河。

此后的发展主要有三个阶段。20 世纪 70 年代，中国架空导线第一个国家标准《铝绞线钢芯铝绞线》（GB 1179—1974）诞生，标志中国已经形成较为完整的导线产业规模。

20 世纪 80 年代，颁布了《铝绞线钢芯铝绞线》（GB 1179—1983）标准，稀土优化处理电工铝导体技术成熟应用，解决了中国国产铝锭硅含量太高的难题，标志着中国架空导线行业制造水平与质量达到了 IEC 标准要求。

80 年代中期，架空绝缘导线开始于城市配电网以及个别负荷比较集中的农村电网中应用，并于 90 年代初期大规模使用。与架空裸导线相比，架空绝缘导线在适用范围、安全可靠性、降低故障率等方面更具优势。

同一时期，在比较狭窄的街巷开始使用低压集束导线。集束导线采用三相四线制供电，采用紧密型对称分裂结构，使导线的电感降低，加大线间介电常数，电容量增加，使电路电抗大幅度降低，最终实现扩容降损的目的。实践证明，集束导线对防雷击、防窃电、防漏电效果改善明显，且由于导线成集束状组合，抗拉断力较单线成倍增加，降低了断线事故。但由于集束导线支接施工难度较大，支接材料不配套影响施工工艺，易引起漏水短路事故，一定程度上限制了使用范围。

1998 年起，中国开展了一系列规模宏大的城乡电网改造，全国各地根据配电网线路改造规划设计要求，大量使用大截面导线，施工工艺参照了输电线路，采用了全新的方法。还根据跨高铁、跨高速、跨铁路和跨大山等大跨越线路，以及台风和覆冰等微气象条件的线路，进行了差异化设计。对于大跨越线路、沿海易受台风侵袭的线路采用了抗拉强度较高、弧垂较小、载流量较大的铝包钢绞线；对于覆冰严重线路采用了热处理钢芯铝合金绞线。

随着配电网建设与改造的不断推进，架空配电线路使用环境和使用要求的不断提高，架空导线线材也不断创新，以满足配电网高速、高质量发展的需求。

四、配电网防雷设施的推陈出新

防雷工作一直是配电线路安全、可靠、稳定运行的基础，防雷保护和防雷设备的新技术应用显得格外重要。而配电线路具有设备点多、面广、线长、暴露于大气中等特点，致使其易于遭受雷电袭击，因此在配电线路运行规程中明确规定，在配电线路及线路上所安装的各种设备，如配电变压器、柱上开关设备、柱上电容器、电缆终端等，都必须装设防雷保护设备。

19 世纪末期，羊角形间隙开始应用于架空输电线路，这是最原始的避雷器。20 世纪 30 年代，管式避雷器开始得到应用，主要用作 35 千伏及以下发电厂、变电站的进线保护和输配电线路上的弱绝缘保护，管式避雷器相比于之前的保护间隙通流能力更强，但存在伏安特性比较陡峭、残压较高等缺陷，应用时间不长，应用范围不广。

阀式避雷器在 20 世纪初即得到应用。所谓阀式避雷器是指含有非线性电阻阀片的避雷器，分为有间隙和无间隙两种，包括普通阀式避雷器、磁吹避雷器、金属氧化锌避雷器和复合避雷器等。早期的阀式避雷器以二氧化铅作为非线性电阻元件，其自恢复性能较差。30 年代改用碳化硅作非线性电阻元件，串联普通平板间隙，其伏安特性平坦，易于实现绝缘配合，在配电网中应用了将近半个世纪。50 年代出现了用磁吹间隙取代普通平板间隙的磁吹避雷器，使避雷器的保护特性得到很大提高，主要应用于中性点有效接地的高压电力网中，配电线路上很少应用。由于瓷质阀式避雷器存在保护性能差、密封不严、易受潮失效等特点，防雷效果不佳。70年代出现了以氧化锌为主要原料的非线性电阻片，80年代初期，中国电科院与西瓷研制成功了无间隙金属氧化物避雷器，以其优异的非线性伏安特性，逐步取代瓷质阀式避雷器。

氧化锌避雷器具有比瓷质阀式避雷器更好的非线性伏安特性，在工作电压作用下相当于绝缘体，不会使阀片烧坏，所以可以不用串联间隙来隔离工作电压。在保护性能上不存在放电时延，在相同雷电流通过时有更低的残压，具有结构简单、质量小、造价低廉等特点，被广泛应用于配电网防雷保护中。

由于瓷质外绝缘材料易发生压力释放时碎落的情况，氧化锌避雷器的外绝缘逐步由瓷质绝缘改变为硅橡胶绝缘。硅橡胶氧化锌避雷器憎水性强，耐污性能相当先进，即便在盐雾场所也能使用，尤其适应于沿海地区和工业污染严重地区。但硅橡胶氧化锌避雷器在雷击击穿后壳体不会碎落，线路巡视时难以辨析，大大影响了故障查找效率，随后就研制了可脱落式和带故障显示装置的避雷器。

20世纪80年代中期中国在城市配电网建设改造中，逐步将架空线路由裸导线更换为绝缘导线，大幅度地降低了线路故障率，改变了恶劣天气下城市郊区大批线路故障掉闸停电的局面。但相比于裸导线线路，绝缘线“逢击必断”问题十分严重。架空绝缘线路遭雷击后，雷电波不会沿着导线行进，而是集中在雷击点附近并引起击穿，导致导线烧断。各级技术人员和专家发现普通氧化锌避雷器防雷效果不佳后，研发了放电箝位绝缘子和穿刺放电线夹，还研发了以雷击时烧蚀为主的防雷金具，起到了一定防雷作用，但效果都不明显。

为使避雷器防雷效果更佳，2011年，北京市电力公司开展架空绝缘配电线路示范工程建设，在直线杆上采用棒形或固定外间隙避雷器，在耐张杆上采用固定外间隙避雷器等防范绝缘线雷击措施，使绝缘线路雷击故障大幅度降低。带间隙的氧化锌避雷器相比普通避雷器，抗老化性能更强。当有过电压产生时，必须先将间隙击穿，避雷器才能导通，起到限制电压与能量的作用，延长避雷器寿命。2013年国家能源局发布的《配电网架空绝缘线路雷击断线防护导则》（DL/T 1292—2013）和2016年国家电网公司发布的《配电网技术导则》（Q/GDW 10370—2016）对带间隙的避雷器进行推荐，为示范工程提供了可靠依据。

从绝缘线路替代裸导线，到金属氧化物避雷器逐步取代碳化硅避雷器，再到氧化锌避雷器的外绝缘逐步由瓷质绝缘改变为硅橡胶绝缘，体现出电力行业对防雷设施的重视。随着防雷设施新技术新设备不断应用，配电网防雷技术不断进步，配电线路事故率明显下降。

五、绝缘斗臂车促进中间电位带电作业的普及

20世纪80至90年代，配电线路带电作业的方式有等电位作业、地电位作业和中间电位作业，其中，等电位作业和地电位作业均为登杆作业。开展等电位作业时，作业人员需穿着屏蔽服和导电手套登杆操作，因配电线路相间、相地距离小，易发生短路事故，故

2002 年发布实施的国家标准《配电线路带电作业技术导则》（GB/T 18857—2002）和 2005 年发布实施的《电业安全工作规程》中，明确禁止在 10 千伏及以下配电线路上开展等电位作业。开展地电位作业时，作业人员需穿着绝缘靴、绝缘服，戴绝缘手套等个人防护用具，登杆使用绝缘工器具操作，受杆上设备、线路装设方式的影响较大。

开展中间电位作业时，作业人员使用绝缘脚手架或绝缘斗臂车，佩戴绝缘手套直接作业，因其作业方便、可开发项目多，逐渐成为了全国各地的发展重点，绝缘斗臂车在配电带电作业中的重要作用开始显现。

1985 年 12 月，绝缘斗臂车带电作业技术交流会在上海召开，会上使用绝缘斗臂车进行了多种检修项目的演示。与会代表一致认为，使用绝缘斗臂车能满足配电线路带电作业需要，可简化作业工具，降低劳动强度和作业安全风险。

此时，全国多地均有绝缘斗臂车在生产中应用。北京供电局和上海供电局在 20 世纪 60 至 70 年代均自主研发了绝缘斗臂车。80 年代，成都供电局研发的绝缘斗臂车，由解放牌卡车底盘和中体成都滑翔机制造厂生产的绝缘斗、绝缘臂、液压系统等上装部分拼装而成。该车安装有“八”字形液压支腿，支撑牢固，使用方便。绝缘臂为可折叠和伸缩的混合臂，可升高至 19 米，绝缘部分最长可伸出 5 米，远超 1991 年《电业安全工作规程（电力线路部分）》中绝缘臂有效长度应大于 1 米的规定。绝缘斗可承载一人，为可拆卸设计，通常在工作时现场安装，绝缘斗内不能控制车辆和斗臂升降，仅可由地面电工在专用操作台控制。工作时，斗内电工需与地面电工紧密配合，才能将绝缘斗移动到准确的位置。

随着经济的快速发展，人民对供电可靠性的要求随之提升，开展带电作业的重要性日益凸显，国产绝缘斗臂车相对滞后的技术和生产能力已不能满足工作需求。1993 年 12 月，厦门供电公司从香港购入了美国时代公司出厂的绝缘斗臂车，1995 年 7 月，上海市电力公司从国外购入了 10 辆伸缩臂绝缘斗臂车。20 世纪 90 年代末，北京市电力公司、常州供电局、成都供电局等也都进口了绝缘斗臂车。

绝缘斗臂车应用后，作业人员乘坐绝缘斗臂车可灵活地到达作业点，佩戴绝缘手套开展中间电位作业。各地供电局开始结合绝缘斗臂车开发作业项目，研制作业工器具。常州供电局于 1995 年提出了“五步走”发展战略，在 5 年内实现了绝缘手套作业法带电断接引流线、带负荷立撤杆等 5 个作业项目的开发应用。1997 年，烟台电业局拍摄了教学视频《10 千伏线路带电作业》，详细记录了使用绝缘斗臂车开展带负荷开断 10 千伏线路直线杆加装分段断路器、带负荷更换 10 千伏线路直线杆、带负荷迁移 10 千伏线路等 7 个配电带电作业项目的操作流程。随着作业项目的开发，2016 年，国家电网公司发布实施的企业标准《10kV 配网带电作业规范》对常用带电作业项目进行了分类，四大类 33 项作业项目中，有 24 个项目必须使用绝缘斗臂车才能完成，绝缘斗臂车已成为配电网开展带电作业不可或缺的装备。

绝缘斗臂车的发展与应用，推动了配电带电作业方式的转变，拓展了作业范围，填补了作业项目空白，使配电线路大规模开展中间电位作业成为可能。

六、三级漏电保护系统的建立

进入 20 世纪 90 年代，中国农村电气化建设快步发展，家用电器在城乡居民家庭日益普及，对供电的可靠性要求越来越高。这一时期，农村漏电保护器主要采用的是一级总保护模式，即 1 台农村配电变压器安装 1 台漏电保护器。但当时农村低压配电网面广线长，长年运行老化情况严重，绝缘水平低。不少地区阴雨天气频发，导致接地电流增大，极易造成漏电保护器跳闸，其误动作后停电面大，难以满足城乡居民对高供电可靠性的要求。为了改善这种情况，中国开始推广和应用分级漏电保护系统。

为了健全和规范漏电保护器行业标准，20 世纪 90 年代初，能源部、劳动部提出建立漏电保护器安装与运行标准的意见，并交北京供电局起草。1992 年 12 月 19 日，《漏电保护器安装和运行》（GB 13955—1992）标准正式发布[1]。标准对漏电保护器的应用、选用、安装、运行和管理方面进行说明，涵盖了各种环境下应用漏电保护器的规格，提出分级漏电保护系统的应用和安装规范，规定漏电保护器分别装设在电源端、支（干）线路和负载端，可构成两级以上的漏电保护系统，且各级漏电保护器的漏电动作电流值与动作时间协调配合，可实现具有选择性的分级保护。这是首部漏电保护器安装和运行的国家标准。

20 世纪 90 年代中期开始，中国鼓励各地建立“三级漏电保护系统”，该系统采用的模式为每台配电变压器安装 1 台漏电保护器作为总保护，每 1 条供电分支线安装 1 台漏电保护器作为二级保护，每 1 户用电客户安装 1 台家用漏电保护器作为三级保护。自 1995 年起，山东省在济南、青岛、烟台、淄博、潍坊等地选取一些经济条件比较好的农村推广试行三级漏电保护，共安装漏电保护器 41.254 万台，1995 年年底山东省农村触电死亡人数下降为 17 人，农电死亡率为 0.035 8 人/（1000 千米・年），初见成效[2]。到 90 年代中期，江苏省农村安装漏电保护器达 303.5 万台，其中三相的 27.88 万台，单相的 275.62 万台，占用电农户的 20.8%，三级漏电保护系统的普及和应用初具规模[3]。

但是由于当时农村偏远地区线路设备健康水平差，许多地方的配电设施不具备装设漏电保护的条件，许多低压线路因年久失修，漏电点繁多，在装设漏电保护后无法正常运行，导致漏电保护的推广受阻。1998 年全国开始实施农电“两改一同价”改革，大力开展农网改造，给漏电保护器的推广带来机遇。通过农村电网建设改造，农村低压电网三级漏电保护器得到进一步推广[4]。据统计，1998 年全国漏电保护器的年销售量（包括出口）已超过 1200 万台。

2005 年，为强化漏电保护器的标准化运行，并与国际同类标准保持一致，国家将《漏电保护器安装和运行》修订为《剩余电流动作保护装置安装和运行》（GB 13955—2005）[5]，

[1] 国家技术监督局：《漏电保护器安装和运行》（GB 13955—1992），1992 年 12 月。

[2] 山东省电力工业局史志编辑委员会：《山东省电力工业志》，山东友谊出版社，1996 年，第 580～582 页。

[3] 《江苏省电力工业志》编委会：《江苏省电力工业志》，水利电力出版社，1994 年，第 221 页。

[4] 山东省电力工业局史志编辑委员会：《山东省电力工业志》，山东友谊出版社，1996 年，第 580～582 页。

[5] 中国国家质量监督检验检疫总局：《剩余电流动作保护装置安装和运行》（GB 13955—2005），2005 年 12 月。

再次明确低压配电线路中剩余电流动作保护装置二级保护或三级保护的应用原则，符合IEC国际标准的剩余电流保护装置的规范逐渐完善。

七、故障指示器在配电网中的应用

配电网由于面广量大，线路分支多、运行情况复杂，受设备质量、安装施工、外力破坏、特殊气象、客户内部故障等因素影响，线路故障频繁。当线路发生故障后，供电部门要派出大量工作人员，沿着线路逐一巡查，在偏远地区或是夜间、恶劣气象等情况下，故障查找更是费时费力。受资金的限制，早期的配电线路上几乎无分段断路器，一旦发生隐性故障，只能采取将线路停电、拆开线路引流再试送电的办法，逐步缩小故障范围，然后对故障段的设备、附件进行检测，最终确定故障点，由此造成多次停电，给沿线企业、居民的生产生活造成了严重影响。

1991年，国内引进和学习外国技术，推出了第一代短路故障指示器[1]，这是一种安装在电力架空线路上，通过检测线路过电流来判别、显示线路是否发生短路故障的装置。当线路发生短路故障后，故障指示器会发出翻牌及闪光告警，巡查人员从变电站出发，沿着故障线路依次查看故障指示器的工作状态，就能快速判断出故障发生的区间。经北京、天津、河南、河北、广东、山东等地试用取得成功，提高了故障查找的效率。第一代故障指示器具有体积小、安装方便等优点，在配电线路上得到广泛应用。经过一段时间的挂网运行，该型故障指示器逐步暴露出可靠性差、易老化、密封性差、电池寿命短、不能带电安装等缺陷。

1993年第二代短路故障指示器问世，它是基于“电流突变法”的原理设计，可最大限度的消除涌流造成误动作情况，经过不断改进，先后推出多种型号，2000年前后国内又研发出了安装在电缆分支箱、环网柜、开关柜等配电设备上的电缆型故障指示器、面板型故障指示器。各地使用后，普遍反映动作准确性相比第一代有较大提高，大大方便了线路短路故障的查找，但也存在误判或漏判情况，与第一代短路故障指示器一样没有解决中性点非接地系统单相接地故障难以查找的问题。

2005年，制造厂商研发出了短路、接地二合一故障指示器，它是在第二代短路故障指示器基础上，增加了单相接地故障的检测功能，但在技术上没有重大突破。经过供电部门几年的运行，反映该故障指示器在发生金属性接地故障时，动作准确率较高，但其他情况下稳定性较差，抗干扰能力弱，容易误导工作人员对故障查找的判断。

随着配电网向自动化、智能化方向发展，线路的运行管理方式、负载、环境不断变化，第一、第二代故障指示器的故障检测技术已无法适应电网的发展趋势。2010年后，第三代故障指示器也就是智能故障指示器研发成功。智能故障指示器突破了第一代和第二代故障指示器在故障检测方面的局限性，具备遥测、遥信功能。在短路故障检测方面，将微机

[1] 线路故障指示器起源于20世纪80年代的德国，发明的主要目的是指示短路电流流经电力线路的途径，帮助人们快速查找到故障点。

保护原理引入故障指示器的设计技术中，克服了前两代故障指示器存在的误报警或漏报警及易受高频信号干扰的缺陷，无论是对短路故障还是接地故障的检测显示，正确性都比较高。该型故障指示器在配电网中得到广泛使用，与 GIS（地理信息系统）整合后，运维人员只需查看系统告警信息，就能快速准确定位故障区间。

智能故障指示器不仅解决了配电网短路、接地故障快速查找的问题，它的一些功能还可以进行拓展应用，各地利用智能故障指示器开展了分段线损监测、窃电行为查处等工作。

为保证产品质量、统一产品标准要求，为电力企业提供采购和验收配电线路故障指示器的技术依据，国家电网公司为此发布了企业标准《配电线路故障指示器技术规范》（Q/GDW 436—2010），对故障指示器的分类、技术要求、试验方法、试验结果的判定准则等进行了规范。

第五节 城市电网的建设与改造

随着改革开放政策的实施和经济社会的发展，全国电力需求快速增长，城市配电网发展相对较慢、供电能力不足、供电质量差等问题逐渐突显。党中央、国务院陆续作出加快电力工业建设工作部署。1998 年，国家借拉动内需的机遇在全国范围内启动了城乡电网建设与改造工程。截至 2002 年年底，全国首次大规模城市电网改造任务基本完成，极大地提高了城网供电能力，满足了当时经济社会用电需求，各大城市基本形成了较为完善的供电网架。同时随着首次大规模城市电网改造的实施和项目管理的探索实践，配电网工程相关规章制度、技术标准得到进一步完善，电力集体企业得到了发展壮大。

一、全国电力系统城市供电专业工作网

为提高中国城市供电技术水平、管理水平和供电质量，更好地为电网公司和城市供电企业提供技术服务，1989 年，能源部电力司以城市供电企业为主体，从各网省电力公司、科研院所等单位遴选出一批具有一定实践工作经验的城市供电专业技术专家，组建了全国电力系统城市供电专业工作网技术组织（简称专业网）。

专业网成立以来，主要负责宣传贯彻国家政府部门，关于城市供电方面的技术方针政策，结合生产实际，研究解决城市供电工作中急需解决的课题；收集汇总全国城市供电（规划、运行、设备改造、建设等）方面的技术资料，总结经验，研究分析城市供电的发展方向和工作中存在的问题，提出相应的措施与建议，供领导部门决策时参考；负责制订或修订有关城市供电方面的技术规范、标准和导则等；承担城市供电技术咨询及新技术、新产品、科研项目的审核评议工作，提出推荐或评议意见；根据城市电网的需求，提出产品改进和开发建议。此外，专业网还负责举办城市供电相关内容的培训班、研讨班及国内外先进技术经验交流会，以提高城市供电专业人员的素质和管理水平，促进城网新技术、新装

备的推广应用❶。

1994 年 11 月，专业网组织召开“10 千伏中性点接地方式研讨会”，来自电力部龙源电气公司、电力部武汉高压研究所等单位的 16 位代表，就中压配电网中性点经电阻接地方式进行探讨和研究。随后广州、上海、北京、南京等地的供电局和科研单位、高等院校就中性点经电阻接地方式开始合作，从模拟研究、现场测试和理论分析等方面得出“以电缆为主体的城市配电网中采用中性点经低电阻接地、以架空线为主体的城市配电网中采用高电阻接地方式”的总结，并在全国推广。经多地试验后，中压配电网中性点经电阻接地方式被写入《城市电力网规划设计导则》中，要求 35、10 千伏城网中以电缆为主的电网，必要时可采用中性点经低电阻或中电阻接地。

1995 年 5 月 30 日，专业网组织城市配电网供电专业人员展开了为期 22 天的赴美考察，考察团访问了旧金山太平洋电力公司、纽约联合爱迪生电力公司、洛杉矶爱迪生电力公司的配电网相关部门，并深入学习了提高城市配电网供电可靠性、自动化水平等配电技术专业经验，为今后中国城市供电网的发展奠定了基础❷。

专业网成立以来，应各供电企业要求，完成了海口、重庆、乌鲁木齐等 10 余个城市的电网规划评议；制定了《城市中低压配电网改造技术导则》《架空绝缘配电线路设计技术规程》等 5 项行业标准；组织“10 千伏中性点接地方式研讨会”“全国城市电网建设投资效益研讨会”等 10 余项专题研讨会，讨论当时中国城市电网具有共性的技术问题；调查了解国内外城市配电网技术和发展，定期出版发行网刊《城网动态》（1 年 4 期）；组织举办了城市电网装备新技术及节能产品展览会及十余次有关城网规划、建设、运行技术经验交流会等活动❸。

专业网在推进城网改造、推广城网新装备、组织经验交流等方面发挥了积极的作用，取得了较大的成绩。在加速城网改造、搞好城网建设、提高供电可靠性方面，逐渐受到各级电力部门的重视，也引起地方政府的关注。特别在贯彻执行国家城市规划建设的方针政策，交流各地城网建设、改造工作经验，促进城网新装备、新技术的开发应用等方面起到了推动作用❹。

二、为解决“卡脖子”问题开展的大城市配电建设

进入 20 世纪 90 年代后，随着国家电源建设步伐的加快，一批电源网点的投运，电源短缺的矛盾逐渐缓和。城市配电网随着 110～220 千伏电源深入市区后，虽然对变电容量不足起到一定缓解作用，但总体变、配电容量不足的矛盾依然存在，特别是配电网过负荷、低电压、断线、用户设备烧损等故障频发。期间，供电部门主要通过加强设备巡检、提高设备利用率和高峰时段限电等手段来应对用电负荷自然增长的需求，给城市经济发展和居

❶ 全国电力系统城市供电专业工作网情况汇报。

❷ 全国电力系统城市供电专业工作网十年大事记 1994 年。

❸ 全国电力系统城市供电专业工作网情况汇报。

❹ 全国电力系统城市供电专业工作网十年大事记 1994 年。

民生活带来极大不便。

为此，党中央、国务院对电力工业的发展提出了新的要求。江泽民总书记在党的十四大报告中指出："加快交通、通信、能源、重要原材料和水利等基础设施和基础工业的开发与建设，这是当前加快经济发展的迫切需要，也是增强经济发展后劲的重要条件"❶。国家计委和电力工业部提出，"九五"计划后四年，电力工业改革和发展的重点是对全国大城市电网进行改造❷。随着城市电网建设改造步伐加快，全国大中城市通过实施以配电网络网架结构调整、更换老旧设备、配电变压器改造等方式，重点解决城市电网"卡脖子"问题。

1993 年 4 月底，华北电管局为落实国务院的指示精神，认真分析了电网面临的形势和任务后，组织实施了"9511 工程"❸。历时三年的"9511 工程"实施完成后，提升了北京市高压电网的供电能力，但中低压配电网"卡脖子"的问题没有得到根本解决。于是，华北电力集团在 1997 年下半年提出加速首都电网建设与改造的"9950 工程"❹。针对城市配电网，抓紧实施 10 千伏线路改造，共改造了 206 条线路和老旧电缆，增大了导线截面，更换了配电变压器，对 10 千伏开关柜进行了改造，达到了缩短供电半径，合理分配供电负荷，降低线路损失率，提高配电网络的供电能力和供电质量的目标，同步完成了四环以内 10 千伏架空线路的绝缘化改造，城区绝缘化率达到了 94.2%，有效提升了北京市区供电可靠性❺。

针对配电网薄弱老化矛盾的日渐突出，重庆电业局通过自筹资金和市政建设改造资金，从 1993 年至 1994 年期间，共计投入 1800 多万元，开展了两轮次城市中低压配电网改造。实施了以配电变压器增容改造、架空导线入地、低压台区导线更换、柱上油断路器改造和配电站房开闭站建设等项目为主的建设改造工作。通过建设改造，重庆主城区配电网网架结构、供电能力、电压质量和供电可靠性有了较大改善❻。

为解决配电容量不足、故障频发等问题，上海供电局从 1995 年开始，在市区范围内新建配电站 145 座，增装杆上变压器 960 台，完成低压台区改造 175 个。中低压配电网建设改造工程实施后，在 1995 年夏季日用电负荷连续 45 天突破历史最高纪录的情况下，48 个故障"热点"地区供电状况得到改善，1995 年用电故障数比 1994 年同期下降 26.7%，1996 年又比 1995 年同期下降 20.5%，其中中低压配电网故障下降 74%❼，供电质量和城

---

❶《北京市电力工业史》编委会：《中华人民共和国电力工业史·北京卷》，中国电力出版社，2004 年，第 68 页。

❷《北京市电力工业史》编委会：《中华人民共和国电力工业史·北京卷》，中国电力出版社，2004 年，第 203 页。

❸ 1993 年 4 月底，华北电管局党组为了落实国务院总理李鹏的指示精神，认真分析电网面临的形势和任务，提出到 1995 年 11 月初步缓解华北电网严重缺电局面，实现首都在计划用电的前提下，做到居民生活用电基本不拉闸，使全网整体工作迈上一个新台阶，为此把这项工作定为"9511 工程"计划。

❹ 即在按规划建设北京电网的同时，以中华人民共和国成立 50 周年大庆为契机，至 1999 年 10 月国庆节时，以一个安全可靠的电网向 20 周年大庆献礼，华北电管局提出和实施"9950 工程"。

❺《北京市电力工业史》编委会：《中华人民共和国电力工业史·北京卷》，中国电力出版社，2004 年，第 207 页。

❻ 重庆市电力行业协会：《重庆市电力工业志（1986～2002）》，中国电力出版社，2012 年，第 209 页。

❼《上海市电力工业志》编纂委员会：《上海市电力工业志》，中国电力出版社，2011 年，第 193 页。

市供电可靠率得到大幅提升。

从 1991 年开始，山东省电力工业局在进行城市高压配电网建设和改造的同时，加大了对城市中低压配电网的投入，使装备水平有较大的改善，供电能力得以增强。1991—1995 年间，滨州电力局相继投产黄河二、三、五、六路等 8 条 10 千伏双回线路，全部采用 LGJ－185 毫米^{2}大截面导线，同时新建 10 千伏线路 23 千米，形成了东郊变电站与北镇变电站“手拉手”配电网架，提升了供电可靠性。1996 年开始，全省将配电网中的充油柱上断路器全部更换为真空断路器，并在市区的配电线路上加装分段、联络断路器，通过改造，使市区配电网实现“手拉手”互供，进一步提升了供电可靠性❶。

这一时期，各直辖市和经济发达地区的主要城市不同程度地开展了城市配电网络建设与改造工作，通过实现配电线路绝缘化、网络化建设改造，实现了互带转供的配电网络，城市配电网供电可靠性得到明显提升。但由于经济发展的不平衡，全国大部分城市由于投资来源等各种原因，未能对城市配电网进行大范围升级改造，为满足城市经济和用电负荷快速增长的需要，彻底解决城市配电网存在的拉闸限电、故障停电等突出问题，1998 年，国家借拉动内需的机遇，在全国范围内启动了城乡电网建设与改造工程。

三、城市配电网首次大规模建设与改造

20 世纪 90 年代末，经济进入高速发展期，城市用电需求大幅增长和供电网络滞后的矛盾日益突出。1998 年以前，全国大多数城市都存在配电网设备陈旧、线路老化严重、承载能力差等问题❷，严重制约了各地城市经济的发展，城市供电网络比较薄弱。1997 年全国大多数城市 10 千伏电网的供电可靠率在 99.8%以下，年户均停电时间比巴黎、伦敦、东京等发达国家城市相差 20 多小时。

多年的城市配电网用电矛盾引起了党中央、国务院的高度重视。1998 年，中央果断作出扩大内需的决策，将城市电网改造工程列入 1000 亿元的国债基建投资中。1998 年下半年内，国家计委分三批批复了北京、上海、西安等 86 个主要重点城市的可行性研究报告。随后在 1999 年 12 月，又批复了衡水、沧州、保定等 140 个城市可研报告。期间经过增加调整，至 2002 年年底，各省电力公司三年内共计投入 1214 亿元用于全国 241 个城市电网改造，其中各省电力公司项目法人自筹资金 242 亿元，向银行贷款 972 亿元❸。

为推进城市配电网改造工作在全国顺利展开，1998 年 8 月 31 日，国家电力公司编制了《关于加快城市电力网建设改造的若干意见》（国电安运〔1998〕418 号），明确本轮城网改造重点是 220 千伏终端变电所、110 千伏及以下配电网，并同步改造居民住宅配电设施。1999 年 2 月 13 日，为加强全国基础设施施工质量，国务院又印发了《国务院办公厅关于加强基础设施工程质量管理的通知》（国办发〔1999〕16 号）❹，对工程监理、合同

❶《山东省电力工业志》编辑委员会：《山东省电力工业志（1991～2002 年）上册》，2011 年第一版，第 343～344 页。

❷ 国家电力公司发输电运营部：《城网建设改造工作文件汇编》，中国电力出版社，2002 年，第 450 页。

❸ 国家电力公司发输电运营部：《城网建设改造工作文件汇编》，中国电力出版社，2002 年，第 491 页。

❹ 国家电力公司发输电运营部：《城网建设改造工作文件汇编》，中国电力出版社，2002 年，第 3 页。

管理、竣工验收、市场准入等方面提出了明确要求。随后国家电力公司根据该通知要求完善了《关于城乡电网建设改造工程监理规定》《城乡电网建设改造工程监理大纲》等多项工程管控措施。

由于时间紧、任务重，各省城市电网改造的工程进度很不平衡。部分城市电网改造工作出现了“不适应”症状，存在投资计划下达慢、与实际情况偏差大等情况，有的省（市、区）城市电网工程竣工决算、竣工审计工作滞后，资料不完整、归档工作不规范等问题严重。

2000 年 12 月，为进一步做好城网改造工作，强化城网改造先进典型示范作用，国家电力公司召开了城市电网建设与改造先进单位和先进个人表彰电视电话会议，会议上，国家电力公司对先进单位及个人进行了表彰，并要求各省规范施工管理，严格落实《防止电力生产重大事故的二十五项重点要求》，加强安全管理，防范人身伤亡事故的发生。会上还指出，要积极落实“十五”城市电网规划编制和实施准备工作，安排好逐年建设改造工程量和投资，合理控制建设改造规模和工程造价，抓紧施工进度和生产投运管理，保证城网工程建设质量，提高城市电网运营效益。

2001 年 11 月，国家电力公司发输电运营部下发了《关于开展部分城网项目竣工验收试点工作的通知》（发输电输〔2001〕157 号），决定在 2001 年 12 月至 2002 年 1 月间开展部分竣工项目的验收试点工作。随后选定了山东、江苏等 12 个省的 21 个城网项目，进行了严格的竣工验收，为开展全国工程竣工验收积累宝贵经验。2002 年 8 月 5 日，国家电力公司在全国城网竣工验收工作会议上，要求各电力公司按照时间节点加快城网项目竣工验收工作。

截至 2002 年 5 月底，三年的城网改造累计完成投资 1118 亿元，建设 10 千伏架空线路 6.55 万千米，电缆线路 1.563 万千米，10 千伏配电变压器容量 2953 万千伏·安，低压线路 6.533 万千米，低压电缆线路 1.055 万千米，一户一表改造 1178 万户。

2002 年年底，为期三年的全国城市电网改造结束。改造后全国城市电网网架结构趋于完善，大批“卡脖子”的中低压线路、老旧设备和高负载变压器被更换，大多数城市 10 千伏“手拉手”环形供电初具规模。各地城市配电网日渐坚强，工厂不再需要经常性停电待工，居民开始放心大胆地用电，城市生产生活用电需求得到了有效保障。

四、城市配电网网架优化

改革开放以来，电力工业贯彻执行“二十字方针”，电网建设有了较快发展，基本满足了国民经济持续快速健康发展和人民生活水平提高的需要。一批直辖市和部分省会城市电网基本建成了 500 千伏或 220 千伏外环网或双环网，城网网架得到加强，城市配电网电源变电站布点、主接线方式和网络优化有了一定改进。

“八五”期间，随着全国各地电源建设步伐的加快，电源短缺的矛盾趋于缓和，而城网有电“送不进、落不下、用不上”的矛盾就充分暴露了出来。输配电网相对于电源建设比例失调，使电网发展落后于用电增长，也落后于电源发展，其中配电网的发展尤其滞后，配电容量和线路的增长远低于发电和用电容量的增长，城市配电网供电能力不足。大城市内 220 千伏和 110 千伏变电站少，每年迎峰度夏期间，各地配电网主设备过载严重，1994—1995 年，长江沿岸武汉、南昌、南京、上海等地 50%～60%变电站主变压器过载；1997 年北京郊区 220 千伏和 110 千伏有 53%的变电站、42.8%的 10 千伏配电线路过负荷；天津等城市仍然不得不采取高峰限负荷或者拉路限电措施[1]。城市配电网结构薄弱，许多城市市区中低压配电网为单电源供电，手拉手供电少，供电半径长，城网承受意外事故或自然灾害能力低，1996 年北京“1·19”事故，造成 220 千伏同杆并架双回路跳闸，致使西城特别重要用户停电；1998 年 6 月 21 日，河南省安阳市受冰雹暴雨影响，7 个 110 千伏变电站、几十条线路停电，城网一度瘫痪[2]。

在首次大规模城市电网改造中，配电网网架的改善是建设的重点，各地通过采取 220 千伏终端变电站深入用电负荷中心、提升城网 35～110 千伏的变电容载比、完善城网高压网架等措施，显著提升了城市配电网的供电能力。2001 年 6 月，郑州市中心的人民变电站投入运行，它拥有 220、110、10 千伏三个电压等级，3 台 220 千伏变压器，单台变压器容量达到 18 万千伏·安，这是河南省第一座 220 千伏户室内变电站，也是郑州供电区内第一个位于市区的电源点，市中心的二七商圈、省委、省政府、省军区等重要客户从此有了更加可靠的供电保证。

此外，各地供电部门还通过在 10 千伏配电线路上增加分段联络断路器和建设环网供电，完善了 10 千伏配电网架，提升了城市供电可靠性和灵活性。上海市从 1998 年开始对浦东区的城网进行建设改造，通过新建和改造 83 条 10 千伏线路，新增 600 台 10 千伏柱上分段和联络断路器，将浦东地区原先放射型为主的 10 千伏架空电网改造成“手拉手”供电的形式，截至 2001 年年底，浦东城镇地区 10 千伏线路联络率达到 90%以上，浦东的陆家嘴、金桥、外高桥等开发区实现了 100%“手拉手”供电的电网结构，每段线路的平均用户数从 1996 年的 15 户降为 6.5 户[3]，有效减少了故障停电时户数，大幅提高了供电可靠性。

至 2002 年 5 月，经过三年的建设改造，国家电力公司已完成 90%的工程量，较大地提高了各地区城网供电能力。与 1997 年相比，国家电力公司系统城网 35～110 千伏、10 千伏变电容量分别增加 39%和 35%，35～110 千伏变电容量平均容载比从 1.66 提升至 1.96。许多大中城市形成了以 220 千伏或 110 千伏为主的城市电网，东北地区部分 66 千伏建成环网结构网架，10 千伏主干线形成“手拉手”结构，基本满足 $N-1$ 的安全供电准则要求，改变了过去配电网过负荷、烧设备、被迫停电限电等状况，基本满足了全社会用电增长需求。

---

[1] 国家电力公司发输电运营部：《城网建设改造工作文件汇编》，中国电力出版社，2002 年，第 449～450 页。

[2] 国家电力公司发输电运营部：《城网建设改造工作文件汇编》，中国电力出版社，2002 年，第 450 页。

[3] 浦东供电所，《浦东电网优化及规划》，2001 年 10 月，第 7 页。

五、城市配电网设备水平提升

20 世纪 80 年代以来，部分直辖市、省会及各沿海经济发达城市，因地制宜开展城市电网建设改造试点工作，设备水平有了一定提高。各地在城市政治金融中心，人口及电力负荷密集地区地下新建变电站、开关站等，实施架空入地工程，逐步形成城市配电电缆网。此外，变配电设备小型化、全封闭组合电器 GIS、无油化断路器、变电站综合自动化等新产品逐步推广应用，设备质量有所提升❶。

但是，在大规模城市电网改造前，大量小截面架空裸线、柱上油断路器、高损耗变压器等旧型号设备还在城市配电网中运行，故障频发，无法适应快速增长的用电需求。北京、上海、天津、武汉、南京、西安、重庆等用电历史较久的城网中，有不少供电设备已经运行 40 年以上，设备老旧问题突出。上海市中心城区运行的 35、10 千伏电缆分别有 1000 多千米和 2000 多千米，运行 40 年以上的分别占到总量的 28%、14%；10 千伏断路器约 3000 台，运行 40 年以上的约占 37%。另外，全国还有近 2000 万千伏·安高耗能型变压器在运行，部分城市高耗能配电变压器比例超过 50%。夏季用电高峰期间，上海、武汉、天津等城市中低压配电网及接户线故障频发，尽管配电工人不辞辛苦尽力抢修，居民仍难满意❷。

在首次大规模城市电网改造中，各地严格贯彻执行《城市电力网规划设计导则》和《城市中低压配电网改造技术导则》要求，结合自身电网薄弱环节，因地制宜选用小型化、无油化、自动化、免维护或少维护的配电设备，针对性地开展升级改造工作。

这一时期，柱上断路器无油化改造是当时主要的设备升级工作之一。广东在开展城网建设改造时，大力推进高中压断路器的无油化改造进程，提高开关设备可靠性，减少停电检修时间，将 10 千伏少油断路器更换为真空断路器，2002 年，广东省广电集团有限公司在运行的油断路器降至 1381 台，仅占断路器总数的 5%❸。

设备升级改造工作的另一个重点是老旧设备更换和新设备应用，各地通过更换小截面导线、高损耗变压器，应用环网箱、箱式配电站等措施，基本消除了线路“卡脖子”、老旧设备频繁故障等“老大难”问题。广东省针对配电网设备在供电能力、电压质量、供电可靠性方面暴露的问题，在实施新一轮大规模城市电网建设与改造工作中，新建改造 10 千伏线路 1824.94 千米、低压线路 8319.33 千米，更换高耗能配电变压器 1652 台❹。使得电网中、低压配电故障率大幅度降低，供电可靠性大为提高，城市配电设备装配水平也得到大幅提升。

同期，各地加大了架空线入地的电缆化改造工作力度。河南省政府在城网建设和改造工作中明确，要处理好架空线与电缆的关系，凡是城市“光辉地带”，不准有架空电线，

---

❶ 国家电力公司发输电运营部：《城网建设改造工作文件汇编》，中国电力出版社，2002 年，第 449 页。

❷ 国家电力公司发输电运营部：《城网建设改造工作文件汇编》，中国电力出版社，2002 年，第 450 页。

❸ 中国南方电网有限责任公司：《中国南方电力工业志》，中国电力出版社，2018 年，第 262 页、403 页。

❹ 中国南方电网有限责任公司：《中国南方电力工业志》，中国电力出版社，2018 年，第 389 页。

电缆要入地，低压线路不准横跨城市街道架设，三门峡市政府把黄河路改造列为 2000 年为民办实事的十件大事之一，当年拆除 112 基电杆，迁移 14 台公用配电变压器，开挖建设 5.6 千米长的电缆主隧道和 1.8 千米的支线隧道，敷设电缆 15 千米[1]。2000 年，随着杭州市虎跑路 10 千伏架空入地改造工程的竣工，标志着浙江省杭州市实施的“上改下”工程全面完成，主城区配电网 10 千伏电缆线路达到 907.64 千米，占全部 10 千伏配电线路的 34.29%，一个由 32 座“手拉手”式的开关站、69 条全电缆化的主干线构成的杭州市主城区配电环网网架基本建成[2]，主城区和西湖环湖一带供电设施的可靠性进一步增强。

至 2002 年，经过三年多的建设改造，断路器无油化率达到 65%以上，线路的绝缘化率达到 80%以上，更换淘汰了高耗能变压器 1200 万千伏·安，部分架空线路入地改造，各地城网设备的技术水平得到显著提升，城市电网安全运行水平和供电服务能力有了明显提高[3]。

六、城市配电网工程规章制度完善

1978 年，国家计划委员会、国家建设委员会、财政部联合制定《关于基本建设程序的若干规定》，要求所有基本建设项目都要严格按基建程序办事[4]。但许多配电网建设项目在实施过程中，并没有严格执行立项、审批、设计、批准、实施、竣工验收和结算的建设流程，严重违反项目管理的有关程序，搞成了“三边工程”“胡子工程”，甚至于“豆腐渣工程”[5]。

20 世纪 90 年代，为进一步加强城市电网建设改造工程的全过程管理，提高工程质量，确保“不一哄而起，乱铺摊子，旧病复发”[6]，国务院、国家计划委员会等有关政府部门和国家电力公司先后下发了有关城网建设与改造工程管理、财务审计与监察、档案管理以及技术标准、规范等指导性文件。

为强化工程质量管控，1999 年 2 月 13 日，《国务院办公厅关于加强基础设施工程质量管理的通知》（国办发〔1999〕16 号）下发，针对一些地区、部门和单位忽视工程质量，违反建设程序，建筑市场混乱等现象，制定了 5 类 24 条强有力的措施。国家电力公司根据文件精神，要求各省（区、市）电力公司对本单位输变电、城农网建设与改造等工程进行全面检查，重点核查“五制”（项目法人责任制、资本金制、招投标制、监理制和合同制）是否建立和落实，项目建议书、可行性研究报告、初步设计、开工报告和竣工验收等各环节是否按国家规定履行报批手续，以及开工审计、过程审计、竣工决算审计和执法监察等工作是否严格执行等。之后，国家电力公司又积极贯彻国家计委、国家经贸委、财政

---

[1] 《河南省电力工业志》编纂委员会：《河南省电力工业志》，中国电力出版社，2010 年，第 223 页。
[2] 《杭州市电力工业志》编委员会：《杭州市电力工业志》，中国电力出版社，2010 年，第 183 页。
[3] 国家电力公司发输电运营部：《城网建设改造工作文件汇编》，中国电力出版社，2002 年，第 516 页。
[4] 张彬：《中国电力工业志》，当代中国出版社，1998 年，第 217 页。
[5] 国家电力公司发输电运营部：《城网建设改造工作文件汇编》，中国电力出版社，2002 年，第 409 页。
[6] 国家电力公司发输电运营部：《城网建设改造工作文件汇编》，中国电力出版社，2002 年，第 409 页。

部印发的关于供电贴费和国家建设项目工程概、预、决算审查等政策性文件精神，制订、印发了《城网建设改造项目竣工验收办法（试行）》《关于电力项目实施资本金制度的若干意见》《城乡电网建设与改造工程概（预）算编制若干问题的规定》等十余项实施办法及规定，有效加强了城网工程中的全过程管理，纠正了城网改造工程“自己立项设计、自己订货施工、自己验收报账”的做法[1]。

在前期颁发《城市电力网规划设计导则》《城市中低压配电网改造技术导则》《电力建设施工及验收技术规范》及《电力建设工程施工技术管理制度》等规程制度基础上，结合工程项目开展的实际情况，国家电力公司组织制订并印发了《关于加快城市电力网建设改造的若干意见》（国电安运〔1998〕418号），对城市配电网建设改造的目标、重点、规划与可行性研究、资金、工程管理、设备选择、贷款偿还方式以及组织领导等做了明确要求。随后，国家电力公司又下发了《关于编制城市电网建设、改造项目可行性研究的有关要求》《城乡电网建设、改造有关电价问题指导意见》及《城网建设与改造评估的若干规定（试行）》等文件，对国电安运418号文件相关内容进行了补充和拓展。

规范规定是城网工程管理的依据，通过城网项目管理的探索实践，进一步整理、完善规范规章制度和实施细则，这既是专项城网工程实践的升华，也为以后实施配电网建设改造任务打下了良好的基础。

七、城乡配电网大规模改造促进电力集体企业发展

1978年10月31日至12月10日，国务院召开全国知识青年上山下乡工作会议，调整知识青年上山下乡政策，知识青年大量返乡进城，增加了城市就业压力。为了配合国家解决知识青年返城就业问题，国务院下发《国务院关于知识青年上山下乡若干问题的试行规定》，集体所有制企业第一次大规模出现。电力企业落实中央和国务院的部署，组织知识青年和职工家属，开发了为电力生产、建设服务，改善职工生活，发展社会生产服务的集体所有制企业，形成以“安置型、福利型”为特征的劳务公司[2]，多种经营作为电力工业的辅业发展形态初步形成。1980年，国务院对新办知青集体企业在工商所得税和工商税方面分别采取了一些减税、免税照顾的措施[3]，此举对集体企业起到了扶持、促进的作用。

1981年，中共中央、国务院在《关于广开门路，搞活经济，解决城镇就业问题的若干决定》（中发〔1981〕42号）提出，“在社会主义公有制经济占优势的根本前提下，实行多种经济形式和多种经营方式长期并存，是中国共产党的一项战略决策，绝不是一种权宜之计”，为电力企业建设与发展在政策上吃了一颗“定心丸”。水利电力部于1984年9月在望亭发电厂召开了“全国电力企业发展集体经济工作会议”，提出了在电力企业中实行“一厂两制”发展多种经营的工作思路。1985年12月，又在湖北丹江口召开了“多种

[1] 国家电力公司发输电运营部：《城网建设改造工作文件汇编》，中国电力出版社，2002年，第494页。

[2] 中国电力企业联合会：《中国电力工业史 综合卷》，中国电力出版社，2021年，第330页。

[3] 1980年，财政部发布关于对安置待业知青的城镇集体企业进一步减免税的政策。

经营工作会议”，提出了“一业为主、多种经营”的方针，会上通过了《关于电力企（事）业发展集体经济若干改革的暂行规定》，促进了电力集体企业发展。

1992 年 11 月，能源部在大连发电总厂召开了全国电力系统加快发展多种经营现场会议，贯彻落实中共十四大会议和“邓小平南方谈话”精神，解放思想，更新观念，进一步落实“电为核心、多种经营、三大支柱、协调发展”的十六字方针，提出将发展多种经营作为电力企业进入市场经济、深化改革、进一步解放生产力的突破口，要求“推动多种经营超常规发展”❶。电力集体企业全面参与电力行业施工生产、电气安装、建筑安装、电器制造，向生产经营型转变，步入了大发展阶段，逐渐成为电力企业发展的重要一员。

20 世纪 80 年代末开始，电力集体企业中的电力工程建设与安装队伍参加了城网建设与改造，几乎每个县以上的供电单位都组建了集体所有制的电气安装公司，承担了全部配电网电力工程的施工、安装工作，集体企业中的电气制造厂为配电网提供了大量中低压设备和设施。

20 世纪末，国家开始了大规模城乡配电网建设与改造，工程量是过去的几倍乃至几十倍，几乎涵盖了全部 10 千伏线路和低压台区，任务十分繁重。那段时期，街道里巷、田间地头都能看到电力施工队伍的身影，集体企业的主要精力放在了完成工程任务、招兵买马壮大队伍方面，技术力量薄弱和管理缺失问题普遍存在。各地供电公司（电力公司）为适应城乡电网建设与改造管理需要，先后成立多种经营管理部门，加强配电网施工队伍管理，制定管理制度，为集体企业施工队配置安全、技术管理人员，开展安全和技术培训，加强安全和技术管理；充实合格的财务管理人员，进行财务监督；成立配电工程设计部门（设计室、设计组），参照国家、电力行业工程概预算标准，规范配电工程取费；提供运维要求和试运行条件，帮助集体企业的电气制造厂提高产品质量。20 世纪末，北京科锐、江苏苏源、山东泰山、天津光明、广州科立等各地电力集体企业制造厂生产的配电网变压器、断路器、线缆、仪表等设备器材，在一定时期内成了中国配电系统的品牌产品。电力系统集体企业的安装公司在施工实践中实力逐渐壮大，如广东省广州市电气安装工程公司成立于 1981 年，1990 年公司产值仅为 1520 万元，而到 2000 年产值达到 2.2 亿元❷。

电力集体企业在电网大规模发展前组建，伴随着城乡电网建设与改造而成长，解决了电力工程安装劳动力不足问题，满足了配电网中低压电气设备的部分需求，成为电网建设与改造施工队伍的主力军、配电网电气设备制造的重要力量。2002 年起，经过股份制改组和产业结构调整，电力集体企业经营领域由初期的单一传统产业向现代多元化产业领域拓展，成为电力企业在市场经济中又一大产业群体和新的经济增长点。

八、首部《城市电力网规划设计导则》的发布

为做好城市规划中的电力网规划管理，在总结城市电力网改造经验的基础上，电力工

❶《河南省电力工业史》编委会：《中华人民共和国电力工业史・河南卷》，中国电力出版社，2003 年，第 810 页。

❷《广州电力工业志》编纂委员会：《广州电力工业志》，广东省电力集团公司史志办，2001 年，第 627 页。

业部、国家城建总局于1981年5月21日以〔81〕电生字第35号文印发了《关于城市电力网规划设计的若干原则（试行）》（简称《原则》），提出了城市电力网规划设计任务和要求。《原则》对城市用电发展计划编制、电力网结构模式选择、电压等级简化等内容进行了规范，对现代化电力网所需要的大截面电缆、六氯化硫封闭电器等新技术、新设备的研制指明了方向，对已有机电设备产品逐步实现系列化、规格化也提出了具体技术要求。

《原则》对全国城市电力网的规划工作起了重要的指导作用，但随着城市电力网改造的广泛开展，各地供电和城建规划部门都感到有必要制定一个更详细具体的技术经济导则，用以指导城市电力网的规划设计，使城市电力网的改造和建设工作更好地开展下去。为此，1985年5月10日，城乡建设环境保护部和水利电力部以〔85〕水电生字第8号联合印发了《城市电力网规划设计导则（试行）》，这是中国首部城市电力网规划导则。该导则共有七章135条，对编制城市电力规划的主要内容、原则及步骤作了详细规定。

该导则推荐采用年平均供电可用率作为城网供电可靠性的计算指标，中等城市10千伏配电网的年平均供电可用率最低应争取达到99.5%，即每户年平均停电小时不超过44小时；大城市的主要市区10千伏配电网的年平均可用率应逐步达到99.9%以上，即每户年平均停电小时不超过9小时。虽然导则中提出的年平均供电可用率指标的计算方法比较简单，但是该指标的实际考查内容与供电可靠性已比较接近，是供电可靠性指标的雏形。

该导则还对10千伏线路用断路器或隔离开关合理分段作出了规定。分段距离应根据中压配电网的结构和负荷决定，市区中压配电网应能保证，当任何一条10千伏线路的出口断路器计划检修或事故停运时，通过操作能保持向用户继续供电，不超负荷，不限电。

《城市电力网规划设计导则（试行）》发布后，全国各大中城市普遍制订了电网规划，并将其纳入了各地的城市总体规划，有力地推动了城市电网的改造、建设和发展。

1990年4月1日，《中华人民共和国城市规划法》正式施行，对城市电力规划提出了更新更高的要求。1990年4月，能源部和建设部对《城市电力网规划设计导则》试行本进行修编，并于1993年3月17日以能源电〔1993〕228号文颁布了《城市电力网规划设计导则》（简称《导则》）。《导则》规定，大、中城市在编制城市电力网规划时，应分别编制总体规划、分区规划及详细规划，三者要详略得当，相互结合，并与当地的城市总体规划与详细规划相适应。城网规划是城市总体规划的重要组成部分，也是电力系统规划的重要组成部分，应由当地供电部门和城市规划管理部门共同负责，结合城市总体规划、电力系统规划进行，区域电网规划与城市的各项发展规划应相互紧密配合、同步实施。

《导则》在实施过程中，由于很多地方在编制城市电力网规划时受到长期形成的惯例影响，没有以当地城市规划为基础，导致与当地居民产生了配电站、电缆分接箱、电缆管线等占地纠纷。此类事件对城市电力网规划提出了更高的要求，倒逼电力部门必须加强与城市规划部门紧密交流协作，提升城市电力网规划水平。

2002年厂网分开后，为了适应辖区内城市电力网规划工作，中国南方电网有限责任公司于 2005 年 12 月 23 日发布了《中国南方电网城市配电网技术导则》（O/CSG 10012—2005），国家电网公司于 2006 年 12 月 28 日发布了《城市电力网规划设计导则》（Q/GDW 156—2006）。

自 1985 年《城市电力网规划设计导则》发布后，经各部门、企业多次修订，逐步趋于完善，电网规划设计导则内容更加科学合理，对安排电网建设项目、建设时机、资金投入等工作具有很高的指导作用，保障了电网安全、稳定、经济运行，体现了规划设计的巨大经济效益和社会效益。

九、各具特色的城市配电规划原则

自 1985 年《城市电力网规划设计导则》发布以来，城市电网规划设计与建设改造工作有了统一的指导性意见。由于中国幅员辽阔，地形、气候差异大，经济发展也各不相同，所以各大城市在统一的标准下，还因地制宜地根据地区特色编制了相应的配电网规划设计的原则和导则。

广州电网 1992 年供电面积 7400 千米^2，人口 560 万，1991 年最高负荷 120 万千瓦，年供电量 58 亿千瓦·时。当时，已经连续几年负荷上升 10%以上，馈线、配电变压器经常过负荷，配电网线路及设备由于“卡脖子”现象限制了新用户接入，拉闸限电、故障停电、电压波动大等现象频发，配电网络已经不能满足用户电力需求。1987 年开始，广州供电局草拟了《城市电力网设计原则》，并于 1990 年出台了《中、低压配电网规划设计技术原则》，之后又编印了《中低压配电改造资料汇编》，指导各区县供电局开展规划设计工作。八个区供电局于 1991 年制订了各自的《10kV 配电改造规划》，之后又汇编为广州供电局《中压配电网改造规划》，1992 年开始按规划逐步实施。广州市在配电网规划中要求，要通过环网开关、配电自动化、远方操作等手段使供电可靠率达到 99.9%及以上。市区不再新增架空线路，淘汰油纸电缆，采用交联电缆，选用环网供电、开环运行方式，密集的重要用户采用闭环运行方式。郊区居民区推广架空绝缘导线，选用干线分段、大支线分段的树形布线方式。

威海市是全国闻名的第一个国家卫生城、海上花园城，市区面积 408 千米^2，人口 26.28 万，1991 年用电量 28 977 万千瓦·时，最大负荷 47 兆瓦。1993 年，威海市电业局本着“全面规划，综合改造，结合实际，精打细算，注重效益”的原则，在电力工业与国民经济协调发展中争取电力超前发展，将威海市城网建设成为安全可靠、经济合理、运行灵活的现代化城网。结合旅游城市特色，威海市区城网规划强调美化、绿化，要求配电站（开闭所）因地制宜，见缝插针，凡是配电站（开闭所）能与公建设施合并的，尽可能合并，并且其建筑风格要与周围建筑物协调。规划还要求双电源进小区，正常运行时由附近主干线接带小区负荷，另一干线的分支线引入小区作为备用电源[1]。

重庆市中区（今渝中区）地处长江和嘉陵江交汇处，三面环水，地形复杂狭长，东西

[1] 《城网动态》总第 12 期，1993 年，《威海市区城网规划概要》，山东省威海电业局杨万钟，第 11 页。

高差 219 米，极端高温 44 摄氏度。市中区的山区地形决定了地下管线密度高，线路走廊用地十分困难的特点。另外，据市中区骞农巷居民反映，中华人民共和国成立以来当地线路就没人修理过，线路设备老旧现象严重。1992 年，重庆市中区最高日负荷 5.4 万千瓦，日供电量 174 万千瓦 •时。本就问题众多的老旧电网遇上过重的负荷，导致电能质量极低，当地居民出于实用，不得不一家买一个大调压器来提高电压，进一步恶化了电网的电压质量❶。为应对用户对电力需求的迅速增长，解决中低压配电网网架结构差、技术装备落后、线路过负荷严重、供电质量差等问题，1992 年，重庆市电业局发布了《重庆市城市中低压配电网规划设计原则》（简称《原则》）。《原则》体现了重庆的山城特色，市区供电可靠率要求达到 99.8%，市郊区要求达到 99.6%；中压配电线路采用环网接线，开环运行；主干线电缆截面要求铜芯 185 毫米^2 及以上；鉴于重庆地区空气潮湿，《原则》要求开闭所和配电室宜设在零米层，最低不超过地下一层；由于重庆可用地少，高楼林立，负荷集中，要求市区内一般地区低压线路主干线供电半径 250 米，分支线 400 米，繁华地区低压线路主干线供电半径 150 米，分支线 250 米❷。

20 世纪 90 年代，各大城市供电部门在网局、省局、各级地方政府、城市规划和建设部门以及机电设备制造部门的大力支持下，根据各自的配电网规划设计原则，开展了配电网规划设计工作，并组织实施了一定规模的建设与改造，既满足了 1985 版《城市电力网规划设计导则》的要求，又根据地方特色做出了相应改进，供电能力和供电质量都有了明显的提高。

十、《城市中低压配电网改造技术导则》的发布

随着改革开放的深入发展，在由计划经济向市场经济转轨的过程中，城市工业生产和城市居民用电对城市电网电力供应质量提出了更高的要求。1990 年 5 月，能源部在武汉召开全国城市电网工作会议，形成了《关于加强城市中低压配电网改造的若干意见》，要求各供电单位在城网建设改造中要遵循“全面规划、综合改造、结合实际、注重效益”的基本原则。会议之后，全国各地的供电（电业）局据此制订了本地区的城市中低压配电网改造技术原则实施细则，并落实实施。1996 年，根据能源部司局电供〔1991〕131 号文和能源部电力司提出的《关于加强城市中低压配电网改造的若干意见》，全国电力系统城市供电专业工作网对北京、上海等 13 家供电局（电业局）进行了调研，结合 1990 年后城市中低压配电网建设改造方面的经验和教训，组织北京供电局起草了《城市中低压配电网改造技术导则》（DL/T 599—1996）（简称《导则》）这一行业标准，经电力工业部批准，于 1996 年 10 月 1 日起正式实施。《导则》分为总则、中压配电网、柱上变压器、低压配电网、开闭所和配电站、对用户供电的有关规定、路灯供电共 7 部分内容。

《导则》首先提到，各地制订实施细则时要贯彻结合实际、因地制宜的方针，并应逐

❶《城网动态》总第 12 期，1993 年，《略谈重庆市市中区低压电网改造》，重庆电业局万载杨，第 19 页。

❷《城网动态》总第 9 期，1992 年，《重庆市城市中低压配电网规划设计原则》，第 7 页。

步实现配电网自动化，并指出随着城市建设的不断发展，在有条件的地区可逐步发展电缆网络。结合今后一段时间配电网的发展规划，《导则》提出，中压配电网应选用短路容量能满足较长时期发展需要、可靠性高、体积小、维护工作量少和操作简单的新型设备，如六氟化硫断路器、真空断路器、环网单元、小型封闭式配电装置及各种新型熔断器等。

为了城市美观，《导则》还提出城市配电网应纳入城市改造和建设的统一规划，每条道路至少应留有一条架空线路路径，城市主、次干道均应留有电缆敷设位置，有些还应留有电缆隧道或排管位置。

考虑到线路日常运维检修对供电可靠性的影响，《导则》提出城市中压架空配电网应采用环网供电，开环运行的结构。中压线路的主干线和较大的支线应装设分段开关，线路分段一般为三段。

《城市中低压配电网改造技术导则》是城市配电网规划、建设与改造的技术规范，导则的发布对 1998 年开始的首次大规模城市电网建设与改造起到了指导作用。

随着中国经济建设的发展和人民生活水平的提高，城市配电网也有了很大的发展。2005 年，依据国家经济贸易委员会电力司《关于下达 2001 年度电力行业标准制度修订计划项目的通知》（电力〔2001〕44 号），国家发展和改革委员会组织对《城市中低压配电网改造技术导则》（DL/T 599—1996）进行了修订，增加了配电自动化章节。2016 年 1 月 7 日，国家能源局发布了《中低压配电网改造技术导则》（DL/T 599—2016），又增加了农村地区配电网改造、分布式电源及电动汽车充电设施接入等内容，新版导则由国家能源局于 2016 年 1 月 7 日发布，自 2016 年 6 月 1 日起实施。

十一、城市住宅用电设计标准推动配电网快速发展

改革开放初期，城市居民的生活水平还比较低，家用电器很少使用，住宅内一间屋一盏灯的现象比较普遍，城市居民住宅内线设计标准低，导线截面小。1983 年 12 月 20 日，城乡建设环境保护部〔83〕城设字第 923 号文《建筑电气设计技术规程》（JGJ 16—1983）发布，该规程规定多层住宅的用电负荷按 6～10 瓦/米^{2}设计，高层住宅按 10～15 瓦/米^{2}设计。北京市在 20 世纪 70 年代以前规定为 2 瓦/米^2，1982 年《北京市住宅设计标准》的设计标准为 10 瓦/米^2；天津市在 80 年代规定为 9 瓦/米^2，工人新村因套型很小（每套 12～16 米^2），规定为 15 瓦/米^2。这些城市的标准基本上与《建筑电气设计技术规程》（JGJ 16—1983）相接近，体现当时的居民用电水平。

1985 年以来，随着国民经济的发展，人民生活水平的提高，各种家电开始进入千家万户。特别是 1988 年中国经历“价格闯关”的阵痛后，用了二、三年时间，把绝大多数商品的价格成功地改为了市场价格，有力地促进了国民经济的发展和人民生活水平的提高，居民家用电器普及率也越来越高。到了 1990 年前后，北京、天津、上海、杭州等大中城市开放了居民空调器，成千上万的居民装上了空调，其他如电视机、录像机、洗衣机、电冰箱等家用电器也成倍增加，用电负荷增长迅猛，电力设施不得不常年超负荷运行，且低压事故频繁。如重庆市在 1988 年 7 月的一天里低压断线熄灯就有 60 次，一年共计熄灯

事故7690次；杭州电网在1993年1月至8月共拉电七千多次❶；上海电网在20世纪90年代初期夏季高峰时，一天会有几百次、上千次抢修。一边是老百姓怨声载道，一边是电业工人不分昼夜地抢修，城市电网已经不能适应城市发展，输、变、配、用各个环节都不堪重负。各大城市的电力部门积极与当地政府沟通汇报，安排资金改造配电网设施，特别是低压配电设施和进接户线。

相应地，各大城市的住宅用电负荷标准也进行了大幅度的提升。1993年2月26日，建设部以建标〔1993〕139号文颁布了《民用建筑电气设计规范》（JGJ/T 16—1992），将普通住宅用电负荷标准提高到2.5千瓦/户。北京市1990年为25瓦/米^2，1996年为每户2～3千瓦，大部分居民实际用电已超过20瓦/米^2；天津市1993年为30瓦/米^{2}❷；武汉市1994年规定按2千瓦/户容量综合设计❸。几大城市的住宅用电设计标准较20世纪80年代初期均有成倍的提高。

1997年东南亚金融危机引起亚洲金融风暴，党中央明确提出实施扩大内需战略，全社会用电负荷大幅增长，家庭用电除了正常的家用电器外，蓄热式电热器、电热水器、微波炉、家庭中央空调和大型冰箱等用电量较大的家电开始使用，炊事用能也初步电气化，居民用电负荷快速递增，如北京市居民用电量以年均18%～20%的速度递增，“八五”期间基本翻了一番。由于原有住宅供电设施容量不足，长期超负荷运行，居民住宅经常出现跳闸停电、低电压、表计烧损等事故，因过负荷引起的电气火灾也频繁发生。

为满足不断增长的居民用电需求，国家电力公司于1998年7月15日以国电安运〔1998〕418号文发布了《关于加快城市电力网建设改造的若干意见》，规定一般城市住宅配线按不低于40瓦/米^{2}负荷密度选择，直辖市、省会城市及经济发达城市按60～80瓦/米^{2}负荷密度选择。同一时期，北京市规定住宅用电标准一律为50瓦/米^2，上海市为4、6、10千瓦/户三个等级，浙江省为4千瓦/户。综合以上情况，住宅改造的用电负荷标准普遍提高到了4千瓦/户及以上，比20世纪90年代初期又有一次大幅提升。

为适应新的负荷设计标准，保证居民用电安全，1998年12月8日，国家电力公司以国电安运〔1998〕669号下发了《城镇一户一表改造的若干规定》，指出在城市电网改造的同时，进行居民住宅“一户一表”改造，开展了增大小区低压线路线径、取消计费总表、安装集中计量箱、更换楼道进户电线等工作。随着“一户一表”改造的深入，居民用电水平进一步释放，城网末端负荷大幅增长，迫使城市配电网自下而上地逐级改造，促进了配电网的快速发展。

城市配电网的规划设计理念是随着时代的变迁而不断前进的，如仍旧按照城市居民用电水平的提升，不断修正住宅用电设计标准，势必滞后于城市的发展。国家电力公司在《关于加快城市电力网建设改造的若干意见》中指出，新建住宅配线供电能力应能满足40～

❶《城网动态》总第14期，1993年，第29页。

❷《天津市住宅设计标准》（DB29－22－93）。

❸《武汉市中低压配电网技术改造实施细则》，1994年。

50 年内居民用电增长的需要，这就要求配电网规划设计者有适度超前的理念，以促成高质量城市配电网的形成。

第六节　农村配电网的建设与改造

进入 20 世纪 90 年代，中国的农村电气化已具一定规模，开始向深入普及方向发展，但仍有部分贫困山区和少数民族地区没有通电。为解决无电地区用电和农村电网结构薄弱、设备陈旧老化的问题，国家组织实施了一系列农村电网建设、改造工程，但农村电力发展不平衡、电网薄弱的问题依然存在。

1998 年，面对亚洲金融危机的冲击，党中央、国务院部署扩大内需战略，将农村电网建设与改造列入了国家基础设施建设项目。以改造农村电网、改革农村管理体制、实现城乡电网同网同价（简称“两改一同价”）为目标的大规模农村电网改造工作在全国范围内开展。至 2003 年，通过两批农村电网改造，提高了农村电网的健康水平，改善农村的供电状况，促进了中国农村电气化事业发展。期间，为了科学组织，规范实施农村电网建设与改造工作，国务院办公厅、国家计委、国家电力公司等部门相继制定并下发了《农村电网建设与改造工程管理办法》《农村电网建设与改造技术原则》等一系列规章制度，加强对农村电网建设与改造的指导，保证了建设改造工作的有序开展。

一、第二、三批农村水电初级电气化县建设

1990 年，全国第一批农村水电初级电气化县建设圆满完成，电气化对农村经济发展和社会进步的巨大促进作用得到了党和国家的充分肯定。

1991 年 3 月 22 日，国务院以国发〔1991〕17 号文件批转了水利部《关于建设第二批农村水电初级电气化县请示》，并在通知中指出“农村电气化建设，关系到少数民族地区、贫困山区的经济发展，关系到增强农业发展后劲和农村经济的振兴，在水利资源较好的地区，积极发展农村水电是实现中国农村电气化的重要途径。对第二批选定建设的 200 个农村水电初级电气化县，有关部门要在技术和资金等方面给予指导和资助。各级人民政府要加强领导，继续发扬自力更生、艰苦奋斗的精神，为实现全国农村初级电气化而努力奋斗。”

第二批 200 个农村水电初级电气化县，自 1991 年 3 月国务院以国发〔1991〕17 号文批准在“八五”期内进行建设后，经过紧张的规划和审批，从 1992 年起全面进入实施阶段。建设期间，农村电气化建设在资金方面遇到了前所未有的困难，其一是材料、设备价格及人员工资大幅上涨，其二是建设资金不能及时到位，其三是建设资金减少。因此原计划自筹的电气化建设资金有很大部分不能落实，使许多农村水电初级电气化骨干项目陷入停工或半停工状态，严重影响农村电气化的进程。对此，水利部通过采取对第二批电气化县签订达标责任合同、采取融通方式渡过难关、增加资金投入力度及召开会议检查电气化

进度的方式，帮助农村水电初级电气化建设克服资金困难。到 1995 年年底，全国共有 209 个县通过达标验收，超额完成了国务院下达的第二批水电农村初级电气化县建设任务，有力地推动了经济社会全面发展。

5 年建设期间，累计投入资金近 140 亿元，其中自筹资金近 69 亿元，银行融资 61 亿元，财政补助 10 亿元。用于电源建设 94 亿元，用于电网建设近 39 亿元，其他项目建设近 7 亿元；新增发电装机容量 250 万千瓦，高低压输电线路 21.09 万千米，送配电变压器容量 1028 万千伏·安；户通电率增加到 96.55%，增加了 20.05%；户均生活用电量从建设初期的 120 千瓦·时增加到 277 千瓦·时，人均用电量从建设初期的 147 千瓦·时增加到 304 千瓦·时❶。

第三批 300 个农村水电初级电气化试点县于 1994 年年底开始选点规划，主要分布在 22 个省、自治区内，其中 90%分布在中西部地区，60%是国家及省级重点扶贫县，涉及人口 1.15 亿，面积 131.8 万千米^2，可开发水电资源 5621 万千瓦，计划 5 年内完成。这 300 个试点县基础薄弱，开发难度大，任务十分艰巨❷。

1996 年 3 月 18 日，国务院办公厅以国办通〔1996〕2 号文批复了水利部《关于第二批农村水电初级电气化县完成情况及建设第三批电气化县的报告》，并做出批示，各项政策原则上仍执行第二批农村初级电气化县建设的有关规定。

经过 5 年的努力，至 2000 年年底，全国共建成 335 个农村水电初级电气化县，超计划 35 个，促进了中西部贫困地区、少数民族地区和革命老区的经济发展和社会进步。水利部为了表彰先进，下发了《关于评选表彰全国第三批农村水电初级电气化县建设先进集体、先进工作者的通知》（水电〔2001〕58 号），决定授予四川省水利厅等 352 个单位“全国第三批农村水电初级电气化县建设先进集体”荣誉称号，授予杨树良等 1489 位同志“全国第三批农村水电初级电气化县建设先进工作者”荣誉称号，并予以通报表彰❸。

国家计委和水电部（能源部、电力部）在“七五”“八五”“九五”期间连续组织实施了三批农村水电初级电气化县建设。截至“九五”末，全国共建成农村水电初级电气化县 653 个，共修建 4.8 万座中小水电站，增加配电线路 50 多万千米，全国约 1/2 的地域、1/3 的县市和 1/4 的人口主要靠农村水电及其电网供电，减少无电人口 3 亿多。这 653 个县中，80%以上属“老、少、边、穷”地区，农村水电初级电气化县建设加快了广大贫困山区和民族地区经济增长、结构调整、产业升级、生态建设、人民脱贫致富等工作，促进了这些地区经济社会的协调发展，发挥了不可替代的作用，被群众誉为“符合国情、持续时间最长、覆盖面最广、效益最显著的光明工程、扶贫工程、鱼水工程”❹。

---

❶ 水利部农村水电及电气化发展局编著：《中国小水电 60 年》，中国水利水电出版社，2009 年，第 161 页。

❷《第三批农村水电初级电气化县建设正式实施》，《小水电》，1996 年第 4 期，第 9～10 页。

❸《水利部关于表彰全国第三批农村水电初级电气化县建设先进集体、先进工作者的决定》（水电〔2001〕498 号），水利部，2001 年 11 月 18 日。

❹ 陈雷：《大力发展农村水电 实现水电农村电气化》，《中国农村水利电力》，2001 年第 12 期，第 19～25 页。

二、大电网供电区域的农村电气化县建设

以小水电为电源的农村初级电气化县建设，推动了农村电气化事业蓬勃发展，以大电网为依托的农村电气化建设也逐步开展起来。

1988 年，浙江、江苏、宁夏等省区率先提出了在大电网供电区建设电气化县的目标和实施措施。同年，浙江省率先在桐乡县开展农村初级电气化县试点，资金来源采取“四个一点”，即县里补一点、乡里贴一点、村里拿一点、农户集一点的办法，经过建设改造，全县人均年用电量达 582.5 千瓦·时，农村人均年用电量达 481 千瓦·时，全县农村照明用电保证率达 92%，县城供电可靠率达 99.14%[1]，189 个村达到了“一室四化”（即一个配电室、线路标准化、工艺统一化、表计集中化、配电柜统一化）的标准村和合格村标准，各项指标均超过了《浙江省大电网供电县农村电气化验收标准》，经浙江省计经委验收合格，桐乡县于 1989 年 10 月 30 日成为中国第一个大电网供电的农村初级电气化县。

1991 年，浙江省 7 个县、江苏省 2 个县按照《农村电气化标准》（DL 407—1991）率先通过验收，实现了农村电气化。在通过验收的 9 个县中，浙江省嘉善县在实施农村电气化县建设改造期间，建设了 148 个标准合格村，整改农村低压配电线路 825.59 千米，修建标准配电房 549 座，淘汰总容量为 13 485 千伏·安的高能耗配电变压器 303 台，整修低压下户线 194.7 千米，使全县 99.99%的家庭用上电。年度农村灯峰照明保证率达 99.54%，全县人均年用电量达到 598 千瓦·时，全县农业人口年均用电量达到 355 千瓦·时[2]，所有指标均大大超过《农村电气化标准》（DL 407—1991）的要求。

1992 年 6 月，能源部在浙江省桐乡县组织召开全国电气化县建设工作座谈会。会议要求在经济条件比较好和农村电气化发展已有一定基础的 12 个省、区、市，首先开展电气化县建设工作，其他地区创造条件开展。各省、区、市要根据《农村电气化标准》（DL 407—1991）的考核标准和要求，制定电气化县实施或验收细则，做好电气化县建设规划，争取“八五”末在大电网供电区内有 100 个县实现农村电气化，到“九五”末有一半的县达到农村电气化标准。

1994 年，国家计委、国家经贸委和电力工业部联合召开了全国农村电气化工作会议，会议要求按照《农村电气化标准》（DL 407—1991），到 1995 年年底建成 100～120 个农村电气化县，到 20 世纪末建成 400 个农村电气化县。在农村电气化县建设过程中，必须坚持“多家办电、集资办电，以电养电”“自建、自管、自用”“节约与开发并重”“电网与电源建设并重”的方针和政策。会议提出，大电网要积极并加速向农村扩展，有条件联网的地方都要主动联入大电网，在电网已到达的地区要积极开发当地资源，在有水力资源的地方，大力发展中小水电，减轻国家或省属大电网供电负担，或以就地开发、就近供电的方式，自力更生建立自己的供电区。在大电网一时难以到达的地区，开发利用当地各种

[1] 《嘉兴市电力工业志》编纂委员会：《嘉兴市电力工业志（1910～1990）》，中国电力出版社，1996 年，第 130 页。

[2] 《嘉兴市电力工业志》编纂委员会：《嘉兴市电力工业志（1910～1990）》，中国电力出版社，1996 年，第 132 页。

能源资源，发展小水电、小火电、小热电等，建设以地方能源资源发电为主的供电区。

为了促进电气化县建设，国家出台一系列优惠政策。在信贷资金方面，放宽贷款条件，提高农村电气化县建设项目贷款的优先级；同时要求中央和省、自治区、直辖市在农村电气化建设县内兴办的大、中型企业，积极参与投资兴建农村电力项目。

随着国家和各级地方政府加大农村电气化投资力度，建设速度大大加快。至1996年，全国累计建成大电网供电区农村电气化县240个，大幅超出原计划在“八五”末建成100～120个农村电气化县的目标。到1998年年底，累计建成了500个电气化县，提前2年超额完成计划指标，有力促进了农村配电网发展[1]。

三、“电力扶贫共富工程”的实施

进入20世纪90年代，农村电网建设取得了显著成效。截至1993年年底，全国县及县以下用电量已达到2940亿千瓦·时，占全中国用电量的35%，全国97%的乡、93%的村、89%的农户、近8.8亿农村人口用上了电。

1991年11月，党的十三届八中全会通过了《中共中央关于进一步加强农业和农村工作的决定》，提出加快农村电网和农村初级电气化县建设，到20世纪末在全国实现县县通电的要求。为落实中共中央的决定，能源部主导开展了以大电网向农村供电为主的电气化县建设工作，截至1992年年底，全国共有通电县2344个，通电乡48 549个，通电村731 112个，乡、村通电率分别为97.08%、91.01%，但全国还有28个县没有通电，1.2亿农村人口没用上电。在1993年12月召开的全国电力工作会议上，电力部明确提出在20世纪末消灭无电县，农户通电率达到95%以上的目标。

1994年2月，在全国扶贫工作会议上，电力部首次提出了“电力扶贫共富工程计划”，经国务院扶贫办批准，“电力扶贫共富工程”纳入《国家八七扶贫攻坚计划》，确定为电力部的一项重要工作，并提出“落实任务、明确责任、尽早安排、务期必成，为农业生产、农村经济、农民生活提供可靠的能源保障”的工作要求[2]。为确保到2000年农村人口基本都用上电这一目标的实现，1994年5月，国家计委、国家经贸委和电力部联合召开全国农村电气化工作会议，再次提出实施“电力扶贫共富工程”，力争2000年消灭无电县，基本消灭无电乡和无电村，使全国农户通电率达到95%以上。

为贯彻执行《国家八七扶贫攻坚计划》，各省（自治区）电力部门在地方政府和广大群众的支持下积极迅速行动起来，纷纷出台相关政策、计划，落实资金和物资。在建设资金方面，根据各省（区、市）实际，建立“电力扶贫共富工程”专项基金，实行国家补助一部分、各级政府补助一部分、乡镇集体和用户分别自筹一部分的办法执行。在具体实施方面，按照因地制宜、多能互补的原则，采取电网供电与开发煤炭、水利资源相结合，利用风能、太阳能、地热等能源，并与汽油发电、柴油发电相结合的方式解决无电问题。同

[1] 罗国亮，任博雅：《改革开放40年中国农村电力的发展及其成就回顾》，《中国电业》，2018年第12期，第92～93页。

[2] 《农电管理》，2009第十期，第52页。

时，由电力部门在电源配套送出工程中适当安排一些无电地区的电网延伸输变电工程，配合解决无电县通电问题。

针对全国 28 个无电县，国务院相关部门商定安排，西藏 21 个无电县由国家纳入西藏开发计划中专题解决，其中水利部负责有小水电资源的 9 个无电县，电力部负责 12 个无电县（3 个无电县采用电网延伸的方式解决，9 个无电县利用太阳能发电解决）；新疆 6 个无电县根据国家计委、能源部、能源投资公司、新疆维吾尔自治区政府先前达成的协议，由新疆落实解决；青海的 1 个无电县以开发当地小水电资源解决。实施过程中，开展县与县的对口支援，解决无电地区的建设问题，在本省区内对口支援的基础上，安排外省区市的支援，动员电力较发达地区的县参与电力扶贫共富工程。截至 1996 年 4 月，通过“电力扶贫共富工程”的实施，28 个无电县中已有 12 个县通过电网延伸和光伏电站建设实现了通电，其中西藏 7 个、新疆 5 个。

“电力扶贫共富工程”开展后，在各级地方政府的支持配合下，各级电力部门投入大量的人、财、物，集中精力实施了“消灭无电村”歼灭战。山东省在 1990 年实现了“全省乡乡通电”后，就提出“全省村村通电”的更高工作目标。在《国家八七扶贫攻坚计划》公布后，更是加大了扶贫力度，集中力量打好电力扶贫攻坚战，提出提前 3 年实现全省村村通电，并把这项工作命名为“九四村村通电工程”[1]。通过抽调精干人员、签订责任状、制订切实可行的计划措施，在建设资金方面，各级电力部门紧紧依靠地方政府，坚持自力更生、广泛发动群众，多渠道、多层次筹集资金，全面推进村村通电工程的实施。1994 年 9 月 15 日，聊城地区莘县赵庄乡齐玉村合闸送电，山东省继北京、天津、上海三市及吉林、辽宁两省实现村村通电后，也实现了村村通电。

1994 年 5 月，全国农村电气化工作会议在无锡召开。会议明确提出到 20 世纪末解决最后 16 个无电县通电问题，实现全国县县通电后，再解决 4000 万农村无电人口用电，实现全国农户通电率 95%以上的工作目标。为此，电力部门加快“电力扶贫共富工程”实施进度，努力解决无电县、村和贫困人口用电问题。1995 年 12 月，宁夏回族自治区实现了村村通电，成为全国第一个村村通电的自治区。1996 年，江苏、安徽、河北、浙江、福建相继实现村村通电，华东电网成为中国第一个实现村村通电的跨省电网，全网农户通电率达到 98%。截至 1996 年年底，全国“电力扶贫共富工程”累计投入资金 21 亿元，解决了 5000 万无电人口的用电问题。

2001 年 1 月，国家经贸委发布了《电力工业“十五”规划》，提出到 2005 年全国基本实现村村通电，进一步减少无电农户。截至 2001 年 8 月，国家电力公司供电区域内北京、天津、上海、山东、吉林 5 个省市实现户户通电，宁夏、江苏、福建等 14 个省（区市）实现村村通电，乡镇通电率提高到 98.45%，行政村通电率提高到 98.23%，农户通电率从 1998 年年底的 96.87%提高到 2000 年的 98%，解决了 1380 万农村无电人口的用

[1] 山东省电力工业史编委会：《中华人民共和国电力工业史・山东卷》，中国电力出版社，2003 年，第 597～599 页。

电问题[1]。

随着部分地方供电企业上划，大电网覆盖范围扩大，又出现一些新的无电地区和无电人口，截至 2002 年年底，全国乡、村、户通电率分别为 98.54%、98.71%、98.48%[2]。为尽快解决无电地区人口用电问题，满足农村地区经济发展和正常用电，国家启动了新一轮配网、农网建设改造任务，进一步解决无电地区县用电问题。

四、山东省完成“村村通电”

1978 年十一届三中全会以后，经过“六五”期间的恢复性整改，中国农村电网进入了快速发展时期。到 1985 年，全国行政村通电率为 78.1%[3]，而山东作为经济大省，农村电力发展却相对滞后，全省乡村通电率只有 76.7%，低于全国平均水平。其中沂蒙山区、湖滨、海岛地区的 15 个贫困县行政村的通电率更是仅为 57%，远低于全省平均水平。

从 20 世纪 80 年代中期开始，山东省电力工业局率先对这 15 个贫困县实施电力扶贫。在资金上，每年从自有资金中拿出 240 万元作为农电发展基金，专项用于帮助贫困村通电。在政策上，全面推行“五优、两免、一缓”[4]的扶贫优惠政策。在措施上，全面落实“扶贫责任制”，对工程实行“三包三定”[5]，并与经济责任制考核挂钩。

在上级部门全力扶持下，下属各级电力部门想方设法克服材料短缺、资金严重不足、施工难度大等困难，竭尽全力搞好电力扶贫工作。例如，位于沂蒙山区腹地的沂水县电业局紧缩各项开支，不能通车的地方就步行，不能用机械的就手抬肩扛，在三年内连续打了 3 个“百村用上电”攻坚战役。经过全省电力员工的共同努力，电力扶贫取得显著成效，1990 年山东省全面实现了“乡乡通电”。到 1993 年，用了 8 年的时间共解决 2 万多个行政村的通电问题，平均每个月给近 200 个村通上电，使全省村通电率达到 99.46%，仅有德州、临沂、菏泽、聊城等地区 12 个县的 480 个行政村还没有通电。

1994 年 4 月，《国家八七扶贫攻坚计划》印发后，山东省电力工业局进一步加大了电力扶贫力度，计划提前 3 年实现全省村村通电，并将此项工作命名为“九四村村通电工程”。为保障建设资金，山东省通过电网及地方政府投资、银行借贷、农民集资等方式，共筹措资金 5900 万元。为压实责任，山东省电力工业局与德州、临沂、菏泽、聊城等地区电业局、各县供电局层层签订“九四村村通电工程”责任状。针对通电难度最大的莘县，山东省电力工业局指派 1 名主任工程师进行驻点包干指导。同时，各级电力部门及广大电力职工还在工程实施过程中精打细算，用好来之不易的资金和物资，千方百计地缩短工期，不给农民增加负担，努力把好事办好。

---

[1]《中国电力年鉴》编辑委员会：《中国电力年鉴（2002）》，中国电力出版社，2003 年，第 29 页。

[2]《中国电力年鉴》编辑委员会：《中国电力年鉴（2003）》，中国电力出版社，2004 年，第 143 页。

[3] 张彬：《中国电力工业志》，当代中国出版社，1998 年，第 498 页。

[4]“五优”：对贫困村通电优先审批用电申请、优先勘测设计、优先供应优惠价材料、优先验收接火、优先保证负荷指标。“两免”：免收贫困村通电试验调试费、免收电工培训费。“一缓”：缓缴工程贴费。

[5]“三包”：包工程项目、包工程质量、包工程竣工时间。“三定”：定人员、定任务、定材料。

“九四村村通电工程”共新建10千伏高压线路1097千米，新建低压线路1147千米，新装配电变压器661台，总容量20 250千伏·安。1994年9月15日，山东省最后一个无电行政村聊城地区莘县赵庄乡齐玉村合闸送电。至此，山东全面实现“村村通电”[1]，成为国家计委、国家经贸委和电力工业部联合提出实施“电力扶贫共富工程”后第一个完成“村村通电”的省份。

五、“两改一同价”的提出

改革开放以来，农村电网发展迅速，为农村经济发展做出了重大贡献。1998年以前，农村电网由乡镇电管站“自建自管”，资金投入严重不足。相当一部分设备是20世纪60～70年代的产品，那一时期，全国农村电网普遍存在设备严重老化的问题，如约有40%的配电变压器是高能耗配电变压器，台区低压线损大多在30%及以上，有的甚至高达50%，无法满足农村逐渐扩大的用电需要。农村管电体制基本是趸售（直供直管县供电企业）或自营（地方电网和小水电）两种方式，乡镇电管站“以电养人”，农村用电不仅要承担目录电价电费，还要承担农村低压电网损失费用、农村电工的工资、电网维护费用和集资办电等各种费用，有些农村生活用电电价高达3元/（千瓦·时）以上。农村电网薄弱、农电管理体制不顺、电价过高等问题，逐渐引起了党中央、国务院的重视。

1997年东南亚金融危机引起亚洲金融风暴，中国采取积极应对措施，明确提出实施扩大内需战略。国务院在1998年5月的政府工作报告上，将农村电网建设与改造列入了基础设施投资项目中。1998年6月19日，国家计委、国家电力公司在北京联合召开加快农村电网建设（改造）电视电话会议，全面宣贯了中央对农村电网改造的政策要求，部署各省在农村电网改造中的工作。

1998年7月30日，国家发展计划委员会以计基础〔1998〕1459号文向国务院递交了《国家发展计划委员会关于审批1998年第一批农村电网建设与改造工程可行性研究报告的请示》，报告提出计划投资1368亿元，对全国2400个县进行为期3年的农村电网建设与改造，其中1998年安排投资440亿元，1999年安排投资700亿元，2000年安排投资228亿元。1998年8月10日，国家计委批复了北京、天津等17个省（区、市）共364个县的《农村电网建设与改造工程可行性研究报告》（计基础〔1998〕1508号），投资规模111.6亿元，其中国家电力公司直供县207个、趸售县157个。同日，国家计委下发了《1998年第一批农村电网建设与改造新开工项目投资计划》（计投资〔1998〕1509号）。开启了大规模农村电网建设与改造的序幕。

随着农村电网工程进入实施阶段，电力体制改革和电价改革也进入了主要改革序列。1998年10月4日，国务院办公厅以国办发〔1998〕134号下发了《国务院办公厅转发国家计委关于改造农村电网改革农电管理体制实现城乡同网同价请示的通知》（简称《通知》），要求各省、区、市在3年内同时开展电力体制、电网网架的改造，上划乡镇电管站

---

[1] 山东省电力工业史编委会：《中华人民共和国电力工业史·山东卷》，中国电力出版社，2003年，第569～600页。

管理权，由县级供电企业承担农村电网改造任务。《通知》直击多年农村用电矛盾要害，为改造工作指明了方向，“两改一同价”工作由此在全国轰轰烈烈地开展起来。

六、第一期农村电网改造

1998 年 6 月，国家计委主任曾培炎在加快农村电网建设（改造）电视电话会议上，首次提出在全国开展第一期农村电网改造工程，要求各省（市、区）在扩大内需的背景下，加快制定符合本地方农村电网发展现状的规划实施方案和农网融资方式。为有效化解各地在开展农网改造工程期间的推进难度，1998 年 10 月，根据国务院指示精神，各省（区、市）纷纷成立以政府领导担任组长，省计委、经贸委、省电力公司等多部门负责人参与的“农网改造协调领导小组”，统筹解决“两改一同价”期间有关体制改革、资金筹措、产权划分等各方面问题。

当时，各地方的农村电网产权属乡村政府，由乡镇电管站“自建自管”，电网设施陈旧、设备落后、损耗高、质量差。农村电网建设工程无所谓前期规划和专业设计，从设备选型、物资采购、工程施工到竣工验收没有统一的标准和工艺。随着《国务院办公厅转发国家计委关于改造农村电网改革农电管理体制实现城乡同网同价请示的通知》（国办发〔1998〕134 号）和《国务院转批国家经贸委关于加快农村电力体制改革加强农村电力管理意见的通知》（国发〔1999〕2 号）相继下发，乡镇电管站“人”“财”“权”逐步整体上划至县级供电企业，撤销乡镇电管站，成立乡镇供电所，由各县级供电企业牵头组织指导农村电网改造，具体由各乡镇供电所实施。

县、乡两级农电管理体制改革，给农村电网改造带来了便利，各地乡镇供电所将农村电网改造需求计划和工程物料上报至县供电企业，由各县供电企业组织进行复核，特殊情况还深入农村实地勘察。各地按《农村电网建设与改造技术原则》（国电农〔1999〕191 号）统一建设改造标准，对供电半径长、设施陈旧、线径小的线路重新规划，解决农村“自建自管”期间形成的“蜘蛛网”“碰头线”等问题。

在建设资金上，农村电网工程用国债资金作为项目资本金，用建设改造后十多年的农村电网电费收入为质押向银行贷款，作为改造资金。为保证资金及时到位，国家电力公司根据银行贷款担保要求，及时制定了电费收益权质押管理办法，确保了农村电网工程资金的顺利到位。

在一期农村电网改造期间，全国 2400 县中，以小水电为主并由水利系统自管的县近 800 个，不同县级电力企业在建设管理、施工质量把控方面存在很大差异[1]。为统一工程管理标准，1999 年 4 月 7 日，国家计委印发了《农村电网建设与改造工程质量管理办法》（计基础〔1999〕382 号），明确提出在一期农村电网改造中要落实质量管理终身负责制，严禁“三边”工程，并对农村电网改造工程的质量责任归口、规划和设计、材料采购、施

[1]《国务院办公厅转发国家计委关于改造农村电网改革农电管理体制实现城乡同网同价请示的通知》，中华人民共和国中央人民政府网站，1998 年 10 月 4 日。

工管理以及监督检查等方面做了要求。随后国家电力公司又编制、转发了《农村电网建设与改造工程验收规定》《农村电网建设与改造工程执法监督意见》等施工管理标准，补充完善了各项管控措施。

在农村电网改造过程中，全国不少县供电企业经常面临施工地域广、摊子大、劳动力不足的问题，还有一些农民因为表改费用、电价调整等原因对工程实施存在抵触情绪[1]。为保证农村电网改造工程如期完工，县供电企业联合当地政府部门，充分利用广播、电视、报刊等方式进行农村电网改造宣传动员，增强了农民群众配合农村电网改造的积极性，也极大缓解了人力短缺问题。广西壮族自治区平果县供电公司在当地政府协调下，与所改造的屯村签订协议，组织当地农民以投工投劳[2]的方式参与施工[3]，帮助开展砍树、挖坑、搬运、立杆作业。开工前，都由经验丰富的电工对村民进行基础的技术和安全规程培训，教授如何开"马道"，立杆时如何使用叉杆、顶杆及拉绳控制，立杆过程中禁止杆坑内和杆下有人工作或走动等内容。

2001 年年底，全国第一期农村电网改造工程基本完成。三年间，国家共投入农村电网改造资金 1893 亿元，新建与改造 10 千伏线路 147 万千米，低压线路 258 万千米，改造高能耗变压器 109 万台，容量 7833 兆伏·安，配电台区 78.5 万个。经过大规模电网改造后，高压线路综合线损降到 10%以下，农村低压电网线损在 15%以下。中国农村长期以来电力基础设施简陋落后的面貌得到了改善，农村居民生活电价平均降低约 0.23 元/（千瓦·时），惠及 2.2 亿农户[4]。

由于第一期农村电网改造是与农村电网体制改革同步进行的，时间紧，任务重，暴露出了施工管理混乱、工程质量较低、部分农村电网结构遗留未改等问题。这些问题在第二期农村电网改造工程中基本得到了解决。

七、第二期农村电网改造

2001 年 8 月，在山东青岛召开的全国第四次农村电网建设与改造工作会议上，国家计委主任曾培炎在总结第一期改造工作经验的基础上，表示将再安排投资开展第二批农村电网建设与改造[5]。第二批投资主要用于拾遗补缺，重点是完善 10 千伏及以下低压电网改造，解决一些地区的漏报项目和部分村级低压排灌扶贫项目等。

2002—2004 年，在国家继续实施积极的财政政策、拉动国内需求的宏观经济政策指导下，为解决第一期农村电网改造投资不足的问题，巩固农电"两改一同价"成果，党中央、国务院决定进行第二轮农村电网建设与改造，国家计委计划投资 992 亿元，用来开展

[1] 范学章，等：曲周县第一批农网改造任务完成，《农电管理》，1999 年第 12 期。

[2] 投工投劳是指在农村修路、打井等基础建设工程中，由国家或集体（投）筹资，作为受益的农民则无偿参与一定天数的施工劳动。

[3] 广西电力工业史编委会：《中华人民共和国电力工业史·广西卷》，中国电力出版社，2004 年，第 360 页。

[4] 中国电力企业联合会：《中国电力工业史　综合卷》，中国电力出版社，2021 年，第 398 页。

[5]《中国电力年鉴》编辑委员会：《2002 中国电力年鉴》，中国电力出版社，2003 年，第 28 页。

第二轮农村电网改造，其中国家电力公司系统投资767亿元，占总投资规模的78%[1]，剩余的225亿元由各地方电力公司、水利局（小水电或其他能源自营区）负责进行农村电网建设改造。

第一期农村电网改造由于时间紧迫，在项目实施过程中，暴露出了许多问题。在农电体制管理还未捋顺的情况下，不少地区在农村电网改造过程中依旧延续着乡镇电管站的改造模式，施工因陋就简，违背工程建设基本程序，频繁出现一边勘测、一边设计、一边还在施工的情况[2]。有的单位对物资采购招投标管理不规范，工程监理不到位，对工程质量把关避重就轻。还有一些单位审计把关不严，未对农村电网资金进行专户存储，将农村电网资金与生产经营资金混存使用，肆意截留和滞留。

为确保二期农村电网改造任务按期完成，国家电力公司在总结第一期农村电网改造的经验后，有针对性地强化了对农村电网改造工程的规范化管理。国家电力公司与各省电力公司签订了农村电网改造责任书，将工程质量、施工安全、工程进度、资金使用、群众满意作为二期农村电网改造管理工作的重点，加强指导和监督。同时，各省电力公司逐级与市、县供电公司等项目单位签订责任书，将责任落实到项目单位，落实到人，有力地保证了工程的顺利实施。

在实施过程中，各省电力公司实施统一工程计划、统一立项、统一审批可研和工程决算，对设备材料实行分级统一招标、统一采购。在总结积累了第一期农村电网改造的经验上，细化完善"五制"（项目法人责任制、工程监理制、招投标制、合同管理制和资本金制）管理，形成了更加切合农村电网改造实际的工程管理体系。同时针对部分地区资金混用、自立项目乱收费等问题，国家电力公司着重加强了内部纪检监察和审计的力度，要求各省市部门建立举报电话，对在农村电网改造过程中存在的供电所、村电工向农民乱收费、乱集资等问题进行严肃问责。一些县供电企业制订了农村电网改造的新"三大纪律、八项注意"，约束职工行为，努力做到政府放心、农民满意[3]。通过认真落实国务院及有关部委的文件精神，国家电网系统各单位积极组织实施，截至2003年3月，仅一年时间，第二期农村电网改造工程已完成88.5%，改造效率明显超过前一期[4]。

第二期农村电网建设与改造，初步解决了农村电网结构薄弱、设备陈旧老化的问题。改造后，逐步形成了县城骨干网架，完善了农村电网结构，特别是提高了10千伏线路"手拉手"环网比率，优化了10千伏供电网架，基本解决线路重载和末端低电压问题。针对第一期农村电网改造不彻底的问题，采取各种有效的措施，对一些农村电网改造过程中没有彻底改造的林场、农场和部分村级低压排灌扶贫项目，以及西部偏远山区农村电网进行了拾遗补缺，因地制宜地解决了历史上遗留的问题。同时，在实施过程中，严格执行国家电力公司制定的农村低电压治理工作典型措施，有针对性地对低压台区进行整治、改造，

---

[1]《中国电力年鉴》编辑委员会：《2002中国电力年鉴》，中国电力出版社，2003年，第30页。

[2] 国家发展计划委员会副主任包叙定同志在第二次全国农村电网建设与改造会议上的讲话。

[3] 国家电力公司副总经理刘振亚同志在2002年全国农村电网建设与改造电视电话会议上的讲话。

[4]《中国电力年鉴》编辑委员会：《2005中国电力年鉴》，中国电力出版社，2006年，第230页。

低压线损全部降到12%以下，供电半径基本达到了不大于 500 米的要求，高耗能配电变压器全部更换为节能型，供电质量和供电可靠性明显提高，基本可以满足农民用电的需求[1]。

国家电网公司系统一、二期农村电网改造工程计划投资共2141亿元，共新建和改造10千伏线路112万千米、低压线路316万千米，更换高耗能配电变压器80万台，完成配电台区改造122万个[2]。南方电网公司供电区域内两期农网改造累计投资规模351.41亿元，累计完成投资 349 亿元[3]。通过改造，农村中低压配电网的供电线损由改造前的30%～40%下降到20%以下，电网设备事故及一类障碍均较改造前大幅减少，极大提高了电网抗御自然灾害的能力[4]。

八、首部《农村电力网规划设计导则》的颁发

农村电力网与城市电力网的基本特性和基本功能方面具有共同性，但由于农村电力网的负荷小而分散，最大负荷利用小时数低，所以两者在经济规律和技术要求上又有所区别。

为使农村电力网在已有基础和水平上健康发展，改善农村电力网结构，提升设备技术含量，降低线路设备损耗，提高农村电力网安全性、可靠性和经济性，国家经济贸易委员会于2000年11月3日以国经贸电力〔2000〕1048号文发布了《农村电力网规划设计导则》（DL/T 5118—2000）（简称《导则》）。《导则》的基本框架参照了《城市电力网规划设计导则》（能源电〔1993〕228号），并以农村电力网长期发展建设、运行的经验和农村电力网方面的科研成果为基础，突显了农村电力网独有的规划要求。

《导则》对配电网的供电半径制定了详细规定。当时农村部分地区缺乏电源点，而小水电成本低、后续投入小，有利于经济不发达的农村地区快速通电，但由于电源点偏远，变电站稀少，有些配电线路供电半径长达三四十千米，到达客户端的电压过低，严重影响末端客户用电体验。《导则》要求根据用电负荷密度选择供电半径，规定10千伏电压等级不超过15千米，低压不超过0.8千米，负荷密度极低的区域最长不超过1.5千米。该条规定在实际操作中效果不佳，广大农村地区土地广袤，村落星罗棋布，负荷密度又很低，增加变电站布点很不经济，供电半径超长线路还大量存在，浙江省就有10%左右的10千伏配电线路超过15千米。

《导则》还强调了提高农村电力网装备水平的重要性。农村电力网装备水平，一直不被重视，城市电力网中已经淘汰的老产品或技术落后的产品还在农村电力网上运行。为促进农村经济的发展，提高供电可靠性，迫切需要研制生产和采用农村电力网急需的高新技术产品。在《导则》出台后的多次农村电力网改造中，开始大规模采用了S9型、S11型

[1] 国家发展计划委员会主任曾培炎同志在第二次全国农村电网建设与改造会议上的讲话。

[2] 《中国电力年鉴》编辑委员会：《2004中国电力年鉴》，中国电力出版社，2005年，第249页。

[3] 《中国电力年鉴》编辑委员会：《2004中国电力年鉴》，中国电力出版社，2005年，第258页。

[4] 国家电网公司一、二期农村电网建设与改造工作总结，2005年9月。

配电变压器和调容调压配电变压器、高过载配电变压器等最新研制的配电设备，采用了六氟化硫柱上断路器，普遍应用了绝缘导线、集束导线等特殊线材，在负荷比较集中的区域还开始使用环网站、环网箱式变电站等设备，极大地提高了农村电力网装备水平。

农村地区土地资源较为丰富，架空线路走廊比较容易选定，且对环境美化的要求不高，为降低造价，所以《导则》建议在农村地区不宜采用电缆线路。

2011 年 1 月 9 日，国家能源局对《导则》进行了修订，发布了《农村电力网规划设计导则》（DL/T 5118—2010），进一步规范了农村电力网规划设计工作。

农村电力网规划是农村电气化和农业现代化规划的重要基础，也是电力发展规划的重要组成部分。《农村电力网规划设计导则》的发布与修订，给“两改一同价”背景下的农村电力网改造、“村村通电”和“户户通电”、新农村电气化建设改造等工作起到了指导作用，提高了效率，加快了农村电气化的实现。

九、农村配电网建设管理制度的逐步完善

从 1998 年开始，党中央、国务院决定在全国范围进行大规模的农村电网建设与改造。为了科学规范地组织实施好农村电网建设与改造工作，国家计委、国家电力公司根据工程管理“五制”（项目法人制、资本金制、招投标制、工程监理制和合同管理制）的要求，制定了农村电网改造的技术原则，建立了工程管理、质量管理、资金管理、工程审计、施工安全管理、工程验收等一系列管理办法。

根据《国务院办公厅转发国家计委关于改造农村电网改革农电管理体制实现城乡同网同价请示的通知》（国办发〔1998〕134 号），为切实做好农村电网建设改造工作，1998 年 12 月 8 日，国家电力公司印发了《农村电网建设与改造管理办法》（国电农〔1998〕650 号）该办法从计划管理、资金管理、工程管理、技术管理等方面明确了工作目标、管理职责，对资金使用、监管和技术规范提出明确的要求和规定。

按照国务院下发的《国务院办公厅关于加强基础设施工程质量管理的通知》（国办发〔1999〕16 号）和国家电力公司下发的《国家电力公司关于贯彻国务院全国基础设施建设工程质量工作会议精神，进一步加强电力建设工程质量管理的通知》（国电办〔1999〕59 号）要求，为加强城乡电网建设与改造项目的质量监督，促进项目管理，确保资金使用安全、合法合规、提高效益，依据《中华人民共和国审计法》《国家电力公司内部审计实施办法（试行）》以及国家有关法规、政策和国家电力公司有关制度，1999 年 3 月 11 日，国家电力公司印发了《国家电力公司城乡电网建设与改造项目审计办法》（国电审〔1999〕121 号）。该办法从审计原则、审计组织和工作程序、审计内容、审计部门职责和权限，对重大问题的审计处理等方面提出要求及规定，并明确提出对已开工未履行开工审计的城乡电网建设与改造项目，在审计中应按规定的开工审计的内容追溯审计的要求，强调审计中发现的问题要严格按照规定处理。

为进一步做好农村电网建设与改造工作，保证农村电网建设与改造工程质量，使各地在农村电网建设与改造工作中，有一个明确的技术要求和标准，达到控制建设规模、防止

盲目追求过高建设标准、降低工程造价和保证农村电网安全的目的，1999 年 4 月 15 日，国家电力公司印发了《农村电网建设与改造技术原则》（国电农〔1999〕191 号），该原则对 110 千伏输变电工程、35 千伏输变电工程、10 千伏配电网、低压配电设施、无功补偿、低压计量装置等部分，依据标准设计要求和施工工艺规范，统一了建设标准，有效控制并降低了工程造价。

1999 年 2 月 13 日，国务院办公厅下发《国务院办公厅关于加强基础设施工程质量管理的通知》（国办发〔1999〕16 号），该通知针对忽视工程质量、违反建设程序、执法监督不力、建筑市场混乱等问题，提出建立和落实了工程质量领导责任制、严格执行建设程序、健全工程管理制度、精心勘察设计、加大执法和监督力度五个方面的工作要求。为贯彻国办发〔1999〕16 号文件要求，确保农村电网建设与改造的工程质量，国家计委印发了《国家计委关于印发农村电网建设与改造工程质量管理办法的通知》（计基础〔1999〕382 号），从工程质量责任制、规划和设计管理、设备及材料采购、施工管理、监督与检查等方面明确了要求及相关部门应承担的责任。国家电力公司于 1999 年 5 月 4 日下发了《国家电力公司转发国家计委关于印发〈农村电网建设与改造工程质量管理办法〉的通知》（国电农〔1999〕219 号），要求各单位认真贯彻执行，严格按照农村电网建设与改造工程质量管理办法的规定执行，确保了农村电网建设与改造工程质量。

1999 年 3 月 1 日，国家电力公司印发了《农村电网建设与改造工程验收办法》（农电〔1999〕7 号），同年 4 月 20 日国家计委也印发了《农村电网建设与改造工程验收规定》（计基础〔1999〕383 号），为避免国家电力公司下发的农电〔1999〕7 号文件内容与国家计委计基础〔1999〕383 号文件规定相抵触，1999 年 5 月 4 日，国家电力公司转发国家计委关于印发《农村电网建设与改造工程验收规定》的通知（国电农〔1999〕218 号），该通知明确了验收条件、验收依据、验收内容、验收程序、有关问题的处理等要求，对保证农村电网建设工程质量，确保工程按期投运，充分发挥投资效益起到了积极作用。

1999 年 5 月 12 日，建设部、监察部办公厅联合印发了《建设部、监察部关于 1999 年建设工程项目执法监察工作安排意见的通知》（建办建〔1999〕20 号），该通知要求全国建设工程项目执法监察，要以整顿建设市场秩序和提高工程质量为重点，对加强有形建筑市场建设、完善工程招标投标的统计和考核制度、加大查处违纪违法案件的力度等方面提出了具体要求。1999 年 8 月 5 日，国家电力公司印发《关于加强电力建设工程执法监督工作的通知》（国电火〔1999〕394 号），从严格基建管理，严格实施“五制”，加大监督检查力度，加大查处违法违纪案件的工作力度，建立健全工程质量责任制，严肃查处工程质量事故等方面提出了具体要求，确保了执法监督工作的高效开展。

1998 年以来，国家电力公司制定有关实施管理办法、制度 40 多个。制定的规定、办法，对工程的立项、概预算、设计、资金管理、物资采购、施工管理、工程监理、安全管理、工程决算、审计、验收、档案管理等各个环节，都做出了明确规定，具有可操作性，使各个阶段的工作都做到了有章可循，工程管理基本实现了制度化、规范化。

十、《农村电网建设与改造技术导则》的发布

1998 年开始实施的一期农村电网改造，极大地改善了农村电网设备陈旧、电能损耗高、供电可靠性低、供电质量差的问题，但由于投资和改造力度空前，负责实施的国家电力公司、水利系统下属的各级水电公司都不同程度存在着准备不足、管理机制流程不适应的问题，具体体现在建设改造没有统一的设计施工标准，各省地市各自为战，施工成效没有达到预期标准。

在二期农村电网改造开始后，为统一标准，规范施工工艺，提升建设改造成效，根据国家经贸委电力司《关于确认 1998 年度电力行业标准、修订的计划项目的通知》（电力〔1999〕40 号），2001 年 10 月 8 日，国家经济贸易委员会发布了《农村电网建设与改造技术导则》（DL/T 5131—2001）（简称《技术导则》）。《技术导则》作为指导农村电网建设与改造工作的行业标准，在制定过程中，充分考虑了中国农村电网的实际情况和农村经济发展需要，汲取了一期农村电网改造的经验教训，并参考了城市电网建设和国外农电发展的经验。针对中国农村电网建设与改造工作的特点，明确了相关的技术指标和技术要求，对电网建设与改造的规划、设计、设备选型等标准都做了具体的规定。

《技术导则》首先明确了农村电网建设与改造应统一规划，注重整体布局，优化网络结构。必须选用经国家认可的检测机构检测合格的产品，符合国家产业政策和技术要求，在保证电网安全、经济可靠运行的前提下，因地制宜地采用新技术、新设备、新材料、新工艺。

《技术导则》明确了农村中低压线路的供电半径及电杆选型，即 10 千伏不超过 15 千米，380/220 伏不超过 500 米，在农村地区，一般选用不低于 10 米的混凝土杆，城镇内则不低于 12 米。关于 10 千伏配电变压器，《技术导则》要求农村配电变压器台区应按照“小容量、密布点、短半径”的原则新增与调换，容量在 315 千伏 • 安及以下的宜采用柱上或屋顶安装，变压器底部对地面净空距离不得小于 2.5 米，容量在 315 千伏 • 安以上的宜采用室内安装。同时明确选择变压器容量的规定，避免过负荷及“小马拉大车”现象的发生。

在低压配电网方面，《技术导则》规定配电变压器低压侧出线应安装避雷器，总开关采用自动空气开关，并加装剩余电流动作保护器。低压线路的导线截面积不得小于 25 毫米^2，城镇内宜采用绝缘导线。关于弱电线路与电力线路同杆架设问题，进户线必须与通信线路、广播线分开进户，且进户线穿墙时应装硬质绝缘管，户外做滴水弯，这样要求主要是考虑：虽然低压线路所产生的感应电压或电流对弱电线路的直接危害不是很大，但由于两种线路同杆架设将会带来安全隐患，易引发安全责任纠纷。如果在农村因弱电线路路径选择困难，确需与电力线路同杆架设时，应签订安全协议明确责任。在第二期农村电网改造中，按照《技术导则》的要求，各地在建设改造过程中合理规划线路供电半径，原定安装的高耗能配电变压器也全部更换为节能型，供电质量和供电可靠性显著提高。

2011 年，依据《国家能源局关于下达 2011 年第一批新能源领域行业标准制（修）订计划的通知》（国能科技〔2011〕27 号）电力行业部分的要求，中国电力企业联合会组织对《技术导则》进行了修订，经国家能源局批准于 2015 年 4 月 2 日发布，2015 年 9 月 1 日起施行。修订后的《技术导则》对各级配电网的网络结构、电力线路及相关设备提出了新的要求，删除了“低压计量装置”章节，增加了自动化及通信方面的内容，如规定配电网自动化系统建设应在配电网规划的基础上，以配电网监视与控制（SCADA）和馈线自动化（FA）基本功能为主，具备扩展能力等。

《农村电网建设与改造技术导则》是农村配电网建设与改造的技术规范，通过总结 1998 年开始的一期农村电网建设期间的经验教训，规范了建设标准及施工工艺，为随后开始的二期农村电网改造及新一轮农村电网改造指明了方向。

第七节　配电自动化建设的起步

中国配电自动化相较国外起步较晚，20 世纪 80 年代，中国开始配电自动化的技术研究与建设探索。1981 年，北京供电局通过安装 2 台国产分段器及 5 台美国生产的自动分段器，检验了故障区间自动隔离功能[1]，这是中国配电自动化的首次尝试。

随着配电自动化技术的发展，20 世纪 90 年代末，借助首次城市电网改造的契机，中国各地的供电企业陆续开展了配电自动化试点的建设。国家电力公司结合多地试点的建设经验，编制了相关指导文件和技术标准，指导配电自动化规范化建设。

这一阶段，中国配电自动化试点建设取得了较好的成绩，积累了丰富的经验，但配电自动化技术仍处于探索阶段[2]。

一、邢台电业局配、用电综合自动化系统规划设计

20 世纪 90 年代，随着河北省邢台市用电负荷的高速增长，城市配电网规模日益扩大，工厂的自备发电厂不断投运并网，对配电网的运行和管理水平提出了更高要求。为了及时准确地掌握配电网的运行状况和用户的用电情况，在配电网发生故障时快速做出判断和处理，提高电网供电可靠性，1993 年邢台电业局开始了配、用电综合自动化系统的项目规划，与中国电力科学研究院通信研究所合作，参考国内外先进技术，重点借鉴日本配电自动化的相关技术，于 1994 年 12 月编制完成《邢台电业局配、用电综合自动化系统规划设计》（简称《规划设计》），这是中国首个城市电网配电自动化系统规划。《规划设计》设计的邢台市配、用电综合自动化系统由三个子系统构成，分别是配电自动化子系统、负荷控制子系统和用电管理信息子系统，通过子系统间信息共享，实现负荷预测、线路负荷自动

[1] 北京供电局供用电科学技术研究所：《线路故障自动分段器在配电系统中的应用》，第 3 页。

[2] 国家电力公司发输电运营部：《国家电力公司配网自动化试点工作总结》，第 7 页。

平衡和配电线路故障定位等功能。

《规划设计》首次提出在配电线路上安装不同类型的配电终端，主站系统利用载波通信技术下传操作信号至配电终端，可远程对断路器进行分、合闸操作。配电终端可采集上传开关状态信息和配电变压器运行数据，使电网监控由变电站延伸至配电线路和配电变压器。当故障发生时，线路具备故障自动隔离和非故障区域恢复供电功能。

因当时国内配电自动化系统及终端相关技术产品尚未成熟，系统建设需大量引入国外设备，投资过高，实现难度较大，《规划设计》未能落地实施。但《规划设计》提出的“将计算机应用在配电网运行管理”的新理念，改变了当时人们对配电网运行管理的传统认知。《规划设计》提出的开关遥控、故障自动隔离等理念和做法被借鉴吸收，纳入了 1999 年国家电力公司《10 千伏配网自动化规划总体要求》[1]。

二、上海浦东金藤工业园的配电自动化工程

1996 年年初，上海市电力局、南京电力自动化研究院和金藤联合开发公司在上海浦东金桥—藤田工业园区（简称金藤工业园）启动配电自动化工程建设。建设方考虑到全盘引进国外技术，难以适应后期配电网技术和管理的发展要求，加上投资过大、后期维护成本高等因素，最终决定硬件系统由国外进口，主站系统自行开发。南京电力自动化研究院牵头开发了配电自动化系统的主站系统，成为国内首套自主研发并成功运行的配电自动化主站系统。

金藤配电自动化系统项目于 1996 年年末开工建设，于 1998 年年初全部建成。系统的结构包含 10 千伏环网系统、主站系统、35 千伏金藤变电站的远方终端 RTU、浦东供电所区调、金桥办事处终端、金藤区总部用户终端等。项目规模包括 2 条 10 千伏线路、7 个环网、30 台开关，覆盖面积约 1 千米^2，是国内首个应用于电缆网的配电自动化系统。系统具备数据采集、设备监控和报表生成等功能，通过光纤通信实时传送配电终端采集的断路器电压、电流和分合闸指令，实现环网柜断路器的远方分合闸操作功能。该系统提供专用报表生成工具，采用全图形界面制作报表，能做到所见即可得，通过计算引擎进行各种复杂的实时计算，具备定时、召唤等多种打印功能，能满足电力系统各种报表要求，并将金藤工业园区的配电网运行数据接入了上海市东电力数据交换网和上海电力信息交换网，运检管理人员可以随时查看线路运行数据。该系统具备故障自动隔离功能，当环网内发生线路接地或短路故障时，可自动隔离故障区段和恢复非故障区段的供电。系统建成后，通过模拟短路试验，能在 1 分钟内正确动作，完成故障定位隔离和故障信息上传，验证了配电自动化系统在故障处理方面的准确性。

该系统还构建了一个简易的地理信息系统（GIS），将浦东、金桥地区以及金藤工业园区地图以 1:1000 比例绘制在计算机中，金藤工业园区的电力管线等地下设施与道路图按不同图层绘制，层次清晰，能实现主站系统的地理信息和设备台账管理功能。工作人员

---

[1] 邢台电业局：《邢台电业局配、用电综合自动化系统规划设计》，1994 年。

可以查看电力地下管线布局图、设备状态等信息。

1998 年 3 月，上海市电力工业局组织专家对该系统进行了评估验收，给予了“总体技术水平居国内领先”的评价。其中由南京电力自动化研究院开发的主站系统人机界面友好、操作方便、可维护性强，能根据现场情况进行修改适配，符合中国国情，拓展了中国配电自动化系统自主研发的道路。

金藤配电自动化系统的成功运行，给供电企业的管理带来新的变革，对电业安全工作规程、调度操作模式、配电和用电管理信息处理模式、用户服务模式等提出新的要求，加速推动了现代供电企业制度的确立。

三、石家庄的配电自动化工程

1994 年，石家庄电业局提出了建设国内领先的配电自动化系统。同年，石家庄电业局安装了 2 台江苏丹阳开关厂生产的 ZW－10 型自动开关，在架空线路上进行现场测试，此开关可实现切除短路故障的功能，满足配电自动化系统的相关要求。石家庄电业局在随后的城市电网改造中大量应用了此开关，为后期配电自动化系统的建设打下了基础。

1995 年 8 月，河北省电力公司组织专家评审并通过了石家庄电业局《配网柱上开关的远方控制及配电变压器的远方遥测可行性分析报告》，该报告是石家庄配电自动化前期论证方案的重要组成部分，专家一致认为此报告具备可行性。1997 年上半年，石家庄电业局制订了《配电综合自动化系统规划设计》，计划用 3 年时间在石家庄市区部分柱上（环网）开关、开闭所及配电变压器安装配电终端，实现线路监视与控制、馈线自动化和负荷管理等功能，并同步开展项目建设工作。

该系统工程由现场设备安装和主站系统建设两部分组成。1997 年 7 月底，石家庄电业局完成配电自动化系统的现场设备安装，包含了 34 个配电变压器监测终端、6 台开关及控制器和 7 台通信控制器。同年 11 月，完成了主站系统的搭建，该主站系统包括由前置机、后台机、服务器组成的一个局域网，提供了基于 AM/FM/GIS 的 SCADA 功能，可在 GIS 图上完成现场设备的测控，具有实施数据召测、历史数据查询、报表打印和线路故障区间判断、隔离，非故障区间自动恢复供电等功能。1998 年 3 月，石家庄配电自动化系统工程建设全部完工，标志着国内首个基于架空线路的配电自动化系统建成。该系统的通信采用具有中继功能的无线数传电台，进行主站与终端间的数据传输，在当时数据量少的情况下，避免了大规模敷设通信电缆，降低了施工难度，也减少了项目投资金额，取得了较好的使用效果。

1999 年 4 月，石家庄配电自动化系统经过一年多的实际运行，系统基本性能稳定，户外自动化设备也经受住了环境的考验，并通过了国家电力公司验收，验收组作出“石家庄市城网配电自动化系统的功能集成较为完善、技术先进、可靠实用”的评价。

四、馈线自动化功能检验方法的探索

早期对馈线自动化功能没有统一的检验方法，配电自动化系统建成后，各地因地制宜，

采取了不同的检验手段，多种检验方式并行。

1998 年 4 月，石家庄电业局和河北华电自动化设备有限公司采用 10 千伏开关、控制器和通信系统，在实验室搭建了模拟实际运行系统的试验环境，通过模拟各种故障，检验了馈线自动化的故障判断逻辑，在所做的试验中，系统能正确判断，但是模拟环境不能完全替代实际环境，所以馈线自动化的相关功能检验还不够全面。

1998 年 8 月 16 日，邯郸供电公司在运行的线路上采用人工短路试验的方式，对馈线自动化功能进行检验。对于不同方式的短路故障，系统均能正确判断出故障区段。虽然该检验方法是全面有效的，但短路试验对系统冲击大、安全风险高，不适合推广应用。

2002 年 4 月，全国电力系统城市供电专业工作网（简称专业网）组织专家对青岛配电自动化系统进行实用化评议时，没有适合的检测方法验证实际线路发生短路故障时系统能否及时、正确地隔离故障区段，只进行了遥控分合闸开关试验，不能全面检验馈线自动化功能。

2002 年 5 月 29 日，专业网组织对唐山供电公司路北分公司配电自动化系统验收，采用在 10 千伏开关二次侧注入电流的方法等效模拟一次故障，实现了馈线自动化功能测试。在测试中，主站系统能够快速定位故障点，发出告警信息，根据馈线自动化逻辑，遥控开关完成了故障区段隔离。测试达到了预期的效果，该测试方法具有等效性强、操作简单、安全风险小等优点，为以后的配电自动化实用化验收提供了有效可靠的检验手段。

2003 年，国家电网公司编制了《配网自动化实用化验收导则》，该导则基于唐山馈线自动化验收方法进行了改进完善，将其命名为“二次电流模拟法”，成为后期配电自动化验收中检测馈线自动化功能的主要方法。

五、早期配电自动化技术标准的制定

20 世纪 90 年代早期，由于普遍存在终端设备环境适应能力差、通信接口不统一和系统实用化水平低等问题，又缺少适用统一的技术标准，影响了各地配电自动化建设的实施。1998 年 12 月 28 日，国家电力公司在天津召开城网工程总结交流会，会议要求制定《配电网自动化技术导则》等相关文件，以规范配电自动化系统建设[1]。

1999 年 12 月，国家电力公司先后印发了《10kV 配网自动化发展规划要点（试行）》《配网自动化终端设备通用技术条件（试行）》（发输电输〔1999〕95 号）文件，制定了《配电网自动化系统远方终端》（DL/T 721—2000）、《配电自动化系统功能规范》（DL/T 814—2002）和《配电自动化实用化验收导则》（讨论稿）[2]等标准，加快了配电自动化工作规范化进程。

《10kV 配网自动化发展规划要点（试行）》提出，利用 10 年时间，中国城市 10 千伏配电网运行管理基本实现自动化，提升大、中城市中心供电可靠性，安全经济运行和供电

[1]《中国电力年鉴》编辑委员会：《1999 中国电力年鉴》，中国电力出版社，1999 年，第 35 页。

[2]《城网动态》编辑部：城网动态第二期 2002 年 6 月，第 15 页。

服务水平上一个新台阶。该规划对配电网网架、系统组成、系统功能、监测与控制对象、设备技术要求、通信信道、投资估算、效益评估等方面提出了具体规范要求，并明确了国内配电自动化发展方向，成为供电企业制定10千伏配电自动化规划的依据。

《配网自动化终端设备通用技术条件（试行）》（发输电输〔1999〕95号）是为规范配电线路监控终端及变电站内站控终端的生产、检测和使用而制订的，规定了配网自动化终端设备命名形式、外壳及防护性能、馈线自动化功能和通信功能的要求。首次提出了室内安装的终端设备需满足IP51、室外安装的终端设备需满足IP55防护等级的要求，提高了终端设备环境适应能力。

2001年6月，为做好配电地理信息系统的规划和建设工作，国家电力公司印发了《10kV及以下配电地理信息系统建设的若干意见（试行）》（发输电输〔2001〕75号），提出配电地理信息系统应具备自动绘图和设备管理功能，以及与其他系统实现信息交互的接口功能，以提高系统的可靠性、兼容性和可扩展性，规范了配电地理信息系统建设工作。

在2001年以前，由于国内没有统一的配电自动化通信协议，各厂商的终端设备与主站间的接入存在较大差别，导致配电自动化系统存在组网困难、运行维护效率低等问题。2001年12月，国家电力公司发布了《配电网自动化终端通信协议（试行）》，该协议在参考IEC 870－5[1]标准框架的基础上，规定了主站与终端设备之间通信协议的标准，达到了不同终端设备兼容接入主站的目的。该协议还允许用户选择终端信息主动上报方式，需要同步采取防止信息碰撞的措施，以解决不同设备间的信息传输冲突问题。该协议是一套符合中国配电自动化特点的通信协议，促进了配电自动化系统的健康、有序发展。

在21世纪初期，对各类配电开关设备均已制定了相应的国家标准或行业标准，但在产品的可靠性检验方面缺乏系统完善的试验测试方法。部分配电自动化开关设备虽然通过了型式试验，但在投运后不久就出现多种缺陷，无法满足实际环境下的使用要求，严重影响了配电网可靠运行。因此，国家电力公司有关部门组织了调研，于2002年5月13日制定并颁布了《10kV户外柱上配网自动化开关设备通用技术条件（试行）》（发输电输〔2002〕65号），规定10千伏户外柱上配电自动化开关设备必须满足机械特性、电磁兼容、高低温、凝露及污秽等试验标准要求，以降低设备的故障率，延长设备的使用寿命，提高设备的安全可靠性。在符合已有的国家标准和行业标准的基础上，针对户外柱上配电自动化开关设备提出了专项技术要求和试验标准，解决了设备不能持续可靠运行的问题，为后期配电自动化装备水平的提升打下坚实基础。

以上文件和技术规范的相继出台，指导和规范了配电自动化规划和建设，促进了中国配电自动化设备的技术进步。

六、城市电网改造推动配电自动化建设

1998年，国家电力公司在全国范围内首次启动了城市电网建设改造工作，借助城市

[1] 国际标准关于“遥控设备和系统　第5部分　通信规约”系列。

电网改造的契机，部分供电企业陆续开展了配电自动化的建设，掀起了配电自动化建设的小高潮[1]。相较20世纪90年代初期各地配电自动化试点建设，这批配电自动化建设规模有了显著提升，截至2002年12月，全国有62个城市建设了配电自动化系统，主要分布在山东、江苏、福建省和部分省会城市。

其中建设规模最大的是青岛电业局，其配电自动化建设投资总额达6000万元，实施自动化建设的10千伏架空线路60条、柱上开关130台、电缆线路19条、开闭所7座、公用变压器台1018台，10千伏线路实施自动化的比例超过了50%，满足了实用化验收的规模要求[2]。

贵阳市北供电局是配电自动化实用化应用较好的单位。该局自1999年7月起开展了配电自动化建设工作，到2003年共完成10千伏57条线路28个环网的自动化改造，安装了VSP5型自动真空负荷开关144台。14个环网实现了不依靠通信系统的馈线自动化功能，另有14个环网架设了光纤，并以此为主干通信通道实现了自动化开关的“四遥”功能，系统功能完善，是当时比较先进实用的配电自动化系统。通过配电自动化的建设改造，贵阳市城市中心区北部配电网已有98.2%的比例实现了馈线自动化，供电可靠性逐年提高，从1998年的99.732%提高到2002年的99.964%[3]。后期贵阳市北供电局进一步扩大了自动化终端的应用范围，共计在418台公用配电变压器上安装了配电变压器综合测试仪，占公用变压器总数的60.2%，实现了现场数据收集和数据实时远传功能，为配电变压器的经济、合理运行提供了可靠的检测手段[4]。系统投运后，贵阳市遭受了多次罕见的暴雨雷电袭击，由于有配电自动化系统的支撑，实际停电面积与未改造前的预计停电面积相比大幅缩小，得到了当地政府和用电客户的好评。

国内大、中城市配电自动化的投运，使供电企业体验到配电自动化系统对提高配电网可靠性发挥的较大作用，为用户带来了高质量用电体验。2002年，陕西西安城区配电自动化系统项目建成后，遇到了罕见的高温天气，用电负荷创当时历史新高，峰值高达190兆瓦，西安供电公司没有按照以前的单一思路进行拉闸限电，而是借助配电自动化系统，合理地安排运行方式、转移负荷，保证了用户不停电，顺利度过负荷高峰期。

随着国产设备技术不断进步，在这批大范围配电自动化试点建设中，设备的国产化率较之前有所提高。截至2002年，在已安装的约2000台配电自动化柱上断路器中，国内自主设计生产的开关占比达45%，终端设备国产化率接近70%，变压器监测终端绝大部分使用了国产设备，这表明中国已具备完善的配电自动化一、二次设备的设计制造能力。

这批试点大范围采用了先进的计算机技术与通信技术。90.32%的配电自动化工程使用了计算机主站系统，可实现对配电设备的自动监视控制。在56个采用通信系统的城市中，应用光纤通信技术的占比达到了84%，相较之前的电台、载波等通信方式更稳定，

---

[1]《国家电力公司配网自动化试点工作总结》国家电力公司发输电运营部，第2页。

[2]《国家电力公司配网自动化试点工作总结》国家电力公司发输电运营部，2002年9月。

[3]《城网动态》编辑部：城网动态第3、4期，2003年12月，第30页。

[4]《城网动态》编辑部：城网动态第3、4期，2003年12月，第35页。

传输速率更快。

伴随着配电自动化试点逐渐增多，覆盖面积不断扩大，从业人员数量逐年提高，为使配电自动化相关专业知识得到普及，国家电力公司多次举办配电自动化经验交流会，对管理制度、先进技术、优秀试点经验进行分析学习，促进了配电自动化管理质效及技术水平的提升。

通过这批配电自动化试点建设，各地对配电自动化建设和应用进行了诸多有益的探索，很多地区取得了较好的实效，同时积累了宝贵的经验，建设中使用了数量众多的国产配电自动化设备，也促进了国内相关产业的发展。

第四编

新世纪配电发展的重大突破和成就

（2002—2019）

2002—2019 年，是中国电力市场化改革全面推进、电力工业创造辉煌的时期，也是配电事业夯实基础、守正创新、精益智能、迈向国际的重要时期。2002 年 2 月，国务院以国发〔2002〕5 号文印发了《电力体制改革方案》，拉开了电力市场化改革的序幕，市场化改革打破垄断、引入竞争，将国家电力公司拆分重组，实现了厂网分开和主辅分离，打破了电力行业垂直一体化模式，构建起具有中国特色的电力市场体系，电力工业形成了强大的生产能力。这一时期，配电事业也得到了高速发展，一系列农村电网建设改造工程的有序开展助力了乡村振兴，配电专业技术和管理标准体系的建立和完善提升了本质安全，不停电作业与人工智能的融合确保了供电可靠，“两系统一平台”（PMS 系统、配电自动化系统、供电服务指挥平台）建设、分布式下沉计算等新技术应用推进了管理数字化，配电自动化的重启加快了智能电网进程，国际一流城市配电网的创建坚定了迈向世界的步伐。

适应改革形势整合资源，专业管理体系基本完善。2002 年起，国家电网公司和南方电网公司为了适应市场化改革需要，对配电专业技术和管理工作进行了系统地梳理和整合，规范了县级配电网管理机制，出台了配电网工程建设预算定额、配电安全工作规程等制度，填补了工程建设管理制度的空白，提出了配电设备状态检修。2009 年 1 月，国家电网公司在总部生产技术部成立配电处，开启了国家电网系统专业化、规范化配电管理进程，2012 年国家电网公司提出了“三集五大”战略，建立了集约化、扁平化、专业化的管理运行模式。南方电网公司提出了“以提高可靠性为各项工作的总抓手”的方针等。

标准化体系全面建设，综合实力快速提升。这一时期，电力体制改革不断深化，市场化进程不断深入，输配电价改革、供应侧改革等政策相继出台，“一强三优”、智能电网、新时代能源互联网等战略目标不断升级，配电网标准化体系及时进行了精简、整合、重建、提升。通过《城市电力网规划设计导则》（Q/GDW 156—2006）《农村电力网规划设计导则》（DL/T 5118—2010）《配电网规划设计技术导则》（DL/T 5729—2016）的修编，全局一盘棋的大规划体系建设，配电网工程典型设计、标准设计和差异化设计等顶层设计理念的灌输，标准化物料目录的发布，《配电网技术导则》《配电网检修工艺规程》《配电网运行规程》等规程制度的修订，促进了配电网管理从规划、设计、施工、验收到运行、检修等全过程的全方位的提升，配电网应对自然灾害和突发事件的能力大幅提高，配电管理的综合实力日益加强。

电网建设改造不断升级，农村电网逐步完善。电力行业为了响应党中央号召，国家电网公司和南方电网公司等电力企业，在基本完成了一、二期农村电网改造后，陆续开展了县城电网改造、中西部农网完善、新农村电气化建设、农村电网升级改造、无电地区通电、户户通电等一系列农村电网建设改造工程。这些工程令农村电网网架更加合理，供电可靠性大幅提高，电能质量全面提升，同时为新农村建设、乡村振兴，实现全面小康目标，做出了一定的贡献。

新技术和新设备广泛应用，配电管理更加精益。这一时期，城乡电网建设与改造如火如荼，配电设备和技术需求如饥似渴，国内电气制造行业蓬勃发展，电力企业国际配电技术交流络绎不绝，国际配电新设备和新技术接踵而至，配电新设备、新技术、新工艺层出不穷，非晶合金变压器、有载调容调压配电变压器、高过载配电变压器、无间隙氧化锌避雷器、SVG 电压无功调节装置、故障指示器等装备不断更新，电力电缆故障检测、红外测温、振荡波测试、中性点小电阻接地等技术日新月异，特别是电缆和高海拔等不停电作业项目成功拓展，窄基履带车、旁路作业车和机器人带电作业等装备不断应用，供电可靠性水平持续提升。移动作业 App、电能质量在线监测装置、配电变压器智能终端、配电设备机器人巡视、无人机线路巡检、无人机电力设施保护监视、施工现场 VR 监视等技术应用于配电运检，“两系统一平台”、智能管控系统、分布式下沉计算方法、云计算等大数据平台逐步建设，配电运维工作逐步向数字化迈进，配电管理更加精益。

配电自动化建设重启，城乡电网进入智能时代。这一时期，配电自动化工作于 21 世纪初在全国掀起了建设高潮。在建立了 62 个城市配电自动化系统后，又在新能源和可再生能源无缝接入、坚强智能电网建设不断升级的高要求下进行了建设重启。国家电网公司立足自主创新，加快建设以特高压电网为骨干网架，各级电网协调发展，具有信息化、数字化、自动化、互动化特征的统一的坚强智能电网；通过上海世博园智能电网综合示范工程、风光储输一体化示范工程、常规电源网厂协调、输电线路状态监测系统、智能变电站、配电自动化、用电信息采集系统、电动汽车充放电站和智能电网调度技术支持系统 9 个项目的试点和研究，开展了新一轮能满足配电网实时监控与信息交互、支持分布式电源和电动汽车充电站接入与控制、具备与主网和用户良好互动、适应坚强智能配电网建设与发展的开放式配电自动化系统建设。“十三五”期间，南方电网公司全面推进智能电网规划建设，系统设计了智能电网发展架构体系，制定实施了 32 项重点任务，开展了粤港澳大湾区及 20 个智能电网示范区规划建设。把握数字时代发展要求，加强顶层设计，加快推动数字化转型。南方电网数字化、智能化建设取得明显成效，为五省区经济社会发展提供了坚强电力保障。2016 年，国家电网公司开展了由主动配电网信息平台、规划运行互动决策系统和主动配电网运行控制系统组成的主动配电网主站建设，满足了 IDU（智能配电终端）同步量测数据采集，与 PMS2.0、GIS1.6、调度自动化系统、配电自动化系统、用电信息采集系统等已有系统有效接口的高级应用要求，具备了主动配电网态势感知、暂态电能质量控制、柔性负荷控制、多能源协同优化控制与风险预防控制、规划运行互动决策等高级功能，配电网的电能品质、运行可靠性、清洁能源渗透率更高，用户终端与电网联动的主动性更强。随后，开展了能充分融合云计算、大数据、移动应用等新技术，具备配电专业整体服务功能的新一代配电自动化主站系统建设，加强了配电自动化一、二次融合的成套化设备研制和系统安全防护方案的制订，配电网智能化水平与日俱增。南方电网加强智能配电标准设计及实施。研究制定了南方电网标准设计与典型造价 V3.0 版（智能配电部分），形成系统、完整标准设计体系，通过自主研制具备边缘计算能力的配电智能网关，合理配置传感终端设备，实现配电房设备状态监测、环境安防监测、电气负荷监测等数据的统一接入。广东中山建成双策略智能分布式配电自动化系统，配电网故障实现毫秒级复电；广东东莞配电网自动化主站 D5200 系统上线运行，实现 1 分钟内故障定位，转供电操作缩短至 5 分钟，大幅度缩短客户停电时间；深圳在全市推广主站集中式配电自动化自愈技术路线，在福田中心区差异化建设以智能分布式光纤纵差为核心的配电高可靠技术路线，实现用户年均停电时间小于 2.5 分钟。南方电网公司注重推进智能变电站建设和提升输变配电智能化水平。稳步推进，按照“主要设备智能化、一次系统模块化、二次系统集成化”的原则，制定了《智能变电站设计技术导则》和《智能变电站试点工程技术原则》，发布南方电网公司三维数字化标准，推进 16 个试点智能变电站建设。南方电网输变配电智能化水平不断提升，综合利用直升机、无人机、在线监测装置等智能装备，基本实现重要输电线路直升机、无人机巡检全覆盖。“十三五”期间，南方电网无人机巡检规模年平均增长率 81%，2020 年，机巡作业规模达到 56 万千米。截至 2020 年，南方电网公司经营区内配电自动化覆盖率达 90%，配电网通信覆盖率达 95%。

社会责任根植项目落地，央企形象显著提升。这一时期，党建工作质量全面提升，4284 支电力共产党员服务队奋战在急难险重任务第一线，守护光明，点亮万家，架起党和群众的“连心桥”。广大电力干部员工发扬“迎难而上、敢于担当、攻坚克难”的拼搏精神，以最高的标准、最有效的组织保障、最可靠的技术措施、最饱满的精神状态、最严明的工作纪律要求，先后高标准、高质量地圆满完成了北京奥运会、上海世博会、广州亚运会、G20 杭州峰会、全国两会、中非合作论坛北京峰会、中国国际进口博览会、庆祝改革开放四十周年大会等系列重大活动保电任务，实现“设备零故障、客户零闪动、工作零差错、服务零投诉”目标。全面加强应急体制机制建设，加强应急基干队伍和应急抢修队伍建设，全力确保了抗击“非典”、汶川特大地震、甘肃舟曲特大泥石流灾害、玉树地震、桑美菲特等特大台风、南方冰灾、抗击新冠肺炎等自然灾害抢险和突发事件保供电任务。积极落实党中央实施乡村振兴战略部署，通过村村通电、户户通电、井井通电、小城镇（中心村）建设改造、“煤改电”工程、光伏扶贫项目、“三区三洲”贫困地区配电网建设、援藏工程等新一轮农村配电网改造升级工程建设，不断夯实农村电网基础，全面建设与现代化农业、美丽宜居乡村、农村产业融合相适应的新型农村电网，提高农村电气化水平，为决胜全面建成小康社会做出了积极贡献。电力企业始终牢记“人民电业为人民”的宗旨，积极响应党中央的各项部署，勇于担当，敢于胜利，彰显了大国央企形象。

网架结构先进可靠，城市配电网向国际一流迈进。这一时期，国家电网公司选取北京、上海等 10 个电网建设基础较好、经济发展水平较高的大型城市，开展“安全可靠、优质高效、绿色低碳、智能互动”的世界一流城市配电网建设。通过借鉴国际发达国家配电网模式，各大城市创造性地研制出适合本地区配电网现状的网架结构形式，供电可靠率为 99.9946%，特别是北京核心区全年平均停电时间仅为 21 秒，上海核心区全年停电时间为 5 分钟，均走在了国际一流配电网的前列。其他 8 个城市的供电可靠性指标也都达到国际一流城市配电网水平，这些城市的配电网建设为国家电网公司配电网发展方式转变和运营管理水平提升积累了经验，树立了标杆，做出了示范，中国的城市配电网开始大踏步地向国际一流迈进。南方电网公司印发了《中国南方电网公司加快配电网（含农村电网）建设改造行动计划实施方案（2015—2020 年）》，以满足用电需求、提高可靠性、促进智能化为目标，全面加强城镇配电网，精准升级农村电网。南方电网公司于 2018 年印发《中国南方电网公司智能电网发展规划2018—2020年实施行动计划》，选取粤港澳大湾区、海南省等区域，涉及省、市、园区、农村县域等层级，开展智能电网示范建设，率先打造一批电网高质量发展的示范地区。2020 年，南方电网经营区内中心城区和广州、深圳、中山等 10 个主要城市城区客户平均停电时间低于 1 小时。其中，广州、深圳电网中心城市（区）客户停电小时数不超过 0.5 小时，达到世界一流水平。建成的深圳福田高可靠性供电示范区供电可靠率达到 99.999 95%，客户年均停电时间 0.19 分钟，达到世界领先水平。

中国配电事业的历史是中国电力工业历史的重要组成部分，必将紧跟电力工业从追赶到领先、快速迈入世界电力工业强国的步伐，从无到有，从有到大，从大到强。特别是进入新世纪，配电自动化、智能配电网、国际一流城市配电网等重大项目建设，大数据、云计算、人工智能技术与配电网高度融合，配电网逐步向“高承载、高互动、高自愈、高效能”的方向高速发展，逐步向国际一流进发，直至引领世界配电网的前进方向。

第七章

电力改革背景下的配电转变（2002—2009）

2002 年 2 月 10 日，国务院以国发〔2002〕5 号文印发了《电力体制改革方案》，中国电力体制改革拉开了序幕，电力行业实现了厂网分开，竞争发展的格局开始确立，中国电力工业进入了一个新的发展时期。2003 年 3 月，国家电力监管委员会挂牌成立，法律法规、制度体系基本成型，电力监管实现了全覆盖，标志着中国电力工业管理体制由传统的行政管理向适应市场经济要求依法监管的重大转变。随着《国家电网公司供电服务“十项承诺”》《中国南方电网公司供电服务承诺》等服务标准的发布，配电调度、抢修和建设等工作接受社会监督，逐步趋向规范化，极大地减少了用户投诉次数。在这些背景下，配电管理逐步由公司内部管理向兼顾社会服务方向转变。

供电可靠性工作纳入政府监管，兑现了电力企业提供优质服务、确保安全持续供电的社会承诺，也推动了以提高供电可靠性为中心的配电作业技术和装备水平的不断进步。10 千伏架空绝缘线路防雷技术突破，中性点经低电阻接地方式的试验成功，极大地提高了配电网绝缘化水平，人身伤亡和外力破坏事故大幅压降。旁路作业装备的不断开发，拓展了带电作业的范围。配电自动化系列规章制度的完善，使配电网故障自愈成为可能。这些配电技术的快速发展，大大减少了配电网故障停电时间，供电可靠性持续提高，用户“获得电力”感不断提升。

为了贯彻执行党中央服务“三农”[1]的方针政策，彰显中央企业的社会责任担当，电力企业在经历了一、二期农村电网改造后，又实施了县城电网改造工程、中西部农网完善工程、新农村电气化建设等新一轮升级改造，农村配电网更加完善，供电范围更加拓展，供电能力大幅提高，无电人口逐步减少，为美丽中国建设和新农村建设、城乡同步进入小康社会创造了有利条件。

电网企业应急管理体系基本建立，电力共产党员服务队遍布全国，北京奥运会等重大活动世界瞩目，2008 年南方雨雪冰冻灾害和汶川特大地震等突发事件扣人心弦，电力企业主动承担社会责任，着力保障服务民生，做到了重大事件保电“零失误，零事故”，自然灾害面前“特别能负责，特别能吃苦，特别能战斗，特别能奉献”，发扬电力“铁军”精神，突显了电力行业以责任为先的使命担当。

[1] 农业、农村、农民。

第一节　配电规范化管理继续加强

随着城市进程的不断加快、电力企业的飞速发展、人民生活水平不断提高，传统的配电系统中的维护管理模式已经不能适应新形势下的供电规范标准。作为农村配电网管理的实体，县级供电企业的多种管理方式不适应新形势下统一的配电发展规划；在配电网升级改造过程中，传统的配电网工程建设预算定额和费用规定逐渐不能满足配电网工程建设的规范化管理要求；社会经济的快速发展也使人们对配电抢修服务和电力可靠性提出了更高的标准。为适应时代发展，电力企业开始从配电管理机构设置、配电网工程建设预算、电力可靠性监管、供电抢修服务质量及城市配电网规划等方面积极探索，从配电网运行的多个角度构建规范化的配电管理体系，提升了配电抢修工作质效和配电网运维服务水平；加强党建引领，使配电工人的党性原则发扬到了服务社会的第一线。

一、县级供电企业“代管”体制的提出与取消

县级供电企业是农电管理的实体，主要负责农村地区配电网的资产和运维管理。20世纪90年代，县级供电企业大致分成三种管理模式：一是由主网直供、属省电力局直管的直供直管模式；二是由主网供电或与主网联网运行，与省电力局实行趸售或互购关系的趸售模式；三是以地方小电厂、小电网独立经营的自供自管模式。

由于各地区电力发展规划不一，往往出现一个省市存在多种管理模式的现象。河南省在20世纪90年代初，全省118个县（市）级供电企业，除6个属当地供电局直供直管外，其余均由省电网对其趸售供电。重庆电网在1997年6月成为国家省级电网，下属11个供电局，直供17个区县农村电网，其余区县为地方自供自管。

县级供电企业管理模式多样化导致缺乏统一的配电发展规划。在农电市场，“乱收费、乱加价、乱摊派”和“人情电、关系电、权力电”的现象时有发生，农村电价过高，农民负担过重[1]。

为改善配电网络、增强供电能力、降低电能损耗、降低农村电价，1998年10月4日，国务院办公厅以国办发〔1998〕134 号文批转了国家计委《关于改造农村电网、改革农电管理体制、实现城乡同网同价请示》，其中指出：“为切实加强农村电网管理，对趸售县和自供自管县的电力公司，原则上应上划由省级电力公司直接管理；暂时不能上划的，可以在产权不变的前提下，由省级电力公司代管。[2]”各省电力公司据此积极展开行动，对非直供直管县级供电企业实施代管，有的省同时在条件成熟的地方组建供电有限责任公司。

[1] 湖北电业史志编辑委员会：《中华人民共和国电力工业史·湖北卷》，中国电力出版社，2004年，第150页。

[2] 河北省地方志编委员会：《河北省志·电力工业志》，河北人民出版社，2017年，第37页。

湖北省电力公司在农电管理体制改革方面做了大量工作，1999年6月已经实现了23个非直供直管县供电企业的代管工作，代管资产18.46亿元；2000年进行县级供电企业股份制改造试点，将罗田县电力公司按照现代企业制度要求，组建为罗田供电有限责任公司❶。

2002年，广东电网公司按照国家和省政府关于对趸售县供电企业实行代管或部分直管的工作部署，对50个趸售县供电企业按照产权关系、财税关系、核算方式、趸售方式、工资来源渠道、社会保险“六不变”的原则实行代管，其中遂溪、高州、徐闻3个趸售县供电企业由公司接管，并成立分公司❷。

进行代管和实施股份制改造后，巩固了“农电两改一同价”工作成果，理顺了省（自治区、直辖市）电力公司与县供电企业的资产和管理关系，健全和完善了县乡一体化管理体系，有利于配电网发展的合理规划和农电方针政策的贯彻执行。然而代管体制下县级电网企业与省级电网企业缺少产权纽带关系，供电区域互相交叉、重复建设、互争供电营业区的矛盾频发，责、权、利关系不能准确地反映，供电秩序比较混乱，随着城市建设的不断扩展，这种矛盾会愈加突出。各省电力公司在地方政府的要求和推动下，纷纷自主开展代管县级供电企业上划工作。

广东省是较早开展县级供电企业改革工作的省份。2003年12月17日，广东省政府十届28次常务会议明确提出了把50个代管县级供电企业划归广东电网公司直管的改革工作目标。2004年8月，广东电网公司全面启动将代管县级供电企业划归直管的改革工作，至2009年12月，历时5年的广东50个县级供电企业代管改直管任务全部完成，统一的广东配电管理系统基本形成❸。

2009年，武汉市汉南区人民政府与湖北省电力公司签订了《地方产权无偿划转正式协议》，并经国务院国有资产监督管理委员会正式批准，湖北省正式开展非直供直管农电企业产权的无偿划转工作。到2012年年底，湖北省电力公司已完成24家农电企业上划，统一管理的湖北电网基本形成。2014年4月15日，湖北省电力公司秭归县、五峰县供电公司正式挂牌成立，标志着湖北省最后两家代管的地方电网成功上划国家电网。

经过几年实践后，各地政府认识到直供直管体制对农电发展的促进作用，对上划代管企业的意愿较为强烈，国家各层面、各部门随之开始积极推进全面取消县级供电企业代管体制的工作。2010年7月12～13日，国家发展改革委在北京召开全国农村电网改造升级工作会议，会议提出全面取消县级供电企业代管体制，理顺农村电力管理体制的意见。2011年，国务院办公厅转发国家发展改革委《关于实施新一轮农村电网改造升级工程的意见》，要求“十二五”期间取消县级电网企业“代管体制”，按照建立现代企业制度要求和公平自愿原则，通过无偿划转、股份制改组等多种形式，完善县级供电企业管理体制，建立有利于促进农村电力健康发展的机制。国家能源局在新一轮农村电网改造

❶ 湖北电业史志编辑委员会：《中华人民共和国电力工业史·湖北卷》，中国电力出版社，2004年，第150页。

❷ 中国南方电网有限责任公司：《中国南方电网志2002—2012》，中国电力出版社，2014年，第71页。

❸ 中国南方电网有限责任公司：《中国南方电网志2002—2012》，中国电力出版社，2014年，第70页。

升级工程中，多次强调要积极推进代管县供电企业管理体制改革，在“十二五”末取消代管体制。

2016 年，《国务院办公厅转发国家发展改革委关于“十三五”期间实施新一轮农村电网改造升级工程意见的通知》提出了取消县级供电企业“代管”体制的具体工作要求，即县级电网企业通过有限责任公司、股份有限公司等形式建立现代企业制度，到 2020 年全部取消“代管”体制。

2019 年 12 月 13 日，西藏自治区政府与国家电网公司签署 66 个西藏县级供电企业全面直管的协议，全面取消西藏县级供电企业“代管体制”。同年 12 月 20 日，山东省邹平市人民政府与国网山东省电力公司签署协议，取消邹平供电公司“代管体制”。上述协议的签订，标志着全国县级供电企业“代管”体制全面取消[1]。

二、《20kV 及以下配电网工程建设概预算定额》的颁布

1998 年以前，配电设施多为用户投资建设，城市的配电工程计价依据基本采用当地的建筑定额标准，农村地区则基本是用户委托估价，没有专门的配电网工程标准计价依据。1998 年开始的全国范围内的大规模城乡电网建设改造工程，定额标准主要参照《全国统一安装工程预算定额》和各地价目本。各级政府审计和监察部门对工程概（结）算进行检查审计时发现，配电网工程计价依据不一致、定额采用不规范等问题比较严重。

为进一步统一和规范配电网工程计价行为，提高投资效益，国家能源局于 2009 年 4 月 21 日颁布了《20kV 及以下配电网工程建设预算编制与计算标准》(简称《标准》)和《20kV 及以下配电网建设工程预算定额》（简称《定额》)。《标准》共六章 27 条，分为配电网工程建设预算的费用构成及计算标准、费用性质划分、预算项目划分、建设预算编制方法、建设预算的计价格式等。《定额》分为建筑工程、电气设备安装工程、架空线路工程、电缆工程、调试工程、通信及自动化工程六册，适用于 20 千伏及以下变电站、开关站建筑安装工程、架空线路和电缆工程、通信及自动化工程。

《定额》的发布是配电网工程造价与定额管理工作的一个重要里程碑，它统一规范了全国城乡配电网工程造价标准，对于促进配电网工程规范化管理具有十分重要的意义。《定额》充分考虑了配电网工程特点，弥补了以往参照定额的不足，如明确了低压工程线路钢管桩基础、集束导线、接地环、绝缘护罩安装等条目计价标准。《定额》参照当时最新施工方法、机械化应用情况和劳动组织方式，对人工、材料和施工机械计价标准进行了合理设定，增加了电缆拉管等施工新工艺、新方法的子目，淘汰过时的施工子目。《定额》将工程中用量较大、受价格市场波动影响明显的材料作为主要材料处理，实现了量价分离的动态造价管理，使造价水平更加符合市场实际情况。取消了管理车辆的购置费，有效地控制管理费用开支，提高了投资效益。经测算，与以往参照的定额相比较，配电网工程造价平均下降了 4%～8%。该定额体系有效解决了配电网工程长期以

---

[1] 2020 年 3 月 4 日《中国电力报》。

来存在的造价标准不统一问题，成为编制和审核 20 千伏及以下配电网工程可研估算、初设概算、施工图预算、工程量清单报价和工程结（决）算的依据，是当时最完整、最合理的配电网工程建设定额体系。

随着电力体制改革的深入和配电网工程新设备、新材料、新工艺的广泛应用，以及人工成本、材料价格随市场行情波动，《定额》逐渐不能适应工程建设的市场变化。2017 年 1 月 3 日，国家能源局以国能电力〔2017〕6 号文颁布了《20kV 及以下配电网工程定额和费用计算规定（2016 年版）》。2016 年版预算定额体系与 2009 年版的相比主要有七个方面变化：一是增加了配电网工程的估算指标和概算定额，使计价体系更为完善；二是增加、修改或删除了"工程保险费""危险作业意外伤害保险费"等 32 个术语，术语定义更加准确、全面；三是增加工程保险费、项目前期费等费用项目，调整安全文明施工费等取费基数或费率，使预算费用项目设置与计算规定更趋合理；四是部分费用性质划分有所变化，如将架空线路工程的土石方工程、基础工程性质由建筑工程改为安装工程；五是部分项目划分更加详细，如原来只是按费用类别分为"建筑工程费""安装工程费"和"其他费用"三种，新版按项目种类进行划分，分为充电（换电）站工程、电缆输电线路工程等 4 类项目；六是建设预算编制办法有所变化，如将"工程建设预算的取费采用单位工程逐项取费或单位工程综合系数取费方式"修改为"取费可以采用单位工程逐项取费、单位工程综合系数取费的方式计列，也可以采取按系统汇总后逐项取费的方式"；七是定额水平有所变化，如与 2009 年版定额进行对比测算，配电（开关）站工程静态投资平均下降 1.33%，电缆工程静态投资平均下降 9.47%。

2016 年版预算定额对费用项目的设置和计算方式做了创新和改进，充分考虑了技术进步、项目管理模式和招投标工作模式，满足了当时电力体制改革、配电网工程新技术发展以及实际管理工作的需要，成为指导配电网工程合理确定造价、提高投资效益的指导性文件。

三、电力可靠性纳入政府监管体系

2003 年，国家电力监管委员会（简称电监会）成立，统一履行全国电力监管职责。2005 年 2 月 15 日，中华人民共和国国务院令第 432 号公布《电力监管条例》（简称《条例》），自 2005 年 5 月 1 日起施行。《条例》明确，电力监管机构对供电企业按照国家规定的电能质量和供电服务质量标准向用户提供供电服务的情况实施监管。电力可靠性作为反映电力企业服务质量水平的一项重要指标，也应纳入电力监管范畴。国际上的实践表明，强化电力可靠性监管，使其具有强制性，是促进电力企业提升管理水平、提高服务质量的有效手段。

2005 年 9 月 28 日，中央机构编制委员会办公室批准电力可靠性管理中心改制方案。2006 年 1 月 25 日，国家电力监管委员会办公厅印发《关于电力可靠性管理中心划转更名的通知》（办人〔2006〕5 号），电力可靠性管理中心划入电监会，并更名为国家电力监管委员会电力可靠性管理中心[1]，明确电力可靠性管理中心的日常工作委托中电联负责，具体业务工作接受电监会安全监管局的指导。这一改制标志着中国电力可靠性管理工作从以往受政府部门委托，根据社会和企业需要，开展电力可靠性管理的行业行为，转变为在电监会的直接领导及全行业支持下的政府监管行为[2]。

电力可靠性管理中心划入电监会后，管理的方式和手段都发生了变化，原《电力可靠性管理暂行办法》已经不能适应新形势下开展电力可靠性管理工作的需要。依据《电力监管条例》，2007 年 4 月 10 日，电监会以国家电力监管委员会第 24 号令颁布了《电力可靠性监督管理办法》（简称《办法》），于 2007 年 5 月 10 日起施行。《办法》明确了电力可靠性监督管理的内容和职责，以及电力监管机构和电力企业在可靠性监督与管理工作中的定位，并对可靠性信息报送、可靠性评价和监督检查工作提出了具体的要求。《办法》是开展电力可靠性监督管理工作的指导性的法规文件，有效地规范并指导了可靠性监督管理工作的开展，为电力可靠性监督管理体制和机制的建立奠定了基础，为电力监管机构依法履行可靠性监管职责、加强可靠性监管工作提供了法规保障。

《办法》颁布后，电力可靠性管理中心于 2008 年印发了《电力可靠性监督管理工作规范》，进一步细化了电力可靠性监督管理工作。电监会于 2010 年印发了《供电企业可靠性评价实施办法（试行）》，明确了供电企业供电可靠性技术指标和管理工作评价内容，规定了供电企业可靠性评价评分规则。电力可靠性管理中心据此在全国范围内开展供电企业可靠性评价工作，促进了供电企业对可靠性的深入管理。

四、供电服务承诺推进配电抢修工作提质增效

随着经济快速发展、人民生活水平的提高和维权意识的增强，用户对供电部门服务方面的要求越来越高，针对供电服务的意见、投诉增多，反映的问题多集中在停电信息公布不及时、停电频繁、故障修复时间长、用电报装手续繁琐等方面。

经过大规模的城网、农网改造，配电网网架得到了加强，设备健康水平有了很大提升，基本能满足当时生产生活的用电需求。但受制于时间、资金，城乡配电线路的分支线还有大量的老旧杆线没有完成改造，低压线路也是如此，配电线路的故障率与以往相比没有根本好转，故障抢修任务依然繁重。由于人手不够，配电线路运行部门只能进行一些简单的故障抢修和故障隔离等，碰到较大故障，便会大幅增加抢修时间，增加重复停电次数，引起用户投诉甚至法律诉讼。2002 年 3 月 20 日 20 时 03 分，狂风大雨，常州供电局管辖的 10 千伏民营 1 号线左家塘支线 2～3 号杆三相导线断线停电，由于当时天气原因，抢修人员对故障实施隔离处理后，于当天 23 时 22 分暂时恢复主线供电，第二日上午继续对事故进行抢修，并于 12 时 21 分恢复送电。为此，常州方圆制药有限公司以常州供电局两次停

---

[1] 中央机构编制委员会办公室：《关于国家电力监管委员会电力可靠性管理中心及中国电力企业联合会科技开发服务中心机构编制的批复》（中央编办复字〔2005〕116 号）。

[2] 电力可靠性管理中心：《电力可靠性管理资料汇编（2000～2009 年）上》，电力可靠性管理中心，2009 年，第 30 页。

电造成其相关生产原料报废为由，起诉法院要求常州供电局赔偿损失[1]。此事给供电部门带来负面影响，也暴露了供电抢修服务方面存在的问题。

为了全面提高供电服务水平，更好地为经济建设和人民生活服务，使政府放心、人民满意，国家电网公司于 2005 年 4 月 8 日以国家电网办〔2005〕196 号文发布了《国家电网公司供电服务“十项承诺”》（简称“十项承诺”），欢迎社会监督。“十项承诺”明确了配电的抢修工作，要求提供 24 小时电力故障报修服务，供电抢修人员到达现场的时间，城区一般不超过 45 分钟，农村地区一般不超过 90 分钟，特殊边远地区一般不超过 2 小时。

南方电网公司坚持以客户为中心的服务理念，实现以承诺服务为主要方式的服务手段的创新，供电质量和服务水平不断提高，受到政府和社会的充分肯定，客户满意度逐年提高。2003 年，南方电网公司印发《关于开展供电服务承诺的通知》，对供电服务承诺工作提出总体要求。按照南方电网公司的统一部署，所属各省电网公司按照“高标准、严要求、实事求是、与时俱进”的原则，推行供电承诺。2005 年，南方电网公司按照《公司供电服务监管办法》，结合各地实际情况，制订《公司供电服务承诺制度》，建立五大类 28 项供电服务指标的统计分析体系，加强服务质量监督，确保各项服务承诺能够兑现。2011 年 12 月 20 日，南方电网公司正式向社会公布了《中国南方电网公司供电服务承诺》（南方电网市场〔2011〕48 号）（10 项），为了使承诺落到实处，南方电网公司还同时发布了《中国南方电网公司员工服务准则》《中国南方电网公司“三公”调度措施》，统一全网服务标准，规范服务行为，深化“三公”调度。2017 年 11 月 30 日，南方电网公司再次向全社会发布更高标准的供电服务承诺：城市地区供电可靠率不低于 99.9%，居民客户端电压合格率不低于 98%；农村地区供电可靠率不低于 99.5%，居民客户端电压合格率不低于 94%；及时公开电价、收费标准；欠费停电的客户缴清电费后，12 小时内复电；受理客户投诉后，24 小时内联系客户，5 个工作日内答复客户处理意见等。

两大电网企业公布供电服务承诺后，各地供电企业迅速进行宣贯落实，以职业道德教育为重点，开展行风建设，引入外部监督，增强服务意识。嵊州市供电局提出“电力不足服务补，缺电不缺服务，限电不限真情”的服务口号，加强对重点工程、重要用户和基层的服务，组织职工学习国家电网公司“三个十条”，规范供电服务行为，进一步提高优质服务意识[2]；嘉兴供电局聘请社会行风监督员一起参加明察暗访活动，加大监督力度[3]。

各地通过制订完善规章制度，明确配电抢修工作的职责分工及工作质量标准，规范工作人员行为，使抢修工作环环相扣，密切配合，运转顺畅。天津市供电公司、江苏省供电公司分别制订了《配电急修工作规范管理规定》《配电设施故障抢修管理办法》，规范指导配电抢修工作。

为了确保快速到达故障现场，迅速查明故障，各地供电部门增加抢修力量，合理布排抢修驻点，助力抢修工作。大冶市供电公司实行网格化管理，构筑起以乡镇、线路、台区

[1]《常州市电力工业志》编纂委员会：《常州市电力工业志》，中国电力出版社，2011 年，第 372 页。

[2] 嵊州市电力公司：《嵊州市电力工业志（1919～2005）》，中国电力出版社，2010 年，第 177 页。

[3]《嘉兴市电力工业志》编纂委员会：《嘉兴市电力工业志（1991～2005）》，浙江人民出版社，2010 年，第 172 页。

为单元的矩阵式服务网络体系，将大冶地区以行政区域、中压配电线路、供电台区划分为区域服务网格，即高压服务网格和低压服务网格，对接乡镇政府，服务专用变压器客户和公用变压器客户，形成“服务有网、网中有格、格中有人、人有其责”和“人在网中转、事在网中办”的服务模式，故障响应及处理能力得到很大提升❶。

各地通过加强抢修人员业务技能培训、改进工具器材、开展不停电抢修作业等措施和利用 GPS、配电地理信息系统、故障指示器等高新技术，提高抢修速度和抢修质量。常州供电公司开展职业化团队建设，将配电工区抢修班列为重点建设团队，从配电架空线路、变配电站（所）及电缆、低压线路等检修，到装表接电、营销业务知识、工器具与仪表使用、信息系统运用等方面进行培训，提高抢修人员的综合技能水平。兰州供电公司使用 C 型线夹、导线修补预绞丝、安普线夹、电动切割（压接）工具等新产品、新工艺、新装备，加快施工抢修速度，提高抢修质量❷。

经过供电部门广大员工的不懈努力，配电抢修各方面工作都有了较大的提升，各项指标大多达到或超过“十项承诺”的相关要求。2009 年，天津市电力公司发送抢修工单 106 426 张，同比增加 35.92%；回访业务 74 927 户，成功回访 63 418 户，客户满意率 99.96%，供电服务“十项”承诺兑现率为 100%❸。

五、电力共产党员服务队的成立与发展

电力共产党员服务队是一个以共产党员为主体，吸收入党积极分子、业务骨干参加，在完成急难险重任务、履行社会责任、服务电力客户等方面进行模范带头的团队，发挥企业与政府、党与群众的“连心桥”作用。

2001 年，国家电力公司开展“电力市场整顿及优质服务年”活动，电力企业注重提升供电服务质量，履行社会责任。南方电网公司着眼服务发展、服务客户、服务基层，大力加强党员服务队载体建设。特别是配电领域的工作直接面对千家万户，电力党员服务队的工作重点转向了配电检修、应急抢修、用电安全等供电服务内容，各地电力企业随即在配电领域成立了形式不一的党员服务队。太原供电公司成立“共产党员号”服务队，黑龙江省电力公司成立“李长庆共产党员服务队”，上海沪南成立“杨志成为民服务队”，陕西延安成立“张思德便民服务队”，陕西宝鸡成立“二宝抢修服务队”，湖北咸宁成立“电力动车组”共产党员服务队，贵州围绕“村电共建”工作成立党员服务队等。这些党员服务队均以党员为主体，以配电业务为主要内容，开展便民供电服务工作。

为进一步加强党的执政能力建设，全面推进党的建设这一新的伟大工程，确保党始终走在时代前列，更好地肩负起历史使命，2004 年 11 月 7 日，中共中央发布《关于在全党开展以实践“三个代表”重要思想为主要内容的保持共产党员先进性教育活动的意见》，教育活动从 2005 年 1 月开始，历时一年半，到 2006 年 6 月基本结束。国家电网公司认真

❶ 大冶供电志编纂委员会：《大冶供电志（1949～2008）》，大冶市供电公司，2013 年，第 66 页。

❷《兰州供电公司志》编纂委员会：《兰州供电公司志》，甘肃人民出版社，2011 年，第 129 页。

❸《中国电力年鉴》编辑委员会：《中国电力十年跨越与发展》，中国电力出版社，2010 年，第 449 页。

贯彻执行党中央部署，深入开展党的先进性教育活动，明确了“提高党员素质，加强基层组织，服务人民群众，促进各项工作”的目标要求❶。南方电网公司通过开展“牵手行动”，与政府牵手解决民生问题、与企业牵手促进节能减排、与媒体牵手营造为民服务氛围，同时与农村、社区开展“支部联建”，深化为民服务效果。各地电力企业紧扣“服务人民群众”这个主题，以“四个服务”❷为宗旨，以落实“三公”调度❸、“三个十条”❹为主要内容，强化配电领域电力共产党员服务队建设，零距离接触用电客户，开展“优质、方便、规范、真诚”的配电业务相关服务工作，架起与群众沟通的桥梁，密切党群关系；把被动的传呼行动变为主动的日常服务，通过配电业务的展开来履行社会责任，展示党员风采，体现配电员工“服务客户，奉献社会”的时代精神。

这一时期，国家电网公司明确了电力共产党员服务队的服务宗旨、工作方向、服务对象和目标，将电力共产党员服务队的建设纳入各级党建工作成效评价范畴。在配电领域，各地电力企业结合自身实际，从创新服务理念、拓展服务内容、完善服务机制、改进服务手段等方面，建立具备自身特点的电力共产党员服务队，结合配电业务打造特色各异的服务品牌。有的电力企业发挥名人效应，以名人的名字来命名党员服务队，天津滨海供电公司以先进典型张黎明为代表，成立“黎明共产党员服务队”，陕西延安的“张思德共产党员服务队”、湖北省电力公司的“光满共产党员服务队”等都属于这一类型。有的电力企业以地域特点或工作特点来建立党员服务队，浙江省电力公司的“红船共产党员服务队”、宁夏银川供电局的“三夏用电共产党员服务队”、江苏如东的“退役军人共产党员服务队”、青海的“高原雄鹰河卡用电服务队”、安徽省电力公司的“怀庆三轮车服务队”、广西桂林阳朔的“竹筏党员服务队”等即为此种类型。

电力共产党员服务队不管取什么样的名字，不管以什么样的形式展现，但其永葆中国共产党先进性的本质不变，冲锋在前、服务社会的共产党员先锋模范作用不变，在配电服务中强化共产党员的党性修养，在检修抢修中维护“国家电网”的品牌形象。2007 年，湖北省电力公司“共产党员服务队”作为全省大型企业唯一党建品牌，入选省委组织工作服务科学发展典型案例，成为全省系统性组织深入学习实践科学发展观的活动教材❺。从 2002 年起，四川省电力公司把 28 支共产党员服务队作为常设机构，其中配电领域的共产党员服务队长期开展安全用电咨询、线路检修、测温测流、上门检测等供电服务工作，至 2013 年累计接受咨询 70 余万次，开展上门服务 50.42 万次、社区服务 2.88 万次；开展志愿服务活动 7822 次，参与急难险重抢修任务 907 次。党员服务队被誉为“电力 110”，产生了广泛的影响。有群众在感谢信中写道，“通过党员服务队，看到了老红军、老布尔什

❶《国家电网公司年鉴》编辑委员会：《国家电网公司年鉴 2006》，中国电力出版社，2006 年，第 42 页。

❷“四个服务”：服务党和国家工作大局、服务电力客户、服务发电企业、服务经济社会发展。

❸“三公”调度是指依据发电厂并网运行管理规定和《关于促进电力调度公开、公平、公正的暂行办法》，严格执行并网调度协议，遵循电力系统运行的客观规律，在公开、公平、公正的前提下制定调度计划。

❹“三个十条”：“三公”调度十项措施、员工服务“十个不准”、供电服务“十项承诺”。

❺《国家电网公司年鉴》编辑委员会：《国家电网公司年鉴 2008》，中国电力出版社，2008 年，第 331 页。

维克精神的回归[1]”。

在急难险重任务面前，电力共产党员服务队以“突击队”的形式展现，全力以赴地参与工作。2008 年“汶川”地震发生后，国家电网公司各级党组织和广大党员全力以赴开展抗灾自救，累计成立党员突击队近千支，配电领域的党员突击队主动承担损毁的 10 千伏线路设备修复及灾区供电恢复等抢险救援任务，成为抗震救灾的一支中坚力量[2]。在灾区道路不通、通信不畅、余震不断的情况下，共产党员紧急救援队，徒步进入映秀镇和北川县等重灾区搜救被困人员，累计救援受困职工 1000 多名；用 14 艘冲锋舟组成“国家电网冲锋舟队”，成功救出员工及群众 5000 多人，被灾区人民誉为“生命之舟”[3]。

六、城市配电网领域国际咨询活动

21 世纪以来，中国城市电网虽得到一定发展，但仍存在网架薄弱、部分地区供电能力不足、实施困难等问题。为进一步做好城市电网规划工作，促进城市电网健康可持续发展，确保满足和谐社会对安全可靠供电的要求，2005 年 6 月 23 日，国家电网公司下发了《关于开展江苏南京和山东青岛城市电网规划国际咨询工作的通知》，要求充分借鉴国外先进的城市规划理念、先进技术和经验教训，为建立城市电网良性发展机制创造条件。

山东青岛城市电网规划国际咨询项目由国家电网公司总部发展策划部和国际部牵头组织，英国不列颠电力国际公司（BPI）作为提供咨询服务单位，山东电力集团公司负责具体实施，国网北京经济技术研究院、中国电科院为国内技术支持单位。2006 年 4 月 21 日，咨询项目正式启动，经过中外双方的共同努力和辛勤工作，完成了城市规划的管理与组织、指导原则、电网结构、供电安全准则、电网投资及项目评价等诸多方面的咨询，形成了《青岛城市电网规划咨询报告》《国外电网规划管理规程规范及软件介绍》《济南、青岛城市电网规划导则修改稿》等 10 项成果报告，其中 6 项由中国编制。

江苏南京城市电网规划国际咨询项目由英国柏城电力（PB）和法电能源（EDF）公司提供咨询。咨询项目在南京完成了两次城市电网规划培训及咨询成果推广培训，安排了 4 个团组进行境外考察培训任务，共同形成《国外电网规划管理规程规范及软件介绍》《城市电网发展历程介绍》《〈城市电力网规划设计导则〉咨询评价报告》等 20 项成果报告，其中 16 项由中国编制，涉及无功专项、技术改造、调度、规划流程、英国 P2/6 供电标准的背景和应用、20kV 电压等级的引入、地下设施、资产管理及数据维护等内容。

2006 年 9 月 25 日，山东电力集团公司就青岛城市电网规划国际咨询项目进行工作汇报，并举办了“青岛城市电网规划国际咨询成果”培训班，吸引了来自国家电网公司系统各网省电力公司和 31 个重点城市供电公司从事配电规划设计工作的负责同志和专业技术人员约 100 人参加。

为解决配电网薄弱问题，河北省电力公司于 2012 年 5 月也展开了国际咨询业务，外

[1] 2013 年 10 月 7 日《光明日报》。

[2] 《国家电网公司年鉴》编辑委员会：《国家电网公司年鉴 2009》，中国电力出版社，2009 年，第 20 页。

[3] 《国家电网公司年鉴》编辑委员会：《国家电网公司年鉴 2009》，中国电力出版社，2009 年，第 26 页。

方由法国电力公司（EDF）和法国配电网公司（ERDF）提供咨询。国家电网公司与法国配电公司互派四名人员挂职锻炼，并就法国配电网规划设计、运行检修、分布式电源接入、配电自动化等内容展开咨询。

通过青岛和南京城市电网规划国际咨询，中国开始注重技术与经济的协调性、重新建立严谨的管理体系、适度超前建设配电网以提高电网运行经济性，对建立符合中国国情的城市电网规划管理体系，起到了很好的促进作用。通过培训，学员对国外先进的城市电网规划、建设和运行经验，掌握国际发达城市电网规划方法、标准和思路有了更深刻的理解，认识到中国与国际知名公司在电网规划方面的差距，学到了许多先进的城市电网规划和管理理念，培训取得良好效果。赴法国知名公司挂职锻炼与石家庄国际咨询服务紧密结合，帮助中国企业全面深入了解了国际配电网先进管理经验、理念和技术，找到了智能电网开发和分布式光伏发电接入电网、用于配电网发展的信息整合和数据库等方向的中外发展领域。最后将符合中国特色的咨询成果纳入国家电网公司企业标准和电力行业标准，即《配电网规划设计技术导则》（DL/T 5729—2016），为解决中国配电网发展薄弱问题、提高配电网发展质量、提升管理水平，奠定了科学基础。

第二节 配电新技术与新设备的应用

改革开放后，中国积极协调开发配电装备，一大批具有自主知识产权的城网、农网设备不断涌现。1984 年后，中国积极参与和组织各类国际供电会议，与国际配电技术交流更加频繁，配电设备技术不断提升。2002 年以来，随着城市高度现代化和配电网规模的不断扩大，国家对设备节能和低碳环保新要求的提出，配电网各种新问题接踵而来，需要广泛采用新设备、新技术和新工艺，以适应环境的变化。

非晶合金变压器等新设备的广泛应用，提高了配电网的经济效益和运行效益。旁路作业装备的不断研发，使旁路不停电作业的应用范围更加广泛。中性点经低电阻接地方式的成功试验，20 千伏配电电压等级的实施，超高层建筑配电设计技术的突破，使配电网设施技术水平达到了新的高度。

一、配电架空绝缘线路防雷技术的进步

早期 10 千伏架空线路均采用裸导线，由于树枝、异物、施工及鸟类等碰触导线，经常造成线路跳闸。为保障线路运行安全，中国自 1983 年起开始应用 10 千伏架空绝缘线路，其后数年持续在各大城市近郊多树区域少量试用。21 世纪初，各地在城市、农村电网改造中大规模实施架空线路绝缘化改造，大幅度地降低了线路故障率，改变了恶劣天气下大批线路故障跳闸停电的局面。但伴随着线路绝缘化率的提升，绝缘导线遭受雷击后，“逢击必断”问题凸显出来。绝缘导线雷击断线后，落地的导线不仅会中断供电，且会产生难以被系统感知的高阻接地，易发生人、畜触电事故，存在极大的安全隐患。

2000 年左右，据中国电力科学研究院（简称中国电科院）统计，负荷高峰时期，全国每年因雷击引起的绝缘线路断线事故达几千次。

1999 年，北京市近郊 450 千米 10 千伏架空绝缘线路，就发生了 14 次雷击断线，严重影响了人身、电网安全。1999 年，北京市电力公司开始探索防止 10 千伏架空绝缘线雷击断线的措施，由于尚无应用复合外套金属氧化锌避雷器的经验，便以"短平快"的方式采用了穿刺放电线夹、放电箝位绝缘子技术，以适应线路直线杆导线绝缘化后的雷害防护。

从 2000 年开始，中国电科院基于国内对绝缘导线线路雷击断线防护技术的迫切需求，联合多家高校、院所及电力公司组成了科研攻关组，由各电力公司自主立项，系统开展了配电网架空绝缘导线雷击断线机理和防护措施研究，基本弄清了雷击断线机理，自主研制出穿刺型防弧金具、放电箝位绝缘子和带固定间隙避雷器系列防雷装置，填补了国内无绝缘导线防雷工器具的空白。2004 年以后，相关产品陆续在全国供电单位推广应用，有效降低了绝缘导线雷击断线故障。2011 年，国网北京电力公司开展架空绝缘配电线路示范工程建设，确定直线杆采用棒形或带间隙避雷器，耐张杆采用带固定间隙避雷器等措施，防范绝缘线雷击取得了显著效果。

2013 年，《配电网架空绝缘线路雷击断线防护导则》（DL/T 1292—2013）发布，为防护配电网架空绝缘线路雷击断线提供了指导。该导则明确了差异化防雷手段，对位于中、高雷区的山区、河湖区域的线路，建议适当提高所配置避雷器的性能，选用 10 千伏氧化锌避雷器，以降低较高幅值雷电下避雷器的故障率，减少查找处理故障的人力及时间。对位于少雷区的中压架空绝缘线路，该导则提出可采取安装带间隙氧化锌避雷器或放电箝位绝缘子等防雷措施。2016 年国家能源局发布《35kV 及以下配网防雷技术导则》（DL/T 1674—2016）[1]，提出可采取安装防弧金具、绝缘横担、架空地线等防雷措施。为规范和不断改进架空绝缘线路的防雷措施，2018 年国网上海市电力公司印发《10kV 架空绝缘线路防雷及全绝缘化工作若干技术指导意见》，对新建架空绝缘线路采用固定间隙过电压保护器和防雷避雷器分别隔杆全相安装等提高防雷能力的方案。2019 年国网浙江省电力公司编制印发《配电网工程标准化设计（2019 版）　防雷分册》，对架空绝缘线路的防雷措施采用模块化设计，深化了架空绝缘线路防雷的标准化建设。至 2019 年，绝缘横担、LXJ 型力矩楔形线夹及绝缘罩、节能耐张线夹等新型架空线路附件开始大量运用，防雷手段变得越发丰富，配电架空绝缘线路雷击断线事件大幅减少。

二、国家电网公司中性点经低电阻接地方式的应用

中国配电网传统的中性点接地方式主要包括中性点不接地和中性点经消弧线圈接地两种方式，这两种接地方式对于单相接地故障均不立即跳闸，而是允许带故障继续运行 2 小时，这在一定程度上能够保证连续供电，提高供电的可靠性。但是，随着城市配电网的发展，电缆开始大量使用，造成系统的对地电容电流大幅度增加，采用传统中性点经消弧

---

[1] 国家能源局：《35kV 及以下配网防雷技术导则》（DL/T 1674—2016），中国电力出版社，2016 年，第 23 页。

线圈接地方式残流大、难于熄弧，易引发过电压和绝缘破坏，造成事故扩大，导致众多问题，难以适应以电缆出线为主的城市配电网的发展要求。

20 世纪 80 年代末到 90 年代初，北京市相继发生北城、东城、大郊亭变电站因为单相接地引起过电压，造成开关柜绝缘击穿，故障波及半段母线“火烧连营”，造成大面积停电事故。1979 年 1 月水利电力部颁发了《电力设备过电压保护设计技术规程》（SDJ 7—1979），其中规定 10 千伏单相接地电容电流超过 100～150 安或以电缆线路为主时，宜采用低电阻接地方式，经对北京区域内具有代表性的变电站实地测量，10 千伏单相接地电容电流已达到 173 安，电网存在严重安全隐患，迫切需要对 10 千伏系统中性点进行低电阻接地改造，但是没有现成的系列技术规范可做参照。

面对如此严峻的安全隐患，北京供电局于 1989 年委托清华大学开展中性点经低电阻接地的研究，通过进行仿真计算，推荐中性点低电阻取值为 10 欧姆。1994 年，北京供电局与中国电科院合作，对经低电阻改造后的左安门变电站进行故障模拟试验，模拟 10 千伏导线断线掉落沥青地面、水泥地面等接地故障场景，实测接地电流数值，结合人身防触电安全性的要求，确定了继电保护定值整定标准，并组织研发了穿芯式零序互感器及零序保护装置。一系列研究成果的取得，为改造工作的实施提供了理论和实践依据，自 1994 年起，北京供电局开始对 10 千伏系统中性点进行低电阻接地改造，截至 1998 年年底，北京中心城区改造了 24 座变电站和馈出的 10 千伏线路，同步完成了对线路所带用户加装零序保护。通过改造，杜绝了单相接地引起的过电压和事故扩大现象的发生，保证了运行安全平稳，低电阻接地方式得到了有效验证。北京供电局于 2000 年制订了《北京电网规划设计技术原则》，规定市中心区及部分经济技术开发区的中压配电网应采用经中性点低电阻接地方式。

在北京成功运用中性点经低电阻接地方式的实践基础上，上海、广州、杭州等地先后开始使用低电阻接地方式，并针对中性点经低电阻接地方式无法区分瞬时接地故障与永久性接地故障的问题，开始对消弧线圈并联低电阻的接地方式进行探索研究。低电阻及消弧线圈并联电阻接地方式的应用大大缩短了配电网故障排除的时间，提高了供电的安全性和可靠性，避免了 10 千伏配电网系统因单相接地造成的电压升高而导致供电设备损坏，最大限度地保证了核心城区的供电安全。

据国家电网公司 2014 年 6 月统计，中压系统中性点改造为经低电阻接地的变电站达 803 座，其中上海市 350 座、天津市 172 座、北京市 171 座、江苏省 50 座。

三、南方电网公司消弧线圈并联低电阻接地方式的应用

2009 年，南方电网公司开始对部分变电站进行低电阻接地改造。2016 年，广东电网公司组织对 10 千伏系统中性点接地方式进行调研，分析了电网内中性点不接地、中性点经消弧线圈接地、中性点经低电阻接地、故障相经电抗器接地以及在中山、佛山试点的中性点经消弧线圈并联低电阻接地共 5 种接地方式。研究对比各接地方式的优缺点，并综合考虑供电可靠性及人身安全等因素，证明了消弧线圈并联低电阻接地方式具有较大的技术

优势。中性点消弧线圈并联低电阻接地方式最初在苏州、兰州、石家庄、上海、嘉兴、中山等地现场应用，其中，中山供电局 110 千伏白石变电站 10 千伏系统，是消弧线圈并联低电阻接地方式的典型案例。2012 年 11 月 2 日，广东电网公司在 110 千伏白石变电站进行了两次金属性接地试验，通过站内合断路器的方式制造 10 千伏线路人工单相接地短路，以验证该接地系统的动作可靠性。从 2012 年 11 月 3 日投产到 2015 年 12 月 18 日，110 千伏白石变电站共发生 10 千伏线路单相接地 159 次，其中小于 10 秒的瞬时接地故障为 148 次，占比为 93%。永久性接地故障共发生 11 次，与线路零序电流保护动作保持一致。试运行数据不仅证明了中性点消弧线圈并联低电阻接地方式兼具传统低电阻接地和消弧线圈接地的优点，还规避了它们的缺点。对单相接地中的瞬时接地和永久性接地分别采取不同的措施，既保证了对永久性接地故障的迅速准确隔离，避免系统工频过电压长期存在导致事故进一步扩大，又能对瞬时性接地故障进行精确补偿使其自行消失，无须跳闸，大大提高系统供电的安全性和可靠性。

南方电网公司总结试运行经验及国内现状确定了以下改造思路：主要向城区范围供电或者电缆及绝缘导线长度之和超出线路总长度 50%的变电站，改为低电阻接地方式，如果是用户对供电可靠性有特殊要求的变电站，经专题研究分析可选用消弧线圈并联低电阻接地方式；主要向非城区范围供电或者电缆及绝缘导线长度之和不超过线路总长度 50%的变电站，改为消弧线圈并联低电阻接地方式，也可改造为低电阻接地方式。

四、红外检测技术的应用

红外检测是一种集光电成像、计算机分析和图像处理技术于一身的在线监测式高科技检测技术，具有准确、实时、快速等优点，尤其红外热像仪功能强大，使用便捷，节约人力物力，国家对其进行了重点研究开发。20 世纪 70 年代初，中国开始研究电气设备红外检测技术，当初的工作重心是试验研制红外测温仪，主要对高压输电线接头的温度进行检测。20 世纪 80 年代，优良可靠的红外检测设备研制成功，开始大范围应用。在配电网运维检修中，采用红外检测技术来收集配电网架空线路、环网柜、箱式变压器、电缆分支箱等配电网设备接头部位的状态数据，判断是否存在异常发热现象，这成为配电网状态检修的一项重要技术。

为了规范红外检测技术的应用与发展，国家制定了电气设备故障的红外检测评判标准。1999 年国家经济贸易委员会发布了《带电设备红外诊断技术应用导则》（DL/T 664—1999）（简称《导则》），明确了配电网运行设备红外检测的周期、判断方式和诊断判据等工作，规定配电设备必须每年检测且不少于 1 次，新投运或大修后的设备必须在 24 小时后至一个月之内进行检测，采用表面温度判断法、图像特征判断法、同类比较判断法来分析判断各类配电设备的运行状态。《导则》在 2008 年和 2016 年经历了两次修订完善，进一步细化红外检测技术的应用范围、评判标准、数据分析等内容。2011 年国家电网公司发布《配网设备状态检修试验规程》（Q/GDW 643—2011），对红外测温的使用进行了进一步规范，明确了运行中的配电设备红外测温周期为每年两次，即高温大负荷来临前的 6 月及保障春节供电的 12 月需进行两次普测；对新建、大修后和改扩建的电气设备在五天内必须进行红外测温；在电网负荷变化、调整运行方式、大负荷、高温天气、重要节假日等情况下，开展有重点的测试工作。南方电网公司也发布了《电力设备检修试验规程》（Q/CSG 1206007—2017），将红外检测试验纳入配电设备运行维护日常工作之中。

随着红外检测技术日趋成熟，全国配电网开展红外检测越来越广，应用逐渐规范，较好地预防了设备故障发生，保障了供电稳定。2011 年 5 月 23 日，福建福州电力公司检修人员使用红外测温仪对某小区 B 段线路 7 号杆电缆头处，C 相电缆终端进行检测，发现该处温度已经高达 108℃，如果不及时处理，小区会出现停电情况。随后检修人员对该电缆终端进行了停电更换，故障状态消失，设备运行正常，避免了小区故障停电。

鉴于红外检测技术便捷实用的优越性，有的电力单位将红外检测数据应用于生产信息自动化管理。通过网络技术向生产信息自动化系统同步上传红外检测数据，建立配电设备运行状态实时数据库，同时将红外检测数据充实到生产管理系统的设备台账中，把红外检测成果与常规线路运行资料融为一体，实现红外检测资料的汇总、分析和共享，生产部门能够实时掌握设备运行状态下的红外检测资料，管理人员也能获得现场运行设备的运行状态资料。

红外检测技术的广泛应用，实现了对电力运行设备非接触、远距离的无损检测和故障诊断。随着红外检测仪器的推广应用，基层运行班组均配备了红外测温仪、热成像仪等仪器，红外检测成为配电设备运维的常态工作。

五、非晶合金铁心变压器的应用

中国自 1998 年开始进行大规模城乡电网建设与改造以来，采取推行 S9 型节能配电变压器、停止生产 S7 型和淘汰电网中“64”和“73”系列高耗能变压器等措施，对降低电网线损起到了积极作用。全国线损率从 1996 年的 8.52%下降到 2004 年的 7.59%。但与先进国家相比仍高出 1.5～2 个百分点，相当于每年多损耗 150 亿～200 亿千瓦·时电量。国家发展改革委与科技部于 2005 年共同组织起草了《中国节能技术政策大纲》（征求意见稿），要求推广生产和应用 S11 型及非晶合金铁心型低损耗变压器，在 2010 年前淘汰电网在役的 S7 型及“64”“73”型高耗能变压器设备。

2005 年，国家电网公司启动了对非晶合金变压器技术的调研与研讨。非晶合金铁心配电变压器是一种新型节能配电变压器，铁心材料为铁基非晶合金，是一种厚度极薄（约 0.03mm）的非晶导磁材料，其磁滞损耗和涡流损耗都明显低于普通硅钢片，非晶合金变压器空载损耗仅为 S9 型变压器的 1/4 左右，节能效果显著。

2005 年 10 月，《国家电网》杂志刊登了《充分发挥电网优势　积极服务节约型社会建设》的文章，文中提到积极采用非晶合金变压器等节能型电力设备和无功补偿等技术，降低电网损耗，提高电网装备的节能、节水、节地和节材水平。2006 年，国家电网公司年度基建工作会议中明确提出：“积极开展非晶合金变压器等节能设备的应用研究。”2005 年，江苏省电力公司推广了 1 万台非晶合金变压器。

2008年，国家电网公司印发了《关于加快实施“非晶合金变压器在新农村建设中的应用研究”科技项目的通知》（农技〔2008〕8号），指导各相关单位做好项目试点工程建设和研究数据的采集整理，定期了解项目进展情况，协调解决项目研究中的问题和困难。2009年，国家电网公司指导中国电力科学研究院农村电气化研究所（简称农电所）开展了非晶合金铁心配电变压器应用现状调研分析和效益分析，完成了5省9县试点应用工程建设与评估，还依据当时国内非晶合金铁心配电变压器的研制、生产、应用等具体情况，制订了《非晶合金铁心配电变压器选用导则》，对促进城乡电网节能降损具有重要的现实意义。

随着非晶合金变压器技术不断成熟，具备了应用条件。2010年5月29日，国家电网公司在节能减排工作会议上提出：“以提高电网输送能力、降低供电能耗为重点，推进节能降耗项目的实施。加大对老旧设备的技术改造力度，推广非晶合金变压器和单相变压器等先进适用的节能新技术、新设备、新材料的应用。”

2012年，非晶合金配电变压器开始在各地大规模应用，仅浙江省电力公司推广应用了9000台，完成重点区域高耗能配电变压器更换，节电3784万千瓦·时。2014年，南瑞集团非晶合金产业园建成，其生产的第三代非晶合金立体卷铁心油浸式配电变压器达到了国际先进水平，应用范围进一步扩大。截至2019年年底，国家电网公司经营范围内有非晶合金配电变压器572 421台，占全部配电变压器的11.31%，容量182 192兆伏·安，占配电变压器总容量的12.14%。

非晶合金变压器的节能效果已经得到广泛认可，其技术经济性方面已得到论证。推广应用非晶合金铁心变压器不仅有良好的节能效益，而且还有环保效益，节能相当于减少发电量或少建火力发电厂，从而减少了发电厂排放的二氧化碳、二氧化硫和氮氧化物等，为节能减排、低碳绿色做出了贡献。

六、旁路不停电作业装备的研制

旁路不停电作业通过将用户负荷转移到临时供电线路，实现对原线路用户不停电的检修。烟台电业局于1997年成功开发旁路作业带电迁移10千伏线路作业项目，并于1998年4月实现10千伏美术线9基杆塔的整体搬迁，这是国内最早实施的旁路作业。

此后旁路作业越来越受到关注，逐渐得到更深入的研究。2002年，国网上海市电力公司自主研发了柔性绝缘电缆、旁路电缆滑车等设备，并委托外国企业加工了旁路开关、分支设备等，于12月27日开展了首次旁路作业更换导线工作。2006年，国网上海市电力公司成功开发拥有自主知识产权的全套旁路作业设备及工器具，并投放市场，其各项性能指标满足不停电作业技术要求，摆脱了早期旁路作业设备技术依赖进口的困境。

这一时期，各公司的旁路作业设备都存放在专用库房内，待有旁路作业需求时，调用车辆将设备装运到作业现场后卸车再分类组装。这种工作模式存在准备时间长、设备无定制管理、在运输的途中容易磕碰造成部件损坏等问题。为此，2008年5月，国网北京市电力公司启动了旁路作业专用工程车的研发。2008年12月24日，国网北京市电力公司联合汽车厂共同研制的两台旁路作业工程车正式亮相，该车具备多项国内领先技术，承载了 18 个电缆线轴、300 余种旁路作业设备，还携带了旁路电缆自动收放线装置与旁路作业辅助设备。2009 年，旁路作业工程车相继被应用于北京丰台供电公司西罗园变电站 10 千伏马家堡路带电迁移杆线作业，北京房山供电公司 10 千伏南梨园路带电迁移 42 号电杆、加装联络断路器及带负荷更换 41～43 号杆档间导线等作业现场，均获得圆满成功。2011 年，广州供电局也研制成功了旁路作业车，并在广州市番禺区汉溪村开展了首次应用旁路作业车的旁路作业。

旁路作业车解决了旁路作业设备运输难，架设拆卸复杂、费时、费力等实际问题，有效地提升了旁路作业的安全性和作业效率。这些旁路作业装备的研制成功，为旁路作业的广泛应用打好了基础。此后，旁路作业在多地得到进一步的推广，并逐步开始应用于电缆线路。

七、苏州工业园区成为国内首次采用 20 千伏配电网的地方

1956 年 6 月 2 日，电力工业部以（56）电技程字第 94 号颁布了《中华人民共和国电力设备额定电压及周率标准》，统一了中压配电电压等级为 3、6、10、35 千伏等几种。至 1980 年，电力工业部根据各地区负荷发展情况，在《对 GB 156〈额定电压（草案）〉的意见》（〔80〕电技字第 14 号文）中提出，“目前东北、华北、华东地区大城市高密度用电区采用 20 千伏配电电压，这样就能使设备小型化，投资比较经济。如条件允许，建议可将 20 千伏级电压列入草案中。”经过专门立项研究，国家技术监督局在 1993 年 4 月 20 日发布的《标准电压》（GB 156—1993）中，正式将 20 千伏列入标准电压。

在国内率先采用 20 千伏作为配电电压等级的是江苏省的苏州工业园区，1993 年经江苏省电力局批准实施，并于 1996 年 3 月投入运行。苏州工业园区由娄葑、斜塘、胜浦、唯亭、跨塘五个乡组成，约 210 千米^2，其中 70 千米^{2}是中国与新加坡联合开发区，即苏州工业园区中新开发区（简称中新区）。在配电网电压等级确定过程中，苏州供电局委托中国电机工程学会城市供电专委会和苏州市电机工程学会分别进行专题论证和可行性研究，具体以 10、20、35 千伏 3 种配电网电压等级，用 110/10、110/20、110/35/10 千伏和 110/35 千伏 4 种不同的变压层次着手布局，应用配电网计算机辅助规划程序进行技术经济比较，采用 20 千伏配电电压等级，比采用 10 千伏配电电压等级的建设投资和年运行费用分别节约 15.7%、16.39%，比采用 35/10 千伏配电电压等级的建设投资和年运行费用分别节约 27.2%、27.48%[1]，得出 20 千伏电压等级是最经济合理的结论。中新区能够顺利实行 20 千伏等级的配电电压，还得益于其是新规划的开发区，配电网完全是重新布置，而且是全电缆网，与苏州老城配电网几乎没有联络，所以不存在旧网改造和配电网架过渡等问题。

由于当时国内无 20 千伏系列产品的制造厂家，中新区首先投运的 20 千伏设备全部为

[1] 姜祥生：《苏州工业园区 20kV 配电工程简介》，《华东电力》，1997 年第 10 期，第 23～25 页。

进口设备。有些设备的绝缘水平按小电阻接地方式考虑，其绝缘水平要比中性点非有效接地方式低。因此，中新区的中性点接地方式采用小电阻接地，从而衍生了安全可靠性、通信干扰、过电压和绝缘配合、跨步电压和接触电压以及继电保护等一系列问题。经论证，20 千伏技术上是可以解决的，实际运行也是如此。

与传统 10 千伏配电电压等级相比，20 千伏配电电压等级具有一定的优势。在造价方面，可减少 110 千伏变电站的数量，节约社会资源。中新区目标网架如采用 10 千伏方案需设 110 千伏变电站 32 座，而采用 20 千伏方案只需设 110 千伏变电站 17 座，可节约用地约 41%[1]。

在供电能力方面，在通道宽度基本相当的情况下，20 千伏供电半径可增加 60%，供电范围扩大 1.5 倍，供电能力提高 1 倍，输送损耗降低 75%[2]。配电线路回数和环网站点数可以大幅减少，节约了配电设施占地，节省了廊道资源。中新区配电网采用全电缆供电，电缆线路采用双环网、单环网和主备接线 3 种模式，绝大部分线路均具备 $N-1$ 的互供能力，2001 年供电可靠性达到 99.993%，高于苏州市区。

在电价方面，20 千伏电压等级每千瓦·时销售电价比 10 千伏电压等级便宜。根据国家发展改革委发改办价格〔2007〕2171 号《关于江苏省增设 20 千伏电压等级销售电价有关问题的批复》，在江苏省销售电价表中增设了 20 千伏电压等级销售电价，其销售电价按照 1～10 千伏和 35～110 千伏电压等级销售电价的平均值确定。由计算可得，20 千伏电压等级每千瓦·时销售电价比 10 千伏电压等级少 6 厘，比 35 千伏电压等级多 9 厘[3]。

在节能方面，采用 20 千伏电压等级可减少电网线损。以中新区目标网架为例，20 千伏方案线损率比 10 千伏方案降低了 0.723 个百分点[1]。2010 年苏州工业园区 20 千伏供电区域预计年用电量 66.75 亿千瓦·时，则每年可以减少电能损耗 4826 万千瓦·时，相当于每年可节约标准煤 19 304 吨。

苏州工业园区中新开发区采用 20 千伏电压等级作为配电电压是合适的，实践证明，20 千伏作为城市中压配电的合理性与经济性。但升压改造过程中施工难度大、周期长、投资大，用户设备更换资金也难以落实，同时会带来暂时的供电可靠性降低等问题，要全面使用 20 千伏电压等级还有待论证和实践。但世界各国电网建设的发展趋势是简化电压等级，提高配电电压，降低电网损耗和提高供电可靠性，且 20 千伏中压配电系统已经走出苏州，在江苏省的南京、常州、无锡，浙江省的桐乡等地均有推广应用，前景可期。

八、配电技术国际交流

在中国配电技术的发展过程中，电力工业部门一直很注重国际交流。中华人民共和国成立初期，就全面开始与苏联、东欧及其他社会主义国家进行交流合作。20 世纪 60 年代至 70 年代初，中国还曾援助过阿尔巴尼亚、朝鲜、越南等亚非拉国家的配电网建设。

---

[1] 马晓东：《苏州 20kV 配电网运行实践》，《供用电》，2009 年第 2 期，第 69～72 页。

[2] 傅卫东：《20kV 中压配电系统在苏州工业园区项目的应用》，《建筑电气》，2011 年第 5 期，第 23～26 页。

[3] 马晓东，姜祥生：《苏州电网 20kV 配电电压的应用与发展》，《电力设备》，2008 年第 9 期，第 1～5 页。

1981 年，电力工业部开始组织供电部门参加国际供电会议（International Council on Electricity Distribution，CIRED），这是世界上唯一讨论研究供电网规划设计、建设和运行，交流供电用电系统技术管理问题的国际会议，会上交流的论文和经验对中国大规模城市电网改造有很好的借鉴价值。1984 年 4 月 12 日，水利电力部根据中共中央关于经济体制改革决定的精神，结合电力工业实际情况，颁发了《水利电力部关于电力工业简政放权的规定》，其中在外事方面规定，“可以按照国家规定，自费邀请接待外国专家学者”“可以按照国家规定，自筹外汇出国考察、引进技术及仪器设备，进行科学研究与学术交流活动”和“根据部或省、市、自治区审定的出国任务和人数，可自行确定人选，并负责出国人员的政治审查”等，这些规定赋予了当时各电业管理局及省电力局在国际学术交流方面更多的自主权，从此配电技术国际交流更加多样、频繁。

1983 年，CIRED 理事会一致同意接受中国为 CIRED 的通信会员。1993 年，上海电业局高级工程师陈效杰受邀参加 CIRED 国际配电会议。陈效杰是中国首位受邀参加此国际会议的专家，他的受邀说明中国在城市配电网技术和管理方面取得的成绩开始受到国际组织的关注。

1986 年，中国开始派代表参加国际大电网（International Conference on Large Electric Systems，CIGRE）会议，CIGRE 专业委员会包括旋转电机专业委员会等 16 个专业委员会，配电专委会（C6）是其中的专委会之一。2008 年，中国配电专家开始在 CIGRE C6 担任委员，并参与了 C6 在配电领域的主动配电网的概念确定、高比例风电接入电力系统、高中低压电网接入分布式电源的案例系统等研究工作，通过翻译标准，将主动配电系统等概念引入国内，促进设立了主动配电系统的国家科技部科研项目。自 2014 年起，中国 CIGRE C6 配电专委会成立以来，在含高渗透率分布式能源（DER）和新型负荷的配电网规划、主动配电网运行与控制、配电系统的新角色和新服务等诸多研究方面，及时引导了中国配电领域的科研和发展。中国第一个在 C6 主导的“直流配电可行性研究”工作组也反映了直流配电领域在国际上受到的高度关注，彰显了中国在直流配电领域的话语权。

1997 年 11 月 24 日，第一届输配电技术国际会议在北京召开。本次会议由中国电力企业联合会主办，旨在促进世界各国在输配电技术研究领域的专家和学者之间的交流，提高中国在输配电领域的技术水平，学习和吸收世界各国输配电方面的最新技术成果和经验，加强国内外专家和学者的合作。会议得到了国家科委、电力工业部的大力支持，电力工业部部长史大桢为会议题写了贺词，电力工业部副部长陆延昌任会议名誉主席，13 国专家、学者和高级管理人员共同讨论和交流了当时输配电领域的现状以及最新的研究成果。此会议每两年举办一次，后续共举办了六届，第二、第三和第五届在北京举行，第四届在长沙举行，第六届在广州举行。

2000 年 10 月 17—20 日，中国供电国际会议（China International Conference on Electricity Distribution，CICED）在上海国际会议中心召开，会议由国家电力公司和中国

电机工程学会联合主办，中国电机工程学会城市供电专委会负责会议论文资料的翻译工作。来自亚、欧、美、非洲22个国家和地区近400名专家、学者、工程技术人员参加会议，会议共汇集论文和专题报告183篇，国内外52个供电设备制造厂商和15个城市供电公司参加了新技术、新产品和城市电网技术进步展示会。会议宗旨是进一步加强国际供电技术交流、增进友谊、促进合作，研讨的主题是“21世纪的城市供电”，在总结20世纪城市电网成熟经验的基础上，探讨21世纪初城市电网发展方向。本次会议由国家电力公司副总经理、中国电机工程学会理事长陆延昌先生担任主席，中国科学院、中国工程院周孝信、杨奇逊、朱英浩等专家、学者组成会议技术委员会并主持学术交流。会议分为配电系统发展、配电系统管理、配电电能质量和电磁兼容、配电电网部件和电能管理及利用5个专题进行学术交流和研讨，论文涉及国内外18个国家的供电技术状况，基本反映出20世纪后10年配电网技术、建设与运营等方面管理经验和实践成果。会议交流的经验有力地推进了21世纪初期中国城市供电技术的进步。

2005年在上海召开了国际大城市供电组织（International Utility Workshop Group，IUWG）国际会议，该会议由上海市电力公司承办，全球十余个国家参加交流。IUWG是由全球10个超大型城市的电力公司自发组成，专注于探讨和交流电力行业前沿工程技术、管理理念、发展方向，加强国际行业的信息交流和知识共享，以研究行业最佳实践，促进组织成员共同发展。2007年，国网上海市电力公司正式成为继纽约、芝加哥、伦敦、巴黎、悉尼、东京、大阪、香港大城市供电组织之后的第9位成员单位。在国家电网公司的指示下，国网上海市电力公司从2006年至2016年，每年组织代表团参加IUWG年会，不断学习、交流和积累经验。2014年，国网上海市电力公司还受国家电网公司委托，主办了这一年的IUWG年会。

通过配电技术国际合作交流，学习了国外先进的科学技术、生产运行和经营管理经验，促进了多边友好合作，加深了国际社会对中国配电领域的了解，同时也大大提升了中国配电网的装备水平和管理水平，推动了配电事业快速发展。

第三节　服务民生的农村配电建设

全国范围内的一、二期农村电网改造工程完成后，农村电网长期积累的网架结构不合理、供电能力较低、城乡电价不统一等问题基本得到解决，但中西部地区的农村电网改造面偏低，部分地区改造后的农村电网不能完全满足因经济增长带来的用电增长需要。

2003—2012年，为满足社会主义新农村建设的电力需要，国家电网公司、南方电网公司以及各地方电网企业实施了一系列新的农村电网建设与改造工程。通过县城电网、中西部地区农村电网完善工程等改造项目的实施，有效解决了农村电网供电能力不足、线路损耗高等问题，农村供用电质量明显提升。

一、县城电网改造工程

到 2003 年，经历了两期农村电网改造后，制约农村经济发展的电力问题已基本解决。但是农村电网改造较少触及县城电网，这一时期，县城区域电源点分布少、供电可靠性差，城内配电线路多数是单辐射结构，遇到特殊天气或外破断线等情况时，县城经常发生大面积停电。大多数县城配电网普遍存在线径细、设备老旧、树线矛盾突出、供电“卡脖子”的问题。随着县城居民生活水平的提高，全国大多数县城的供电网逐渐不能满足经济发展和居民生活的用电需要。

为了改善县城电网环境，国家发展改革委于 2003 年下达了《县城电网建设与改造项目固定资产投资计划》(〔2003〕695 号文)，计划投资 334.21 亿元，用于全国县城电网改造工作。其中项目资本金占总投资 20%，其余 80%资金通过中国农业银行贷款解决[1]。这次县城电网改造的主要目的是改善县城电网运行条件，增强县城电网供电能力，满足县城发展需求。

为加快推进县城电网改造工作开展，各地成立县城电网改造领导小组，及时协调与城建局、财政局、税务局等多个单位在市政改造、土地征用、税费征缴和环保等方面的问题，并从长远着手完善县城用电网络。一方面，加大对县城供电可靠性和消除用电隐患的改造力度，大力开展县城周边变电站的建设。在城区主干线、分支线上装设联络断路器和分段断路器，开展城区 10 千伏“手拉手”环网改造工程。不少地区按照 8～10 年的负荷预测数据，以“大容量，少布点”原则开展配电变压器增容改造工作。同时面对树线矛盾突出、导线与建筑物安全距离不够的地区加大绝缘化改造力度，防范触电情况的发生。另一方面，将影响城市街道面貌的供电实施纳入重点改造范围。对繁华商业街道、县委政府办公区域周边架空线路全部进行入地改造，315 千伏·安及以上的台架变压器更换为更加美观的落地箱式变压器，不符合设计标准的主干道木质电杆逐步替换为 15 米以上的钢筋混凝土电杆和钢管杆，县城面貌焕然一新。

至 2007 年，全国共涉及 1661 个县的县城电网改造全部结束，累计完成投资 718 亿元，新建和改造 35 千伏以上变电站 4249 座、容量 58 910 兆伏·安，10 千伏线路 8.52 万千米、电缆 6290 千米，低压线路 10.84 万千米，配电台区 9.4 万个[2]，供电可靠性及供电质量得到提升。全国县城电网经过改造，配电设施整齐规范，市容市貌得到极大改观，城区内电压不稳、频繁停电、断电“卡脖子”的现象基本消除。

二、中西部农村电网完善工程

在完成一、二期农村电网改造、县城电网改造工程后，农村电网长期积累的电网结构薄弱、供电能力不足、城乡同网不同价等突出问题得到了基本解决。但由于各省（区、

[1] 《国家发展改革委关于下达 2003 年县城电网建设与改造项目固定资产投资计划的通知》(发改投〔2003〕695 号)。

[2] 《国家电网公司年鉴》编辑委员会：《国家电网公司年鉴 2007》，中国电力出版社，2007 年，第 184 页。

市）经济社会发展不均衡、农村电网基础以及农村电网改造投资规模不同，一些中西部地区的农村电网改造覆盖面明显偏低，也有一些地方由于经济的快速发展，改造后的农村电网建设又滞后于用电增长需要，个别地方城乡用电同价矛盾较突出❶，又出现新的供电卡口问题。

2004 年 8 月，国家发展改革委下发《关于完善西部地区农网改造投资规模及有关要求的通知》（发改能源〔2004〕1740 号），明确提出完善西部地区农村电网，利用国债拨款资金和银行贷款落实改造资金，首批 64 亿元投资计划下发到四川、云南、重庆、西藏、青海、宁夏、甘肃 7 个省（自治区、直辖市），具体项目由省级电网公司作为项目法人统一管理、实施。

2005 年，国家下达第二批投资计划❷，实施完善工程的地区新增加了内蒙古（蒙东地区）和新疆。同年 6 月，国家发展改革委印发《关于尽快完成农网改造工程验收和进一步加强农村电力管理有关要求的通知》（发改能源〔2005〕1149 号），要求相关各省（区、市）政府及部门在认真做好农村电网改造验收工作的基础上，进一步调查摸清农村电网的状况，继续完善西部农网工程建设。2006 年 6 月，国家发展改革委办公厅下发《关于请尽快报送农网改造竣工验收报告、加紧实施县城电网改造和农网完善工程的通知》（发改办能源〔2006〕1092 号），开始将农村电网完善工程投资计划扩大到河南、江西、湖南等中部地区，首次提出了开展“中西部农网完善工程”的概念。随后国家又下达了第三和第四批投资计划，并要求在投资计划下达后的两年内完成农村电网完善工程建设和验收工作。这一时期，全国共有东北（内蒙古蒙东地区）、新疆、宁夏、青海、甘肃、西藏、四川、重庆、云南、河南、湖南和江西 12 个省（区、市）在实施中西部农村电网完善工程❷。

国家电网公司作为中西部农村电网建设最大的实施主体，承担了 157 亿元的工程建设任务，占总投资的 77.8%。为了保证工程规范有序实施，提升工程建设质效，国家电网公司组织编制了“十一五”农村电网建设发展规划，统筹安排建设项目，先后颁布《农网完善工程管理办法》《农网完善工程技术要点》等一系列规章制度和建设标准。宁夏回族自治区农村电网完善工程于 2004 年 10 月启动，2007 年 11 底全面竣工，2008 年 1 月 24 日通过了自治区发展改革委组织的整体验收，率先在全国完成了西部农村电网完善工程。整个工程总投资近 3 亿元，采取新建和改造电源点、更换大截面导线、配电变压器增容等措施来增加供电能力，并实施“种植养殖园区通电工程”，使农村电网供电质量得到了提高，居民端电压质量得到了改善，促进了农村用电量和供电可靠率❸的提升。

截至 2008 年年底，国家共安排中西部农村电网完善工程投资规模 202 亿元，累计新建及改造 110（66）千伏线路 2204 千米，110（66）千伏变电站 172 座；35 千伏线路 2636

---

❶ 国家发展改革委：《关于尽快完成农网改造工程验收和进一步加强农村电力管理有关要求的通知》（发改能源〔2005〕1149 号）。

❷《国家电网公司年鉴》编辑委员会：《国家电网公司年鉴 2007》，中国电力出版社，2007 年，第 184 页。

❸《宁夏电力完成西部农村电网完善工程》，北极星电力新闻网，2008 年 1 月 28 日。

千米，35 千伏变电站 303 座；10 千伏线路 5.38 万千米，低压线路 14.5 万千米，配电变压器 4.7 万台；农村电网综合供电电压合格率达 97.05%，农村电网供电可靠率达 99.54%，农村电网综合线损率为 6.85%[1]。

三、扩大内需背景下的中西部城市、农村电网建设改造

2008 年，为有效应对全球金融危机，中共中央提出了扩大内需促进经济增长的要求。国务院按照“出手要快，出拳要重，措施要准”的扩需目标，编制了总额 4 万亿元的两年基建投资计划，并把加强城市、农村电网建设和改造列入了建设内容。2008 年 12 月～2009 年 9 月，国家发展改革委分四批下达扩需项目，计划投资 463 亿元，用于中西部地区的城市和农村电网建设与改造。其中，城市地区电网改造计划投资 66.7 亿元，农村电网完善工程计划投资 354.7 亿元，涉及湖北、湖南、河南、四川、宁夏等 20 多个省公司。

国家电网公司作为中西部电网改造工程的总项目法人，成立了城市电网、农村电网建设与改造工作领导小组，确立了“保电网、稳市场、促发展、做贡献”的工作思路[2]。各省、市、县供电公司层层签订责任书，明确中西部电网改造的安全、进度和工程质量等相关要求，同时加强立项、招标、物资供应、施工等各个环节衔接配合，加强与地方政府的协调沟通，共同消除工程建设中的障碍。

各省、市、区根据电网分布特点，有针对性的展开改造任务。部分地区加大对电源布点的建设，由负荷引导变电站建设逐步向合理增加电源布点转变，将农村偏远地区变电站的布点工作纳入前期规划，缩短供电半径，保证为地方经济发展提供可靠电力。部分地区加强农村电网 10 千伏线路的整改力度，由农村电网串接供电方式逐步向环形供电网的方式转变，有效提高供电质量，降低综合线损，整体提升电网的经济运行水平和容载能力[3]。

2010 年年底，城市、农村电网改造全面完成，中、西部农村电网供电可靠率分别达到 99.5%、99.4%，农村电网综合供电电压合格率达到 97.3%，农村电网线损率下降 10%，改造成效明显。国家电网公司所属的供电区域基本实现户户通电。全国 20%的县、15%的乡（镇）和 15%的村达到新农村电气化标准要求。此外，扩内需项目改造对经济增长的拉动作用逐步显现，直接带动了钢铁、水泥、建筑、物流、电气设备制造等 22 个行业的产出增加，电网供电能力的提升也刺激了农村用电需求，促进了国务院“家电下乡”政策在中西部地区的有效落实[4]。

四、新农村电气化建设

党的十六届五中全会提出了建设社会主义新农村的战略举措，这是中国特色社会主义现代化建设从全局出发确定的一项重大历史任务。为响应党中央号召，2006 年 3 月，国

---

[1]《国家电网积极推进中西部农网完善工程》，北极星电力网，2009 年 6 月 24 日。

[2]《国家电网公司加快电网发展拉动内需》，北极星电力网，2008 年 11 月 18 日。

[3]《东北电网正式启动扩大内需中西部农网完善工程》，北极星电力网，2009 年 6 月 2 日。

[4]《国家电网扩需项目稳步推进　城农网建设改造成效显著》，中央政府门户网站，2009 年 10 月 29 日。

家电网公司总部派出 4 个调研组分赴 11 个省，对 39 个县农电发展情况进行了深入调研，形成了《国家电网公司农电管理与发展情况的调研报告》。报告显示，对照“生产发展、生活宽裕、乡风文明、村容整洁、管理民主”的新农村建设标准，农村电气化还处在较低的水平，国家电网公司供电区域（含西藏）内还有无电户约 124 万户、450 万人，分布在 20 个省（市、区），通电率较低的省（区、市）有西藏（59.64%）、重庆（96.42%）、青海（96.56%）、新疆（96.77%），其中西藏有无电户约 22 万户。在系统分析调研情况的基础上，国家电网公司确立了“新农村、新电力、新服务（简称三新）”农电发展战略，明确了“实施‘户户通电’，建设新农村电气化，加强农电管理，推进农电改革发展”的目标任务❶。

2006 年 3 月 26—27 日，国家电网公司召开“新农村、新电力、新服务”工作会议，并下发了《国家电网公司关于服务社会主义新农村建设工作指导意见》（国家电网办〔2006〕266 号），部署实施了“三新”农电发展战略各项工作，提出到“十一五”末公司经营区域内建成 100 个新农村电气化示范县、1000 个新农村电气示范化镇、10 000 个新农村电气示范化村的目标（即“百千万”工程）❷。

2006 年 8 月底，国家电网公司确定在山东胶州，河北孟村，江苏江阴、昆山，浙江桐乡、瑞安，上海嘉定等 13 个县（市、区）、50 个乡镇、300 个村开展新农村电气化建设试点。各地在试点过程中，摸索出许多新农村电气化建设的有益经验和成功模式，并进行了认真总结，为推动新农村电气化工程的顺利实施，提高建设成效奠定了坚实基础。在新农村电气化建设试点过程中，上海市电力公司 2006 年共投资 5000 多万元，架设整修农电线路 74 千米，安装和调换变压器 73 台，加装电压检测仪表 534 台，变电站无油化改造 5 座，使上海市的 3 个区、12 个镇、121 个村完成电气化建设改造，成为全国首个实现新农村电气化建设的地区。新农村电气化建设使得用电量提升，试点地区的人均年用电量超过了 2300 千瓦·时，人均年生活用电量超过 260 千瓦·时，供电可靠率达到 99.5%以上，低压线损率低于 11%。新农村电气化给农村居民带来了和城市居民完全一样的电力服务❸。

自新农村电气化建设工作开展以来，国家电网公司每年都召开工作推进会，推动各单位加快建设步伐，确保如期完成目标任务。2007 年 5 月 30 日，国家电网公司在辽宁召开工作推进会，邀请专家作“建设新农网、服务新农村”的专题讲座，对《新农村电气化建设实施纲要》和《新农村电气化标准体系》进行了讲解说明。2008 年，国家电网公司印发《关于扎实推进新农村电气化建设的意见》（国家电网农〔2008〕12 号），部署各单位按照新农村电气化建设思路，多渠道筹措建设资金，把握工程建设方向和标准，严格工程考评验收，完善工程领导组织体系，推进新农村电气化事业又好又快发展。

2009 年 2 月，国家电网公司组织相关专业人员，先后对黑龙江、华北、陕西、山西、重庆五省市 12 个县的新农村电气化建设工作进行调研，指导基层单位准确把握新农村电

❶《国家电网公司年鉴》编辑委员会：《国家电网公司年鉴 2007》，中国电力出版社，2007 年，第 182 页。

❷《国家电网公司年鉴》编辑委员会：《国家电网公司年鉴 2007》，中国电力出版社，2007 年，第 184 页。

❸《上海成为全国首个实现新农村电气化建设试点省市》，中央政府门户网站，2007 年 1 月 13 日。

气化建设精神，科学组织工程建设，落实建设标准，规范建设模式，确保工程按计划有序推进，如期完成目标任务[1]。2010年，国家电网公司印发了《关于做好2010年新农村电气化建设工作圆满完成“十一五”建设任务的通知》，部署各单位重点抓好计划管理、建设标准、工作指导、政企联合、工程宣传、“十二五”规划6个方面工作。

截至2010年年底，累计建成新农村电气化县407个、电气化乡镇4991个、电气化村90 053个，超额完成“十一五”建设计划，国家电网公司供电区域内25.3%的县、19.1%的乡镇、17.7%的村达到了新农村电气化标准。国家电网公司还编制了《国家电网公司新农村电气化建设工程巡礼》画册，总结建设经验，宣传建设成效，并向国家能源局等单位做专题汇报，指导基层单位开展形式多样、富有成效的宣传工作，扩大电气化建设的社会影响力，树立国家电网认真负责的央企形象[2]。

新农村电气化建设工程的实施，有效解决了电网供电能力不足、线路损耗高等问题，解决了线路“卡脖子”问题，供电更可靠，电压更稳定，改善了农民生活条件，给农民带来了实惠。由于新技术、新材料的应用，以前的用电不安全因素、农业排灌电力设施被盗现象等大大减少，农村供用电秩序明显改观。

第四节　重大事件保电及受灾抢修

从改革开放到21世纪20年代，在跨越了近半个世纪的岁月中，中国电网先后经历了罕见的大面积冰灾、汶川特大地震等自然灾害，遭受重大损失。面对各类自然灾害，电力员工身先士卒，始终肩负起为人民、为社会服务的责任重担，实现灾后居民临时设施100%供电。在迎接2008年北京奥运会、2010年上海世博会等各项重大事件的保供电中，电力员工充分发挥行业“铁军”精神，以严谨周密的应急管理体系，积极履行维护公众利益和电力普遍服务的义务，实现了人身、电网和设备安全“零事故”，凸显了电力行业勇于担当、以责任为先的价值理念，用实际行动捍卫“人民电业为人民”的宗旨，甘做国民经济的保障者、能源革命的践行者、美好生活的服务者。

一、电网企业应急管理体系的建立

2003年春，中国非典型肺炎（简称“非典”）疫情是一起引发了从公共卫生到社会、经济、生活全方位的突发公共事件。党和国家带领全国人民取得了抗击“非典”战役的全面胜利后，及时总结中国经济社会发展中存在的不全面、不协调、不可持续性和应急管理体系缺失等问题，提出全面加强应急管理建设的重大命题。在抗击“非典”取得胜利的表彰大会上，中共中央、国务院第一次明确提出，政府管理除了常态以外，更要高度重视非

[1]《国家电网公司年鉴》编辑委员会：《国家电网公司年鉴2010》，中国电力出版社，2010年，第185页。

[2]《国家电网公司年鉴》编辑委员会：《国家电网公司年鉴2011》，中国电力出版社，2011年，第180～181页。

常态管理，提出应急管理的“一案三制”工作方针[1]，第一次把非常态管理提上议事日程。随后，中共中央十六届三中全会通过《关于完善社会主义市场经济体制若干问题的决定》，强调要建立健全各种预警和应急机制，提高政府应对突发事件和风险的能力。2005 年，国务院颁布《国家突发公共事件总体应急预案》，将突发公共事件分为社会安全类事件、事故灾难类事件、自然灾害类事件、公共卫生类事件，并按照各类突发公共事件的性质、严重程度、可控性和影响范围等因素，将突发公共事件分为四级，明确了中国各类突发公共事件分级分类和预案框架体系，该应急预案是指导预防和处置各类突发公共事件的规范性文件。2007 年，中华人民共和国主席令第六十九号，颁布《中华人民共和国突发事件应对法》，这是一部规范突发事件应对工作原则和预防与应急准备、监测与预警、应急处置与救援、事后恢复与重建等内容的重要法律。

从 2003 年开始，各电网公司根据国家应急管理要求及相关法律，发布本系统重特大生产安全事故预防与应急处理暂行规定及大面积停电应急预案。南方电网公司按照风险管理的思路，全面评估和梳理了南方电网公司系统内所面临的突发事件风险，按照国家对应急预案的分类，结合实际业务，全面建立了三层、三级和四类的应急预案；国家电网公司针对电网安全、人身安全、设备设施安全、网络与信息安全、社会安全等各类事故或事件，建立包括综合应急预案、专项应急预案和现场应急处置方案的预案体系。各电网公司明确突发事件处置各阶段相关部门和有关人员的职责，形成上下对应、相互衔接的应急预案体系，对防止和减少重特大生产安全事故及对社会有严重影响事故的发生，建立紧急情况下快速、有效的事故抢险、救援和应急处理机制，建立自上而下分级负责的大面积停电应急救援与处理体系，起到指导、规范和促进作用，2006 年，中国电网企业应急管理机制初步建立。

2008 年 1 月，中国华中、华东、南方等区域遭遇了罕见的持续低温、雨雪和冰冻极端天气，全国共有 14 个省级电网、近 570 个县的电力用户供电受到影响，部分地区电力设施受灾损坏极其严重。2008 年 5 月 12 日 14 时 28 分，四川汶川发生里氏 8.0 级特大地震，四川、甘肃、陕西、重庆 4 个省级电网 110 个县的供电受到影响，累计停电用户 525.36 万户。面对两次大规模自然灾害，国家电网公司和南方电网公司快速启动应急响应机制，在国务院的统一指挥下，统筹调配抢修力量，密切协作，在全国范围内紧急调集大批电力物资设备和救灾物资支援地震灾区，全力恢复损坏的供电设备，取得了两次抢险救灾胜利。在两次大规模抢险救灾中，电力应急保障体系发挥了重要作用，充分说明中国电网公司是履行社会责任的主力军，彰显了央企的责任与担当。

在经历南方雪灾和汶川地震后，中共中央、国务院深入总结中国应急管理的成就和经验，查找存在问题，提出进一步加强应急管理的方针政策。2008 年 10 月，中共中央、国务院在全国抗震救灾总结表彰大会上强调“要进一步加强应急管理能力建设”，中国应急管理体系建设再一次站到了历史的新起点上。电网公司贯彻落实国务院要求，及时总结抗

[1] 一案：制订修订应急预案；三制：建立健全应急的体制、机制和法制。

冰抢险、抗震救灾工作经验，紧扣电网安全，履行法律义务，建设应急管理体系。2008年《南方电网公司突发事件总体应急预案》发布，2010年《国家电网公司突发事件总体应急预案》发布，电网公司应急预案体系进一步完善。这一时期，两大电网公司以输电、配电专业[1]人员为核心，组建省、地市应急基干分队，开展应急技能培训，加强应急抢险救援队伍建设；建设总部（分部）和下属省、市、县电力公司应急指挥中心，提高应急指挥效率；异地选择场所，建立各级电网备用调度系统；配置大型应急发电装备、应急抢险装备和通信器材；建立应急培训基地和物资保障基地，提升应急能力，电网公司系统的应急管理体系得到进一步完善和增强。

二、1998年特大洪水抢险保电

1998年特大洪水是一场包括长江、嫩江、松花江等江河流域地区的大洪水。是继1931年和1954年两次洪水后，20世纪发生的又一次全流域型的特大洪水；嫩江、松花江洪水同样是150年来最严重的全流域特大洪水。1998年入汛以后，全国大范围连续遭受暴雨袭击，引起山洪暴发、山体滑坡，造成江西、湖北、吉林等地区遭受严重的外洪内涝灾害，给沿江地区各个省的工农业生产和人民生命财产造成了巨大的损失[2]。特别是长江流域发生了1954年以后全流域性特大洪水，水位长时间居高不下，洪峰频繁，荆州、九江更是险象环生。

受洪灾影响，江西、湖北、吉林等地区电力设备受到了大面积破坏，10千伏及以下杆塔损毁40多万基，受损线路长度达6万多千米，配电变压器停运6千多台，配电网大面积停电，直接电力设备财产损失超30亿元。仅江西省电力系统造成经济损失达4.16亿元，其中直接经济损失达7384万元，减少发电量8473万千瓦·时[3]。

灾情发生后，国家电力公司积极贯彻党中央、国务院决策部署，全面落实抗洪抢险责任制，积极组织广大电力职工，全力投入到抗洪抢险第一线。

在长江九江段发生决堤时，为全力堵口，江西省九江供电局领导班子带领全体员工身先士卒，组织抢修队伍，每天出动劳动力700余人次，派出17个小分队，对八里湖大堤进行24小时巡查，在决口处架设临时供电线路130多千米，动用各种车辆3440台次，确保抗洪抢险的电力供应。在决口合龙时，九江供电局发挥电力专业优势，清洗围堰，配合部队堵口成功[3]。

1998年8月下旬，全国其他各省（市）灾区电力公司也积极支援抗洪抢险。仅武汉、荆州、咸宁和黄冈供电局直接参加抗洪抢险的突击队员就有4000人，投入车辆500台、发电机20余台、防汛物资器材4276万元，架设堤防照明线路280千米[4]；湖南省岳阳电

[1]《国家电网公司应急队伍管理规定（试行）》 第十条 网省公司应急队伍以所辖输变电工程施工或超高压运行检修单位现有人员为基础组建， 地市供电公司以输变配电工程施工或运行检修单位现有人员为基础组建。

[2] 陆延昌副总经理在国家电力公司抗洪抢险救灾紧急电话会议上的讲话记录，1998年。

[3]《江西省电力工业史》编辑室：《中华人民共和国电力工业史·江西卷》，中国电力出版社，2003年，第134页、第136页。

[4] 湖北省电力公司：《湖北省电力工业志（1991～2002）》，中国电力出版社，2012年，第218～219页。

业局组织了 13 支抢险队伍，先后出动抢修人员 1650 人次，派出抢险车辆 780 台次，及时排除故障 380 起[1]；吉林省电力公司累计为受灾乡镇重建和修复 10 千伏配电线路 700 千米，0.4 千伏低压线路 900 多千米，新建配电变压器 600 台，为 60 个遭受水灾的村屯重新供电[2]。

1998 年 12 月，江西、湖北、吉林省电力公司被国家防洪抗旱总指挥部、人事部、中国人民解放军总政治部授予"全国抗洪先进集体"[3]。

三、2008 年抗冰抢险保电

2008 年 1 月 10 日至春节期间，华中、华东、华南等区域遭受了历史上罕见的雨雪冰冻极端天气，持续时间达 42 天之久。受持续低温和雨雪冰冻天气的影响，湖南、湖北、安徽、江西、广西、贵州等 14 个省（区、市）电力设施遭受不同程度的破坏，仅湖南郴州地区 10 千伏线路倒杆达 32 114 基，导线断线 19 832 处，电力基础设施损毁极其严重[4]。

受冰冻灾害的影响，全国共停运 10 千伏线路 2 万多条、配电变压器 4 万多台，10 千伏及以下杆塔损毁 110 多万基，线路断线 15 多万处，受损线路长度 20 多万千米，电力供应中断达 10 余天之久，全国近 570 个县的用户供电受到影响，涉及 3348 万用户供电中断，国家电网公司和南方电网公司的直接经济损失达到 238.8 亿元，灾后恢复重建和改造需要投入资金达 390 亿元[5]。

灾害发生后，党中央、国务院做出"保交通、保供电、保民生"的决策部署。为贯彻落实国务院关于抢险救灾和灾后重建的工作部署，国家电网公司与南方电网公司，跨省紧急组织应急抢险队伍和物资实施抢修。两家电网公司短时间内从 28 个网省公司调集 3 万余人的抢修队伍紧急支援灾区，整个抢修过程总计投入 43.6 万人开展抢修和恢复重建。国家电网公司共筹措了灾区急需的 71.17 万根水泥杆、30 万吨导线、563 万片绝缘子、274.63 万副金具以及 18 776 台配电变压器、4517.9 千米电缆、4290.7 千米光缆等物资；南方电网公司累计运送导线 24 885 吨、光纤复合架空电线 778 吨、光缆 422 盘、电杆 173 000 余根，确保了抗冰抢险恢复重建的物资供应[6]。

在加快电网抢修工作的同时，国家电网公司紧急从 17 个省（市）公司筹集总容量 14.22 万千瓦的应急发电设备（发电车 293 台、发电机 3219 台），赶赴灾区迅速抢险；南方电网公司也相继派出抢修队伍，投入发电车 78 台，发电机 1331 台驰援灾区。面对当时贵州省都匀市停电停水多天的问题，时任玉林供电局配电带电班班长、突击队队长黄强，主动带领抗冰抢险突击队前往都匀市开展支援。由于天气非常恶劣，道路路面结冰，车辆打滑，

[1] 陆延昌副总经理在国家电力公司抗洪抢险救灾紧急电话会议上的讲话记录，1998 年。
[2] 吉林省电力有限公司：《吉林省电力工业志》，中国电力出版社，2011 年，第 288 页。
[3] 《江西省电力工业史》编辑室：《中华人民共和国电力工业史·江西卷》，中国电力出版社，2003 年，第 136 页。
[4] 《郴州电网 2008 年灾损情况汇报》，2008 年，第 7 页。
[5] 《国家电网公司抗冰抢险恢复重建工作总结》，2009 年，第 3 页。
[6] 《国家电网公司年鉴》编辑委员会：《国家电网公司年鉴 2009》，中国电力出版社，2009 年，第 25～26 页。

平常一天的路程竟走了三天。他们在忍受着冰冻与生死的考验下，终于在2008年1月29日19时，抵达贵州省都匀市。到达都匀市后，黄强立即组织队员利用发电车发电抽水，第一时间为都匀市的老百姓提供水源。从1月30日到2月2日，发电车在零度以下的工作环境下整整运转了4天，共发电50多小时，平均每天运行13个小时，解决了1100多户群众饮水、用水的燃眉之急❶。

截至2008年1月31日，两家电网企业在抗冰抢险过程中，共计投入发电机（车）8981台，保障救灾指挥中心、电力调度中心、医院、交通枢纽、电信、政府部门、部队、学校、新闻媒体等832个重要客户和居民生活的基本用电需求。2008年除夕到来之前，国家电网公司经营区域内全部县城和86%的农村用户恢复供电，南方电网公司灾区100%的县域、乡镇恢复供电，圆满完成了党中央、国务院明确的通电目标❷。

2008年2月3日，四川、福建、安徽、重庆、湖北等省市的城市营业区全部恢复供电。2月6日，湖南郴州电网恢复供电，国家电网公司经营区域内受灾停电的37个地市的城区供电基本恢复。2月25日，江西电网因受灾停电台区和停电用户全部恢复供电。2月26日，福建电网完成全部抢修恢复正常供电。2月27日，湖北电网恢复正常运行，广西境内南方电网管辖的供电区域全部恢复正常供电。2月28日，重庆、四川、安徽、华中、云南电网恢复正常运行。2月29日，江西、广东电网恢复正常方式运行。3月8日，湖南、浙江电网恢复重建工程全面竣工，电网全面恢复正常运行，国家电网公司和南方电网公司经营区域内受灾停电的地区全部恢复供电，提前23天圆满完成党中央、国务院部署的电网灾后重建任务。

四、汶川特大地震抢险保电

2008年5月12日14时28分，四川省汶川地区发生里氏8.0级、最大烈度为11级的特大地震，致使全省除攀枝花市以外的20个市（州）161个县（市、区）均不同程度受灾，受灾面积达25.2万千米^2，大批房屋损毁倒塌，1000多万人无家可归，四川省电力设施也遭受了极其严重的破坏，全省电力供应的严峻形势前所未有❸。

地震灾害使四川省电力公司经营区域60个县全部受灾，造成69 227人遇难、17 923人失踪、37万余人受伤，电力系统内职工死伤646人，累计停电用户405.07万户，涉及10 965个行政村。地震造成10千伏线路停运2495条，10千伏及以下受损线路达8733.6千米，配电变压器损毁1048台，全年损失电能60多亿千瓦·时，国家电网公司直接经济损失达106.5亿元，恢复重建资金达300亿元以上，是中央在川企业中损失最大的一家❹。

---

❶ 谢华，谢玲，李林：《抗冰保电典型事迹——丰碑是这样铸就的（之二）》，广西电业，2008年。

❷《国家电网公司年鉴》编辑委员会：《国家电网公司年鉴2009》，中国电力出版社，2009年，第25～26页。

❸《汶川特大地震电力行业抗震救灾志》编纂委员会：《汶川特大地震电力行业抗震救灾志》，方志出版社，2013年，第1页。

❹《四川省电力公司抗震救灾阶段总结》，2008年，第3～5页。

汶川地震发生1小时内，中央军委、国家减灾委、国家地震局等纷纷启动应急预案。灾后2小时，国家电监会迅速发出了《关于做好抗震救灾保电工作的紧急通知》，要求有关派出机构和有关电力企业立即进入一级应急状态，启动应急预案，全天24小时值守。

按照党中央、国务院关于抗震救灾的决策部署和国家电网公司的统一指挥，四川省电力公司迅速启动应急预案，成立应急指挥中心，下设前线指挥组、抢险工作组、物资工作组、后勤保障组等七个工作组，整合应急资源，统筹指挥和协调抗震救灾工作。与此同时，四川省电力公司紧急动员，建立起反应快速、运作有序、行动高效的救灾应急体系，并购置大批发电机、帐篷、药品、食品、通信设备等救灾物资，调集4000多台车辆，组织2万多名干部职工，投入到抗震救灾工作中。

5月12日当晚，国网四川省电力公司与各基层单位取得联系，统计各地受灾情况，明确抢险工作重点，在最短时间内恢复了新闻单位、政府指挥中心、通信单位、医院、供水等单位的电力供应，第一时间保障了抗震救灾指挥机构供电，恢复了东方汽轮机有限公司、中核四川环保工程有限责任公司、宝成铁路牵引站等重要客户供电。同时，国家电网公司充分发挥集团化优势，又紧急调集4300多名外省市抢险救灾人员和268名医疗骨干、1205台发电机（车）和242辆抢险车辆紧急赶赴四川灾区，全力支持四川抗震救灾工作，加快被困人员的抢救和电网抢修，恢复电力正常供应[1]。

面对特大震灾，电力行业发扬“一方有难，八方支援”的精神，积极保障应急供电。南方电网公司先后两次向灾区运送应急发电机（车）422台，解决灾区供水困难和卧龙保护区停电之急。国网四川、甘肃、陕西省电力公司和重庆市电力公司积极为灾区提供应急电源，昼夜不停抢修电力设施，先后筹集了45辆应急发电车、1160台应急发电机，总容量39 650千瓦，全力保障了国务院抗震救灾总指挥部、央视新闻中心、四川省抗震救灾应急指挥中心、解放军抗震救灾指挥部及各级政府救援指挥机构应急用电。国网湖南省电力公司调集抢修队350名职工和23台发电机、6台发电车、40台工程和后勤车辆，为四川德阳灾区应急用电提供保障[2]。

除此之外，在抗震救灾的过程中，电力行业也涌现出了一大批英雄模范人物和感人事迹。时任国网四川省电力公司广元青川供电局党支部副书记、工会主席陈学云，在震灾发生后，为了让灾区早日恢复供电，舍小家顾大家，在其岳父、岳母和8岁儿子被埋在青川县中医院住宿大楼废墟里的情况下，毅然赶赴救灾一线，组织员工全力投入到临时医疗救助点乔庄小学的供电任务中。5月12日20时，灾后第一盏电灯在临时医疗救助点乔庄小学亮了起来，提高了救援工作的进度与效率[3]。

---

[1]《汶川特大地震电力行业抗震救灾志》编纂委员会：《汶川特大地震电力行业抗震救灾志》，方志出版社，2013年，第536页。

[2]《汶川特大地震电力行业抗震救灾志》编纂委员会：《汶川特大地震电力行业抗震救灾志》，方志出版社，2013年，第8页、第30页。

[3]《汶川特大地震电力行业抗震救灾志》编纂委员会：《汶川特大地震电力行业抗震救灾志》，方志出版社，2013年，第675～676页。

5月27日，国网四川省电力公司供区内164个受灾乡镇全部恢复供电（含临时供电）。5月31日，国网四川省电力公司经营区域内405.07万户全部恢复供电。6月10日，经过29天的奋力拼搏，四川电网因灾停运的2495条10千伏线路已全部恢复运行。8月8日，四川省电力公司对口支援地方电网重建工作全部完成。恢复重建行政乡镇83个、行政村629个，涉及客户数88 794户，重建10千伏线路1728千米、低压线路6660千米、配电变压器997台[1]。截至2008年年底，国家电网公司累计为24.5万顶帐篷、48万间活动板房、13.5万间其他临时设施完成通电，实现了灾后居民安置临时设施100%通电。

汶川特大地震后，国网四川省电力公司开始了电力应急救援体系建设的探索，确立了打造专业电力救援队伍的工作思路。在全力支援汶川地区电力恢复重建工作中，国网四川省电力公司累计处置各类突发事件962件，启动省公司层面应急响应26次，投入应急抢险人员173 700人次，出动应急车辆32 600台次，保证了汶川地区电网稳定运行，为汶川新城的建立、灾区经济的发展做出了突出贡献。

五、北京奥运会保电

2008年8月，第29届夏季奥林匹克运动会在北京成功举办。国家电网公司通过了历史上时间最长、范围最广、规模最大、要求最高的保电任务考验，以保障万无一失的出色表现，确保了各项赛事、重要外事活动等涉奥项目安全可靠供电。

奥运会筹备期间，国家电网公司先后完成了电力强网“0811”工程、电网可靠性提升工程和绿色奥运工程。为了确保奥运期间电网供电能力和供电可靠性，国家电网公司还实施了1280项电网设备消隐工程和4091处环境隐患整治工程，高标准完成了484条10千伏及以下老旧线路改造工程、56个开关站和105座配电室改造工程，建设了20项10千伏场馆外电源工程，全部比赛场馆和重要附属设施均具备两路以上不同电源供电，使电网供电能力和供电可靠性均满足奥运赛时供电需求[2]。

截至2007年年底，最后一项10千伏场馆外电源工程顺利完成，标志着奥运配电网工程建设任务按期圆满完成。这些项目的建设完善了北京、天津、秦皇岛、青岛、上海、沈阳、香港7个城市的电网网架，确保奥运安全可靠供电。

为了确保2008年奥运会的顺利举办，国家电网公司确立了“以奥运赛事供电保障为核心、以奥运相关客户为重点，测赛结合，全面保障”的工作原则，成立了奥运保电工作领导小组和办公室，在奥运中心区内国家体育场侧的安慧变电站成立了现场指挥部，在各基层单位设立了二级指挥部，使整个赛时保电组织指挥体系涵盖到各专业、覆盖到各区域。在综合分析奥运会赛时供电需求和北京电网实际情况的基础上，国家电网公司将赛时供电保障划分为特级防护和一级防护两个时段，开闭幕时期为特级防护时段，正式比赛期间为

---

[1] 《四川省电力公司抗震救灾阶段总结》，2008年，第20页。

[2] 《北京市电力公司年鉴》编委会：《北京电力公司年鉴 2009》，中国电力出版社，2009年。

一级防护时段❶。

2008 年 8 月 2 日，时任中共中央政治局常委、国家副主席习近平考察北京电网奥运电力保障工作时强调，平安奥运重于泰山，基础设施保障十分重要，电力保障更是重中之重，电力系统要出色地完成任务，坚持用电保障和防范故障两手抓，确保奥运期间北京用电需求，办一届高水平有特色的奥运会❷。奥运进入特级保电期间，国家电网公司全体职工放弃全部周末、节假日休息时间，全方位投入到奥运供电保障工作，并从全国抽调 3344 名技术骨干、808 辆抢修车和 50 辆发电车赶赴北京奥运保电一线。为加强电网安保力量，提升应急能力，国家电网公司协调组建了 325 支应急抢修队伍，制订了 25 类 950 个应急预案；北京市政府派驻 210 名武警、464 名武警水电部队官兵，负责重要设施的安保工作；北京市电力公司调集 6000 余人对重点电力设备、线路进行 24 小时巡视、看护。这两万余人的保障力量，形成了奥运供电保障的钢铁长城，有效地确保了奥运供电的安全稳定❶。

此次涉奥设施的供电保障包括 31 个比赛场馆、11 个重要附属设备，训练场馆、签约饭店、定点医院等 203 个重要场点，还有机场、车站、指挥中心等 999 家城市运行重点部位。为了提升场馆内部供电保障能力，北京市电力公司组建 15 支共计 398 人的应急抢修队伍，作为应急条件下的支援力量，并向场馆派驻了 53 名骨干担任供电设施经理，注册了 1684 名技术人员直接参与场馆电力运行保障工作，完成 103 项场馆内部临时供电工程建设任务；与此同时，北京市电力公司安排技术人员对场馆用电设备有针对性地开展了大负荷试验、状态监测、安全评估等工作，发现并督促场馆业主整改用电安全隐患 4300 项，形成了全方位、多层次的保障格局，保证了场馆可靠供电❷。

历时 17 天的奥运会，北京电网经历了高温大负荷和多次雷电及强降雨天气，电网最大负荷高达 1162 万千瓦，北京电网运行平稳，比赛场馆、重要附属设备及城市运行重要设施的上级电源供电无一异常。北京奥运供电保障工作创造了奥运会和残奥会历史上“零失误、零事故”的最好成绩，北京电力公司被党中央、国务院授予“北京奥运会，残奥会先进集体”称号，被国家电网公司评为“奥运电力保障工作功勋单位”❶。

六、上海世博会保电

2010 年上海世博会是中国继奥运会后，成功举办的又一次综合性世界盛会，4 月 20 日—11 月 15 日，历时 210 天。国家电网公司、华东电网公司、上海市电力公司调集各地骨干力量，举全网之力圆满完成了世博会保电任务。

此次世博会的电力保障工作是上海市电力公司有史以来时间最长、规模最大、标准最高、责任最重的保电任务。园区内共建有展馆 112 个，电力重要用户 249 户，共有 242 个国家和社会组织参加。世博会期间，上海电网为世博园提供电源的 10 千伏开关站共 32

---

❶《北京市电力公司年鉴》编委会：《北京电力公司年鉴 2009》，中国电力出版社，2009 年。

❷《国家电网公司年鉴》编辑委员会：《国家电网公司年鉴 2009》，中国电力出版社，2009 年，第 4 页。

座（电网资产 8 座，接受委托维护的 24 座），箱式变电站 296 座（其中电网资产 19 座，接受委托维护的 277 座），均采用“手拉手”运行方式，供电线路均为电缆线路，所有重要用户均为双电源供电，且满足 $N-1$ 要求[1]。

为做好世博会保电工作，国家电网公司在总结奥运会保电工作经验基础上，提出了“国家电网保华东、华东电网保长三角、长三角保上海”的梯度保电责任体系，为上海、为世博会构建起一条安全供电防线。世博会开幕前，从宏观到微观，从建立严密的安全保障体系到开幕式、开园仪式等重要节点的保电，从加强应急值班到做好保密、维稳工作，国家电网公司对世博会保电作出了极为周密的部署。

点多、面广、战线长、标准高，是此次世博会保电工作的主要特点，为确保世博会期间供电的可靠性，上海市电力公司构筑应急抢修三道防线。第一道防线常设 149 支抢修队伍、2770 余名抢修人员，负责整个上海电网的应急抢修和作为对口支援世博会园区保电机动力量；第二道防线在世博园区围栏区域驻扎 7 支抢修队伍，300 余名抢修人员随时待命；第三道防线是世博园区内设置 19 座值守站点、7 座运维驻点、3 座抢修驻点，配置专业的运维和抢修人员负责世博园区内设备缺陷的处理及临时恢复供电工作。

世博会进入一级保电期间，国家电网公司、华东电网公司、上海市电力公司调集各地应急分队 796 名骨干力量，其中浙江 272 人、福建 271 人、江苏 253 人对世博园内外重要领域的 10 千伏开关站、配电室、箱式变电站、架空线路、配电台区进行特巡。园区内配置保障人员共 960 余名，涉及变电、电缆、继保、路灯、通信等十余个专业，主要分布在园区应急指挥中心、运维驻点和值守站点。园区外配置运行保障人员 200 余名，架空线路保障人员 4492 名（塔基看护值守人员 3408 名，线路巡视人员 1084 名），电缆线路保障人员 516 名（巡视人员 116 名、井盖看护值守人员 400 名）。为充分考虑各种异常因素和极端情况，上海市电力公司对机场、医院、指挥中心等重要区域调集 21 辆应急发电车、14 辆照明车、82 辆高架车、5 辆卫星指挥车采取 24 小时轮守保电[2]。

世博会期间，连续高温天气导致用电负荷持续攀升，华东电网最大用电负荷达到 1.66 亿千瓦，同比增长 15.4%，上海电网最大用电负荷达 2609 万千瓦，同比增长 9.68%，均创历史新高。尽管如此，由于预想充分、措施到位，整个世博会期间的华东、上海电网运行稳定，园区供电设施运行正常[3]，保证了世博会各项活动顺利进行。

截至 2010 年 11 月 15 日，上海市电力公司总计投入超过 5 万人次的保电力量，胜利完成开幕式、开园式、中国国家馆日、闭幕式等一级保电任务，确保了园区内外 249 家重要客户安全供电。上海电网还经受住了持续极端高温、雷暴恶劣天气及外损、外破的严峻考验，取得了园区供电保障服务“零故障、零事故、零投诉”的优异成绩。

---

[1] 上海市电力公司：《上海世博会供电保障工作综述》，2012 年，第 8 页。

[2] 上海市电力公司：《上海世博会供电保障工作综述》，2012 年，第 21 页。

[3] 上海市电力公司：《上海世博会供电保障工作综述》，2012 年，第 22 页。

七、甘肃舟曲泥石流抢险保电

2010 年 8 月 7 日 23 时 40 分左右，甘肃省舟曲县发生特大山洪泥石流灾害，县城 2/3 被淹没，造成 10 千伏及以下线路损毁 42.8 千米，配电变压器停运达 172 台，涉及停电户数 11 000 户，甘肃省电网及财产损失达 2016 万元，恢复重建资金累计投入 9005 万元[1]。

灾害发生后，党中央及时对抢险救灾工作做出全面部署，要求把保护人民群众生命财产放在最突出位置，以更加科学的安排、更加有力的措施，争分夺秒抢救被困人员，千方百计做好抢险救援等各项工作。

2010 年 8 月 8 日，按照党中央和国家电网公司的决策部署，国网甘肃省电力公司立即启动应急预案，举全省之力抢修受损电网，并连夜安排人员、物资赶赴灾区。8 月 8 日 12 时，甘肃省甘南供电公司第一批抢险队伍抵达灾区。甘南公司按照“水退、人进、电通”的目标，全力开展抢修工作，积极组织 151 名应急抢修人员、43 台抢修车辆、4 台发电车，14 台发电机（总容量 745 千瓦）全力开展应急抢险救灾工作。经过全体抢修人员的不懈努力，截至 8 月 8 日 16 时 08 分，被泥石流损毁的 1 条 10 千伏、1 条 6 千伏线路全部恢复运行，城区 13 个台区，包括医院、临时安置点、移动联通机站、县政府、指挥部等重要负荷恢复供电。20 时 10 分，坪定乡 36 个台区全部恢复供电[2]。

8 月 11 日夜间，舟曲上游迭部县又再次突降暴雨，白龙江流量大增，舟曲县城水位经历 4 天的缓慢下降后又有所回升。雷雨导致主供舟曲县城的线路多次跳闸，县城已恢复供电的 10 千伏配电网，局部又再次发生停电。其中，曲瓦、南峪两个乡 4 条 10 千伏线路因泥石流停运，大川供电所和立节供电所经营范围内的 10 千伏及以下线路受损 13 千米，配电变压器停运 11 台。针对再一次的突发情况，舟曲供电抢险指挥部迅速派出三支队伍共 35 人进行线路巡查，摸排受损情况，并就地开展抢修。与此同时，又安排两队共 30 人进行后续支援[3]。8 月 12 日，曲瓦、南峪等地被水淹区域的配电变压器恢复运行，约 360 户居民恢复供电。8 月 14 日 12 时，舟曲县除水淹台区和用户外，县城 34 个台区恢复供电，农村 115 个台区恢复供电，停电的 11 000 户居民中有 8735 户恢复供电[2]。

8 月 19 日，随着学校开学时间的临近，原本安置在舟曲三中、一中、独立初中的群众，需要转移到沙川坝安置点。按照抢险救灾指挥部统一安排，甘南供电公司组织近 200 名抢修人员，克服了施工场地泥泞、杆坑开挖困难、电杆组立、变压器安装施工干扰大、室内布线工程繁杂等重重困难，鏖战三天三夜，顺利完成安置点 1006 顶帐篷的通电任务。8 月 26 日在沙川坝安置点成立供电服务站，解决安置点群众的各种生活用电问题，提供各类用电培训，加强各台区值班、检修维护工作，及时消除各类缺陷，确保沙川坝灾区群众安置点安全可靠供电。截至 9 月 5 日，除冲毁的已无用户的 12 个台区和经规划、评估

---

[1] 甘肃省舟曲县电力公司：《舟曲县抗洪抢险总结》，2010 年，第 1 页。

[2] 甘肃省舟曲县地方史志编纂委员会：《舟曲县志》，方志出版社，2011 年，第 883 页、第 899 页。

[3] 甘肃省舟曲县电力公司：《舟曲县抗洪抢险总结》，2010 年，第 2 页。

后已无必要恢复的 4 个台区外，所有台区和用户已全部恢复供电[1]。

为了进一步加强恢复供电后的电力保障工作，甘肃省电力公司舟曲电力抢险救灾领导小组，精心组织、统筹协调组织甘南供电公司等相关单位，时刻保持一级应急战备状态。并从人力组织、物资准备、后勤服务等方面，以最有力的措施、最科学的安排，完成了恢复供电后的电力保障工作，为舟曲县的抢险救灾与恢复供电做出了贡献。

八、广州亚运会保电

2010 年 11 月 12—27 日，第 16 届亚运会在广州举行。这是继北京奥运会和上海世博会之后，在中国举办的又一项重要的国际赛事。

2010 年年初，南方电网公司高度重视亚运会保供电工作，超前分析亚运会保供电所面临的风险，明确提出“全网一盘棋，全网保亚运”的工作要求，成立了亚运会保供电三级指挥部，建立高效、完善的保供电指挥体系和规范统一的值班信息报送体系。亚运会和亚残运会保电期间，各指挥部及其专项工作组在应急指挥中心 24 小时值班，做到各类突发事件的准确、高效处置。按照“有保有限”原则，南方电网公司积极配合政府部门，明确亚运会期间保供、限供范围，确保比赛场馆、政府机关、宣传媒体、重要接待单位等重要用户和居民用电的安全可靠；全面落实三级错峰预警机制，提前做好错峰预警，做到事前通知、事中沟通和事后解释；储备应急发电设备约 23 万千瓦，有力支持了亚运会期间比赛场馆的应急用电需求。

这届亚运会共有 53 个比赛场馆（包括 12 个新建场馆和 41 个改扩建场馆），由于亚运会各场馆现状差别很大，举办的比赛项目和级别又各有不同，供配电系统的要求各有差异，南方电网公司按照各场馆地理位置的重要程度、场馆电力设施的建设现状以及比赛的重要性和关注程度等，将亚运会场馆分为特级、甲 A 级、甲 B 级三类。其中，特级场馆的两路 10 千伏电源采用同时主供、互为备用的供电方式。甲 A 级，甲 B 级场馆的两路 10 千伏电源采用一主一备的供电方式。除此之外，为了充分保证亚运会供配电系统的可靠性，场馆中所有 10 千伏主、备用电源的互投和联络均要求采用自投不自复[2]的工作方式，所有 0.4 千伏低压进线断路器全部取消失压脱扣器[3]。

保电期间，南方电网公司紧急组织保电人员，对所有比赛场馆及重要用户共开展 6642 户次检查，整改安全隐患 1150 个，整改率 100%；完成 54 个新建、改造场馆的设计审核、中间检查、缺陷整改、竣工验收工作；完成了 70 个场馆“一馆一册”和 3350 个重要用户的“一户一册”的编制工作；另外，针对业主方提出的部分亚运会比赛场馆用户侧供电设施基础薄弱、供电保障人员不足和技术力量薄弱的问题，南方电网公司从五省（区）39 个供电局紧急调集 1880 名专业技术人员，全方位援助比赛相关场馆和重要场所的电力保

[1] 甘肃省舟曲县地方史志编纂委员会：《舟曲县志》，方志出版社，2011 年，第 883 页、第 899 页。

[2] 指主备两路电源，当主电源正常有电时，备用电源备用，当主电源故障或失电时备用电源投入，如果主电源恢复正常时，不再自动切换到主电源供电。

[3] 张巍：《第 16 届亚运会场馆供电保障的设计管理简析》，2010 年。

障工作。

亚运会期间，广东电网运行平稳，最高负荷 5499 万千瓦，闭幕式当天最高负荷达 5247.8 万千瓦，电网频率和电压合格率均达 100%。亚运会主办城市广州和佛山、东莞、汕尾 3 个协办城市的亚运会保电工作开展出色，亚运会保电值守有序，防护措施到位，应急体系完备，技术保障有力，全部比赛场馆的重要场所供电正常，网络和信息系统运行正常，亚运会各项赛事、重要外事活动、各项涉亚活动供电安全可靠。比赛场馆、重要保供电场所及重要线路区域 24 小时专人值守和不间断巡视，平均日投入技术值守人员 2.6 万人，投入各类安保力量 2.1 万人，643 支应急队伍、654 名应急专家、61 辆应急发电车 24 小时待命。

2010 年 11 月 27 日闭幕式期间，广东省内广州、佛山、东莞、汕尾、深圳等 10 个地市启动特级保供电措施，广东电网公司共投入 50 008 名干部员工坚守在保供电一线，其中管理人员、技术人员 27 255 名，安保人员 22 753 名，并特别派遣 232 名精兵强将组成海心沙[1]保供电团队，坚守在闭幕式现场，保障第 16 届亚运会在广州胜利闭幕。至此，南方电网公司举全网之力保亚运会供电，实现了“万无一失”总体目标，实现了“绝不发生一起涉亚重点保电场所供电事故、绝不发生一起影响公司形象的重大供电服务事件”的两个“绝不发生”的承诺。

九、大运会保供电

第 26 届世界大学生夏季运动会（简称大运会）于 2011 年 8 月 12—23 日在深圳举办，参赛国家及地区 152 个，参赛运动员 7865 人，设 306 项（24 个大项）比赛项目。南方电网公司在深圳大运会举办期间的保供电工作做到“零事故、零差错、零投诉”，兑现“确保万无一失”的承诺，表明南方电网公司重大活动保供电工作纳入常态化管理。

大运会保供电面临诸多挑战：赛事期间正值迎峰度夏时期，南方电网最大统调负荷达到了 11 127 万千瓦，全网错峰负荷在 1000 万千瓦左右，电网处于极限运行状态，电力供需矛盾非常突出；且属台风、雷雨多发季节，天气不确定性因素较多；涉及大运会（简称涉大）保供电设备运行维护量大，涉大重点工程达 335 项；开、闭幕式场馆几经更改，使得保供电工作难度大、时间紧迫。

南方电网公司按照“全网保广东、广东保深圳、深圳保大运”的原则，全网一盘棋做好各项保供电工作，构建总体预案为主、专项预案为辅的“1+12”预案体系，完成 61 种 A 类物资和 1688 种 B 类物资的储备，落实约 5 万千瓦的应急发电设备储备，建立了强有力的组织保障体系和指挥体系，有力支持了大运会期间比赛场馆的应急用电需求。南方电网公司组织两万多保供电队伍，支援员工仅有 3600 多人的深圳供电局，仅电网侧保电人员就有 13 000 多人，同时还组建约 1500 人的应急抢修队伍。此外，深圳供电局开展供电

---

[1] 2010 年广州亚运会的开闭幕式场地位于珠江新城南端珠江上的海心沙广场。广东电网以“海心沙”为名，组建保供电团队。

防风防汛等各类演习 61 次，场馆应急演练 351 次。建成了“信息高度集成、决策智能辅助、现场全景展示”的国内最高水平电力应急指挥平台，采取“双盲”（事前不通知演练时间和演练内容）实战演练模式，有效检验了各应急队伍的应急处置能力。广东电网公司组织 6361 人投入保供电工作，抽调 1859 人组建成 35 支应急队伍，以志愿者的身份加入了大运会开幕式、闭幕式及比赛场馆等重要场所运行团队。同时，安排 300 多名专业技术人员支援深圳供电局，为赛事期间场馆侧的保电提供坚强的技术保障。采用“红绿灯”及“排除法”对工作任务实行全过程跟踪，制订规范的值班工作原则及严格的信息报送流程，确保 4 万人的保供电队伍有序运转。

南方电网公司充分发挥南方电网资源优化平台作用，优化运行方式，做好电力电量平衡，加强用电管理，确保大运会期间深圳电网无错峰安排。投入 17 项重点基建工程 53.16 亿元用于深圳电网的网架建设，共安排 335 个主、配电网建设及改造项目，技改检修工程 241 项 3.32 亿元，直接涉及大运会配电网工程 77 项 1.39 亿元。这些项目的投产，极大地强化了电网的网架结构，夯实了保供电基础，提升了各场馆的供电可靠性。对于 166 座变电站、298 回 110 千伏及以上输电线路、151 个配电房涉大特级保供电设备，组织特试特检、巡视维护和隐患排查工作。完成 14 223 项预试计划、7357 项定检计划。在两次隐患排查与整改工作中，累计消除设备紧急重大缺陷 325 项、一般缺陷 1655 项，排查处理重大隐患 67 项、一般隐患 156 项。

第五节　配电自动化实用化研究与实践

加快配电自动化实用化研究与实践是配电建设发展的必然趋势，随着 21 世纪中国经济社会快速发展，供电负荷迅猛增长，对提高配电自动化实用化水平的需求越来越强烈。2003—2008 年，电力行业进行过大量探索，但由于配电网网架结构变化过快，配电设备质量较差以及配电自动化技术不成熟等原因，不适宜再开展大规模配电自动化建设，造成配电自动化实施整体处于停滞状态。

为推动配电自动化实用化的发展，两大电网公司进行了实用型配电自动化建设模式的研究，建设了小范围的试点工程，编制了多个相关指导性文件及标准，为后期智能配电网建设奠定了基础。2008 年，南方电网公司提出了“简单、经济、实用”的配电自动化建设原则，重新开启配电自动化大规模试点建设。

一、《关于城市配网自动化实施的若干意见》的提出

2002 年，全国已有近百个城市的供电企业开展了配电自动化系统工程试点建设[1]，通过不断尝试探索，配电自动化工作取得了很大的进展。在已投入运行的配电自动化系统中，

[1] 《城网动态》编辑部：城网动态，2003 年 12 月，第五十二期，第 27 页。

有相当一部分在生产运行管理中发挥了积极的作用。但是，也有不少已建成的配电自动化系统暴露出运行不正常、管理维护困难等问题，最终导致被迫停用或闲置，没有发挥应有的作用。分析其原因，一是部分地区配电网一次网架结构薄弱，并不具备建设配电自动化的条件，存在“超前建设”的现象；二是有些系统功能规划不合理、设备质量不过关；三是部分供电企业对配电自动化提高供电可靠性的作用认识不足，配套管理维护工作没有跟上，造成系统的实用化程度不高。

为积极稳妥、健康有序地推进配电自动化系统建设，2002 年国家电力公司委托全国电力系统城市供电专业工作网组织编写了《关于城市配网自动化实施的若干意见》（简称《意见》），于 2003 年 10 月 14 日在《城网动态》上刊发。

配电自动化系统建设，对配电网的一次网架结构、技术装备水平和管理水平都有较高要求，具有投入大、成本高的特点。《意见》指出各供电企业的配电自动化建设应根据本地区经济发展水平、社会用电需求，以及本企业的电网运营状态和经济承受能力，综合比较，有条件则上，无条件则缓上或不上。对于拟建设配电自动化系统的企业，要求具备较强的一次网架结构、互供能力和可靠的一次设备。对于正在建设配电自动化系统的企业，应充分利用已有自动化系统及通信系统等资源，因地制宜，稳步开展配电自动化系统建设。对于已建成的配电自动化系统，要投入日常运行，通过实际应用来暴露问题，总结经验，积极改进，以发挥其应有的作用。在投运一段时间后，应对其进行实用化验收，并将其运行管理纳入日常生产管理。

《意见》提出供电企业要针对配电自动化系统的特点，及时调整和完善运行规程和工作流程，建立技术过硬的运行维护队伍、严格的运行管理制度和相应的监督管理机制，做到任务明确、责任到人，保证系统健康运行，充分发挥系统效益[1]。

《意见》作为配电自动化实施的指导性文件，贯彻了实事求是的思想，指出了各供电企业应从实际需求出发，综合判断本地区条件是否具备实施配电自动化的要求，避免盲目投资建设，对配电自动化向实用化的方向发展起到了引导作用。

二、国家电网公司配电自动化实用化技术研究

20 世纪末期，中国许多城市都进行了配电自动化试点建设，并积累了不少经验和教训。由于试点建设普遍缺少规模效应，投入产出比低，系统功能不能满足供电企业的实际需要，制约了中国配电自动化的推广应用。2005 年，国家电网公司委托上海市电力公司开展“配电自动化技术研究”项目，研究适合于城市配电网自动化的建设模式。

2007 年 1 月，上海市电力公司基于光纤通信网络的建设试点项目，总投资约 1900 万元，共计完成了 12 条电源线、近 20 座变、配电站的故障自动检测、隔离及恢复供电，完成了黄浦小区配电自动化项目建设工作。经过实际运行，非故障区间的恢复供电时间降低到 1 分钟以内。该项目按照实用化模式建设，配电自动化整体满足企业和用户的实际需求，

[1] 《城网动态》编辑部：城网动态，2003 年 12 月，第五十二期，第 28 页。

比早期试点模式的建设成本降低 87%。上海市电力公司以该项目的建设、运维经验为基础编制了《配电自动化实用化技术研究报告》（简称《报告》）。

2007 年 2 月 16 日，国家电网公司生技部在上海组织召开了配电自动化实用化技术研究研讨会，国家电网公司国调中心，上海市电力公司，各省、市供电公司，国网直属科研机构等有关专家参加了会议，对《报告》进行了研究和讨论。

《报告》分析了早期配电自动化系统试点实用化程度不高的主要原因：一是系统功能定位不准确，未解决供电企业的实际需求，普遍存在系统功能超前、配置过高；二是投资的经济性与用户的供电恢复时间之间没有达到合理的经济平衡点，造成系统投资过大；三是部分配电自动化设备质量不过关，系统运行后故障率高；四是系统投运后运行维护管理部门的责任制度不明确、运行维护人员不到位等问题，导致系统不能实现常态化应用。

《报告》针对上述问题提出了配电自动化实用化建议：一是配电自动化建设要从供电企业配电管理的需求出发，提出实用化的 SCADA 方案和综合通信组网模式；二是提出了能满足不同类型线路供电可靠性要求的馈线自动化（FA）的 4 种实用化方案，可经济有效地实现 FA 功能；三是建议电力行业应规范实用化验收测试，严格执行系统的试验规范和验收标准，保证配电自动化系统及其相关设备在全生命周期的质量；四是各供电企业应开展日常维护流程，组建专业维护队伍和管理机构，将配电自动化系统的维护纳入日常运行管理和考核中。

《报告》在分析国内配电自动化发展现状的基础上，总结国内外配电自动化建设经验，提出适合于中国配电自动化发展的建设模式，为进一步推动配电自动化实用化起到了积极作用。

三、国家电网公司《配电自动化技术导则》的颁布

随着配电自动化建设的开展，各地缺少统一的纲领性技术指导标准的问题日益突出。国家电网公司为有效指导配电自动化相关工作，按照“统一规划、统一标准、统一建设”的指导思想，组织编写了《配电自动化技术导则》（Q/GDW 382—2009）（简称《导则》），并于 2009 年 12 月 25 日正式颁布实施[1]。《导则》是指导国家电网公司各单位开展配电自动化相关工作的纲领性文件，内容涵盖从配电自动化规划到运行各环节的总体技术要求。

《导则》遵循全面性、适用性、差异性和前瞻性的原则，在总结中国以往配电自动化实践经验的基础上，从国家电网公司生产运行的实际需求出发，明确了配电自动化的定义，规范了配电自动化的建设内容和功能并描述了配电自动化和配电自动化系统、配电主站和配电 SCADA 之间的关系。

《导则》明确了配电自动化建设要以提高供电可靠性、改善供电质量、提升电网运营效率和满足客户需求为目的。要求供电企业应根据本地区配电网现状及发展需求分阶段、分步骤实施配电自动化建设与改造，并纳入本地区配电网整体规划，在进行配电网的建设

[1] 《关于印发〈配电自动化技术导则〉等二项标准的通知》（国家电网科〔2009〕1535 号）。

与改造时，提前考虑实施配电自动化的需要。依据本地区经济发展、配电网网架结构、设备现状、负荷水平，以及不同区域供电可靠性的实际需求进行规划设计，合理选择配电自动化实现方式，因地制宜地实施配电自动化建设与改造，力求经济、实用、可靠。

《导则》定义了简易型、标准型、实用型、集成型和智能型五种配电自动化的实现形式，满足于不同类型供电区域差异化建设的需要，首次把配电网智能化应用功能写入标准，并为配调一体化管理提供有效的技术支撑，体现了配电自动化系统的前瞻性。

随着《导则》的发布，配电自动化进入了规范有序发展的新阶段，在后续的配电自动化规模化建设进程中，《导则》起到了技术指导和规范实施的作用，提高了配电自动化工程的建设质量和实用化水平，取得了显著成效。

在《导则》的指导下，国家电网公司相继完成了《配电自动化主站系统功能规范》《配电自动化终端/子站功能规范》《配电自动化系统验收技术规范》等系列标准的编制，对《导则》中提到的相关技术原则及要求进行了细化，进一步规范和明确配电自动化规划、设计、建设、改造、设备采购、系统验收等全过程的技术要求，有力保障了配电自动化建设和运行工作的顺利进行。

四、四川双流“县级电网调度/配电/集控/GIS 一体化系统”的建设

早期的县级电网普遍存在调度自动化、配电自动化和无人值班变电站集控等系统的“孤岛效应”问题，多个系统之间相互独立，无数据关联，难以做到数据一致性，维护工作量大、重复工作多等弊端逐渐凸显，不适应电力生产运维管理的新要求。县级电网迫切需要一套功能全面、多系统融合、经济性良好的自动化系统平台来满足生产管理需求。

1995 年起，四川双流供电局陆续建设了基于 Windows 操作系统的调度自动化系统、无人值班变电站集控系统和配电自动化系统[1]等相互独立的自动化管理平台。为将这些独立系统进行有效整合，消除各系统的“孤岛效应”，实现信息共享，双流供电局积极探索适用于县级配电自动化建设的新模式。2002 年，双流供电局组织编制了四川双流“县级电网调度/配电/集控/GIS 一体化系统”总体研制方案，将调度自动化系统、配电自动化系统、变电站集控系统和基于 GIS 地理信息的配电网设备管理系统进行集成，形成一个多系统互联的一体化系统。系统开发过程中，注重系统软件研发和各种接口标准和实用化应用的研究，2005 年 2 月，经过现场安装调试后，一体化系统正式投入运行，实现了对双流供电局所辖范围内的变电站、城区 10 千伏配电网、供电所和大用户等运行工况的有效监控，解决了数据分析处理和信息共享的问题，支撑了供电企业的调度、配电、变电的集中控制管理和日常生产管理，提升了双流供电局对配电网生产运行的管理水平。2005 年 12 月 22 日，国家电网公司在成都召开了农网“十五”科技工作会议，该项目被授予国家电网公司“十五”农网优秀科技项目进步奖。

随后双流供电局逐步扩大了系统规模，至 2006 年，有 5 座 110 千伏、5 座 35 千伏综

[1] 《“县级电网调度/配电/GIS 一体化系统”工程项目》，电力设备，2006 年 10 月，第 7 卷第 10 期。

合自动化无人值班变电站和 1 座用户 110 千伏变电站的远动信息接入了这个一体化系统，新建改造了 13 个手拉手 10 千伏配电环网线路，加装了 29 套配电网 FTU 和 32 套 TTU。

四川双流“县级电网调度/配电/集控/GIS 一体化系统”的建设模式，为中国农网配电智能化改造提出了新思路，为后期县级配电自动化建设提供了典型案例，并作为国家电网公司典型项目在农网建设中推广应用。

五、《电力企业应用集成　配电管理系统接口》的发布

配电管理系统（DMS）是对配电网的生产和运行实施监控和管理，将电网系统图、城市地形图，电网设备及属性数据有机结合起来，在生产系统进行日常管理的一种应用系统。结合 SCADA 系统，可在地理信息图上反映配电设备的实时数据，为生产、设计、施工、停送电管理提供辅助决策。随着配电管理的要求逐步提高，电力企业对开发运用 DMS 的需求日益迫切。国际电工委员会于 1999 年 12 月发布的 IEC 61968《电力企业应用集成配电管理系统接口》，定义了配电管理系统各类应用软件之间的接口规范，IEC 61968 的执行实现不同厂商的 DMS 应用程序之间的系统集成，满足了 DMS 系统与不同的信息系统进行数据交互，涉及的多个系统间需执行统一的接口规范的要求。

前期，由于中国配电系统与各子系统缺少统一的接口规范，国内几个主站厂商执行不同标准，造成部分单独建立的配电 SCADA、电量采集、用户信息等系统，无法实现数据共享和数据交换，产生了配电自动化系统的“孤岛”问题。2006 年，中国的电力系统管理及信息交换标准化委员会配电网工作组根据《国家发展改革委办公厅关于印发 2005 年行业标准项目计划的通知》（发改办工业〔2005〕739 号文）的要求，开始翻译 IEC 61968，并等同采用，转化为中国电力行业标准《电力企业应用集成配电管理的系统接口》（DL/T 1080）。

2008 年 6 月 4 日，国家发展改革委颁发了 DL/T 1080 的第 1 部分，它确定和建立了基于接口参考模型（IRM）的标准接口的要求。2010 年 5 月 24 日，国家能源局颁发了 DL/T 1080 的第 3 部分和第 4 部分，第 3 部分规定了多种消息类型集合，用于支持外部系统数据获取、故障隔离等多项电网运行相关业务功能，第 4 部分规定了用于支持台账和资产管理等相关业务功能的消息类型，以及消息类型的典型用法。

DL/T 1080 从整体上定义了 DMS 接口体系中主要元素的接口，为电力企业内部各应用系统间的信息共享提供了接口规范和实现机制，对于实现配电自动化系统（DAS）与相关系统之间的信息交互具有指导作用。

DL/T 1080 的颁布与实施，为后期智能电网的发展打下了良好的基础。在 2009 年陆续开展的大规模配电自动化试点工程建设，基本遵循 DL/T 1080 构架和接口方式，实现了 DAS 与相关系统信息交互，确保配电自动化主站系统数据标准性和功能开放性。

六、广东深圳福田区配电自动化试点建设

2007年南方电网公司下发《关于下达配电系统自动化应用试点项目的通知》（南方电网生〔2007〕19号），按照该通知要求，深圳福田区于同年7月启动了配电自动化系统试点建设工作，一期工程于2008年7月开始建设，总投资为15.91亿元，2010年8月，系统通过广东电网公司实用化验收。

系统采用主站集中式馈线自动化模式。在发生电网故障时，配电自动化主站能够根据DTU、FTU上传的故障信息，启动馈线自动化（DA）功能模块，通过实时网络拓扑进行故障快速定位，并推演出故障处理方案，调度员通过远方遥控命令实现故障隔离和非故障区域的快速复电。

福田区配电自动化工程按照经济实用的原则，未对一次网架和设备开展大规模改建，而是结合配电自动化建设需求，对部分设备进行有计划的改造升级，有效降低了建设成本。截至2012年，福田区共完成了1775个配电自动化终端的接入，其中"三遥"终端454台，"二遥"终端452台，"一遥"终端869台，馈线自动化终端覆盖率达到56.15%，10千伏配电线路的覆盖率100%。

在通信建设方面，福田区配电自动化系统结合供电分区的规划，严格控制配电节点功能变化，因地制宜选择多种通信方式综合组网，建设了一张集光纤以太网、中压电力载波、无线公网等通信方式的大型综合通信网络。其中光纤以太网技术主要用于配电"三遥"节点，无线公网技术主要用于"一遥""二遥"节点，中压载波技术则在3条10千伏线路上试点应用。

项目建成了一套具有80万点的超大数据处理能力的配电自动化主站系统，实现了配电SCADA、馈线自动化、网络拓扑、基于GIS的配电网应用、配电仿真、负载率和在线率统计等功能。该系统还具备潮流计算、负荷预测、智能预警等高级应用功能，能够和GIS、EMS、准实时数据平台PI的接口进行数据交互。

2009年7月—2012年4月，深圳福田区通过配电自动化系统的应用，共减少停电时户数2288时·户，提高该区域供电可靠性0.002%；在202次故障跳闸中，系统对143次跳闸实现了故障定位，对其余的59次故障给出了参考信号；进行开关远程遥控共计862次，成功732次，失败130次，成功率为85%，基本达到了实用化要求。

第八章

配电专业化管理水平全面提升（2009—2015）

21世纪初，中国电力体制开始了重大改革，“十一五”规划期间，以市场化改革为突破口的电力市场建设稳步推进，国家能源委、国家能源局相继成立，至2011年，主辅分离的改革也终于完成。一套新型的电力体制机制从萌芽到开花结果，赋予了电力工业快速发展的活力，促使全国电力工业在2009—2012年间实现了跨越式发展。这期间各级电网企业相继成立了配电专业化管理机构，部分地区实现配电专业管理单列，成立配电中心，实现配电业务的专业化、扁平化管理。

“十二五”规划期间，国家电网体制机制改革深入推进，“大检修”体系搭建完成。这期间配电相关各类标准、导则、规程进一步修编和完善，大量高新技术和设备广泛应用于配电网建设与管理之中，配电管理模式及作业方式不断改进，全国配电结构不断优化，配电系统的安全性、可靠性、经济性和资源配置能力得到全面提高，配电专业化、标准化、规范化水平得到提升。

与此同时，随着无电地区通电工程和新一轮农村电网改造工程稳步推进，农村供电能力显著提高，到2012年，全国已实现村村通电，部分网区还实现户户通电，全社会用电量达4.97万亿千瓦•时。全国城乡配电网得到了较全面的发展，至2014年，10千伏配电变压器容量、线路长度分别达到2010年的1.8倍和1.2倍，网架结构更加完善，供电能力不断增强，供电可靠率和电压合格率进一步提高。2015年全国实现“户户通电”，无电地区和无电户现象得以消除。

党的十八大以后，国家确定了建设美丽中国的宏伟蓝图，中国进入全面建成小康社会的关键时期和能源发展转型的重要战略机遇期。中国电力工业朝着为社会生态文明建设提供安全、清洁、经济电力的方向积极转变，着眼推动节能减排、服务“两型”社会的需要，推动新型电能利用模式，提高电能在终端能源消费中的比重。国家电网公司和南方电网公司顺应时代发展，适时推进配电自动化规模化建设，积累了建设智能电网的理论经验和实践数据，从而使配电自动化建设质效得以提升，智能电网建设成功启动并初见成效，有效促进了节能减排和清洁能源的发展。

第一节　配电管理体制改革

2002 年，国务院下发《国务院关于印发电力体制改革方案的通知》（国发〔2002〕5 号），政府逐渐减少行政干预，改为提供法律、政策保障，规范市场环境，发挥宏观调控和监管作用。电力行业的内部人力资源与电网规模不匹配、制度体系与负荷需求不适应的矛盾比较突出，各地电网公司紧密结合城乡电网改造和经济发展趋势，采取了不同的内部体制改革措施。因经济发展水平不同，地域文化差异，电力体制改革均带有地域特色，体制差别在配电领域显现得比较突出。外部环境方面，应对自然灾害和事故灾难的能力较弱，应急管理体系亟待建设。

随着电网规模扩张与负荷增长，政府监管力度增加，运营环境发生了深刻变化。2008 年，南方电网公司提出了“以提高可靠性为各项工作的总抓手”的方针，以市场化为导向转变价值观。2009 年，国家电网公司规范内部配电管理要求，2011 年，按照现代企业标准，实施人力、财、物集约化管理（“三集五大”）建设，优化配电人力资源，统一并加强配电专业管理体系，强化配电网技术支撑，实现配电规划与配电建设同步。

通过一系列内部改革措施，电网企业的管理目标，从保证安全、执行计划，转变为保障安全、降低成本、提升效益、供电保障、履行社会责任等综合目标，管理对象从电网运行调整为电网运营，管理措施从注重专业技术转变为优化流程、注重绩效，对中国城乡配电网发展产生了深远的影响。

一、国家电网公司配电专业管理机构的成立与运行

2002 年，国家电网公司、南方电网公司成立。由于各地区城乡建设和经济发展不均衡，不同地区农村城市化进程各异，形成中国不同地区城乡配电管理多元化发展模式。

城市配电网管理主要有两种模式，一种是以江苏、上海、辽宁、天津等省（市）电力公司为代表，在省（直辖市、自治区）电力公司及其地市级供电公司生产部设置配电处或配电专责岗位，地市供电公司设配电工区或供电所，10 千伏及以下配电网专业化运维；另一种是以河南、安徽、福建等省电力公司为代表，在省电力公司用电部设置配电处、地市供电公司设置配电管理中心，10 千伏配电网专业化运维，低压配电网营配合一管理。

农村配电网管理大致有两种，一种是以河北、安徽、湖北、陕西等省电力公司为代表，省电力公司设置农电部（处），成立县农电资产管理公司（后改为农电公司），按照区域设置供电所；另一种是在四川、安徽、广西等水利资源丰富、小水电多的地方设农电局（电力局），以农村电管站为运维管理主体。

2009 年 1 月，为加强配电统一管理，国家电网公司生产技术部成立配电处，负责配电专业管理、可靠性管理、电缆运维管理。同年，国家电网公司下属部分省公司分别成立配电处，配置岗位与国家电网公司基本相同。国家电网公司配电处在组建之初的两年多时

间里，围绕"一强三优"现代公司的发展目标，评估配电网状况摸清家底，组织重点城市编制配电网规划，制订方案推动智能配电网建设，整体推进配电专业管理，引领配电网精益化、信息化、标准化建设。

配电处成立伊始，首先组织开展国家电网公司系统配电网调查，对配电网规模、线路绝缘化率、电缆化率、负荷情况、配电自动化试点情况进行梳理，厘清配电网数据和设备状况。在摸清家底的基础上，配电处下发了《关于开展"十二五"城市配电网规划编制工作的通知》，组织21个重点城市，结合电网"十二五"规划编制工作，开展本地区城市配电网"十二五"规划编制。2009年年末，各重点城市配电网"十二五"规划通过了国家电网、属地发展改革委、国土资源局、规划局等相关政府部门的评审，是国家电网公司配电专业首次牵头组织中国城市10千伏及以下配电网规划工作，其确定的城市10千伏配电网骨干网架结构、配电网负荷预计方法、配电设备选型技术规范、智能配电网技术标准等技术原则，对以后的城乡电网改造具有重要指导意义。

为开展新一轮配电自动化试点工程建设，国家电网公司下发了《关于组织做好配电自动化试点工程建设实施方案的通知》《关于下达智能电网试点工程项目计划的通知》，将智能配电网建设列入国家电网公司投资计划，确立配电自动化、实用化的建设目标，分批分步实施。试点工作首批在北京、杭州、厦门❶、银川等四个城市启动，2010年又批准了第二批19个重点城市配电自动化试点项目，先期试点工程所提供的技术路线和建设方案，为后续配电自动化的全面推广及应用积累了经验。

2010年，国家电网公司下发了《关于印发全面加强配网管理工作意见的通知》，要求推进配电生产精益化，提高运维工作效率；借助SG186工程，推进PMS试点工作，加强配电信息化管理；开展配电设备状态检修试点，研究并探索配电设备工厂化检修方案；2012年在江苏南京举办配电网不停电作业工作推进会，交流配电网带电作业经验。

国家电网公司配电处成立以来，通过一系列专业管理措施，明确了建设世界一流配电网的规划目标，优化了国家电网公司系统配电网管理机制，规范统一了城乡配电网建设与改造技术标准，对提升中国配电网发展建设水平、提高配电运维管理水平起到了重要作用。

二、配电管理组织架构的变化

在中国能源结构调整、厂网分开，市场化运营的背景下，国家制定了一系列法律、政令和文件❷，对供电企业电能质量、可靠性水平、电网用户接入、工程建设、信息披露等进行全面监管，电网调度、市场营销、电网建设、配电抢修服务等与社会责任和客户利益密切相关的运营管理机构，成为供电企业被监管的主要部门。

面对市场和政府监管，在逐步走向市场化的进程中，国家电网公司和南方电网公司主

❶ 厦门是中国首个建设实用化智能配电网城市。

❷ 这些法律、政令和文件包括《中华人民共和国可再生能源法》《电力监管条例》《输配电价管理暂行办法》《销售电价管理暂行办法》《供电服务监管办法（试行）》《电力业务许可证管理规定》《电力市场运营基本规则》《电力市场监管办法》《电工进网作业许可证管理办法》《关于加强重要电力用户供电电源及自备应急电源配置监督管理的意见》。

动对传统电力管理模式进行了变革与创新，建立适应市场竞争特点和政府监管要求的企业管理新体系。在组织管理、生产管理和经营管理方面，电网企业内部发展生态发生了重要变化，国家电网公司提出了“三集五大”战略，南方电网公司提出了“以提高可靠性为各项工作的总抓手”的方针等，对中国电力行业发展产生了很大的影响❶。

2010 年，国家电网公司制订了“三集五大”体系建设总体方案。变革核心是整合规划、建设、运行、检修、营销业务管理流程，建立集约化、扁平化、专业化的管理运行模式❷。按照国家电网公司建设方案，自上而下对国家电网系统内各单位电网设备运检管理体制进行了统一规范，建立省公司“一部一公司一中心”、地市供电公司“一部一公司”和县供电公司“一部一工区”的运检组织架构。国家电网公司生产技术部改为运维检修部，设立计划、检修、技术、综合四类六个处室，检修三处负责配电网、电力电缆设备运维检修管理和状态检修等工作，所属省、市、县公司技术部改为运维检修部，负责配电网运检管理。

2011 年 4 月，国网江苏省电力公司按照国家电网公司安排，系统实施“三集五大”体系建设，成为国家电网公司系统首个试点省公司。根据“一部一公司一中心”原则，国网江苏省电力公司运维检修部下设计划、技术、检修一、检修二和检修三处，检修三处负责配电网运检管理，成立检修公司、电科院设备状态评价中心。

根据地市公司“一部一公司”原则，国网常州供电公司运维检修部和市检修分公司合署，具有职能管理和实施主体的双重职责，设置计划技术（综合）、变电运维、变电检修、输电运检、配电运检和电缆运检等专业室。配电运检室下设配电运检、配电工程、配电抢修、配电二次、配电带电作业、电缆运检班（除南京、苏州、无锡、常州供电公司外，配电电缆的运检由配电运检班或配电工程班负责）、机具维护班等班组。

根据县公司“一部一工区”原则，国网江苏溧阳供电公司运维检修部和检修分公司合署，设置配电运维、配电抢修、工程、信通运检、电缆运检、机具维护班等班组，在各乡镇供电所设配电班❸。

江苏省配电管理架构基本达到了集约化、扁平化要求，基本代表了国家电网公司系统各地配电管理的组织架构，各地只是在班组数量方面有差别。2012 年，国家电网公司召开二届二次职代会暨 2012 年工作会议，审议通过了“三集五大”体系建设工作方案，在国家电网公司系统推广。2014 年 12 月，国家电网公司基本完成“三集五大”体系建设。

这次供电体制的变革，打破了原有基层供电企业运维管理模式，通过压缩管理层级、缩短业务链条，进行流程再造。在配电领域，取消了城市原配电工区、农村供电所等基层班组，一线班组人员技术力量被分散配置；部分需要跨车间、跨专业协作进行的配电网技术改造、配电网抢修、可靠性管理、保电等工作的协调工作量增加；部分生产一线配电组织机构配置，以国家电网公司系统各地平均发展水平为基准，对国家电网系统配电生产管

❶《中国电力年鉴》编辑委员会：《中国电力十年跨越与发展》，中国电力出版社，2013 年，第 154 页。

❷ 国家电网公司三集五大建设方案。

❸ 国网江苏省电力公司三集五大建设方案。

理产生了较大影响。

同样，南方电网公司党组于 2010 年 4 月务虚会上明确了“集团化管理模式，一体化管理制度”的管理定位。2011 年出台了中长期发展战略，有效推进一体化管理，初步建立了网、省、地市、县区四层级一体化的组织架构，形成了基于业务分类的一体化业务流程、管理制度、技术标准、作业标准关联体系框架。2013 年 4 月，南方电网公司生产技术部更名为生产设备管理部，内设发电与变电设备管理处、输电设备管理处、配电网管理处、综合管理处，指导各分（子）公司扎实开展七个领域主要业务的统一规范工作，并着力向县级子公司、班组延伸，各项专业管理工作得到有效推进和落实。

三、配电网业务、定员与用人机制变化

1995 年，中国供电企业执行劳动部和电力工业部联合颁布的《发供电企业劳动定员标准》，按照送配电线路长度、变电站的类型和数量、配电变压器的容量和数量核定供电企业生产人员❶，经过初步测算，配电管理和一线生产定员定额不足，2008 年国家电力公司颁布的《国家电网公司供电企业劳动定员标准》，也没有参照配电网规模变化对定员做出全面调整。21 世纪初，中国城乡电网改造工程助力经济发展，带动电网负荷增长，配电网设备规模大幅度增长，新技术新装备大量应用，配电生产管理人员与生产一线人员严重紧缺，管理机制、人力资源与设备规模不匹配的结构性矛盾凸显。

为适应配电网发展要求，针对配电网规模扩大和新技术应用带来的管理问题，各地供电企业纷纷进行机构调整。在网省电力公司成立配电管理部门（配电处或配电管理中心），在地市、县供电公司增加配电管理岗位，承担配电专业技术管理职责。拆分原有供电企业，按照行政管辖区重新划分供电营业区，建立新供电企业，保留原有的生产管理机制和班组，采取各种措施，解决配电生产一线人员不足问题。具体措施是：提高电力技校、职业学校毕业生到配电专业的比例；部分主营业务（如配电抢修）外包给多经企业，部分辅助业务（如配电站运维环境治理、配电电缆工程的土方工作）承包给三产公司；与新建大型居民区物业签订低压电网运维协议，与大型企事业单位签订 10 千伏内部线路运维协议；延长配电设备的巡视周期、试验周期，取消 10 千伏及以下配电线路设备季节性维护工作；配电线路设备以换代修，新技术、新设备维护依赖供应商保障等。

这个时期各地配电管理机制变革不统一、不规范，带有地方性、实用性特点，是一种被动变革。以天津市电力公司为例，1995 年，天津市电力公司的本部成立配电部，配电网规划、技改大修计划、设备运行管理、配电业扩方案管理等职责由计划部、供用电部调整到配电部。市区供电公司和环城供电公司拆分为 8 个供电局，并以天津市主要河道、主干公路和规划行政区界为参考，重新划分供电营业区。1995 年，配合天津城市建设与经济发展形势，天津市电力公司成立业扩处，负责 10 千伏配电业扩工程管理。各供电单位

❶《发供电企业劳动定员标准》，1995 年，第 5 页。

生产计划科[1]设配电专工，负责配电网计划、运行、检修、抢修管理。生产计划科增加规划、保电管理（兼）、配电自动化（兼）职责。2006年，天津市电力公司修订《10千伏及以下配电线路运行规程》，根据配电网设备健康水平和运行环境，合理延长配电设备运行巡视周期，结合10千伏架空线路绝缘水平提高和杆塔挡距缩短趋势，取消弧垂调整、清扫等季节性工作。天津市电力公司管理机制的适应性变革措施，保障了新增配电业务落实到部门，释放了配电一线班组生产力，一定程度缓解了配电管理组织架构、人力资源与设备规模不匹配的结构性矛盾。

2011年，国家电网公司制订《配电网全过程闭环管理办法》，对配电网运维检修管理的职责分工、管理内容、考核评价等工作提出了明确的要求，建立了较为完善的配电网制度标准体系[2]。2013年，为适应企业组织架构和业务模式调整与变革，国家电网公司综合考虑了电网装备技术进步、管理信息化、专业分工协作、职工队伍素质等发展要求，编制并发布了《国家电网公司供电企业劳动定员标准》（2013版）。按照新标准，配电网运维定员标准增加了新技术、新装备工作要项，增加了配电业务辅助和运检技术两类劳动定员定额[3]，在同等地区、同等规模配电网条件下，2013版定员标准中运维人员的定员人数较2008年版增加了41%。

2013年，国家电网公司制订并印发了《供电企业岗位管理暂行办法》[4]，制订岗位标准规范，依据标准和任职资格，竞争上岗，择优聘用；对符合辅助性、临时性、替代性规定的一般岗位和通用岗位，依法合规地使用劳务派遣用工；按照新标准明确的岗位业务，对专业管理和生产一线员工在岗人员加强岗位培训，定期开展绩效考核，并建立管理岗位轮岗交流制度。通过规范劳动用工管理，规范内部人力资源市场，促进各类用工优化配置与高效利用，解决了管理机制、人力资源与设备规模不匹配的结构性矛盾，是一次配电管理体制的主动性变革。

《国家电网公司供电企业劳动定员标准》（2013版），适应配电网发展要求，厘清了配电运维业务范围，重新核定了国家电网公司系统配电网岗位定员标准，统一规范了岗位管理制度和用工管理行为，为今后配电网管理体制完善和管理创新奠定了人力资源基础。

四、多级电科院支撑配电设备检测

中国电力科学研究院（简称中国电科院）和各省电力科学研究院（简称各地电科院”）[5]分别是国家、地方电力科学研究机构。中国电科院与各地电科院分工协作，成为

---

❶ 2006年改为生产技术科。

❷《中国电力年鉴》编辑委员会：《2013中国电力年鉴》，中国电力出版社，2013年，第267页。

❸《国家电网公司供电企业劳动定员标准（2013版）》第70页。

❹《国家电网公司关于印发〈国家电网公司供电企业岗位管理暂行办法〉的通知》（国家电网人资〔2013〕586号）。

❺ 1990年，全国各省（直辖市、自治区）电力局成立电力试验研究所（院）（简称试研所），对外改称电科院，内部称为技术中心，与中国电科院无行政隶属关系，是各地区电力企业内部的专业技术监督中心、技术服务中心、技术开发中心和技术情报中心，解决当地电力生产和建设中的技术问题。

中国电力工业发输电装备试验中心、电力科技技术情报聚集地。2002 年，厂网分开以后，中国电科院的科研重点转移到电网运行分析和电网装备技术领域。

改革开放后，受大规模城乡电网改造和经济高速发展双重因素影响，配电网负荷快速增长，规模快步扩张，设备需求大幅度增加。1998—1999 年，国家经贸委先后发布了三批《全国城乡电网建设与改造所需主要设备产品及生产企业推荐目录》，不断扩充城乡电网建设与改造国产设备的类别与范围。2002 年，国家经贸委取消了主要电气设备“两部鉴定”政策（机械工业部和电力工业部联合鉴定），改由各地经信委组织，2005 年以后也逐步取消。一系列扶植中国电气制造业相关政策出台后，一段时期内，生产周期相对短的配电装备制造成为投资对象，制造厂如雨后春笋般成立，具备资质的电气设备第三方试验站（所）[1]等待试验定型的配电设备排起了长队。2018 年，国务院发布《国务院关于加强质量认证体系建设促进全面质量管理的意见》（国发〔2018〕3 号文），用“指定实验室型式试验+自我声明”方式，取代了低压成套电器产品和低压开关设备的 3C 认证[2]。电气设备制造许可政策调整过程中，配电网设备技术门槛不断降低，在电网企业内，众多不同企业生产制造、系列型号相同的配电设备接入电网，迫使部分地区取消了“先试点、再小规模使用、最后正式应用”的管理过程，少数配电网装备制造质量问题和设计缺陷被忽略。城乡电网建设与改造工作量巨大，个别配电设备质量隐患、设计缺陷被遗漏。对于运行设备，为适应配电网可靠性要求，以不停电检修作业取代停电检修作业，由于线路的供电形式发生了变化，原有的配电设备周期性试验与维护、目视巡视等运维管理措施已经不适应。以上问题，给配电网设备质量控制带来影响。

面对配电网规模、配电装备大量增加趋势，各地电网公司提高配电设备技术标准，采用免维护配电装备，组织属地电科院对采购的配电设备进行抽检，各地电科院以科技咨询的方式，开始参与配电网设备技术管理。中国电科院受中电联委托，通过标准化委员会组织编制修订配电行业标准，开展国内外配电网学术交流，引进、推广配电网新技术。

2005 年，国家电网公司加强电网装备的技术管理，组织中国电科院、设计院专业人员和技术专家按照电网规划目标，制订电网设备通用技术标准，加强对电网设备供应商的资质审核和监造管理，全面开展配电设备抽检，逐步提高电网装备技术水平和制造工艺水平。国网天津电科院是开展抽检工作较早的单位，2012—2019 年，通过厂内抽检、厂外检测、专项巡检的方式对天津地区 10 千伏及以下电压等级的变压器、开关柜、柱上开关、箱式变电站、电缆、导线、金具等 30 余类设备材料进行检测，从 1800 多个工程中抽取样品 16 000 余件，发现质量问题 577 起。抽检工作[3]不仅提高了配电设备的质量，还保障了

[1] 西安高压试验所（开关类）、沈阳变压器研究所（变压器类）、武汉高压试验所（电缆类）、天津低压电器研究所和苏州电器科学研究所（低压装备）。

[2] 3C 认证指的是中国强制性产品认证，是中国政府为了保护国家安全和消费者的人身安全，加强产品质量管理，依照法律法规实施的一种产品合格评定制度。中国需要强制性认证的产品目录有电线电缆、电路开关装置和各种电器工具等。

[3] 2019 年国家电网系统配电设备抽检合格率 97.92%，2020 年为 98.23%（国家电网公司物资部配电抽检统计数据）。

电气设备合格入网和电网的安全可靠运行。

2010—2013 年，国网天津电力公司、中国电科院、国网天津电科院、国网电科院、国网信通公司、天津大学组成“智能配用电园区技术集成研究”研究团队，承担国家高技术研究发展计划（863 计划）“先进能源技术领域智能电网”课题研究任务。2015 年 4 月，9 项研究成果通过科技部组织的课题验收，其中“智能配电设备集成”等 3 项技术，在中新天津生态城配电网工程中落地。中新天津生态城智能配用电园区内，可再生能源发电渗透率达到 20.74%，配电网供电可靠率达到 99.999 9%，是一项科技转化为生产力的示范工程。

2011 年，国家电网公司建设现代企业集约化管理体系，在各地电科院建立配电业务支撑实施机构——电网技术中心和设备状态评价中心（物资质量检测中心），业务范围涵盖配电网设备技术监督、配电网设备评价、带电检测技术、设备状态分析、可靠性技术、物资检测、配电设备检测、配电智能化研究等专业技术领域。各级电科院通过研究配电网智能电网技术、辅助配电专业设备质量控制、设备状态分析与工厂化检修策略研究、可靠性分析与评估，实现对配电网运营的技术支撑。

五、国家电网公司经研院参与制订配电规划

在相当长的一个时期内，由于国家不富裕，国家对电力工业的投资全部用于发电和输电，无暇顾及配电，因此“谁用电谁投资”建设配电线路成为配电网发展的主要资金来源，造成中国配电网资产结构非常复杂，设备使用时间跨度大，“老龄化”严重。根据电网公司配电资产的调查，中国实施大规模城乡电网改造前，10 千伏及以下配电线路及设备资产有以下来源：中华人民共和国建立初期没收的国民党官僚资产，社会主义改造时期赎买的民族资产，社会主义建设时期新建发电厂配套，地方政府投资建设，农村集体筹资建设，改革开放初期政府（三电办）组织多行业集资建设，经济活动中新电力用户投资建设，城市、城镇新建居住区电力配套建设，电网公司投资建设等。

大规模城乡电网改造前，由于建设资金来源不同，部分设备不能及时转资，配电线路设备维护缺乏稳定资金渠道，资产无法良性循环，配电建设与上级电网建设不同步，规划目标不能完全落实，多元化投资的配电工程取费标准不统一，因此配电工程规范管理难以实现。结合城乡电网改造，国家通过调整电价、允许配电免税转资[1]，取消配电贴费、住宅配套费等政策，逐年提高电网公司投资配电网建设规模。2009 年国家能源局颁发《20kV 及以下配电网工程建设预算编制与计算标准》《20kV 及以下配电网建设工程预算定额》，[2] 首次为电网公司配电工程管理提供了设计审核依据。经过几轮城乡电网建设与改造，中国配电网老旧设备比例大幅度下降，电网变得“年轻了”。国家电网公司作为配电网的主要投资者与管理者，具备了配电规划与配电网建设与改造相结合的物质条件。

2011 年国家电网公司成立经济研究院（简称经研院）、省经研院、地市经研所，建立

[1] 免税转资：非电网公司投资建设的公用配电设施，免税转为电网公司资产。

[2] 1998 年前由于配电线路及设备由用户投资，所以工程取费采用用户所在地的地方定额标准和相关规定来计算，当配电网改为电网公司投资后，才由主管部下发了配电网建设工程预算定额。

了规划评审、技术经济（定额站、质监）、设计、建设管理和工程监理机制，参与配电网发展规划和专项规划的研究编制，审核10千伏电网项目可行性研究和初步设计，开展公司经营管理政策等分析课题研究，开展电网建设项目的质量监督，实施电网建设与改造规划与工程全业务支撑。经研院支撑体系建成后，配电网建设与改造的规划确立、方案设计、可研初设、储备立项、计划下达、工程实施不仅实现了全过程管理，还实现了规划目标与发展建设有机结合，提高了配电网建设与改造投资效率，全面提高了配电网建设与改造的管理水平。

六、南方电网公司科研院开展配电技术支撑

南方电网科学研究院有限责任公司（简称南网科研院）于2010年8月6日成立，是中国南方电网有限责任公司控股子公司，在南方电网技术研究中心的基础上组建而成，2014年被南方电网公司认定为“南方电网公司中央研究院”。南网科研院在智能配电技术领域取得了一系列重大自主创新成果，是全国电力需求侧管理标准化技术委员会、电力行业电力电容器标准化技术委员会秘书处挂靠单位，也是中国电机工程学会分布式供能三个专委会秘书处挂靠单位。

在支撑配电网生产方面，南网科研院重点协助开展主配电网可靠性提升技术支持，协助南方电网公司进行输变电可靠性检查，开展配电网供电可靠性提升技术支持、电压合格率分析、中压计量校核供电可靠性停电事件系统建设，协助修编南方电网公司提升供电可靠性工作方案及工作质量评价标准，协助开展配电设备标准化建设。在支撑配电网运行方面，重点开展配电网防风防冰规划制修订、配电网电压监测和配电变压器过载监测方案研究、配电网防雷、配电自动化及终端检测、配电网设备运行分析等专项工作。在人身风险防控方面，重点开展人身风险态势感知关键技术研究、协助开展南方电网公司系统人员行为、设备设施和管理缺失缺陷等安全隐患专项分析与治理工作。

2012—2015年，南网科研院研发了智能配电网统一支撑平台与自愈控制系统、智能自愈控制终端、自组网故障指示器、集装箱式光储一体化运行与控制系统等相关的系统和设备；实现了智能配电网运行“事前、事中、事后”全过程的分层分区自愈控制整体技术架构、基于馈线组的自愈控制技术和多源异构多时间尺度数据的综合利用技术等关键技术；实现了基于对等式通信的网络保护技术，解决了包含大量分布式电源的配电网系统快速故障定位、隔离及转移供电问题，推动了配电网自愈技术的成熟应用。

2015—2018年，南网科研院研发了具备配电网仿真分析与规划设计功能的配电网规划软件；2018—2020年，南网科研院研发了面向综合能源系统规划咨询业务的综合能源系统规划软件；2017—2021年，南网科研院依托国家重点研发计划项目顺利完成了综合能源配用电一体化规划系统研发，有效解决了当时仿真规划软件无法开展电/气/冷/热等多能流、多储能、多网络一体化规划设计的问题。该系列规划软件聚焦综合能源配用电系统规划业务，各具特色，互补性强，形成了完整的综合能源配用电系统规划设计解决方案，为中国电力工业综合能源和配电网规划业务发展提供核心技术支撑。

2016—2020年，南网科研院同步开展快速故障处理技术，覆盖故障识别、故障选线、

故障定位等故障处理全环节，研制了多回线故障选线装置、高阻接地故障识别装置、主动消弧装置和行波定位装置等，构建了完整的快速故障处理体系和配套装置，支撑电网建设高可靠性示范区、“两区一港”高品质供电建设。

七、国家电网公司实现配电网全过程闭环管理

为了优化整合运维检修专业管理体系，加强核心资源管控，实现集约化、扁平化、专业化管理，国家电网公司在 2011 年试点成功的基础上，2012 年开始全面推进“大检修”体系建设。

在此背景下，为加强和规范配电网规划、设计、建设、运维、检修全过程闭环管理，进一步提高配电网标准化、精益化管理水平，确保电网和设备安全可靠运行，2012 年国家电网公司运检部牵头制订并印发了《国家电网公司配电网全过程闭环管理办法》（国家电网办〔2012〕668 号）（简称《办法》）。

《办法》提出配电网管理应以资产全寿命周期管理为主线，以全面提升供电可靠性和优质服务水平为目标，加强规划设计、设备选型、技术监督与评估、安装调试、交接验收、运维检修及技改退役等环节全方位、全过程的闭环管理。对配电网规划、设计、建设、运维、检修管理环节的职责与分工、管理内容、考核与评价等工作提出了规范性要求。《办法》按照分级管理、分工负责的原则，实行专业化管理，明确了配电网管理职责，明晰了运检专业与相关部门的业务界面和职责分工，避免业务交叉、责任缺失和管理真空。《办法》提出要建立完善标准化管理体系，充分利用生产管理信息平台，推进配电网生产运维、专业检（抢）修和技改大修标准化管理，提高工作质量、工作效益和优质服务水平；要强化设备运行巡视，建立运行巡视管理考核机制，明确巡视内容和范围，根据设备状态评价结果，合理调整巡视内容和周期，严格巡视工作质量；要加强设备维护和缺陷闭环管理，明确维护内容和维护范围，细化登记、审核、检修、清除、运行验收等环节工作流程，及时发现并消除设备隐患和缺陷。

为按照《办法》要求规范运维检修工作，国家电网公司制订了《配电网运维与检修管理标准和工作标准》，对配电网运维与检修的管理职责、管理内容、考核评价等方面的管理要求进行了明确规定。

为推进运维检修标准化管理，国家电网公司依据《办法》制订并印发了《配电网技改大修技术规范》《配电网设备缺陷分类标准》《非晶合金铁心配电变压器技术条件》《固体绝缘环网柜技术条件》《有载调容配电变压器选型导则》《电缆线路不停电作业技术导则》等管理和技术标准 28 项，建立了较为完善的配电网技术标准体系❶。

为加强缺陷闭环管理，国家电网公司依据《办法》制订并发布了《电缆线路局部放电缺陷检测典型案例和图谱库》《配网设备隐患排查治理工作大纲》❷，并建立常态工作机制，

❶《国家电网公司年鉴》编辑委员会：《国家电网公司年鉴 2013》，中国电力出版社，2013 年 11 月，第 153 页。

❷《国家电网公司年鉴》编辑委员会：《国家电网公司年鉴 2014》，中国电力出版社，2014 年 12 月，第 149 页。

加大隐患排查治理力度，不断降低配电网故障率。

截至 2014 年，国家电网公司运维检修专业在原总部规章制度和管理要求的基础上，吸收借鉴省、地市、县公司各层面制度内容，共发布 37 项通用制度[1]，完善了制度标准、生产管理标准、工作标准，规范了业务流程，使国家电网公司系统运维检修专业各项活动“事事有规矩、步步有准则、同岗同标准、同职同规范”，实现了配电网全过程闭环管理，为全面推进“大检修”体系建设提供了保障。

八、配电网抢修与应急机制的结合

2013 年，党的十八届三中全会通过了《中共中央关于全面深化改革若干重大问题的决定》，提出要从举国救灾向举国减灾转变，从减轻灾害向减轻风险转变。2014 年成立国家安全委员会，提出“总体国家安全观”，要求从国家战略的高度决策部署应急管理工作。2017 年成立应急管理部和国家综合性消防救援队伍[2]，建立起一套涵盖四大类突发事件的管理体系。2018 年 4 月 16 日，中华人民共和国应急管理部正式挂牌，新组建的应急管理部整合了国家安全生产监督管理总局、国务院办公厅、公安部、民政部、国土资源部、水利部、农业部、国家林业局 9 个单位相关职责及国家防汛抗旱总指挥部、国家减灾委员会、国务院抗震救灾指挥部、国家森林防火指挥部职责。2019 年，中共中央十九届四中全会通过了《中共中央关于坚持和完善中国特色社会主义制度推进国家治理体系和治理能力现代化若干重大问题的决定》，要求构建统一指挥、专常兼备、反应灵敏、上下联动的应急管理体制，优化国家应急管理能力体系建设，提高防灾减灾救灾能力。

在全面贯彻国家应急管理要求、落实央企的社会责任[3]、加强应急能力建设过程中，国家电网公司、南方电网公司深化应急管理机制建设，建立了总部、省、地市三级应急指挥机构，编制了总体预案、专项预案、现场处置方案三级应急预案，实现了处置职责清晰、措施有针对性、可操作性较强的要求。按照预案，以实战为背景开展应急演练，形成了演练—发现问题—反馈—改进修正预案—再演练的良性循环；开展应急协作，相邻电力公司之间签订区域应急联动协议，联合演练，交流经验，优势互补；与当地政府、电网高危用户、重要用户联合进行实战演练，提高应对突发事件的协同能力。

平战结合开展应急队伍建设，在所属电力公司建立配电抢修与应急处置相结合的机制，配置带电作业车、应急发电车、照明灯车、抢险指挥车等配电检修、抢修与应急装备，既满足电网日常配电检修、故障抢修工作，又具备随时进行应急救援、保电的工作

---

[1] 《国家电网公司年鉴》编辑委员会:《国家电网公司年鉴 2015》，中国电力出版社，2015 年 10 月，第 141 页。

[2] 十九大后，机构改革中成立了应急管理部和国家综合性消防救援队伍，开启了中国应急管理事业的新时代，2018 年 4 月 16 日：中华人民共和国应急管理部正式挂牌。新组建的应急管理部整合了 9 个单位相关职责及国家防汛抗旱总指挥部、国家减灾委员会、务院抗震救灾指挥部、国家森林防火指挥部职责。

[3] 2008 年 1 月，国务院国资委发布《中央企业履行社会责任指导意见》（国资发研究）〔2008〕1 号）。电力央企主动承担社会责任，积极履行维护公众利益的责任和电力普遍服务的义务，着力保障服务民生。特别是在一系列重大事件和自然灾害中，更是凸显了电力行业以责任为先的理念。

能力。一线人员日常进行配电检修、抢修工作，发生突发灾害或事故、接到应急保电任务，能熟练操作抢险、照明、发电等应急装备和个人防护装备，并立即进入应急处置或保电状态。

2015 年 6 月 1—2 日凌晨，湖北荆州地区出现雷雨大风天气。6 月 1 日 21 时 28 分，一艘由南京开往重庆，载有 458 人的“东方之星”客轮，在湖北荆州监利县容城新港码头下游 900 米处突遇龙卷风倾覆。与此同时，狂风暴雨袭击监利县，导致全县电网设施大范围受损，61 688 个用户停电，一场举国瞩目的搜救保电战役就此打响。

国网湖北省电力公司迅速启动一级应急响应，立即启动省内应急协调联动机制，跨区开展应急支援，武汉、荆州、宜昌、孝感、咸宁、荆门供电公司等 7 支应急救援队伍，携带应急照明灯塔、应急泛光照明灯具、应急发电车等装备赶赴监利县支援。在救援现场第一线，抢修人员连续 216 小时奋战，为沉船打捞救援和通道转运现场架设了 110 多座应急照明灯塔，照亮了事故救援现场的夜空，其他抢修队员发挥“铁军”精神，昼夜奋战，全力恢复沉船事故现场 10 千伏主供电源供电。在监利县其他地区，配电网抢修队伍全力开展抢修工作，应急发电车对监利县政府、医院、家属安置点、殡仪馆等重要场所进行 24 小时保电值守。6 月 2 日 21 时，监利县因灾受损电力设施及停电用户全部恢复供电。国网湖北省电力公司累计出动应急队员 605 人、应急发电车 6 台、应急车辆 108 辆（含带电作业车 1 台、应急通信车 1 台）、应急发电机 48 台、充电方舱 1 台，安装照明灯塔 119 台。此次应急救援和供电保障，充分体现了国网湖北省电力公司应急管理区域联动、应急队伍平战结合优势。

2015 年 8 月 12 日，天津滨海新区突发天津港特别重大危化品火灾爆炸事故。在天津市政府统一指挥下，国网天津市电力公司立即启动应急响应，应急抢修救援队伍迅速投入到抢险救灾工作中，为事故现场救援、灾民安置、医疗救护提供照明支援，修复受损设备，历时 1 个多月，圆满完成了抢险救灾、电网抢修任务和保障抢险救灾工作。在抢险救灾过程中，国网天津电力应急队员熟练使用重防化服和呼吸器，多次进入爆炸核心区，无一人受到危化品伤害，500 千瓦应急发电车和大型应急照明车全过程、全天候为天津市政府现场指挥部提供保障。此次抢修救援，累计出动抢修、救援 691 人，实施设备抢修 4969 人次，实施保电 10 103 人次，对保电用户特殊巡视 1127 人次，对 10～220 千伏的 57 座变电站、149 条 863 千米线路，细化落实了特巡、防外力护线等保电措施。

抢修救援结束后，国网天津市电力公司针对危化品、易燃易爆品现场抢险抢修工作，总结出了一条“科学抢险，抢险不冒险”的经验。完成了一个典型案例、六项典型经验、两类应急预案的编写，其中“超大型城市特别重大突发公共事件电力应急处置预案”和“危化品风险下的电力抢修应急处置预案”的编制，为完善国家电网公司应急预案体系提供了宝贵经验。通过天津港“8·12”危化品火灾爆炸事故应急抢险救灾和保电工作，实战检验了国网天津市电力公司应急队伍能力水平，完善了电网公司事故灾难专项应急预案。供电应急队伍在政府统一指挥下，在处置突发事故灾难过程中发挥的重要作用，得到国务院、天津市政府、国家电网公司高度评价。

在参加自然灾害、事故灾难抢险救援过程中，先进可靠的装备、具备专业能力的应急队伍，是电网企业履行企业法律义务[1]的物质基础和人力资源保障。截至 2019 年，仅国家电网公司配电系统，已配置 200 千瓦以上大功率应急发电车 1500 多台，2 千瓦以上小型发电机 1 万多台，应急照明装置 34 000 多套。随着科技进步，部分城市电力公司配电抢修中心配置了高科技电力设备——磁悬浮应急发电车，实现主电源与应急电源的无缝对接，满足特殊用户对连续高质量供电的要求；部分地区电力公司结合当地气候和地质特点，为配电抢修队伍配置大功率排水车、履带运输车、10 千伏移动式变电站、遥控无人机、机器人等。配电运维和抢修工作不仅直接服务客户，配电管理和生产专业人员还通过参加应急理论和技能培训进行应急演练，提高自身综合素质。

配电抢修机制与供电应急抢险救援机制有机结合，构成中国电力企业应急队伍体系中的重要力量，融入了中国应急抢险救援体系，为保障国家安全和社会稳定发挥重要作用。

第二节　配电网标准化建设

2009—2015 年，为进一步加强配电网标准化建设，更好地推动城乡电网建设改造工作，各电力企业建立和健全了配电网技术和管理体系。国家电网公司、南方电网公司相继开展了配电网工程典型设计工作，并在认真调研的基础上，大幅精简了物料种类，提高了设备互换性，使配电网设计更加规范，标准更加统一，有力推进了精品线路和精品台区的建设。这些标准化建设工作，促进了配电网的建设和发展，提高了配电网的安全运行和可靠供电水平，对新时期配电网建设和运维检修的高质量发展发挥了重要作用。

一、国家电网公司配电网工程专属典型设计的首次发布

为落实国家加强基础设施建设、拉动内需的重大决策，1998 年起，中国启动了城市和农村配电网改造工程，电网规划建设中存在的“重发、轻供、不管用”的局面（重视发电、对输变电重视不够，对用户侧管理更少）得到改善。10 千伏配电网工程数量庞大、单体工程小、建设周期短。随着配电网建设投入的不断增加，工程建设效率和质量成为有效落实中国配电网建设改造行动计划的关键。一直以来，国家电网公司始终坚持在电网建设工程中贯彻“三通一标”（通用设计、通用设备、通用造价和标准工艺）理念，以 10 千伏配电网工程典型设计成果为龙头，持续完善提高配电网工程建设效率和质量。

2002 年，为了及时总结经验，把已取得的经验和国外先进做法相结合，国家电力公司委托全国电力系统城市供电专业工作网编写了《10kV 开闭所、配电站、箱式变电站、

[1] 主要指《中华人民共和国突发事件应对法》，由中华人民共和国第十届全国人民代表大会常务委员会第二十九次会议于 2007 年 8 月 30 日通过，自 2007 年 11 月 1 日起施行。该法律共七章 70 条。

电缆分接箱典型方案图集》，并于 2002 年 10 月发布。图集基本上覆盖了 10 千伏配电网的主要设备配置方案，是 10 千伏配电网典型设计的雏形。

2007 年 3 月，为了统一建设标准、统一设备规范，便于运行维护，方便设备招标，降低建设和运行成本，发挥规模优势，提高整体效益，国家电网公司编制并颁布了《国家电网公司输变电工程典型设计》（2006 年版），其中 10 千伏配电网部分包含三个分册，分别是 10 千伏配电工程分册、10 千伏和 380/220 伏架空配电线路分册、电缆敷设分册。

2014 年 3 月，国家电网公司颁布了《国家电网公司配电网工程典型设计》（2013 版），这是中国配电网工程专属典型设计的首次发布，其中包含配电分册、线路分册和电缆分册。2013 版典型设计与之前各版本相比，典型设计技术方案更加细化和合理。以 10 千伏开关类设施为例，2002 版典型设计成果按照电气主接线、开关类设备类型、进出线共分为 14 个设计方案；2006 版分为户内（KB）、户外（KA）两类，并按照主接线、进出线、设备类型、土建布置细分为 16 个设计方案；2013 版户外开关类设施预装式特点，分为开关站（KB）、环网单元（HA）2 类，共细化形成了 17 个设计方案。同时，2013 版典型设计的设计成果达到了施工图深度，同时兼顾了设计方案与标准物料的有效衔接，做到了设计方案选择、物资采购、工程施工全过程高度统一，在配电网自动化建设以及智能电网建设等方面也提出新的设计。

配电网工程典型设计工作，自 2002 年初具雏形，经过 2006 年修编，至 2013 年已基本完善。在充分考虑高海拔、极寒地区应用条件后，做到了典型设计应用环境全覆盖，充分考虑与标准物料、分布式电源接入、配电网自动化、智能配电网等现行的先进做法无缝衔接，基本达到了安全可靠、自主创新、先进适用、标准统一、覆盖面广、提高效率、注重环保、节约资源、降低造价的目的，做到了统一性与适应性、先进性、经济性和灵活性的协调统一。

二、《中国南方电网公司标准设计》的发布

广东电网公司 2005 年发布了《广东省 10kV 配网工程典型设计》（简称《典型设计》），在广东省各供电局和各参建单位的支持配合下，对提高全省 10 千伏配电网工程建设标准、加快进度等方面起到了积极作用。2009 年，广东电网公司为了加快推进工程标准设计，对 2005 年版《典型设计》进行了修订，发布了 2009 版《广东省 10kV 配网工程典型设计》，进一步提升了典型设计的通用性和先进性，提高了物资招标采购效率，挖掘典型设计在加快工程建设进度上的潜力。

《典型设计》修编工作进一步细化和补充了标准化内容，努力做到具有代表性和先进性，在选用时既省时省力又方便适用，为设计人员保质保量地完成设计任务提供参照。如在电缆沟井典型设计中，除对电缆沟、电缆支架以及盖板等设计进行全面修改以外，还对电缆检查井、电缆工井、电缆中间头井、电缆标志桩、电缆标志牌等进行了重新定义，并且增加了跨马路埋 20 孔、24 孔的图纸；对电缆沟盖板、电缆支架以及电缆沟壁厚等进行

了承载力计算及使用强度计算，并根据荷载及内力计算和配筋计算重新配置钢筋，使之更加符合安全、经济、合理的设计原则。

2011 年，为构建南方电网公司基建一体化技术标准，提高管理水平、控制工程造价，实现建设“智能、高效、可靠的绿色电网”的目标，南方电网公司组织广东、广西、云南、贵州、海南电网公司及相关电力设计单位，编写了《中国南方电网公司标准设计（2011年版）》，包括《南方电网公司 10kV 和 35kV 配网标准设计（2011 年版）》。

该标准设计具有鲜明的南方电网特色，打破方案的限制，采用了模块化设计手段。对于变配电工程，各电压等级配电装置、变压器、无功补偿装置、站用电、建筑等是标准设计的模块；对于架空线路工程，不同电压等级按照杆塔材质、气象条件、导线截面积和线路回路数设计的各种塔型是标准设计的模块；对于电缆线路工程，各种敷设方式是标准设计的模块。实际工程设计时，通过拼接和调整标准设计的“模块”，得到合理、适用的设计方案，以实现标准设计的适应性和灵活性。每个“模块”配以典型造价，能有效控制工程造价，可直接应用于招标。

同时，该标准设计中配电站房的建筑风格体现了工业性产品或设施的特点，提倡工艺简洁，施工方便，与环境协调，采用环保、节能材料，摒弃高档、豪华、个性化、特殊化的装修，具备统一、鲜明的南方电网特色。

三、配电网建设改造标准物料的精简

在配电网建设过程中，配电网设备的选型对工程设计和施工起着至关重要的作用。由于中国幅员辽阔，各地经济发展差距较大，选用配电网设备物料档次参差不齐，且缺乏统一命名规范，同一设备参数间梯度太小，对于同类同型设备，不同厂家名称不一，造成配电设备物料型号繁杂。如配电变压器容量就有 10、30、50、63、100、125、160、200、250、…、2000 千伏·安等 20 余种，容量间梯度太小，再加上硅钢片、非晶合金等材料区别，以及油浸式、干式等冷却方式不同，仅配电变压器一类就有 128 种型号。再比如 10 千伏 2 进 2 出 SF_6 绝缘环网柜，各厂家叫法不一，施耐德公司产品型号为 SM6 和 RM6，ABB 公司产品型号为 Safe–Ring 和 Uniswitch，西门子公司产品型号为 8DJH 和 SIMOSEC12，仅环网柜一类就有 131 种型号。至 2013 年底，大约有配电设备物料 3599 种，过多的设备种类需要更多的备品备件，给设计、施工及运行维护带来极大困扰。

为贯彻落实国家关于“加强城市配电网建设，推进电网智能化”部署，根据《国家电网公司关于印发全面开展配电网标准化建设工作意见的通知》，国家电网公司运检部于 2014 年 1 月发布了《配电网建设改造标准物料目录》，将 10 千伏开关柜、环网柜、箱式变电站、配电变压器、架空导线、电缆等 14 类 3599 种设备型号，优化精简为 14 类 448 种设备型号，并新增 3 类设备 160 种型号，最终确定配电网建设改造标准物料为 17 类共计 608 种型号，型号精简率为 83.1%。2014 版配电网标准化物料优化结果见表 8–1。

表 8-1　　2014 版配电网标准化物料优化结果

物料类别	原型号数	优化精简后型号数	精简率
配电变压器	128	31	75.8%
箱式变电站	156	14	91.0%
环网柜	131	59	55.0%
电缆分支箱	33	2	93.9%
高压开关柜	793	19	97.6%
交流隔离开关	220	2	99.1%
柱上断路器	215	12	94.4%
架空导线	85	31	63.5%
绝缘线	149	20	86.6%
电杆	148	54	63.5%
金具	1375	161	88.3%
避雷器	18	9	50.0%
熔断器	48	2	95.8%
电缆	100	32	68.0%
负荷开关	0	12	—
电缆保护管	0	20	—
电缆附件	0	128	—
合计	3599	608	83.1%

在优化过程中，依据适度以大带小、削减不常用物料为原则。以配电变压器为例，主要优化容量序列，精简了容量在 50 千伏·安以下及 125、160、250 千伏·安等不常用容量序列物料，取消了非晶合金干式变压器，保留了非晶合金油浸式变压器 6 种、硅钢片油浸式变压器 6 种、硅钢片干式变压器 9 种。考虑偏远农牧地区用户，故保留了单相油浸式变压器、调容变压器、调压变压器等特殊变压器 7 种。原物料明细中配电变压器有 128 种设备型号，优化精简为 31 种，精简率为 75.8%。

此外还精简了不常见或落后的技术产品。比如交流隔离开关，主要精简了伸缩式、旋转式或摆臂式、三相联动操作、电动操作式类等不常有或技术水平落后的柱上交流隔离开关，将原物料明细中 220 种设备型号优化精简为双柱式隔离开关 2 种，精简率为 99.09%。

对于原来物料采购明细中未列入的设备，在考虑通用性和高使用率的情况下适当予以补充。比如新增了负荷开关的种类，按永磁或弹簧操动机构以及空气、真空或 SF_6 灭弧介质分类，共有 12 种类。

《配电网建设改造标准物料目录》共经过了 2015、2016、2018、2019 年 4 次修订。2019 年，国家电网公司物资部统一了物资、基建、运检标准物料，参考专业部门标准设备、典型设计、配电网建设及改造标准物料目录等最新标准化成果，以物资技术〔2019〕22 号文下发了《国网物资部关于印发电网标准物料清单（2019 版）的通知》，其中 10 千伏配电网标准物料分类清单共含标准物料 297 种，其中优选物料 158 种、可选物料 105 种、限选物料 34 种。

配电网建设改造标准物料精简工作，使得物料种类由 2014 年的 3599 种优化到 2019 年的 297 种。设计人员在使用典型设计时可以更加方便地选择型号，设备厂家可以根据该目录减少生产线，提高生产效率，施工和运行单位的备品备件也相应减少，促进了配电网管理水平的提升。但是，由于长期积累，存量配电设备物料品种型号仍然庞杂繁多，精简之初的3599种物料还在配电网上大量存在，大规模地通过计划停电替换又不现实，标准物料的精简工作仍旧任重道远。

四、国家电网公司2016年版标准化典型设计的发布与实施

2015年4月，为进一步落实国家电网公司关于深化完善配电网标准化建设工作的总体部署，提高配电网标准化建设水平，国家电网公司运检部以《国家电网公司配电网工程典型设计》（2013版）为基础，启动配电网工程典型设计修订工作。2016年5月23日，国家电网公司以国家电网运检〔2016〕464号文正式下发了《国家电网公司关于印发配电网工程典型设计（2016年版）的通知》（简称《2016版国网典设》），要求各单位根据本地区配电网目标网架建设，选用适合本单位的典型设计方案，明确技术参数和差异化设备选型标准，提高配电网标准化建设水平。

《2016版国网典设》的修订坚持安全可靠、运检便利、技术连续、全寿命周期管理等原则，保留了应用成熟的设计方案和技术条件，精简了安全风险高、运维困难、可替代的设计方案，合并了技术参数差别较小的方案，将部分应用率高、适用面广的方案纳入增补方案。在10千伏配电站台部分，对原典型设计方案进行优化调整、合理归并，设计方案由原来的37个精简为17个，新增二次及土建部分图纸199张，站房分类新增环网室，取消电缆分支箱，设计范围扩展到二次系统，与配电自动化典型设计做好衔接，明确开关站、环网室、环网箱、配电室保护及配电自动化配置原则。在10千伏架空线路部分，杆头子模块由原来的48种精简至31种（精简率约35%）、杆型子模块由原来的130种精简至72种（精简率约49%），并充分考虑了带电作业需求，针对超大风速区、台风区、超重覆冰区提出明确的处理措施，如提升杆塔强度，使用高强度杆塔，适度加大铁附件规格，适当增大导线安全系数等。在10千伏电缆部分，主要针对电缆直埋、排管、电缆沟、电缆隧道和电缆井5个模块13个子模块进行了深度完善，增加E－5八角形四通井子模块。修改图纸及说明158张，新增图纸48张。

《2016版国网典设》中一次系统部分达到施工图深度，土建部分达到或超过初设深度，设计范围扩展到二次系统，与配电自动化典型设计做好衔接，架空线路杆头及杆型模块均达到了施工图设计深度。

各地电网公司认真贯彻执行《2016版国网典设》，并结合本地实际灵活运用。湖南省电力公司运检部组织株洲、长沙、益阳电力设计院编写了《国家电网公司配电网工程典型设计（2016版）湖南省电力公司实施方案》，根据湖南大部分地域特点（B气象区、海拔1000米以下），结合运维习惯，精选适合湖南省电力公司的典型设计方案、模块、图形单元。方案编写前后经过湖南省电科院及各市州供电公司从事配电网技术监督、运维检修、配电网建设的专家的三次修编评审，于2016年12月30日定稿，2017年1月，湖南省电力公司正式发布《国家电网公司配电网工程典型设计（2016版）湖南电力公司实施方案》（简称《实施方案》）。

《实施方案》结合湖南省配电网工程实际，对《2016版国网典设》中的方案进行了精简细化。在18个10千伏配电站房子模块中选用了11个，并将245个图形单元细化扩展至339个；将10千伏配电变压器台的49个图形单元扩展至72个；精简了10千伏架空线路杆头模块1个、子模块7个，杆型模块1个、子模块19个，减少图形单元48个；简化了10千伏电缆模块1个、子模块3个、图形单元7个；简化了低压配电部分模块1个、图形单元3个。

《实施方案》有效落实了国家电网公司配电网标准化建设的管理要求，同时符合湖南当地建设和运维实际，对统一配电网工程建设标准、保证工程质量、提高设计效率具有重要意义。全国各省、市、区也按照《国家电网公司配电网工程典型设计》（2016）要求，因地制宜，差异化制订典型设计方案和设备选型指导意见，有效提高了配电网标准化建设水平。

五、首个配电网规划设计技术导则的发布

为贯彻落实国家电网公司关于构建大规划体系的工作部署，更好地指导、规范和加强“十二五”城乡配电网规划，2010年3月22日，国家电网公司发布了《国家电网公司“十二五”配电网规划（技术原则）指导意见》（征求意见稿），首次明确不再区分城市电力网和农村电力网，按照行政级别和供电负荷情况，将规划区域划分为A、B、C、D四类。

2013年7月9日，国家电网公司按照《关于印发〈加强公司配电网规划管理工作方案〉的通知》（国家电网发展〔2011〕1418号文）要求，以国家电网企管〔2013〕999号文发布了《配电网规划设计技术导则》（Q/GDW 1738—2012），这是中国首部城乡融合的配电网规划设计技术导则，对配电网规划设计中的区域划分、负荷预测、电网结构、设备选型等进行了进一步规范和完善。

《配电网规划设计技术导则》按照“统筹城乡电网、统一技术标准、差异化指导规划”的思想，首次明确了供电区域划分原则，将国家电网公司经营区分为A+、A、B、C、D、E 六类供电区域，并且依据供电区域明确了相应的规划目标。A+区域主要是直辖市、省会城市和计划单列城市的核心区域，其供电可靠性指标为99.999%，即全年平均停电时间为5分钟，已经达到国际一流水平。A类区域主要是地市级城市核心区和直辖市、省会城市、计划单列城市的市中心等区域，其供电可靠性指标为99.99%，即全年平均停电时间为52分钟，达到世界发达国家水平。B类区域主要是县城核心区和地市级城市中心区以及大城市的城乡接合部等区域。C类为农村，D类为山区，E类为农牧区，供电可靠性指标考虑当地经济情况和区域特点逐级下降。

该导则对配电网结构的选择也有了明确规定，通过合理配置配电网常开点、常闭点、负荷点、电源接入点等拓扑结构，使配电网供电更加可靠、运行更加灵活、损耗不断降低。如电缆网的结构，A+、A 类区域以双环网为主，B 类区域以单环网为主，负荷密集区域可采用双环网，C类区域中局部负荷密集地区可采用单环式电缆网。架空线路多采用多分段适度联络方式，D类、E类区域以架空网为主，可采用辐射状结构方式。

按照区域划分选择配电网结构和接线方式确定规划目标的做法，更加切合实际，更加科学合理，规划也更加精准。

2015 年，国家发展改革委、国家能源局先后发布《关于加快配电网建设改造的指导意见》与《配电网建设改造行动计划（2015～2020 年）》，提出要结合中国配电网实际情况，用 5 年左右时间全面加快现代配电网建设，2015—2020 年，配电网建设改造投资将不低于 2 万亿元。在大规模的建设改造背景下，国家能源局于 2016 年 1 月 7 日发布了《配电网规划设计技术导则》（DL/T 5729—2016），将导则由企业标准上升到行业标准。该导则是在充分参照《配电网规划设计技术导则》（Q/GDW 1738—2012）的基础上进行修编的，在修编过程中，充分参考了已有研究和运行成果，总结了国内电网企业在配电网规划设计方面的工作经验和应用需求，考虑了配电网的最新发展趋势。如该导则在智能化要求方面，主要围绕配电自动化、配电通信网及用电信息采集系统等 3 项相对成熟的智能化技术，提出了一、二次协调的规划理念，通过实现配电网一次规划与智能化规划的协调同步，提升配电网规划的总体水平。

配电网规划设计技术导则的修编工作是一项需要综合考虑多种技术要求、经济约束及外部条件的系统性工作，修编人员从中国配电网规划设计工作的实际情况出发，遵循差异化、系统性及以可靠性为中心的规划理念，总结提出了一套适应性与操作性强的技术导则，统一了配电网规划技术标准，为中国建设结构合理、技术先进、灵活可靠、经济高效的现代配电网提供了强有力的技术支撑和保障。

六、国家电网公司《配电网技术导则》的发布

“十二五”时期，配电网发展面临着电力需求持续快速增长，供电可靠性要求越来越高，分布式电源与多元化负荷快速发展等新的形势，建设“世界一流电网”要求加快配电网建设。

国家电网公司审时度势，发布了《国家电网公司关于加强配电网规划与建设工作的意见》（国家电网发展〔2013〕1012 号文），明确了配电网今后一阶段的发展目标：2015 年全面解决无电地区用电问题，基本解决县域电网与主网联系薄弱问题，A+类供电区域户均停电时间小于 15 分钟，达到世界先进水平，率先建成现代配电网，A、B、C、D 类供电区域户均停电时间分别小于 90 分钟、4 小时、9 小时、15 小时[1]；2017 年供电可靠性持续提升，适应经济社会快速发展和城镇化发展用电的需要，A+类供电区域户均停电时间小于 10 分钟，A 类供电区域小于 60 分钟，B 类供电区域小于 2 小时，C、D 类供电区域分别小于 6 小时、12 小时；2020 年全面建成世界一流的现代配电网，适应分布式电源高渗透率接入以及电动汽车、储能装置的“即插即用”，A+类供电区域户均停电时间小于 5 分钟，达到世界领先水平，A 类供电区域小于 30 分钟，达到世界先进水平，B 类供电区域小于 1 小时，C 类供电区域小于 3 小时，D 类供电区域小于 9 小时。

---

[1] A+、A、B、C、D 分别代表直辖市市中心区、市中心区、市区、城镇、农村五类供电区域。

根据这一目标，《城市配电网技术导则》（Q/GDW 370—2009）已不能满足新形势下的配电网建设需求，因此，国家电网公司参考其他相关技术标准，对这项导则进行了修订，于2017年3月24发布了《配电网技术导则》（Q/GDW 10370—2016）（以下简称《导则》）。

《导则》分为总则、一般技术原则、中压配电网、低压配电网、配电网继电保护和自动装置、配电自动化及信息化、电力用户接入、分布式电源接入、电动汽车充换电设施接入等内容，适用于10（20）千伏及以下城市及农村配电网的规划、设计、建设、改造、运维和检修等工作。

《导则》明确了配电网规划差异化原则，按照市中心区域、市区、城镇、农村、农牧区等不同供电区域，选择适合本区域特点的目标电网结构，使现状电网结构通过建设和改造逐步向目标电网过渡，提高配电网的负荷转移能力和对上级电网故障支撑能力，达到结构规范、运行灵活、适应性强的特点。

《导则》规定配电网设计应满足标准化建设要求，并兼顾区域差异。设备及材料选型应坚持安全可靠、经济适用、节能环保、寿命周期合理的原则，积极稳妥采用成熟的新技术、新设备、新材料和新工艺，入网的设备及材料均应符合国家、行业和企业标准的要求。

《导则》还明确了配电网的建设与改造应符合配电网标准化建设的要求，新建及改造工程中应全面应用配电网工程典型设计和标准物料。关于配电自动化建设，《导则》要求配电自动化建设应以一次网架和设备为基础，统筹规划，分步实施，力求功能实用、技术先进、运行可靠，并逐步实现配电智能化，推动智能互联。

电动汽车充换电设施接入是《导则》新增内容，《导则》明确了应遵循的相应国家标准，规定新建居住小区应考虑为充电设施的配电容量留有裕度、预留接口，以方便电动汽车充电桩的接入。这些要求、规定贴合实际，有效避免了配电网的改造与建设过程中“一刀切”和大拆大换情况的发生，也防止了盲目追求高端设备装置而与生产实际相脱节情况的出现。

《导则》发布后，各省地市公司及时进行了宣贯落实，并根据各自的具体情况制订了实施细则。江苏省电力公司推进具备“安全可靠、优质高效、绿色低碳、智能互动”特征的世界一流城市配电网建设，至2018年年底，南京、苏州两市的世界一流城市配电网基本建成，主要指标达到国际先进水平。

《导则》统一、规范和提高了配电网的规划、设计、建设、改造、运营和管理标准，有力地促进了配电网的规范化、标准化建设，提高了配电网的安全运行水平和供电可靠性，它与《配电网规划设计技术导则》（DL/T 5729—2016）共同构成配电网顶层技术路线，对配电网的规划、建设、改造和运维检修工作起到了重要的指导作用，将引领中国配电网向自动化、信息化和由分布式电源、储能、微电网为特征的智能化方向发展。

七、配电网检修施工工艺的逐步提升

新中国成立后，各供电企业逐步建立正常供电生产秩序。20世纪50年代开始，通过学习苏联电力管理经验，燃料工业部陆续颁布了《架空送电线路检修工艺规程》《线路检修规程》等规程制度。各省（区、市）电力部门结合实际制订了适合本地区单位的检修工艺标准和检修制度等，使输、变、配电设备的检修做到有章可循[1]。同时，逐步建立检修（施工）专业班组，以规程规定的标准项目为准，开展检修及施工工作。20世纪90年代，各省（区、市）供电设备检修、施工工作走向制度化、规范化。随着科技进步，供电设备工艺、质量和科技含量的大幅度提高，部分南方省市供电企业将设备运维由定期检修改为状态检修[2]。

这一时期，配电网施工检修工作都参照国家和行业颁布的输变电施工检修工艺标准及规定，由省（市、区）编制各自区域配电网的工艺规范标准或细则，经总工程师批准后执行。由于中国东西地区发展差异，南北地区地理不同，各地所执行的施工工艺、设备材料选型各有偏重，检修、施工质量和工艺水平也参差不齐，因施工质量和工艺不规范引起的故障时有发生，降低了供电可靠性，影响了配电网的安全稳定运行。从1998年起，在党中央、国务院关于加快基础设施建设、扩大内需、拉动国民经济稳定发展方针的指引下，大量城乡电网建设改造项目开工建设，但由于建设项目点多、面广，特别是城乡中低压配电网，因工程量大、工期紧，施工工艺未严格执行规范、标准，造成的施工质量问题较多，对城农电网建设改造成效和安全运行留下极大隐患。

为进一步提高电网工程建设质量水平，发挥技术创新和技术积累优势，不断提升电网建设整体技术管理水平和施工工艺科技含量，南方电网公司于2008年制订和印发了《南方电网工程施工工艺控制规范》（Q/CSG 11105.4—2008）（简称《控制规范》），其中第四分册为《配网工程》，内容涵盖了架空线路施工、电缆施工、通信及配电自动化施工，突出主要工艺流程质量控制要点、施工过程的关键控制点。这是全国供电系统详细描述配电网施工检修工作的第一部企业标准。《控制规范》是以工程为对象，工艺为核心，将电网建设工程施工内容和工序与工程科学管理办法相结合编制而成。《控制规范》的发布，给新形势下的配电检修、建设施工提供了技术支撑。

为提高配电网施工、检修质量，在充分考虑各省（区、市）配电网施工检修工艺特点，借鉴配电网实际建设、施工、运维、检修经验的基础上，2012年6月21日，国家电网公司以国家电网科〔2012〕847 号文[3]印发了《配电网施工检修工艺规范》（Q/GDW 742—2012）（简称《规范》）。这是国家电网公司针对配电网施工检修工作颁布的第一部企业标准。《规范》规定了10千伏及以下配电网施工检修项目应遵守的工艺规范和施工要点，包含土建、架空线路、10 千伏电缆、电缆防火封堵、配电变压器、环网单元、柱上设备、配电自动化装置等16项施工检修工艺，对施工作业前检查、施工流程、土建基础、试验要求、防火封堵材质、设备调试和验收标准等方面进行了规范。

随着中国经济的高速发展，配电设备制造水平、运行技术、施工工艺日新月异，新技术、新工艺不断涌现，在施工及维护检修过程中出现大量的新问题。为适应配电网标准化

[1] 张彬：《中国电力工业志》，当代中国出版社，1998年，第347页。

[2] 中国南方电网有限责任公司：《中国南方电力工业志》，中国电力出版社，2018年，第396页。

[3] 《关于印发〈配电网技术改造选型和配置原则〉》（国家电网科〔2012〕847号文）。

建设工作要求，进一步提高配电网施工、检修工艺质量，2015 年 1 月，国家电网公司启动了《规范》的修订工作，于 2017 年 9 月 25 日以国家电网企管〔2017〕779 号文[1]印发了《配电网施工检修工艺规范》（Q/GDW 10742—2016），新版规范结合国家电网公司配电网标准化建设提出的新要求，对《规范》中原有的 16 项配电网施工检修工艺规范及施工要点进行修订完善，明确了施工环节中的各项参数要求，并更新、补充了部分工艺要点的现场图片，并对设施标识的安装、悬挂、粘贴、涂刷等工艺和施工要点进行了规范，形成了设施标识的材质、尺寸、样式等内容的统一，确保设施标识规范一致。

国家电网公司、南方电网公司相关配电网施工检修工艺规范的制订及颁布，为配电网施工检修提供了实施依据和技术支撑，对提升新时期配电网标准化建设背景下的配电网施工检修质量具有指导意义，促进了配电网施工检修工艺水平的提升。

第三节　配电网管理工作的拓展与创新

21 世纪初，中国城乡建设和国民经济进入高速发展阶段，大规模的电网建设与改造如火如荼。新技术、新设备进入配电网运行，高科技低能耗的制造业已经成为第二产业的主力军。绿色发展推动国家开放电力能源市场，风能、光伏等清洁能源进入配电网。城市的负荷密度、特性发生了巨大变化，原有设备的检修策略、方法已经不适用。电网公司供电服务承诺已经深入人心，社会对电网可靠性期望值，老百姓对供电服务水平要求越来越高。在国家规范配电管理机制以后，电网公司为了提高城乡电网建设和改造效果，深化体制改革，开展管理创新和技术创新，制订了适应清洁能源、满足未来负荷发展要求的配电网规划目标和技术导则，完善了配电网的安全运行措施和检修策略，尝试采用信息化手段进行配电网生产管理，成立各具特色的配电抢修队伍，履行社会承诺，提高服务质量。这阶段的技术创新和管理创新工作，是电网公司配电网管理的主动变革期，成为提高配电网供电可靠性、履行社会承诺的有力保障。

一、分布式电源并网的安全技术防范

2005 年 2 月 28 日，第十届全国人民代表大会常务委员会第十四次会议通过《中华人民共和国可再生能源法》，鼓励和支持可再生能源并网。自此，以风电、光伏发电为代表的新能源得到了大规模快速发展。新能源具有可再生、不受地域限制、运行维护量小等优点，但新能源并网对电力系统的电压、网损、电压闪烁、短路电流、谐波、有功及无功潮流、暂态稳定、动态稳定、频率控制等有较大的影响，盲目接入将影响电力系统的可靠性、稳定性，甚至有可能使电能质量恶化，因此分布式电源并网安全技术防范工作显得尤为重要。

[1]《国家电网公司关于印发〈配电网施工检修工艺规范〉等 9 项技术标准的通知》（国家电网企管〔2017〕779 号文）。

2009 年，广东电网公司组织开展首个兆瓦级的海岛微电网系统——珠海万山海岛新能源微电网系统——示范项目建设工作。东澳岛建设风机 4×750 千瓦，光伏 578.48 千瓦峰值总功率，储能 500 千瓦×6 小时；桂山岛建设风机 3×750 千瓦，储能 2000 千瓦×2 小时；大万山岛建设光伏 211 千瓦峰值总功率，构建了风、光、柴、储多能互补的海岛微电网系统，采用了多电源协调控制、大容量储能技术、负荷分级管理、孤网/并网模式的平滑切换等多项新技术，为万山海岛发展供给清洁能源，为分布式电源的并离网运行控制和安全运行积累了丰富的技术经验。

2010 年，为促进分布式能源发展，国家电网公司在河南省开展了分布式光伏接入及微电网运行控制试点工程。该工程依托河南财政税务高等专科学校屋顶 380 千瓦光伏项目，运行近 2 个月，共完成发电量 4.1 万千瓦•时，相当于节约标准煤 18.1 吨，减排二氧化碳 44.53 吨，在成功破解光伏发电并网难题的同时，还实现了良好的经济效益和社会效益。在试点过程中，还研究了分布式光伏电源对配电网规划、网损、潮流、电能质量、继电保护等方面的影响，初步掌握了分布式发电、储能接入与微电网运行控制技术，为分布式电源发展提供规范化、标准化依据❶。

2010 年，国家电网公司编制完成光伏电站接入电网技术规定和并网测试规程，并发布了《分布式电源接入电网技术规定》等标准，规定了新建和扩建分布式电源接入电网运行应遵循的一般原则和技术要求❷。在接入系统方面，200 千瓦及以下分布式电源接入 380 伏电压等级电，200 千瓦以上分布式电源接入 10 千伏（6 千伏）及以上电压等级电网。在电能质量方面，20 千瓦及以下三相公共连接点电压偏差不超出标称电压的±7%，220 伏单相公共连接点电压偏差不超出标称电压的－10%～＋7%。在功率控制和电压调节方面，当电网电压过高或者过低时，要求与之相连的分布式电源做出响应，对于通过 380 伏电压等级并网的分布式电源，当并网点频率超出 49.5～50.2 赫兹运行范围时，应在 0.2 秒内停止向电网送电。《分布式电源接入电网技术规定》在继电保护、通信、电网检测等方面提出了具体要求，为分布式电源接入电网提供了相关标准依据。

2012 年 12 月 21 日，位于青岛市市北区同德路 82 号的夹岭沟小区成功并入青岛电网，成为全国首个接入大电网的居民分布式电源。由此开始，在分布式电源并网安全技术措施不断完善的基础上，分布式电源得到了飞速的发展。2019 年全国仅光伏发电新增装机量达 3011 万千瓦，其中分布式光伏新增装机 1220 万千瓦，同比增长 41.3%。对于在分布式电源中占比较大的光伏发电，国家质量监督检验检疫总局（简称国家质检总局）、中国国家标准化管理委员会于 2012 年 12 月 31 日联合发布了《光伏发电系统接入配电网技术规定》（GB/T 29319—2012），住建部和国家质检总局于 2013 年 12 月 17 日联合发布了《光伏发电接入配网检测规程》（GB/T 30152—2013），进一步规范了光伏发电系统并入配电网的安全技术要求和检测规定，有效管控了光伏发电系统安全有序并网。

---

❶《国家电网公司年鉴》编辑委员会：《国家电网公司年鉴 2011》，中国电力出版社，2011 年，第 64～65 页。

❷《国家电网公司年鉴》编辑委员会：《国家电网公司年鉴 2011》，中国电力出版社，2011 年，第 194 页。

二、增量配电业务中的配电规划

2015 年 3 月 15 日，《中共中央国务院关于进一步深化电力体制改革的若干意见》（中发〔2015〕9 号）颁布后，国家发展改革委、国家能源局先后印发了《有序放开配电网业务管理办法》等文件，按照“管住中间、放开两头”的体制架构，在配电端开展了增量配电业务改革试点工作。2016 年 11 月 27 日，国家发展改革委、国家能源局公布了《增量配电业务改革试点名单（第一批）》，名单共 105 个增量配电网试点项目（后增补 1 个变为 106 个项目）。

针对试点项目中存在较大分歧的供电范围问题，2018 年 3 月 13 日，国家发展改革委、国家能源局印发了《增量配电业务配电区域划分实施办法（试行）》，对增量配电的供电范围做出了统一规划，且规定了一个配电区域内只能有一家售电公司拥有该电网运营权，同时对供电区域的划分原则做出了明确的规定。

2018 年 6 月 25 日，国家电网公司为认真贯彻中央决策部署，积极配合各级政府有序推进试点工作，以国家电网办〔2018〕562 号文发布了《国家电网公司关于进一步加快推进增量配电改革试点落地见效的工作意见》，文件指出：试点项目的供电区域原则上按照地理范围划分，具有清晰的边界，以保证电网的安全可靠供电；按照“统一调度、分级管理”的要求，将增量配电网纳入调度统一管理；增量配电网规划应参照国家电网公司现行配电网规划管理办法执行，纳入公司规划管理，从源头上确保与大电网有序衔接。

2019 年 1 月 5 日，《国家发展改革委国家能源局关于进一步推进增量配电业务改革的通知》（发改经体〔2019〕27 号）发布，特别对做好增量配电网规划工作提出了具体实施意见。通知要求对于已经批复的增量配电业务试点，地方能源主管部门应组织试点项目规划编制工作，规划方案由省级能源主管部门组织评审，具体评审工作应委托具备资质的第三方咨询机构开展；地方能源主管部门要认真履行规划管理职能，做好规划统筹协调工作，统筹考虑存量配电设施和增量配电设施，从而合理设定规划范围，将增量配电业务试点项目规划纳入省级相关电网规划，实现增量配电网与公用电网互联互通和优化布局，以避免无序发展和重复建设。在规划编制阶段中，电网企业应按规定提供规划编制信息，根据实际需要设置重复建设辨识环节，辨识论证的具体开展应综合考虑电网结构、负荷增长潜力、电网安全、通道资源，以及在役配电项目的改扩建条件等因素。

2016 年 11 月至 2019 年 8 月底，国家发展改革委、国家能源局分四批在全国范围内开展了 404 个增量配电业务改革试点。截至 2019 年 8 月 31 日，第一批试点的 94 个项目（不含 12 个申请取消的试点项目）中，92 个项目已确定项目业主，河北曹妃甸化学园区、河北沧州临港经济技术开发区、山西太原工业新区等 25 个项目已建成投产，29 个项目已开工建设；第二、三批试点项目共计 214 个，62 个项目已确定业主，13 个已取得电力业务许可证，8 个开工建设。

在首批增量配电业务改革试点建设中，国网江苏省电力有限公司、扬中大航控股集团有限公司、苏州协鑫智慧能源公司共同投资组建成立了扬中高新区增量配售电公司，在通过了国家能源局江苏省监管办组织的项目可研报告评审后，于 2018 年 4 月 3 日获得了《电力业务许可证（供电类）》，这既是江苏省增量配售电公司第一张电力业务许可证（供电类），又是国家电网有限公司参股增量配售电公司的第一张电力业务许可证牌照❶。至 2019 年年底，扬中高新区增量配售电公司依据规划要求完成了区域内第一期 10 千伏配电网建设，共架设架空线路 9.6 千米，电缆线路 3.2 千米，建造 4 个环网站共连接 15 台公用变压器，与扬中供电公司签订了增量配电网并网调度协议和供用电合同，为区域内 21 户高压专用变压器供电用户和 604 户低压用户提供优质供电服务，率先在全国开启了低压居民用户由售电公司服务的尝试。

南方五省区增量配电业务试点项目共 83 个，占全国总数的 17%，其中广东 9 个、广西 21 个、云南 29 个、贵州 20 个、海南 4 个，共分布在 47 个地市，贵州和广西已实现地市级全覆盖。截至 2020 年年底，正式运营的项目 29 个，占比 34.9%；获得电力业务许可证的项目 30 个，占比 36.1%；已接入电网的项目 37 个，占比 44.6%；完成配电区域划分的项目 46 个，占比 55.4%；完成业主确定的项目 55 个，占比 66.3%；完成电网规划的项目 59 个，占比 71.1%。

南方电网公司坚持合作共赢的原则，对已确定业主的 55 个项目，引入包括电源企业、地方政府投资平台、电力建设企业、民营资本在内的 103 家企业（或自然人）等社会资本参与改革试点。深圳前海蛇口自贸区供电有限公司是全国首批增量配电业务改革试点和国企混合所有制改革试点单位，股东包括深圳供电局、招商局、深圳市能之汇、云南文山电力、深圳前海投控等多家优质企业，各方通过平等合作，建立了现代法人治理结构，优化营配业务，创新综合能源、售电等服务模式，为改革提供试点经验。

三、首部配电《电力安全工作规程》的发布

2002 年国家电网公司和中国南方电网有限责任公司挂牌成立，初期配电从业人员参照的电力安全工作规程仍为 1991 年由国家能源部颁发的《电业安全工作规程　变电站和发电厂电气部分》（DL 408—1991）、《电业安全工作规程　电力线路部分》（DL 409—1991）（简称 1991 年版《安规》）两部行业标准❷。

为适应电网生产技术进步和安全管理方式变化，进一步贯彻保证人身安全、电网安全和设备安全的最基本要求。2005 年，国家电网公司基于 1991 年版《安规》进行修订，并于 3 月 1 日颁发了《电力安全工作规程　变电站和发电厂电气部分（试行）》《电力安全工作规程　电力线路部分（试行）》（《电力安全工作规程》简称 2005 年版《安规》），这是首部由国家电网公司颁布的电力安全工作规程，也是此后电力从业人员执行的《电力安全工作规程》的雏形。

就配电专业而言，2005 年版《安规》对 1991 年版《安规》中的多项内容进行了调整、补充和修订。将高、低压电气设备划分的电压等级由 250 伏修改为 1000 伏；将纸质票保

❶ 王亮，黄蕾，彭浩：《奔跑在电力改革最前端》，国家电网，2019 年第 9 期：第 60～61 页。

❷《关于颁发〈电业安全工作规程〉（发电厂和变电所电气部分、电力线路部分）的通知》（能源安保〔1991〕204 号）。

存时间由3个月变更为1年；首次引入在配电开关站和高压配电站内工作的安全规定内容，明确参照变电站和发电厂部分执行；删除了在配电“两线一地制”线路上工作的相关规定；细化并增加了10千伏配电电缆施工的相关安全措施；首次明确了在带电作业时配电设备不停电的安全距离，及配电工作中正常活动范围与带电设备的安全距离；增加了“10千伏及以下电压等级的电气设备上不得进行等电位作业”的规定。2005年版《安规》的颁布实施，增加补充了许多配电专业特有的内容，对配电专业安全工作的发展意义深远。

为统一全国电力行业标准，2011年7月29日，应中国电力企业联合会要求，由国家电网公司、中国南方电网有限责任公司共同起草并发布了《电力安全工作规程（电力线路部分）》（GB 26859—2011）；同日，由国家电网公司、中国南方电网有限责任公司、中国大唐集团公司、浙江省电源集团有限公司共同起草的《电力安全工作规程　发电厂和变电站电气部分》（GB 26859—2011）发布，这是2002年电力体制改革后全国发布的首部电力行业安全生产标准。

2013年国家电网公司依据《关于委托补充修订〈安规〉的函》（安监一函〔2008〕12号）分别对《国家电网公司电力安全工作规程　电力线路部分（试行）》《国家电网公司电力安全工作规程　变电站和发电厂电气部分（试行）》进行修订补充，同年11月6日，这两部国家电网公司企业标准修订完成并正式发布。这两部标准将高压配电设备、低压配电设备和低压导线上的工作单独划分为重要章节进行阐述，也是首部由国家电网公司制订的电力安全企业标准。

为进一步完善电力安全生产规程体系，2014年2月，由国家电网公司起草的《电力安全工作规程　配电部分（试行）》正式发布，（简称2014年版《配电安规》），这是首部由国家电网公司发布的配电专业电力安全工作规程。2014年版《配电安规》中，首次设计了低压工作票，明确了使用条件；为解决多张工作票重复开办的问题，增加了不同情况使用一张配电工作票的规定。

2015年7月3日，由南方电网公司制订的《电力安全工作规程》（Q/CSG 510001—2015）发布。区别于国家电网公司颁布的2014年版《配电安规》，该部标准将配电相关内容划分为高、低压配电网作业，专项作业，工器具，工作票五部分，每部分未将配电专业相关规定单独成章，仍然采用输、变、配电相结合，根据不同电压等级和要求进行论述。

四、配电设备状态检修制度标准的建立与实施

配电设备状态检修是指采用先进的状态监测和诊断技术，来收集配电设备的实时运行信息，分析预判设备是否存在异常，并根据预知的设备信息合理安排检修项目和检修周期的检修方式，即根据配电设备的健康状态来安排检修计划，是一种以配电设备的健康状态为基准的预知检修方法[1]。

[1] 中国水利电力企业管理协会城市供用电研究会、企业家协会供电分会：《全国供电企业技术进步与技术管理研讨会资料汇编》，1993年12，第95页。

早在20世纪80年代，中国就提出了“设备状态检修”的概念。1987年7月28日，国务院发布的《全民所有制工业交通企业设备管理条例》[1]指出，“企业应当积极采用先进的设备管理方法和维修技术，采用以设备状态监测为基础的设备维修方法。”自1992年开始，大连电业局、广州供电局、邯郸电业局等电力单位及华北、江苏、湖北等网省电力公司积极开展配电设备状态检修工作的探索。1994年2月大连电业局修订了《供电设备状态维修规定》[2]，施行后收到了一定的效果，1992年停电次数比1991年降低了32.5%，1993年又比1992年减少了6.3%，供电可靠率每年提升0.01%左右[3]。

随着电力工业的不断发展，电网设备完好率越来越高，基于设备状态测量的检修方式越来越被各级电网企业接受。2007年，一份《关于全面推行输变电设备状态检修的建议》的提案引起国家电网公司高度重视，被列为国家电网公司一届二次职代会“1号提案”[4]。会后，国家电网公司对所属各单位开展状态检修的可行性调研，并形成了调研报告[5]。在此基础上，组织总部相关部门，华东、河北、山东、江苏、浙江、福建等网省公司以及中国电力科学研究院等单位制订了《状态检修规章制度体系框架》，开展状态检修规章制度体系建设工作，标志着状态检修工作在国家电网公司系统进入实施阶段。

2008年1月21日，国家电网公司编制并发布了《国家电网公司输变电设备状态检修管理规定》《国家电网公司输变电设备状态检修试验规程》《输变电设备状态评价导则》《输变电设备状态检修导则》等核心文件，状态检修规章制度体系已初步建立。为保证状态检修工作规范、有序地开展，国家电网公司印发了《国家电网公司关于规范开展状态检修工作的指导意见》和《国家电网公司设备状态检修管理规定（试行）》[6]。

以上这些规程、导则虽然没有对配电设备状态检修工作进行陈述，但对配电设备状态检修工作具有指导意义，国家电网公司系统各单位均参照这些规程、导则开展配电设备状态检修工作的探索和实践。2008年9月，“神舟七号”发射期间，北京市电力公司利用超声波、红外线、地电波等先进技术手段，对“神舟七号”发射保电任务涉及的4条配电线路及相关二次设备，开展了全面的状态监测及隐患排查，保证电网设备处于健康运行状态，为圆满完成保电任务奠定了坚实的基础。2009年，国网北京市电力公司制订了《北京市电力公司配电专业现场标准化作业卡》，开展配电网状态检修试点，利用超声波、地电波、红外线等检测技术对配电站（室）设备进行配电网状态检测，减少了停电检修工作，提高了供电可靠性。2010年，国网北京市电力公司推广配电网状态检测工作，将技术成熟的

[1] 中国电力企业管理协会城市供用电研究会、企业家协会供电分会：《全国供电企业第四次技术管理研讨会资料汇编》，1995年1月，第96页。

[2] 中国电力企业管理协会城市供用电研究会、企业家协会供电分会：《全国供电企业第四次技术管理研讨会资料汇编》，1995年1月，第133页。

[3] 中国电力企业管理协会城市供用电研究会、企业家协会供电分会：《全国供电企业第四次技术管理研讨会资料汇编》，1995年1月，第105页。

[4]《国家电网公司年鉴》编辑委员会：《国家电网公司年鉴2008》，中国电力出版社，2008年，第150页。

[5]《国家电网公司年鉴》编辑委员会：《国家电网公司年鉴2008》，中国电力出版社，2008年，第106页。

[6]《国家电网公司年鉴》编辑委员会：《国家电网公司年鉴2009》，中国电力出版社，2009年，第95页。

开关柜超声波局部放电检测技术、开关柜暂态地电波局部放电定位技术由专业检测向普遍检测转变，并向16个下属供电公司推广。湖南、江西、浙江、四川、甘肃等网省公司将配电网状态检修技术应用于设备隐患、缺陷的排查和集中整治，保障了配电网的安全运行❶。

为规范、有序地开展配电网设备状态检修工作，提高针对性和有效性，国家电网公司在广泛开展配电网状态检修工作调研，总结提炼河北、山东、浙江、江苏和湖北省电力公司配电网状态检修试点工作成果，广泛征求各单位意见的基础上，制定了配电网状态检修相关标准、规程，以国家电网科〔2011〕1004号印发了《配网设备状态检修试验规程》（Q/GDW 643—2011）、《配网设备状态检修导则》（Q/GDW 644—2011）、《配网设备状态评价导则》（Q/GDW 645—2011）3项技术标准，以国家电网生字〔2011〕1007号文印发了《配网状态检修管理标准（试行）》和《配网状态检修工作标准（试行）》等2项管理标准。这些管理、工作和技术标准明确了配电网状态检修的基本原则、管理职责、管理内容、技术监督、装备配置、辅助决策系统应用、人员培训、评价与考核等内容，配电网状态检修工作的标准制度体系基本形成。

随后，各地电力公司根据标准要求，结合实际开展了配电网状态检修工作，并不断进行探索创新。2012年重庆市电力公司全面部署配电网状态检修辅助系统，设备范围涵盖了国家电网评价导则所规定的5类整体设备和13类单元设备❷。2013年重庆市区配电网状态检修覆盖率高达100%❸，重庆市电力公司主导的“城市配电网电力电缆状态检测与可靠性提升关键技术及其应用”科技攻关项目获2016年度重庆市科学技术奖三等奖。

2018年国家电网公司大幅增加配电网红外热成像、地电波局部放电、超声波局部放电、电缆超低频介损四类检测设备，健全运维班组普测、电气试验班组专业检测、省电科院诊断检测三级体系，分级分类实施配电网状态检测业务，实现了普测、异常分析、消缺处理、复测的闭环管理，全年开展配电变压器、环网柜、电缆等各类状态检测434.4万次，发现缺陷13.1万项。配电网状态检修工作快速推进，配电网状态检测能力大幅提升。

五、国家电网公司电力共产党员服务队的规范与提升

2011年8月20日，时任中共中央政治局常委、中央书记处书记、国家副主席习近平在四川视察工作时，高度评价了国家电网四川电力公司共产党员服务队为民服务创先争优的经验和做法❹。9月27日，中共中央政治局委员、中央书记处书记、中央组织部部长李源潮批示：“国家电网的党员服务队是创先争优和行业优质服务的有效载体，他们的经验可在政府服务单位普遍推广❺。”

---

❶《国家电网公司年鉴》编辑委员会：《国家电网公司年鉴2009》，中国电力出版社，2009年，第137页。

❷ 重庆市电力行业协会：《2013国网重庆市电力公司年鉴》，中国电力出版社，2013年，第146页。

❸ 重庆市电力行业协会：《2014国网重庆市电力公司年鉴》，中国电力出版社，2014年，第197页。

❹《国资委主任在“为民服务创先争优活动”视频讲话》，中国政府网。

❺《国家电网公司年鉴》编辑委员会：《国家电网公司年鉴2012》，中国电力出版社，2012年，第202页。

国家电网公司总经理刘振亚表示，国家电网一定按照党和国家的要求做好各方面工作，特别是做好创先争优工作，在科学发展观的指导下，当好先行官，为经济社会发展做出新的更大的贡献。随后下发了《关于在供电企业深入开展“为民服务　创先争优”活动的实施意见》，坚持“你用电、我用心”，实施国家电网 95598 光明服务工程，推进为民服务创先争优活动。在配电领域，各地电力企业以为人民服务为宗旨，以“三亮三比三评”[1]为措施，推进电力共产党员服务队建设，并按国家电网公司要求，从建队标准、制度、流程、考核、验收等方面进行了规范。

电力共产党员服务队的建设从名称、队旗、服装以及服务理念、管理体系、考核标准等方面进行了规范。在名称上，规定了“国家电网××电力（×××）共产党员服务队”的统一格式。同时电力党员服务队的队旗、服装、标识等都进行了规范统一。自 2012 年起，各地配电领域或含有配电业务的党员服务队都按标准格式进行了重新命名。原“张思德便民服务队”更名为“国家电网陕西电力（张思德）共产党员服务队”，原“黎明共产党员服务队”更名为“国家电网天津电力（‘心连心’滨海黎明）共产党员服务队”。成立于 2012 年的“国家电网吉林电力（吕清森）共产党员服务队”，在建队理念、队员管理、服务项目实施等方面都比较规范，将配电检修、应急抢修、抗灾救灾、扶弱助困、奉献爱心等作为服务队的主要工作内容。各地电力企业认真落实电力党员服务队的建设要求，严格按标准组建或提升配电领域的电力党员服务队。北京市电力公司组建了 18 支含有配电业务的“国家电网首都电力共产党员服务队”，四川省电力公司组建了 28 支含有配电业务“国家电网四川电力共产党员服务队”。

“国家电网天津电力（‘心连心’滨海黎明）共产党员服务队”在 2012 年重新命名后，更加注重质量建设，队伍建设更加规范，服务方式更加优质，服务质量更加优异。在精益管理方面，对配电抢修工作流程进行优化改进，并固化行程，提高效率；在创新驱动方面，把配电检修难点作为创新重点，把配电作业现场当作创新阵地；在优质服务方面，公布了服务队的联系方式，在配电检修、安全供电等方面实行“电保姆”式贴心服务。“国家电网江苏电力（如东公司退役军人）共产党员服务队”以“想群众没有想到的、做群众认为难以做到的事、超越群众预期的期望、送给群众意料之外的惊喜”为服务愿景，来实施配电专业服务，在学习中传承，在传承中创新，服务流程进一步优化，服务标准进一步提高，服务质效进一步加强，人民群众的获得感、幸福感、安全感在面对面的配电服务中得到提升。

截至 2017 年，国家电网公司累计建立 4095 支电力共产党员服务队，成为中央企业服务品牌。各级电力共产党员服务队围绕上级的统一部署扎实开展工作。2017 年，湖南、江西、辽宁、吉林等地遭受洪涝灾害，部分配电线路发生倒杆、断线、配电设备损坏等问题，1063.12 万户用户受灾。各单位党员服务队按照“水进人退电停避险，水退人进停电抢修”的原则，快速抢修受损的配电线路设施，及时恢复供电，其中国网湖南电力共产党

---

[1] 三亮三比三评：亮身份、亮承诺、亮标准，比技能、比业绩、比作风，自评、群众评、领导评。

员服务队架设临时配电线路 2633.8 千米，出动移动发电机、发电车等设备 984 台次[1]。重庆市电力公司实施红岩共产党员服务队深化建设十项行动，101 支服务队累计新建及改造农网 10 千伏线路 623 千米，新建及改造配电变压器 2533 台，抢修抢险 5200 余次[2]。2019 年国网湖北省电力公司投入 2.2 万名员工，组建 100 多支党员服务队，架设配电线路、排查配电网除患，连续奋战 3 个多月，圆满完成第七届世界军人运动会保电任务。

电力共产党员服队的辛苦付出和无私奉献，获得了上级党组织的充分肯定和社会各界的广泛赞誉，国网天津电力（“心连心”滨海黎明）共产党员服务队、国网湖北电力（随县“光满 · 爱心红丝带”）共产党员服务队被命名为全国学雷锋活动示范点[3]；国家电网黑龙江电力（李庆长）共产党员服务队入选最佳志愿服务组织名单；国网江苏电力（如东退役军人）共产党员服务队荣获 2017—2019 年慈善领域“慈善楷模奖”。

六、生产管理系统（PMS1.0）的应用

根据国家电网公司信息化建设工作的总体部署，要求“十一五”期间全面建设 SG186 信息化工程，这为国家电网公司的发展方式转变和实现“一强三优”战略目标提供了信息化支撑。生产管理系统（PMS1.0）是 SG186 工程八大业务应用之一，于 2006 年 12 月启动建设。

生产管理系统（PMS1.0）由国家电网公司生产技术部牵头组织，国网电科院负责系统研发实施，国网北京、湖南、宁夏电力公司为首批试点单位。PMS1.0 系统是遵循 SG－186 信息化工程建设统一规范和运检信息化标准规范，基于 PI3000 平台而构建的。该系统采取总部、网（省）公司两级部署，总部、网省、地市公司三级应用，实现了总部与基层生产单位信息纵向贯通和横向数据共享。

PMS1.0 的建设目的是建立覆盖国家电网公司总部、网省公司、地市公司三级层面，贯穿电网生产全过程的一体化生产管理信息平台，实现生产基础信息、运行信息、管理信息的纵向贯通、横向集成和资源共享，全面掌握设备状况，实现设备的全过程、全寿命周期管理。该系统应用最广泛的两大功能是图形台账管理和标准化作业管理功能。图形台账管理功能通过一体化构建设备和电网模型，实现电网资源的图形维护功能和台账数据管理。标准化作业管理功能基于工作流设计，实现了缺陷管理、工作票编审、计划管控及各类修试记录等配电网运维检修基础业务的线上流转及闭环管理。

PMS1.0 于 2008 年 5 月完成开发与测试，于 2008 年 7 月首先在北京、湖南、宁夏电力公司三家试点单位上线，2008 年底完成了系统功能验收及试点单位应用验收。

2009 年，国家电网公司结合 PMS1.0 配电模块在国家电网公司系统的推广应用情况，制订了《生产信息系统（PMS）配电模块功能扩展的需求规范》，作为国家电网公司生产管理信息系统配电功能扩充的设计依据。

---

[1]《国家电网公司年鉴》编辑委员会：《国家电网公司年鉴 2018》，中国电力出版社，2018 年，第 20 页。

[2]《国家电网公司年鉴》编辑委员会：《国家电网公司年鉴 2018》，中国电力出版社，2018 年，第 288 页。

[3]《国家电网公司年鉴》编辑委员会：《国家电网公司年鉴 2018》，中国电力出版社，2018 年，第 196 页。

2009 年 2 月，国家电网总部 PMS1.0 上线并实现与试点网省纵向贯通。到 2009 年 9 月，东北、西北、天津、山西、安徽、湖北、湖南、河南、江西、四川、重庆、辽宁、吉林、黑龙江、陕西、甘肃、青海、新疆 18 家网省公司先后完成 PMS1.0 推广并上线。2009 年 10 月，国家电网公司 29 家网省公司 PMS 全部接入国家电网总部系统，实现了有序稳定运行。2011 年 7 月，国家电网公司下发《生产管理信息系统实用化评价指标》（生技改〔2012〕29 号），以提升国家电网公司生产管理信息系统应用水平为目标，建立系统实用化评价机制，持续推动和促进系统深化应用，为国家电网公司生产精益化管理提供坚强支撑。

PMS1.0 投入运行以来，共注册用户数 35 万，日最高在线人数三万二千余人。PMS1.0 存储了 35 千伏及以上变电站 18 000 余座、35 千伏及以上线路 37 000 余条、“两票” 988 000 余张、图形 17 300 余张、配电网设备 8 170 000 余台套、缺陷记录 600 余条、巡视记录 7000 余条、运行日志记录 34 000 余条等数据。

第四节　服务新农村的配电网建设改造

中国第一轮的农村电网改造工程明显增强了农村电网结构，为农村经济发展创造了良好条件，但偏远地区农村电网改造不彻底，没有实现户户通电等情况依然存在。此外，随着农村经济的发展，部分已改造的农村电网因不能满足快速增长的农业生产生活用电需求，再次出现了线路“卡脖子”和设备“过负荷”等问题。“十二五”期间，为提升农村电网供电能力，电力企业落实国家农村政策，实施了新一轮农村电网改造升级、中西部完善、“户户通电”等一系列农村电网建设与改造工程，全国农村电网得到全面改造，改善了农村生产生活用电条件，促进了社会主义新农村建设。

一、农村“低电压”综合治理

2008 年，为了响应国务院第 36 次常务会议提出的“进一步发挥家电下乡政策在扩大内需特别是农村消费中的作用”号召，财政部、商务部、工业和信息化部联合印发了《关于全国推广家电下乡工作的通知》（财建〔2008〕862 号）。随着家电下乡政策的快速落实推广，大功率电器加速进入农村家庭，用电量迅猛增长，农村用电负荷的快速增长与中低压配电网供电能力滞后的矛盾日渐突出，农村用电用户“低电压”问题日益严重，开展农村“低电压”问题综合治理工作迫在眉睫。

2010 年初，国家电网公司进行调查统计，供电区域内除北京、上海以外的 24 家网省公司均存在农村“低电压”问题，涉及 1553 个县供电企业、114 758 个行政村、1362.5 万户、5467.3 万供电人口。为了解决这个问题，国家电网公司在农村用户电压质量调查情况的基础上，决定开展农村“低电压”问题综合治理工作，并以国家电网农〔2010〕543 号文印发了《关于综合治理农村“低电压”问题的工作意见》，强调了开展农村“低电压”

治理工作的紧迫性，要求各网省电力公司加大城乡电网统筹发展力度，加大资金向农电倾斜力度，加大对农村电网建设改造投入。提出计划用三年时间，集中开展农村“低电压”综合治理工作，改善农村供电质量。此后，国家电网公司还印发了《国家电网公司农村“低电压”综合治理试点单位专项研究计划》，选取辽宁辽阳、安徽歙县、江西广丰、陕西蓝田等作为农村“低电压”综合治理试点单位，并要求各试点单位从提升农网供电能力、增加调压手段、优化无功补偿、精益运行管理和需求侧管理、提高科技支撑能力五方面入手，因地制宜制订本地农村“低电压”综合治理方案和有效措施，确保治理工作取得成效。

各试点单位结合当地配电网及负荷特点，多措并举开展低电压治理，取得了良好的成效。辽宁辽阳供电公司采用调节变压器分接头、增加电源布点、改造低压导线截面等手段治理“低电压”。安徽歙县针对当地在茶叶收获季节，农户大量使用单相炒茶机，导致用电高峰时期产生短时“低电压”的情况，采取在村中设立制茶集中加工点，新建低压线路、引导制茶时的错峰用电，解决了生产生活用电相冲突的矛盾。江西广丰供电公司建立“低电压”信息监测系统，通过采集综合配电变压器终端、电压监测仪等数据，及时发现低电压情况并采取相应的治理方法，提高了问题解决的时效性。国家电网公司收集试点单位农村“低电压”综合治理工作经验，汇编成《农村“低电压”治理典型方法》，指导下属各单位开展“低电压”治理工作。

2010 年 12 月 16—17 日，国家电网公司在安徽屯溪召开农村“低电压”综合治理现场推进会，提出力争在 2012 年 8 月底前基本解决当前存在的农村“低电压”问题。2011 年 3 月 25 日，国家电网公司在辽宁沈阳组织召开“农村‘低电压’综合治理技术研究与应用”课题项目启动会暨部分单位“低电压”治理工作推进会，安徽、江西、辽宁等 10 个省电力公司参加了会议。参会单位的供电范围内“低电压”用户达 1317 万户，占总数的 75.2%。会议上要求各单位因地制宜地推广应用低电压综合治理研究成果，结合农村电网改造升级建设和农电日常管理工作开展“低电压”治理工作，同时还要求各单位健全和完善考评机制，制订详细的工作计划，对工作目标和工作任务进行分解，倒排工期，落实人员责任。

2010—2012 年，各地电力公司按照国家电网公司的统一安排，通过进行电网改造升级、调整配电变压器分接头、调整三相负荷不平衡及加强低压用户需求侧管理等手段，积极开展“低电压”综合治理工作。三年间，国家电网公司累计投资 290.2 亿元，共解决“低电压”问题 1784.9 万户，电压合格率提高了 1.042 个百分点，农村“低电压”问题得到较好解决。至 2012 年 7 月底，基本上完成农村“低电压”治理三年目标任务。

在完成三年治理工作后，为了更好地巩固治理结果，进一步解决低电压问题，国家电网公司开展了低电压在线监控及常态化治理工作，于 2013 年编制完成了《关于加快推进农村居民用户端电压质量在线监测工作的报告》，提出重点推进农网电压在线监测系统建设，提高农网供电电压质量在线监测水平的方案。次年，印发了《关于开展农村“低电压”常态化动态治理工作的通知》（国家电网农〔2014〕450 号），要求各省（区、市）电力公司建立健全农村“低电压”综合治理常态工作机制。

2014 年 11 月，国家电网公司再次对农村用户“低电压”情况进行调查，发现供电区域内仍存在农村“低电压”847.6 万户，占农村客户总数的 3.75%。其中，长期“低电压”客户 448.8 万，占“低电压”总数的 52.95%；短时“低电压”客户 398.8 万，占“低电压”总数的 47.05%。为了全面彻底地解决农村“低电压”情况，国家电网公司决定在 2015、2016 年再进行为期两年的农村“低电压”专项治理工作，总体目标是用两年左右时间全面解决“低电压”问题，以满足农村用电需求。通过努力，截至 2016 年底，国家电网公司累计完成 999.2 万户“低电压”治理工作，超额完成治理目标，农村电网综合供电电压合格率达到 99.491%，同比提高了 0.426 个百分点，至此国家电网公司配电网长期“低电压”问题基本消除。

二、“十二五”期间的新一轮农村电网改造升级

自 1998 年实施“两改一同价”以来，中国农村电网结构明显增强，供电可靠性显著提高，农村居民用电价格大幅降低，为农村经济发展创造了良好条件。但是，受历史、地理、体制等因素制约，中国农村电网虽经多次改造升级，但仍存在发展不够均衡的问题，主要表现在中西部偏远地区农村电网改造不彻底，仍存在个别村组没有改造，农业生产供电设施以及独立管理的农场、林场、小水电自供区等电网还有大部分没有改造。一些已改造过的农村电网也不能满足快速增长的农业生产生活用电需求，又出现了新的线路“卡脖子”和设备“过负荷”等问题。

鉴于上述情况，2009 年 12 月 31 日，中央颁发《中共中央、国务院关于加大统筹城乡发展力度进一步夯实农业农村发展基础的若干意见》（中发〔2010〕1 号），明确提出“适应农村用电需求快速增长的趋势，结合推进农村电力体制改革，抓紧实施新一轮农村电网改造升级工程，提升农网供电可靠性和供电能力”。2011 年 5 月 10 日，国务院办公厅以国办发〔2011〕23 号文转发了《关于实施新一轮农村电网改造升级工程的意见》，意见要求“‘十二五’期间，全国农村电网普遍得到改造，农村居民生活用电得到较好保障，农业生产用电问题基本解决，县级供电企业代管体制全面取消，城乡用电同网同价目标全面实现，基本建成安全可靠、节能环保、技术先进、管理规范的新型农村电网。”

“兵马未动、粮草先行”，根据国务院的决策部署，中央财政对中西部农村电网升级改造工程给予 20%国家资本金支持，对青海、四川、甘肃藏区和新疆的南疆给予 50%国家资本金支持，对西藏给予 80%国家资本金支持。由于边远贫困地区农村电网发展整体滞后，大部分县级供电企业在此次农村电网建设改造中资金缺口较大，国家电网公司、南方电网公司克服资金筹措、还本付息的压力，投资 4791 亿元[1]，保证了农村电网改造升级工程建设顺利开展。

在工程建设过程中，国家电网公司组织编制电力行业和企业标准 30 余项，制定工程建设管理标准 100 余项，形成了涵盖各类工程、各种施工条件的 50 多册通用设计、7 册

[1] 国家电网公司投资 3675 亿元，南方电网公司投资 1116 亿元。

通用设备、22 册通用造价和 12 册标准工艺。在国家电网公司经营区域内的 26 个省推广应用了农村电网典型供电模式等创新技术，提升了农村电网的科技水平，推动了农村电网建设改造技术的升级。

农村电网典型供电模式包含新农村电气化供电模式、单三相混合供电模式、35 千伏配电化供电模式[1]等。

新农村电气化供电模式分为农村电网基本供电模式和区域供电模式，区域供电模式又以经济水平、负荷特性等条件分为 A、B、C 三类，是对农村电网基本供电模式的应用和深化。新农村电气化供电模式在浙江、安徽、陕西等 15 个省 22 个县示范应用，示范村居民端电压合格率平均提高了 3.63 个百分点，低压线损率平均降低了 3.41 个百分点。“十二五”期间，国家电网公司累计建成新农村电气化县 530 个、电气化乡镇 6423 个、电气化村 114 594 个[2]。

单三相混合配电模式是指变压器布点时三相变压器与单相变压器混合安装的一种模式，该模式主要在山东、江苏、安徽等 10 个省示范应用，有效缩短了低压供电半径，降低了低压线损。

35 千伏配电化供电模式是指 35 千伏线路经过变压器直接降压为 0.38 千伏的一种供电模式，这种模式主要应用在冀北、蒙东、甘肃、青海、四川、新疆等地，这种模式工程占地面积较传统工程占地面积减少 60%以上，造价降低 40%以上，建设周期缩短近 40%，有效解决了偏远山区 10 千伏线路供电半径过长、区域性低电压等问题。

在农村电网改造过程中，国家电网公司各级单位充分发挥自主创新能力，研发应用了一批先进适用的施工装备。国网福建省电力公司开发了微型电杆钻孔机，仅需 1 名操作人员即可完成各种土坑的挖钻工作，直径 40 厘米、深度 2 米的杆坑 5 分钟就能完成挖钻，效率是传统人工挖坑的百倍以上。在地势复杂的山区进行线路施工，运输电杆、塔材是一项难度较大的施工任务，国网湖南省电力公司开发的索道运输机则解决了这一难题。索道运输机的运输索道长达几百米，设计荷重可达数吨，通过绞磨机牵引，利用索道可以方便快捷地将山下的电杆、塔材等施工材料运输到山上的施工现场，原计划数月的运输工作仅数天即可完成，极大地推进了工程建设进度[3]。

“十二五”期间，国家电网公司新建和改造 10 千伏线路 48.76 万千米、配电变压器 54.7 万台、新建和改造低压线路 77.2 万千米，解决了 3071 万农村用户“低电压”问题、49 个县域电网“孤网运行”问题、124 个县域电网与主网联系薄弱问题，农村户均配电变压器容量从 2010 年的 0.99 千伏·安提高到 2015 年的 1.72 千伏·安。经营区域内农村供电可靠率、综合电压合格率分别从 2010 年的 99.64%、97.48%提高到 2015 年的 99.74%、99.065%，用户年均停电时间从 31.54 小时下降到 22.88 小时[4]。南方电网公司新建、改造

[1] 35 千伏配电化供电模式：即选用 35 千伏配电变压器，直接从 35 千伏降为 0.38 千伏。

[2] 国家电网公司：《国家电网公司“十二五”农网改造升级工程建设纪实》，中国电力出版社，2016 年，第 65 页。

[3] 国家电网公司：《国家电网公司“十二五”农网改造升级工程建设纪实》，中国电力出版社，2016 年，第 83 页。

[4] 国家电网公司：《国家电网公司“十二五”农网改造升级工程建设纪实》，中国电力出版社，2016 年，第 5 页。

农村配电网线路 50 万千米，更换、增容农村公用配电变压器 14.47 万台，改造一户一表 372.85 万只。

农村供电设施的改善，促进了农村电器和电力消费增长。“十二五”期间，全国农村耐用家电消费超 5000 亿元。截至 2015 年年底，中国农村居民每百户家庭拥有计算机 23.5 台、空调 34.2 台、电冰箱 77.6 台、洗衣机 74.8 台，分别比 2010 年增长 173%、150%、90%、48%。各种电器的广泛应用，提高了农村用能效率，改善了农村生产生活条件，促进了社会主义新农村建设[1]。

三、“户户通电”工程

20 世纪 90 年代，中国电力扶贫工作的重点集中在解决无电县、无电乡、无电村的通电问题上。继北京、天津、上海、吉林、辽宁实现村村通电后，山东省根据 1994 年全国农村电气化工作会议精神，加快实施“电力扶贫共富”工程，在 1994 年底实现村村通电后，又提出在全省范围内实现“户户通电”的工作要求，首次提出了“户户通电”概念。

山东省“户户通电”工程采用“电力部门支持一部分，地方政府筹措一部分”的筹资方式，总计投入 1.4 亿元，共架设高低压线路 5420 千米，新装配电变压器 452 台[2]。经过政府、企业和农户共同努力，1996 年 2 月 28 日，随着临沂市费县方城镇西红峪村 8 户无电户通电，山东省成为“电力扶贫共富”工程提出后全国第一个实现“户户通电”的省份。

通过“电力扶贫共富工程”的实施，到 2000 年年底，全国农户通电率已达到 98.03%[3]，其中山东、北京、天津、上海、吉林 5 个省市已全面实现“户户通电”[4]。但是在四川、西藏、云南等省份的偏远山区、牧区和岛屿等地方，农户连最基本的照明用电都没有，仍然点着煤油灯、酥油灯。2005 年 7 月 11 日，《国家发展改革委办公厅关于无电地区电力建设有关问题的通知》（发改办能源〔2005〕1367 号）印发，明确提出“为了进一步解决偏远无电地区的用电问题，今后国家将逐年安排资金，支持偏远无电地区电力建设”[5]。国家电网公司和南方电网公司依照发改办能源〔2005〕1367 号文件要求，在各自管辖的供电区域内全面启动“户户通电”工程。

2006 年 3 月，国家电网公司确立了“新农村、新电力、新服务”农电发展战略，计划到 2010 年，凡是通过国家电网最大限度延伸能够解决供电问题的地区，基本实现户户通电[6]。2006 年 5 月 13 日，国家电网公司与江西省政府在安义县罗丰村举行了江西省农村“户户通电”工程启动仪式，国家电网公司总经理刘振亚为该县农村“户户通电”突击队授旗，就此拉开了国家电网公司全面建设农村“户户通电”工程的序幕。

---

[1] 国家电网公司：《国家电网公司“十二五”农网改造升级工程建设纪实》，中国电力出版社，2016 年，第 7 页。

[2] 山东省电力工业史编委会：《中华人民共和国电力工业史・山东卷》，中国电力出版社，2003 年，第 601 页。

[3] 《中国电力年鉴》编辑委员会：《2003 中国电力年鉴》，2003 年，第 134 页。

[4] 《中国电力年鉴》编辑委员会：《2002 中国电力年鉴》，2002 年，第 143 页。

[5] 《国家发展改革委办公厅关于无电地区电力建设有关问题的通知》（发改办能源〔2005〕1367 号）。

[6] 《国家电网公司年鉴》编辑委员会：《国家电网公司年鉴 2007》，中国电力出版社，2007 年，第 425 页。

南方电网公司采用电网延伸方式在广东、广西、云南、贵州、海南五个省区内开展无电户通电工程，并与云南、贵州电网公司签订了《加快农电发展，服务新农村建设》责任书，确保2010年底基本解决电网覆盖范围内的无电户供电问题❶。

在工程实施过程中，为争取国家和地方政府对“户户通电”工程的政策和资金支持，国家电网公司主动加强与省（区、市）政府的沟通，先后与19个省（区、市）签署了《共同推进农村“户户通电”工程建设会谈纪要》。这是国家电网公司成立以来，首次由主要负责人带队，开展的规模最大的一次与地方政府沟通、交流与合作活动❷。为保障工程有序实施，国家电网公司相继印发了《关于农村“户户通电”工程实施意见》《农村“户户通电”工程管理办法》《农村“户户通电”工程验收办法》，明确了工程建设的计划、目标、原则和工程管理、计划管理、资金管理、安全管理、工程验收等方面的具体要求❸。为确保困难农户顺利通电、用上放心电，国家电网公司组织广大职工积极捐款，共计所得3982万元用于解决户内工程材料费用，还向新通电的贫困户捐赠电视机等家用电器。针对新用电户缺乏用电常识等问题，国家电网公司通过发放画册、现场讲解、举办培训班等形式，做好安全用电宣传。

2010年9月20日，西藏地区“户户通电”工程全面竣工投产，标志着国家电网公司在供电区域内全面实现“户户通电”目标。国家电网公司累计完成工程投资158.6亿元，共架设10千伏线路62 619千米、低压线路141 291千米，新建与更换配电变压器39 314台，为134.1万户无电户、508.9万无电人口解决了通电问题❹。

云南省因地貌独特、少数民族村寨居住分散、电力设施基础薄弱，成为南方五省区中通电难度最大的省份，到2012年仍有8.18万无电人口，这也是南方电网公司“户户通电”工程最难啃的一块“硬骨头”。为了啃下这块“硬骨头”，南方电网公司投入19.3亿元建设资金和3万多人的建设队伍开展了为期十个月的攻坚作战。

独龙族通电工程被称为全国难度最大、风险最高、单位成本最高的“户户通电”工程。独龙族是中国人口数量最少的民族之一，约7000人。独龙江乡是独龙族唯一的聚居地，位于云南省独龙江峡谷中，地处中缅边境、滇藏结合部，平均海拔4000米。这里山脊险峻、气候恶劣、道路不畅，立杆架线十分困难。为了将50根电杆运上山顶，20多名施工人员开山修路、肩扛手抬、溜索攀爬，用一个月时间才完成搬运。2012年9月，独龙江乡“户户通电”工程全部完成❺。2012年10月30日，随着云南丽江大水村70户无电户通电工作完成，南方电网公司彻底实现了供电区域内“户户通电”，累计完成工程投资57.21亿元，为56.32万无电户、225万无电人口解决了通电问题。

通过实施“户户通电”工程，国家电网公司和南方电网公司累计为191万无电户734

❶ 孔清华：户户通电终结农村无电史，《中国电力企业管理》，2018年第35期。

❷《国家电网公司年鉴》编辑委员会：《国家电网公司年鉴2010》，中国电力出版社，2010年，第356页。

❸《国家电网公司年鉴》编辑委员会：《国家电网公司年鉴2007》，中国电力出版社，2007年，第2～44页。

❹《国家电网公司“户户通电”工作总结》，2010年10月9日。

❺《南方电网提前实现电网覆盖范围内“户户通电”》，新华网，2012年11月2日。

万无电人口解决了用电问题。两大供电公司管辖区域内全部实现“户户通电”，使广大无电户彻底告别了“煤油灯”，极大改善了新通电地区的生产生活条件，有益于缩小城乡差距、传播党的惠民政策等。

四、无电地区通电工程

1998 年以来，国家电力企业落实国家农村政策，承担社会责任，先后在全国范围内展开了一、二期农村电网改造、中西部完善工程、“户户通电”、扩大内需工程等一系列农村电网建设与改造工程，并取得了显著成绩。到 2009 年，全国“户户通电率”达到 99.85%[1]，已在全国大部分省（区、市）内实现户户通电。但由于中国地域辽阔、自然条件复杂多样以及经济发展不平衡等因素，到 2012 年年底，全国仍有 273 万人口没有用上电，主要分布在新疆、四川、西藏、甘肃、青海、内蒙古等地区，整体呈现出居住更分散、更贫困偏远、电力建设难度更大、通电成本更高的特点。国家电网公司通过逐村逐户无电状况调查发现，因地方供电企业上划、地方政府实施移民搬迁工程等原因，经营区域内仍存在 252.7 万无电人口[2]，剩余 20.3 万无电人口分布在内蒙古电力公司、四川水电集团、西藏水利厅农电局等地方电力企业经营区域内。

为确保“十二五”时期全国无电地区人口全部用上电，2013 年 8 月，国家能源局以国能新能〔2013〕314 号文印发了《全面解决无电人口用电问题三年行动计划（2013～2015 年）》，计划到 2015 年年底全部解决最后 273 万无电人口用电问题。工程完成后由于移民搬迁、分户等原因新出现的暂时性无电问题，由地方政府负责，督促相关电网企业解决并确保可靠供电[3]。根据行动计划的安排，国家电网公司以及内蒙古电力公司、四川水电集团等地方电网企业，采用电网延伸方式解决无电地区通电问题；对于无法通过电网延伸实现通电的地区，由国家能源局协调中国大唐集团公司、中国电力投资集团公司、中兴能源有限公司等 9 家大型发电企业，以援建形式，采取建设光伏独立供电工程、风光互补供电系统、小水电等措施为无电人口通电[4]。在建设资金方面，国家对纳入无电地区电力建设工程中央预算内投资计划的电网延伸和小水电工程，投入中央资本金减轻企业投资压力，对纳入“金太阳工程”的光伏独立供电工程给予财政资金补贴，剩余资金则由建设单位通过[5]自有资金、银行贷款等方式筹措。

面对艰巨的工程建设任务，2013 年 6 月 7 日，国家电网公司与四川、甘肃、青海、新疆、西藏五省（区）政府在北京签署了共同加快推进无电地区电力建设协议。在组织管理上，国家电网公司及各相关省（区、市）电力公司均成立了由主要负责人任组长的工作组，以定期分析和通报方式严格管控施工安全、质量和工期。在实施措施上，优先保障无

---

[1]《2009 年全国电力工业统计年报数据》，国家能源局网站，2010 年 7 月 13 日。

[2]《国家电网公司全面实现大电网延伸，满足无电地区通电问题目标》，央广网新闻，2015 年 6 月 30 日。

[3]《国家能源局关于印发全面解决无电人口用电问题三年行动计划（2013～2015 年）的通知》（国能新能〔2013〕314 号）。

[4]《吴新雄同志在全面解决无电人口用电问题工作会议上的讲话》，国家能源局网站，2013 年 8 月 2 日。

[5]《2013 年全国解决 150 万无电人口用电问题》，国家能源局网站，2014 年 1 月 28 日。

电地区电力建设工程管理和施工力量、建设资金以及物资供应，2012—2013 年，国家电网公司先后组织了两批 52 名技术和管理骨干支援西藏无电地区电力建设。在施工技术上，由于无电地区负荷分散且小，直接采用 10 千伏电源点会出现因供电半径过长导致末端电压过低的问题，因此因地制宜地推广应用了 35 千伏配电化和配送式变电站技术。2014 年底“电力天路”青藏电力联网和川藏电力联网工程正式投运，为彻底解决西藏昌都和四川甘孜州南部无电地区通电问题创造了条件❶。

到 2014 年，西藏、新疆、内蒙古、甘肃实现全部人口通电，全国还剩下 23.78 万无电人口，分布在四川和青海地区。2015 年 3 月，国务院总理李克强做政府工作报告，其中明确提到，“力争让最后 20 多万无电人口都能用上电”。2015 年 6 月，四川全部人口通电，只剩下青海的 3.98 万无电人口。2015 年 8 月 1 日，国家能源局在西宁组织召开了为青海最后无电人口通电的协调会，由国家电网公司实施援建代建，通过电网延伸方式解决青海水电集团经营区内玛多、班玛、久治等 9 个无电县通电问题，并由国家电投集团公司承担光伏独立供电工程任务。2015 年 12 月 23 日，青海果洛藏族自治州班玛县果芒村和玉树藏族自治州曲麻莱县长江村合闸通电，标志着中国全面解决无电人口用电问题的任务圆满完成❷。

2013—2015 年，国家共安排投资 247.8 亿元，其中中央资本金 145.5 亿元。其中，用于电网延伸工程资金 206.8 亿元，共安装配电变压器台区 1.8 万多个，架设 10 千伏线路 3.6 万多千米、低压线路 3.9 万多千米，解决了 154.5 万无电人口通电问题。用于光伏独立供电工程建设资金 41 亿元，共建成光伏独立电站 670 多座，光伏户用系统 35 万多套，为 118.5 万无电人口通电❷。

第五节　配电技术及作业方式的进步

电力“十二五”规划提出，到 2015 年，全国城市用户供电可靠率达到 99.935%以上，农村用户供电可靠率达到 99.765%以上。为达到这一目标，供电企业不断创新配电运维技术和作业方式。电缆线路等不停电作业的开展，智能化、免（少）维护设备的不断研发与应用，局部放电检测技术的推广，不仅提升了运检效率，更大幅减少了配电网线路停电时间，极大地助力了供电可靠性的提升，为客户提供了安全、不间断的电力供应，技术成果惠及社会、民生。

一、电缆线路不停电作业的起步

随着城市配电网的迅速发展，电缆线路不断增加，截至 2011 年年底，国家电网公司

❶《国家电网公司年鉴》编辑委员会：《国家电网公司年鉴 2015》，中国电力出版社，2015 年，第 270 页。

❷《全国全面解决无电人口用电问题任务圆满完成》，国家能源局网站，2015 年 12 月 24 日。

6～20 千伏城市配电网电缆线路超过 20 万千米，电缆化率接近 40%[1]。随着 10 千伏电缆线路的不断增加，电缆故障概率也逐渐增大，多频次、长时间的停电检修严重影响供电可靠性。

2012 年 4 月 26 日，国家电网公司在北京组织召开了 10 千伏电缆线路不停电作业试点启动会，会议以《10kV 电缆线路不停电作业技术导则》（Q/GDW 710—2012）为基础，确定在北京、天津、山东、上海、浙江、福建、湖北、湖南、重庆等地试点开展 10 千伏电缆不停电作业。由于电缆线路具有对地电容大、绝缘距离小、地下运行、作业空间小等特点，电缆线路的常规检修、抢修工作无法在电缆线路带电的情况下开展，因此会议确定在试点城市开展带电断接架空线路与空载电缆线路连接引线、旁路作业检修电缆线路设备、临时取电作业三类试点项目，由中国电科院提供技术支撑。

根据试点工作要求，中国电科院启动了“10kV 电缆线路不停电作业技术研究”项目。2012 年 6 月，浙江杭州供电公司实施了两环网柜间 10 千伏电缆线路不停电检修工作；2012 年 8 月，湖北襄阳供电公司实施了 10 千伏电缆不停电检修环网柜工作；2012 年 12 月，北京丰台供电公司实施了 10 千伏电缆不停电更换环网柜工作。到 2012 年年底，三类试点项目全部成功实施。

为推进 10 千伏电缆不停电作业工作，持续提升城市配电网供电可靠性，2013 年 3 月，国家电网公司印发《关于推进 10 千伏电缆线路不停电作业的工作意见》（运检三〔2013〕127 号）（简称《意见》）。《意见》指出，2013 年，重点城市和电缆化率超过 70%的地市供电公司要全面开展电缆不停电作业；2014 年，电缆化率超过 50%的地市供电公司要全面开展电缆不停电作业；2015 年，各地市供电公司要全面推广电缆不停电作业。《意见》还结合电缆不停电作业试点情况和电缆线路检修、抢修的需求，列举了可实施的电缆线路不停电作业项目，提出开展针对性的作业工具及作业方法研究。2013 年，国家电网公司新增成都、青岛等 14 个电缆不停电作业试点城市，在 12 家配电网不停电作业实训基地开设了电缆不停电作业培训项目。

2014 年 7 月，中国电科院“10kV 电缆线路不停电作业技术研究”项目通过国家电网公司验收。该项目针对配电网网架特点，结合电缆线路检修、抢修的需求，规定了可开展电缆线路不停电作业的项目，开发了电缆不停电作业用的空气消弧开关、旁路负荷开关、新型旁路电缆转换接头装置、旁路电缆敷设装置等作业工具，制订了电缆带电作业方法的技术规范和相关设备的技术参数要求，确定了各类作业项目的作业方法及操作流程，对推广 10 千伏配电网电缆线路不停电作业工作有重要的指导意义。依托电缆不停电作业的试点和推广成果，2017 年，国家电网公司编制并发布《10kV 配网不停电作业规范》（Q/GDW 10520—2016），该标准增加了电缆不停电作业项目，提出了现场操作规范，并作为各省（区、市）公司开展作业的指导性文件。

电缆线路不停电作业可协助开展多种电缆线路检修工作，有效解决电缆线路及设备检

[1]《关于印发 10 千伏电缆线路不停电作业试点工作启动会纪要的通知》（生配电〔2012〕90 号）。

修时停电范围大、时间长的问题，是提高供电可靠性的重要方法之一。

二、配电不停电作业在高海拔地区的应用

2015 年，低海拔地区的配电不停电作业已经广泛开展，但受地理、气候等条件限制，在海拔 3000 米以上的地区，配电不停电作业尚未起步。

高海拔地区空气间隙的放电电压明显下降，在高海拔地区进行配电线路不停电作业时，需采用安全的作业方法，并使用特制的工器具。2014 年，国家电网公司以“拓展地域、提升技能”为目标，启动了“高海拔地区提升配电网不停电作业能力关键技术研究”科技项目，分别在羊八井（海拔 4300 米）、拉萨（海拔 3600 米）、林芝（海拔 2900 米）和武汉（海拔 28 米）的试验场地，进行了配电带电作业空气间隙、工具沿面闪络特性和防护用具沿面闪络特性的对比试验，得出了适用于高海拔地区配电网架空线路不停电作业的最小安全距离和绝缘工具最小有效绝缘长度等关键参数。

2015 年 6 月 10 日，国家电网公司召开了高海拔地区带电作业技术研究课题汇报会。根据会议安排，2015 年 6 月 24 日，国网兰州供电公司、国网白银供电公司的 8 名带电作业人员，在甘肃甘南海拔 3000 米高原进行了连接跌落式熔断器上引线和更换直线杆绝缘子两项 10 千伏不停电作业。这次作业的成功实施，填补了中国高海拔地区 10 千伏配电不停电作业的空白。

随后，配电不停电作业开始向海拔更高的地区发展。2015 年 8 月 13 日，在四川省阿坝藏族羌族自治州红原县海拔 4300 米的查增梁子，国网成都供电公司实施了带电断接引流线和带电更换直线杆绝缘子两个配电不停电作业项目，国网德阳供电公司实施了带电更换避雷器和带电更换跌落式熔断器两个项目。这次作业将中国高海拔地区配电不停电作业水平推向了新的高度。

2016 年初，国网拉萨供电公司成立了西藏自治区首个配电带电作业班组。作业班组成立后，赴国网四川省电力公司技能培训中心参加配电网不停电作业简单项目培训、取证，随后在国网德阳供电公司进行了跟班学习。经过近半年的训练，2016 年 7 月 27 日，国网拉萨供电公司在西藏自治区拉萨市蔡公堂乡白定村海拔 3750 米处，完成了绝缘手套作业法带电断接引流线和带电更换直线杆绝缘子两项配电不停电作业项目，并通过了国家电网公司验收。这是西藏自治区首次开展配电不停电作业，标志着中国所有的省（自治区、直辖市）均具备了实施配电不停电作业的能力，配电不停电作业技术的发展取得了具有里程碑意义的进展。

依据高海拔地区配电不停电作业的试点成果，中国电科院于 2016 年 2 月申请了“一种高海拔地区配电线路带电作业方法”发明专利，该项专利为高海拔地区开展 10 千伏配电不停电作业提供了安全的作业方法，提高了高海拔地区 10 千伏配电线路的安全稳定运行水平。2017 年 3 月，国家电网公司发布的《10kV 配网不停电作业规范》（Q/GDW 10520—2016）中，增加了高海拔地区实施配电不停电作业的技术参数。该标准详细规定了海拔 3000 米及以上地区相间和相对地最小安全距离、绝缘工具最小有效绝缘长度、绝

缘遮蔽重叠等内容，具体数值与海拔3000米以下及平原地区相比均有提高。2019年，《配电线路带电作业技术导则》（GB/T 18857—2019）发布，适用于海拔4500米及以下地区10千伏配电线路不停电作业，作业范围向着更高海拔的地区拓展。

随着相关技术研究愈发丰富，高海拔地区配电不停电作业得到了更为广泛的开展，为提高高海拔地区配电网的供电可靠性做出了重要贡献。

三、局部放电检测技术在配电网运维检修中的发展

随着配电网的不断发展，电缆和开关柜在配电网中的应用越来越广泛，由于施工工艺、材料老化、运行环境等原因，电缆和开关柜会产生局部放电现象，如果这种现象长期存在，会加速设备老化，造成绝缘破坏，影响设备的正常运行甚至造成故障，而且电缆头爆裂极易引发开关柜、环网柜连锁故障，严重危害配电网的安全稳定运行。局部放电检测技术能检测设备绝缘状况，及时发现设备绝缘部件潜在的安全隐患，是电缆和开关柜竣工投运前的交接试验和投运后的预防性试验必测项目。它可以在设备正常运行的情况下进行检测，减少停电次数，提升供电可靠性，还可以根据设备的实时状态灵活安排检测周期，便于及时发现设备的隐患，了解隐患的变化趋势等。

2008年，中国开始引进英国EA公司开关柜超声波和暂态地电压局部放电带电检测设备，并在北京奥运会、上海世博会及厦门金砖国家会议等重大保电工作中，作为主要的带电检测手段之一。2011年，国家电网公司发布《配网设备状态检修导则》等一系列规范，配电网状态检修工作逐步进入正轨，局部放电测试作为配电网状态检修工作的重要手段之一，开始在中国得到广泛应用。

为了推广局部放电检测技术，2014年9月1日，国家电网公司发布了《交流金属封闭开关设备暂态地电压局部放电带电测试技术现场应用导则》（Q/GDW 11060—2013），明确了10千伏环网柜、开关柜的暂态地电压局部放电现场检测方法。

20世纪80年代，英国中央电力局开始研究特高频局部放电检测技术，该技术最早应用于GIS设备局部放电带电检测上，由于检测频率在300兆赫兹以上，具有抗干扰能力强、易于实现定位的特点。2018年中国引进了该检测技术，并开始应用于开关柜、环网柜等配电设备。

1997年德国Seits公司和荷兰戴夫特大学、瑞士Seits公司共同合作研发出振荡波局部放电检测系统。电缆振荡波局部放电检测是一种利用阻尼振荡波高压电源产生频率为20～300赫兹、幅值逐次衰减的振荡交流电压，激发电缆内部潜在缺陷局部放电，从而发现电缆本体及附件局部潜在缺陷点的技术，具有系统操作简单、测试无损性的特点，还具备在线和离线分析功能。随着局部放电检测技术在10千伏电缆的竣工试验、预防性试验的推广应用，国家能源局于2016年发布了由深圳供电局有限公司主要起草的《6kV～35kV电缆振荡波局部放电测试方法》（DL/T 1576—2016），该标准规定了10千伏电缆振荡波局部放电测试方法，提出对新投运电缆，明确接头局部放电超过300皮库，本体超过100皮库，要更换电缆；对终端超过3000皮库，应及时进行更换。通过振荡波局部放电检测

技术，能及时发现电力电缆缺陷，有助于提高电缆运行的安全性、可靠性，从而减少电缆因绝缘故障引发的停电事故，直接降低电缆维修成本。2016 年，国网杭州供电公司在 G20 峰会期间，对保供电重点区域及部分电网薄弱区域总计 266 回 10 千伏配电电缆，开展了以振荡波局部放电检测为主的现场试验，及时更换了有绝缘放电缺陷的电缆，确保了配电电缆安全可靠运行。

随着配电网状态检修方式不断推广应用，局部放电检测技术被大量采用，为及时发现设备潜在缺陷、提升配电网运检质量、确保安全稳定供电发挥了较大作用。

四、有载调容调压变压器的应用

中国农村配电网一直存在用电负荷不均衡、季节性负载变化大等特点，导致农村电网配电变压器经常处于轻载运行状态。为提高经济效益，减少空载损耗，配电变压器的调容调压功能成为重要研究方向。有载调容调压配电变压器是一种具有大小两种额定容量的节能型配电变压器，它有三个主要功能：一是通过控制系统监测配电变压器当前负载大小，当满足条件时，有载调容开关可通过开合动作在不停电状态下完成容量调节，使其在始终满足负载需求的情况下以经济方式运行；二是当大容量调为小容量时，空载损耗和空载电流相应降低，以达到减损节能目的；三是在不停电状态下自动调节变压器分接头，实时调节电压，提高峰谷时段电压合格率。

2005 年，国家电网公司农电工作部组织中国电力科学研究院农电所，中国电能成套设备公司，华北电网公司，江西、吉林、山东、宁夏、安徽、浙江省电力公司，山东达驰电气股份有限公司等单位在江西南昌市举行了国家电网公司有载调容变压器技术研讨会。由此，有载调容配电变压器的研究工作逐步开展起来。

2006 年，中国电力科学研究院农电所获得国家“十一五”科技支撑计划“农村新能源开发与节能关键技术研究”项目资助，承担该项目子课题《配电变压器与电机节电技术研究》，全面展开了有载调容配电变压器关键技术的研发。2007 年，首台有载调容配电变压器样机研制成功，并在山东临朐挂网试运行。2008 年，国家电网公司发布了《10 千伏调节容量变压器选用标准》（Q/GDW 200—2008），规定了额定频率 50 赫兹，电压等级 10 千伏，三相额定容量为 30（10）～630（200）千伏・安调容电力变压器的术语和定义、技术要求、检验规则、试验方法等，为指导和规范有载调容配电变压器应用发挥了重要作用。

2010 年，宁夏电力公司完成 50 台 10 千伏有载调容配电变压器挂网试点运行。实践证明，有载调容配电变压器较为适合用户用电季节性强、具有明显的周期性特征、负荷波动大、用电相对集中且年平均负载率低的配电台区，可显著提高挂网试点运行配电变压器台区的供电质量，减损效果明显，达到了安全可靠又经济实用的双重目的。

2012 年，中国电力科学研究院有载调容配电变压器研发团队认识到在配电台区层面增加有载调压功能的必要性，组织研发集成有载调压功能的有载调容配电变压器系列产品，即有载调容调压配电变压器，以综合解决农村配电台区普遍存在的低平均负载率、高空载损耗和供电电压越限问题。同时，国家电网公司发布了《有载调容配电变压器选型导则》（Q/GDW 731—2012），取代已有的《10 千伏调节容量变压器选用标准》（Q/GDW 200—2008），指导有载调容配电变压器的推广与合理选用。

2014 年至 2015 年，国家电网公司连续下发了《国家电网公司关于开展农村“低电压”常态化综合治理工作的通知》（国家电网农〔2014〕450 号）和《国家电网公司关于开展农村“低电压”专项治理工作的通知》（国家电网农〔2015〕71 号），提出要因地制宜、坚持管理措施与技术措施并重的原则，治理农村“低电压”问题，特别是负荷轻、密度低、居住分散偏远的村庄，要应用有载调容调压变压器、有载调压变压器等，以改善电压质量，提高配电变压器应对高峰负荷供电的能力。有载调容调压配电变压器因为有自动调压功能可以切实提高农村的供电质量，解决一部分“低电压”问题，自动调容功能可以应对高峰时期用电压力，再加上其较低的空载损耗，在广大农村地区得到了广泛应用。

2015 年，工业和信息化部、国家质检总局、国家发展改革委共同印发《配电变压器能效提升计划（2015～2017 年）》（工信部联节〔2015〕269 号），文中提到，要加强配电变压器系统节能技术研究，开展新型高效配电变压器新技术、新结构、新材料应用，重点研究有载调容调压配电变压器的适用场合和技术可靠性。这代表着有载调容调压配电变压器得到了国家层面的正式推广。

有载调容配电变压器技术研发成果已获得多个奖项。2016 年“有载调容调压配电变压器关键技术、系列设备与工程应用”获中国机械行业科学进步一等奖；2017 年，“有载调容配电变压器”获第 45 届日内瓦国际发明博览会金奖，并被联合国世界知识产权组织（WIPO）收录；2018 年，“10 千伏有载调容变压器关键技术研究及推广应用”获北京市技术发明一等奖，同年，中国电力科学研究院研究制定的《10kV 有载调容调压变压器技术导则》（DL/T 1853—2018）发布实施，明确了有载调容调压变压器的产品型号、技术要求和试验要求。有载调容配电变压器系列产品得到行业认可。

截至 2019 年年底，有载调容配电变压器系列产品已广泛应用于北京、河南、江苏、内蒙古等 20 多个省区市配电网中，并推广至印度、非洲等国家和地区，国家电网公司供电区域内已使用了 30 786 台，总容量达 8891 兆伏·安，容量和台数占全部配电变压器比例均为 0.6%左右，应用量居特殊变压器之首。

五、高过载能力配电变压器的应用

中国地域经济发展不平衡，农村外出务工人员数量庞大，导致农网配电变压器全年绝大部分时间处于轻载运行状态，年平均负载率偏低；而在集中用电时段特别是春节或农忙集中返乡期间，农村用电负荷急剧增长，变压器短时严重过载甚至烧毁等情况时有发生。

高过载能力配电变压器正是为应对以上问题而研究、设计和推广的一种配电设备。高过载能力配电变压器以普通配电变压器为基础，外形上没有太大的变化，通过提高绝缘等级、应用高温耐热材料、增加油箱散热面积、提升抗突发短路能力等技术革新，提升了过载能力。

2013 年，国家电网公司农电工作部首次提出了高过载能力配电变压器的概念，并于同年 4 月启动了具体研制工作。通过调研分析农村典型地区负荷特性指标，并研究了近十年春节保供电综合解决方案后，提出了配电变压器过载能力提升技术解决方法，且完成了样机试制、开展样机试验检测、完善设计方案、组织挂网运行等工作，以验证配电变压器过载性能。2013 年 11 月，国家电网公司农电工作部会同运检部、安全监察部、物资部、科技部开展高过载配变技术论证，明确进一步推进扩大验证工作。

2013 年 12 月 4 日，国家电网公司下发《国网农电部〈关于开展农网高过载能力配电变压器扩大验证运行工作〉的通知》（农发（2013）56 号），要求进一步验证高过载配电网变压器技术经济性能，并对试点安排、物资采购做了总体安排。为落实文件要求，2014 年 1 月，国家电网公司在江苏、安徽、福建、江西、河南、湖南等省安装运行高过载配电变压器 539 台，用以试验高过载变压器的技术性能并验证运行情况。

根据前期高过载配电变压器试验检测及试点运行情况，中国电力科学研究院配电研究所（简称配电所）在对高过载配电变压器技术经济性能进行分析后，提出了高过载配电变压器应用建议，并发布了《农网高过载能力配电变压器试验检测及运行分析报告》。报告中指出，高过载配电变压器技术性能均满足同型号、同容量、同等级配电变压器国家标准规定，且优于同容量常规 S11 型配电变压器技术参数，温升和过载能力两个重要参数在挂网运行中得到充分验证，达到相关技术要求。报告最后得出结论：只要综合考虑设备一次投入、规划使用年限、配电变压器综合损耗等因素，合理确定设备选用边界条件，科学配置高过载配电变压器，可保证高过载配电变压器相对普通配电变压器的经济性优势。

2014 年，国家电网公司下发《国家电网公司关于开展农村“低电压”常态化综合治理工作的通知》（国家电网农〔2014〕450 号），通知中提出，要坚持管理措施与技术措施并重的原则，应用具有高过载能力配电变压器等设备，提高配电变压器应对高峰负荷供电能力，加快解决农村“低电压”问题。根据国家电网农〔2014〕450 号文要求，各地在“低电压”治理工作中开始积极应用高过载配电变压器。

2014 年 6 月 19 日，国家电网公司批准发布了《农网高过载能力配电变压器技术导则》（Q/GDW 11190—2014），用以指导农村电网高过载能力配电变压器的设计、生产与选用，保证产品质量，保障农村安全稳定供电。8 月 18 日，国家电网公司正式下发《国家电网公司关于做好农网高过载能力配电变压器推广应用工作的通知》，详细规定了高过载配电变压器应用范围及选用条件、应用注意事项、入网质量管控等工作要求。至此，高过载能力配电变压器的应用走向正式化、规范化、广泛化。

高过载能力配电变压器技术现在已在全国范围得到广泛应用，使曾经因春节及农忙时期农村用电负荷急剧增长而造成的变压器短时严重过载甚至烧毁等情况得到了有效改善，保证了农村的安全稳定供电。同时，与同样负荷承载能力的普通变压器相比，其综合损耗较低、运行经济性较好，有效解决了中国部分农村配电变压器“大马拉小车”造成的高空载损耗问题。

六、电力可靠性数据的自动采集

2012 年之前，可靠性指标虽已由统一的信息系统进行管理，但其基础数据主要采用人工录入方式进行采集。为了实现电网频率、电压和可靠性等电能质量数据在线自动采集和在线监测，有效融合可靠性管理、质量监督管理、资产全寿命管理等相关业务，进一步提高电能质量，提升电网安全运行水平和优质服务水平，国家电网公司开始建设电能质量在线监测系统。

2012 年 6 月 5 日，国家电网公司印发了《关于全面开展电能质量在线监测系统建设工作的通知》（安监质量〔2012〕101 号），对电能质量在线监测系统建设工作进行了总体安排及部署。按照“分步实施，试点先行”建设原则，北京、天津、山东、上海、江苏、福建、重庆 7 家单位作为首批试点单位，先行开展相关工作，为在国家电网公司系统的推广积累经验。其他各省（市、区）公司按照建设目标，细化工作计划安排，分批分期组织实施。至 2014 年 12 月 24 日，电能质量在线监测系统在国家电网公司总部及 27 家省（市、区）公司全面建成投运，实现了对 110（66）千伏及以上电压等级 15.3 万个主网回路、256 万台设备和 2.1 万个电网电压考核点的运行数据小时级自动采集；实现了城市范围 158 万、农村地区 95 万中压用户和约 1.6 亿低压用户的停电事件，以及约 5 万个供电电压监测点的按日自动采集[1]。

电能质量在线监测系统以 SG－CIM 数据规范为基础，将可靠性信息同营销用电信息采集系统、生产管理系统（PMS）、调度自动化系统中相关用户和设备台账、停电信息进行有效衔接，通过多种业务系统之间的数据交换和集成，实现了可靠性数据从分散到集中、从手工录入到自动采集、从事后统计到在线分析的转变，可及时发现可靠性指标变化，提前预测和超前管控，更好地保障了可靠性数据的完整性、及时性和准确性，使中国可靠性管理提升到了一个新的高度。

为配合电能质量在线监测系统建设，国家电网公司组织各单位进行可靠性数据的对应及台账数据梳理工作，并根据新的管理工作要求优化工作流程，2013 年全年共完成 240 多万中压用户（配电变压器）台账梳理和对应工作[2]。系统建成后，国家电网公司持续开展电能质量在线监测系统深化应用，不断完善系统功能，拓展电能质量监测范围，持续提升数据质量，发挥系统对电能质量提升工作的支撑作用。同时，开展系统实用化评价工作，组织编制《电能质量在线监测系统实用化评价细则》，构建实用化综合评价体系，细化实用化评价工作内容和标准，促进各业务模块和各流程环节规范应用、稳定运行，确保电能质量监督工作的顺利开展。

[1]《国家电网公司年鉴》编辑委员会：《国家电网公司年鉴 2015》，中国电力出版社，2015 年，第 129 页。

[2]《国家电网公司年鉴》编辑委员会：《国家电网公司年鉴 2014》，中国电力出版社，2014 年，第 134 页。

七、配电网高可靠性供电关键技术的突破

配电网供电可靠性关乎国计民生和社会公共安全，是反映电网建设与运行水平的重要标志。2006 年，“配电网高可靠性供电关键技术及工程应用”项目立项之初，中国配电网年均停电 6.3 万次，户均停电 13.2 小时，经济损失和社会影响很大。随着经济快速发展，中国 1996—2016 年负荷年均增速在 10%以上，配电容量达到美国的 1.4 倍，规模已居世界之首，重要用户数量显著增长，因配电网停电导致重大政治与社会影响的风险激增，全面提升配电网供电可靠性的需求日益迫切。

在国家 863 计划课题及国家电网公司重大科技项目支持下，国网天津市电力公司联合中国电科院、南瑞集团、天津大学等产学研团队，历时近 10 年联合攻关，通过自主创新，实现了配电网高可靠性供电关键技术的重大突破。“配电网高可靠性供电关键技术及工程应用”项目不仅构建了集网架优化、故障处理、快速抢修和配用电集成控制于一体的高可靠供电技术体系，也取得了一些成果。

针对配电网电压等级多、接线模式各异、建设方案决策过程中经济性与可靠性协调优化困难等问题，“配电网高可靠性供电关键技术及工程应用”项目创建了多电压级网架协调供电理论，突破了安全性快速区间分析技术，开发了配电网建设优化决策系统，使单位投资的可靠性提升效率提高了一个数量级。

为应对运行故障诱因繁多、特性表征不明显、复杂故障辨识准确率低的现象，“配电网高可靠性供电关键技术及工程应用”项目提出了复杂故障辨识方法，突破了自适应负荷转供技术，研制了配电自动化系统与关键装备，使故障隔离与非故障区恢复时间由小时级缩短至分钟级。

针对抢修效率制约因素多、信息不完备、快速抢修技术尚未突破的情况，“配电网高可靠性供电关键技术及工程应用”项目提出了故障抢修效能动态评估方法，突破了多源信息协同的抢修资源优化调度技术，开发了配电网故障抢修平台，使故障抢修效率提升近 80%。

针对智能配用电园区电网侧与用户侧电源/负荷高度耦合、交互影响，一体化协调控制困难的问题，“配电网高可靠性供电关键技术及工程应用”项目在配电网与用户侧电源/负荷的协调控制技术做出了突破，开发了配用电一体化集成控制系统，满足了智能配用电园区的高可靠性供电要求。

“配电网高可靠性供电关键技术及工程应用”项目获得国家科技进步二等奖 1 项，省部级科技一等奖 3 项，国家发明专利授权 43 项，软件著作权 8 项，发表 SCI/EI 检索论文 65 篇。该项目成果经鉴定，整体达到国际领先水平。该项目核心成果获得广泛应用，国内市场占有率居电力行业之首，覆盖 31 个省 198 个地市，应用区域供电可靠性得到了显著提升，城市核心区年户均停电时间实现由十几小时到几十分钟的巨大跨越，智能配用电园区年户均停电时间小于 1 分钟。该项目成果还应用于石油、钢铁等行业，并推广至北美、非洲等地区。直接经济效益 37.5 亿元，节省配电网建设及运维成本数百亿元，减少国民

经济损失上千亿元，取得了巨大的经济和社会效益。

“配电网高可靠性供电关键技术及工程应用”项目核心成果显著推动了中国电力工业的技术进步，有力地支撑了国家《配电网建设改造行动计划（2015—2020）》的实施。依托该项目成果发起成立了国际电工委员会（IEC）智能电网用户接口项目委员会，参与编制了 IEC 61968，建成的天津生态城智能电网工程入选了《第六轮中美战略与经济对话框架下战略对话具体成果清单》，成为中美配电网工程成效对标的典范，极大提升了中国配电网高可靠性供电技术的国际影响力。

第六节　智能电网的提出与配电自动化规模化建设

2001 年，欧美国家率先提出了“智能电网”的概念，并进行了相关研究，引起了世界各国电力工业的广泛关注，智能电网逐渐成为现代电网发展的新趋势。2009 年，国家电网公司和南方电网公司先后提出了坚强智能电网和坚强绿色电网发展战略，开启了中国智能电网建设的进程。

2009 年，在总结之前的经验教训基础上，国家电网公司重新制定了配电自动化的发展战略、技术导则及建设改造原则，于 2010 年开始开展了新一轮的配电自动化建设。南方电网公司提出以配电自动化和配用电智能化应用为突破口，研究制订相关方案，全面推进智能配电网建设，2009 年先期在深圳、广州两个重点城市进行了试点，取得了初步成效，随后进行了大规模建设。

在此期间，两大电网企业也开展了一系列智能电网示范工程，取得了突出成效。

一、基于智能电网的配电自动化建设

进入 21 世纪以来，随着中国社会经济持续健康发展和人民生活水平的不断提高，人们对电能质量、供电可靠性和优质服务水平提出了更高的要求。同时，为了应对全球气候变暖、保障社会经济的可持续发展、满足建设资源节约型和环境友好型社会（简称“两型”社会）的要求，从国家能源战略和宏观政策层面上，对电力系统的发展也提出了更高的要求：在中国油气资源供应能力有限的情况下，推动新型的电能利用模式，优化能源消费结构，大力提高电能在终端能源消费中的比重，是促进节能减排、服务“两型”社会建设、提高能源利用效率的重要途径，是国家能源可持续发展的必然趋势。

2009 年 5 月，国家电网公司提出了加快建设以特高压电网为骨干网架，各级电网协调发展，以信息化、自动化、互动化为特征的坚强智能电网，努力实现电网从传统模式向高效、清洁、互动的现代电网模式的升级和跨越，全面提高电网的资源优化配置能力和电力系统的运行效率，保障安全、优质、可靠的电力供应[1]。2011 年，南方电网公司提出了

[1] 《电力系统自动化》，2012 年 9 月 25 日，第 36 卷，第十八期，第 33 页。

“中长期发展战略”，明确了电网发展向更加智能、高效、可靠、绿色方向转变的战略路径，强调以节能减排、建设绿色电网为战略举措。国家电网公司和南方电网公司分别以坚强智能电网和坚强绿色电网为目标，开启了智能电网建设。

2009 年 7 月，国家电网公司组织编制完成了《坚强智能电网综合研究报告》，明确了坚强智能电网的战略发展目标，提出将坚强智能电网建设分为规划试点、全面建设和引领提升三个阶段。根据“三步走”（三个阶段）的战略部署，国家电网公司智能电网部制订了《坚强智能电网第一阶段重点项目实施方案》，按照重要领域突破和条件成熟地区先行的原则，在发电、输电、变电、配电、用电、调度环节和通信信息平台，优先选择基础条件好、项目可行度高、具有示范效应的项目作为试点工程建设，确定了智能变电站、配电自动化和智能电网调度技术支持系统等 9 个项目作为第一批试点工程。[1]

2011 年 2 月，南方电网公司印发了《中国南方电网有限责任公司中长期发展战略》，提出南方电网发展向更加智能、高效、可靠、绿色方向转变的战略路径，强调节能减排、建设绿色电网的战略举措，并将加强绿色电网建设，颁发 3C 绿色示范工程建设指导意见及相应的评价指标，纳入南方电网公司 2012 年重点工作，全面推进广州中新知识城、珠海横琴新区等重点智能电网示范区的规划建设，开展分布式能源资源综合利用、智能电网、智能用电等试点工作。

在中国智能电网提出的初期，配电网的发展明显地滞后于发、输电主网，这不仅体现在网架结构相对薄弱和配电设备可靠性偏低两个方面，还体现在配电网的自动化、智能化程度以及自愈和优化运行能力上，而且配电网的供电质量与国际先进水平还有一定的差距，用户遭受的停电时间绝大部分是由于配电网系统故障原因造成的，此外，国家大力推动可再生能源发电以及电动汽车发展的政策，更是给配电网提出了新的挑战。

智能电网所提出的配电网要实现自动化、智能化以及自愈和优化运行能力等要求，均需要通过配电自动化系统的数据采集与监视控制（Supervisory Control And Data Acquisition，SCADA）、信息交互、馈线故障处理、电网分析应用、自愈控制等功能来支撑。因此，配电自动化作为提升配电网生产管理水平和提高供电可靠性的重要技术手段，是建设智能配电网的主要内容和重要基础。国家电网公司和南方电网公司在总结各自配电自动化试点建设的经验后，分别于 2008、2009 年开启大范围配电自动化建设。“十二五”期间，国家电网公司共计在 200 个地市级单位、42 个县级单位，南方电网公司在 65 个地级市中的 39 个城市，开展了配电自动化建设，配电自动化又迎来了新一轮建设高潮。

二、国家电网公司城市配电自动化规模化建设

2009 年 8 月 21 日，国家电网公司召开智能电网工作座谈会，提出了“在考虑现有网架基础和利用现有设备资源基础上，建设能满足配电网实时监控与信息交互，支持分布式

[1] 《国家电力有限公司年鉴》编辑委员会：《国家电力有限公司年鉴 2010》，中国电力出版社，2010 年，第 32 页。

电源和电动汽车充电站接入与控制，具备与主网和用户良好互动的开放式配电自动化系统，适应坚强智能配电网建设与发展”的总体要求，开展配电自动化试点工程建设。❶

根据国家电网公司《关于下达智能电网试点工程项目计划的通知》（智能〔2009〕909号文）（简称《通知》）要求，重点考虑了试点城市是否有较好的配电网基础，试点城市是否具有地域代表性和典型的示范意义等因素，经过综合衡量，最终确定北京、杭州、厦门、银川四个城市作为国家政治、经济、特区和西部重要城市的代表参与试点❷。自此，第一批配电自动化试点工程建设正式启动。

《通知》提出配电自动化建设要“以坚强灵活配电网架为实现基础，以配电网调度及生产指挥为应用主体，以覆盖全部设备信息为数据支撑，以可靠多样通信方式为传输保障，以信息交互和资源整合为重要手段，以全面提升配电网管理为主要目的”，明确了配电自动化建设技术路线，确立了配电自动化体系的建设目标，为配电自动化第一批试点建设指明了方向。

这批配电自动化试点工程相对于20世纪90年代后期的配电自动化建设项目主要有以下优势。在技术方面，配电网架结构较前期有了较大的改善，部分城市实现了环网供电、开环运行，预留了转供容量，使主站系统在馈线故障处理策略上有了较多的选择性。配电终端质量有了很大的进步，提高了抵御恶劣运行环境的能力，终端遥测准确率、遥信正确率、遥控成功率均有了较大的提升。在通信技术上，由于光通信成本大幅降低，大量采用了光缆和无线公网等，可靠性大幅度提高。在信息交互规范性上，依据 IEC 61968 及《电力企业应用集成配电管理的系统接口》（DL/T 1080）标准，解决了信息孤岛问题，实现了信息集成共享应用。在管理方面，由国家电网公司对试点工作进行顶层设计，分批次开展试点建设，各级企业从上到下成立试点建设组织机构，按照项目管理规范对试点工程进行全过程管理，重视配电自动化运维的管理，建立健全运维体系，明确岗位职责，完善管理制度，实现了技术提升和管理配套同步发展。

第一批试点工程建设涉及 4 个城市核心区共计 431 千米^2，平均试点面积 108 千米^2，共涉及 10 千伏配电线路 1337 条，新建、升级配电自动化主站 4 套，对 507 座开关站、1456 座环网柜、401 台柱上开关、567 座配电室、199 座箱式变电站进行了配电自动化终端加装和改造，安装智能配电变压器终端 56 台，新建光通信网络 778 千米，完成试点区域范围内分布式电源在 10 千伏配电网的接入。2010 年 12 月 23 日，北京东、西城区配电自动化试点项目通过了国家电网公司生技部组织的工程验收。❸

为避免形成 1990 年代末期配电自动化系统建成后维护缺失，普遍未实现实用化的情况，保证新建配电自动化系统能够在实际工作中得到很好的运用，第一批试点建设工程在通过项目竣工验收后，又开展了实用化验收。实用化验收是指在工程验收结束后，按照生产的实际需求进一步核准数据、完善功能的过程，目的是使配电自动化系统满足配电运行

❶《国家电网公司第一批配电自动化试点工程工作总结报告》，国家电网公司，2011。

❷ 沈兵兵，吴琳，王鹏：《配电自动化试点工程技术特点及应用成效分析》. 电力系统自动化，2012 年，第 18 期，第 27～32 页。

❸《国家电网公司第一批配电自动化试点工程工作总结报告》，国家电网公司生产技术部。

调度和生产指挥的需求。验收中，验收小组通过资料查询、系统数据分析、现场实操等方法，对验收资料、运维体系、考核指标、实用化应用 4 个板块 21 项指标进行打分，评判试点单位配电自动化实用化水平。[1]第一批试点工程于 2011 年 11 月全部通过了国家电网公司统一组织的实用化验收。[2]

在第一批试点建设工程开展过程中，按照国家电网公司坚强智能电网战略部署和发展规划，2010 年 1 月，国家电网公司下发了《关于下达坚强智能电网第二批试点项目计划的通知》（国网智能〔2010〕131 号），选定上海、天津、重庆、石家庄、太原等 19 个重点城市作为建设试点，基本覆盖了国家电网公司所辖的大部分直辖市、省会和计划单列市的供电企业[3]。2011 年 2 月，按照“国家电网公司智能电网项目推广计划”要求，又继续启动了第三批试点工程，确定在南昌、沈阳等 7 个重点城市开展试点建设。[4]截至 2014 年 4 月底，国家电网公司共批复了配电自动化建设项目 86 个，其中 22 个项目通过了国家电网公司组织的实用化验收、35 个项目通过了国家电网公司组织的工程验收、29 个项目正在全面开展工程建设，配电自动化系统已覆盖国家电网公司 30 个重点城市和 56 个地市级城市核心区。

国家电网公司配电自动化试点工程取得了积极的建设应用成效。第一批试点单位在配电自动化系统试运行期间，共减少停电 16 402.15 时 • 户，平均配电网故障处理时间由 68.25 分钟降低至 9.5 分钟[5]，平均倒闸操作时间由 26.9 分钟降低至 3.9 分钟，故障定位和隔离时间由 35 分钟降低至 5 分钟，非故障区域平均恢复供电时间由 50.8 分钟降低至 10.9 分钟。配电自动化系统在发挥基础资源平台作用、强化配电网抢修指挥技术支撑、缩短故障隔离时间、提高供电可靠性方面发挥了不可替代的作用。

三个批次试点工程的成功实施表明配电自动化已步入了健康的发展轨道，不但改进了配电管理手段，而且为智能配电网建设打下了坚实基础。2014 年 8 月，国家电网公司在总结前期试点建设工作经验基础上，下达了江苏徐州等 20 个配电自动化新建项目，同年年底，又下达了河北保定等 30 个城市配电自动化新建项目，配电自动化技术开始大面积推广应用。[6]

三、国家电网公司农村电网配电自动化试点工程

在全国第二轮农村电网改造以后，农村的配电网架结构和设备质量有了大幅提升。截至 2008 年年底，县及县以下用电量已超过社会总用电量的 50%。[7]随着农村经济社会的

---

[1]《关于印发〈配电自动化实用化验收细则（试行）〉的通知》（生配电〔2011〕69 号）、《关于印发〈配电自动化验收细则（第二版）〉的通知》（生配电〔2011〕92 号）。

[2]《国家电力有限公司年鉴》编辑委员会：《国家电力有限公司年鉴 2012》，中国电力出版社，2010 年，第 136 页。

[3]《关于下达坚强智能电网第二批试点项目计划的通知》（国家电网智能〔2010〕131 号）。

[4]《中国电力年鉴》编辑委员会：《2012 中国电力年鉴》，中国电力出版社，2012 年，第 265 页。

[5]《国家电力有限公司年鉴》编辑委员会：《国家电力有限公司年鉴 2012》，中国电力出版社，2012 年，第 136 页。

[6]《国家电力有限公司年鉴》编辑委员会：《国家电力有限公司年鉴 2016》，中国电力出版社，2016 年，第 157 页。

[7]《中国电力企业管理》编辑部，《2009 年农电回眸》，中国电力企业管理，2009 年，第 35 期，第 12～13 页。

快速发展，以及“新农村”建设、“家电下乡”和一系列惠民政策的实施，农村电力负荷呈现快速增长的趋势。在国家电网公司开展智能电网建设，推广配电自动化应用的背景下，农村电网需要紧跟城市配电自动化的发展步伐，建设具有信息共享、高效协同等特征的新型农村电网。

2010 年 1 月 20 日，国家电网公司农电工作部在北京召开了“农村智能配电网试点工程配套关键技术应用研究”科技项目启动会。会议确定了浙江鄞州、陕西蒲城、天津静海、宁夏贺兰、山西潞城、山东高密六个县承担农村电网配电自动化试点工程项目，作为国家电网公司智能电网第三批试点项目的重要组成部分。会议提出要为农村电网配电自动化提供相应的技术解决方案及配套软硬件，依托技术研究成果，解决农村电网配电自动化建设中的关键技术问题。为支持试点工程配套关键技术研发，国家电网公司还指定国网电科院作为试点技术支持单位，负责农村电网配电自动化典型建设模式研究工作，安排了“农网智能化试点工程配套关键技术研究”科技项目。

2010 年 5 月 6 日，国家电网公司组织并通过了六个县试点项目工程建设实施方案的审查和批复[1]。经过了一年多的工程建设，2011 年 12 月 1 日，国家电网公司农网配电自动化试点工程项目验收会在北京召开，天津静海等六个县承担的试点工程项目全部通过了国家电网公司验收。

通过对上述六个县的试点建设经验的总结分析，得出了“农网配电自动化建设要根据县级电网的特点、网架结构、通信方式等约束条件，提出不同技术经济条件下县级配电自动化典型建设模式”的重要结论，为以后的农村电网配电自动化建设工作指明了方向。在项目实际应用成效上，也取得了非常好的效果。以高密市为例，通过试点工程建设，实现了 10 千伏线路故障点自动寻址、故障隔离、网络重构并自动恢复供电，配电网平均故障隔离时间由原来的 1 个小时缩短至 3 分钟，每户平均停电时间减少了 30%，故障平均处理时间缩短为原来的一半。

国家电网公司农村电网配电自动化试点工程为探索不同地区农村电网配电自动化建设模式积累了宝贵经验，在改善农村电网网架结构，提高农村电网供电能力、供电可靠性与电能质量，提升农村电网自动化、智能化水平，保障农村供电安全等方面取得了良好的经济和社会效益。

四、南方电网公司城市配电自动化规模化建设

南方电网公司提出以配电自动化和配用电智能化应用为突破口，研究制订相关方案，全面推进智能配电网建设。2007 年 7 月，南方电网公司下发了《关于开展配电系统自动化应用试点工作的通知》（南方电网〔2007〕19 号），决定在广州、深圳两个重点城市进行配电自动化新技术应用试点建设。

2009 年，南方电网公司开启了第一批试点建设工作。这一批次试点建设工作的主要

[1]《智能农网　惠及万家——农网营配调管理模式优化试点工程综述》，国家电网报，2011 年。

目的，一是计划利用三至五年的时间在广州、深圳城区全面实现配电自动化，其供电可靠性等主要供电指标达到国际先进水平；二是积极探索总结实施经验，树立典型的配电自动化建设模式，编制配电自动化建设相关工作标准以及技术标准。2010 年 5 月，南方电网公司下发了《关于推进南宁、昆明、贵阳、海口四省会城市配电自动化工作的通知》（南方电网生〔2010〕29 号），启动了第二批 4 个城市的试点建设工作。第二批次试点建设工作的主要目的，除按期完成南宁、昆明、贵阳、海口 4 个省会城市的配电自动化建设目标外，还要完善典型模式建设，继续提炼成熟经验，形成自主知识产权。2013 年 1 月，南方电网公司启动了中山、佛山、贵阳、南宁、昆明、玉溪、东莞等 15 个城市的大范围配电自动化规划建设工作，这一批次主要以“简单、实用、经济”为建设原则，以提高供电可靠性和配电运行管理水平为主要目标。

截至 2014 年年底，南方电网公司已在全网 65 个地级市中的 39 个城市开展了配电自动化建设。南方电网公司这一轮配电自动化建设工作主要有以下三个特点。

在主站的建设模式上，各地因地制宜地采取了适合本地特点的建设模式，基本实现了配电 SCADA 故障处理、Web 浏览等应用功能，初步实现了与调度自动化系统、计量自动化系统的信息交互与共享；以电缆网为主的广州、深圳采用了以实时监控为主要应用手段的建设模式；以架空线为主的贵阳市采用了以配电管理为主、辅以实时监控的模式，管理功能较为强大，馈线自动化处理主要依靠就地式处理；佛山、中山市采用了主站监视模式，佛山供电公司终端以故障指示器为主，中山供电公司则以柱上自动化开关为主。

在终端的建设模式上，各地的情况也各不相同。其中，深圳以减少现场抢修时间、提高工作效率为主要目标，强化“三遥”终端的建设。其余大部分建设单位为了降低一次设备的改造难度，减少投资总额，仅在具备条件的站房建设了“三遥”终端，而贵阳则是以电压时间型的自动化开关为主，建设就地处理式的馈线自动化。

在通信的建设模式上，大部分建设单位都采用了光纤通信+无线专网的方式。以“三遥”终端为主的深圳供电局，较多地使用了光纤通信。以就地式馈线自动化为主的贵阳则是以无线公网为主。海口则通过开展无线专网试点建设工作，检验无线专网的通信效率。各建设单位通信模式的选择均与其终端的建设模式相适应。

经过前两批的试点工作，南方电网公司配电自动化建设取得了显著成效。

供电可靠性大幅度提高。利用配电自动化系统实现了故障自动定位、故障隔离和复电，在系统精确故障定位的情况下，提高了故障查找工作的效率，有效缩短了故障抢修时间。由国家能源局、中国电力企业联合会发布的 2013 年度供电可靠性金牌企业榜单中，全国 10 家 A 级金牌企业，佛山、深圳、中山供电局分列前一至前三，佛山故障平均停电时间为 0.85 小时/次，深圳为 1.58 小时/次，中山为 1.50 小时/次。以深圳为例，从 2009 年 7 月到 2012 年 4 月，对配电自动化系统使用前后的数据进行统计，用户平均故障停电时间同比减少了 43.1%，下降幅度明显。

实现了远程遥控和不停电合环转供电。在建设配电自动化系统之前，南方电网大部分地区的转供电操作是先停电，再合闸转电，对客户有数分钟短暂的停电影响，停电时间虽然短，但影响了供电可靠性，特别是对不能停电的重要用户和商业用户，会造成一定的经济损失。配电自动化建成后，实现了不停电合环转供电，提高了供电可靠性和用户用电体验。

实现了配电设备运行状态的实时监测。配电自动化系统实现了开关状态和线路负荷的监控；实现了遥信、遥测功能，可以实时刷新环网柜柜门开闭状态，使配电网运行人员能快速、准确制定负荷调整方案、停送电方案。

为电网规划提供了数据支撑。通过配电自动化系统，可以实时明了地观察各种设备运行状况信息，对优化配电网络、提高配电网络和设备的利用率、明确配电网的建设方向提供了有力的数据支撑。

五、国家电网公司配电自动化技术标准体系的建立和发展

在2000年前后，曾掀起一轮配电自动化试点建设热潮，但建设的系统并没有达到预期效果，除了早期配电网网架不够完善、技术不够成熟的原因以外，还因为未能形成系统的配电自动化规划、设计、建设、运行、维护、监管等系列标准和规范。在2009年以前，有关配电自动化的技术文件和规范仅有《10千伏配网自动化发展规划要点（试行）》和《配网自动化终端设备通用技术条件（试行）》等几项，行业标准只有《配电自动化系统远方终端》（DL/T 721—2000）、《配电自动化系统功能规范》（DL/T 814—2002），不能满足配电自动化建设与发展的要求。

为了协调和指导智能电网相关技术领域的发展，国家电网公司在2009年提出建设坚强智能电网的目标后，建立了智能电网技术标准体系，用以指导智能电网建设工作。配电自动化作为智能配电网重点关注的关键技术之一，成为坚强智能电网建设的重要部分，国家电网公司将其统一纳入了坚强智能电网标准体系建设之中，以保证规模化试点建设工作顺利进行。

2009年7月24日，国家电网公司智能部会同生技部、科技部、国调中心组织召开了“配电自动化标准制订工作讨论会”，对配电自动化试点工程的工作方向、技术原则形成了一致意见，在开展配电自动化现状分析及技术发展研究基础上，按照标准先行的原则，全面启动了配电自动化相关技术标准的编制工作。[1]

2009年，国家电网公司先后组织编制完成了《配电自动化建设与改造技术原则》《配电自动化主站系统功能规范》《配电自动化终端/子站功能规范》《配电自动化系统验收技术规范》5项技术标准和规定。上述标准和规定在总结中国以往配电自动化实践经验的基础上，规范了配电自动化及系统的定义和内容，在配电自动化及系统的规划、设计、建设、验收和运行等环节上提出了原则性的技术要求，对配电自动化建设与改造工作提出了可操作的规范性要求，为配电自动化建设明确了技术方向，提供了技术保障。2011年，国家电网公司在已有标准体系基础上，进一步编制完成了《配电自动化验收细则》（第二版）《配电自动化实用化验收细则》《配电自动化建设与改造标准化设计规定》《配电自动化运

[1] 《关于印发配电自动化标准制订工作讨论会会议纪要的通知》（国家电网公司智能二〔2009〕4号）。

行维护管理规范》《配电自动化终端设备检测规程》5 项技术标准和规定，对配电自动化终端设备的检测，系统运行维护和工程验收管理等方面进行了详细规定。2009 至 2011 年两次标准的集中发布，形成了覆盖配电自动化建设改造与运行维护全环节的技术标准，配电自动化技术标准体系初步建立。

为进一步提高配电自动化技术水平和实际应用效果，推进配电自动化建设与配电网的协调发展，2013 年，国家电网公司成立了配电自动化建设应用提升专项工作组，首要任务是完善配电自动化技术标准体系，并将其作为中国配电自动化技术发展与实践应用的核心关键，为当时正在进行的规模化建设工作提供了坚强的组织保障。专项工作组在分析、总结第一批、第二批试点工程的建设及实用化应用经验后，建立了配电自动化技术导则、建设系列标准、系统系列功能规范、设备系列标准以及运行控制共五大系列标准，进一步对配电自动化系列标准体系进行了细化完善，从而形成了涵盖系统设计、信息交互、主站终端以及运维检修 4 个技术方面 23 项标准的规范体系，既为参与配电自动化建设与应用的运行单位以及设备系统制造商提供了技术指导，保障了项目的建设质量与应用水平，又统一了配电自动化的整体认识，对规模化、标准化、差异化推广配电自动化建设与应用具有重要的指导意义。❶

六、《县城配电网自动化技术导则》的制定

“十五”期间，随着中国农村配电网改造工作的推进，电力企业迫切需要针对县城配电自动化制定相关技术标准，规范农网配电网智能化的建设工作。2007 年，电力行业农村电气化标准化技术委员会（简称农电标委会）组织有关单位开始编制《县城配电网自动化技术导则》，农电标委会根据需要成立了标准起草工作组。

2007 年 5 月，标准起草工作组在研究配电网自动化项目和工程实施的基础上，结合县城配电网实际情况形成了《县城配电网自动化技术导则（初稿）》，之后又经过了多次讨论修改，于同年 12 月形成了征求意见稿。2008 年 5 月 29 日，农电标委会在北京组织召开了《县城配电网自动化技术导则》讨论会，与会专家重点针对配电网自动化的模式、基本功能和技术指标等方面提出了宝贵的建议，使得该导则更为适用和可行，经修改形成了送审稿。2010 年 4 月 21 日，农电标委会组织召开了行业标准审查会，根据审查会的意见，标准起草工作组对送审稿进行了反复推敲、讨论后，形成了《县城配电网自动化技术导则》（报批稿）。2011 年 1 月 9 日，国家能源局批准并颁发了《县城配电网自动化技术导则》（DL/T 390—2010），并于同年 5 月 1 日起正式实施。

DL/T 390 以中国诸多县城配电网自动化试点工程为依据，总结试点工程中的经验教训，规定了实施县城配电网自动化的原则，明确了无主站的配电网自动化系统和基于主站的配电网电自动化系统两种模式，以及这两种模式的模式组成、功能规范、性能要求和技术指标，使县城供电企业能够通过配电网自动化的实施，实现减少停电时间，从而达到提

❶ 张波，赵江河，林涛，王鹏：《配电自动化系统标准体系研究与建立》，供用电，2014 年，第 5 期，第 26～29 页。

高供电质量的目标。

为加强农村配电网运行管理，挖掘在役配电网潜力，DL/T 390 明确提出了配电网自动化要以保证供电安全和提高供电可靠性为原则，以提高配电网的运行管理水平为目标的要求，各地区都应严格落实该项规定，对配电网进行进一步优化。

为有效指导县城配电网自动化工程的实施建设，DL/T 390 指出，配电自动化建设应根据电电网特点和经济条件，因地制宜，统筹规划，分步实施，坚持经济适用、技术先进、维护方便的原则，制订出与城市建设相协调的切实可行的规划实施方案。

为进一步推进县城配电网自动化的发展，构建一个实用的县城配电网自动化系统，DL/T 390 规定，配电网自动化系统应具有安全性、可靠性、实用性、可扩展性和开放性，在此基础上发挥其最大效益，切实解决县城配电网自动化系统建设过程中遇到的问题。

DL/T 390 是首个适用于县城配电网自动化建设及技术改造的电力行业标准，也适用具有一定规模的乡镇。对后期农村配电网智能化改造起到了很好的指导作用，使县城配电网自动化建设走上了规范化、标准化轨道。

七、广东珠海东澳岛“风、光、柴、储”微电网项目

广东珠海东澳岛位于万山群岛中部，地理位置优越，极具开发潜力，但由于全岛主要靠柴油发电，发电效率低，每千瓦·时成本接近 3 元，成为海岛开发的最大掣肘，而且其排放出的大量二氧化碳、二氧化硫和粉尘也对海岛环境造成破坏。2010 年 7 月，列入 2009 年国家“太阳能屋顶计划”的东澳岛智能微电网项目建成并投入使用。该项目根据海岛独特的自然条件，整合了太阳能、风能和柴油等新旧能源发电单元，增加了铅酸蓄电池蓄能装置，实现了“风、光、柴、储”多种能源方式的有机融合，推动了可再生能源的发展，促进了海岛能源和资源的综合利用。

微电网电压等级为 10 千伏，至 2011 年，已拥有 1050 千瓦光伏发电站、50 千瓦风力发电、1220 千瓦柴油机和 2000 千瓦·时铅酸蓄电池等规模，年总发电量达 105 万千瓦·时。2014 年，东澳岛、桂山岛微电网项目顺利建成投运，规模已大幅增加，其中，东澳岛建设了风机 4×750 千瓦，光伏 578.48 千峰瓦，储能 500 千瓦×6 小时；桂山岛建设了风机 3×750 千瓦，储能 2000 千瓦×2 小时；大万山岛的光伏 211 千峰瓦仍在建设中。该项目构建了“风、光、柴、储”多能互补的海岛微电网系统，采用了多电源协调控制、大容量储能技术、负荷分级管理、孤网/并网模式的平滑切换等多项新技术，试验示范智能微电网等新技术，还拥有本地和远程的能源控制系统，为海岛发展供给了清洁能源，对分布式电源的并离网运行控制和安全运行积累了丰富的技术经验。

珠海东澳岛微电网项目作为国内第一个成功商业化运作的微电网项目，被视为电力领域创新实践的突破，不仅解决了岛上居民的用电难题，更成为国内微电网项目建设的标杆，直接带动一大批同类项目落地生根。

随着岛上用电量的增加，先前建设的微电网项目已经不能满足需求。2013 年 8 月，南方电网公司正式进驻东澳岛，通过敷设海底电缆的方式实现了陆岛联网。

八、江西共青城县域城市智能电网示范工程

2009 年，国家电网公司开启了智能电网示范工程的建设工作。为遵循“能复制、能实行、能推广”的建设理念，突出引领示范作用，国家电网公司结合国家和地方政府开展的重大活动、重大事件，安排了上海世博园、中新天津生态城、北京未来科技城、江苏扬州开发区、江西共青城 5 项智能电网综合示范工程。2010 年 11 月，国家电网公司发布《城市区域智能电网典型配置方案》。方案提出在城市局部区域开展智能电网综合示范工程，广泛宣传智能电网发展理念，提升大众对智能电网的认知水平，并且让政府部门充分认识到智能电网在推动城市绿色发展的重要作用。

2013 年 5 月，江西共青城完成了全国首个县域城市智能电网综合示范工程的建设，总投资 1.4 亿元，并于 7 月 31 日顺利通过了国家能源局、国家电网公司总体验收。这意味着江西共青城城市电网已跨入了智能化时代，该市城区电网实现了遥测、遥信、遥控功能，市民切身感受到智能电网给生活带来的新变化。

江西共青城示范工程涵盖了配电自动化、电能质量监测、用电信息采集系统等 10 个子项工程。工程建设过程中，建设者创新应用互动化、可视化新模式，通过采用二、三维地理信息系统和虚拟现实技术，实现智能电网全景、全程、多态展示，构建了集调度、运检、营销等综合业务于一体的可视化多功能应用平台。应用平台能根据用户报装需求，通过营销和配电系统间的信息交互，融合地理信息及配电网状态，自动制订供电方案，为业扩配套工程建设提供参考。

该工程的配电自动化建设实现了共青城配电网环网供电，以营配调数据集成与贯通为基础，利用 GIS 综合辅助研判及智能故障定位，实现停电管理全过程闭环监控，电网故障能快速定位、迅速隔离，使平均故障抢修时间缩短了 30 分钟，城区供电可靠率达到了 99.994%，综合电压合格率提升至 99.943%。

江西共青城示范工程是全国首个县域城市智能电网综合示范工程，达到了国内先进水平，对中国县域城市智能电网建设具有示范意义。

九、上海崇明智能电网综合示范工程

2006 年第 9 号国务院公报《国家中长期科学和技术发展规划纲要（2006～2020 年）》明确提出，将能源的高效利用和新能源作为重点、优先发展的领域，建设能有效吸纳可再生能源的新一代的高效、绿色、可靠智能电网，成为世界主要国家的重大发展战略。

截至 2015 年，国内外为推进智能电网建设均进行了大量的智能电网示范性实践，但大都局限于配电用电领域，侧重于局部示范，各项功能相互独立，没有包含发电、输电、配电、用电、储能、微网各环节的综合示范，缺少全环节的双向互动和统一集成。

崇明岛地处中国海岸带中段与长江口的交汇点，区位优势明显，是上海重要的生态屏障，对长三角、长江流域乃至全国的生态环境和生态安全具有重要的意义。2005 年，上海市政府出台了《崇明三岛总体规划（2005—2020）》，明确了崇明建设现代化生态岛区的

总体目标，将其定位为“上海可持续发展重要战略空间”。为了与“绿岛”的定位匹配，2010年1月，上海市政府在《崇明生态岛建设纲要（2010～2020）》中明确提出构建绿色能源体系的建设目标，加强外来电等清洁能源的建设和可再生能源的利用。2011年9月，“崇明岛建设智能电网综合集成示范”项目研讨会在上海召开，会议认为，崇明岛地理上相对封闭，大小适中，电网相对独立，岛上拥有丰富的风能、太阳能、生物质能、潮汐能、地热能等多种可再生能源，种类多、比例高，是发展可再生能源发电和建设智能电网的理想场所，在崇明建设智能电网的战略构想获得了与会专家的肯定。

2013年1月，为了更好地实现可再生能源的综合高效利用，做好综合示范工作，依托“崇明智能电网集成综合示范工程”的国家科技支撑计划——“含高比例间歇式能源的区域型智能电网集成综合示范项目”和“以大规模可再生能源利用为特征的智能电网综合示范工程”课题研究工作正式启动，国网上海市电力公司联合中国电力科学研究院、上海交通大学、国网电力科学研究院、上海电气钠硫储能技术有限公司等4家单位在崇明岛全面开展了智能电网示范工程的建设研究工作。该工程以建设“零碳输入的智能国际生态岛”为目标，围绕绿色能源的综合利用为主线展开，研究智能电网整体集成的解决方案，并在此基础上申报了863国家高科技技术发展课题“信息平台”项目，为工程建设提供技术支持。

2016年5月12日，该工程顺利通过科技部验收，标志着中国的智能电网技术研究达到了国际先进水平，项目成果有效支撑了上海地区绿色、互联、共享、灵活的区域能源互联网建设。

该工程以大规模可再生能源利用为特征，按照“研究集成技术，形成总体方案，开展综合示范”的技术路线，开展了高比例多元可再生能源分层消纳技术研究、能源高效环保利用关键技术研究、智能电网可持续发展模式研究、零碳输入目标下的全岛智能电网总体方案研究等7个课题任务的研究，以及崇明岛智能电网综合集成示范工程的建设。

该工程构建了可再生能源利用的三层能源架构。在配电层面，研究了支撑分布式电源友好接入配电网的储能技术，提出了新型储能系统控制方法。工程通过接入9兆瓦生物质能、1兆瓦光伏、19.5兆瓦风力发电等分布式能源，配置了2兆瓦·时锂离子电池储能装置，完成了灵活调配分布发电和用户的智能配电网示范，以及风电场储能接入示范工程。在陈家镇陈东智能配电网示范区，完成了崇明配电自动化示范工程建设，从配电网规划、网络重构、优化控制三个方面，实现了正常状态下可再生能源的高效消纳利用及故障状态下对可靠供电的支撑。在输电层面，接入了4座总计203.5兆瓦的风电场，并与400兆瓦燃气机组一起，开展了风燃协调等效电厂示范，解决了大规模风电不确定性和波动性问题，实现全岛能量平衡与优化运行。在用电层面，开展了环岛电动汽车供能体系、1兆瓦·时钠硫储能电站以及用户互动示范，实现了分布式能源就地消纳。

该工程从整体上注重信息化功效，建设了崇明智能电网统一信息平台及全岛综合能量管理系统，实现了“全岛—配电网—需求侧”的能量优化协调控制，通过输、配、用三个层面的纵向互动，实现全岛可再生能源的友好接入、分层分区消纳和高效环保利用。

该工程在关键技术、关键设备、支撑体系和综合示范四个方面实现了多项技术创新，提供了大型海岛绿色能源建设的实践案例，解决海岛大规模可再生能源的平稳外送问题，成功构建了以大规模可再生能源利用为特征的智能电网综合技术体系和集成示范工程，对中国其他地区的可再生能源接入有着重要的参考价值。

十、城市电网故障自愈控制系统与系列化配电装备

2009 年 5 月，国家电网公司提出建设以特高压电网为骨干网架、各级电网协调发展的坚强电网为基础，以信息化、自动化、互动化为特征的坚强智能电网的战略发展目标。

自愈是智能电网的重要特征，自愈控制是智能电网“安全可靠、优质高效”运行的保障。2010 年，国家电网公司率先启动智能配电网自愈控制技术研究，先后支持了数十项关键技术的开发与攻关，有力支撑了中国智能配电网建设改造。同年，中国电力科学研究院配用电与农电研究所（简称配电所）[1]承担了“智能配电网自愈控制关键技术研究”项目，首次提出了系统的智能配电网自愈控制理论和方法，形成了“事前风险识别与预防、事中故障诊断与快速隔离、事后快速供电恢复”的自愈控制框架体系，构建了分布集中协同、层次递阶自愈的控制系统模型，推动了配电安全控制技术进步。

2011 年，中国电力科学研究院配电研究所基于智能配电网自愈控制的理论、模型和方法，开发了世界首套城市电网故障自愈控制系统。该系统集电网建模、状态评估、风险预防、紧急控制、优化控制、恢复控制及仿真与分析等功能于一体，可实现对配电网事故前、事故中、事故后的全时域、全过程的诊断分析与高性能控制，并实现与配电自动化、调度自动化等系统的协调应用。2012 年，配电所又开发了智能配电网自愈控制终端，标志着配电二次监控设备进入智能化阶段。随后，经过多年研制形成了智能终端、智能故障指示器等系列配电装备。

城市电网故障自愈控制系统及系列化配电装备，秉持“预防为主，防治结合”的理念，从传统电网的“事后保护跳闸”的被动应对向“事前隐患排除，事中隔离、事后恢复”的主动防御转变，可显著减少电网故障发生，缩小故障影响范围，缩短故障停电时间，有效提升电网安全可靠运行水平。

2012 年 3 月，城市电网故障自愈控制系统率先在浙江绍兴镜湖新区开展示范应用，涉及 110 千伏变电站 4 座，10 千伏线路 51 条，供电面积达 60 千米^2，取得了良好效果。随后，先后应用于上海浦东黄浦江核心区、北京中心城区、天津滨海新区、济南汉峪金谷“现代一流”配电网示范工程。通过城市电网故障自愈控制系统和系列化配电装备的应用，实现了高可靠供电、高效率运行与智能化管理。示范应用的区域电网，年均故障停电时间由小时级减少到分钟级，故障隔离时间由小时/分钟级减少到秒级，供电恢复时间由小时级减少到分钟/秒级，显著提升了中国城市电网运行安全可靠性。

[1] 2010 年中国电力科学研究院农村电气化研究所更名为中国电力科学研究院配用电与农电研究所。

2015 年，在国家能源局发布的《配电自动化技术导则》（DL/T 1406—2015）中，明确将配电网自愈控制作为配电自动化的智能化功能。2017 年，国家电网公司提出在北京、天津、上海、青岛、南京、苏州、杭州、宁波、福州、厦门 10 个大型城市，打造安全可靠、优质高效、绿色低碳、智能互动的“世界一流”城市配电网，自愈控制是其中的核心内容。

中国电力科学研究院配电所研发的“智能配电网自愈控制系统”获 2018 年度国际博览会发明金奖，并被联合国世界知识产权组织（WIPO）收录。以自愈控制成果为基础，中国电力科学研究院发起成立了智能配电网故障诊断与保护推荐性实践（IEEE P2748 Recommended Practice for Fault Diagnosis and Protection in Smart Distribution System）、智能配电网风险辨识与评估推荐性实践（IEEE P2749 Recommended Practice for Risk Identification and Evaluation of Smart Distribution System）两个国际标准工作组，极大提升了中国在配电领域的国际地位和话语权，实现了中国配电自动化技术由跟跑到并跑再到领跑的跨越。

第九章

配电综合实力全面提升（2015—2019）

21 世纪，中国电力工业取得了举世瞩目的伟大成就，实现了从落后、追赶到超越的跨越式发展。21 世纪进入第二个十年，电力工业面临新的形势。经济发展转型，高能耗产业让位于低能耗产业，电量增长趋势放缓；以 5G 和“互联网+”为代表的新技术、新工艺或新的生产形态，促进社会各行业进行变革；电力投资主体多元化格局已经形成，电力价格形成机制逐步完善；大量售电公司成立并运营，许多电力用户可直接对电力进行交易，社会各界广泛参与，电力事业更多地融入地方经济社会发展当中；以低碳经济为背景的科技水平进步加快，可再生能源大规模接入电网和分布式发电接入配电网的发展已成必然。

2015 年 3 月，《中共中央国务院关于进一步深化电力体制改革的若干意见》（中发〔2015〕9 号）发布，促进电网公司不断进行体制变革和技术革新，适应国家发展模式的变革，满足电力市场的新需求。中国共产党的十九大报告强调，推进能源生产和消费革命，构建清洁低碳、安全高效的能源体系，为电力工业高质量发展指明了方向，实现能源电力发展低碳转型，满足人民群众对美好生活的向往，是电力行业扬帆逐梦、砥砺前行的动力，是持之以恒的奋斗目标。

配电网直接面向广大用户，其运营水平、科技水平、服务水平很大程度上能够反映出电网公司的实力和担当。电网企业为贯彻落实中国共产党的十九大报告工作要求，紧跟国家的改革与发展步伐，在生产形态、技术水平、管理理念方面，以提高全社会满意度为目的，以用户为中心转变管理思维，变革供电服务模式；以不断提高供电可靠性为目标，开展配电科技创新，建设世界一流配电网；以信息化为手段，互联网为载体，开展配电专业管理创新，建设现代企业制度。

配电专业领域通过在优化营商环境、建设现代企业制度、深化城乡电网改造、提升智能配电网水平各方面发力，不断取得辉煌成就，配电综合实力全面提升。

第一节　“放管服”背景下配电管理体制创新

“人民对美好生活的向往，就是我们努力奋斗的方向。”配电网与人民生活息息相关，持续开展的城农网建设，以及配电自动化、“互联网+”等信息技术的发展运用，使配电网运行更加安全、稳定、可靠、智能。中国电力企业主动适应新时代的发展要求，整合运检、营销、调度等专业指挥资源，提高配电网异动快速反应能力，不断优化营商环境，因地制宜，加强对配电网工程项目的统一管理，提高项目管理的规范性和效率、效益，积极开展营配专业前端融合的探索实践，在打通“最后一公里”上下功夫。

一、优化营商环境与创新服务

随着社会经济的稳步发展，电网建设也取得了辉煌的成就，自动化、信息化、智能化水平迈上了新的台阶，配电网络更为坚强，一方面人民对美好生活的追求越来越强烈，对电力供应服务的要求越来越高；另一方面，先进的设备和电网控制技术为配电网管理创新提供了强有力的支撑。国家电网公司深刻分析新时代面临的形势任务，坚持以改革促发展，决定整合运检、营销、调度等专业指挥资源，集中配电网调控、抢修指挥、配电运营、服务指挥、服务监督等业务，在各地市公司成立供电服务指挥中心，完善供电服务和抢修指挥体系，优化营商环境，提高电网安全运行和优质服务水平。

2017 年 2 月 24 日，国家电网公司印发了《国家电网公司关于开展供电服务指挥平台建设试点工作的通知》，建设目标为适应电力体制改革要求，以客户为中心，以提高效率效益和服务水平为目标，建设集营配调资源调动和业务运转于一体的供电服务指挥平台，形成“一口对外、分工协作、内转外不转”的协同服务运转机制，提升客户服务能力和运营管控水平。在体制建设上，供电服务指挥中心可采取但不限于矩阵式、新设实体机构或拓展已有机构职能等组织模式。

北京、天津、河北、冀北、山西、山东、上海、江苏、浙江、安徽、福建、江西、辽宁、宁夏省（自治区、直辖市）14 家电力公司，作为国家电网公司确定的第一批试点单位，在 2017 年 6 月底前向国家电网公司报送市级供电服务指挥中心建设实施方案，经审核同意后开始实施。

2017 年 6 月 15 日，国家电网公司印发了《国家电网公司关于加快推进供电服务指挥平台建设的意见》，提出要加快推进供电服务指挥平台建设。对平台作出了明确的定位，对外是以客户为导向的供电服务统一指挥机构，对内是以可靠供电为中心的配电运营协同指挥平台，明确平台接受营销、运检、调控的专业指导，负责开展统一指挥、协调督办、过程管控、监控预警以及分析评价等工作，实行 7×24 小时全天候服务管控和服务响应。湖北、湖南、河南、四川、重庆、吉林、黑龙江、蒙东、陕西、甘肃、青海、新疆、西藏省（自治区、直辖市）13 家电力公司作为第二批推广单位开始组织实施。

经过一年多的试点与推广，2018 年 6 月 7 日，国家电网公司印发《国家电网公司关于全面推进供电服务指挥中心（配网调控中心）建设工作的通知》，明确了建成后的量化工作目标，《通知》要求，2018 年实现供电服务指挥中心在所有地市公司的全覆盖，建成省级集中部署的供电服务指挥系统，统一调配服务资源，提高抢修服务效率，故障抢修平均到达现场时间、故障平均处理时间均降低 10%以上，抢修工单一次解决率提高 10%。

2018 年 6 月 11 日，国家电网公司印发《国网人资部关于优化供电服务指挥平台及城区低压网格化综合服务机构设置的指导意见》（国家电网办〔2018〕493 号）对各地市的组织机构设置等给出了更明确的指导意见。各地迅速贯彻落实，具备条件的地市公司按照实体化二级内设机构，设置“供电服务指挥中心（配网调控中心）”。供电服务指挥中心一般下设配电网调控班、配电网运营指挥班（原95598远程工作站）、服务指挥班（原服务督办班）、营配技术支持班等专业班组。其中，配电网调控班和配电网指挥班都由调控中心成建制划入，配电网调控班主要负责变电站配电设备的监控、事故处理和电网调度管理；配电网运营指挥班的前身是95598工作站，主要负责抢修工单处理指挥和配电自动化系统的运行监测，其中属于城区的抢修工单，直接发给配电运检室抢修班并督办处理，属于农村供电所管辖范围内的抢修工单，发给农电管控中心，由农电管控中心转发各供电所落实抢修；服务指挥班由营销部门划入，主要负责95598服务类工单处理指挥，新建营配技术支持班主要负责专业融合、配电自动化调试、数据比对稽查和主动抢修等技术支持。

各地因地制宜，逐步推进。原地调采取地配一体模式的，采取地调与中心联合办公模式，与县调同质化管理，接受地调调度管理，地调与供电服务指挥中心是上下级调度关系。县级供电公司一般不单独设立供电服务指挥中心，在调控中心增设一个配电网抢修指挥班，负责95598抢修工单的指挥处理。2018年下半年开始，国家电网公司及各网省公司又陆续印发关于各地供电服务指挥中心（配电网调控中心）深化运营专项活动的有关方案，至此全国网供电服务指挥中心基本通过建设验收，进入深化运营阶段。

二、国家电网公司配电网工程管理体制的建立与演进

随着电网建设规模的不断扩大，配电网工程项目管理任务日益繁重复杂，由运检部、基建部与配电工区（配电运检中心）承担工程项目管理的模式，已不能适应规范化、精益化管理的要求。各电力公司根据具体情况，对配电网工程项目管理进行改革探索，优化编制机构，加强配电网工程管理。

2011年，国家电网公司开展“三集五大”体系建设❶，各地市公司设立基建部（项目管理中心），负责所辖35～110千伏（含城郊区新建变电站同期配套10千伏送出线路工程）电网项目的建设过程管理，设立运维检修部❷，负责10（20）千伏配电网及城区0.4千伏（表箱前）运行、检修、改造和建设（除新建、扩建变电站同期配套10千伏送出线路工程及常规电源接入配电网工程外）管理，配电自动化建设与改造、新技术推广应用、分布式电源（储能装置）接入技术管理等。县公司层面，设立发展建设部和运维检修部，运维检修部与检修（建设）工区合署，构建县公司“一部一工区”的运检组织机构，协助发展建设部开展电网建设管理。县公司农村供电所，协助开展电网建设项目的属地协调工作。

随着“三集五大”体系建设的完成，国家电网公司系统内配电网工程建设管理体制得

---

❶《国家电网公司“三集五大”体系建设总体方案》《国家电网公司“大建设”体系建设总体方案》《国家电网公司“大检修”体系建设总体方案》；《国网河南省电力公司关于成立配网工程建设管理办公室的通知》（豫电人资〔2015〕499号）；《国网河南省电力公司关于优化调整本部相关部门内设处室的通知》（豫电人资〔2020〕212号）；《国网河南省电力公司关于优化调整本部相关部门内设处室的通知》（豫电人资〔2021〕177号）。

❷《国网陕西省电力公司关于调整公司本部部分机构设置的通知》（陕电人〔2021〕5号）。

到了统一，配电网工程专业化管理得到显著增强。但是随着配电网工程投资规模的不断扩大，工程建设管理力量薄弱的问题越发凸显，很多市县公司仅设 1 个工程管理岗位，却要承担每年上亿元的配电网建设管理任务，工作压力巨大，建设质量难以保证。

为解决强化配电网工程管控，提升建设管理质效，2014 年至 2018 年，国家电网公司系统许多单位都在探索配电网工程管理的组织模式。例如，2015 年 8 月 18 日，为进一步加强电网工程管理，国网河南省电力公司根据国家电网《关于加快推进 2015 年新建农村电网改造升级工程建设的意见》（国家电网农〔2015〕701 号）文件精神，成立了配电网工程建设管理办公室（简称配网办），内设综合处、工程管理一处、工程管理二处、安全质量处，负责安全优质完成配电网工程建设任务。2020 年，为适应国家电网有限公司集团模式化管控、改革攻坚、企业升级等新形势，支撑战略目标落地，国网河南省电力公司根据《国网人资部关于优化调整省公司本部机构编制等事项的批复》（人资组〔2020〕71 号），将内设处室调整为项目管理处、建设管理处、技术经济处。各地（市）公司相应成立配网办，县公司层面则由发展建设部和电网建设班，归口管理配电网工程建设。

2018 年 4 月，国网江苏省电力公司为全面贯彻国家电网公司党组关于“深化基建队伍改革、强化施工安全管理”的决策部署，加强市县公司电网基建和配电网工程建设项目的规范化管理，将各市公司建设部（项目管理中心）拆分为建设部和项目管理中心。

各市公司项目管理中心内设电网建设室和配网建设室，配网建设室在运维检修部指导下，主要负责 10（20）千伏及以下公共配电网、居配工程、业扩工程（用户投资）、业扩接入配套工程（公司投资）、配电自动化项目、变电站 10（20）千伏基建配套工程建设管理。

在县公司层面，对于配电网工程量大且现有职工人数达到内设机构设置标准（14 人及以上）的县公司，单独成立项目管理分中心，内设配电网工程班。调整后，县公司运维检修部［检修（建设）工区］更名为运维检修部（检修工区）。对于不满足单设项目管理分中心条件的县公司，则将运维检修部［检修（建设）工区］更名为运维检修部（检修工区、项目管理分中心）。

国网陕西省电力公司在优化调整省公司本部机构编制的体制改革中，把设备部的配电处独立出来，成立配电管理部，内设配电建设处、配网运检处，其中建设处负责配电网工程管理；各地市公司相应成立配网部（项目管理中心），负责配电网工程归口管理。在县公司层面，配电网工程仍由发展部、运检部负责。配网部全面负责配电网规划组织实施、配电网建设改造设备管理、配电网运维检修管理、配电网专业技术管理等工作，对公司 10 千伏及以下配电网（产权分界点之前电网侧或表箱前）规划、建设、运检、抢修等实施全业务链条管理、考核评价。配网部的成立，实现了配电网建设与运检的合二为一，进一步加强了配电专业管理工作，配电网工程项目管理更加规范、高效。

三、南方电网公司配电网项目管理体制的建立

2010 年前，南方电网公司五省区基建业务管理总体较为粗放，各分（省）公司管理

模式各不相同，各省公司结合自身实际，范围包括电网规模、地区政策法规、技术装备、管理人员水平等，采取不同的管控模式和管理制度。为实现职能清晰、责权对等、制衡规范、运转规范的管理机制，南方电网公司按照集团化管理模式、一体化管理制度的要求，开展基建管理体制改革，2010 年成立了基建部，统一归口管理电力工程建设。自 2010 年起，南方电网公司基建管理实行总部、分子公司、地市供电局三级职能管理和建设单位、业主项目部两级项目管理体制，2010 年，为解决业主缺位问题，南方电网公司总结各分（省）公司经验，编制了《业主项目部管理规定》和《业主项目部工作手册（电网部分）》，通过规范建设业主项目部，明确业主项目部与建设单位的工作界限，确定业主项目部的 15 项业务，统一工作规范、工作流程、工作表单和工作依据。广东、云南、贵州电网公司积极响应，提前开展试点工作。

"十三五"期间，南方电网公司持续完善基建系统组织机构设置，从大部分业主项目部为临时机构（挂靠在各级基建管理部门下面），到形成了统一的"基建管理部门+项目（建设）管理中心+业主项目部"的固定管理机构设置，业主项目部岗位也从临时抽调人员变为了固定的岗位序列。2019 年南方电网公司制定了《基建业主项目部考核工作指引》，进一步简化及明确业主项目部人员职责，为基层减负的同时推动有效履职。同时，持续优化基建管理制度体系，根据一体化管理要求，同时落实授权放权和为基层减负等工作要求，修编完善形成以"七个管理"（综合管理、技术管理、造价管理、进度管理、采购管理、安全管理、质量管理）为中心的基建专业化管理体系，持续优化业务组织模式，明晰了管理职责。

随着配电网建设投资比重逐步增大，为进一步提高配电网建设效率，南方电网公司大力推进统一规划、统一建设项目管理机制，制定了《配电网统一规划建设管理体系》，广东电网公司印发了《广东电网公司配电网统一规划实施细则（试行）》，云南电网公司印发了《云南电网公司配电网统一规划工作方案》，海南电网公司印发了《海南电网公司统一规划、统一建设实施方案》，深圳供电局以配电网规划业务提升"3 个 1"行动计划为工作主线，建立了一套规划业务管理体系。各单位逐步理顺了配电网统一规划中各部门的职责、工作机制与管理要求等，建立了配电网问题库与规划项目库滚动梳理机制，将规划建设、生产运行及营销需求紧密联系起来，基本实现了配电网规划建设对生产服务需求的响应。

2019 年南方电网公司组织机构调整，确定了在县区供电局设立工程部和综合业主项目的典型机构设置，各省公司结合实际进一步优化了配电网项目管理机构，全面支持统一规划、统一建设。

四、具有现代企业特色的营配专业融合

党的十八大以来，经过党和政府以及社会各界的持续努力，中国营商环境逐步向好，党中央、国务院把"放管服"改革作为全面深化改革的重要内容，全面推进简政放权。国家电网公司作为公用事业企业，实施"放管服"改革推进内部权责优化配置是必然选择。[1]

[1] 《国家电网有限公司关于印发总部"放管服"第一批事项清单的通知》（国家电网办〔2019〕283 号）。

国家电网公司早在2016年初，就开始进行现代服务体制改革的研究，2018年，全面开展“优化营商环境业扩报装提质提效行动”，并推出了一系列举措。2019年3月15日，国家电网公司以电网办〔2019〕283号文发布的《国家电网有限公司关于印发总部“放管服”第一批事项清单的通知》对“放管服”作出具体的布置安排，要求各省、市公司主动适应能源侧改革和电力体制改革的新形势，部分地（市）公司根据各自情况，在推进供电服务前端营配业务融合、优化配电运检和营销组织体系、提升公司市场应变和客户服务能力等方面进行了积极的实践探索。

国网天津市电力公司最早开展营配业务融合的探索，所辖城南供电公司于2014年5月26日印发了《国网天津城南公司营配贯通工作方案》（津电城南营销〔2014〕3号）文件，在“放管服”体制机制改革中，国网天津市电力公司走在全系统前列。2018年12月4日，国网天津城南公司依据《国网天津市电力公司关于印发国网天津城南公司业务集约融合试点工作实施方案的通知》（津电经法〔2018〕16号）和《国网天津市电力公司关于国网天津城南公司业务集约融合试点工作涉及组织机构调整事宜的批复》（津电人资〔2018〕75号）文件要求，成立和平、河西两个供电服务中心，将运维检修部（检修分公司、城市供电网第一应急抢修中心，简称运检部）配电运检室10千伏配电变压器和0.4千伏及以下配电设备运维、检修、抢修、配电网工程项目外协、验收等业务按照辖区范围划转至市区供电服务中心。运检部配电运检室与市区供电服务中心的设备分界点在10千伏配电变压器高压接线端子，相关业务分界点按此设备分界点确定。运检部为市区供电服务中心运检业务指导部门，负责配电网运维检修专业管理，归口管理配电自动化。和平、河西供电服务中心下设营业班、综合管理班、高压管控班、片区班等班组，相应撤销营销部营业及电费室的营业班、高（低）压用电检查班、抄表班、计量室装表接电班等班组。运检部配电运检室相应撤销配电运维班组，保留配电抢修班。

天津市城南供电公司以10千伏配电变压器高压接线端子为界，配电运检室和各供电中心在营配专业的前端融合，打造区域化网格服务的新模式，建立客户经理和设备经理协同配合的网络台区经理制，实现网格台区经理“一专多能”、业务“协同作业”、服务“一次到位”，通过营配贯通工作，有效降低了抢修到达现场时间，缩短了故障平均处理时间，提高了供电可靠率和故障抢修效率。

在营配专业前端融合初期，供电服务中心人员专业和技术水平还不能适应网格化管理的要求，人员还需要一定的时间磨合，前端融合还存着一定的风险。既懂配电又懂营销，还要熟悉掌握现代管理要求和计算机控制系统的复合型人才紧缺，成为阻碍、困扰深化改革的头号难题。

国网江苏无锡公司针对这一关键难题，于2017年开始在新吴区设立新吴供电服务中心进行改革实践，组织实施“金种子”复合型人才行动计划，在全公司范围内精心挑选了12位优秀的青年员工，加强配电、营销专业知识技能的学习培训和实践锻炼，为下一步深化改革，扩大专业融合，储备人才“种子”。

2018年3月新吴区正式挂牌成立，9月属地范围内的配电业务全部切入，新吴区220

千米^2，分成12个网格，将配电运检、客户经理、用电检查、装表接电等现场作业类业务工作全部划分至属地，建立属地客户经理制度，一个客户的用电全寿命周期内由一个客户经理（“金种子”）负责其全部业务办理。

在总结新吴区供电服务中心试点经验的基础上，国网无锡供电公司于2020年10月，按照“做强前台服务机构，突出中台业务质量管控，优化后台专业管理指挥”的原则，对公司配电运检营销机构进行调整。撤销营销部（农电工作部、客户服务中心）内设的综合室、市场及大客户服务室、营业及电费室、计量室，以及运维检修部（检修分公司）下设的配电运检室。在前台组建成立锡山区供电分部、惠山区供电分部、新吴区供电分部、城区供电分部，网格化开展营配融合业务。新吴区供电服务中心培养的12个“金种子”根据工作需要分散安排到新建立的供电分部，发挥传帮带作用。在中台成立配电管控中心（不停电作业中心）和营销服务中心。配电管控中心发挥配电专业中台管理职能，支撑设备管理部配电专业管理工作，负责配电自动化和不停电作业业务实施、公共配电网工程项目储备和业务质量管控。营销服务中心负责电费核算、电费账务、计量资产与检定（检测）等集约化业务。

纵观各地供电公司在营配专业前端融合的体制改革实践，由于各公司管辖地域、配电网大小的不同，以及专业班组、人员的专业融合程度不同等具体情况，机构设置也各有不同，但在配电专业管理上基本形成“$1+N+n$”的管理模式，即1（运检部）$+N$（配电管控中心、带电作业中心、生产服务指挥中心等N个中心）$+n$（如无锡的新吴、锡山、惠山、滨湖等n个供电服务中心）。

营配专业前端融合在各地供电企业中的改革实践逐步推进，在提升数据价值、加强市场拓展、提升服务水平、优化营商环境等多方面取得较好的成效，但也存在着复合专业人员需求更加迫切的局面。

第二节 “信息化、网络化”提升配电管理质效

“十三五”期间，信息化代表新的生产力和新的发展方向，已经成为引领创新和驱动转型的先导力量。以物联网、云计算、大数据、人工智能为代表的信息化技术日新月异，推动数字化、网络化、智能化服务快速发展。中国电力企业贯彻落实《“十三五”国家信息化规划》，积极推动信息化应用，生产模式迎来变革。这一时期，国家电网公司启动“两系统一平台”建设，推广应用PMS 2.0系统、新一代配电自动化系统、配电网智能化运维管控平台，提升配电网智能感知、数据融合、智能决策能力。下沉计算技术、无人机、移动应用等新技术、新手段在配电作业及管理中得到应用，提升了配电作业的便利性及规范性。

一、无人机巡检管理

随着无人机技术与大数据分析、“互联网+”相结合的智能技术发展，无人机巡视与人工巡视相比优势凸显，发展势头迅猛。2013 年 3 月，国家电网公司确立直升机、无人机和人工协同的巡检模式，并在山西、山东、江苏、浙江等地进行试点。2014 年，南方电网公司首家输电线路直升机巡视作业中心成立，各个子公司迅速开展无人机作业的尝试。经过几年的探索，无人机已经在电力巡检、故障处置以及电网建设放线等领域发挥越来越重要的作用。

2015 年，国网泰州供电公司开展了输电无人机巡检试点工作，经过 3～4 年经验积累，于 2018 年 6 月，通过在部分班组配置小型无人机，开始尝试配电架空线路及其附属设备的无人机巡检作业。2018 年，共完成配电网无人机巡检 358.2 千米，累计发现缺陷 766 处，其中危急缺陷 8 处、严重缺陷 52 处、一般缺陷 705 处、无人机应用初见成效。2019 年，国网泰州供电公司为全部配电运检班组配备了无人机，并逐步将无人机应用扩展到配电网工程项目验收、设计现场勘查等工作中。

随着无人机应用越发频繁，国网泰州供电公司先后制定了《配电网架空线路自主精细化巡检采集标准化作业流程》《配电网无人机巡检作业指导意见》等 4 项无人机配电网应用规程，指导作业人员正确开展工作。同时，为提升人员作业技能，国网泰州供电公司建立配电网无人机实训基地，组织编制配电网无人机培训教材，制定无人机培训评价规范，常态化开展配电网无人机应用培训教学。

为进一步挖掘无人机应用价值，国网泰州供电公司优选专家人才建立无人机智能运检技术实验室，通过与设备厂家合作，将无人机与“大云物移智链”技术相结合，形成了配电网侧无人机人机协同差异化巡检体系。实验室依托配电网无人机常态化巡检积累的海量缺陷样本数据，利用云存储、图像智能识别及区域识别比对技术，定制化研发典型配电网设备缺陷智能识别算法模型，实现设备类型及缺陷的智能识别，大幅提升了无人机巡检的质量与效率。此外，实验室还构建了配电网无人机智慧巡检平台，通过与配电网巡检、工程管控 App 相贯通，实现了无人机作业与配电网“施工—运维—检修”全流程衔接，实现无人机所拍摄的图像资料及智能研判结果直接写入巡检记录、验收及勘查报告，提升了无人机应用的便利性和基层人员使用的积极性。

通过努力，无人机在国网泰州供电公司配电网工作中的成效越发显著。2019 年 7 月，泰州遭受大范围冰雹袭击，一天内 31 条配电线路发生故障停运。故障发生后，运维人员立刻通过无人机开展故障线路巡检，快速完成故障点定位与危急缺陷查找，有效缩短故障排查时间，避免线路送电后的二次故障。同时，各班组立即对泰州境内配电线路开展无人机精细化巡检，发现各类缺陷 330 处，其中危急缺陷 8 处，绝缘子破损等一般缺陷 20 处，通过移动作业 App 完成缺陷在线登记及消缺申请推送，快速开展除缺工作，有效避免了故障停电。

二、设备（资产）运维精益管理系统（PMS 2.0）

2011 年，随着国家电网公司“三集五大”体系建设和信息化的发展，对管理的集约化、专业化和跨部门业务融合提出了更高的要求，国家电网公司提出“十二五”期间要在 SG186 工程基础上建设 SG－ERP 工程。2012 年，为适应“大检修”体系建设对运维检修精益化管理和资产全寿命周期管理提出的更高要求，国家电网公司决定开展设备（资产）运维精益管理系统（PMS 2.0）建设工作。

在总结 PMS 1.0 建设应用经验的基础上，PMS 2.0 的建设目标是以设备管理、资产管理和 GIS 为核心的企业级信息系统，统一公司系统运检管理信息平台。PMS 2.0 系统面向总部、省公司各级运维检修单位，覆盖公司运维检修业务，贯穿生产管理全过程。PMS 2.0 系统的建设实现了设备管理向电网管理和资产管理的转变，实现了内向型生产管理信息系统向具有完整稳定内核与开放服务能力的运检信息平台转型，支撑资产全寿命周期管理，促进生产管理精益化水平提升，为国家电网公司“三集五大”体系和智能电网建设提供坚强支撑。

2012 年 9 月，国家电网公司运检部会同互联网部启动了设备（资产）运维精益管理系统（PMS 2.0）建设。历经六期建设，建立了公司统一的运检管理信息平台，纵向贯通总部和省（市）公司业务，实现各层级运检业务全在线运行，于 2014 年 7 月完成系统研发并通过第三方测试。2014 年年底 PMS 2.0 系统在国网上海、福建、湖南电力三家试点单位成功上线运行，实现运检业务由设备管理向资产管理和电网管理转变。

2015 年 1 月 9 日，国家电网公司下发《关于全面开展设备（资产）运维精益管理系统（PMS 2.0）建设数据准备工作的通知》（运检计划〔2015〕3 号），提出 2015 年在公司全面推广 PMS 2.0 系统的要求，开启了 PMS 2.0 系统的全面建设工作。2015 年年底，国家电网公司完成了设备（资产）运维精益管理系统（PMS 2.0）的推广应用，系统全面上线。

2016 年 7 月 27 日，国网运检部联合国调中心印发了《调度管理系统（OMS 2.0）与设备（资产）运维管理系统（PMS 2.0）数据共享业务协同接口技术规范》，推进 PMS 2.0 与 OMS 2.0 系统之间的数据共享和业务协同集成联调。国网运检部与国网营销部多次召开会议落实“营配调贯通”在信息系统中的实现，强化数据集成和业务贯通。重点对业扩流程进行完善，形成《业扩报装流程技术规范》，从停电管理、图形管理和数据同源三方面对业扩报装流程进行完善和细化。同年底，国家电网公司基本完成营配基础数据贯通工作，公司范围的公用配电变压器营配对应一致率达到 98%以上。

为了更好地推进 PMS 2.0 单轨验收工作，国家电网公司先后下发《国网运检部关于印发设备（资产）运维精益管理系统单轨验收评价办法的通知》（运检计划〔2015〕164 号）、《设备（资产）运维精益管理系统单轨验收现场工作方案》和《设备（资产）运维精益管理系统应用管理规范（试行）》（运检计划〔2016〕8 号）。截至 2016 年 12 月，国家电网公司按照以上方案和规范，历时 10 个月，完成除国网西藏电力有限公司以外 26 家单位的单轨验收工作。26 家单位 PMS 2.0 系统基础数据完整、准确，关键的运检业务均已在 PMS 2.0 系统中正常流转，均满足单轨上线的条件。单轨验收的圆满结束，标志着 PMS 2.0 系统应用正式从建设阶段迈入实用阶段。

2017 年，国家电网公司为了拓展系统应用范围，深化系统应用功能，提出配电管理“两系统一平台”（PMS 2.0 系统、新一代配电自动化系统、配电网智能化运维管控平台）构架方案，该方案应用云平台、大数据、物联网、移动平台等信息和通信新技术，开展智能配电领域创新发展行动，提升配电网智能感知、数据融合、智能决策能力。同年，国网浙江电力作为国家电网公司“两系统一平台”综合试点单位，在 2017 年 3 月下发《关于成立配电网“两系统、一平台”建设管控组的通知》，规范了国网浙江电力综合试点建设。2017 年 11 月国网浙江杭州供电公司建成首个符合国家电网公司智能配电网顶层设计的“两系统一平台”，通过了国家电网公司专家组现场验收。

2017 年年底，PMS 2.0 系统实现了从建设阶段到实用阶段的转换，成功构建运维检修精益化统一工作平台，使用范围覆盖国家电网公司总（分）部、运行公司、27 家省（市）电力公司、311 家地市公司、1729 家县公司、6.4 万个基层班组。PMS 2.0 系统总注册用户 58 万余人，日平均用户数 18 万余人，基础台账数据 1.1 亿条，运检业务数据 3.8 亿条，流转配电网抢修工单 1050 万份，日平均处理 1.5 万份，配电网重过载、低电压、三相不平衡等关键运行数据实现了可视化展示及多维度分析[1]。

三、南方电网公司资产管理系统建设

资产管理系统是南方电网公司“十二五”信息化建设的核心，2014 年 7 月，南方电网公司正式启动资产管理系统 V1.0 开发及试点实施建设工作，并选定广东电网公司作为试点建设单位，系统建设步入落地攻坚阶段。资产管理系统历经功能开发、分批测试及联调、数据迁移、接口联调、培训等阶段后，于 2014 年 12 月首先在广东电网公司投入双轨试运行，并于 2016 年 4 月 30 日在南方电网公司所有分、子公司上线运行。

资产管理系统的建设遵循南方电网公司信息化战略与“十二五”规划。在技术路线上，构建基于 SOA 的智能、柔性的企业级信息平台，建设以集成、共享、协同为目标的一体化应用体系。在研发、建设和运维上，坚持“以我为主，持续优化”的信息化建设方针，建立以企业为主体、以市场为导向、产学研相结合的技术创新体系和系统运维体系。

系统在充分研究借鉴国内外资产管理信息化建设成功经验的基础上，全面融合南方电网公司五省（区）资产业务和资产管理工作的创新成果，按照技术先进、理念先进和适度超前的原则进行建设。系统包括投资计划管理、项目管理、基建管理、物资管理、安全生产管理五个子系统和统一图档管理模块，共 159 个功能模块 1990 个功能子项，涵盖计划部、设备部、基建部、物资部等 10 个部门的业务，其中一级业务 35 个、二级业务 125 个、业务事项 382 个、业务流程 587 个。资产管理系统与其他系统的业务协同事项共计

[1] 国家电网公司 2017 年设备（资产）运维管理系统建设工作汇报。

324 个。资产管理系统技术架构支持全省集中到全网集中，能够支撑网、省、地、县及班组 5 个层级应用，涉及内部 20 多万用户在线操作，系统需保障能够连续 7×24 小时不间断工作。

资产管理系统按照资产全生命周期管理理念一体化构建，覆盖规划管理、计划管理、项目管理、物资管理、设备运维管理、电网运行管理等多个业务领域，实现规划、建设、生产运行的一体化和精益化管理，支持先进供应链管理体系的构建，支撑资产全生命周期管理，全面提升南方电网公司运营管理水平。

四、低压用户供电可靠性试点工作的开展

长期以来，用户供电可靠性统计主要以 10（6、20）千伏中压用户作为用户统计对象，即一台公用配电变压器作为一个中压用户统计单位，未充分延伸至低压用户，无法全面客观反映各类供电终端用户实际的供电可靠性。面向中压用户的可靠性管理模式，对低压用户供电可靠性的状况和差异化需求考虑不足，对配电网整体发展的支撑相对粗放，难以满足在供电可靠性评价与管控、营商环境优化、国际交流合作等方面更高质量的要求。

2015 年 6 月，国家能源局出台了《关于加强电力可靠性监督管理工作的意见》，确定了新时期电力可靠性管理的方向和任务，并提出要开展供电系统低压用户可靠性管理试点工作。2016 年，电力行业可靠性管理标准化技术委员会在考虑与国际通行标准 IEEE－1366 接轨需求及中国实际情况的基础上，组织相关单位建立了涵盖高、中、低压用户的供电可靠性评价指标体系，并由国家能源局颁发了 DL/T 836—2016《供电系统供电可靠性评价规程》。该规程的发布，填补了低压用户供电可靠性评价及行业标准方面的空白，为低压供电可靠性的统计管理工作提供了技术支撑。

新版评价规程发布后，国家能源局于 2018 年 9 月 30 日下发了《国家能源局综合司关于开展低压用户供电可靠性管理工作的通知》（国能综通安全〔2018〕141 号），决定在部分地区探索开展低压用户供电可靠性管理工作，以构建低压用户供电可靠性统计、评价体系，推进可靠性指标应用，打通用户供电可靠性管理“最后一米”。2019 年，国家电网有限公司、中国南方电网有限责任公司和内蒙古电力（集团）有限责任公司在北京、天津、上海、深圳、佛山、鄂尔多斯等 19 个城市选取部分区域开展了低压用户供电可靠性管理探索和实践工作，区域范围共计覆盖公用变压器台区 18.58 万个，低压用户 1324.02 万户。[1]

试点工作研究总结了配电网中低压网络拓扑模式、全量采集模式、抽样采集与其他方式相结合模式三种信息采集与统计典型模式。开展了低压用户供电可靠性信息采集和统计方式的研究，包括基于中低压网络拓扑关系的停电信息统计分析、基于智能电表或智能终端的停电信息抽样采集、基于工单及计划停电信息的辅助研判等多种方式。此外，试点工作基于现行可靠性评价规程和相关技术标准，研究了适应中国电力系统特点的低压用户供

[1] 中电联可靠性管理中心《低压用户供电可靠性管理可行性研究报告》。

电可靠性评价指标和计算方法，提出了评估和预测模型，并在已有可靠性信息系统基础上，进行了低压用户可靠性相关功能的开发。试点工作的开展，为全国低压用户供电可靠性管理工作推广和成果应用积累了丰富的经验。

五、国网江西省电力公司配电移动作业应用

“十三五”期间，随着智能手机全面普及，手机移动应用具有移动性、实时性、便捷性的优势，有助于提高配电网运维检修、工程建设等工作的效率和质量。为了提升配电网运维检修、工程现场、设计质量等方面的管控质量，2017 年，国网省江西电力公司在 PMS 2.0 系统工程管控模块和供电服务指挥系统的基础上，分别开发配电网工程管控 App 系统、掌上供服移动应用 App 系统，并在全省范围内开展应用。

（一）配电网工程管控 App 系统

配电网工程管控 App 系统利用移动互联、移动 GPS 定位、大数据分析、图像识别等新技术，实现配电网工程现场数据采集、参建人员责任到位、实时统计工程进度、施工工地精准定位等功能，为配电工程标准化、安全、高效运行提供技术支撑。

配电网施工作业一直存在点多面广、参建人员多、流动性大、监督管控难等问题，为强化现场安全管控，配电网工程管控 App 提供了远程可视化监督及人员活动轨迹记录功能，安全管理人员可通过摄像头对施工现场进行远程监控，并随时查看工作负责人位置，使安全管理做到全员透明、全员监督。

由于配电网工程数量大，传统的工程建设标准化检查只能通过人工抽查的方式，难以做到全覆盖。配电网工程管控 App 系统提供了工程施工全过程信息采集功能，支持设备缺陷、工艺问题、设计缺陷等问题的线上录入，在项目验收环节可调出查阅，实现了建设质量的闭环管理。系统还应用 AI 图像识别技术，对施工中所采集的隐蔽工程图像自动判别工艺缺陷，确保了验收质量。为强化进度管控，系统通过采集施工前期、施工过程、工程验收的现场照片视频采集，以监督现场信息为手段，实时掌控工程实施现状，对于进度滞后项目进行智能预警告警。

（二）掌上供服移动应用 App 系统

掌上供服移动应用 App 系统利用智能移动终端技术，实现配电网故障抢修、巡视管理等功能，辅助班组人员高效完成各类现场作业，减轻了班组人员工作负担。

掌上供服移动应用 App 系统提供配电巡视功能，巡视人员通过移动终端识别 RFID 设备信息、拍照图像识别设备详细参数信息，实时查阅设备履历情况以及运行状况，系统自动提醒重点巡视的部位、部件、区域等，生成标准化巡检内容，检查完成后逐项填写，并将检查内容和数据通过巡检仪实时传回移动作业终端平台，辅助现场配电网巡视工作，提高巡视的全面性。

在配电网故障抢修方面，掌上供服移动应用 App 系统辅助班所人员完成各类现场作业，实现抢修路径实时规划、作业轨迹实时回传功能，引导作业人员迅速到达故障地点，抢修全过程可视化监督，并根据历史抢修时长分析，提出标准化抢修时长，实现抢修作业

倒计时提醒，进行精细化管控，提升用户报抢修满意度。

国网江西省电力公司配电网工程现场管控 App 系统和掌上供服移动应用 App 系统的应用，提升了配电网运维检修、工程现场、设计质量等方面的质量管控，为配电移动作业应用积累了宝贵经验。

六、南网广州供电局配电移动作业应用

2016 年，南网广州供电局积极推进配电网生产域数字化转型，以低压快速复电为突破口，通过“快速迭代、敏捷开发”成功推出快速复电 App。该 App 实现了用户报障工单内容、位置以及关联台区等信息的自动获取，并实现了工单的自动流转，从工单签收、人员就位到完成现场处置，作业数据都通过 App 自动记录，并可以实时回传系统后台，使生产指挥中心准确掌握现场抢修复电进度及人员作业情况，实现了配电网抢修复电的精细化管控。另外，借助热力图技术，在后台可以看到整个广州电网的工单实时、动态分布，为组织现场抢修、资源调配等提供了有力支撑。

随着快速复电 App 的全面应用，南网广州供电局积极推进绩效“四化”，即目标任务化、任务工单化、工单价值化、价值绩效化新的业务模式，以 KPI 理论为指导，从多个维度对抢修人员进行综合考评。以 App 工单数据为基础，依据评分细则系统自动评分，确保了考评的客观、公正，减少了人为因素的干扰。运用可视化技术，对各层级的考核得分进行可视化展示，优劣一目了然。通过绩效“四化”，在做到奖惩有据可依的同时，也提高了抢修人员的工作积极性。

后续，南网广州供电局在总结快速复电 App 成功应用的基础上，连续开发了巡视 App、操作 App、试验 App、验收 App 等。在“十三五”末期，南网广州供电局已实现配电网生产域移动应用全覆盖，实现了现场作业由“线下”向“线上”的转变，现场作业数据完全可以通过 App 自动采集，改变了传统“现场记录+事后补录”的方式，大大减轻了基层班组工作负担，使作业任务直达现场、作业过程有效监控，极大提升了配电网运维管理水平。

七、数模混合仿真平台在配电网中的应用

配电网仿真是根据实际配电系统建立模型，利用模型进行计算和试验，研究配电网在规定时间内的工作行为和特征。配电网仿真在规划、设计、建设、运行中发挥着重要作用。配电网仿真方式主要分为物理模拟、全数字仿真和数模混合仿真三种。

物理模拟应用已有了近 100 年的历史，在配电网发展的不同阶段发挥了不同的作用。在中国配电网领域，物理模拟主要应用于小电流接地故障、负荷特性模拟、供电恢复、保护整定等场景的研究分析，虽然精度较高，但是试验调试复杂、工作量大、耗时长、成本高且存在一定的安全风险。

随着数值计算和计算软件技术日益成熟，配电网全数字仿真技术以其灵活多样、速度快等特点，得到了推广应用。2013 年，中国电力科学研究院配电所开发了“智能配电网

数字仿真平台”，构建了配电网离线/在线一体化的仿真模型库，实现了配电网三相潮流分析、短路计算、可靠性分析等实用化功能。2014 年，建立了“输配电网全景仿真实验室”，集成了国内最先进的输配电网仿真分析系统，首次实现了输、配电网的全方位、多场景、多角度的仿真。2015 年，国网山东电力建立了“智能配电网仿真研究平台”，实现了智能配电网仿真分析、配电网合环转供电与继电保护配合策略和小电流接地故障定位技术验证等。

数模混合仿真是一种结合了数字仿真灵活性和物理模拟高精度等优点的先进仿真技术，被广泛应用于原型设计与系统测试。数模混合仿真允许在较宽泛的真实条件下、在构建的虚拟系统中对被测试设备进行重复、安全、经济的测试。国外配电网数模混合仿真技术广泛采用 RTLAB、RTDS 等平台，国内发展相对较晚。

2016 年，中国电力科学研究院配电所建立了复杂配电网数模混合仿真实验室，拥有 8 大类、60 余台数字和物理模拟设备，通过自主研发有源配电网小步长实时仿真机，可与物理设备联合进行数模混合仿真，形成的“配电网数模混合仿真平台”具有规模大、功能全、精度高等特点，仿真规模可达 3000 条中压馈线、1000 个以上分布式电源，可开展运行仿真、故障仿真、电能质量仿真等 9 大类 60 小类仿真实验，该项成果荣获了中国仿真学会技术发明一等奖，并在宁夏、湖北、广西等地进行了应用。2018 年，国网湖北电力应用“配电网数模混合仿真平台”实现了配电网电能质量治理、保护配合、供电恢复等场景的验证与硬件在环仿真验证，帮助湖北省提升了配电网运行控制水平。

随着配电网建设和改造工作的推进，大量分布式电源、微电网、电动汽车等新型设备接入配电网，配电网规模大、节点多、设备杂、运行方式多的特点日益突出。“配电网数模混合仿真平台”以其高灵活性和高精确性等优势，可以更好分析分布式电源并网谐波及频率异常、微电网潮流、电动汽车充电时电流过载等问题，更能适应新形势下配电网发展需求。

八、下沉式计算促进配电网管理数据共享

随着 5G 通信、“互联网+”等技术的推广，电力物联网发展更加迅速，配电网规模也随之急剧扩大，凸显点多面广、数据多源、业务繁杂的特点，数据资源更加丰富。随着国家电网企业中台的建设推进，在数据中台建设及大数据分析过程中，数据资源的广域分布式特征、计算资源的有限使用等因素，导致数据业务应用的响应效率较低，对开展跨域大数据分析带来一定困难。

针对配电网数据广域分散的特性，2018 年，中国电力科学研究院配电所基于搬计算、不搬数据的核心理念，提出了纵向贯通、横向连通的广域分布式下沉计算技术，研发了配电网广域分布式下沉计算系统。建立了“一级管控—二级计算”两级应用体系，实现了总部与各省公司数据资源的快速传输，解决了大数据分析模式下应用响应效率偏低的问题，在线计算规模提升 50%以上。

2019 年 1 月，国网设备部发布 2019 年设备管理重点工作任务及计划，计划开展配电

网下沉式计算的部署工作。2019 年 7 月 5 日，《国家电网有限公司关于印发 2019 年营配调贯通优化提升专项工作方案的通知》（国家电网营销〔2019〕539 号）将“推进供电服务指挥下沉式计算应用”作为 17 项重点工作任务之一。

随后国网江苏、浙江、福建、陕西、甘肃、新疆省（自治区）电力公司开展了客户服务侧营配贯通和配电网管控下沉式计算试点应用，构建了配电网故障主动研判及主动检修、工单聚类分析等应用场景，进行了相关指标的计算以及工作指数的评价工作，为推进营配贯通优化提升和配电网全业务管控提供了技术支撑。

通过配电网广域分布式下沉计算系统的应用，简化了业务分析复杂度，实现了降本增效，降低了人力成本与时间成本，提高了工作效率，有效支撑了配电网业务分析工作的开展，提高了配电网精益化管理水平。通过业务分析的有效开展，提高了供电可靠性与供电质量，实现了节能降损，提高了用户对供电企业的满意度和电力部门的社会形象。

第三节　农村电网改造适应共同富裕和高质量发展

随着社会经济的高速发展，农村电网面临新的挑战，城乡电力服务水平、用电质量等差距依然存在。党中央、国务院立足于稳增长、调结构、惠民生、促发展，作出了一系列加快电力发展的决策部署，实施了以村村通动力电、机井通电、中心村电网改造为主的新一轮农村电网改造升级工程。同时，为助力深度贫困地区脱贫攻坚，启动了“三区三州”农村电网升级改造三年攻坚。国家电网公司、南方电网公司等电力企业积极履行社会责任，高质量完成各项工程建设任务，彰显电力企业的责任担当。

一、新一轮农村电网改造升级暨两年攻坚战的提出

随着一、二期农村电网改造，县城电网改造，中西部完善工程和“十二五”期间新一轮农村电网改造升级工程的实施，城乡电网网架结构大幅改善，电力供应能力明显提升，基本满足了城乡居民生产生活用电需求。但受自然环境和历史遗留问题等多种因素制约，城乡电力服务和用电质量差距仍然存在，随着农村经济的高速发展，部分小城镇的配电变压器重载、过载，中低压配电线路线径小，造成用电“卡脖子”，在平原地区拥有数量巨大的灌溉用机井没有通电等农村电网新问题不断涌现。另外，一、二期农村电网改造、“户户通电”等工程的重点是解决农村居民生活照明用电，但随着经济的发展、生活水平的提升，仅照明用电（单相电）已不能满足农村居民日益增长的生产生活需求。

为加快城乡电力服务均等化进程，2016 年 2 月 3 日，国务院总理李克强主持召开了国务院常务会议，会议提出实施新一轮农村电网改造升级工程。2016 年 2 月 16 日，《国务院办公厅转发国家发展改革委关于“十三五”期间实施新一轮农村电网改造升级工程意见的通知》（国办发〔2016〕9 号）印发，提出“到 2020 年，全国农村地区基本实现稳定

可靠的供电服务全覆盖，供电能力和服务水平明显提升，农村电网供电可靠率达到99.8%，综合电压合格率达到97.9%，户均配电变压器容量不低于2千伏·安，建成结构合理、技术先进、安全可靠、智能高效的现代农村电网，电能在农村家庭能源消费中的比重大幅提高。东部地区基本实现城乡供电服务均等化，中西部地区城乡供电服务差距大幅缩小，贫困及偏远少数民族地区农村电网基本满足生产生活需要。”随后，2016年3月25日，国务院召开了实施新一轮农村电网改造升级工程电视电话会议，会议要求“2017年年底完成小城镇（中心村）电网改造升级，实现平原地区机井通电全覆盖。加快贫困地区农村电网改造升级，提高供电服务水平，发挥好对脱贫攻坚的助力作用”。国家电网公司、南方电网公司等电力企业迅速响应，决定实施以井井通电、小城镇（中心村）电网改造升级和村村通动力电为主的“两年攻坚战”。南方电网公司、国家电网公司分别于2016年3月29日、4月29日，相继召开实施新一轮农村电网改造升级工程暨第一批项目开工动员电视电话会议，宣布新一轮农村电网改造升级工程正式启动。

二、“井井通”工程降低农产品成本

20世纪60年代，为方便农业灌溉，人民公社、生产大队陆续投资建造了农田机井，供电方便的地方采用电动抽水机抽水灌溉，通电不便或无电地区则采用柴油发动机带动水泵抽水灌溉。但随着分田到户的开展，原有的机井灌溉用电设备和低压线路缺乏专业维护，用电存在严重安全隐患。而新建的机井由于地理位置选择、用电设施投资等问题，仍然选择使用柴油发动机带动水泵抽水模式。柴油发动机笨重、不便移动，在青壮年外出打工留守老人居多的农村，使用极为不便，同时柴油发电机使用成本高。进入21世纪之后，党中央、国务院高度重视“三农”问题，习近平总书记在2015年中央农村工作会议上强调，“十三五”期间，必须坚持把解决好“三农”问题作为全党工作的重中之重。李克强总理在《2016年政府工作报告》中提出“抓紧新一轮农村电网改造升级，两年内实现农村稳定可靠供电服务和平原地区井井通电全覆盖”。经各级发展改革委、国家能源局、水利和农业主管部门确认，国家电网公司经营区域内共有153.5万眼机井需要通电。

2016年开始的新一轮农村电网改造升级工程中，国家电网公司共计投资456.9亿元用于井井通电工程，占新一轮农村电网改造升级工程总投资的32%，工程涉及国家电网公司经营区域内16个省（区、市）。

井井通电工程点多、面广、量大，为了保质保量、按期完成工程建设任务，国家电网公司下属各省公司推陈出新，如国网河南省电力公司使用了自行研发的台区低压电缆沟挖掘机和铺砖机，单台机械每日可挖掘电缆沟道8千米、铺砖12千米，河南省38万眼机井通电工程中的挖坑、开槽等作业基本采用了这种机械化施工方式，极大地缩短了工期。国网山东省电力公司创新“三能三不”[1]工作法，推广使用预制式电缆分支箱（计量箱），

[1] 三能三不：能在地面做的不在高空做，能在车间做的不在现场做，能提前做好的不在施工时做。

解决了传统配电箱基础占地面积大、施工难度高、施工周期长等问题，助力国网山东省电力公司按期完成了 42 万眼全国规模最大的机井通电任务。

为了保证工程建设质量，国家电网公司推广通用设计、通用设备、通用造价和标准工艺，于 2016 年 3 月发布了《国家电网公司机井通电工程典型设计》。该典型设计立足工程实际需求和特点，按一井一表设计，分为一变多井、一变一井两种方式，由三相变压器台、380 伏架空线路、380 伏电缆线路、配电计量四个部分组成。典型设计的出现，统一了建设标准，发挥了国家电网公司的规模优势，提高了工作效率，保障了机井通电工程的顺利开展。国网河南、山东、河北省电力公司通过总结建设过程中的先进做法和典型工艺，编制了《机井通电施工工艺手册》，通过将中低压线路架设、变压器台及配电站房安装、配电计量施工、设备标识及警示标识安装的施工过程图像化、影像化，以口袋书、光盘、图板等方式送到现场的施工队伍手中，全面普及标准化施工，实现建设工艺“一模一样”，提升了配电网建设质量。

2017 年 9 月 23 日，国家电网公司提前 3 个月实现供电区域内平原地区井井通电全覆盖。两年间，国家电网公司新建、改造 35 千伏及以上变电站 184 座，架设输电线路 1260.07 千米，安装 10 千伏配电变压器 22.9 万台、容量 21 270.86 万千伏·安，新建、改造 10 千伏线路 10.6 万千米，低压线路 28.2 万千米❶。

南方电网公司累计完成 5540 个农村通电机井配套供电工程建设，每个通电机井平均配置配电变压器容量达 15 千伏·安，综合电压合格率均在 98%以上，惠及广东、广西两省区共 1186 个村庄、23.8 万农户，为 100 多万亩农田灌溉基础设施提供了供电保障。

井井通电工程的实施，使农业电力配套设施得到极大改善，农田抵御灾害能力有效提升，极大地节约了农业生产成本，受益农田超过 1.3 亿亩，约占全国农业有效灌溉面积的 13.7%。实现“井井通电”后，全国粮食年增产 1040 万吨，产值 299.8 亿元。新增现代农业和经济作物面积 3818 万亩（1 亩＝666.7 米^2），年产值 307 亿元。与通电前采用柴油发电机浇地相比，农民浇地年均节省 116.2 亿元，减少灌溉燃油消耗 274.8 万吨，减排二氧化碳 875 万吨，经济效益和社会效益显著❷。

三、“村村通”动力电工程拉动经济发展

自“十二五”期间国家实施全面解决无电人口用电问题三年行动计划工程以来，全国已基本解决了无电地区人口的通电问题，随着农村经济的发展，农民对于小加工、小养殖、农家乐等的生产用电需求也愈发强烈，人们迫切地需要通过生产方式的转变，减轻劳动强度，搞活农村经济，提高生活质量。

2016 年 2 月，国务院办公厅印发了《国务院办公厅转发国家发展改革委关于“十三

❶ 国家电网公司：《新一轮农网改造升级“两年攻坚战”工程建设纪实》，中国电力出版社，2017 年，第 25 页。

❷《新一轮农网改造基本完成：用电不再难　发展路子宽》，人民网，2017 年 11 月 23 日。

五”期间实施新一轮农村电网改造升级工程意见的通知》（国办发〔2016〕9 号），要求到 2017 年底完成 2.2 万个自然村新通及改造动力电任务。2016 年 12 月，国家能源局、国务院扶贫办印发《贫困村通动力电工程实施方案》，要求加快推进贫困村地区农村电网改造升级，为贫困村通动力电[1]。两年间，国家电网公司投资 212.5 亿元用于村村通动力电工程，涉及 20 个省（区、市）。

在“十二五”新一轮农村电网改造升级工程之后，仍没有通动力电的地区大多地处偏远，交通不便，物资运输困难，施工现场大部分在深山老林，施工难度高。河南省洛阳市栾川县地处豫西伏牛山腹地，是国家级贫困县，10 千伏线路新建工程苇园沟段铁塔基础施工现场就在伏牛山上。施工现场林木茂盛，道路崎岖，施工人员上下山只能靠手爬，身体素质好的工人上山一趟就需要 40 分钟，如果带着骡子运送材料，上山一趟至少需要 2 个小时。青海省玉树藏族自治州治多县，地处三江源腹地，拥有著名的可可西里国家级自然保护区，县域平均海拔 4500 米以上，年均气温 -0.3 摄氏度，寒冷季节时间长达近 10 个月，为了最大限度保护三江源地区脆弱的生态环境，施工人员在运输施工材料、机具的时候，只能依靠人力运输。在治多草原的一个施工现场，为了保护生态，施工人员用 200 多张草席铺垫了一条运输通道，施工人员靠着手拉肩扛将 1.8 吨重的电杆转运到 400 米外的施工作业点，像这样的施工现场，在治多县有 20 个。施工人员在伏牛山、治多县遇到的困难只是万千施工人员经历的一个缩影，广大施工人员克服了未通动力电地区物资运输难、施工难度大等各种考验，争分夺秒，高效推进工程建设[2]。

2017 年 9 月 22 日，国家电网公司提前 3 个月完成了供电区域内 7.8 万个自然村通动力电的任务，共计新建 10 千伏及以下线路 12.59 万千米，新增配电变压器 5.3 万台、容量 8747.91 兆伏・安，惠及人口 3635 万人[3]。

村村通动力电，直接刺激了贫困地区用电需求的快速增长，带动了农村地区经济发展，为中国农村转型提供了不竭动力。2016 年至 2017 年，仅在新改造地区农村机电设备和家电购置消费规模达到 221.4 亿元，吸引各类投资规模 932.1 亿元。工程投资拉动后向关联产业投资超过 4800 亿元，推动前向关联产业产出超过 5800 亿元，以千亿投资撬动了万亿级市场[4]。

四、小城镇（中心村）配电网改造助力新农村建设

中心村，是由若干行政村组成，具有一定人口规模和较为齐全的公共设施的农村社区。无论是小城镇，还是中心村，稳定可靠的供电服务都必不可少。尽管“十二五”期间已对农村地区进行过一轮电网改造，但在部分农村地区，配电线路老旧、线径偏小、供电半径较长、线路末端电压偏低，甚至频繁停电等问题仍有存在。随着社会经济发展，农村居民

[1] 国家电网公司：《新一轮农网改造升级“两年攻坚战”工程建设纪实》，中国电力出版社，2017 年，第 73 页。

[2] 国家电网公司：《新一轮农网改造升级“两年攻坚战”工程建设纪实》，中国电力出版社，2017 年，第 87 页。

[3] 国家电网公司：《新一轮农网改造升级“两年攻坚战”工程建设纪实》，中国电力出版社，2017 年，第 72 页。

[4] 《“村村通动力电”工程竣工 7.8 万自然村提前通上“动力电”》，观察者网，2017 年 9 月 29 日。

对电力的需求也逐步从用上电向用上舒心电、安全电、满意电转变。

在 2016 年开始的新一轮农村电网改造升级工程中，国家电网公司及南方电网公司都将“小城镇（中心村）电网改造升级”作为重点任务，投资 1011.7 亿元用于 31 个省（自治区、直辖市）7.4 万个小城镇（中心村）的电网改造升级[1]。

小城镇（中心村）电网改造升级是统筹城乡、共享均等的必然要求。在建设过程中，各地供电企业积极响应全面建成小康社会对电力的需求，按照新型城镇化、农业现代化和扶贫搬迁等建设任务要求，结合小城镇（中心村）的发展规划，采取“一镇一策”“分类施治”的方法，为每个村镇都制定了专属的供用电方案。国网浙江电力结合美丽乡村建设、小城镇环境综合整治等工作，按照产业发展型、休闲旅游型、高效农业型和宜居综合型四种农村地区电力需求，完成了 3014 个小城镇（中心村）电网改造升级任务[2]。小城镇（中心村）电网改造升级工程的实施，有助于改善农村形象、提高农民收入。2017 年，浙江农村常住居民人均可支配收入 24 956 元，同比增长 9.14%[3]。

在小城镇（中心村）农村电网改造过程中，国网西藏电力面临着建设任务重、管理力量严重不足等困难，为确保工程顺利推进，国家电网公司充分发挥集团优势，组织国网河北、山西、山东、江苏、浙江、安徽、福建 7 家省电力公司对口支援西藏阿里、昌都、日喀则、拉萨、那曲、山南、林芝 7 市（地区）的工程建设，共计帮扶 107 349 人·天，帮扶人员会同 4.1 万电力工人，首次将配电线路架上了海拔 5880 米的高峰。2017 年 9 月，在雪域高原寒冷季节即将到来前，西藏包括拉萨市及那曲、昌都、林芝、山南、日喀则、阿里 6 个地区 62 个县共 2797 个小城镇（中心村）农村电网改造升级工程全面完工[4]。

2017 年 9 月 25 日，国家电网公司全面完成供电区域 6.6 万个小城镇（中心村）电网改造升级任务，新建 35 千伏及以上变电站 336 座，35 千伏及以上线路 7750.36 千米，新建 10 千伏及以下线路 37.4 万千米，新增 10 千伏配电变压器 168 819 台、容量 3.59 万兆伏·安[5]。南方电网公司经营范围内，累计新建、改造变电站 169 座、输配电线路 3.7 万千米、配电变压器 3 万台，新增及改造户表 669 万户，解决了农村电网 2 万个低压台区、800 回中低压线路的低电压问题[6]。

小城镇（中心村）电网改造升级后，农村居民的用电条件得到了极大的改善，同时也带动了一批小型制造、建筑安装、家用电器等产业的快速发展。小城镇（中心村）电网改造升级工程受益人口约占全国农村总人口的 16%，带动相关地区新增农产品生产加工场

[1] 国家电网公司：《新一轮年农网改造升级“两年攻坚战”工程建设纪实》，中国电力出版社，2017 年，第 48 页。
[2] 国家电网公司：《新一轮年农网改造升级“两年攻坚战”工程建设纪实》，中国电力出版社，2017 年，第 62 页。
[3]《2018 年浙江统计年鉴》，浙江省统计局网站，2020 年 10 月 28 日。
[4] 国家电网公司：《新一轮年农网改造升级“两年攻坚战”工程建设纪实》，中国电力出版社，2017 年，第 94 页。
[5] 国家电网公司：《新一轮农网改造升级“两年攻坚战”工程建设纪实》，中国电力出版社，2017 年，第 48 页。
[6]《1.56 亿人受益新一轮农网改造》，经济日报，2017 年 11 月 24 日。

所25.6万处、发展农副业及旅游业年均增收513.8亿元，吸引各类投资规模932.1亿元、新增就业岗位364.3万个，吸引农民工返乡创业、就业439.3万人。

五、“三区三州”等贫困地区配电网脱贫攻坚工程

党中央、国务院高度重视农村电网建设改造，特别是边远贫困地区。2013年以来，中西部地区农村电网改善工程、无电地区电力建设工程、农村电网改造升级工程等和“十三五”实施的新一轮农村电网改造升级工程，解决了4000万无电人口用电问题，全国农村地区基本实现了动力电全覆盖，极大提高了农村供电能力和可靠性。随着脱贫攻坚工作的深入开展，2018年开始，农村电网改造升级的工作重心进一步转向中西部地区，着力支持深度贫困地区❶。

2018年5月9日，国家能源局印发《国家能源局关于印发进一步支持贫困地区能源发展助推脱贫攻坚行动方案（2018～2020年）的通知》（国能发规划〔2018〕42号），明确实施“三区三州”农村电网改造升级攻坚三年行动计划（2018～2020年）和启动实施抵边村寨电网升级改造攻坚计划。2018年5月31日，中共中央政治局召开会议，审议《关于打赢脱贫攻坚战三年行动的指导意见》，要求“推进深度贫困地区农村电网建设攻坚，实现农网动力电全覆盖。加强三区三州电网建设，加快解决网架结构薄弱、供电质量偏低等问题。”在国家能源局的组织监管下，电力行业精锐尽出、合力攻坚。国家电网公司、南方电网公司、各地方电力企业等相继制定实施三年行动计划，新一轮电网建设浪潮在“三区三州”地区全面铺开。

“三区三州”深度贫困地区是脱贫攻坚的“重中之重、坚中之坚”，是“最难啃的硬骨头”，为了顺利完成“三区三州”建设任务，南方电网公司成立了“三区三州”农村电网改造升级项目建设领导小组统管各项工作落实情况，各级参建单位与地方政府签订责任书、建立“绿色通道”，协调工程建设中遇到的各类问题。国家电网公司构建“三部两代”❷管理体系，为现场安全管理提供了有力的组织保障，通过推广配电网建设“四化”❸新模式，应用安全管控App、视频监控等新技术，提升了工程建设质量，提高了现场安全监督的覆盖面和效率，开展“百日攻坚”行动，组织对口帮扶，确保工程建设任务按期完成。

“三区三州”电网建设工程大多位置偏远、环境恶劣，许多地区冰雪覆盖期长，当年10月底至次年4月不具备施工条件；部分地点交通不便，自然条件恶劣，施工环境复杂，物资运输困难；还有不少工程处于国家或地区重点生态功能区，建设协调难度大，对工

❶“三区”是指西藏自治区和青海、四川、甘肃、云南四省藏区及南疆的和田地区、阿克苏地区、喀什地区、克孜勒苏柯尔克孜自治州四地区；“三州”是指四川凉山州、云南怒江州、甘肃临夏州。

❷ 三部两代：业主、监理、施工项目部，甲方代表和设计工代。

❸ 四化：工厂化预制、成套化配送、装配化施工、机械化作业。

程建设提出很高要求和严峻挑战。无数电力员工不畏险阻、攻坚克难，留下了感人至深的故事。

2019 年西藏林芝墨脱发布了扎墨公路即将全线封闭式施工的通知。当时墨脱电网建设项目部的储备物资仅够使用 7 天，为了保障人员物资供应，国网西藏电力公司调集一切可以动员的力量，在 6 天内将 47 名建设人员和 75 吨物资运抵了施工现场，而工程建设完工后，所有建设者在施工现场坚持驻守了 92 天，直至道路恢复通行方才撤回。

青海玉树地区的“三区三州”电网建设施工点位于全线海拔在 4300～5300 米的高寒缺氧、冻土广布、生态脆弱的雪域高原之上，这里常年积雪，道路崎岖陡峭、异常艰险，在这里空手行走就如同在平原上负重前行。因为高寒缺氧，施工机械出力不足，杆塔、导线等物资只有通过人扛马驮或者架设索道等方式向山上运输，工人们每拧紧一颗螺栓都要拼尽全力。电力建设者们在施工过程中积极寻找电网建设和生态保护的平衡点，逢山不开道、遇水不架桥，以最原始、最艰苦的办法，用骡马驮运电力物资，用双手掏挖杆塔基础，打赢了一场场艰苦卓绝的生态电网建设攻坚战。

2020 年 6 月 30 日，随着四川阿坝夹壁至马塘 110 千伏线路工程带电投运，“三区三州”深度贫困地区农村电网改造升级如期全面完成。2018—2020 年，国家电网公司经营区域内“三区三州”深度贫困地区电网建设累计投资 304 亿元，共建成工程 7957 项，其中 10 千伏及以下工程投资 165 亿元、7542 项，新建 10 千伏及以下线路 6.9 万千米，新增配电变压器 2.1 万台、新增容量 251.5 万千伏·安。解决了 4 个县域孤网运行、34 个县域电网与主网联系薄弱问题，大电网延伸覆盖 67 个县，解决 48.2 万户“低电压”问题。工程惠及 198 个贫困县 443 万户 1777 万居民，有效助力 105 万贫困户 373.6 万贫困人口实现脱贫。南方电网公司“三区三州”农村电网改造升级建设累计投资 10.18 亿元，云南省迪庆州、怒江州新建及改造 110 千伏及以下线路 797.7 千米、低压台区 565 个，新增配电容量 2.8 万千伏·安，改造户表约 1.8 万户。迪庆州、怒江州农村电网供电可靠率分别达到 99.77%、99.73%，比改造前分别提升 0.17 和 0.23 个百分点；综合电压合格率分别达到 98.27%、98.62%，比改造前分别提升 3.83 和 2.44 个百分点；户均配电变压器容量分别达到 2.66、2.40 千伏·安，比改造前分别提升了 0.27、0.55 千伏·安[1]。

“三区三州”电网建设工程的实施，极大地释放了深度贫困地区用电需求，大功率家用电器和机电设备得到广泛应用。2018 年以来，国家电网公司经营区域内“三区三洲”地区新增冰箱 7.2 万台、洗衣机 12.7 万台、电视机 21.1 万台、电炊具 26.6 万台、电动加工设备 14.3 万台，居民生活质量明显改善[2]。

[1] 《云南圆满完成“三区三州”农网改造升级攻坚》，央广网，2020 年 6 月 29 日。

[2] 《“三区三州”深度贫困地区电网攻坚全面完成》，光明日报，2020 年 9 月 8 日。

六、“煤改电”配电网配套工程引领低碳生活

2013 年，“雾霾”成为年度关键词之一。这一年的 1 月，4 次雾霾过程笼罩全国 30 个省（区、市），在北京，仅有 5 天没有雾霾。

雾霾严重危害群众的身体健康，党和国家领导人高度重视雾霾治理工作并做出指示。

2017 年 12 月 20 日，国家发展改革委等十部门联合印发《北方地区冬季清洁取暖规划（2017—2021 年）》（发改能源〔2017〕2100 号）。2018 年 7 月 3 日，国务院印发《国务院关于印发打赢蓝天保卫战三年行动计划的通知》（国发〔2018〕22 号），要求京津冀大气污染传输通道的“2+26”个重点城市要率先实现清洁取暖，并要求加快农村“煤改电”电网升级改造，制定实施工作方案。地方政府对“煤改电”配套电网工程建设应给予支持，统筹协调“煤改电”“煤改气”建设用地。

2016 年，国家电网公司率先在北京开展“煤改电”配套电网建设改造工程，当年投资 61 亿元，完成改造 74 万户。2017 年开始，改造范围扩大到天津、河北、山西、山东、河南等“2+26”个城市地区。2018 年起，随着国务院《打赢蓝天保卫战三年行动计划》的发布，电网建设改造范围再次扩大至京津冀周边及汾渭平原重点区域为主的北方 15 省（市）和新疆维吾尔自治区。

“煤改电”工程建设分为配套电网改造和居民取暖户内改造，其中配套电网改造由国家电网公司负责，居民取暖户内改造包括户内低压线路改造和保温改造，由当地政府组织实施。从 2016 年开始，每年年初，国家电网公司就积极联系地方政府，发挥自身贴近客户的优势，协助政府逐村逐户进行确认等基础工作，明确年度计划任务。为确保在取暖季前完成配套电网建设，国家电网公司制定了《电供暖系统技术规范》《蓄热式电供暖系统（10kV 及以下）技术规范》等 12 项团体标准、11 项企业标准及 3 个行业标准，还专门编制了《电供暖工程户内配套电气线路技术规范》供政府部门参考实施，保障了煤改电清洁取暖的安全性。

“煤改电”工程建设时间紧、任务重，一般从工程下达到竣工仅有 4 个月的时间，为确保优质高效完成建设任务，各建设单位通过日报告、周分析、月度通报等制度，及时发现并解决存在的问题，通过使用配电网工程管控 App，随时了解工程进度。各建设单位采用物资协议库存、借用调配、物资寄售等多种方式满足工程物资需求，优先保障“煤改电”工程建设需要。

在建设过程中，建设单位应用了绝缘横担、免镀锌金具等成熟可靠的新设备、新材料，同时全面应用工厂化预制、成套化配送、装配化施工、机械化作业，有效提升了工程建设进度和质量。

“煤改电”项目密集，现场作业交叉多、安全风险大，为了确保现场施工人员的人身安全，国家电网公司出台了配电网工程现场安全“十八项禁令”“三十条措施”，同时开展施工承载力分析，按照轻重缓急合理调配施工作业人员、生产装备、施工车辆等，避免出现人员超负荷工作，确保忙而不乱，搭配视频监控手段实时查看施工现场，确保了现场施

工作业的安全可控。

实施“煤改电”工程建设以来，每年冬季，国家电网公司都开展“煤改电”清洁取暖供电服务隐患排查。通过对“煤改电”线路、设备的红外测温、超声波、地电波局部放电检测，将隐患扼杀在萌芽状态。依托配电网负荷监测和大数据分析，根据气候变化、人员流动、用电负荷变化等情况，运维人员可以全面监控“煤改电”变压器的运行情况，当发生低电压、三相不平衡、重过载情况时，及时进行处理，确保“煤改电”区域的可靠用电。

“十三五”期间，国家电网公司为北方15个省1063万户居民实施了“煤改电”，累计投资1120亿元，新建、改造10千伏及以下线路23.1万千米，涉及取暖面积8.26亿米^2，取暖电量累计完成367亿千瓦·时，相当于替代散烧煤2055万吨，减排二氧化碳3658万吨，减排二氧化硫、氮氧化物和粉尘污染物1162万吨，为促进大气污染治理和新能源消纳做出积极贡献。

得益于“煤改电”等长效、综合治理措施，曾是京津冀及周边地区“心肺之患”的雾霾得到了很大程度的缓解。根据生态环境部数据统计，2020年1～10月，京津冀及周边地区城市平均优良天数比例为64.0%，同比上升12.1%，PM2.5浓度为48微克/米^3，同比下降11.1%[1]。

第四节　智能配电网技术发展与应用实践

智能配电自动化规模化建设后，国家能源局、国家发展改革委相继出台一系列配电网改造建设相关文件政策，推动电力科技创新，加快清洁能源发展，构建清洁低碳、安全高效的现代能源体系。这一时期，电力企业根据国家相关要求，扩大了配电自动化建设规模，新一代自动化主站，一、二次融合成套设备，配电故障指示器得到了大量应用，系统安全防护能力得到了加强，配电自动化实用水平持续提升。同时，电力企业在多地启动智能配电网试点示范工程建设，通过应用多能源协同交互控制技术、负荷柔性控制技术、集群需求响应技术和分布式发电群控群调技术等一大批新技术，解决了分布式能源并网消纳、电能质量控制及潮流控制等难题，为智能配电网发展建设积累经验。

一、“十三五”配电自动化规划目标

2015年，国家发展改革委、国家能源局先后印发《配电网建设改造行动计划（2015—2020年）》（国能电力〔2015〕290号）和《国家发展改革委关于加快配电网建设改造的指导意见》（发改能源〔2015〕1899号），提出以满足用电需求、提高可靠性、促进智能化为目标，加大对配电自动化建设的投入，到2019年全国基本完成配电自动化建设，配电自动化覆盖率达到90%。文件提出配电自动化建设应根据可靠性需求、网架结构与设备

[1] 《国家电网公司助力打赢蓝天保卫战纪实》，中国电力网，2020年12月14日。

状况，合理选择故障处理模式、终端配置及通信方式，开展差异化建设。在中心城市（区）及城镇地区选用光纤、无线等通信方式的自动化设备，对配电网关键性节点进行改造，推广使用集中式馈线自动化方式，提高电网运行控制水平。在乡村地区采用以无线、载波为通信方式的故障指示器进行简易配电自动化建设，提高故障定位能力。

2016年11月7日，国家发展改革委、国家能源局对外正式发布《电力发展“十三五”规划》，这是时隔15年之后国家电力主管部门再次对外公布电力发展5年规划。[1]“十三五”规划指出要推进配电自动化建设，根据供电区域类型差异化配置，整体覆盖率达90%，实现配电网的运行状态远程观测、线路运行方式远程控制。

国家电网公司前期配电自动化试点工程基本选择在经济发达城市、配电网网架结构布局合理、供电可靠性高的核心区域开展，建设方案与经验并不适合全面推广。2017年1月20日，国家电网公司印发了《国网运检部关于做好“十三五”配电自动化建设应用工作的通知》（运检三〔2017〕6号）（简称《通知》），提出了配电自动化的建设方向，对配电自动化系统功能定位进行了明确。《通知》强调配电自动化系统以配电网调度监控和配电网运行状态采集为主要应用方向，作为配电网智能感知的重要环节，与PMS2.0系统、配电网智能化运维管控系统配合，共同实现配电网智能感知、数据融合、智能决策的功能。在主站建设方面，《通知》提出以集中或分散的形式在生产控制大区、管理信息大区建设新一代配电自动化主站，已建配电自动化主站应逐步完成向新一代配电自动化主站的平滑升级。在终端及通信方式选择方面，《通知》根据不同类型供电区域提出了差异化建设的要求，明确了简易、常规、高端三种模式。在北京、上海、天津等国际化城市部分新区、园区以国际领先的高可靠性目标网架为基础，综合运用光纤纵差保护、云（系统）保护等先进技术，建设高端模式；在A+、A、B类和部分C类供电区域采用常规模式建设，对配电线路关键节点进行自动化改造，采用光纤通信、无线公网、无线专网等通信方式，实现故障区间就地定位和隔离，非故障区域快速恢复供电；在部分C类和大部分D、E类供电区域采用简易模式建设，综合运用配电线路故障指示器、就地重合式馈线自动化等技术，实现配电线路故障区间的准确判断定位，提高抢修人员查找故障的速度。在配电自动化与配电网网架统筹规划方面，《通知》提出在新建线路放置开关时要同步实施自动化建设，对既有配电线路按照差异化建设要求逐步完成自动化改造。在技术应用方面，采用一、二次融合成套设备，智能配电变压器终端，配电线路故障指示器，就地型馈线自动化等技术应用，提升配电自动化应用水平，提高配电网供电可靠性、供电质量和效率效益。《通知》要求在“十三五”末，国家电网公司配电自动化覆盖率达到90%以上，地处东部地区省（区、市）公司配电自动化覆盖率不低于95%，中西部地区省（区、市）公司配电自动化覆盖率不低于90%。[2]

随着配电自动化建设的全面推进，国家电网公司范围内配电自动化覆盖率逐年攀升。

---

[1] 国家能源局：《电力发展“十三五”规划（2016～2020年）》，中国能源报，2013年11月7日。

[2] 《国网运检部关于做好“十三五”配电自动化建设应用工作的通知》（运检三〔2017〕6号）。

国家电网公司于 2016 年新增配电自动化线路 10 554 条，新增各类型配电自动化终端 42 898 台，配电线路覆盖达到 44 206 条，覆盖率达 18.89%，其中城网配电自动化覆盖率达 38.26%。2017 年，国家电网公司新增配电自动化线路 47 563 条，覆盖率达 35%，其中北京、天津、上海、杭州、厦门城区目标网架基本建成，配电自动化覆盖率提升至 74.2%。2018 年，国家电网公司推进馈线自动化“一线一案”工作，完成 24 个省公司馈线自动化改造方案，10 千伏配电线路配电自动化覆盖率达到 64.88%。2019 年，国家电网公司 27 家网省单位累计建设配电自动化线路 21 万余条，配电自动化线路覆盖率达 75.7%，其中北京、天津、冀北、山东、江苏、浙江、福建、甘肃、宁夏配电线路自动化覆盖率已达 90%以上。

“十三五”期间，南方电网公司对配电自动化规范化管理的不断推进，配电自动化规划设计、质量品控、建设运维等规范管控力度不断加强，配电自动化得到了长足发展，从规划设计、设备功能、品控检测、施工验收、运行维护、培训与评价六个领域建立起较为齐全的技术标准及管理体系。

2016 年南方电网公司印发《南方电网配电自动化运维规定》《配电自动化运行评分标准》，并于 2017—2020 年先后对南方电网公司下设 17 个单位进行了配电自动化运行和管理工作评价。根据运行评价结果，完善评价指标体系，加强配电自动化运维管理，推进配电自动化系统功能建设，实现配电网可观、可测、可控，持续提升配电自动化实用化水平。

截至 2019 年年底，南方电网公司全网配电自动化建设覆盖 5.3 万余回的配电线路，涉及 84.45%的公用线路，各类型配电自动化终端共 18.4 万台。全网 58 个地市供电局完成了配电自动化主站功能建设，覆盖率达到 96%。2019 年全网配电自动化，平均故障定位准确率 92%，平均故障隔离准确率 87%。

通过“十三五”期间建设，配电自动化在全国范围内得到大面积应用，使得配电网监测、分析、控制能力快速提升，城乡电网整体供电能力和配电网供电可靠性都有所提升。配电自动化为故障抢修提供了信息支持，缩短故障抢修时间，减少运行维护费用和损耗，提高劳动生产率及服务质量。配电自动化还为优化运行方式提供数据支撑，实现配电网经济运行，改善供电质量，并为电力市场改革打下良好的技术基础。

二、新一代配电自动化主站

随着中国用电负荷不断增长，配电网结构日趋复杂，配电自动化终端数量与日俱增，配电自动化系统需与多系统进行数据交互，这对主站的数据采集、处理、分析能力提出了更高要求。传统的配电自动化主站采用主备方式、安全隔离单一的构建模式，主要应用于配电网调度遥控，只能处理百万量级的数据规模，已经不能满足配电网建设发展需求。

2017 年，国家电网公司结合配电网建设发展需求对配电自动化主站开展了顶层设计，提出新一代配电自动化主站概念。新一代配电自动化主站运用云计算、大数据、移动应用等新技术，将自动化、信息化高度融合，实现配电网运行监控、设备状态感知。新一代主站主要满足两个方向的应用需求，以配电网调度监控为应用方向，为地、县配电网调度人员提供控制、实时量测、故障信息等功能应用，满足配电网调度控制要求；以配电网运行状态采集为应用方向，为省、地、县运维人员提供实时或准实时量测、保护告警信息、开关变位信号等数据，全面支撑配电网设备状态监测。[1]

2017 年 1 月 20 日，国家电网公司印发了《国网运检部关于做好“十三五”配电自动化建设应用工作的通知》（运检三〔2017〕6 号）（简称《通知》），对新一代配电自动化主站的建设提出了要求，推广建设新一代配电自动化主站。《通知》明确各单位要充分考虑系统维护的便捷性和规范性，做到省公司范围内主站在功能应用、硬件配置、接口方式、运维标准四个方面的统一；以市县共用同一套主站的形式，建设新一代配电自动化主站；对已建设完成的主站进行存量改造，逐步完成向新一代配电自动化主站平稳过渡。

《通知》还要求在做好安全防护的前提下，新一代自动化主站要完成遥测、遥信数据在管理信息大区采集应用，利用云计算、大数据等技术与调度自动化、PMS 2.0、营销系统等多系统进行数据共享，实现低电压、重过载、设备故障等信息的全面监测和深化应用。《通知》下发后，国家电网公司系统各有关单位根据要求，开始了紧锣密鼓的新一代配电自动化主站建设。

2017 年，国家电网公司完成 54 个新一代自动化主站试点建设，国网浙江杭州供电公司建成首个基于云平台的新一代配电自动化主站；2018 年，完成国网湖北孝感供电公司等 16 家单位新一代配电自动化系统建设；2019 年，在 156 个地市完成新一代配电自动化主站建设，覆盖率达 46%，占在运配电自动化主站的 48%，国网冀北、浙江、江西、重庆、辽宁、蒙东、西藏省（自治区）电力公司实现新一代配电主站全覆盖。

新一代自动化主站为配电全专业提供了数据支撑，通过安全隔离装置接收终端数据，提高馈线信息采集度，实现故障精准定位，推进配电网运维管控自动化进程。同时，新一代配电主站与多个系统进行贯通，实现图模优化全共享、业务流程全穿透、业务功能全覆盖，并适应“云大物移”技术平台，支撑分布式发电、电动汽车、储能装置在配网中的应用。

三、配电自动化一、二次融合技术应用

配电设备可划分为一次设备和二次设备两大体系，长期以来，配电一、二次设备多种物资分散招标导致工作耗时耗力。伴随着“十三五”配电自动化建设应用工作开展，因对在运设备进行大规模配电自动化改造，伴随而来的停电矛盾也日趋严峻。一、二次设备在现场安装调试，也存在接口不匹配和兼容性、扩展性、互换性差等问题，出现故障时，一、二次设备厂商的责任难以明确分辨。

为解决一、二次设备衔接存在的问题，并满足配电网对线损测量、选择性保护等功能的要求，国网运检部于 2016 年 5 月启动配电设备一、二次融合工作，并于 2016 年 7 月底完成《配电设备一二次融合技术方案》（简称《方案》）的编写，在按照《方案》开展一、二次融合工作过程中，又发现设备所使用的电阻分压式传感器存在诸多缺陷、没有统一的

[1] 国家电网公司运维检修部：《智能配电网顶层设计技术路线》，2017 年。

电容分压式传感器参数规范、部分设备凝露严重、终端发生遥信抖动等问题。为了解决一、二次融合设备存在的缺陷隐患，协调传统成熟技术的可靠性与新技术不确定性之间的矛盾，国家电网公司于2017年组织专家对《配电设备一二次融合技术方案》进行了修订。

《方案》将配电设备一、二次融合工作分为配电设备一、二次成套和配电设备一、二次融合两个阶段推进。第一阶段的主要工作是将常规电磁式互感器（零序电压除外）与一次本体设备组合，并采用标准化航空插接头与终端设备进行测量、计量、控制信息交互，实现一、二次设备接口标准化和成套化招标采购与检测，满足线损采集、就地型馈线自动化、单相接地故障检测的要求。

第二阶段结合一次设备标准化设计工作同步开展，集成一次本体设备、高精度传感器与二次终端设备，实现一、二次设备高度融合，满足分段线损管理、就地型馈线自动化、单相接地故障检测、装置互换、工厂化维修、即插即用及自动化检测的要求，解决成套设备绝缘配合、电磁兼容、寿命匹配等问题。《方案》对设备的技术标准进行了规范化要求，以解决设备凝露、遥信抖动等缺陷。

2017年，国家电网公司深入推进一、二次成套设备标准化建设，组织国网山东、江苏电力和中国电科院等单位编制一、二次成套设备标准化设计方案、技术规范书、存量改造方案和入网检测方案，初步建立一、二次成套设备标准化体系。

国家电网公司各省（市）公司有条不紊地开展一、二次成套设备试点工程建设。国网福建电力选取南安供电公司作为新型架空线路馈线保护自动化试点区域，2017年3月15日，国网南安供电公司第一个一、二次成套开关投运，并于2018年5月投入了一、二次成套开关单相接地故障保护功能。2018年5月16日，开关仅1分钟便自动切除诗山变电站10千伏西上线单相接地故障区域，相比传统单相接地故障处置方法减少61台配电变压器停电，实现配电网单相接地故障选段跳闸，突破配电网小电流接地系统单相故障处置的“百年难题”。截至2018年年底，国网南安供电公司累计在180条线路上投运495个一、二次成套开关，覆盖率达33%。

各省市公司一、二次成套化设备的试点应用，为一、二次融合技术的研究提供了宝贵经验。由于当时应用的ZW20、ZW32两种柱上开关设备很难满足一、二次融合设备一体化要求，国家电网公司委托中国电科院组织设备制造厂家，运用空气绝缘方式，设计研发新型开关，进行一、二次融合研究探索。在研发过程中，涌现了一些新技术。在操动机构方面，尝试了以磁控材料为材质的磁控机构，可以双向充磁，实现快速动作，且分合闸功耗极小，大幅降低了对电容容量的要求。在电压互感器方面，创新应用了电容分压取电的方式，与电压测量电容器集成在一起，进一步降低了电压互感器的质量和体积。采用新技术研发的新型开关设备，可真正实现一、二次设备一体化，推动配电开关迈向智能化，至2020年，多个生产厂家完成了样机生产，并开始试点应用。

一、二次融合成套化设备的使用可提升配电设备运行水平、运维质量与效率，满足全面推进配电自动化建设的工作要求，服务配电网建设改造行动计划。同时，一、二次融合成套设备也将成为配电自动化发展的一项重要技术革新。

四、配电智能故障指示器技术发展与应用

第一代和第二代故障指示器在故障检测方面具有局限性，已无法适应电网的发展要求。2010 年第三代故障指示器即智能故障指示器研发成功，克服了前两代故障指示器存在的误报警、漏报警及易受高频信号干扰等缺陷，可根据各种实际线路自动动态整定故障特征值，不受线路结构、运行管理方式、地理环境、负载变化、运行时刻的影响，能够可靠检测、定位配电线路短路或接地故障。

由于技术原理的不同，第三代故障指示器也衍生了多种类型的智能型故障指示器，其中外施信号型故障指示器和暂态录波型故障指示器两种设备较为成熟。2013 年，国家电网公司各单位逐渐开始了智能型故障指示器的试点建设，国网甘肃电力会宁县供电公司采用外施信号型故障指示器开展了智能型故障指示器的试点建设，国网山东电力采用暂态录波型故障指示器开展了小批量试点建设。

2013 年 10 月，国网甘肃省电力公司会宁县供电公司顺利完成了试点建设，共安装 123 套外施信号型故障指示器，建设 2 套不对称电流源，架设 20 个数据转发站。2013 年 10 月 18 日 18 时 20 分，10 千伏西川线发生故障，故障指示器上送故障定位及告警，运行人员根据告警信息，5 分钟便发现了故障点，38 分钟便完成了故障隔离。经过事后测算，故障排查及故障隔离时间是常规处理方式的 1/5，充分体现了智能故障指示器的应用价值。2014 年，国网甘肃电力总结会宁县供电公司试点成效，对已经确定的技术路线扩大验证范围，在全省各市（州）公司分别选一个县公司进行试点推广应用，进一步完善前期技术路线，大规模开展外施信号型故障指示器建设。

国网山东省电力公司研究基于配电终端的故障录波和单相接地定位方法，跟踪基于录波的新型故障指示器和后台分析的接地故障定位技术，组织威海、潍坊、临沂等 17 个市（县）公司先后进行暂态录波型故障指示器小批量试点，广泛评判暂态录波型故障指示器的可用性。2015 年 5 月 29 日，潍坊供电公司在 110 千伏乐川变电站进行接地试验，验证故障指示器进行接地故障判别的准确性，现场模拟金属、弧光、经电阻接地故障 13 次，其中暂态录波型故障指示器正确定位 12 次，正确率达 92.31%。

2016 年，国网运检部结合各地试点建设应用情况，贯彻国家发展改革委、国家能源局关于配电网建设改造相关指导意见与行动计划，发布了《配电线路故障指示器选型技术原则（试行）》（简称《原则》），用于规范配电线路故障指示器选型，指导配电线路故障指示器建设与运维。《原则》指出基于故障指示器适用的线路类型、采用的信息传输方式、使用的技术原理等不同分类维度，故障指示器分为架空外施信号型远传故障指示器、架空暂态特征型远传故障指示器等 9 类。《原则》规范了选型原则和布点原则，指导各单位根据网架结构条件，选择适用的故障指示器开展差异化的故障指示器建设。

随后，国家电网公司各单位根据《原则》推广应用智能型故障指示器，作为配电终端的重要补充，实现了配电网运行监测和接地短路故障定位。2016 年，国网山东省电力公司确定选用可检测接地故障的暂态录波和外施信号两种新型故障指示器，启动批量化试点

应用。截至 2017 年 12 月 10 日，山东全省共安装新型故障指示器 23 710 套，其中暂态录波型 9572 套、外施信号型 14 138 套，建设信号发生装置 863 套，共覆盖 10 千伏线路 9537 条，占 10 千伏线路总数的 44.39%。2017 年 9 月 1 日至 12 月 10 日山东全省故障指示器接地故障动作正确率接近 80%，短路故障动作正确率超过 90%。

截至 2019 年 3 月，国家电网公司共安装架空暂态录波型远传故障指示器 65 837 套，架空外施信号型远传故障指示器 90 868 套，架空就地、电缆就地、电缆远传等其他类型故障指示器 8162 套。

五、北京和厦门主动配电网技术研究及示范工程建设

为了系统地掌握主动配电网的核心技术，2014 年国家科技部批复设立“主动配电网关键技术研究及示范”国家 863 计划课题，开展产学研一体的基础理论与关键技术攻关。课题选取北京亦庄经济技术开发区和福建海西厦门岛供电区进行试点工程，这两个区域都是高科技研发和产业基地，确立了清洁低碳的能源利用目标，且与主动配电网的建设理念一致。

主动配电网的概念指内部具有分布式或分散式能源且具有控制和运行能力的配电网，是为应对规模化分布式电源接入配电网而提出的。由于分布式发电造成配电网功率双向流动、电网运行稳定性降低、电压波动加大、电能质量不合格等问题，电网接纳分布式电源的能力受到限制。从对分布式发电被动接纳的被动式配电网，到对分布式发电进行主动引导、主动服务、主动管理和主动控制的主动式配电网，是配电网发展的必然趋势。从科研的角度看，主动配电网的研究目标是充分利用配电网内的分布式能源、储能系统可控资源和需求响应负荷等，研究可以实现主动规划、感知、管理、控制与服务的装置与系统，提供高电能品质、高运行可靠性，实现高渗透率清洁能源消纳。可以说，主动配电网是智能电网的重要组成部分。

通过课题研究和的示范工程实施，研究人员攻克了主动配电网规划及规划运行互动决策、供电质量控制、多能源协同交互控制、主动配电网态势感知等关键技术难题，研制了综合配电终端单元和快速切换装置，开发了运行控制系统、规划决策系统和信息平台，于 2017 年 5 月和 11 月先后建成了福建厦门和北京亦庄主动配电网示范工程。

北京亦庄和福建厦门都是高科技研发和精密电子产业基地，对电能质量的要求标准较高，示范工程从风险预控和故障应对两个角度提高供电质量。课题研发应用了安全合环技术，用于不同的 10 千伏线路合环，克服传统配电网中“先分后合”倒闸操作造成的停电问题，该技术在北京亦庄配电网中进行了示范应用。课题研制的配电网快速切换装置，可实现 15 毫秒内将故障主电源切换到备用电源，在厦门的火炬园进行了加装，大幅降低了短时中断和电压暂降事件。课题还研制了重点用户供电路径风险预控技术、单相接地故障选线定位与安全切换技术，用于配电线路故障预警和处理。

课题研发了为主动配电网提供同步信息测量的综合配电终端单元（IDU），提出了多源信息融合下的主动配电网综合负荷和分布式资源的特性辨识、状态估计技术，以及基于

集合变换方法的主动配电网安全风险评估技术，实现了主动配电网的态势感知。

随着工程示范落地，北京亦庄示范区域内建设1套主动配电网主站系统，在示范区变电站、用户配电室示范应用41台IDU、2套快速切换装置、1套双端选线装置等，并配套建设通信工程。系统最大负荷623兆瓦，接入220千伏变电站3座、110千伏变电站14座；配电室116座，清洁能源5种，其中，冷热电三联供机组150兆瓦，垃圾焚烧及填埋发电42兆瓦，多点接入光伏发电9.73兆瓦，电动汽车充放电站10兆瓦，储能600千瓦/1.6兆瓦·时。

福建厦门在9家用户安装了配电网IDU；在1个用户加装380伏配电网快速切换装置、对1个用户的蓄冰储能空调系统实施多源协调控制。主动配电网主站系统接入220千伏变电站2座、110千伏变电站3座、热电联产150兆瓦、环能一厂垃圾焚烧电厂2兆瓦、SM广场移动式储能车1兆瓦/2兆瓦·时、电动汽车充电站5兆瓦、光伏发电1.2兆瓦。

通过工程的研究和实施，北京亦庄示范区和福建厦门示范区基本建成了高电能品质、高运行可靠性、高清洁能源渗透率、用户终端与电网联动的主动配电网，提升了多种能源的综合利用效率，实现了示范区可再生能源100%消纳，核心供电区供电可靠率达到99.999%。2017年12月1日，课题通过了科技部高技术中心组织的验收，专家给予了充分的肯定，该示范工程的建设进一步推动了智能电网技术的发展。

六、江苏苏州智能电网应用示范区主动配电网综合示范工程

随着大规模分布式电源及电动汽车充电桩等多样性负荷的接入，传统配电网面临着短路电流增大、清洁能源消纳能力不足、能效水平降低、潮流控制和电能质量控制难度增加等诸多挑战。

2016年12月8日，国家电网公司在北京组织召开了智能配电网示范工程启动会，江苏苏州智能电网应用示范区主动配电网综合示范工程等7个工程正式启动。工程采用数字化、网络化、智能化等先进技术为传统配电网赋能、赋智，建设能够“智能感知、主动适配、自愈自治”的主动配电网，推动构建清洁低碳、安全可靠的能源体系。

2016年12月20日，国家电网公司与苏州市政府签署《国际能源变革发展典范城市智能电网项目协议》，共同推进智能电网建设，加速推进示范工程建设。根据协议，将在苏州建设主动配电网综合示范区，为解决分布式能源大规模接入、多元化电力负荷的互动参与问题提供思路与示范。2017年3月，苏州市被国家电网公司确定为世界一流城市配电网建设的十个试点城市之一，主动配电网综合示范工程被列入苏州世界一流城市配电网建设重点工程。

工程于2018年3月开工建设，在苏州工业园区环金鸡湖区域（安全可靠供电示范区）、“2.5”产业园（绿色高效供电示范区）及苏虹路工业区（优质经济供电示范区）三个区域，以“主动规划、主动感知、主动控制、主动响应、主动参与、主动服务”为建设思路，开展了高可靠性配电网应用示范工程、基于即插即用技术的主动配电网规划应用示范工

程、基于柔性直流互联的交直流混合主动配电网技术应用示范工程、适应主动配电网的源网荷（储）协调控制技术应用示范工程和高电能质量配电网应用示范工程5个子项目的示范建设。

2018年10月，苏州智能电网应用示范区主动配电网综合示范工程顺利投运。工程实现了苏州工业园区配电网的“六个主动”，即电网侧的主动规划、主动管理、主动控制与主动服务，以及用户侧的主动响应和分布式新能源发电侧的主动参与。该工程是当时全国建设规模最大的主动配电网综合示范项目。

其中，苏州环金鸡湖区域是政府机关、金融机构、国外高科技企业等重要客户的集中区域，对供电可靠性的要求极高。为提高供电可靠性，工程建成了全国首个20千伏配电网的四端口柔性直流换流系统。该系统好比一台“能源路由器”，可以实现各端口间能量和信息的互联互通，有序协调分布式能源与负荷，有效提高电能的使用效率和供电可靠性。系统投运后，该区域用户年均停电时间由原来的5.2分钟减少到了1.57分钟，供电可靠性由99.99%提升到了99.999 5%。

在“2.5”产业园区域，工程针对由风力发电、屋顶光伏发电等分布式能源快速发展而产生的产业园区供电能力不足、能源利用效率不高的问题，建设了兆瓦级交直流混合配电网，提供双电源电力供应，在国内首次利用能量流和信息流融合的即插即用技术，实现了分布式清洁能源和多元化负荷的灵活接入，缩减其并网的建设成本，减少了交直流转换过程中的电量损耗，提高电能使用效率。此外，工程还在国内首次采用了孤岛自治恢复策略，当配电网出现故障时，非故障区段可以自动脱离大电网，依靠内部的分布式能源实现独立运行，极大地提高了该区域的供电可靠性。

苏虹路工业区供电区域负荷类型多样，包含三星电子、三星液晶等众多对电能质量需求高的企业。电压波动、电压暂降（电压暂时性下降）等电能质量问题，会影响企业设备的正常运行，严重时会造成产品报废、设备损毁等生产事故。工程在苏州110千伏星华变电站20千伏侧采用多柔性配电设备协调控制技术，对电压进行实时跟踪，快速反应并抑制电压波动等质量问题，重点用户电压暂降次数降低了95%，提高了电能质量和系统稳定性，有效保证了对敏感负荷的可靠供电。

苏州智能电网应用示范区主动配电网综合示范工程的建成，实现了试点区域新能源的高消纳、供电的高可靠和电能的高质量目标，推动了苏州配电网向世界一流配电网城市的跨越式发展，也为全国乃至世界智能电网主动配电网建设提供了典型示范。

七、安徽省金寨县区域可再生能源发电集群示范工程

进入21世纪，光伏能源作为主要的清洁能源之一，在国内得到了广泛应用，满足清洁能源消纳是建设智能电网的主要目的之一。安徽金寨县为解决“失能”“弱能”贫困户脱贫问题，自2014年起大力实施光伏扶贫政策，开始大规模建设分户电站、集成式电站。但在系统运行中，金寨电网却遇到了许多问题，由于当地光伏电站离散分布在3814千米^{2}范围之内，数量庞大、波动性强，导致电网集中调控及多级协调调度困难。同时，由于金

寨电网的负荷相对较小，高比例分布式电源接入电网导致电能质量问题突出，变流器的自适应能力差、功率密度小、效率低，难以支撑高渗透率分布式电源灵活并网。

为解决这些难题，2017 年 7 月国家重点研发计划项目“分布式可再生能源发电集群并网消纳关键技术研究及示范应用”的示范工程项目中的“区域分散式分布式可再生能源发电集群示范工程”在安徽金寨正式启动。

在变流并网方面，工程取得了分布式电源高效灵活并网关键技术上的重大突破，研制应用了世界首台光储一体机/逆变调控一体机，最大效率可达 99.14%，最大功率密度达 1.3 瓦/厘米^3，解决了分布式发电常规变流器效率低、并网性能差等突出难题。在电压偏差治理方面，工程运用调容调压变压器，大幅提升分布式光伏的准入容量，提升电网的经济运行水平，在一定程度上满足分布式光伏接入低压配电网后电压偏差的治理需求。工程还安装了电能质量治理装置，有效抑制了分布式光伏接入低压配电网引起的谐波电流。

示范工程通过分布式电源集群优化调控方法，首次建立了“群内自治—群间协同—输配协调”分布式电源集群控制体系，开发并使用世界首套分布式发电群控群调系统，实现分层优化调控，优化了示范区内系统潮流分布。系统可平抑电压波动 30%以上，有效解决了分布式电源集群优化调控难题。

2019 年 6 月，金寨示范工程全部设备并网投运，覆盖面积 800 多千米^2，分布式可再生能源装机容量 413 兆瓦，其中光伏总装机 217 兆瓦，为当时国内最大的分布式可再生能源发电集群示范工程。示范工程投运应用后取得了显著成效，村民光伏户平均月增发电量 300 余千瓦·时，低压台区线路损耗降低 0.13%～3.39%，总谐波电流畸变率（THDi）由 8%～18%降低到 3%以内，负序及零序电流下降明显，三相不平衡得到有效控制。

金寨示范工程建设的成功，形成了可复制、可推广的典型应用模式，对分布式可再生能源发电集群并网消纳关键技术的推广起到了积极影响，同时为《村镇光伏发电站集群接入电网规划设计导则》（GB/T 36117—2018）、《村镇光伏发电站集群控制系统功能要求》（GB/T 36116—2018）两个国家标准的制定奠定了基础。

八、江苏省开山岛爱国主义教育基地微电网建设项目

开山岛位于中国黄海前哨，有“海上布达拉宫”的美誉，归江苏省连云港市灌云县管辖，是一座国防战略岛。全国“时代楷模”、开山岛守岛英雄王继才、王仕花夫妇从 1986 年 7 月 15 日起为国守岛 30 年，缺水缺电是开山岛上守岛民兵面临的最大困难之一。

2015 年，国网连云港供电公司通过“绿电上岛”项目，在开山岛建成为 6 千瓦的微电网系统。但随着开山岛驻岛人数的增加以及红色教育基地规划建设需要，岛上的新能源设备容量已无法满足驻岛官兵高品质用电和后续负荷增长需求。

2018 年 12 月 13 日，国家电网公司捐助 900 万元，由江苏省电力公司组建开山岛党员联合攻关团队，全面启动开山岛爱国主义教育基地微电网建设项目。

项目包括 30 千瓦风机、110 千瓦光伏、660 千瓦·时储能、50 千瓦柴油发电机和日产 10 吨淡水的海水淡化系统，通过多种能源协同互补利用，每年可为岛上提供约 14.5 万

千瓦·时电能、3650 吨淡水，有效解决守岛民兵用电用水短缺难题，可基本满足开山岛作为爱国主义教育基地远景规划用能需求，实现“红色岛、绿色电”。

开山岛爱国主义教育基地微电网建设项目于 2019 年 6 月 18 日建成投运，开山岛爱国主义教育基地微电网建设项目相关成果先后荣获全国质量创新大赛一等奖、国网经研体系科技进步一等奖。

九、配电自动化系统安全防护策略

2010 年伊朗核电站震网病毒事件、2014 年“HaveX”病毒感染事件等针对工控系统的网络安全事件频发，引发能源领域对网络安全的关注。

2014 年 8 月 1 日，为了加强电力监控系统的信息安全管理，防范黑客及恶意代码等对电力监控系统的攻击及侵害，保障电力系统的安全稳定运行，国家发展改革委在落实国家信息安全等级保护制度的基础上制定发布了《电力监控系统安全防护规定》（国家发展和改革委员会令第 14 号）。第 14 号令在技术管理、安全管理、保密管理、监督管理四个方面对电力监控系统进行进一步的安全防护规定。2014 年 9 月 1 日，第 14 号令正式实施。

2015 年 2 月 4 日，国家能源局根据《电力监控系统安全防护规定》发布了《国家能源局关于印发电力监控系统安全防护总体方案等安全防护方案和评估规范的通知》（国能安全〔2015〕36 号），对电力监控系统安全防护做了细化的规范，为安全防护提供了评估标准。

2015 年 12 月 23 日，乌克兰电网遭黑客使用恶意代码攻击，导致大面积停电。该事件的发生，越发引起全球对工控系统安全的关注。

2016 年 4 月 19 日，习近平总书记主持召开网络安全和信息化工作座谈会并发表讲话，指出：“金融、能源、电力、通信、交通等领域的关键信息基础设施是经济社会运行的神经中枢，是网络安全的重中之重，也是可能遭到重点攻击的目标。‘物理隔离’防线可被跨网入侵，电力调配指令可被恶意篡改，金融交易信息可被窃取，这些都是重大风险隐患。不出问题则已，一出就可能导致交通中断、金融紊乱、电力瘫痪等问题，具有很大的破坏性和杀伤力。我们必须深入研究，采取有效措施，切实做好国家关键信息基础设施安全防护。”❶

2016 年 7 月 6 日，国家电网公司贯彻习近平总书记在网络安全和信息化工作座谈会上的讲话精神，落实《电力监控系统安全防护规定》（国家发展和改革委员会令第 14 号）的工作要求，发布了《国家电网公司关于进一步加强配电自动化系统安全防护工作的通知》（国家电网运检〔2016〕576 号），从配电终端、配电通信、配电主站三个方面对配电自动化系统安全防护提出进一步要求。

2017 年 1 月 20 日，国家电网公司印发了《国网运检部关于做好“十三五”配电自动

❶《习近平在网络安全和信息化工作座谈会上的讲话（2016 年 4 月 19 日）》，《人民日报》，2016 年 4 月 26 日，第 2 版。

化建设应用工作的通知》（运检三〔2017〕6 号）及配套的《配电自动化系统网络安全防护方案》，对配电自动化系统的安全防护做出了原则性规定，按照配电自动化系统的结构，从七个部分对系统进行安全防护。

2018 年，国家电网公司、南方电网公司协同编制配电自动化网络安全防护行业标准《配电自动化系统安全防护技术导则》（DL/T 1936—2018），对配电自动化主站、终端、横向边界、纵向通信、安全监测等多方面的安全防护提出要求，并在全行业推广应用。

2018 年，国家电网公司以“安全分区、网络专用、横向隔离、纵向认证”为原则，从防入侵终端、防入侵主站、防入侵Ⅰ区主站、防入侵主网四个梯级构筑新一代配电自动化系统梯级防护体系。配电终端采用内嵌“国网芯”安全芯片防止被非法入侵，主站配置加密认证装置及增设安全接入区保护主站和Ⅰ区主站不被入侵，系统边界部署正反向隔离装置确保主网安全。此外，国家电网公司为提升网络安全监控能力，编制了《配电自动化系统网络安全监测技术方案》，并在重庆、山东开展了试点建设，结合试点经验，进一步完善配电自动化系统网络安全监测措施及软硬件设备功能性能。

2019 年，南方电网公司在行业标准基础上，结合南方电网实际情况，进一步细化明确相关防护要求，形成企业标准《配电自动化系统安全防护技术规范》，形成了应用层指令认证、终端安全模板兼容内置或外挂多种形式的特点。截至 2020 年，南方区域已有 65% 的配电自动化主站系统按企业标准完成改造。

随着安全防护体系及各类软硬件加密措施的应用，配电自动化系统抵御外部攻击的防护能力不断提升，在青岛上合峰会、上海世博会等国家重要活动期间，经受住了国内外顶尖黑客攻击的考验，强有力地保障了配电自动化系统安全稳定运行。

十、IEC 分布式电力能源系统分技术委员会的成立

分布式电源和微电网因能实现可再生能源清洁高效利用、提高电网应急灾备能力、满足用户多样化用能需求，在世界范围内得到了快速发展，已成为国际能源与电力技术发展的前沿和热点领域。

2009 年以来国家电网公司先后开展了国家 863 计划课题“含分布式电源的微电网关键技术研究”、国际大电网组织（CIGRE）项目“配电网接纳分布式能源能力研究”、国家重点研发计划项目“分布式可再生能源发电集群灵活并网集成关键技术及示范”以及国家电网公司重大项目“微电网应用模式与协调控制技术研究开发及应用”等数十个科技项目研究，同时建设了蒙东微电网/分布式电源接入与控制试点工程、厦门海西岛五缘湾小区光储互补微电网试点工程等 20 余项试点示范项目，在微电网与分布式电源并网领域形成了一批具有自主知识产权和国际领先水平的科技创新成果和工程运营经验。

同时，国家电网公司依托微电网和分布式电源并网领域的科研成果和工程运行经验，组织编制并发布实施了《分布式电源接入电网技术规定》（Q/GDW 480—2010）等 20 余项分布式电源并网和微电网领域企业标准。

2012 年，在政府激励、常规能源日益紧张、可再生能源发电成本下降和技术进步等因素的驱动下，微电网在全球范围内进入快速发展阶段。国家电网公司意识到微电网领域产业发展亟须标准化工作的支撑和规范引领，遂组织中国电力科学研究院以及相关领域专家启动全国微电网与分布式电源并网标准化技术委员会及 IEC[1]微电网分技术委员会申请工作。

微电网的外特性既具有电源属性又具有负荷特质，如开展标准化工作需要与 IEC 多个已有技术委员会协调，所以，直接在 IEC 申请成立微电网技术委员会会遇到较大阻力，因此国家电网公司决定先申请成立 IEC 系统评估组，以寻找国际合作伙伴的方式与国际专家达成共识，再进一步寻求在电力供应的系统方面技术委员会（IEC TC 8）[2]下成立微电网分技术委员会的机会。

2013 年 11 月，国家电网公司组织专家召开 IEC 微电网系统评估组筹备研讨会，会上确定了拟申请微电网系统评估组的业务范围和工作计划。2013 年 12 月，关于成立微电网系统评估组的申请，经国家标准化管理委员会正式递交至 IEC。2014 年 2 月 18 日，IEC 标准管理局（SMB）[3]发布 149/16 号决议，同意成立微电网特别工作组（AHG 53），由中国专家担任召集人，成员包括德国、日本、美国、英国、巴西、法国和意大利，以及 IEC TC 8 和 IEC SEG[4] 2 的代表。

AHG 53 先后在中国和美国召开了 2 次国际研讨会，形成了《微网标准化工作评估报告》，并在 2014 年 11 月 10 日 IEC 标准管理局（SMB）第 151 次会议上进行了汇报。IEC SMB 考虑到该领域标准化工作的复杂性，以及直流配电、多能互补等新兴技术的发展需求，决定成立非传统配电网/微电网系统评估组（IEC SEG 6），评估非传统配电网/微电网在乡村、校园以及发展中市场的商业应用价值。IEC SEG 6 评估组召集人由国家电网公司专家担任。

IEC SEG 6 于 2015 年 6 月正式启动工作，先后召开了四次国际工作会议，于 2016 年底向 IEC SMB 正式提交了工作报告，建议在 IEC TC 8 下成立分布式电力能源系统委员会，负责开展微电网、分布式电源、虚拟电厂、多能互补系统、直流配电等非传统配电系统的 IEC 国际标准制定工作。

2017 年 2 月 17 日，经 TC 8 全体成员国投票，IEC 正式批准成立分布式电力能源系统分技术委员会，编号 SC 8B，由中国电力科学研究院配电所承担秘书处工作。IEC SC 8B 的成功申立为中国争取了分布式电能系统这一热点领域的国际标准主导权，并为后续直流

[1] 国际电工委员会（IEC）成立于 1906 年，它是世界上成立最早的国际性电工标准化机构，负责有关电气工程和电子工程领域的国际标准化工作。

[2] TC 为 IEC 技术委员会，是承担标准制修订工作的技术机构，可根据其工作方案的范围组成一个或多个委员会。TC 下可设分技术委员会（SC）、特别工作组（AHG）和联合工作组（JWG）。

[3] 标准化管理局（SMB）：负责管理 IEC 的标准工作，包括建立和解散 IEC 技术委员会或分委员会，并批准其工作范围；指定技术委员会或分委员会的主席和秘书处；分配标准工作，监督标准项目的制修订时间进度；批准和维护《ISO/IEC 导则》；审议、批准新技术工作领域的需求和计划；维护与其他国际组织的联络关系。

[4] SEG 为评估组，属 IEC 临时组织，完成项目后常被解散。

配电、用户侧资源利用、多能互补系统标准化工作开辟了空间。

截至 2019 年，IEC SC 8B 共计出版国际标准 2 项，在编国际标准 5 项，其中，6 项国际标准由中国专家自主发起并主导编制。IEC SC 8B 出版及在编国际标准内容覆盖交流微网规划、设计、运行、保护和控制，交流微网内部可调度负荷、能量管理系统，虚拟电厂架构及功能要求、用例等众多热点领域，成功将中国科技创新成果转化为国际标准，切实践行了“装备、技术、标准、服务走出去”的国家战略。

第五节　世界一流城市配电网规划与建设

“十三五”期间，国家电网公司和南方电网公司全面落实中央重大决策部署，随着城市配电网发展，标准化建设、精益化运维、智能化管控持续深化，供电可靠性和电压质量水平不断提升，建成了一批世界一流城市配电网。在不断总结中国城市配电网近几十年的发展经验和吸取国外先进配电网运营管理模式的基础上，通过成功构建新型城市配电网网架，全面应用配电智能化设备，积极探索信息化配电运维方式和新型配电网运营管理模式，城市配电网向世界一流不断迈进。2020 年，全国城市配电网供电可靠率、综合电压合格率分别为 99.970%、99.995%，较“十二五”末分别提升 0.013、0.006 个百分点。

一、世界一流标准的城市配电网架结构

网架结构是配电网的基础，是保障供电可靠性的基石。“十三五”期间，城市配电网架有了明显提升，部分城市已形成以双侧电源链式、双环网为主的 110 千伏高压配电网架，以电缆单、双环网和架空三分段三联络为主的 110 千伏、10 千伏中压配电网架。

在配电网网架取得改善的基础上，部分城市以保障城市核心区高可靠性供电要求为目标，创新应用“双花瓣”和“钻石型”配电网结构，建成了安全可靠、优质高效、绿色低碳、智能互动的国际领先的配电网架。

国网北京市电力公司组建专家团队，在充分研究世界一流配电网接线方式的基础上，创新应用了双环网合环带双联络的接线方式，即“双花瓣”式接线。“双花瓣”式结构由两个“花瓣”组成中压配电网，其中每一个“花瓣”的两路电源来自同一主变压器的同一段母线或由同一主变压器供电的两段母线，形成一个合环运行线路，正常运行方式下，“双花瓣”之间接入的联络线路开环运行。至 2020 年 11 月，国网北京市电力公司建成了高端智能配电网示范区，构建了 13 组“双花瓣”，由 3 座 110 千伏变电站、16 座 10 千伏开关站、42 座配电室构成，具备了示范规模，有效保障示范区的可靠用电，供电可靠性达 99.999 9%，年均停电时间小于 21 秒，电压合格率 100%，配电网故障自愈率 100%，高、中压配电网“$N-1$”通过率 100%，为推行世界一流城市配电网建设做出了示范。

2016 年 10 月，国家电网公司在上海组织召开世界一流配电网建设启动会，国网上海

市电力公司在开展的开关站布点规划、架空线入地规划等一系列专项工作基础上，提炼形成了全国首创的“钻石型”配电网发展思路。“钻石型”配电网因其网络拓扑结构类似钻石造型而得名，将接线模式由以环网站（负荷开关）为核心变为以开关站（断路器）为核心，以三链结构的110千伏变电站为电源，由开关站双环网构成10千伏主干网，配置光纤差动自愈保护，由环网站单环网构成10千伏次干网，配置配电自动化系统。

“钻石型”配电网架配合国网上海电力组织研发的自愈系统，可以实现就地采集信息、远方自动执行自愈策略，从而将故障处理时间由分钟级压缩至秒级。同时，由于采用不同变电站双侧电源供电方式，其负荷转供能力达 100%，“钻石型”配电网可以满足检修方式下“$N-1$”安全校核，从而有效减少计划检修及施工停电时间，大幅提升城市中心区的供电可靠性。实行“钻石型”配电网建设，比双侧电源开关站单环网接线投资下降0%～2.6%，比单花瓣接线（开关站）下降4.5%～7.3%，具备较好的经济性。截止到2020年9月，地处核心区的国网上海电力市区供电公司，供电可靠率达到99.999 2%，年平均停电时间小于5分钟，走在世界一流的前列。

此外，杭州、厦门供电公司建设了以电缆双环网为骨干、构建双环网合环运行的高可靠性自愈电网；国网天津电力、苏州供电公司将配电网物联感知体系融入配电网网架结构构建中，提升配电网感知能力；宁波供电公司按照“高承载、高互动、高自愈、高效能”四大核心能力建设要求，开展了基于能源互联的不怕台风的多元融合高弹性配电网建设；福州、南京供电公司将不停电作业思维融入网架结构规划源端，进一步规范和提升了网架构建标准。各地结合城市发展定位，科学建设城市配电网架，为助力城市发展提供可靠供电保障。

2020年，北京、天津、上海、青岛、南京、苏州、杭州、宁波、福州、厦门10座城市建设资金共投入2138.28亿元，C类以上区域高压、中压配电网“$N-1$”通过率分别为100%和90%，电网结构标准化率分别达到95%和90%，10大城市核心区平均供电可靠率达到99.994 6%，平均停电时间在30分钟之内，均实现配电自动化覆盖率100%，达到世界一流城市配电网水平。

二、标准化、智能化配电设备在城市配电网中的应用

为保障配电网的高效稳定运行，各城市以提高配电网设备技术水平为要求，大力引进先进设备、智能化设备和标准化设备，为全面建设具有中国特色国际领先的城市配电网助力。

“十三五”期间，大量一体化、绝缘化、免维护、环保型的标准化配电设备在城市配电网建设中得到应用，设备通用互换能力及运维便利水平再上新台阶，设备质量迈向中高端。永磁型柱上断路器、防凝露环网柜等新型设备也开始试点应用，为城市配电网的不断优化提供新鲜的“血液”。国网山东电力青岛供电公司结合城市环境特点，因地制宜地引入针对性的设备类型，统一将高可靠性环网点全部选用具备防凝露装置的环网柜，并引入标准化定制设备序列。国网北京市电力公司较早开展永磁型柱上断路器的研究和测试工

作，自 2017 年以来，共完成加装柱上断路器 5855 台，涉及 2675 条架空线路，实现用户内部和支线故障不影响主线供电的配电网故障自愈功能，有效降低配电网故障。

智能化是城市配电网发展的趋势，大多城市配电网开始使用智能配电变压器终端、RFID 电子标签、智能感知元件、电力专线网等手段在终端层、网络层和应用层推进设备本体智能化，与之搭配建立起完善的设备通信网络。南京供电公司选取溧水南门变电站、江北城南河变电站，部署电力设备智能传感器、巡检机器人等 79 种感知元件。网络方面，南京供电公司建成全球首个 1.8 兆赫全域覆盖的电力无线专网，可实现在设备终端层、网络层和应用层之间有效地信息沟通，全方位提高智能配电网设备本体智能化水平。

部分城市配电网从设备结构和组成方面进行改造，实现一、二次设备的高度融合，以解决成套设备绝缘配合、寿命匹配等问题。苏州供电公司着手于电力互感器等电气元件的改进，对融合方案进行优化，采用不同类型的电力互感器和不同类型的电气一次设备进行融合，达到很好的融合效果。苏州供电公司于 2019 年开始采用分散式 DTU 的方式与开关单元进行融合，并全部采用电磁式电流互感器和电压互感器，将电磁式电流互感器内置于开关间隔，电压互感器独立安装。对于配电一、二次柱上开关的融合，苏州供电公司全部采用电子式电流互感器和电压互感器，通过一体化固封极柱形式实现了一、二次设备融合。所有一、二次融合设备均具有重合闸、定值管理、故障选择性保护、开关“四遥”、故障研判（短路和单相接地）、故障及动作类型上报等功能。一、二次融合设备的应用提高了城市配电网配电设备运行水平、运维质量与效率。

设备质量提升离不开好的检测手段，伴随着城市配电网中新技术、新设备的大量应用，各城市开始加强对设备的入网检测、现场验收和运行评价等全过程质量监督管理，主要以借助外部采购的先进平台进行检测。国网上海电力更注重自身的长远发展，在借助外部检测技术的基础上，通过自主研发检测平台，建成并应用了国内首套基于 RTDS 的配电网集成检测平台，实现智能分布式自动化工程调试全覆盖，并完成国内首条故障指示器全自动机器人检测流水线建设，实现了配电终端的“集中检测、集中仓储、统一配送、统一管控”。全面建成配电网设备标准化检测体系，实现主设备检测率 100%，主要元器件种类检测覆盖率 100%。

先进城市配电网的发展离不开配电设备技术水平的提升，在高速发展的城市化环境下，全国各地陆续贯彻相应的举措，推进现代配电网的发展，大力推进配电网优质设备的应用，大幅提升了设备质量管控能力，为建成具有全球竞争力的世界一流配电网奠定了坚实的基础。

三、信息化推动配电运维方式转变

“十四五”期间得益于网络信息技术的迅猛发展，配电网信息及自动化水平有了明显改善，在此大趋势下，部分城市的电力企业开始采取“主站一体化、终端和通信差异化”的模式，通过建设新一代配电自动化主站，建成全覆盖的配电自动化系统和智能化供电服务指挥系统，支撑面向客户的供电服务指挥中心建设，提高设备状态管控力、运维管理穿透力和营配调业务协同服务能力，实现配电网可观、可控。

长久以来，配电网设备状态监测主要采用人员巡视、现场验证的作业方式，由于配电网设备种类繁多、分布区域广，因此需要占用大量人力资源。国网上海市电力公司依托人工智能技术，通过借鉴两届进博会全景智慧供电保障系统建设经验，以智能AI助手为载体，结合综合利用图像音频识别、自然语言、知识图谱等人工智能技术，打造“会说话”的设备，实现了缺陷隐患智能识别、运行状态智能研判的功能，促进人与设备紧密结合。

国网江苏省电力公司苏州供电公司将设备状态与负荷、气温等敏感要素的曲线相拟合，建立配电线路设备全时体检模式，实现苏州配电网设备隐患的全时域预警督办。2020年上半年，国网江苏省电力公司苏州供电公司共监测处理配电变压器电压越限670台次，同比降低11.73%；配电变压器三相不平衡49台次，同比降低78.7%；配电变压器超重载26台次，同比降低74.76%。

除此之外，其他城市采取试点的方式是将智能监测装置应用在配电网的各类场景当中，如在配电室加装环境监测、消防信号、溢水信号、智能井盖等传感器，推进设备在线监测终端的应用。在配电架空线路加装可视化监拍装置及在重要电缆通道加装电缆卫士的方式，实现线路通道的在线实时管控。通过布置智能巡检机器人，全面动态掌握设备的运行状况及运行环境。多种智能设备状态监测方式的应用，在减少人员投入的同时提升了发现设备缺陷和隐患的效率，实现“出现一台，消除一台”“发生一起，解决一起”，有效提升了配电网精益化运维水平。

传统的配电网运维工作指挥方式，是通过指挥人员经通信设备向运维工作人员下达工作任务，人工传达指令的准确性和及时性得不到有效保障，业务高峰期还易发生“枢纽堵塞”问题。国网浙江电力杭州供电公司首次将人工智能技术引入到配电网生产指挥领域，构建智慧配电网生产指挥体系。该体系通过从新一代配电自动化系统获取设备状态、电网带电状态、风险评估信息等实时数据，实现负荷预测、配电网故障研判等人工智能应用，同时，从供电服务指挥系统获得客服信息、管控信息、工单信息等管控数据，通过深度学习技术，实现故障抢修策略最优化匹配。

在体系试行阶段，国网浙江省电力公司杭州供电公司总结出系统漏洞、接口不稳定、现场作业人员普通话水平不高、语音识别的核心引擎不够完善等问题，针对发现的问题，搭建了由运维闭环的多源纠错机制，提高了虚拟调度工作效率。通过构建的智慧生产指挥体系，2019年AI替代配电网调度领域50%以上的人工作业，仅杭州地区减少人力资源成本1800万元以上。AI并行许可，缓解了配电网调度“枢纽堵塞”问题，解决了困扰配电网生产一线多年的许可等待、接派单迟缓等问题，缩短了停电时间，2019年杭州地区平均每天可多供电43 250千瓦·时，挽回因停电造成的经济损失1000万元以上。

针对长期以来抢修工单依赖于人工派单的情况，国网江苏省电力公司南京供电公司研发并应用了抢修工单全自动秒级派发系统。该系统通过建立工单数据池，作为主动派单研判的数据基础，综合运用历史派工匹配、抢修网格定位、地址模糊匹配等技术，实现工单秒级自动派发，同时，利用实时监测数据与研判结果，强化主动工单派发，做到先于客户报修的主动抢修和主动运维，提高电网供电可靠性，从源头减少客户报修和投诉。

在系统成功应用的基础上，为提升自动派发准确率和及时率，国网江苏省电力公司南京供电公司设立专业指标，设定最低门槛，将准确率 95%作为基准，设定 5 秒的最低平均派发时间，以最近 10 000 张工单为样本，对个人进行绩效考核，促进自动派发及时率和准确率的不断提升。经过南京供电服务指挥中心实际应用，采用抢修工单全自动秒级派发后，工单平均派单时间为 2.7 秒，派发准确率为 99.86%。抢修工单全自动秒级自动派发的应用，减轻了抢修指挥班工作人员在派单环节的工作负荷，减少了人工派单过程中可能发生的错误派单情况，避免了错派、反馈、重派的时间消耗，有效地加快了客户抢修需求的环节进程，提升了抢修工作效率。

城市配电网的发展离不开新技术的运用，借助新技术转变配电网运维作业方式，通过整合配电网运维、检修资源，按照合理作业半径和供电服务承诺响应时间需求，分片设置配电运检班组，满足配电设备运行巡视、带电检测、常规检修的业务需求，实现配电设备运维检修一体化。各种新技术的应用减少人员投入的同时提升配电网设备管控能力，这对在全国电力系统中全面推广各类智能感应、监测等新技术的运用打下了坚实的基础。

四、超大型城市核心区“高可靠性”配电网建设

福田中心区位于深圳市中心，北依莲花山，南眺深圳湾，由滨河大道、莲花路、彩田路及新洲路干道围合而成，总面积 607 公顷（其中莲花山公园 194 公顷）。

福田中心区是深圳的行政、金融、文化、商贸和国际交往中心，经济产出密度超过香港，对供电可靠性要求极高。深圳供电局对标处于分钟级可靠性建设水平的新加坡、巴黎、东京和香港等城市核心区，以客户年均停电时间不超过 2.5 分钟为目标，在福田区开展高可靠性示范区建设工作，确保客户平均停电时间至 2018 年时低于 2.5 分钟，达到国际顶尖水平，与深圳市率先全面建成小康社会的目标相衔接、相对应。

结合福田中心区 N 供一备标准接线和双（多）电源环网接线的建设现状，在完善网架的基础上，分别对形成 N 供一备接线的馈线组进行“全断路器+光纤纵差”改造，对双（多）电源环网馈线组进行配电网自动化改造。

对于 N 供一备标准接线方式，利用线路差动、母线差动及网络拓扑保护隔离故障，通过联络开关备自投实现自愈。一次设备全部配置断路器，二次设备配置光纤差动保护和区域自愈，后备保护由网络拓扑保护及开关失灵保护作为近后备，主干线断路器等过流保护作为远后备。针对双（多）电源环网接线方式，通过用户侧备自投和配电自动化遥控操作方式实现故障快速隔离和复电。

2018 年，福田全区供电量 78.52 亿千瓦·时，同比增长 1.091%，最高负荷 179.8 万千瓦。每千瓦时电能可贡献 50 元 GDP，为深圳全市平均水平的 2 倍。

项目建成实施后，福田中心区标准化接线率、自动化覆盖率、智能电表覆盖率、低压集抄覆盖率均达到 100%，供电可靠率达到 99.999 6%。2019 年，福田中心区客户年平均停电时间进一步缩短至 0.19 分钟，供电可靠率实现 99.999 96%，标志着这座全国“含金

量”最高的中央商务区，达到世界顶尖水平。2019 年，国家发展改革委对全国营商环境进行评价，深圳荣获“获得电力”指标全国第一的殊荣，建设成绩得到了社会各界及域内专家的广泛肯定。同时，项目成果“城市复杂配电网高供电可靠性关键技术研究与应用”荣获 2020 年度深圳市科技进步奖一等奖。

五、以提升供电可靠性为主线的配电网管理

用户供电可靠性管理水平，是衡量国际一流供电企业管理的重要指标。为大力推动城市配电网高质量发展，助力城市营商环境优化，各地供电企业以“严控预安排停电，压降故障停电”为重点，采取了一系列管理举措，不断提升供电可靠性水平。

为了严格控制预安排停电，供电企业在生产管理实际中，总结出了“能转必转、能带不停、先算后停、一停多用”的工作原则，并据此实行可靠性停电预算式管控。多地通过建立预安排停电统筹平衡机制，做到“年度统筹、季度预排、月度平衡”，合理制定停电作业安排，并对停电影响范围、停电时长及重复停电次数进行严格审批，对停电计划的执行实行过程管控。同时，一些电力企业通过积极采用移动变电站或配电站来提高辐射线路联络转供能力，采取负荷转移和不停电作业等措施，减少用户停电。国网上海电力依托“钻石型”配电网架，提出供电可靠性“四控”管理方式（控全年总额、控停电时户、控施工时长、控施工方式），建立了停电预算管理模式，通过提前开展停电影响评估、优化施工方案、压减施工环节无效停电时间、全面采用综合不停电作业方法等方式，构建高供电可靠性管理模式。大力推进不停电作业示范区建设，广泛推广不停电作业“无感接入”技术，从标准体系、管理体系、技术体系和作业体系方面进行全面提升，输出技术和管理经验。深圳供电局以综合停电“零感知”为目标，细化“停电是资源、停电有规划”，严格执行“六问一审、停电熔断、能环必零、能带必带”等系列做法，建成系列不停电作业检修示范区，实现全域基本消除计划停电影响。

为了减少故障停电，多地供电企业按照“突出重点、分步治理、动态管控”的原则，在执行配电网网格化运维模式、常态化开展缺陷隐患排查治理的基础上，紧盯配电网薄弱点，差异化制定设备巡视、设备检测、隐患排查计划，以减少故障停电。厦门供电公司对时户数消耗较大的雷击、外力破坏两类故障，开展雷害高发区 10 千伏线路防雷专项治理，加强外力破坏高发地区的设备特巡特护，并依法对外力破坏单位进行索赔。东莞供电局以规划网格为基础，推进配电网设备网格化、差异化运维，针对配电变压器台区、易受潮区域的环网柜及污秽较重的架空绝缘子等设备开展红外测温或局部放电检测，对中间头较多或运行超过 5 年的可转供电缆等高故障风险电缆开展振荡波检测，有效提升设备运维水平，保证电网可靠运行。

对于故障抢修，各大城市的电力公司借助信息化数据共享，通过建立故障抢修联动机制，加强了抢修过程管控，大幅提升了故障研判和定位速度，缩短了故障处理时间。青岛供电公司建立配电网调控指挥与监测指挥协同工作机制，实现停电信息实时共享，统筹调配抢修服务资源，主动研判故障，缩短故障平均抢修时长。东莞供电局建立故障抢修“两

个五分钟”工作机制，通过配电自动化快速定位故障点，抢修人员及时到位，主动为客户研判抢修时间，缩短故障平均停电时间。

随着电力可靠性管理工作的深入开展，中国供电可靠性水平有了大幅提升。1991 年至 2019 年，全国城市用户供电可靠率指标由 98.90%上升到 99.949%，城市用户平均停电时间由每户 96.55 小时下降到每户 4.5 小时[1]。部分先进供电企业供电可靠率达到了“4 个 9”，用户平均停电时间小于 1 小时，居世界先进水平[2]。电力可靠性水平的提升，不仅为电力企业创造了巨大的经济效益，而且为保证电网安全运行和提高供电质量发挥了重要作用，满足了经济社会对电力安全可靠供电的需求，实现了社会效益和经济效益双丰收。

六、配电网资产的国际对标实践

“十二五”后，随着中国配电网技术装备、供电质量、服务水平大幅提升，与世界一流配电网相比，电网硬实力已达到世界一流水平，但在管理软实力上，尤其是数据管理、管理效率、客户体验等方面，仍存在一定差距。为推动中国配电网管理效率、服务质量、客户体验、安全水平和经济效益的全面提升，实现电网硬实力和管理软实力同步达到世界一流水平，国家电网公司于 2017 年 3 月底组织国网苏州、杭州供电公司分别对标澳洲 Jemena 和法国 Enedis 两家企业进行配电网资产对标，学习借鉴现代化管理经验，以打造一流现代化配电网为目标，积极开展配电网资产国际对标探索与实践。

国际对标工作从 2017 年 7 月正式开始。在学习交流阶段，中外双方采取“请进来”和“走出去”的方法，紧抓“295”[3]重点，通过交流讨论和现场观摩的方式收集文档资料。成果研究阶段，结合中国和外国学习交流情况，对比分析双方主要管理特点和差异，系统总结世界一流配电网企业在管理上应该具有的本质特征、基本要素及中国存在的主要差距，提炼重点内容，编制试点转化工作计划。2018 年 1 月，进入成果转化阶段，按照“对标找差距、管理树理念、实践促提升”的总体思路，聚焦基础数据、管理效率、客户体验，抓住苏州同里核心区和杭州钱江世纪城两个重点区域，集中开展成果转化工作。最终形成《现代化管理经验集》《现代化管理实践案例集》《国家电网公司配网资产国际对标管理理论与实践》等 9 项成果，共计 54 项配电网资产管理指标。

在 2018 年形成的配电网资产国际对标 9 项成果基础上，国家电网公司以“因地制宜、创新提升”为原则，紧密结合泛在电力物联网建设，推动成果在北京通州、天津滨海、山东青岛、上海浦东、安徽合肥、福建厦门、湖北武汉、重庆市区、辽宁沈阳、宁夏银川 10 家大型供电企业全面落地，进一步验证了配电网资产国际对标成果的可行性，提升了 9 项成果的质量和成效，形成更强的示范引领作用。

---

[1] 国家能源局，中国电力企业联合会. 中国电力行业可靠性管理 30 年成绩与展望.《2019 年全国电力可靠性年度报告》，第 9 页。

[2] 2019 年全国 50 个主要城市中，上海、深圳、厦门的用户平均停电时间低于 1 小时/户，供电可靠率分别为 99.9911%、99.9903%、99.9898%。国家能源局、中国电力企业联合会《2019 年全国电力可靠性年度报告》。

[3] 明确 2 家对标企业，开展 9 个重点专题，形成 5 项标志成果。

第六节　不停电作业在配电网全面普及

随着人们对供电可靠性要求的进一步提高，各地将不停电作业作为提高供电可靠性的重要手段，开始加速配电不停电作业的全面普及。不停电作业实训基地不断规范、提升，输送了一大批技能人才，推动配电不停电作业的推广，使配电网运维检修开始由停电作业为主逐步过渡到不停电作业为主，部分地区开始建设“零计划停电示范区”，突破性地实现取消计划停电。配电不停电作业技术和装备也在这一时期取得了巨大进步，作业项目得到了丰富，新型装备投入使用，配电不停电作业能力得到了大幅提升，不停电作业占比显著提高。

一、配电不停电作业在基层推广

配电不停电作业在城市配电网和县域配电网的应用情况长期存在差异。2015 年，6～20 千伏城市配电网不停电消缺占全部消缺比例为 71%，而县域配电网仅为 35%。为进一步提升县域配电不停电作业能力，全面推进配电不停电作业水平均衡发展，国家电网公司提出按照“地县一体、县域间协作”等方式，集约人员、装备等资源，积极开展一、二类简单作业项目，有序推进县域配电网不停电作业。全国各地的县域配电带电作业班如雨后春笋般成长起来。

国网辽宁电力自 2015 年以来逐步加大县域公司不停电作业投入力度，各县公司陆续成立带电作业班组。截至 2020 年年底，国网辽宁电力共有 45 个县级供电公司成立了带电作业班组，班组人数共计 416 人。2016 年，国网四川电力眉山供电公司提出“分区驻点、市县联动、三位一体”组织管理体系，由配电网不停电作业管理中心进行集中管理，复杂、大型作业协同合作，尚未配置不停电作业队伍的公司由其他公司定向帮扶。通过加快配置专业车辆，持续推进作业人员培训取证，眉山供电公司配电不停电作业力量由最初的一支队伍发展成一个中心、五支队伍，作业次数由 2015 年的 120 余次增长到 2019 年的 960 余次。

国家电网公司于 2017 年开展了县域配电网不停电作业质量评估工作，对 120 个县（区）公司进行了集中评估。评估内容包括配电网不停电作业组织体系、人员管理、工具管理、作业项目管理、开展水平、现场作业安全等。通过实地查验、交流沟通和资料审查，评估工作组提炼了县公司不停电作业亮点，深入挖掘了存在的实际问题[1]。在国家电网公司的持续大力投入下，县域配电不停电作业水平得到迅速提升。2015 年，县域不停电作业共开展 17.68 万次；2019 年，县域不停电作业共开展 67 万次，较 2015 年增长了 278%。2015

[1] 《国网运检部关于开展县域配网不停电作业质量评估工作的通知》（运检三〔2017〕61 号）；《国网运检部关于开展第二期县域配网不停电作业质量评估工作的通知》（运检三〔2017〕148 号）。

年，国家电网公司配电不停电作业人员为 8028 人，作业车辆 1854 台；2019 年，作业人员达到 12 513 人，作业车辆达到 4193 台，较 2015 年年末分别增长 56%和 126%，国家电网公司 98.8%的地市公司和 83.9%的县公司均开展了不停电作业。

南方电网公司在不停电作业领域一直秉持管理与技术双核并重的发展思路，2018 年 6 月 12 日，南方电网公司召开了《南方电网带电作业发展建设方案》的专家研讨会，确定了南方电网带电作业的发展方向。2020 年南方电网公司发布了《南方电网公司配网不停电作业专业水平提升三年重点工作计划（2020—2022）》，提出并实践了创新高效的管理体系，形成了不停电作业精益管理、技术支撑保障等核心体系，成立了以网、省、地三级架构的不停电作业组织结构，提出了配电网不停电作业全覆盖示范区建设，制定各类技术导则与业务标准 6 项，全面立体地建立了不停电作业安全管理与技术引领的标准体系，填补了不停电作业管理领域的短板。

“十三五”期间，南方电网实施配电网不停电作业 74.8 万次，减少客户平均停电时间 39.9 小时，2020 年较 2015 年不停电作业次数同比增长 350%。全网 479 个所辖区、县级供电区域均开展了不停电作业，覆盖率达到 100%。截至 2020 年，全网持证配电网不停电作业人数总计 4174 人，主业人数为 1248 人，占比达到 30%，集体企业人数为 2381 人，其他社会企业人数为 545 人。公司共有工器具主业资产 35 000 件（套）。车辆方面，公司拥有不停电作业车辆共 1534 辆，其中主业资产车辆 1144 辆、集体企业资产车辆为 357 辆、其他社会资产车辆 73 辆。

二、不停电作业市场化作业模式

在市场化大趋势下，南方电网公司开创了因地制宜的不停电作业市场化运行模式，引领了全国不停电作业领域以自主作业和市场化作业相结合的作业管理模式。作业的主体从原来的主业人员自主作业转变为现在的自主作业+市场化外委作业。外委作业可以充分利用市场资源，对提高不停电作业化率有重大作用。自主作业主要开展绝缘操作杆作业法+综合作业法项目，外委作业主要以绝缘手套作业法+综合作业法的为主，且市场化队伍得到快速发展。

广东电网公司和深圳供电局利用完全市场化的方式推动带电作业业务发展。2008 年，广州供电局、佛山供电局最早开展 10 千伏配电网带电作业业务，为中国首次开展市场化作业。至 2019 年，南方电网公司已制定一套充分保证作业安全、充分适应供电可靠性高质量发展的带电作业市场规范管理策略，南方电网范围内带电作业专业公司已经超过了 70 家，作业队伍超过 2800 名，专业作业车辆超过 400 辆。部分实力强大的专业公司，如广东立胜电力工程有限公司、汕头广澳电力工程有限公司等集体企业，已开始承接南方电网公司系统外的带电作业业务，为整个电力行业提高供电可靠性做出了积极贡献。

外委作业可以充分利用市场资源，对提高不停电作业化率有重大作用。2020 年，南方电网公司开展的配电网不停电作业次数中，自主作业班组占 20%，集体企业占 70%，社会企业占 10%，主业继续掌握核心技术，确保“能做会管”的同时加大社会企业参与，提高集体企业竞争力，推动不停电作业行业健康发展。

三、不停电作业实训基地的建设

在配电不停电作业的发展过程中，技能培训一直受到高度重视。自1958年起，多地开始组织不停电作业培训，对不停电作业的推广起到了重要作用。改革开放后，不停电作业专业实训基地开始建设，1987年发布实施的《带电作业技术管理制度》明确了培训要求，实训基地的建设得到进一步加速。为规范不停电作业实训基地的技能培训和资质管理工作，2008年，国家电网公司印发了《国家电网公司带电作业实训基地资质认证办法》（国家电网人资〔2008〕1318号），并于2009年开展了不停电作业实训基地资质认证工作。此次认证通过规范实训基地的组织机构与师资、场地技术设施、工器具和库房、培训基础设施等，确保了实训基地能高质量开展不停电作业资质培训工作。2013年，国家电网公司开展了带电作业实训基地资质复审，对浙江配电基地创新操作考核方式、上海配电基地研发不停电作业项目和工器具、四川输配电基地采用“双向挂职”、山西输配电基地采用“教师一帮一结对”等创新做法进行了宣传❶。

自国家电网公司2013年提出推进10千伏电缆线路不停电作业和2015年提出有序推进县域配电网不停电作业以来，配电不停电作业培训人数和项目需求不断增长。为适应日益增长的不停电作业培训需求，充分利用培训资源，2016年，国家电网公司以“分级分类布局，两级基地管理”的方式，对不停电作业实训基地布局进行了进一步优化。实训基地按公司级、省公司级两级设置，公司级基地可进行配电架空线路简单项目与复杂项目不停电作业及电缆不停电作业的培训考核，省公司级基地仅面向本省公司人员进行配电架空线路简单项目的培训考核。经现场评估，国家电网公司遴选出山西、浙江、河南、辽宁、陕西和四川6个公司级实训基地，另有16个省公司级实训基地❷。

除培训工作外，不停电作业实训基地还多次承办了配电网不停电作业技能竞赛。竞赛展现了各地不停电作业技术创新成果，检验了队伍建设和技能水平，为参赛单位创造了良好了技术交流平台。

到2019年，国家电网公司已形成“1+*N*”大培训体系，由国网技术学院负责培训标准体系建设、师资队伍建设等工作，23个实训基地实施配电不停电作业技能资质认证的培训与考核工作。实训基地的建设和培训水平的提升，为配电不停电作业培养了大量技能人才，推动了不停电作业队伍建设和创新发展。

四、四川省德阳市建设不停电示范区

依据国家电网公司提出的“全面启动公司配电网运维检修模式升级换代，由停电作业为主逐步过渡到不停电作业为主，按照‘能带电，不停电’原则，不断扩大不停电作业范

❶《国家电网公司人资部关于公司带电作业实训基地资质复审情况的通报》（人资培〔2013〕1号）。

❷ 国家电网公司《关于公司带电作业实训基地资质认证结果的汇报》。

围，在县域配电网全面普及一、二类简单作业项目，城市配电网业扩送电、抢修消缺、工程施工等工作基本取消计划停电，发达城市率先实现全面不停电作业”工作思路，国网四川电力德阳供电公司于2016年开始试点建设不停电示范区。

根据国网四川省电力公司《不停电示范区建设改造指导意见》，德阳供电公司按照“统一规划、统一标准、安全可靠、坚固耐用”的原则，在网架建设、线路走廊规划、配电变压器布点等方面超前谋划，制订了电缆管理提升方案、环网箱管理提升方案和线路综合治理方案，对示范区内网架和设备进行了建设改造，并逐基杆塔进行了勘察梳理，明确了每个点位可开展的作业项目，建立不停电作业数据库，提高计划与抢修工作效率。在此基础上，为有效落实示范区内“能带不停”实施原则，德阳供电公司制定了《不停电示范区作业管理实施细则》，对示范区内的作业计划管理制度进行了规定，建立了“月计划、周安排、日管控”的监督体系，要求运维检修、业扩接入、工程建设等工作均采用不停电作业方式。对确需停电作业的工作，德阳供电公司引入了“停电分析”机制，对停电作业暴露出的问题进行分析整改，有序推进制度完善、设备改造和网络建设。

德阳供电公司不停电示范区的建设运营以网架优化为基础，以技术提升为依托，以计划管控为手段，最终于2017年实现示范区内无计划停电的高供电可靠性目标。

五、零计划停电示范区的建设

为提高供电可靠性水平，提高客户用电满意度，实现经济效益和社会效益双提升，以前期不停电示范区试点建设经验为基础，多地在常住人口稠密、负荷密集、承担社会责任重、供电可靠性要求高的区域，大力推进建设零计划停电示范区。

实现零计划停电是对一个地区配电网综合能力的全面考验。零计划停电要求配电网网架结构足够坚强可靠，部分地区采取了电缆双环网、分支自环、多路电源、公用变压器低压侧母联联络等方式建设改造配电网，升级电网设备质量。此外，零计划停电还对不停电作业管理、技术和装备水平提出了更高要求，各地针对网架结构及设备现状，对可开展不停电作业的设备制定不停电检修作业方案，对暂不可开展不停电作业的设备实施改造，同时加强不停电作业队伍建设，补充配置全地形绝缘斗臂车、10千伏发电车等新装备，按照“能带电不停电、停设备不停用户”的原则优化不停电作业管理流程，最终达成检修施工零计划停电的目标。2019年起国网杭州、天津、上海、南宁、成都、福州等供电公司相继开展了零计划停电示范区的建设，南方电网公司则在广州、南宁、昆明、贵阳、海口、深圳、佛山、珠海、遵义、三亚等区域试点建立配电网检修不停电作业全覆盖示范区。

国网杭州供电公司以网架建设为引领，着力打造坚强可靠的配电网架，完成市区、县域核心城区110千伏变电站“全停全转”功能配置。同时，应用先进技术和装备，制订不停电作业方案，将停电检修模式由“能带不停”向“能保不停”延伸，全面推行“带电+发电车+发电机”的综合不停电作业模式，补充0.4千伏发电车、低压斗臂车、10千伏发电车等不停电作业新装备，研究低压发电车快速转接技术、同期不停电并网技术等新技术，编制更换柱上变压器、架空线路改电缆、更换环网柜、临时增加一路电源点等多种综合不停电作业项目标准化作业模式，进一步提升不停电作业能力。2020 年 1—8 月，国网杭州供电公司全域供电可靠率累计达到 99.985 9%，其中城网达到 99.994 2%。截至 2020 年 8 月 15 日，杭州全域取消 10 千伏计划停电区域达到 2438.7 千米 ^{2}。国网杭州供电公司对外公开承诺在城南、滨江等城市核心区取消计划停电，引起了极大的反响，受到了社会一致好评。

六、低压不停电作业技术与规范

早期开展的配电不停电作业中，低压不停电作业一直没有明确的操作规范。1977 年水利电力部颁发的《电业安全工作规程（高压架空线路部分）》对低压带电工作的防护用具、工器具进行了简单规定，要求在高低压同杆架设的低压线路上工作时采取防止误碰带电高压设备的措施，在带电的低压配电设备上工作时采取防止相间短路和单相接地的隔离措施，规范了断开和搭接导线时的顺序，规定了人体不得同时接触两根线头。在 1991 年能源部颁发的《电业安全工作规程（电力线路部分）》和 2005 年发布的《国家电网公司电力安全工作规程（电力线路部分）》均未对低压带电作业部分作任何修改。2014 年发布的《国家电网公司电力安全工作规程（配电部分）》将低压电气工作列为单独一章，增加了在配电变压器测控装置二次回路上低压带电作业时的要求和低压设备上工作时需执行工作票制度等低压带电作业内容。

2017 年 10 月 1 日，国家电网公司编制的《电网员工现场作业安全管控——低压配电线路不停电作业》一书出版，该书介绍了低压不停电作业的检修前准备、检修流程图、检修程序、作业规范、风险分析与预控措施等内容，对低压不停电作业流程进行了规范。

2018 年 2 月，国家电网公司召开 2018 年配电网标准化建设改造创建暨技术交流会，会议提出加快提升不停电作业能力，组织了国网天津、山东、上海、辽宁、河南、江苏、浙江、湖北电力等 10 家单位开展 0.4 千伏低压不停电作业试点，试点内容包括架空、电缆、配电柜（房）、低压用户等多个工况的不停电作业项目、工器具等。会议还组织编制了四类 30 项作业项目的标准化作业指导书和培训教材，规范了低压不停电作业方法和制度，提出了低压不停电作业工具技术要求。

2018 年 12 月 10—13 日，国家电网公司 2018 年 0.4 千伏配电网不停电作业试点工作总结交流会在江苏举行，会议总结了低压配电网不停电试点工作成果，交流了作业方法和工具，提出了四类 19 项 0.4 千伏配电网不停电作业推广项目，确定了推广 0.4 千伏配电网不停电作业原则和推广项目开发细则。基于此，国家电网公司组织编写了《0.4kV 配电网不停电作业培训教材》丛书，该丛书为从事 0.4 千伏配电网不停电作业管理人员、运行维护的技术与技能人员提供了规范化的培训指导，有利于对 0.4 千伏配电网不停电作业的规范化管理。

2019 年，国家电网公司在 2018 年低压不停电作业试点的基础上全面开展低压不停电作业推广项目，国网陕西、河南、天津、上海、浙江、辽宁、江西、湖北、山东、江苏、福建 11 家省（市）电力公司各承担部分项目开发[1]。低压不停电作业的大力推广，进一步扩大了不停电作业的应用范围，提高了供电服务保障能力。

南方电网公司持续进行低压不停电作业技术的研发，推进不停电作业电压等级全覆盖，组织开展了“城市配电网低压不停电作业技术及运维策略研究与应用”科技项目研发。针对城市配电网低压网架特点、低压停电次数多、引起投诉量大等需求，通过对“配网短时停电更换低压配电柜技术及其关键设备研究与应用”“主辅式低压旁路装置研制及应用”“低压负荷接入架空线技术及低压旁路电缆快速展放技术”等 6 个子课题的深入研究，创新地提出了适用于城市低压配电网的移动发电快速接入技术、移动式低压柜旁路技术、主辅式低压柜旁路技术、密集母排转接技术、低压旁路电缆快速展放技术等多项技术方案，并针对各个方案的关键技术装备进行了研制与开发，取得了系列研究成果，包括 0.4kV 应急电源快速接入装置、移动式低压旁路开关柜、低压电缆快速转接头等系列旁路作业装置和 8 项国家发明专利、15 项实用新型专利，项目成果能有效解决低压计划停电时间长、低压故障复电慢等生产实际问题。与此同时，项目成果还包括了国内首套《低压线路不停电作业技术导则》，首次提出了基于精益管理的低压不停电运维策略，初步建立了城市配电网低压不停电作业技术体系，并已常态化应用在深圳供电局各区局低压侧快速复电、更换变压器、低压柜、带电接/断引流线等低压计划停电工作中。

七、配电带电作业机器人的研制

为降低不停电作业的人身安全风险，20 世纪 90 年代，带电作业机器人的研制工作就已开始。1991 年，长沙电业局和国防科技大学提出研制带电作业机器人，并撰写了技术报告。90 年代末，第一代带电作业机器人研制成功，该款机器人可实现由操作人员通过在终端设备录入相关程序来进行简单的运动，具备一些简单的示教功能。

1999 年，山东电力集团公司立项研制带电作业机器人，同年，该项目被国家电力公司列为 1999 年第二批科研项目，这是带电作业机器人研发项目在国内首次立项。2002 年 3 月，山东电力研究院、山东鲁能智能技术公司和济宁电业局研制出了第二代带电作业机器人，这是中国第一台具有自主知识产权的带电作业机器人[2]。2005 年，第二代带电作业机器人完成产品化样机的研究，在山东济宁和山西长治通过试用[3]。该机器人采用国产电机驱动，可通过键盘或手持终端操作实现主从控制，但因内部接线复杂，机械臂末端负载能力较弱，实用性尚不强。

2012 年，山东电力研究院申报的国家 863 计划项目“面向电力带电抢修作业机器人研究开发与应用”获得了科技部立项。此后，采用电机驱动主机械手、液压驱动从机械手的国内第三代带电作业机器人面世，该机器人负载能力强、绝缘性能高，但因作业人员遥控操作时无法感知力度，控制精确度仍有待提高，无法进行精细复杂的

[1]《国网设备部关于全面加强配网不停电作业管理工作的通知》（设备配电〔2019〕77 号）。

[2] 中国电力企业联合：《回顾与发展：中国带电作业六十年》，中国水利水电出版社，2014 年，第 101 页。

[3] 中国电力企业联合：《回顾与发展：中国带电作业六十年》，中国水利水电出版社，2014 年，第 127 页。

作业。

2017 年，国网天津市电力公司研发成功第四代带电作业机器人，经过两年间的多次改进，这一代机器人利用智能感知和场景重建、智能规划和自主作业、智能学习和自主升级等关键核心技术，通过更换不同末端作业工具，实现了断接引流线、加装故障指示器和接地环等项目的全自主作业。

2019 年 1 月 17 日，习近平总书记在天津考察，国网天津电力在天津市滨海新区中关村协同创新展示中心向习近平总书记展示了人工智能配电网带电作业机器人，并进行了现场演示。习近平总书记指出，希望可以尽快实现机器人实用化、产业化。同年 5 月，南瑞集团与国网天津电力共同研发的基于人工智能技术的配电网带电作业机器人在第三届世界智能大会上成功展示，展现了中国在带电作业机器人领域的突出成就。

2019 年年底，亿嘉和公司与国网南瑞、三源电力成立合资公司国网瑞嘉（天津）智能机器人有限公司，通过资源整合，实现了带电作业机器人批量交付。随后，双臂自主、单臂人机协同、单臂辅助自主系列人工智能配电网带电作业机器人相继交付使用。银川、无锡、绍兴、杭州、扬州、合肥、西宁等地开始试点带电作业机器人作业。截至 2021 年 7 月，国家电网公司投入使用带电作业机器人 261 台，累计开展现场作业 1259 次。带电作业机器人的使用，有效提高了作业安全性，减轻了作业人员劳动强度。

第七节　配电网标准化持续深化

2015 年，国家发展改革委发布《关于加快配电网建设改造的指导意见》，要求围绕新型工业化、城镇化、农业现代化和美丽乡村建设，进一步加大配电网建设改造力度，以满足用电需求、提高供电质量。

面对不断扩大的配电网建设规模，为加强工程建设标准化管理，国家电网公司和南方电网公司两家电网企业分别制订了一系列措施。在典型设计的基础上，开展了抵御冰灾、台风、洪涝等自然灾害的差异化设计，制订了配电设备的标准化设计定制方案，设备的耐候性和互换性更强。加强了工程项目规范化管理，推行了工厂化预制、机械化施工等方式，建设效率和质量普遍提升，开启了全面建设一流现代化智能配电网的进程。

一、“四化”施工模式促进配电网工程建设提质增效

配电工程长期存在施工现场零散、计划执行率差、施工力量不专业、工艺标准各地不统一等问题，施工管理较为粗放，与输变电工程管理有较大差距。随着大规模城乡电网改造的推进和施工力量的不断增强，各省市供电企业开始推行配电网标准化建设，配电工程的施工管理模式也逐渐开始从粗放型向精细型转化。

1998 年以前，全国没有大规模的配电网工程建设，配电工程施工多由市县供电企业

的线路工区（班）、农村电管站负责实施，没有统一的通用设计标准和施工工艺要求，管理模式松散粗放。设备物资按项目大包分类采购，根据施工现场需求领料，随用随取。拉线、绝缘子、引线等附件均在现场加工，金具铁件型号混用、加工附件质量粗糙等问题普遍存在。施工方式落后，杆坑开挖、基础浇注、杆塔组立、导线展放等基本是人工进行，机械化作业的概念还停留在口号和向往中。

随着全国范围内大规模城市、农村电网工程的建设实施，巨大的施工工程量与落后施工方式的矛盾，使得各种施工工器具不断涌现，现代化施工机械开始得以广泛应用。在“十二五”农村电网改造升级工程实施过程中，国网福建省电力公司开发应用微型电杆钻孔机，进行 12 米电杆杆坑挖掘，有效提高了杆坑开挖效率。国网吉林省电力公司应用挖坑、立杆一体机，实现挖坑、立杆不间断进行，避免了传统立杆方式电杆的二次作业流程，节省大量施工时间。在“两年攻坚战”工程建设过程中，国网河南省电力公司研发应用机井台区低压电缆沟挖掘机及铺砖机，大幅提升了施工效率。国网湖南省电力公司广泛应用多功能杆坑钻挖机、智能打桩机、拉线自动加工机具，并根据地形地貌研发履带式多功能机械，满足丘陵和山区地形施工需求。新型施工工器具的出现和机械化作业模式的推广应用，极大地提高了配电工程的施工进度。

柱上变压器台架工程是配电工程中工序相对较多、附件加工和设备安装质量要求较高的一类工程。部分电力企业结合施工经验，开始将台架工程涉及的物料进行打包采购，并对横担等附件进行简单加工后成套配送至现场进行组装，有效避免了重复领料和铁件金具型号混用情况，这是成套化配送的雏形。经过调研和论证，国家电网公司于 2015 年将柱上变压器成套物料纳入了配电网协议库存标准采购目录，将台架涉及的变压器、综合配电箱、避雷器、熔断器、金具、铁附件、导线等设备材料进行成套化采购和配送，有效提高了台架工程建设效率和工艺标准。

2016 年，国网山东、浙江、江苏省电力公司等经济条件好、管理水平较高、工程投资较大的单位开始探索实行配电变压器模块工厂化预制，实现了变压器高压引接线、低压出线、JP 柜出线等 9 种附件工厂化制作和现场标准化装配施工。2017 年，国网山东省电力公司对原预制平台进行优化改进，建成集预制、配送、创新、实训等功能于一体的工厂化装配基地，并向西藏拉萨、日喀则等 5 个市公司捐赠 5 套工厂化预制平台，在援藏工作中发挥出良好效果。为推广配电变压器模块工厂化预制、现场标准化装配经验，国家电网公司于 2017 年 4 月 20 日下发了《国网运检部关于开展 10 千伏柱上变压器台工厂化预制工作的通知》（运检三〔2017〕51 号），要求各省市公司指导施工企业建立工厂化预制车间，开展高低压引接线、接地引上线扁钢、拉线、低压出线、标准化基础等模块预制。随后，工厂化预制和装备化施工模式在国家电网公司系统内得以推广应用，有效保证了配电工程施工工艺的提升。

随着配电工程管理水平的不断提升，以及新工艺、新技术在施工中的广泛应用，配电网工程逐渐形成工厂化预制、成套化配送、装配化施工、机械化作业的“四化”建设模式，有效提高了配电网工程建设质量和施工效率，为打赢“两年攻坚战”、全面完成新一轮农村电网改造升级工程提供了有力保障。

二、12千伏手车式开关柜标准化设计定制方案

一直以来，国家电网公司以提高供电可靠性、提升服务水平为重要目标，始终将高质量装配及标准化配置作为配电网持续发展的强大动力。从2016年开始，国家电网公司陆续组织开展了配电网设备标准化定制，分级分类选型，一、二次融合设计等工作，对设备的一、二次接口和土建接口等进行标准化设计，便于设备进行零部件更换时随时采用其他企业产品，为实现设备的标准化制造、成套化配送，提高设备的通用性和互换性奠定了坚实的基础。

12千伏手车式开关柜、12千伏环网柜（箱）、10千伏高压/低压预装式变电站、低压开关柜等设备是配电网的主流设备，由于制造企业分散、产品质量参差不齐，各地区、各部门的技术要求差异较大。为进一步落实“安全可靠、坚固耐用、标准统一、通用互换、合理分级、广泛适用”的设计原则，国家电网公司在《国家电网公司配电网工程典型设计（2016年版）》《国家电网公司物资采购标准》等要求的基础上，于2017年7月组织编制完成了《12千伏手车式开关柜标准化设计定制方案》。该方案在定制时，根据产品运行经验，选取了可靠性较高的中置式手车开关柜，在KYN28型柜体的基础上，对12千伏手车式开关柜进行标准化设计，在满足配电网设备需要的基础上兼顾了配电设备相关要求，根据额定电流、额定短路开断电流确定了630安/20千安、1250安/25千安、1250安/31.5千安等六个参数序列，研究提出了国家电网系统内通用的标准化接口设计图纸，除各制造企业产品的内部结构可差异化设计外，对开关柜一次接口、二次接口、土建接口、关键元件等参数进行了规范统一，提高了设备通用互换性。

2017—2019年，国家电网公司相继出版了《12千伏环网柜（箱）标准化设计定制方案》《10千伏高压/低压预装式变电站标准化设计定制方案》《低压开关柜标准化设计定制方案》，充分考虑了不同地域供电运行需求及设备通用互换性，细化了产品关键参数及要求，真正实现了设备的标准化设计、定制化生产。

国家电网公司各类配电网设备标准化设计定制方案凝聚了中国电力系统广大专家和工程技术人员的心血和汗水，是国家电网公司推行标准化建设的重要成果之一，为其他设备的标准化工作提供了范本。

三、“差异化”典型设计适应现代配电网运维

2015年6月，为进一步深化配电网标准化建设成果，国家电网公司运检部组织开展了配电网工程典型设计修编工作，在《国家电网公司配电网工程典型设计（2013版）》基础上，深入调研，总结配电网典型设计应用经验，将部分应用率高、适用面广的方案纳入增补方案，最终形成了《国家电网公司配电网工程典型设计（2016版）》。

由于中国国土面积大，各地气候差异性明显，冬季温度最低的地方在黑龙江的漠河镇，1月平均气温为－30.6℃，极端最低气温为－52.3℃。中国登陆的台风平均每年有6～8次，

主要影响中国东南沿海的省区，尤以7—8月为多，东南沿海的年降水量多在1600毫米以上。因此存在超出典型设计气象区范围的微气象条件，如超大风速、超重覆冰、超低温等情况，这些微气象条件对配电网危害很大，南方各省份根据2008年冰灾和超强台风情况，提出了差异化设计的概念，并收到了良好效果。《国家电网公司配电网工程典型设计（2016版）》建议，对于超大风速或台风地区可以采用直线水泥杆每5挡采用1基钢管杆或窄基塔的措施，覆冰或超低温地区可通过适当松弛弧垂、加大线间距离等措施来提高导线抗拉能力。但该典型设计仅对抗台抗冰措施进行了列举，并未提供典型设计方案。

为了提高差异化设计的规范性，国家电网公司着手编写了微气象条件和特殊使用场合的差异化典型设计专项方案。

2016年3月，国家电网公司编撰出版了《机井通电工程典型设计（2016版）》，这是国家电网公司编制的第一部差异化典型设计。该典型设计立足于机井通电工程实际需求和特点，明确了配电变压器台架采用一变多井、一变一井两种方式，JP柜配置三段式保护功能的电子脱扣器，带剩余电流动作保护器，出线开关不设置失压脱扣，不配置无功补偿等设计规范。

2016年4月，为深入贯彻落实中央扶贫开发工作会议精神，加快贫困地区能源资源开发利用和基础设施建设，国家电网公司编撰出版《光伏扶贫项目接网工程典型设计（2016版）》，该典型设计分为柱上变压器集中接入、专线接入和分户接入三类方案。与传统典型设计相比，该典型设计结合光伏电源特点对电源并网点、反孤岛装置安装及光伏电源远程监控等方面提出了差异化要求，能有效保障光伏电源供电质量，避免公用线路停电时引起倒送电，提升光伏电源运行管理质效。《光伏扶贫项目接网工程典型设计（2016版）》的出版，有效加快了光伏扶贫项目的实施，截至2018年8月31日，国家电网公司累计下达了1544万千瓦规模的建设项目，建成了1363万千瓦，帮扶全国26个省224万贫困户用上了电。

2017年4月，国家电网公司编撰了《抗台抗冰典型设计（2017年版）》，相较于常规典型设计，抗台抗冰典型设计选取了台风、覆冰、垂冰共5个非常规气象区，给出了导线中重覆冰区10千伏宽基塔的导线安全系数。抗台设计新增10、13米两种直线钢管杆，用于提高台风区直线杆抗倾覆能力。典型设计还明确要求台风和覆冰区的架空导线均应采用钢芯铝绞线或带钢芯的绝缘导线，直线水泥单杆采用双角钢横担结构，以增强抗拉抗压能力。各部分典型设计均进行附图说明，根据各地勘探的实际地质参数、各塔型单线图及技术参数表中的基础作用力，对水泥杆、基塔等部分进行直观展示，方便设计人员选择。

除上述典型设计外，"十三五"期间，国家电网公司还陆续编撰出版了《小城镇（中心村）改造升级工程典型设计》《380/220V配电网工程典型设计》《小容量变台单杆安装典型设计》《配网用绝缘横担布置形式典型设设计》等差异化典型设计，使配电网工程典型设计类别更加全面，工程建设更加规范，提高了配电网建设管理水平。

四、福建抗洪抗涝差异化典型设计

福建省地处中国东南，年平均降水量800～1900毫米，境内河流密布，夏秋多台风及暴雨，洪涝灾害多发。根据福建省气象局2019年发布的气候公报，近10年福建年均发生洪涝地质灾害3.3次，且覆盖地域范围广，经常引发配电网架空线路倒杆断线和配电装置受淹损毁的严重灾损事故，抢修复电难度大，造成较大的经济损失和客户不良用电体验。2010年6月13日至28日，福建省多轮持续强降雨（局部地区24小时降雨量超过252毫米），造成南平、三明、龙岩、宁德等地区发生严重洪涝和地质灾害，倒、断杆数量8720基，10千伏线路发生灾损873条，开关站和配电室受淹39座。

福建省电力有限公司针对省内洪涝地质灾害多发的特点，积极组织和推动防涝标准的编制。2015年，福建福州遭受“苏迪罗”台风袭击，台风造成的强降雨导致城区多座低洼易涝站房被淹。通过事后总结分析，福建省电力有限公司判定配电站室设置于地下存在倒灌风险高、防水封堵难度大等诸多不利因素，难以抵御重大洪涝灾害。为规范配电站房建设标准和补充典型设计在防涝差异化场景下的不足，2016年，福建省电力有限公司促成福建省市场监督管理局修订并发布业扩地方标准《10kV及以下电力用户业扩工程技术规范》（DB 35/T 1036）（简称《业扩工程规范》），明确了新建住宅及用户侧配电站房选址和建设要求，所有生命线工程、公共干线节点设备和室外地面±0.00标高低于城市防涝用地高程的新建住宅小区，其配电站房应设置在地面一层及一层以上，且必须高于防涝用地高程。

2019年10月，国网福建省电力有限公司发布《10kV配电网差异化设计指导手册　防涝部分》（简称《差异化设计手册》），规定了配电网架空线路和配电站房的防灾差异化设计要求。《差异化设计手册》提出了洪涝地质灾害区域（位置）辨识方法，绘制了全省配电网洪涝分区图，对河道（溪流）岸边、河道拐弯处（凹岸）和河道护坡等6大洪水冲刷典型灾害场景以及滑坡、泥石流和崩塌等地质灾害制定了差异化设计标准，其设计要素包括路径、导线选型、杆塔型式、基础和防灾措施等7个方面。

《差异化设计手册》明确了洪涝区域新建配电站房的设防水平、站房选址和设备选型等要求，以及存在内涝风险的配电站房的防涝改造措施。提出采用高杆塔和提高建设标准加大档距跨越等差异化设计措施避开陡坡、悬崖峭壁、滑坡和崩塌区等灾害地带，对于无法避开灾害地带的杆段，预留足够的安全距离，受现场条件限制无法满足时，可采用局部杆段电缆敷设的方式。

为加强架空线路抗洪能力，国网福建省电力公司结合近年来受灾案例，借鉴吉林、浙江等地经验，在《差异化设计手册》中要求水泥杆优先采用整体杆，对于耐张杆、T接杆、终端杆按优先次序采用钢管杆或窄基塔，对处于水田、沙地、农田果园地、普通土和坚土等五类典型地质情况下，采用套筒、砌筑石笼和灌注桩等基础型式提高防涝能力。

《业扩工程规范》和《差异化设计手册》，覆盖了用户和电网两方面投资主体的配电设施，明确了配电站房和架空线路从站址路径选取、设备物料选型、主体设计方案和工程检验验收等全过程建设标准，从设计源头提高了配电网的防灾能力。标准执行以来，差异化设防理念已深入到福建省配电网项目的立项、设计、施工、监理和验收等全过程，其设计要求和防灾措施从项目源头贯穿至项目落地，新建配电线路和站房抵御洪涝自然灾害的能力得到明显提升。2020 年 8 月，台风“米拉克”登陆福建，造成 32 654 人受灾，直接经济损失超 11 亿元，而根据新标准建设、改造的配电站房及架空线路均未因洪灾受损，取得了积极的成效。

五、配电网工程建设全过程管理体制的建立

配电工程管理起步相对较晚。1998 年以前，全国没有大规模的配电工程建设，配电设施基本上是用户建设后移交给供电企业，或者供电企业受用户委托建设后接收。此时的配电工程管理模式比较粗放，设计和施工一般都由供电企业线路班或供电所等设备管理单位承担。配电建设没有专业的设计、施工队伍参与，更没有配置工程监理，工程规范管理的概念比较薄弱。

为进一步加强对电力工程建设质量管理，国家电力公司于 1998 年以国电农〔1998〕650 号文下发了《关于印发农村电网建设与改造管理办法的通知》，要求农网建设与改造项目实行项目法人责任制、资本金制、招投标制、工程监理制和合同管理制“五制”管理。在第一、二轮农村电网和城市电网建设改造实施过程中，配电工程多未配置监理，设计、施工单位基本由各市县供电公司通过邀标或指定方式确定，多为供电公司自己的设计、施工单位。业主以合同方式对设计、施工单位进行管理和约束。2003 年，国家电网公司颁发《农村电网建设与改造管理办法（试行）》，对业主、监理、施工单位的管理职责进一步细化。该办法要求 35 千伏及以上输变电工程严格执行施工招标投标制和工程监理制，对于 10 千伏及以下配电网工程，只是笼统地要求“由项目法人根据各自的实际情况制定施工管理办法”。

随着国家审计和监察部门对国家投资项目检查越来越严格，配电网工程施工质量参差不齐、方案变更较大、施工过程资料不足等问题逐渐凸显出来。各项目建设单位开始意识到监理的重要性和必要性，于 2005 年左右开始在配电网工程中广泛推行监理制度。但是由于这个时期监理单位数量少、人员力量不足，加上配电工程零散且计划性不强，监理人员现场到位情况并不理想，发挥的作用也很有限。

随着招投标流程逐渐规范，设计、施工和监理单位的力量也有所增强，配电工程安全、质量和规范化管理水平有了较大提升。2011 年开始，湖南、山东、黑龙江等部分省市供电公司参照输变电工程项目部管理要求，编制业主、监理、施工三个项目部实施细则（工作手册），开始了项目部管理模式的探索。以山东为例，市供电公司依托运检部组建直供区业主项目部，成员包含业主项目经理和管理专责，开展工程项目、安全、质量、造价、技术管理。监理单位受建设单位委托成立监理项目部，根据监理合同和工程实际，对施工项目部在工程实施中实行“四控制、二管理、一协调”管理。施工单位（项目承包人、施工企业）按所承包的工程项目范围组建施工项目部，负责工程具体实施管理。实施细则对

三个项目部人员配置、工作制度、岗位职责、工作流程均做了详细规定。但因为配电工程专业人员少、监督评价不到位，以及借鉴的部分输变电工程的管理内容不适用于配电工程，各地的项目部配置、运转情况不理想。

配电工程对施工单位资质要求相对较低，施工分包队伍素质参差不齐，同时业主和监理对工程监督管理不到位，工程违法转包、违规分包、施工现场装置性违章等现象仍然存在。2017 年前后，主网和配电网工程施工现场陆续出现几次安全事故，电力工程施工安全问题再次引起国家部委和国家电网公司高度重视。为切实解决工程建设管理和施工过程中存在的突出问题，全面提升现场安全管控水平，国家电网公司于 2018 年组织开展配电网工程现场安全管理提升专项行动，并随后印发《10（20）千伏及以下配电网工程业主、监理、施工项目部标准化管理手册》（简称《标准化管理手册》），要求各单位规范组建业主、施工和监理项目部。

《标准化管理手册》明确了三个项目部职责定位、组建原则、任职条件、岗位职责及项目实施各阶段的任务要求。如业主项目部由建设管理单位组建，实行项目经理负责制，配备项目管理、安全管理、质量管理、造价管理等岗位。项目部通过计划、组织、协调、监督、评价等管理手段，推动工程建设按计划实施，实现工程进度、安全、质量和造价等各项建设目标。监理项目部设置总监理工程师、安全监理工程师、专业监理工程师等岗位，一个监理项目部原则上不宜少于 5 人。通过审查、见证、旁站、巡视、平行检验、验收等方式，实现合同约定的各项监理目标。施工项目部由施工单位（项目承包人）成立并派驻施工所在地，设置项目经理、安全员、技术员、质检员等岗位。通过施工力量组织、环境协调、施工图交底确认等方式，对项目施工安全、质量、进度、造价、技术等实施现场管理。《标准化管理手册》对三个项目部人员数量、资质进行了细化明确，有效解决了之前工程管理人员少、专业素质低的问题；对项目部车辆、工器具、办公设备配置进行了要求，确保满足工程现场需求；明确了各项目部在工程前期、建设、后评估等工程全过程管理中的职责和义务，制定了评价标准，确保项目部发挥作用。

2019 年，各省市公司基本建立起业主、监理、施工三个项目部管理模式，有效解决了以往配电工程管理力量薄弱、过程监督不到位、安全质量无法保证等突出问题。随后，各单位组织开展项目部关键人员培训取证、考试测评，开展标准化项目部创建评比，不断提高项目部规范化水平。山东等地区探索优化管理模式，选派设计和设备主人代表全程参与工程建设管理、阶段性验收和投产把关，形成“三部两代”的管理体系。随后，“三部两代”管理模式在国家电网公司系统内快速推广，有效提升了配电网工程全过程管理水平，为一流配电网建设提供了坚强保障。

六、配电网标准化建设改造创建活动

“十三五”是全面建成小康社会、全面深化改革的攻坚阶段，城乡经济社会一体化发展，电力行业供给侧结构性改革、新一轮电力体制改革加速推进。配电网作为直接面向终端客户、关系国民经济和社会发展的重要基础设施，功能和形态发生着显著

变化[1]。2015 年 7 月至 8 月，《国家发展改革委关于加快配电网建设改造的指导意见》（发改能源〔2015〕1899 号）[2]和《配电网建设改造行动计划（2015—2020 年）》印发[3]，要求围绕新型工业化、城镇化、农业现代化和美丽乡村建设，全面建成小康社会宏伟目标，结合当前配电网实际情况，进一步加大建设改造力度，以满足用电需求、提高供电质量、促进智能互联为目标，着力解决城乡配电网发展薄弱问题，推动装备提升与科技创新，加快建设现代配电网络设施与服务体系，支撑经济发展和服务社会民生，为全面建成小康社会宏伟目标提供有力保障。

为贯彻落实国家发展改革委、国家能源局关于做好配电网建设改造的文件精神，健全配电网技术标准体系，全面推行模块化设计、规范化选型、标准化建设，提高配电网建设水平，国家电网公司制定了《国家电网公司配电网建设改造“十三五”规划》和《国家电网公司配电网建设改造行动计划（2015—2020 年）》，并组织开展 10 千伏及以下配电网标准化建设改造创建活动（简称“标准化创建”），计划用三年时间，基本建成城乡统筹、安全可靠、经济高效、技术先进、环境友好、与小康社会相适应的现代配电网[4]。

2016 年 4 月，国家电网公司根据“精准计划、精准投资、精准管理”的管理理念，按照“统一规划、统一标准、安全可靠、坚固耐用”原则，制订印发了《国家电网公司关于〈开展 10 千伏及以下配电网标准化建设改造创建活动〉的通知》（国家电网运检〔2016〕319 号），明确 10 千伏及以下配电网标准化建设改造“四个一”（项目储备“一图一表”、设备选型“一步到位”、建设工艺“一模一样”、管控信息“一清二楚”）工作要求，计划通过三年时间，在省、市、县三级开展标准化创建活动，将配电网技术导则、典型设计、标准物料等标准化建设成果落实到配电网建设改造全过程，提升配电网建设改造工作质量和水平。

2016 年 4 月 19 日，国家电网公司组织召开 10 千伏及以下配电网标准化建设改造创建工作启动会，要求所属单位深刻认识配电网建设改造工作的重要意义，贯彻资产全寿命周期理念，落实标准化建设“四个一”工作要求，强化目标网架引领，提高建设改造标准，全面执行典型设计和应用标准物料目录，严格标准工艺施工，深化信息系统应用，全面推进配电网标准化建设改造工作。

为进一步加强和规范 10 千伏及以下配电网标准化建设改造创建活动的开展，确保创建活动取得实效，5 月 11 日国网运检部印发了《10 千伏及以下配电网标准化建设改造创建活动验收细则（试行）》（运检三〔2016〕57 号），明确了验收依据、内容、评分标准以及申报验收程序[5]。

2016 年起，国网运检部于每年末组织开展年度 10 千伏及以下配电网标准化建设改造

[1] 国家电网公司《2016～2017 年配电网标准化建设改造创建活动工作总结》。

[2] 《国家发展改革委关于加快配电网建设改造的指导意见》（发改能源〔2015〕1899 号）。

[3] 《关于印发配电网建设改造行动计划（2015—2020 年）的通知》（国能电力〔2015〕290 号）。

[4] 国家电网公司《关于开展 10 千伏及以下配电网标准化建设改造创建活动的通知》（国家电网运检〔2016〕319 号）。

[5] 国家电网公司《2016～2017 年配电网标准化建设改造创建活动工作总结》。

创建活动评审工作。到 2018 年年末，国家电网公司系统内 196 家地市公司通过达标验收，最终 20 家省（自治区、直辖市）公司圆满完成配电网标准化建设改造创建活动[1]。

在开展配电网标准化创建的三年期间，国家电网公司树立项目需求全储备、大储备理念，建立目标网架和问题导向双轨机制，实现由事后评价向事前评估和事中审查转变。国网浙江电力按照供电分区、供电网格、供电单元三个层级将全省划分为 482 个供电分区 2817 个供电网格，通过诊现状、绘蓝图、补差距、落项目四个阶段开展项目需求编制，累计编制《配电网网架提升实施方案》92 份，完成目标网架建设网格 327 个。

国家电网公司配电网标准化创建活动全面落实了《关于加快配电网建设改造的指导意见》（发改能源〔2015〕1899 号）和《配电网建设改造行动计划》（国能电力〔2015〕290 号）工作要求，将配电网建设改造的导则、标准、规范，落实到配电网标准化创建全过程，促进了配电网建设改造投资精准化、建设标准化、管理精益化。通过标准化创建，国家电网公司高标准、高质量完成了“十三五”配电网建设改造任务，为全面建成安全可靠、经济高效、灵活先进、绿色低碳、环境友好的一流现代化智能配电网奠定了基础。

❶ 国家电网公司《10 千伏及以下配电网标准化建设改造创建工作达标单位名单》（国家电网运检〔2016〕319 号）。

大 事 年 表

1882 · 7 月 26 日，上海电气公司在公共租界架设的 6.4 千米架空线路正式投入运行，沿外滩串联的 15 盏弧光灯被点亮，这是中国的第一条低压配电线路。

1885 · 福建马尾船政局在瞭望台上装设双灯式探照灯。这套电灯设备，是中国电力应用于军备工厂的先例。

1889 · 广东水陆师学堂在国内首次开设电学课程，培养电力技术人才，开创电业教育之风。

1890 · 9 月，旅美华侨商人黄秉常开办广州电灯公司，使用美国制造的 2 台 100 马力（73.6 千瓦）柴油机和 2 台 1000 千瓦交流发电机发电，这是中国首个民族资本经营的电灯公司。

1897 · 清政府上海南市马路工程善后局创建南市电灯厂，用洋松木制成电杆，沿着外马路建起 30 盏路灯。南市电灯厂的创办，彻底打破了陈腐的清政府禁止地方官府和民间发电的禁令。

· 3 月，上海公共租界工部局电气处敷设 1 条 100 伏以硫化天然橡胶为绝缘、铅包作护套的电缆线路，长 2.27 千米，向直流照明用户供电。这是中国第一条地下电力电缆。

· 3 月，上海建成第一条 100 伏电缆线路。

1907 · 开滦煤矿在唐山、林西两矿新建两座发电厂，这是中国近代煤矿最早的发电厂，也是当时中国最大的火力发电厂。开滦煤矿自备发电厂创造出中国电力工业史上多个第一，第一个使用安全矿灯淘汰明火灯，第一个使用电力绞车，首开中国最早的机器采矿业，对后期采矿业影响极其深远。

1911 · 上海法商电车电灯公司卢家湾发电厂以 5250 伏电压向外供电，这是中国第一条高压配电线路。

1917 · 华生电器制造厂生产一台小型变压器，是中国自行制造的第一台配电变压器。

1918 · 4 月 11 日，北洋军阀政府以大总统教令 13 号颁布《电气事业取缔条例》，共 63 条，内容比较广泛，多偏于供电工程的技术规程，该条例由交通部制订。该条例第一次从法律层面上对全国电压等级进行了划分，统一了电压等级。

1919 · 华生电器厂开发了中国第一台中高压油断路器。

· 天津地区的宁河县芦台镇出现了为乡镇和农村供电的芦台企业电灯公司，装机 1 台，容量为 100 千瓦，成为中国最早为乡镇和农村供电的电厂。

1924 · 江苏常州震华电厂在东门变电所至湖塘桥间建设了中国第一条专供农村电力灌溉的配电线路，电压为 2.3 千伏。

1929·国民政府立法院分别于1929年和1930年公布了《公布之民营公用事业监督条例》《电气事业条例》，两部条例都经过了立法程序，是电气事业法规中的母法。

1931·国民政府建委会依据《电气事业条例》母法第四条，制定公布《电气事业取缔规则》，为政府对配电事业监督指导提供了法规支撑，对于规范配电电气事业具有指导意义，是一部较为详细具体的供配用电气事业行政规则。

1932·9月22日，浦口电气厂向下关发电所送电的6.6千伏过江电缆竣工，这是中国长江底敷设的第一条过江电缆。

1933·国民政府建委会公布《电力装置规则》，不仅对配电工程的建设标准从国家层面进行了统一，还给验收人员提供了验收法律依据。

1934·10月14日，中国第一个电机工程民间学术团体——中国电机工程学会成立，学会从事电力学术活动，助推了电力事业的发展。

1941·中国共产党在延安阎店子创建发电厂，是中国共产党领导电力事业的开端。

1944·7月，国民政府经济部资源委员会修正了《电气事业主要设备标准规则草案》，以法律形式确定配电电流应为交流单相或三相电流。

1947·12月11日，国民政府正式公布《电业法》，这是一部比较全面、完整的法律，进一步完善了电业法规。

1950·2月，第一次全国电业会议提出，在国家尚未下发电力运检规范之前，各地可根据具体情况订立暂行规程制度先予试行。东北、华东、华北、西北等地电业部门结合自身实际，组织有经验的工人、技术人员编写临时性的规程和制度，用于当地配电设备的运行与检修工作。

·2月19日，燃料工业部组织的第一次全国电业会议上首次提出应实行奖惩制度，要求各地按照“凡属于改进技术，完成安全发供电及政治上保卫电厂安全，对防火或消灭事故有重大贡献的均应分别予以精神及物质奖励；凡工作不负责任，不遵守技术规章制度，以致造成重大事故，使国家资产遭致损害者，应予以惩处”的原则，草拟奖惩办法。

1952·7月，燃料工业部颁布《电业安全工作规程（发电厂及变电所电气部分）》《电业安全工作规程（发电厂及变电所机械部分）》，是中华人民共和国成立以后中国首部应用于电力工业系统中的安全工作规程，为电力安全生产奠定了基础，对中国电力生产安全工作影响深远。

1954·郑州市建成以郑州火电厂、西沙口变电站、牛砦变电站组成的35千伏环形供电网络，这是中国第一个35千伏环形供电网。

·4月，江苏省武进电气公司架设了国内第一条“两线一地”制10千伏线路。

·4月16日，燃料工业部颁布《输电线路暂行保护规程》，对1千伏及以上电力线路设备的保护工作进行了规范。这是中华人民共和国建立之初，全国电力系统在组织抢修被战争破坏的设备的基础上，首次建立规范化的电力线路设备保护制度，对维护电力安全生产秩序，保证安全供电提到了积极作用。

· 5 月 12 日，鞍山电业局下发《为发下合理化建议课题由》（生字 0385 号），号召职工创造带电作业用的绝缘工器具，标志着中国不停电作业研究的起步。

· 9 月 15 日，燃料工业部颁布《电力工业技术管理暂行法规》，明确其作为电业技术管理的唯一标准，用以指导配电管理一系列规程规范的修订与完善，推动配电运维管理规范化、标准化建设。

1956 · 2 月 2 日，中华人民共和国电力工业部以设计刘字第 131 号文下达了《关于在大的城市推行 10 千伏高压配电的命令》，要求新建高压配电线路一律选择 10 千伏电压，各电业单位应按照此令规定，组织和规划城市配电网的工作。

· 6 月 2 日，中华人民共和国电力工业部以（56）电技程字第 94 号文、中华人民共和国第一机械工业部以（56）机技设字第 170 号文发布了《关于公布"中华人民共和国电力设备额定电压及周率标准"的命令》，首次对电力设备额定电压和周率进行了统一。文件规定供配电的标准电压等级为三类，其中中压配电网标准电压定为 35、10、6 千伏和 3 千伏。

· 10 月，鞍山电业局研制成功第一批共 60 种 81 件 3.3～66 千伏不停电检修工具，这是中国第一代带电作业工具，也被称为"土工具"。

1958 · 上海电缆研究所与上海电缆厂共同研制并批量生产了铝绞线和钢芯铝绞线，成为中国首批自行生产的导线。

· 3 月 3 日，中共中央下发了《中共中央关于开展反浪费反保守运动的指示》，开展了"反浪费反保守"运动，对电力系统规章制度进行了调整。

· 4 月，水利电力部印发《关于推广不停电检修电力线路的通知》（〔58〕水电生字第 58 号），要求有步骤地推广不停电检修电力线路。不停电作业从此开始向全国各地推广。

· 5 月 20 日，根据水利电力部要求，鞍山供电局举办了全国第一期不停电检修电力线路培训班，来自北京、上海、天津、湖北、河北、四川、陕西和安徽 8 个省（市）的 46 人参加了此次培训。

· 8 月 12 日，毛泽东主席视察天津时，参观了电业工人制作的不停电作业工具。

· 12 月，《不停电检修现场安全工作、操作规程》由水利电力出版社出版发行，这是全国最早正式出版发行的不停电作业相关规程。

1960 · 3 月 31 日—4 月 6 日，水利电力部为了在全国推广哈尔滨"简化电压，四合一环形供电"经验，在哈尔滨电业局召开了交流会。"四合一"环形供电模式在全国开始推行。

1961 · 水利电力部在电力生产司内设立了农村电气化管理处（简称农电处），把管理小水电、小火电，以及大电网内管理农电的工作，统一纳入农电处。由此，各地纷纷建立起农电管理机构，逐步形成了全国农电管理的组织体系，农电处的成立对中国农村电气化事业的健康发展，起到了积极的推动作用。

· 水利电力部印发《关于整顿规章制度的通知》，清理审查了各种规程、导则、条例、制度等。

· 8 月，中共中央在庐山召开工作会议，对“全民办电”时期的激进做法进行了纠正，并开始整顿工业生产秩序。

1963 · 水利电力部农电局肯定了北京市大兴县电力局组织当地农民“农忙务农、农闲务工”的做法，并首次正式称之为“亦工亦农”电工。

1964 · 机械工业部颁发《电力变压器》（JB 500—1964），中国开始依照《电力变压器》（JB 500—1964）标准自行设计、制造电力变压器。

1965 · 6 月，北京供电局成功试制中国第一台绝缘斗臂车，绝缘斗臂车作业开始逐步取代登杆作业。

1967 · 7 月，中共中央、国务院、中央军委、中央文化革命小组发布了《关于对水利电力部实行军事管制的决定》，成立了以陈德三为主任的水利电力部军管会，全面接管水电部。各级电力管理部门和发、供电单位短期实行军事化管理，各单位普遍取消了专业科室，成立了办事组、政工组、生产组和后勤组所谓四大组。军管会的组建和进驻，对于尽快恢复秩序、稳定全国电力工业生产局面发挥了重要作用，但各生产单位按军事化编制改为团、营、连、排，削弱了企业管理。

1968 · 由机械工业部上海电器科学研究所、浙江省机械科学研究所、南京机械研究所和嘉兴电气控制设备厂共同研制的 AB61－12 型触电保安器正式投产，该产品是中国第一台经国家鉴定认可的触电保安器。

· 9 月 16 日，浙江省机械科研所联合嵊县电力部门在上东区土块村进行了中国第一次获得成功的单相供电试验。

1969 · 10 月 15 日，中南地区成立带电作业情报网，这是中国成立最早的带电作业情报网组织，为促进带电作业发展找到了一种有效的组织形式。到 1981 年，华东、西南、东北、华北地区也都成立了带电作业情报网。

1970 · 5 月，水利电力部军事管制委员会发出通知，要求在全国推广“两线一地”和“一线一地”供电方式。

· 6 月，广州供电局成立“三八”带电作业班，这是全国第一个女子带电作业班。

· 6 月，水利电力部在北京召开全国电力工业增产节约会议，周恩来总理与郑代雨等鞍山电业局工人亲切交谈，并对不停电作业技术给予高度评价。

1972 · 记录女电工从事带电作业的电影《“三八”带电作业班》在全国上映。

· 上海在吴泾化工厂试建上海第一条电缆隧道，也是国内第一条配电电缆隧道。

1973 · 4 月 6 日，国务院、中央军委批转了通信兵部电信总局《关于消除输电线路对通讯的严重影响的报告》，要求在采取消除电力线对通信线路干扰影响的技术措施之前，暂停推广“两线一地”供电方式。

1974 · 4 月，水利电力部在河北省望都县召开了全国农电第一次技术革新经验交流会，会上通过介绍望都县电力局关于触电保安器应用的典型经验，首次提出“电压触电保安器技术还没采用的地方，要定点使用”的指导意见。

1975 · 7 月 25 日，国务院发出《国务院关于加快发展电力工业的通知》（国发〔1975〕114 号），是 1975 年全面整顿中，国务院专门针对电力工业发出的最重要的文件，体现了邓小平全面整顿的思想在电力系统的具体要求，对当时以致后来的行业管理、企业整顿发挥了重要的作用。

1976 · 7 月 28 日，河北省唐山、丰南地区发生 7.8 级强烈地震，造成 10 千伏配电线路倒杆断线达数千千米，京津唐配电网网架瘫痪，12 月，各地配电抢修队伍重建 10 千伏及以下配电线路上千千米，所有受灾区域全部恢复供电。

1977 · 7 月，中共中央颁布了《关于加强工业发展若干问题的决定（草案）》（简称《工业三十条》），规定了企业整顿的要求和具体标准，开展了创建“大庆式企业”运动，使企业面貌发生了较大变化。

1979 · 电力工业部下发《农村高压电网整改暂行管理规定》，全国开始恢复三线制供电。

· 电力工业部向国务院提交的《关于整顿农电的报告》中提出在人民公社成立电管站，加强社队的电力管理工作。电管站的成立工作第一次在国家层面被提出。

· 电力工业部制订《降低线损十项措施》，通过加强运行管理和技术改造等手段，降低配电线路线损率，一定程度上缓解了当时电力供需的矛盾。

· 7 月，国务院批转《电力工业部关于贯彻执行“调整、改革、整顿、提高”方针的实施方案（摘要）》强调“坚持计划检修”“安全第一”“质量第一”是电力工业必须坚持的基本方针，配电运检工作逐步规范，保证了配电供电安全。

· 9 月，电力工业部在山东省益都县召开了全国农村高压电网整改会议，颁发了《农村高压电网整改工程暂行管理办法》，决定恢复三线制运行。

1980 · 4 月 9—19 日，在全国工业交通工作会议上，电力部提出为加快城市电网建设改造，分别在北京、上海、沈阳、武汉、西安、重庆、杭州、郑州、广州等城市进行建设改造试点。

· 4 月，国家经委、电力工业部文明确了“三电”工作的组织机构和工作职能。“三电办”通过组织全社会参与计划用电管理，保障电力供需平衡，协调并调动各行业，有效利用电力资源、缓解配电网资金困境方面发挥了重要作用。

1981 · 机械、水电两部在北京首批审查、鉴定了包括城网输、变、配电各种新装备 32 项，开启了城网设备协调开发和“两部鉴定”工作。

· 北京供电局安装了 6 台分段器，通过一次设备完成就地型馈线自动化，是国内首次开展配电自动化功能尝试。

1982 · 11 月，中共中央总书记胡耀邦考察了福建、四川等地的小水电后，提出了在小水电资源丰富的地区建设 100 个中国式的农村电气化试点县的设想。

1983 · 10 月 25 日，水电部向国务院上报《关于积极发展小水电建设中国式农村电气化试点县》的报告，并附上 100 个电气化试点名单，开启了首批农村初级电气化县试点的序幕。

· 12 月 20 日，城乡建设环境保护部以〔83〕城设字第 923 号文发布了《建筑电气设计技术规程》（JGJ 16—1983），该规程规定多层住宅的用电负荷按 6～10 瓦/平方米设计，高层住宅按 10～15 瓦/平方米设计，首次对城市住宅用电负荷设计标准进行具体规定。

1984·天津完成了基于 GG－1A 型开关柜的 10 千伏配电站标准化设计，标志着户内开关逐步向国产化方向发展，并在城网改造中大范围使用。

·水利电力部提出了“地方为主，县为实体，统一规划，集中调度，分级管理”的农电发展二十字方针。为农电体制改革和农村配电机构设置指明了方向。

·2 月，水电部先后颁布了《关于组织审批农村电气化试点县规划的通知》及《关于修订农村电气化试点县规划的几点意见》，首次对农村电气化建设提出规划要求。

1985·1 月 11 日，水利电力部发布《关于设立“电力可靠性管理中心”的通知》（〔85〕水电电生字第 2 号），决定在科技情报研究所成立了“电力可靠性管理中心”，专门从事电力可靠性管理工作。

·2 月 1 日，水利电力部颁发《配电系统供电可靠性统计办法（试行）》（SD 137—1985），统一了配电系统供电可靠性统计方法和评价指标，自此开始在全国范围内开展配电系统可靠性统计评价工作。

·5 月 10 日，城乡建设环境保护部和水利电力部以〔85〕水电生字第 8 号联合印发了《城市电力网规划设计导则》，这是中国第一部城市电力网规划设计导则，为推进城市电网改造和建设做出指导。

1986·2 月 25 日，水利电力部颁发了《一百个农村电气化试点县初级阶段验收条例》（SD 178—1986），这是中国第一部农村初级电气化县验收标准。

·4 月 30 日，水利电力部发布《关于电力企（事）业发展集体经济若干改革的暂行规定》（劳人培〔1986〕15 号），促进了电力集体企业发展。

1987·7 月，水利电力部颁布《漏电保护器农村安装运行规程》，首次对漏电保护器的选型标准提出要求，并提出了低压电网必须有总保护，使全电网处在保护范围之内的要求，规范了从事农电管理的各级干部、技术人员、工人以及农村管电人员的漏电保护器管理职责，对漏电保护器的推广和应用具有重要指导性作用。

·9 月 15 日，国务院颁布《电力设施保护条例》，为构建电力设施保护法律风险的防控体系，切实保护电力设施安全，保障电力生产和建设顺利进行提供了法律保障。

1988·1 月，浙江省颁布了中国第一个大电网覆盖下的农村电气化县验收标准，即《浙江省大电网供电县农村电气化验收标准》。

·1 月，浙江省在嘉兴桐乡县进行农村电气化试点，经浙江省计划经济委员会组织验收一次合格，成为全国第一个大电网覆盖的农村初级电气化县。

·9 月 1 日，水利电力部组织有关单位制订了《架空配电线路及设备运行规程》，这是首部专门为架空配电线路及设备的安全运行管理制定的规程，用以指导、规范配电线路及设备的运行工作。

1990·1 月 19 日，能源部印发《乡电管站管理办法》，对乡镇电管站建立、职能、性质、职责、电工条件等都提出了具体规定和要求，进一步规范了乡镇电管站的管理。

1991 · 1 月，能源部以能源农电〔1991〕80 号颁布了《农村电气化标准》（DL 407—1991），规范了农村电气化县达标的具体要求，适用于全国各县级行政区，以县为考核单位。

· 3 月 22 日，国务院以国发〔1991〕17 号文批转了水利部《关于建设第二批农村水电初级电气化县请示》，正式开启了第二批农村水电初级电气化县。

· 4 月 29 日，“供电系统用户供电可靠性管理信息系统”软件在全国范围内统一推广使用，标志着中国的供电系统用户供电可靠性管理工作进入规范化、信息化的行列。

· 11 月，中共十三届八中全会通过了《关于进一步加强农业和农村工作的决定》，提出加快农村电网和农村初级电气化县建设，到 20 世纪末在全国实现县县通电的要求。

1992 · 7 月 7 日，能源部以能源电〔1992〕642 号文颁发《电力可靠性管理工作若干规定》，这是电力可靠性管理的首个法规文件，为可靠性管理工作的法制化、规范化奠定了基础。

1994 · 2 月，在全国扶贫工作会议上，电力部首次提出了“电力扶贫共富工程计划”，经国务院扶贫办批准，“电力扶贫共富工程”纳入《国家八七扶贫攻坚计划》。

· 11 月，江苏省电力局批准在苏州工业园区中新区范围内采用 20 千伏等级配电电压。苏州工业园区中新区在国内率先将 20 千伏作为配电电压，是中国首个 20 千伏配电网试点区。

· 11 月 5 日，建设部印发了《关于发布国家标准〈电力工程电缆设计规范〉的通知》（建标〔1994〕671 号），这是中国第一部电力工程中关于电缆设计及选择的规范。

· 12 月，电力科学研究院通信所与邢台电业局编制《邢台电业局配、用电综合自动化系统规划设计》，这是中国第一部系统的配电自动化规划设计。

1995 · 6 月 20 日，电力工业部召开第二次全国电力可靠性指标发布会，第一次在指标发布会上公布中国主要城市 10 千伏用户供电可靠性指标。

1996 · 机械工业部发布行业标准《额定电压 26/35kV 及以下电力电缆附件基本技术要求总则》，规范了电力电缆附件的基本技术要求。

· 3 月 18 日，国务院办公厅以国办通〔1996〕2 号文批复了水利部《关于第二批农村水电初级电气化县完成情况及建设第三批电气化县的报告》，正式开启了第三批农村水电初级电气化县。

· 4 月 17 日，国务院总理李鹏签署 196 号国务院令，发布了《电力供应与使用条例》，对配电专业管理产生了巨大影响，《条例》的实施在中国电力工业的法制化建设中发挥了重要作用，为促进中国电力工业的改革与发展提供了重要的法律保障。

· 6 月 6 日，电力工业部印发《城市中低压配电网改造技术导则》，这是中国第一部针对城市配电网改造的技术导则。

· 7 月，北京供电局与深圳雅都公司联合成功研发了首套国产的电网地理信息系统（GIS）成功应用到北京配电自动化系统。

· 11 月 21 日，电力工业部农村电气化标准化技术委员会成立，制定、修订了一系列国家电力行业标准，为农村电气化标准化工作提供指导。

· 12 月 31 日，电力行业可靠性管理标准化技术委员会成立，修改完善了一系列国家电力行业标准并由政府部门颁发，极大推进了中国电力可靠性管理工作标准化进程。

1997 · 6 月，上海浦东金藤工业区基于全电缆线的馈线自动化系统投运，这是中国首套采用自主研发的 SCADA 系统和用户终端并能够实现"三遥"功能的配电自动化系统。

· 11 月 24 日，第一届输配电技术国际会议在北京召开。本次会议由中国电力企业联合会主办，旨在促进世界各国在输配电技术研究领域的专家和学者之间的交流，提高中国在输配电领域的技术水平，学习和吸收世界各国输配电方面的最新技术成果和经验，加强国内外专家和学者的合作。后续会议每两年举行一次。是第一个中国主办的配电国际会议。

1998 · 1 月 1 日，电力可靠性管理中心颁发《供电系统用户供电可靠性评价规程（暂行）》，这是供电可靠性评价工作的首个行业标准，标志着中国供电可靠性管理由统计评价办法向规范化行业标准过渡迈出了实质性步伐。

· 3 月，石家庄配电自动化项目投运，是中国首个基于架空线路的配电自动化系统。

· 4 月，烟台电业局实施了带电迁移线路工作，这是中国首次进行旁路不停电作业。

· 6 月 19 日，国家发展计划委员会主任曾培炎在"加快农村电网建设（改造）电视电话会议"上，提出在全国范围内开展第一期农网改造工程。

· 6 月 22 日，长江流域发生了百年未遇的特大洪水，造成配电网架空线路倒杆上千基，配电变压器烧毁数百台、配电网架大面积瘫痪。同年 8 月底，国家电网公司圆满完成了长江流域特大洪水的抢险救灾工作。

· 7 月 15 日，国家电力公司以国电安运〔1998〕418 号文发布了《关于加快城市电力网建设改造的若干意见》，规定新建住宅配线供电能力应能满足 40～50 年内居民用电增长的需要，首次提出了配电网规划设计要有适度超前的理念。

· 8 月 7 日，国家发展计划委员会发布《国家发展计划委员会关于 1998 年第一批城市电网建设与改造工程可行性研究报告的批复》，标志着为期三年城市配电网大规模建设与改造正式启动。

· 11 月 25 日，中国电机工程学会召开首届配电自动化技术研讨会，决定成立电力系统自动化专委会，下设配电自动化分专委会，编制了《配电系统自动化规划设计导则（试行）》，促进配电自动化的规范化建设。

1999 · 1 月 4 日，国务院以国发〔1999〕2 号文件，批转了国家经贸委《关于加快农村电力体制改革加强农村电力管理的意见》，启动农电管理体制的全面改革，国家电力公司相继制定了《关于加快乡（镇）电管站改革实现县乡（镇）一体化管理的实施意见》和《趸售县供电企业代管办法》等文件，推动改革工作的深入进行。经过 3 年左右的时间，全国各地电管站普遍改制成为乡（镇）供电所，理顺并建立符合中国农村经济发展水平的农电体制，实现了“一县一公司”（企业实体），并实现县（市）乡（镇）电力一体化管理，在组织上保证了农村电网改造和城乡同网同价的顺利实施。

· 8 月 2 日，国家经济贸易委员会批准了《带电设备红外诊断技术应用导则》，明确了配电网运行设备红外检测的周期、判断方式和诊断判据。

· 12 月，国家电力公司发布了《10 千伏配网自动化发展规划要点》，规范了配电自动化建设的要求。

2000 · 11 月 3 日，国家经济贸易委员会发布了《农村电力网规划设计导则》（DL/T 5118—2000），这是中国首部农村电网规划设计导则。

· 11 月 3 日，《配电网自动化系统远方终端》（DL/T 721—2000）正式发布，这是国内首个配电自动化行业标准，为配电网自动化系统远方终端发展指明方向。

2001 · 7 月 12 日，由江苏省电力公司和南京子午信息工程公司共同研发的配电网 GIS 基础公共应用平台软件，在美国获得“GIS 特别成就奖”。

· 8 月 24 日，在山东青岛召开的全国第四次农村电网建设与改造工作会议上提出将开展全国第二期农村电网改造工作。

· 10 月 8 日，国家经济贸易委员会发布了行业标准《农村电网建设与改造技术导则》（DL/T 5131—2001），对电网建设与改造的规划、设计、设备选型等标准都做了具体的规定。

2002 · 四川省电力公司率先组建电力共产党员服务队，配电领域的共产党员服务队以安全用电咨询、线路检修、测温测流、上门检测等供电服务工作为主要内容，扎实开展为民服务工作，被誉为“电力 110”。

· 3 月，山东电力研究院、山东鲁能智能技术公司和济宁电业局研制出了中国第一台具有自主知识产权的带电作业机器人样机。

· 5 月，全国电力系统城市供电专业工作网组织专家在唐山供电公司首次利用“二次电流模拟法”对配电网自动化系统馈线自动化（FA）功能进行现场测试。为配电自动化实用化验收提供验收放方法。

· 9 月，青岛市完成 105 条公网线路的配电自动化改造，是当时中国规模最大的配电自动化系统。

· 10 月，国家电力公司发输电运营部出版了《10kV 开闭所、配电站、箱式变电站和电缆分支箱典型方案图集》，这是中国第一部关于配电网的典型设计图集。

· 11 月 23 日，共青团中央和国家电力公司在上海共同举办了全国电力系统配电线路带电作业创新创效大赛，这是中国第一次举办全国性配电不停电作业比赛。

2003 · 杭州、宁波配电自动化工程及南京城区配电网调度自动化系统建成，是中国当时投资规模最大的配电自动化项目。

· 7 月 14 日，国家发展改革委下达《县城电网建设与改造项目固定资产投资计划》，计划投资 334.21 亿元，开展全国县城电网改造。

· 10 月 24 日，《关于城市配网自动化实施的若干意见》在《城网动态》发表，建议各供电企业应根据本地实际情况开展配电自动化建设，纠正当时盲目投资现状。

2004 · 8 月，国家发展改革委下发《关于完善西部地区农网改造投资规模及有关要求的通知》，正式启动西部电网完善工程。

2005 · 2 月，四川双流“县级电网调度/配电/GIS 一体化系统”工程项目通过国家电网公司验收，该项目被授予国家电网公司“十五”农村电网优秀科技项目推广应用奖，并作为国家电网公司典型项目在农村电网建设中推广。

· 4 月 8 日，国家电网公司发布《国家电网公司供电服务“十项承诺”》，明确了配电抢修工作相关的响应时限，各地供电部门积极应对，采取各种针对性措施，经过不懈努力，配电抢修各方面工作都有了较大的提升，各项指标大多达到或超过“十项承诺”的要求。

· 9 月 28 日，中央机构编制委员会办公室下发《关于国家电力监管委员会电力可靠性管理中心及中国电力企业联合会科技开发服务中心机构编制的批复》，电力可靠性管理中心划入电监会，并更名为国家电力监管委员会电力可靠性管理中心。标志着中国电力可靠性管理工作转变为在电监会的直接领导下及全行业支持下的政府监管行为。

· 12 月，南方电网公司组织各省（区）电网公司开展了城市电网和县级电网“十一五”规划。公司将配电网建设纳入正常规划、建设、管理程序，按照规划，根据需要进行建设，避免“运动式”的建设模式带来的弊端。为指导县级电网企业做好配电网规划，组织编制了《南方电网县级电网规划设计导则》，并宣贯到各县级电网企业。

2006 · 国家发展改革委办公厅下发《关于请尽快报送农网改造竣工验收报告、加紧实施县城电网改造和农网完善工程的通知》，开始将工程投资计划扩大中部地区。

· 3 月，国家电网公司召开“新农村、新电力、新服务”会议，提出新农村建设“百千万”工程，即到“十一五”末，建成 100 个新农村电气化示范县、1000 个新农村电气示范化镇、10 000 个新农村电气示范化村的目标。

· 5 月 13 日，国家电网公司与江西省政府在南昌市安义乡罗丰村举行农村“户户通电”突击队授旗仪式，标志着国家电网公司农村“户户通电”工程正式启动。

· 12 月，南方电网公司认真贯彻中央建设社会主义新农村的部署，于 2006 年制定颁发了“加快农电发展，服务新农村建设”实施纲要。提出了“十一五”期间服务新农村建设的主要目标；一是“十一五”县级电网发展规划要适应各地社会主义新农村建设的需要；二是投资约 553 亿元，大力加强县级电网建设，为新农村建设提供安全可靠的电力保障；三是投资约 33 亿元，通过电网延伸解决 41 万户无电人口用电问题；四是实现公司供电区域内行政村的村村通电；五是县级供电企业基础管理省公司级标准达标率 100%，南方电网公司级标准达标率 60%以上；六是县级供电企业实现 95598 服务热线开通率 100%，供电营业窗口动态达标率 99%以上；

县级供电企业电压合格率和供电可考虑全面达到《供电服务监管办法（试行）》的要求。

2007 · 5月10日，国家电力监管委员会颁布《电力可靠性监督管理办法》，明确了电力可靠性监督管理的内容、职责及相关工作要求，为电力监管机构依法履行可靠性监管职责、加强可靠性监管工作提供了法规保障。

· 8月30日，中华人民共和国主席令第六十九号颁布《中华人民共和国突发事件应对法》。《中华人民共和国突发事件应对法》是一部规范突发事件应对原则的重要法律。

2008 · 中国南方电网有限责任公司制定和印发了《南方电网工程施工工艺控制规范》，这是全国供电系统针对配电网施工检修工作颁布的第一部企业标准。

· 国家电网公司印发《关于加快实施“非晶合金变压器在新农村建设中的应用研究”科技项目的通知》（农技〔2008〕8号），标志着中国非晶合金变压器在新农村建设中得到全面应用。

· 上海市电力公司《实用型配电自动化关键技术研究与应用》获2008年国家电网公司科技进步二等奖。

· 1月，中国南方发生了世界历史上罕见的冰灾，国家电网公司所辖10千伏及以上电网杆塔倒塌损毁184万基，断线129万处、低压线路倒杆断杆519万根、受损153万千米，共有545个县（区）、2706万用户受到影响，80个县（区）供电几乎全部中断。

· 3月8日，国家电网公司提前23天完成了南方冰灾的抢险救灾工作。

· 5月，国网北京市电力公司研发了中国首台旁路作业专用工程车。

· 5月12日，四川省汶川地区发生8.0级特大地震，造成10千伏及以下线路停运2495条，累计停电用户525.36万户，是新中国成立以来破坏性最强，救灾难度最大的一次地震。8月8日，国家电网公司全面完成汶川抗震救灾重建恢复工作。

· 8月2日，国家电网公司圆满完成北京奥运会的保电工作，保电期间，累计投入巡防及应急抢修人员1972人次，累计巡视超过10 000人次、巡视线路长度超过10 000千米、对重要区段蹲点职守达650人次、共排查及整改重要电力设施隐患3134起，创造了中国电力工业史上的奇迹。

· 11月1日，国家发展改革委颁布电力行业标准《电力企业应用集成配电管理的系统接口》（DL/T 1080），该标准首次对配电自动化接口进行了规范，推动了电力企业系统之间的信息集成与交互。

2009 · 1月1日，国家电网公司在生技部成立配电处，这是国家电网公司系统内首次成立配电专业管理部门，是国家电网公司系统统一配电管理规范，建设现代电网企业配电管理体系的制度基础。

· 4月21日，国家能源局颁布了《20kV及以下配电网工程建设预算编制与计算标准》和《20kV及以下配电网建设工程预算定额》，这是中国第一个配电网工程造价与定额管理标准。

· 7 月 24 日，国家电网公司召开配电自动化标准制订工作讨论会。标志着国家电网公司全面启动了配电自动化相关技术标准的编制工作。

· 9 月，国家电网公司下发《关于下达智能电网试点工程项目计划的通知》（智能〔2009〕909 号），选取北京、上海、银川、杭州四地市开始配电自动化试点建设，标志着国家电网网公司基于智能配电网的第一批配电自动化试点工程建设正式启动。

· 12 月 25 日，国家电网公司颁布企业标准《配电自动化技术导则》（Q/GDW 382—2009），这是中国首部指导配电自动化建设的技术导则，确定了适合中国发展的配电自动化系统技术路线，本标准为后期配电自动化建设发展提供了技术指导。

2010 · 国家电网公司在山东、浙江、江苏和湖北公司开展配电网状态检修工作试点，并制订下发了 3 项技术标准和 2 项管理标准，配电网状态检修工作的标准制度体系基本健全。

· 3 月 5 日，国务院《政府工作报告》首次提出“加强智能电网建设”作为 2010 年重要任务，标志着智能电网建设上升至国家能源战略。

· 5 月，南方电网公司下发了《关于推进南宁、昆明、贵阳、海口四省会城市配电自动化工作的通知》（南方电网生〔2010〕29 号），标志着南方电网公司基于典型模式的第二批配电自动化试点建设正式启动。

· 5 月 1 日，国家电网公司圆满完成上海世博会历时 210 天的保电工作。保电期间，应急抢修人员累计对 150 条共 16 469 千米架空线路及 38 768 基杆塔，567 条共 682 千米电缆线路、533 家重要客户进行重点保障，确保了电网安全稳定运行。

· 7 月，广东珠海东澳岛风光柴蓄微电网项目竣工投产，这是中国国内第一个成功商业化运作的微电网项目。

· 7 月 12 日，国家发展改革委在北京召开全国农村电网改造升级工作会议，首次提出全面取消县级供电企业代管体制。

· 8 月 7 日，甘肃省电力公司完成舟曲县抢险救灾工作。

· 11 月，国家电网公司在北京召开“农村智能配电网试点工程配套关键技术应用研究”科技项目启动会，会议确定了浙江鄞州、陕西蒲城、天津静海、宁夏贺兰、山西潞城、山东高密六个县承担农网配电自动化试点工程项目。标志着国家电网公司开启农村配电自动化改造工作。

· 11 月 12 日，南方电网公司圆满完成第 16 届广州亚运会的保电工作，实现“零事故”“零差错”“零投诉”。

2011 · 南方电网有限公司发布《中国南方电网公司标准设计（2011 年版）》，该标准设计具有鲜明的南方电网特色，打破了方案的限制，突出采用模块化设计手段。

· 国家电网公司印发《关于开展农村“低电压”常态化动态治理工作的通知》，从加强电压质量检测、加大治理力度、加强督导检查、强化责任考核等方面，加强工作督导和考核。

- 2 月，南方电网公司提出《中长期发展战略》，明确了电网发展向更加智能、高效、可靠、绿色方向转变的战略路径，强调节能减排、建设绿色电网的战略举措。
- 5 月 10 日，国务院办公厅发布《国务院办公厅转发发展改革委关于实施新一轮农村电网改造升级工程意见的通知》，决定在“十二五”期间实施新一轮农村电网改造升级工程。
- 7 月 29 日，应中国电力企业联合会要求，由国家电网公司、中国南方电网有限责任公司共同起草并发布了《电力安全工作规程（电力线路部分）》；同日，由国家电网公司、中国南方电网有限责任公司、中国大唐集团公司、浙江省电源集团有限公司共同起草的《电力安全工作规程　发电厂和变电站电气部分》发布，这是 2002 年电力体制改革后，全国发布的首部电力行业安全生产标准。
- 8 月 20 日，时任中共中央政治局常委、中央书记处书记、国家副主席习近平在四川视察工作时，高度评价了国家电网四川电力公司共产党员服务队为民服务创先争优的经验和做法。

2012
- 国家电网公司印发《国家电网公司配电网全过程闭环管理办法》，国家电网公司首次对配电网运维与检修的管理职责、管理内容、考核评价等方面的管理内容和要求进行了明确规定，为全面推进“大检修”体系建设提供了保障。
- 1 月，国家电网公司召开二届二次职代会暨 2012 年工作会议，审议通过了“三集五大”体系建设工作方案，在国家电网公司系统推广，对国家电网系统配电生产管理产生了影响。
- 6 月 21 日，国家电网公司印发了《配电网施工检修工艺规范》。这是国家电网公司针对配电网施工检修工作，颁布的第一部企业标准。
- 10 月 30 日，云南丽江大水村 70 户无电户通电工作完成，标志着国家电网公司和南方电网公司两大供电区域内全部实现“户户通电”。

2013
- 3 月 14 日，国家电网公司发布《配电网架空绝缘线路雷击断线防护导则》，为配电网架空绝缘线路雷击断线防护提供指导。
- 6 月 27 日，国家电网公司以国家电网企管〔2013〕999 号文发布了《配电网规划设计技术导则》（Q/GDW 1738—2012），这是中国首部配电网规划设计导则，该导则不再区分城市配电网与农村配电网，配电网规划设计按 A+、A、B、C、D、E 六类区域进行相应规划。
- 7 月 31 日，江西共青城智能电网示范工程投运，顺利通过了国家能源局、国家电网公司总体验收，这是中国首个县域城市智能电网示范工程。
- 8 月，国家能源局印发《全面解决无电人口用电问题三年行动计划（2013—2015 年）》，提出到 2015 年年底全部解决中国最后 273 万无电人口用电问题。
- 11 月 28 日，国家能源局发布的《配电网架空绝缘线路雷击断线防护导则》（DL/T 1292—2013），规定了配电网架空绝缘线路雷击断线防护方法和防护原则等，为配电网防雷事业提供技术标准。

· 12 月 4 日，国家电网公司下发《国网农电部〈关于开展农网高过载能力配电变压器扩大验证运行工作〉的通知》（农发〔2013〕56 号），标志着高过载能力配电变压器开始全面应用。

2014 · 1 月，国家电网公司运检部发布了《配电网建设改造标准物料目录》，优化了设备选型，提高了设备互换性和通用性，这是中国首次大规模的配电物料精简工作。

· 2 月，国家电网公司颁发《安全工作规程（配电部分）（试行）》，这是首部由国家电网公司发布的配电专业电力安全工作规程。

· 3 月，国家电网公司出版了《国家电网公司配电网工程典型设计（2013 版）》，这是中国首部配电网工程专属典型设计。

· 5 月，南方电网公司 20kV 乡镇峡谷孤网在云南独龙江投运，为云南怒江独龙族乡亲提供了强有力的电力保障。这是中国首个 20kV 乡镇峡谷孤网投运。

· 8 月 1 日，国家发展改革委发布《电力监控系统安全防护规定》（国家发展和改革委员会令第 14 号），加强电力监控系统的信息安全管理，保障电力系统的安全稳定运行。

· 12 月 24 日，国家电网公司电能质量在线监测系统建成投运，实现了对供电用户电能质量指标的自动采集和在线监测，使中国可靠性管理提升到了一个新的高度。

2015 · 工业和信息化部、质检总局、国家发展改革委共同印发《配电变压器能效提升计划（2015～2017 年）》（工信部联节〔2015〕269 号），代表着有载调容调压配电变压器得到了国家层面的正式推广。

· 3 月 15 日，中共中央、国务院以中发〔2015〕9 号文颁布了《关于进一步深化电力体制改革的若干意见》，要求对电力体制进行改革，解决制约电力行业科学发展的突出矛盾和深层次问题，促进电力行业又好又快发展，推动结构调整和产业升级。

· 6 月 24 日，国网甘南供电公司在甘肃省甘南地区 3000 米高原成功实施中国第一次高原 10 千伏不停电作业。同年 8 月，国网四川省电力公司在 4200 米海拔的四川省阿坝藏族羌族自治州红原县进行了当时海拔最高的一次 10 千伏不停电作业。

· 7 月 31 日，国家能源局印发《配电网建设改造行动计划（2015—2020 年）》，这是中国首部针对配电网建设改造的政府指导文件。

· 12 月 23 日，青海果洛藏族自治州班玛县果芒村和玉树藏族自治州曲麻莱县长江村合闸通电，标志着中国全面解决无电人口用电问题的任务圆满完成。

2016 · 2 月 16 日，国务院办公厅印发《国务院办公厅转发国家发展改革委关于“十三五”期间实施新一轮农村电网改造升级工程意见的通知》，决定在“十三五”期间实施新一轮农村电网改造升级工程。

· 3 月，国家电网公司新编了《机井通电工程典型设计（2016 版）》，设计立足于机井通电工程实际需求和特点，进行差异化设计。

· 7 月 27 日，国网西藏电力拉萨供电公司在拉萨市蔡公堂乡白定村开展了配电网不停电作业。至此，中国所有省、区、市均具备了实施配电不停电作业的能力。

- 8 月 15 日，国家电网公司印发了《国网运检部关于印发暂态录波型故障指示器技术条件和检测规范（试行）的通知》，这是中国首个关于智能型故障指示器应用的技术规范。
- 9 月 5 日，南方电网公司广州供电局 20kV 正瀚开关站成功送电，实现广州中新知识城 20kV 配电网合环运行，标志着国内首个配置广域保护技术的 20kV“花瓣型”配电网正式投运，其供电可靠率可达 99.999%以上，达到国际先进水平。
- 12 月 8 日，国家电网公司在北京组织召开智能配电网示范工程启动会，江苏苏州智能电网应用示范区主动配电网综合示范工程等 7 个工程正式启动。标志着国家电网公司开启智能配电网综合示范工程建设工作。

2017
- 国家电网公司发布《12 千伏手车式开关柜标准化设计定制方案》，这是国家电网公司首次对配电设备进行标准化定制。
- 1 月 9 日，国网天津市电力公司联合中国电科院、南瑞集团、天津大学的“配电网高可靠性供电关键技术及工程应用”项目获得 2016 年度国家科学技术进步二等奖，项目构建了集网架优化、故障处理、快速抢修和配用电集成控制于一体的高可靠供电技术体系，推动了中国电力工业的技术进步。
- 1 月 20 日，国家电网公司发布《国网运检部关于做好“十三五”配电自动化建设应用工作的通知》，积极贯彻国家发展改革委和国家能源局相关文件精神，标志着国家电网公司开始全面推进配电自动化建设。
- 2 月 17 日，IEC 正式批准成立“分布式电力能源系统分技术委员会”，编号 SC 8B。IEC SC 8B 的成功申立为中国争取了分布式电能系统领域的国际标准主导权，并为直流配电、用户侧资源利用、多能互补系统标准化工作开辟了空间。
- 2 月 24 日，国家电网公司印发了《国家电网公司关于开展供电服务指挥平台建设试点工作的通知》，至 2018 年下半年，国家电网供电服务指挥中心全部通过建设验收，进入深化运营阶段。集营配调资源调动和业务运转于一体的供电服务指挥平台的建立，形成“一口对外、分工协作、内转外不转”的协同服务运转机制，提升了客户服务能力和运营管控水平。
- 3 月 24 日，国家电网公司发布《配电网技术导则》，这是配电专业首部用以规范城市及农村配电网的规划、设计、建设、改造、运维和检修等工作的技术规范。
- 4 月 1 日，国家电网公司印发《国家电网公司关于印发世界一流城市配电网建设工作方案的通知》，选取北京、天津、上海、青岛、南京、苏州、杭州、宁波、福州、厦门 10 个电网建设基础较好、经济发展水平较高的大型城市，开展世界一流城市配电网建设，来达到提升稳定可靠的供电保障能力、优质高效的互动服务能力、绿色智能的创新引领能力。
- 5 月 1 日，福建厦门主动配电网示范区建成投运，这是国家 863 计划课题“主动配电网关键技术研究及示范”中首个建成的子项目。
- 8 月 16 日，IEC 正式批准成立“分布式电力能源系统分技术委员会”，由中国电力科学研究院配电所承担秘书处工作。分布式电力能源系统分技术委员会成功申立为中国争取了分布式电能系统领域的国际标准主导权，并为后续直流配电、用户侧资源利用、多能互补系统标准化工作开辟了空间。

· 9 月 25 日，随着井井通电、小城镇（中心村）电网改造升级和村村通动力电工程全部竣工，国家电网公司完成新一轮农村电网改造升级“两年攻坚战”建设任务。

· 11 月 20 日，国网浙江电力杭州供电公司基于云平台的新一代主站建成投运，并顺利通过国家电网公司“两系统一平台”的整体验收，标志着中国首个基于云平台的新一代主站投入运行。

2018 · 5 月 27 日，南方电网公司在海南省三沙市永兴岛建成投运中国首个远海岛屿智能微电网，使永兴岛的供电能力提高 8 倍，让孤立海岛的供电稳定性可媲美内地城市。

· 7 月 3 日，国务院印发《国务院关于印发打赢蓝天保卫战三年行动计划的通知》，要求京津冀大气污染传输通道的“2+26”个重点城市开展“煤改电”配套电网工程建设。随后国务院发布《打赢蓝天保卫战三年行动计划》，“煤改电”改造范围扩大至京津冀周边及汾渭平原重点区域为主的北方 15 省（直辖市）和新疆维吾尔自治区。

· 9 月 3 日，公司重点科技项目——国内首个中压五端柔性直流配电示范工程在贵州投入试运行。该项目建立了国内首个融合交流配电网、交流微网、直流微网、分布式电源、电动汽车充电站为一体的柔性交直流互联配电中心。

· 10 月 10 日，苏州智能电网应用示范区主动配电网综合示范工程顺利投运。这是当时中国最大规模的主动配电网综合示范工程。

2019 · 1 月 7 日，国家发展改革委发布了《进一步推进增量配电业务改革的通知》（发改经体〔2019〕27 号），对在增量配电网改革中做好增量配电网规划工作具有指导意义。

· 1 月 17 日，习近平总书记在天津考察时，国网天津市电力公司在中关村协同创新展示中心向总书记展示了人工智能配电网带电作业机器人，并进行了现场演示。

· 3 月 15 日，国家电网公司下发《国家电网有限公司关于印发总部“放管服”第一批事项清单的通知》，对“放管服”做出具体的布置安排，各省市公司主动适应能源侧改革和电力体制改革的新形势，部分地（市）公司根据各自的具体情况，在推进供电服务前端营配专业融合、优化配电运检和营销组织体系等方面进行积极的实践探索，在提升数据价值、加强市场拓展、提升服务水平、优化营商环境等多方面取得较好的成效。

· 6 月，安徽省金寨县区域可再生能源发电集群示范工程并网投运，这是国内首次真正意义上打通输电网、配电网和分布式电源网络，实现数据共通共享。

· 8 月 27 日，广西壮族自治区人民政府在广西电网公司举行广西新电力投资集团有限责任公司揭牌暨管理权移交仪式。广西新电力投资集团有限责任公司由广西电网公司和广西农村投资集团有限公司共同出资组建，新公司接收广西农投集团下属广西水利电业集团有限公司所辖原供电营业区 4 0 个县农电资产。广西全区一张电网发展迈出了实质性的关键一步。

· 11 月 3 日，南方电网公司发布标准设计与典型造价 V3.0（智能配电），全面加快智能电网建设。

· 12 月 20 日，山东省邹平市人民政府与国家电网山东省电力公司签署协议取消邹平供电公司“代管体制”，标志着全国县级供电企业“代管”体制全面取消。

2020 · 6 月 30 日，四川阿坝夹壁至马塘 110 千伏线路工程带电投运，标志着“三区三州”深度贫困地区农村电网改造升级全面完成。

附 录

附录A 中国电力重要数据

表 A.1　　1978—2019 年全国 35 千伏及以上输电线路回路长度　　单位：千米

年份	总计	1000 千伏	±800 千伏	750 千伏	500 千伏	330 千伏	220 千伏	110 千伏	35 千伏
1978	230512					535	22672	82460	124845
1979	259380					801	26163	89697	142719
1980	275943					866	29154	94169	151754
1981	288242				754	926	31808	99922	154832
1982	300501				1092	1088	34405	104190	159726
1983	320684				1594	1085	38019	108110	171876
1984	356282				1939	1143	42729	133148	177323
1985	350988				2538	1278	47097	118355	181720
1986	375030				3271	1695	51096	124616	194352
1987	394810				4482	2530	55952	131886	199960
1988	425689				5682	2786	63803	140460	212958
1989	450892				7130	3097	68560	153361	218744
1990	463677				7117	4023	73130	156138	223269
1991	482077				7981	4024	77454	163665	228953
1992	507319				8660	4253	82070	168412	243924
1993	517852				10231	4389	86857	176044	240331
1994	539414				11197	4924	91216	184687	247390
1995	566707				13052	5609	96913	194740	256393
1996	598964				13635	6218	102417	208187	268507
1997	625871				15081	6511	108577	218518	277184
1998	656561				20093	7291	115645	228378	285154
1999	686085				22927	7949	121790	251535	281884
2000	726167				26837	8669	128114	250496	312050
2001	781855				31486	9177	135935	272462	332795

续表

年份	总计	1000千伏	±800千伏	750千伏	500千伏	330千伏	220千伏	110千伏	35千伏
2002	803609				36745	9612	142362	281174	333715
2003	879479				44364	10389	152400	313726	358599
2004	897140				54252	10773	163835	325314	342966
2005	973597			141	62866	13059	177617	339587	380327
2006	1029497			141	77092	13762	195392	355517	387593
2007	1106385			141	96574	15493	216159	376752	401266
2008	1168857			630	107993	16717	233558	401310	408649
2009	1229370	640	1375	2747	121939	19156	253573	422863	407077
2010	1336772	1006	3334	6685	135180	20338	277988	458477	432668
2011	1409698	639	3334	10005	140263	22267	295978	491322	443440
2012	1479963	639	5466	10088	146250	22701	318217	517983	456168
2013	1554236	1936	6904	12666	156818	24065	339075	545815	464525
2014	1628472	3111	10132	13881	163982	25146	358377	566571	484296
2015	1696849	3114	10580	15665	169845	26811	380121	591637	496098
2016	1756141	7245	12295	17968	179414	28366	397050	611431	499400
2017	1825611	10073	20874	18830	187323	30183	415311	631361	508682
2018	1892018	11005	21723	20543	202586	30477	434493	652891	514066
2019	1975312	10872	21907	23256	209369	32314	454585	684406	531880

表 A.2　　1978—2019 年全国 35 千伏及以上变电设备容量　　单位：万千伏·安

年份	总计	1000千伏	±800千伏	750千伏	500千伏	330千伏	220千伏	110千伏	35千伏
1978	12555					49	2479	5141	4886
1979	14047					79	2952	5696	5320
1980	15637					79	3418	6505	5636
1981	17315				225	93	3823	7118	6056
1982	18506				225	121	4148	7604	6408
1983	19928				225	144	4705	8209	6645
1984	21348				225	144	5248	8835	6896
1985	23163				632	159	5668	9506	7198
1986	25951				889	192	6500	10479	7891
1987	29078				1339	303	7390	11794	8252
1988	32948				1762	375	8784	13197	8830
1989	37138				1877	447	9985	14612	10217
1990	39257				2069	471	10407	16501	9809

续表

年份	总计	1000千伏	±800千伏	750千伏	500千伏	330千伏	220千伏	110千伏	35千伏
1991	43337				2149	588	11958	17823	10819
1992	46924				3088	636	13194	19120	10886
1993	51337				3499	735	14447	20881	11774
1994	56580				3866	804	16181	23074	12655
1995	62821				4507	819	18027	25576	13892
1996	69825				5136	915	20369	28500	14905
1997	76574				5666	930	22791	31332	15855
1998	83427				6882	1065	25096	33783	16601
1999	91775				8012	1248	28027	36634	17854
2000	99611				9447	1410	30632	39893	18229
2001	111772				11731	1527	34026	45041	19447
2002	124457				13725	1755	37209	51465	20303
2003	138835				16166	1899	42588	53995	24187
2004	157268				20921	2064	48754	60314	25215
2005	181677			300	24665	2557	56811	71508	25836
2006	210440			300	30310	3128	66768	81206	28728
2007	242443			300	41781	3951	76951	88658	30802
2008	279861			660	52588	4665	89685	99130	33133
2009	324771	600	593	1740	64145	5656	103498	112965	35574
2010	364411	600	2669	3870	69843	6457	118247	125224	37501
2011	400480	1800	2669	5110	76098	7291	130531	137769	39212
2012	445899	1800	4360	5320	90625	7714	144228	149231	41534
2013	483427	3900	4654	6500	97749	8575	155699	161661	43600
2014	526685	5700	3180	8090	114241	10493	167342	171588	45909
2015	569928	5700	3180	10850	122285	11679	182893	185819	47521
2016	629982	9900	4882	13570	134695	12219	193928	207484	53305
2017	663108	16167	10696	14540	144339	13029	203352	209847	50654
2018	699219	14700	17361	17030	149847	13125	213127	219379	52767
2019	747833	15300	21345	18515	156850	14062	226101	235077	53757

表 A.3　　1978—2019 年全社会用电量及构成　　单位：亿千瓦·时

年份	全社会用电	第一产业	第二产业	其中：工业	第三产业	城乡居民生活
1978	2498.12			1660.87		
1979	2762.06			1846.36		
1980	2954.31			1961.33		
1981	3045.80			1975.30		

续表

年份	全社会用电	第一产业	第二产业	其中：工业	第三产业	城乡居民生活
1982	3223.64			2093.33		
1983	3465.99			2248.87		
1984	3731.97			2402.15		
1985	4051.34			2570.84		
1986	4429.04	318.15	3644.49	3609.47	234.91	231.48
1987	4902.69	345.87	4013.90	3970.36	275.39	267.54
1988	5358.65	375.46	4348.37	4301.07	313.07	321.76
1989	5761.98	400.70	4646.4	4597.70	342.50	372.34
1990	6125.96	415.34	4868.95	4819.06	380.31	461.37
1991	6696.79	464.30	5266.54	5208.45	434.30	531.66
1992	7455.39	505.20	5816.03	5746.95	500.62	633.54
1993	8201.08	516.90	6376.05	6287.84	578.83	729.29
1994	9046.49	567.36	6927.11	6822.49	677.21	874.81
1995	9886.36	615.00	7514.34	7397.39	751.44	1005.58
1996	10570.29	646.26	7954.43	7830.32	836.45	1133.04
1997	11039.11	514.13	8169.41	8054.89	1102.19	1253.39
1998	11347.30	498.42	8263.43	8144.20	1197.9	1387.55
1999	12092.28	524.72	8806.40	8684.55	1291.33	1469.83
2000	13466.22	533.96	9786.12	9653.62	1474.31	1671.83
2001	14682.51	573.19	10634.58	10489.66	1635.52	1839.23
2002	16386.28	590.25	11957.30	11793.16	1837.29	2001.43
2003	18891.21	595.83	13948.51	13758.73	2108.83	2238.04
2004	21761.30	602.74	16274.79	16052.65	2427.78	2455.99
2005	24780.93	755.53	18675.55	18441.49	2524.48	2825.38
2006	28367.88	831.63	21474.18	21205.54	2822.11	3239.96
2007	32565.32	863.44	24908.97	24596.44	3184.62	3608.29
2008	34379.69	879.25	25920.16	25577.80	3498.15	4082.13
2009	36595.15	939.90	27136.40	26754.49	3943.70	4575.16
2010	41998.82	976.49	31450.01	30966.77	4478.36	5093.96
2011	47025.89	1012.90	35288.38	34716.55	5104.55	5621.24
2012	49656.53	1002.51	36733.31	36122.00	5693.01	6227.70
2013	53423.42	1026.87	39331.96	38656.88	6275.43	6789.16
2014	55636.68	1013.39	41017.38	40295.71	6669.82	6936.10
2015	56932.99	1039.83	41441.66	40742.99	7166.29	7285.21
2016	59747.09	1091.91	42614.51	41888.89	7970.07	8070.59
2017	63625.12	1175.12	44922.24	44133.02	8825.22	8702.54
2018	69001.89	745.87	47733.23	46953.91	10830.55	9692.24
2019	72485.69	779.49	49595.01	48705.20	11861.30	10249.89

附录B 电力行业获得国家主要奖项的科技成果、建设项目与国家重点实验室

表 B.1 电力行业获得国家科学技术进步奖特等奖及一等奖、二等奖的获奖成果

获奖年度	获奖项目
	特等奖
2012	特高压交流输电关键技术、成套设备及工程应用
2017	特高压±800千伏直流输电工程
2019	长江三峡枢纽工程
	一等奖
2000	CC-2000开放式、面向对象的EMS/DMS支撑系统
2004	秦山600兆瓦核电站设计与建造
2006	10兆瓦高温气冷实验反应堆
2007	超超临界燃煤发电技术的研发和应用 750千伏交流输变电关键技术研究、设备研制及工程应用
2008	超临界600兆瓦火电机组成套设备研制与工程应用 输电系统中灵活交流输电（可控串补）关键技术和推广应用
2009	超高压直流输电重大成套技术装备开发及产业化 电力系统全数字实时仿真关键技术研究、装置研制和应用
2010	三峡输电系统工程
2011	高压直流输电工程成套设计自主化技术开发与工程实践
2013	电网大范围冰冻灾害预防与治理关键技术及成套装备
2014	国家电网智能电网创新工程
2015	水库大坝安全保障关键技术研究与应用
2016	互联电网动态过程安全防御关键技术及应用
2017	600兆瓦超临界循环流化床锅炉技术开发、研制与工程示范
2018	复杂电网自律—协同自动电压控制关键技术、系统研制与工程应用
	二等奖
2000	iES500电力调度自动化主站应用环境 WBZ-500型微机变压器保护装置 DISA&DR2000变电站自动化设备 混凝土高坝全过程仿真分析及温度应力的研究与应用 真空激光自动监测大坝变形技术 XHM-7型斜井滑模系统的研制与实践 水锤基本理论及其工程应用研究
2001	500kV紧凑型输电线路关键技术及试验工程 大型电站锅炉燃煤特性及炉型耦合体系的研究 电网失步解列及分布式稳定控制系统 电力客户服务中心数字语音信息支持系统

续表

获奖年度	获奖项目
2002	变电站电气设备绝缘多参量多功能在线监测及故障诊断技术研究 电力系统新型静止无功发生器（ASVG）的研制 CSC2000 分布式变电站自动化系统 全断面碾压混凝土技术在江垭大坝中的应用
2003	大型电力系统中电力电子和 FACTS 装置仿真软件包 EMTPE 的研究与开发 大电网大机组安全稳定控制的研究 超高压电缆成套试验装置的建立 基于 CC-2000 支撑平台的 EMS 高级应用软件 控制棒驱动系统研制 黄河龙羊峡水电站枢纽工程 高混凝土面板砂砾石坝关键技术研究
2004	煤粉锅炉等离子点火及稳燃技术 城市电网规划理论、模型、方法的研究与工程应用 发电厂热力设备重要部件寿命管理技术研究 可调煤粉浓淡低 NO_x 燃烧及低负荷稳燃技术 高速率电力线载波技术在电力系统低压配电网中应用的研究 大坝与坝基安全监控理论和方法及其应用研究 长江三峡二期上游围堰防渗墙施工技术研究与工程实践
2005	三峡输变电工程用 500kV 大容量输电线路技术研究 全国电力二次系统安全防护体系的研究及实施 大型水利水电工程可视化仿真技术及其工程应用 碾压混凝土拱坝筑坝配套技术研究
2006	静止无功补偿器核心技术的研发及应用 RCS-900 电力系统高压大容量主设备保护 循环流化床（CFB）锅炉关键技术的自主研发及应用 电能质量先进控制方法与装备及其工程应用 火电厂厂级运行性能在线诊断及优化控制系统 大型火电厂烟气脱硫脱硝成套关键技术的开发与应用 生活垃圾循环流化床清洁焚烧发电集成技术
2007	国家电网提高输送能力的研究与实施 恰希玛核电工程技术研究设计 PCS-9500 高压直流控制和保护系统及其工程应用 基于标准化平台的电网调度自动化集成系统 OPEN-3000 水利水电工程地质建模与分析关键技术及工程应用 紊流模拟技术及其在水利水电工程中的应用 重大水工混凝土结构隐患病害检测与健康诊断研究 峡谷地区 200m 级高面板堆石坝筑坝技术研究及其洪家渡坝工程应用
2008	300MW CFB 锅炉机组示范工程及国产化 大规模电力系统暂态稳定定量评价理论与应用 三峡三期碾压混凝土围堰设计、施工及拆除关键技术研究与实践 水电站过渡过程关键技术与工程实践 高坝抗震分析时域显式整体分析法与场址地震动输入确定及工程应用 重大泄流结构耦合动力安全理论及工程应用
2009	供电网无功电压优化运行集中控制系统 南瑞大电网控制技术创新工程 跨区域大型电网继电保护整定计算自动化系统 超特高压大容量开关试验技术开发及实验室建设 恶劣环境中电气外绝缘放电特性及其在电网中的工程应用 高坝工程泄洪消能新技术的开发与应用 碾压混凝土拱坝的新设计理论与实践

续表

获奖年度	获奖项目
2010	核电站密封新技术、新产品及应用 复杂配电系统综合技术评价方法研究、系统开发及工程应用 城市电网电灾防治关键技术与应用 面向节能的复杂配电网监测控制与故障诊断关键技术研发及应用 复杂水电能源系统优化运行关键技术研究及应用 水布垭超高面板堆石坝工程筑坝关键技术及应用 200m 级高碾压混凝土重力坝关键技术 高混凝土坝整体稳定安全控制新理论及工程应用
2011	架空线路清障检测机器人 大型火电机组空冷系统优化设计与运行关键技术及应用 百万千瓦超超临界机组系统优化与节能减排关键技术 实现无燃油燃煤电厂的成套技术研究与应用 供用电系统谐波的有源抑制技术及应用 重大水利水电工程施工实时控制关键技术及其工程应用
2012	中核集团先进核能技术创新工程 湿法高效脱硫及硝汞控制一体化关键技术与应用 开关电器大容量开断关键技术及应用 电力系统广域监测分析与控制系统的研发及应用 水利水电工程渗流多层次控制理论与应用 高坝动静力超载破损机理与安全评价方法 高坝泄洪消能防护和雾化安全技术与应用 高土石坝抗震设计理论研究与工程应用
2013	特大电网一体化调度控制系统关键技术及规模化应用 大型风电并网运行与试验检测关键技术及应用 巨型机组水电站建筑结构关键技术 高混凝土面板堆石坝安全关键技术研究及工程应用
2014	±660 千伏直流架空输电线路带电作业技术和工器具创新及应用 大型电站锅炉混煤燃烧理论方法及全过程优化技术 大型超超临界机组自动化成套控制系统关键技术及应用 超高心墙堆石坝关键技术及应用
2015	电网雷击防护关键技术与应用 特大型水轮机控制系统关键技术、成套装备与产业化 预防交直流混联电网大面积停电的快速防控与故障隔离技术及应用 青藏电力联网工程 300m 级溪洛渡拱坝智能化建设关键技术 水工岩体特性评价与工程利用关键技术
2016	变压器潜伏性缺陷的油中气体检测技术及应用 250MW 级整体煤气化联合循环发电关键技术及工程应用 风电机组关键控制技术自主创新与产业化 电网大面积污闪事故防治关键技术及工程应用 新能源发电调度运行关键技术及应用 配电网高可靠性供电关键技术及工程应用 大型汽轮发电机组次同步谐振/振荡的控制与保护技术、装备及应用 高性能光伏发电系统关键控制技术与产业化应用 大型风电水电机组低频故障诊断关键技术及应用 高混凝土坝结构安全关键技术研究与实践
2017	电能表智能化计量检定技术与应用 支撑大电网安全高效运行的负荷建模关键技术与应用 大规模风电联网高效规划与脱网防御关键技术及应用 特大型交直流电网技术创新及其在国家西电东送中的应用 锦屏二级超深埋特大引水隧洞发电工程关键技术

续表

获奖年度	获奖项目
2018	电力系统接地基础理论、关键技术及工程应用 国家工频高电压全系列基础标准装置关键技术与工程应用 我国首座大型海上风电场关键技术及示范应用 交直流电力系统连锁故障主动防御关键技术与应用 高效低风速风电机组关键技术研发和大规模工程应用 超、特高压变压器/电抗器出线装置关键技术及工程应用 超深与复杂地质条件混凝土防渗墙关键技术 300m 级特高拱坝安全控制关键技术及工程应用 复杂大电网时空信息服务平台关键技术与应用
2019	燃煤电站硫氮污染物超低排放全流程协同控制技术及工程应用 新型多温区 SCR 脱硝催化剂与低能耗脱硝技术及应用 青藏地区可再生能源独立供电系统关键技术及工程应用 电制热储热提升电网消纳风电能力的关键技术与规模化应用 千万千瓦级风光电集群源网协调控制关键技术及应用

表 B.2　　电力行业获得国家优质工程金质奖的项目

获奖年度	获奖项目
1981	长江葛洲坝水利枢纽大江截流工程
2001	襄樊电厂 4×300 兆瓦机组主厂房及主体设备安装工程
2007	浙江国华宁海电厂新建工程（4×600 兆瓦）
2008	华能玉环电厂一期（2×1000 兆瓦）新建工程
2009	黄河公伯峡水电站工程 上海外高桥电厂三期扩建工程
2010	1000 千伏晋东南—南阳—荆门特高压交流试验示范工程 国电北仑电厂三期 2×1000 兆瓦超超临界燃煤发电机组工程 华能海门电厂一期 1、2 号机组新建工程
2010—2011	向家坝—上海±800 千伏特高压直流输电示范工程 绥中发电厂二期（2×1000 兆瓦）工程 上海漕泾电厂 2×1000 兆瓦工程 马来西亚巴贡水电站工程
2011—2012	云南至广东±800 千伏直流输电示范工程 贵州北盘江光照水电站工程 平顶山第二发电厂一期 2×1000 兆瓦机组工程 宁东—山东±660 千伏直流输电示范工程
2012—2013	青海—西藏±400 千伏直流联网工程 上海临港燃气电厂一期工程 国华徐州发电有限公司 2×1000 兆瓦机组建设工程 北京“二拖一”923 兆瓦燃气热电联产工程
2013—2014	皖电东送淮南至上海特高压交流输电示范工程 锦屏—苏南±800 千伏特高压直流输电工程 国电建投内蒙古能源有限公司布连电厂一期 2×660 兆瓦超超临界燃煤空冷机组工程 山东华电莱州电厂“上大压小”新建工程 北京西南供热中心燃气联合循环热电工程 沙特拉比格独立电厂 2×660 兆瓦机组工程
2014—2015	江苏华电句容电厂“上大压小”新建工程 哈密南—郑州±800 千伏特高压直流输电工程 浙江浙能六横电厂新建工程（2×1000 兆瓦） 福建仙游抽水蓄能工程 安徽田集电厂二期扩建工程

续表

获奖年度	获奖项目
2016—2017	云南澜沧江小湾水电站工程 国家风光储输示范工程一期工程 江苏国电泰州扩建“二次再热”示范工程 中电投滨海北区 H1#100 兆瓦海上风电项目 浙江台州第二发电厂 2×1000 兆瓦新建工程 国电哈密大南湖煤电一体化 2×660 兆瓦工程 重庆神华万州电厂 2×1050 兆瓦新建工程 华能长兴电厂“上大压小”工程 浙北—福州特高压交流输变电工程 西藏昌都电网与四川电网联网输变电工程 金沙江龙开口水电站工程 华能安源电厂“上大压小”新建工程 土耳其阿特拉斯 2×600 兆瓦伊斯肯德伦火电厂 巴西马托格罗索 500 千伏输变电工程
2018—2019	福清核电 3、4 号机组工程 酒泉—湖南±800 千伏特高压直流输电工程 榆横—潍坊 1000 千伏特高压交流输变电工程 国投湄洲湾 2×1000 兆瓦绿色建造示范工程 中电投协鑫滨海新建 2×1000 兆瓦燃煤发电工程 500 千伏鲁西背靠背换流站工程 中煤新集利辛板集煤电一体化工程 扎鲁特—青州±800 千伏特高压直流输电工程 四川大渡河大岗山水电站 江西洪屏抽水蓄能电站 四川雅砻江锦屏一级、二级水电站工程 摩洛哥努奥二期 200 兆瓦槽式光热电站工程 华能山东如意巴基斯坦萨希瓦尔 2×660 兆瓦燃煤电站工程

表 B.3　电力行业获得中国建设工程鲁班奖（国家优质工程）的项目

获奖年度	获奖项目
1988	姚孟电厂 3、4 号汽轮发电机厂房
1989	山东石横电厂 2×300 兆瓦机组主厂房 上海南桥 500 千伏交直流变电站
1990	广东沙角电厂（A 厂）3×200 兆瓦机组主厂房
1992	上海石洞口电厂 4×300 兆瓦机组主厂房
1993	云南鲁布革水电站堆石坝
1994	天生桥—贵阳 500 千伏输变电工程 华能上海石洞口第二电厂 2×600 兆瓦机组主厂房
1995	深圳妈湾电厂 2×300 兆瓦机组主厂房 华能德州电厂二期 2×300 兆瓦机组主厂房 秦山核电站 300 兆瓦核岛工程
1997	广州抽水蓄能电站（一期） 潍坊电厂（一期）2×300 兆瓦机组主厂房
1998	厦门嵩屿电厂一期 2×300 兆瓦机组主厂房 青岛电厂扩建一期 2×300 兆瓦机组工程
1999	东北电力负荷预测中心 邹县发电厂三期工程 2×600 兆瓦机组

续表

获奖年度	获奖项目
2000	西大望220千伏变电所 湖北省清江隔河岩水电站 江苏扬州第二电厂2×600兆瓦机组工程 南京500千伏东善桥变电所 威海发电厂二期2×300兆瓦机组
2001	广西红水河岩滩水电站 华能丹东电厂新建2×350兆瓦工程 华能大连电厂二期工程 太原第一热电厂六期工程（2×300兆瓦机组）
2002	安徽合肥第二发电厂工程（2×350兆瓦） 甘肃平凉电厂4×300兆瓦1、2号机组 山东日照发电厂一期工程 山西阳光发电有限责任公司3、4号发电机组（2×300兆瓦）工程 浙江北仑发电厂二期主体工程（3×600兆瓦）
2003	河津发电厂一期工程（2×350兆瓦） 福建棉花滩水电站工程 河北邯峰电厂一期工程 河南禹州电厂一期（2×350兆瓦）工程 500千伏石牌变电站工程 上海吴泾电厂八期工程 西藏满拉水利枢纽工程 云南宣威电厂五期扩建工程 500千伏天一变电所
2004	云南大朝山水电站枢纽工程 江苏徐塘发电厂技改工程 浙江长兴发电厂四期（技改）2×300兆瓦工程 华电国际莱城发电厂3、4号机组主体工程 500千伏泰兴变电所 500千伏七甸变电所工程
2005	广东国华粤电台山发电有限公司2×600兆瓦机组工程 500千伏横沥变电站 广东岭澳核电站核岛工程 贵州安顺电厂二期2×300兆瓦机组扩建工程 500千伏梅里变电站 山东聊城电厂
2006	浙江嘉兴发电厂二期（4×600兆瓦）扩建工程 河南华能沁北电厂一期工程 国电江苏谏壁电厂2×330兆瓦改扩建工程 500千伏龙潭变电站 500千伏西江变电站 黄河李家峡水电站枢纽工程 秦山三期（重水堆）核电站核岛工程
2007	张掖电厂一期2×300兆瓦燃煤机组工程 浙江浙能兰溪发电厂新建工程 常熟电厂二期（2×600兆瓦）工程 青海黄河公伯峡水电站 开远电厂2×300兆瓦工程 北京城北500千伏变电站 临淮岗洪水控制工程

续表

获奖年度	获奖项目
2008	山东邹县电厂四期扩建工程 河北国华黄骅发电厂一期工程 华电潍坊发电有限公司二期（2×670兆瓦）工程 安徽淮南煤电基地田集电厂工程 贵州乌江洪家渡水电站 500千伏淮宿变电站
2009	西宁750千伏变电站 国电泰州电厂一期工程 北京太阳宫燃气热电冷联供工程 浙江浙能乐清电厂一期2×600兆瓦工程 山东泰安抽水蓄能电站 海南省大隆水利枢纽工程 西安市黑河金盆水利枢纽工程
2010—2011	500千伏静安（世博）输变电工程 乌鲁瓦提水利枢纽工程 神华浙江国华宁海发电厂二期扩建工程（2×1000兆瓦） 大唐信阳发电有限责任公司2×660兆瓦超超临界机组工程 江苏宜兴抽水蓄能电站 500千伏桂山变电站 河南郑州东500千伏变电站 黄河小浪底水利枢纽工程 河南周口500千伏变电站工程 日月山750千伏变电站 河北国华定州发电厂二期工程 福建莆田燃气电厂新建工程 黑麋峰抽水蓄能电站工程 石钟山500千伏变电站 曹娥江大闸枢纽工程 广东省飞来峡水利枢纽
2012—2013	大唐南京下关发电厂“上大压小”异地新建工程 吉林中电投白城电厂2×60万千瓦“上大压小”新建工程 河北广元（顺德）500千伏变电站工程 国电湖南宝庆电厂一期2×660兆瓦机组工程 辽宁中电投燕山湖电厂“上大压小”2×600兆瓦新建工程 湖北江夏500千伏变电站工程 牟平500千伏变电站 重庆乌江彭水水电站工程
2014—2015	大唐绍兴江滨天然气热电联产工程 榆次北（福瑞）500千伏变电站 江苏溧阳500千伏变电站 安徽凤台电厂二期扩建工程 500千伏建塘变电站工程 濮阳东500千伏变电站工程 500千伏纵江（东纵）变电站工程 博思格建筑系统（西安）新建工厂工程 重庆市玉滩水库扩建工程（水库枢纽工程）
2016—2017	河南新中益“上大压小”扩建工程 西安南（南山）750千伏变电站工程 ±800千伏特高压直流双龙换流站工程 扬州北500千伏变电站 山东黄河500千伏变电站 河南鹤壁鹤淇电厂“上大压小”新建工程 华润浙江苍南2×1000兆瓦超超临界燃煤发电机组一期工程 ±500千伏富宁换流站工程 朝阳利州500千伏输变电新建工程 扩大杭嘉湖南排杭州三堡排涝工程

续表

获奖年度	获奖项目
2018—2019	济南1000千伏变电站 盱眙1000千伏变电站 山东华电国际十里泉电厂“上大压小”2×660兆瓦超超临界机组工程 ±500千伏金官换流站工程 500千伏北海变电站工程 杭州九峰垃圾焚烧发电工程 神华国华宁东发电厂2×660兆瓦扩建工程 泰州±800千伏换流站工程 上海虹杨500千伏变电站工程 江西省峡江水利枢纽工程

表B.4　　中国电力科学技术奖

获奖年度	获奖项目
特等奖	
2012	三峡地下电站大型洞室关键技术
一等奖	
2002	高拱坝应力控制标准研究 大型电力系统中电力电子和FACTS装置仿真软件包EMTPE的研究与开发
2003	OPS-1紧急控制在线预决策系统 低压配电网电力线高速通信技术研究 煤粉锅炉等离子点火及稳燃技术 火力发电机组高温部件寿命管理技术研究 三峡水电站特大型埋件全自动焊及现场制造技术研究
2004	三峡输变电工程用500千伏大容量输电线路技术研究 全国电力二次系统安全防护体系的研究及实施 自主知识产权的100兆瓦CFB锅炉研制及示范 沙牌碾压混凝土拱坝筑坝配套技术研究 火力发电厂主厂房结构抗震设计技术研究
2005	静止无功补偿器核心技术的研发及应用 FWL/B-600&800系列可控硅微机励磁系统 火电厂厂级运行在线诊断及优化控制系统
2006	输电线路固定串补/可控串补装置 大容量、35千伏级实用化超导电缆系统的研制与应用 我国第一条750千伏输变电示范工程及其关键技术研究 国家电网提高输送能力的研究与实施 PCS-9500高压直流控制和保护系统及其工程应用
2007	灵活交流输电装置试验方法研究和成套试验装备研制 华东电网广域动态实时防御系统WAMAP 龙滩水电站200米级碾压混凝土重力坝关键施工技术研究 10兆瓦热功率干煤粉气流床加压气化装置研制 600兆瓦机组自主化DCS的研发及其工程应用 300兆瓦CFB锅炉机组工程示范及国产化工程技术研究

续表

获奖年度	获奖项目
2008	中国三峡输变电工程关键技术研究及工程实施 电力系统全数字实时仿真装置的研制 基于广域信息的多回直流自适应协调控制技术研究与实施 江苏电网安全稳定实时预警及协调防御系统的研发与应用 高压直流输电工程系统研究成套设计自主化技术开发与工程实践 200 米级碾压混凝土重力坝关键技术研究及在龙滩工程中的应用 溪洛渡水电站截流设计与施工关键技术研究 1000 兆瓦超超临界发电机组本地化依托工程及关键技术研究应用 火电厂燃用神华煤技术研究及应用
2009	碳纤维复合芯导线的自主研发及应用 中华人民共和国水力资源复查成果（2003 年） 燃煤电厂 3000 吨/年二氧化碳捕集装置自主研发及工程示范 采用附加励磁阻尼控制和扭振保护抑制次同步谐振的研究及工程应用 特大型集团企业信息化工程关键技术研究、系统集成与推广应用 特大型人工砂石系统研究与应用 1.25 万吨/天低温多效海水淡化装置研发及在火电厂的应用 跨区电网动态稳定监测预警系统研究与实施
2010	特高压交流输电关键技术研究、设备研制及在试验示范工程中的应用 600 兆瓦火电机组空冷系统研发与工程示范 锦屏深埋交通洞设计施工关键技术研究及应用 等离子体无燃油电厂技术
2011	广域全景电网调度技术支持系统支撑平台和基本应用的研发与实施 高效宽域波前时间冲击电压发生器的研制及工程应用 电力系统多尺度全过程仿真与试验的关键技术研究及系统开发 高水头大流量泄洪洞水力学关键技术问题研究 燃煤电厂 12 万吨/年二氧化碳捕集装置研制及工程示范 信息网络隔离与边界接入技术研究与应用 国华绥中 1000 兆瓦汽轮发电机励磁系统国产化研制与应用
2012	2.5 兆瓦直驱永磁风力发电机组 重力坝深层抗滑稳定分析理论、方法及应用研究 电力系统接地基础理论、关键技术及工程应用 大型风电并网运行与试验检测关键技术研究及应用 一体化电网调度技术支持系统关键技术研发与应用 抗燃油分子极性吸附再生净化装置的研发及应用 200 米级高混凝土面板堆石坝关键施工技术研究与国内外工程应用 混合式凝汽器间接空冷排烟冷却塔（内置脱硫塔）技术研究及应用 基于全景数据平台的智能变电站自动化系统关键技术研究与工程应用
2013	±800 千伏超大容量特高压直流输电关键技术、设备研制和工程应用 ±800 千伏特高压直流输电技术开发、装备研制及工程应用 模块化多电平柔性直流输电关键技术研究、装置研制及应用 1000 兆瓦超超临界直接空冷机组研制、系统集成与工程应用 基于 MicroStation 的地质三维勘察设计系统 潮间带风电新型单桩基础设计与施工关键技术、装备研制和工程应用 智能电表关键芯片研发与应用 高烈度区大型火力发电厂主厂房新型结构体系研究

续表

获奖年度	获奖项目
2014	电网雷击防护关键技术与工程应用 大型抽水蓄能电站机组关键技术、成套设备及工程应用 基于电压源变流器的±200兆乏静止同步补偿技术开发及应用 特高压串补关键技术研究、装置研制及工程应用 大容量风光储联合发电关键技术研究及示范应用 青藏电力联网工程 超深埋高外水压水工隧洞建设关键技术 基于热能梯级利用原理的热电联产供热技术优化研究与应用 发电厂用痕量TOC分析仪的研发及应用 智能配用电示范工程研究与实践 大型燃煤电厂设计技术研究与应用
2015	超300米高拱坝混凝土优质快速施工关键技术研究及应用 电网大面积污闪事故防治关键技术及工程应用 大型互联电网联络线安全运行与控制关键技术及应用 600兆瓦超临界循环流化床锅炉技术开发与工程 电网信息安全主动防御关键技术与自主可控装备 250兆瓦级整体煤气化联合循环发电（IGCC）关键技术及工程应用 新能源发电优化调度关键技术及应用 基于多维信息交互的电网保护与控制关键技术研究与示范
2016	特高拱坝关键施工技术研究与工程应用 跨区交直流协调控制系统开发及示范应用 恰希玛核电二期工程的设计研究及创新 智能高压开关设备研制及工程应用 基于在线测控的锅炉—SCR脱硝—空气预热器系统协同优化关键技术与应用 大型燃煤电站大气污染物近零排放技术研究及工程应用 新型超高压磁控电抗器关键技术及工程应用 我国首座大型海上风电场系统关键技术及工程应用 基于数据全过程管控与协同的变电站智能化关键技术研究及应用 互联网融合关键技术在大型能源集团的研究与应用 高压大容量多端柔性直流输电关键技术开发、装备研制及工程应用 配用电信息融合关键技术、产品开发及规模化应用 燃煤电站烟气协同治理关键技术研究及集群化工程应用
2017	300米级特高拱坝安全控制关键技术及工程应用 特高压GIS变电站特快速瞬态过电压防护关键技术及应用 全系列国家工频电压电流现场标准装置关键技术与工程应用 超深与复杂地质条件混凝土防渗墙关键技术 基于柔性多体动力学的风电机组载荷耦合机理及控制关键技术与应用 大型汽轮发电机复杂故障多维度诊断关键技术及工程应用 燃煤机组烟尘一体化高效脱除与智能控制关键技术 凝变除湿复合烟气深度净化技术及其工程应用 多维度融合的燃气智能电站研究与应用
2018	芯片化保护关键技术与应用 统一潮流控制器（UPFC）关键技术、成套装备及工程应用 百万千瓦超超临界二次再热机组关键技术及工程应用 300米级高心墙堆石坝施工关键技术研究及应用 白鹤滩水电站施工导流与基坑渗流控制关键技术 煤电机组烟气汞和三氧化硫协同脱除关键技术研究与应用 微电网定制化能源供应关键技术及工程应用 大规模复杂电力系统可靠性评估技术及工程应用 青藏地区大容量高适应性可再生能源独立供电技术及应用 天然气分布式能源系统全工况集成关键技术研究与应用 经济型大容量高压固态储热关键技术及在电网中的规模化应用 基于IGCC的燃烧前CO_2捕集技术与工程示范 ±800千伏高端换流变压器自主化研制及工程应用

续表

获奖年度	获奖项目
2019	交流输电系统电磁环境控制技术及应用 大规模源网荷精准负荷控制关键技术及应用 光储微电网灵活高效自主运行关键技术与装备 含高比例分布式新能源的电力系统灵活负荷控制关键技术及工程应用 多源协同的主动配电网运行可靠性提升关键技术、设备及工程应用 大电网调度运营决策的高效建模与优化关键技术及工程应用 基于人工智能的复杂电网运行断面知识发现与调度辅助决策关键技术及应用 大规模可再生能源高效并网与主动消纳关键技术及应用 新疆高碱煤安全高效清洁燃用关键技术及大容量电站锅炉研发与应用 大型水电工程复杂环境下施工水流控制与围堰安全关键技术及应用 核电站安全级数字化保护系统关键技术研究、系统研制及产业化应用 海上风电超大直径单桩基础施工关键技术与工程应用 对冲燃烧煤粉锅炉燃烧组织定向调控关键技术与应用 集成多能源系统的主动配电网关键技术研究及应用 煤电机组智能燃烧实时控制关键技术研发及应用 燃煤机组高灵活性运行关键技术及应用 800 兆瓦级巨型水电机组关键技术及应用

表 B.5　　电力行业获得中国工业大奖的企业和项目

获奖届次	获奖企业、获奖项目
第二届	国家电网公司：1000 千伏晋东南—南阳—荆门特高压交流试验示范工程
第三届	神华集团有限责任公司 国家电网公司：青藏电力联网工程
第四届	国家电网公司：国家风光储输示范工程
第五届	中国核电工程有限公司 国家电网公司、中国南方电网有限责任公司：±800 千伏特高压直流输电示范工程（向家坝—上海、云南—广东）

表 B.6　　电力行业国家重点实验室一览表

专业	实验室名称	设立时间
发电专业	煤基清洁能源国家重点实验室	2010 年 9 月 28 日
	清洁高效燃煤发电与污染控制国家重点实验室	2015 年 9 月 30 日
	核电安全监控技术与装备国家重点实验室	2015 年 9 月 30 日
	风电设备及控制国家重点实验室	2010 年 1 月 6 日
	光伏材料与技术国家重点实验室	2010 年 1 月 6 日
	光伏科学与技术国家重点实验室	2010 年 1 月 6 日
电网专业	电网安全与节能国家重点实验室	2007 年 7 月 9 日
	电网输变电设备防灾减灾国家重点实验室	2015 年 9 月 30 日
	先进输电技术国家重点实验室	2015 年 9 月 30 日
	智能电网保护和运行控制国家重点实验室	2015 年 9 月 30 日
	电网环境保护国家重点实验室	2015 年 9 月 30 日
	直流输电技术国家重点实验室	2015 年 9 月 30 日
综合管理	新能源与储能运行控制国家重点实验室	2015 年 9 月 30 日
	煤炭开采水资源保护与利用国家重点实验室	2015 年 9 月 30 日

索 引

A

B

C

D

E

F

G

H

J

N

P

Q

T

W

X

Y

Z

后 记

为庆祝中国共产党建党百年华诞，受中国电力企业联合会（简称中电联）委托，国家电网公司组织相关单位共同编撰《中国电力工业史 配电卷》，国家电网公司设备部负责牵头编纂和实施工作。这本书是首次在全国范围内全面回顾我国配电专业发展历程，总结历史经验教训的专业史，填补了中国配电发展史的空白。我们将《中国电力工业史 配电卷》奉献给广大读者，期望能全面展示配电专业发展历程，推动配电专业各项工作在新时代取得新突破、新发展、新飞跃，起到存史育人、传承发展的作用。

2021年4月13日，在国家电网公司设备部组织下，于北京召开《中国电力工业史 配电与用电卷》（配电分卷）启动会，集思广益，确定大纲草案。2021年4月19日，编写组50余人汇集于北戴河，正式启动编纂工作，培训、收资、查史，挖掘配电领域大事记，梳理脉络。2021年5月7日至2021年5月25日经查阅国网公司档案馆、国家图书馆相关史实资料，结合多渠道参考文献，于北京完成大纲及大事记，通过专家评审。2021年5月26日至2021年6月30日，编写组成员夜以继日、争分夺秒，于石家庄完成正文初稿33万字。2021年7月21日，国家电网公司设备部邀请配电专业及史料编写专家进行评审，在北京英大传媒大厦召开《中国电力工业史 配电与用电卷》（配电分卷）正文初稿审核研讨会，因配电分卷内容丰富、生动，会中确定配电卷单独成卷命名为《中国电力工业史 配电卷》，开启了编写配电历史的新篇章。2021年8月25日至2021年9月18日，编写组于天津蓟州完成正文并通过送审稿审查。至此，编写组经春逾夏累秋，抛家别子，夜以继日，历经160天，结出40万字硕果。2021 年 10 月 20 日至 2022 年 2 月 18 日经编写组核心人员反复推敲，多轮征求意见直至成稿。编纂工作中编写人员发扬配网大会战精神，陆续开展了 6 轮全脱产集中办公，人人专心致志，夜夜灯火通明，是《中国电力工业史》各卷中启动最晚，效率最高的一支队伍。

在编纂过程中，我们努力遵循以下基本原则：一是坚持以习近平新时代中国特色社会主义思想为指导，运用辩证唯物主义和历史唯物主义的立场、观点、方法观察分析问题，对重大历史问题，以十一届三中全会以来党中央历次重要会议决议为依据；二是坚持实事求是，通过实地调研、查阅资料、专家研讨等多种方式相互印证、去伪存真，确保内容全面客观真实，充分反映中国电力工业配电专业的历史进程和正反两方面经验教训；三是坚持时代特色，既遵循常规体例，又力求拓宽思路、形式灵活、表达新颖，充分体现行业特点、专业特点和时代特色，体现电力工作者的责任担当和精神风貌；四是坚持史论结合，充分吸收、积极借鉴电力工业史研究取得的新成果，使本书具有较强的史料价值和理论分析参考价值。

由于电网发、变、输、配、用的供电性质，自有电开始，配电与输电长期合二为一，后又与用电分分合合，配电发展的历史十分曲折复杂，电力史志虽然众多，但收集到的近百年来200余本电力相关书籍，无一本书专注描述配电历史，故资料考证困难。编写组按专业细分为电力体制、规划设计、工程建设、运行维护、不停电作业和可靠性、配电自动化与信息化 6 个专业小组，既分工负责，又密切协作，互相支撑，克服各种困难，从浩如烟海的电力史料中广泛收集资料，考证确认。编写组另成立审核组，负责稿件内部审核，坚持边写边审边改，以审促编，推进编写工作。

配电人写配电史是本次《中国电力工业史 配电卷》编撰的一大特色，编写组成员包括省、市、县级供电公司和基层供电所各个层面，以及中国电科院等科研机构，均来自配电专业管理部门和生产工作一线，既有经验丰富的老领导、年富力强的业务骨干，也有熟悉网络和计算机操作，信息采编能力强的年轻技术人员，编写人员分布面广，能力优势互补，尤其可贵的是有着对配电工作的热爱，以饱满的热情投入编写工作，保证了史书编写的全面、准确、高效。编写内容上紧扣配电网向人民群众供电“最后一公里”的特点，既有数据统计，全面概括，又有人物事例，具体细节，内容力求生动鲜活，提高可读性。

编纂工作得到了电力系统相关单位的大力支持，谨向各参编单位和参与编纂工作的各位领导、顾问、专家、参编者表示衷心感谢。国网冀北电力公司、国网北京电力公司、国网河北电力公司、国网天津电力公司、中国电力科学研究院先后组织承办了集中编写会议，为全书编写工作作出了重要贡献。此外，还要感谢南方电网公司、英大传媒投资集团有限公司对本书给予的指导和帮助，对书稿提出了宝贵的修改意见和建议，提供了许多珍贵的历史资料和照片。英大传媒编辑部老师的培训和指导，为编写工作打下了坚实的基础，保障了编写工作的顺利开展。

我们深知，把中国电力配电领域一百余年的历程和重要成果全面、系统、准确地浓缩在一部 40 余万字的著作中并非易事。因一些历史事件的史料记载不详细、不准确，加之编纂者背景经历、知识结构和理论水平所限，书中或有遗漏、偏差、不妥及不周之处在所难免。我们将随时听取各方面意见，以期进一步修订、完善，敬请广大读者谅解并批评指正。

书中部分插图选自相关资料，因难以与著作权人取得联系而无法付费，请著作权人随时与我们联系。

参 考 文 献

[1] 电力可靠性管理中心. 电力可靠性管理资料汇编（2000—2009 年）[M]. 北京：北京国电图书出版社发行服务中心，2009.

[2]《当代北京工业丛书》编辑部. 当代北京电力工业 [M]. 北京：北京日报出版社，1989.

[3] 潘洗，杨宏. 带电 [M]. 沈阳：春风文艺出版社，2019.

[4]《大庆油田电力集团志》编纂办公室. 大庆油田电力集团志（1998～2006）[M]. 大庆：大庆油田电力集团，2008.

[5]《大冶供电志》编纂委员会. 大冶供电志（1949～2008）[M]. 大冶：大冶市供电公司，2013.

[6] 刘绍文. 东北电力工业志 [M]. 北京：当代中国出版社，1995.

[7] 安徽省电力工业局. 安徽省电力工业志 [M]. 北京：当代中国出版社，1995.

[8]《河北省电力工业志》编委员会. 河北省电力工业志 [M]. 北京：当代中国出版社，1996.

[9] 张彬. 中国电力工业志 [M]. 北京：当代中国出版社，1998.

[10]《湖南省电力工业局电力志》编写组. 湖南省电力工业志 [M]. 北京：当代中国出版社，1995.

[11]《青海省电力工业志》编纂委员会. 青海省电力工业志 [M]. 北京：当代中国出版社，1996.

[12]《内蒙古自治区电力工业志》编纂委员会. 内蒙古自治区电力工业志 [M]. 北京：当代中国出版社，1996.

[13] 张彬. 中国电力工业志 [M]. 北京：当代中国出版社，1998.

[14] 电力部城市供电专业工作网《城网动态》编辑部. 城市中低压配电网技术改造实施细则资料汇编 [M]. 武汉：电力工业部城市供电专业工作网秘书处，1994.

[15] 电力工业部生产司企业管理处. 电力工业企业管理文件资料 [M]. 北京：电力工业出版社，1981.

[16]《南京市地方志》编纂委员会，《南京市电力工业志》编纂委员会. 南京市电力工业志 [M]. 北京：方志出版社，1997.

[17]《兰州供电公司志》编纂委员会. 兰州供电公司志 [M]. 兰州：甘肃人民出版社，2011.

[18]《广州电力工业志》编纂委员会. 广州电力工业志 [M]. 广东：广东省电力集团公司史志办，2001.

[19] 李如虎. 三电工作手册 [M]. 广西：广西科学技术出版社，1994.

[20] 吉林省三电工作领导小组办公室. 三电工作手册 [M]. 吉林：广西科学技术出版社，1986.

[21]《河北省地方志》编纂委员会. 河北省志 第 30 卷 电力工业志 [M]. 石家庄：河北人民出版社，1996.

[22]《河北省地方志》编纂委员会. 河北省志・电力工业志 [M]. 石家庄：河北人民出版社，2017.

[23]《哈尔滨市志》编纂委员会. 哈尔滨市志 [M]. 哈尔滨：黑龙江人民出版社，1998.

[24]《大兴安岭电力局志》编纂委员会. 大兴安岭电力局志 [M]. 合肥：黄山书社，1999.

［25］《中国电机工业发展史：百年回顾与展望》编写组. 中国电机工业发展史：百年回顾与展望：教材版［M］. 北京：机械工业出版社，2013.

［26］《内蒙古自治区·电力工业志》编纂委员会. 内蒙古自治区·电力工业志［M］. 呼和浩特：内蒙古人民出版社，1997.

［27］内蒙古电力工业史志编纂委员会. 内蒙古电力工业大事记［M］. 呼和浩特：内蒙古人民出版社，1998.

［28］《内蒙古大兴安岭林业电业局志》编纂办公室. 内蒙古大兴安岭林业电业局志［M］. 海拉尔：内蒙古文化出版社，1990.

［29］李代耕. 新中国电力工业发展史略［M］. 北京：企业管理出版社，1984.

［30］中国电力企业联合会. `北京输配电技术国际会议论文集［M］. 北京：全国供电企业家协会，中国电力信息中心北京求真信息技术发展中心，1997.

［31］中央人民政府燃料工业部. 电力工业技术管理暂行规定［M］. 北京：燃料工业出版社，1954.

［32］《中国共产党简史》编写组. 中国共产党简史［M］. 北京：人民党史出版社、中共党史出版社，2021.

［33］山东省电力工业局史志编辑委员会. 山东省电力工业志［M］. 济南：山东友谊出版社，1996.

［34］叶志芳. 常州电力工业志［M］. 上海：上海人民出版社，1998.

［35］上海市电力工业局史志编纂委员会. 上海电力工业志［M］. 上海：上海社会科学院出版社，1994.

［36］中华人民共和国水利电力部. 电业安全工作规程发电厂和变电所电气部分［M］. 北京：水利电力出版社，1978.

［37］《湖北省电力工业志》编纂委员会. 湖北省电力工业志［M］. 北京：水利电力出版社，1994.

［38］《宁波市电力工业志》编纂委员会. 宁波市电力工业志（1897～1990）［M］. 北京：水利电力出版社，1995.

［39］黄晞. 电力技术发展史简编［M］. 北京：水利电力出版社，1986.

［40］《河南省电力工业志》编委会. 河南省电力工业志［M］. 北京：水利电力出版社，1992.

［41］《江苏省电力工业志》编委会. 江苏省电力工业志［M］. 北京：水利电力出版社，1994.

［42］《杭州市电力工业志》编纂委员会. 杭州市电力工业志［M］. 北京：水利电力出版社，1994.

［43］《上海浦东供电志》编纂委员会. 上海浦东供电志［M］. 北京：水利电力出版社，1994.

［44］《成都电力百年发展史》编辑委员会. 1905～2005 成都电力百年发展史［M］. 成都：四川成都电业局，2005.

［45］《北京志·工业志·电力工业志》编纂委员会. 北京志·工业志·电力工业志［M］. 天津：天津人民出版社，2002.

［46］《廊坊供电公司志》编委会. 廊坊供电公司志［M］. 2009.

［47］《天津市电力公司 10 千伏及以下配电网工程典型设计》编委会. 天津市电力公司 10 千伏及以下配电网工程典型设计［M］.

［48］《唐山供电公司志》编纂委员会. 唐山供电公司志（1914～1988）［M］. 北京：中国电力出版社，2008.

［49］《邯郸供电志》编纂委员会. 邯郸工业志［M］. 北京：新华出版社，1997.
［50］《遂昌县电力工业志》编纂委员会. 遂昌县电力工业志（1944～1990）［M］. 杭州：浙江大学出版社，1992.
［51］《丽水市电力工业志》编纂委员会. 丽水市电力工业志（1991～2005）［M］. 杭州：浙江人民出版社，2012.
［52］《浙江省电力工业志》编纂委员会. 浙江省电力工业志（1991～2005）［M］. 杭州：浙江人民出版社，2010.
［53］《嘉兴市电力工业志》编纂委员会. 嘉兴市电力工业志（1991～2005）［M］. 杭州：浙江人民出版社，2010.
［54］国家发展和改革委员会. 中国营商环境报告 2020［M］. 北京：中国地图出版社，2020.
［55］《嘉兴市电力工业志》编纂委员会. 嘉兴市电力工业志（1910～1990）［M］. 北京：中国电力出版社，1996.
［56］《宁夏电力工业史》编委会. 中华人民共和国电力工业史・宁夏卷［M］. 北京：中国电力出版社，2002.
［57］国电电力公司. 发供电企业劳动定员标准及使用说明汇编［M］. 北京：中国电力出版社，2002.
［58］安徽省电力公司. 中华人民共和国电力工业史・安徽卷［M］. 北京：中国电力出版社，2002.
［59］国家电力公司发输电运营部. 城网建设改造工作文件汇编［M］. 北京：中国电力出版社，2002.
［60］《江西省电力工业史》编辑室. 中华人民共和国电力工业史・江西卷［M］. 北京：中国电力出版社，2002.
［61］《贵州省电力工业史》编委会. 中华人民共和国电力工业史・贵州卷［M］. 北京：中国电力出版社，2003.
［62］《湖南省电力工业史》编委会. 中华人民共和国电力工业史・湖南卷［M］. 北京：中国电力出版社，2003.
［63］《河南省电力工业史》编委会. 中华人民共和国电力工业史・河南卷［M］. 北京：中国电力出版社，2003.
［64］《上海市电力工业史》编委会. 中华人民共和国电力工业史・上海卷［M］. 北京：中国电力出版社，2003.
［65］《四川省电力工业史》编委会. 中华人民共和国电力工业史・四川卷［M］. 北京：中国电力出版社，2003.
［66］《山东省电力工业史》编委会. 中华人民共和国电力工业史・山东卷［M］. 北京：中国电力出版社，2003.
［67］《北京市电力工业史》编委会. 中华人民共和国电力工业史・北京卷［M］. 北京：中国电力出版社，2004.
［68］《广西电力工业史》编委会. 中华人民共和国电力工业史・广西卷［M］. 北京：中国电力出版社，2004.
［69］《陕西省电力工业史》编委会. 中华人民共和国电力工业史・陕西卷［M］. 北京：中国电力出版

社，2004.

[70]《华中电力工业史》编委会. 中华人民共和国电力工业史·华中卷 [M]. 北京：中国电力出版社，2003.

[71]《广东省电力工业史》编委会. 中华人民共和国电力工业史·广东卷 [M]. 北京：中国电力出版社，2003.

[72]《辽宁省电力工业史》编委会. 中华人民共和国电力工业史·辽宁卷 [M]. 北京：中国电力出版社，2004.

[73]《青海省电力工业史》编委会. 中华人民共和国电力工业史·青海卷 [M]. 北京：中国电力出版社，2004.

[74]《江苏电力工业史》编委会. 中华人民共和国电力工业史·江苏卷 [M]. 北京：中国电力出版社，2004.

[75]《河北省电力工业史》编委会. 中华人民共和国电力工业史·河北卷 [M]. 北京：中国电力出版社，2004.

[76] 湖北电业史志编辑委员会. 中华人民共和国电力工业史·湖北卷 [M]. 北京：中国电力出版社，2004.

[77]《浙江电力工业史》编委会. 中华人民共和国电力工业史·浙江卷 [M]. 北京：中国电力出版社，2004.

[78]《东北电力工业史》编辑室. 中华人民共和国电力工业史·东北卷 [M]. 北京：中国电力出版社，2005.

[79]《吉林电力工业史》编委会. 中华人民共和国电力工业史·吉林卷 [M]. 北京：中国电力出版社，2005.

[80] 内蒙古电力（集团）有限责任公司史志办公室. 中华人民共和国电力工业史·内蒙古卷 [M]. 北京：中国电力出版社，2006.

[81] 中国南方电网有限责任公司超高压输电公司. 中华人民共和国电力工业史·南方跨省（区）电网卷 [M]. 北京：中国电力出版社，2006.

[82] 安徽省电力公司. 安徽省电力工业志 [M]. 北京：中国电力出版社，2009.

[83] 新疆电力公司. 新疆维吾尔自治区电力工业志 [M]. 北京：中国电力出版社，2008.

[84]《河南省电力工业志》编纂委员会. 河南省电力工业志 [M]. 北京：中国电力出版社，2010.

[85] 国家电网公司. 国家电网公司企业标准配电网运行规程 [M]. 北京：中国电力出版社，2010.

[86]《青海省电力工业志》编辑室. 青海省电力工业志 [M]. 北京：中国电力出版社，2010.

[87]《杭州市电力工业志》编委员会. 杭州市电力工业志 [M]. 北京：中国电力出版社，2009.

[88] 嵊州市电力公司. 嵊州市电力工业志（1919～2005）[M]. 北京：中国电力出版社，2010.

[89]《宁波市电力工业志》编纂委员会. 宁波市电力工业志（1991～2009）[M]. 北京：中国电力出版社，2011.

[90]《常州市电力工业志》编纂委员会. 常州市电力工业志 [M]. 北京：中国电力出版社，2010.

[91]《上海市电力工业志》编纂委员会. 上海市电力工业志 [M]. 北京：中国电力出版社，2011.

[92] 邯郸供电公司. 邯郸工业志 [M]. 北京：中国电力出版社，2011.
[93] 天津市电力公司. 天津市电力工业志 [M]. 北京：中国电力出版社，2012.
[94] 湖北省电力公司. 湖北省电力工业志（1991～2002）[M]. 北京：中国电力出版社，2012.
[95] 湖南省电力公司. 湖南省电力工业志 [M]. 北京：中国电力出版社，2012.
[96] 吉林省电力有限公司. 吉林省电力工业志 [M]. 北京：中国电力出版社，2011.
[97] 重庆市电力行业协会. 重庆市电力工业志（1986～2002）[M]. 北京：中国电力出版社，2011.
[98] 内蒙古电力（集团）有限责任公司. 内蒙古自治区电力工业志 [M]. 北京：中国电力出版社，2013.
[99]《国家电网公司年鉴》编辑委员会. 国家电网公司年鉴 2013 [M]. 北京：中国电力出版社，2013.
[100]《国家电网公司年鉴》编辑委员会. 国家电网公司年鉴 2014 [M]. 北京：中国电力出版社，2014.
[101] 中国南方电网有限责任公司. 中国南方电网志（2002～2012）[M]. 北京：中国电力出版社，2014.
[102]《国家电网公司年鉴》编辑委员会. 国家电网公司年鉴 2015 [M]. 北京：中国电力出版社，2015.
[103]《国家电网公司年鉴》编辑委员会. 国家电网公司年鉴 2016 [M]. 北京：中国电力出版社，2016.
[104]《国家电网公司年鉴》编辑委员会. 国家电网公司年鉴 2017 [M]. 北京：中国电力出版社，2017.
[105]《国家电网公司年鉴》编辑委员会. 国家电网有限公司年鉴 2018 [M]. 北京：中国电力出版社，2018.
[106] 国家电网公司. 新一轮农网改造升级“两年攻坚战”工程建设纪实 [M]. 北京：中国电力出版社，2017.
[107] 国家电网公司运维检修部. 新一轮农村电网改造升级工程管理文件汇编 [M]. 北京：中国电力出版社，2017.
[108]《中国电力史外事卷》编委会. 中华人民共和国电力工业史·外事卷 [M]. 北京：中国电力出版社，2017.
[109] 中国南方电网有限责任公司. 中国南方电力工业志 [M]. 北京：中国电力出版社，2018.
[110] 中国电力科学研究院有限公司配电技术中心. 中国电力科学研究院配电研究所所志（2010～2019）[M]. 北京：中国电力出版社，2020.
[111] 中国电力企业联合会. 中国电力工业史·综合卷 [M]. 北京：中国电力出版社，2021.
[112] 上海市电力工业局史志编纂委员会. 上海市电力工业志 [M]. 北京：中国电力出版社，1993.
[113]《中国电力百科全书》编辑委员会，中国电力出版社《中国电力百科全书》编辑部. 中国电力百科全书：输电与配电卷 [M]. 北京：中国电力出版社，1995.
[114]《新疆维吾尔自治区电力工业志》编委会. 新疆维吾尔自治区电力工业志 [M]. 北京：中国电力出版社，1998.
[115] 中国电机工程学会农村电气化分会. 农村电网建设与改造 [M]. 北京：中国电力出版社，1999.
[116] 国家电力公司农电工作部. 农村电网建设改造规定汇编 [M]. 北京：中国电力出版社，1999.
[117] 国家计委基础产业发展司. 国家计委及有关政府部门农村电网建设改造文件汇编 [M]. 北京：中国电力出版社，1999.
[118]《宁夏电力工业史》编委会. 中华人民共和国电力工业史·宁夏卷 [M]. 北京：中国电力出版社，2002.

［119］《临沂市电力工业志》编纂委员会. 临沂市电力工业志（1921～2000）［M］. 北京：中国电力出版社，2003.
［120］《新疆电力工业史》编委会. 中华人民共和国电力工业史·新疆卷［M］. 北京：中国电力出版社，2004.
［121］《唐山供电公司志》编纂委员会. 唐山供电公司志（1889～2006）［M］. 北京：中国电力出版社，2008.
［122］秦立军，马其燕. 智能配电网及其关键技术［M］. 北京：中国电力出版社，2010.
［123］《武进电力工业志》编纂委员会. 武进电力工业志（1986～2002）［M］. 北京：中国电力出版社，2011.
［124］《中国电力年鉴》编辑委员会. 中国电力十年跨越与发展［M］. 北京：中国电力出版社，2013.
［125］国家电网公司. 国家电网公司“十二五”农网改造升级工程建设纪实［M］. 北京：中国电力出版社，2016.
［126］国家电网公司运维检修部. 新一轮农村电网改造升级工程管理文件汇编［M］. 北京：中国电力出版社，2017.
［127］国家电网有限公司运维检修部. 配电自动化运维技术［M］. 北京：中国电力出版社，2018.
［128］国网北京市电力公司，北京电力工程有限公司. 电力电缆机械化施工技术［M］. 北京：中国电力出版社，2019.
［129］李群. 配电自动化建设与应用新技术［M］. 北京：中国电力出版社，2020.
［130］《临沂市电力工业志》编纂委员会. 临沂市电力工业志（2001～2020）［M］. 北京：中国电力出版社，2021.
［131］《宁夏回族自治区电力工业志》编纂委员会. 宁夏回族自治区电力工业志（1991～2002）［M］. 北京：中国电力出版社，2014.
［132］水利电力部办公厅图书编辑部. 农村供电技术规程［M］. 北京：中国工业出版社，1963.
［133］水利电力部办公厅图书编辑部. 电力电缆运行规程［M］. 北京：中国工业出版社，1964.
［134］王永干. 中国电力工业体制改革历程［M］. 北京：中国科学技术出版社，2001.
［135］《电力可靠性管理文集》编委会. 电力可靠性管理文集［M］. 北京：中国科学技术出版社，2000.
［136］中国电力企业联合会. 回顾与发展：中国带电作业六十年［M］. 北京：中国水利电力出版社，2014.
［137］水利部农村水电及电气化发展局. 中国小水电 60 年［M］. 北京：中国水利水电出版社，2009.
［138］程利军. 智能配电网［M］. 北京：中国水利水电出版社，2013.
［139］《天津市电力工业志》编委会. 天津市电力工业志［M］. 北京：中国铁道出版社，1993.
［140］中国电力企业联合会. 中国电力行业可靠性年度发展报告 2017［M］. 北京：中国建材工业出版社，2017.
［141］中国电力企业联合会. 中国电力行业可靠性年度发展报告 2018［M］. 北京：中国建材工业出版社，2018.
［142］中国电力企业联合会. 中国电力行业可靠性年度发展报告 2019［M］. 北京：中国建材工业出版

社，2019.

［143］ 中国电力企业联合会. 中国电力行业可靠性年度发展报告 2020［M］. 北京：中国建材工业出版社，2020.

［144］ 水利部部电力可靠性管理中心. 电力设施可靠性统计编码［M］. 北京：1987.

［145］ 武衡. 东北区科学技术发展史资料　解放战争时期和建国初期　煤炭电力工业卷［M］. 北京：中国学术出版社，1988.

［146］ 中国水利电力企业管理协会城市供用电研究会，企业家协会供电分会. 全国供电企业技术进步与技术管理研讨会资料选编［M］. 1993.

［147］ 中国电力企业管理协会城市供用电研究会，企业家协会供电分会. 全国供电企业第四次技术管理研讨会资料汇编［M］. 1995.

［148］ 全国供电企业家协会. 全国供电企业第七次技术管理研讨会资料汇编［M］. 1997.

［149］ 广东省电机工程学会. 广东省配电网自动化及改造技术培训班资料汇编［M］. 1999.

［150］《山东省电力工业志》编辑委员会. 山东省电力工业志［M］. 山东：山东友谊出版社，1996.

［151］《农电管理》编辑部. 提升运营质效　强化本质服务　全面开启一流现代化配电网建设新征程［J］. 农电管理，2018（03）：13－15.

［152］ 赵化轩，鲁守银. 输配电系统带电作业机器人技术［J］. 供用电，2005，22（003）：56－58.

［153］ 李天友，黄超艺，蔡俊宇. 配电带电作业机器人的发展与展望［J］. 供用电，2016，33（11）：43－48.

［154］ 王炳强，扎西，李大鹏. 高海拔地区配网带电作业安全距离技术研究［C］. //2016 年中国电机工程学会年会论文集.

供稿人名单

袁　栋　刘家齐　翁晓春　王志勇　王雪生　张智远　肖　征
许　鹏　李亚国　孟海磊　纪坤华　刘利国　苏毅方　周远科
李怡然　关卫军　李　晟　熊　伟　刘定国　龚方亮　郭剑黎
李会涛　陈延昌　孟宇红　任歌武　余延武　罗子玉　廖红兵
戴　晖　舒　逊　王　刚　崔　征　高兆平　汝　石　康　凯
李江涛　吕新良　周　虎　赵　军　赵隆乾　张韶华　陈立新
宁首先　冯德志　马文媛　叶学顺　李建芳　王明春　李　健
赵建利　杜皓然　祝洪涛　甘　林　梅云初　陈志欣　孙斌煌
王一鸣　李　强　李延平　杨安家　王朝晖　叶琳浩　林显军
崔文俊　王科鹏　杨　柳　马　骞　陈　刚　彭发东　章　坚
童　锐　兰国良　李荣秦　窦　陈　蔡　畅　刘永礼　白　浩
刘　磊　徐　全　孙方坤　郭志诚　刘　珅　龙　飞　康博文
宋　璐　陈石川　张　俊　谷江波　伏　睿　杨少戈　梁子龙
王治国　范　申　陈　冉　田　宇　陈　宾　李　建　陈超超
曾　晓　韩佳杰　董晓天　许　威　王奇伟　宗朋朋　张东升
赵　飞　祁升龙　周连凯　谈　军　张　波　李德阁　杜孟珂
徐强胜　李子核　韩　旭　刘师佳　张　腾　段晓芳

《中国电力工业史　配电卷》

主要编辑出版人员

责任编辑　王　南　黄晓华　王春娟　肖　敏

匡　野　刘　薇

设计负责　李东梅

封面设计　王红柳

正文设计　赵姗姗

责任校对　黄　蓓　常燕昆　于　维

责任印制　邹树群　石　雷　单　玲